Die Anwendung der Vertikal-GVO auf innerstaatliche Wettbewerbsbeschränkungen nach der 7. GWB-Novelle

Veröffentlichungen des Instituts für deutsches und europäisches Wirtschafts-, Wettbewerbs- und Regulierungsrecht der Freien Universität Berlin

Herausgegeben von Franz Jürgen Säcker

Band 4

PETER LANG

Frankfurt am Main · Berlin · Bern · Bruxelles · New York · Oxford · Wien

Simone Kirchhain

Die Anwendung der Vertikal-GVO auf innerstaatliche Wettbewerbsbeschränkungen nach der 7. GWB-Novelle

PETER LANG
Internationaler Verlag der Wissenschaften

Bibliografische Information der Deutschen Nationalbibliothek
Die Deutsche Nationalbibliothek verzeichnet diese Publikation in der Deutschen Nationalbibliografie; detaillierte bibliografische Daten sind im Internet über <http://www.d-nb.de> abrufbar.

Zugl.: Berlin, Freie Univ., Diss., 2006

D 188
ISSN 1863-494X
ISBN 978-3-631-56131-7

www.peterlang.de

Meinen Eltern

Vorbemerkung

Die vorliegende Arbeit ist im Wintersemester 2005/2006 beim Fachbereich Rechtswissenschaften der Freien Universität Berlin eingereicht worden. Sie gibt den Stand von Gesetzgebung, Rechtsprechung, Verwaltungspraxis und Literatur bis zum 31. Dezember 2006 wieder.

Mein besonderer Dank gilt meinem Doktorvater, Herrn Professor Dr. Dr. Dr. h.c. Franz Jürgen Säcker, der die Anregung für das Thema gegeben und die Arbeit umfassend betreut hat. Dankbar bin ich ihm auch für das vielfältige Veranstaltungsangebot an seinem Lehrstuhl, das mich nicht nur zum Kartellrecht, sondern auch zum Energierecht, meinem jetzigen Arbeitsbereich, geführt hat.

Herrn Professor Dr. Kurt Markert möchte ich sehr herzlich für die schnelle Erstellung des Zweitgutachtens danken.

Bedanken darf ich mich auch bei all den Freundinnen und Freunden, die in den anderthalb Jahren der Anfertigung meiner Dissertation zusammen mit mir an den Bibliotheken der Universitäten Münster, Bielefeld und Bonn gearbeitet und mit ihrer Motivation zum Gelingen der vorliegenden Arbeit beitragen haben.

Danken möchte ich auch meinem Ehemann, Herrn Dr. Christian Kirchhain LL.M., Rechtsanwalt in Bonn, der mich während der Promotion mit sehr viel Geduld und Verständnis unterstützt hat und zudem die Formatierung der Arbeit vorgenommen hat.

Gewidmet sei diese Arbeit meinen Eltern, die mir zeit meines Lebens jede denkbare materielle wie immaterielle Unterstützung gegeben haben.

Düsseldorf, im September 2007

Simone Kirchhain
mail@simone-kirchhain.de

Inhaltsübersicht

Inhaltsverzeichnis

Abkürzungsverzeichnis

a.A.	anderer Ansicht
ABl. C	Amtsblatt der Europäischen Gemeinschaften, Mitteilungen und Bekanntmachungen
ABl. L	Amtsblatt der Europäischen Gemeinschaften, Rechtsvorschriften
Abs.	Absatz
AcP	Archiv für civilistische Praxis
a.F.	alte Fassung
AG	1. Aktiengesellschaft 2. Amtsgericht 3. Ausführungsgesetz 4. Die Aktiengesellschaft, Zeitschrift für das gesamte Aktienwesen, für deutsches, europäisches und internationales Unternehmens- und Kapitalmarktrecht
AGB	Allgemeine Geschäftsbedingungen
Anm.	Anmerkung
Antitr. Bull.	The Antitrust Bulletin
Antitrust L.J.	Antitrust Law Journal
AöR	Archiv des öffentlichen Rechts
Art.	Artikel
AWD/RIW	Außenwirtschaftsdienst des Betriebs-Beraters, vorher und danach: Recht der internationalen Wirtschaft
BAG	Bundesarbeitsgericht
BayVBl.	Bayrisches Verwaltungsblatt
BayVerfGH	Bayrischer Verfassungsgerichtshof
BB	Betriebsberater
Beschl.	Beschluss
BGB	Bürgerliches Gesetzbuch
BGBl.	Bundesgesetzblatt
BGH	Bundesgerichtshof
BGHZ	Entscheidungen des Bundesgerichtshof in Zivilsachen
BKartA	Beschluss
BR-Drs.	Drucksache des Bundesrats
BSG	Bundessozialgericht
BSGE	Entscheidungen des Bundessozialgerichts
BT-Drs.	Drucksache des Deutschen Bundestages

BVerfGE	Entscheidungen des Bundesverfassungsgerichts
BVerwG	Bundesverwaltungsgericht
BVerwGE	Entscheidungen des Bundesverwaltungsgerichts
bzw.	beziehungsweise
CA	UK Competition Act 1998
CdC	Code de Commerce
CDH	Centralvereinigung Deutscher Wirtschaftsverbände für Handelsvermittlung und Vertrieb
CMLR	Common Market Law Review
CPN	Competition Policy Newsletter
DB	Der Betrieb
ders.	derselbe
dies.	dieselbe(n)
Diss.	Dissertation
DM	Deutsche Mark
DÖV	Die öffentliche Verwaltung
DVBl.	Deutsches Verwaltungsblatt
DZWir	Deutsche Zeitschrift für Wirtschaftsrecht
E.C.L.R.	European Competition Law Review
ECU	European Currency Unit
EG	1. Vertrag zur Gründung der Europäischen Gemeinschaft (neue Zitier weise) 2. Europäische Gemeinschaften 3. Einführungsgesetz
EGV	Vertrag zur Gründung der Europäischen Gemeinschaft (alte Zitierweise)
Entsch.	Entscheidung
etc.	et cetera
EU	Europäische Union
EuG	Europäisches Gericht erster Instanz
EuGH	Europäischer Gerichtshof
EuR	Europarecht
EUR	Euro
EuZW	Europäische Zeitschrift für Wirtschaftsrecht
EWG	Europäische Wirtschaftsgemeinschaft
EWiR	Entscheidungen zum Wirtschaftsrecht
EWS	Europäisches Wirtschafts- und Steuerrecht

f.; ff.	folgende
FAZ	Frankfurter Allgemeine Zeitung
FIW	Forschungsinstitut für Wirtschaftsverfassung und Wettbewerb
FKVO	Fusionskontrollverordnung
GG	Grundgesetz
ggf.	gegebenenfalls
GRUR	Gewerblicher Rechtsschutz und Urheberrecht
GRUR-Int	Gewerblicher Rechtsschutz und Urheberrecht, Internationaler Teil
GRUR-RR	Gewerblicher Rechtsschutz und Urheberrecht, Rechtsprechungs-Report
GVO	Gruppenfreistellungsverordnung
GWB	Gesetz gegen Wettbewerbsbeschränkungen
GWB Reg-E 2004	Entwurf der Bundesregierung zum Siebten Gesetz zur Änderung des Gesetzes gegen Wettbewerbsbeschränkungen, BT-Drs. 15/3640
Hrsg.	Herausgeber
i.d.F.	in der Fassung
i.e.	id est
iSd.	imSinne des
iSv.	im Sinne von
iVm.	in Verbindung mit
JuS	Juristische Schulung
JZ	Juristenzeitung
KartG	österreichisches Kartellgesetz
KG	Kammergericht
KMU	kleine(s) und mittelgroße(s) Unternehmen
KOM	Kommissionsdokument KOM
L	loi
Lfg.	Lieferung
LG	Landgericht
lit.	Litera
LKV	Landes- und Kommunalverwaltung

MVVerfG	Verfassungsgericht von Mecklenburg-Vorpommern
Mw	Mededingingswet, niederländisches Kartellgesetz
m.w.N.	mit weiteren Nachweisen
n.F.	neue Fassung
NJW	Neue Juristische Wochenschrift
N.N.	nomen nescio
Nr.	Nummer
NVwZ	Neue Zeitschrift für Verwaltungsrecht
NW	Nordrhein-Westfalen
NWVBl.	Nordrhein-Westfälische Verwaltungsblätter
NZG	Neue Zeitschrift für Personen- und Kapitalgesellschaften
OFT	Office of Fair Trading
o.J.	ohne Jahresangabe
OLG	Oberlandesgericht
OVG	Oberverwaltungsgericht
RabelsZ	Rabels Zeitschrift für ausländisches und internationales Privatrecht
RdE	Recht der Energiewirtschaft
Rev. trim. dr. europ.	Revue trimestrielle de droit européen
RIW	Recht der Internationalen Wirtschaft
Rn.	Randnummer(n)
Rs.	Rechtssache
S.	Seite(n)
scil.	scilicet
Sec.	Section
Slg.	Sammlung der Rechtsprechung des Europäischen Gerichtshofs
sog.	so genannte(n/r/s)
Tz.	Textziffer(n)
u.a.	unter anderem; und andere
u.d.T.	unter dem Titel
UK	United Kingdom
Univ.	Universität

Urt.	Urteil
U.S.	United States Supreme Court Reports
v.	1. vom; von 2. versus
VBlBW	Verwaltungsblätter für Baden-Württemberg
verb. Rs.	verbundene Rechtssachen
vgl.	vergleiche
VerwArch	Verwaltungsarchiv
VG	Verwaltungsgericht
VGH	Verfassungsgerichtshof, Verwaltungsgerichtshof
vGVO	Vertikal-Gruppenfreistellungsverordnung Nr. 2790/1999
VO	Verordnung
WiSt	Wirtschaftswissenschaftliches Studium
WRP	Wettbewerb in Recht und Praxis
WuW	Wirtschaft und Wettbewerb
WuW/E BGH	Wirtschaft und Wettbewerb – Entscheidungssammlung zum Kartellrecht – Bundesgerichtshof
WuW/E BKartA	Wirtschaft und Wettbewerb – Entscheidungssammlung zum Kartellrecht – Bundeskartellamt
WuW/E DE-R	Wirtschaft und Wettbewerb – Entscheidungssammlung zum Kartellrecht – deutsche Rechtsprechung
WuW/E DE-V	Wirtschaft und Wettbewerb – Entscheidungssammlung zum Kartellrecht – Bundeskartellamt
WuW/E EU-R	Wirtschaft und Wettbewerb – Entscheidungssammlung zum Kartellrecht – Europäischer Gerichtshof und Gericht erster Instanz
WuW/E EU-V	Wirtschaft und Wettbewerb – Entscheidungssammlung zum Kartellrecht – Kommission
WuW/E EV	Wirtschaft und Wettbewerb – Entscheidungssammlung zum Kartellrecht – Kommission
WuW/E OLG	Wirtschaft und Wettbewerb – Entscheidungssammlung zum Kartellrecht – Oberlandesgerichte
z.B.	zum Beispiel
ZHR	Zeitschrift für Unternehmens- und Gesellschaftsrecht
ZLR	Zeitschrift für das gesamte Lebensmittelrecht
ZNER	Zeitschrift für neues Energierecht
zugl.	zugleich
ZVglRWiss	Zeitschrift für Vergleichende Rechtswissenschaft
ZWeR	Zeitschrift für Wettbewerbsrecht

Rechtsprechungsverzeichnis

EuGH/EuG

Urteil vom	*Aktenzeichen*	*Fundstelle*	*Titel*
13.6.1958	Rs. 9/56	Slg. 58, 9	Meroni
15.7.1960	Rs. 20/59	Slg. 1960, 685	Italien
5.2.1963	Rs. 26/62	Slg. 1963, 1	van Gend & Loos
15.7.1964	Rs. 6/64	Slg. 1964, 1251	Costa/ENEL
30.6.1966	Rs. 56/65	Slg. 1966, 281	Société Technique Minière (Maschinenbau Ulm)
13.7.1966	Rs. 56/64 u. 58/64	Slg. 1966, 321	Consten/Grundig
13.7.1966	Rs. 32/65	Slg. 1966, 457	Italienische Klage
12.12.1967	Rs. 23/67	Slg. 1967, 543	Brasserie de Haecht I
13.2.1969	Rs. 14/68	Slg. 1969, 1	Walt Wilhelm
9.7.1969	Rs. 5/69	Slg. 1969, 295	Völk/Vervaecke
17.12.1970	Rs. 25/70	Slg. 1970, 1161	Einfuhr- und Vorratsstelle Getreide
6.5.1971	Rs. 1/71	Slg. 1971, 351	Cadillon/Höss
25.11.1971	Rs. 22/71	Slg. 1971, 949	Béguelin
17.10.1972	Rs. 8/72	Slg. 1972, 977	Cementhandelaren
14.5.1975	verb. Rs. 19/74 u. 20/74	Slg. 1975, 499	Kali und Salz Chemie
16.12.1975	Rs. 40-48, 50, 54-56, 111, 113, 114/73	Slg. 1975, 1663	Suiker Unie
3.2.1976	Rs. C-63/75	Slg. 1976, 111	Roubaix/Roux
1.2.1977	Rs. 47/76	Slg. 1977, 65	Brauerei Concordia
25.10.1977	Rs. 26/76	Slg. 1977, 1875	Metro/SABA I
1.2.1978	Rs. 19/77	Slg. 1978, 131	Miller International
14.2.1978	Rs. 27/76	Slg. 1978, 207	United Brands
31.5.1979	Rs. 22/78	Slg. 1979, 1869	Hugin
25.10.1979	Rs. 22/79	Slg. 1979, 3275	Greenwich Film Production/ SACEM
6.11.1979	Rs. 16-20/79	Slg. 1979, 3327	Danis

EuGH/EuG

Urteil vom	*Aktenzeichen*	*Fundstelle*	*Titel*
10.7.1980	Rs. 99/79	Slg. 1980, 2511	Lancôme/Etos
11.12.1980	Rs. 31/80	Slg. 1980, 3775	L´Oréal
25.3.1981	Rs. 61/80	Slg. 1981, 851	Coöperatieve Stremsel-en Kleurselfabriek
16.6.1981	Rs. 126/80	Slg. 1981, 1563	Salonia/Poidomani & Giglio
8.6.1982	Rs. 258/78	Slg. 1982, 2015	Maissaatgut
25.10.1983	Rs. 107/82	Slg. 1983, 3151	AEG
8.11.1983	verb. Rs. 96-102, 104, 105, 108, 110/82	Slg. 1983, 3369	NV IAZ International Belgium u.a.
9.11.1983	Rs. 322/81	Slg. 1983, 3461	Michelin
14.12.1983	Rs. 319/82	Slg. 1983, 4173	Société de Vente
17.1.1984	verb. Rs. 43/82 und 63/82	Slg. 1984, 19	„VBVB" und „VBBB"
21.2.1984	Rs. 86/82	Slg. 1984, 883	Hasselblad
10.1.1985	Rs. 229/83	Slg. 1985, 1	Leclerc
30.1.1985	Rs. 123/83	Slg. 1985, 391	Bureau national interprofessionnel du cognac
11.7.1985	Rs. 42/84	Slg. 1985, 2545	Remia
10.12.1985	Rs. 260/82	Slg. 1985, 3801	Nederlandse Sigarenwinkeliers Organisatie
28.1.1986	Rs. 161/84	Slg. 1986, 353	Pronuptia
1.10.1987	Rs. 311/85	Slg. 1987, 3801	Flämische Reisevermittler
11.7.1989	Rs. 246/86	Slg. 1989, 2117	S.C. Belasco u.a.
18.10.1990	verb. Rs. C-297/88 und C-197/89	Slg. 1990, I-3763	Dzodzi
8.11.1990	Rs. C-231/89	Slg. 1990, I-4003	Gmurzynska-Bscher
24.1.1991	Rs. C-384/89	Slg. 1991, I-127	Tomatis und Fulchiron
28.2.1991	Rs. C- 234/89	Slg. 1991, I-935	Delimitis/Henninger Bräu
12.12.1991	Rs. T-30/89	Slg. 1991, II-1439	Hilti
27.2.1992	Rs. T-19/91	Slg. 1992, II-415	Vichy
10.3.1992	Rs. T-14/89	Slg. 1992, II-1155	Montedipe
25.6.1992	Rs. C-88/91	Slg. 1992, I-4035	Federconsorzi
2.7.1992	Rs. T-61/89	Slg. 1992, II-1935	Dansk Pelsdyravlerforening
12.11.1992	Rs. C-73/89	Slg. 1992, I-5621	Fournier
15.6.1994	Rs. T-17/93	Slg. II, 1994, 595	Matra Hachette
6.10.1994	Rs. T-83/91	Slg. 1994, II-755	Tetra Pak

EuGH/EuG

Urteil vom	*Aktenzeichen*	*Fundstelle*	*Titel*
15.12.1994	Rs. C-250/92	Slg. 1994, I-5641	DLG
28.3.1995	Rs. C-346/93	Slg. 1995, I-615	Kleinwort Benson
6.4.1995	Rs. T-148/89	Slg. 1995, II-1063	Tréfilunion
8.6.1995	Rs. T-9/93	Slg. 1995, II-1611	Schöller
12.12.1996	Rs. T-19/92	Slg. 1996, II-1961	Leclerc/Givenchy
12.12.1996	Rs. T-19/92	Slg. 1996, II-1851	Leclerc/Yves Saint Laurent I
12.6.1997	Rs. T-504/93	Slg. 1997, II- 923	Tiercé Ladbroke
17.7.1997	Rs. C-28/95	Slg. 1997, I-4161	Leur-Bloem
17.7.1997	Rs. C-130/95	Slg. 1997, I-4291	Giloy
17.7.1997	Rs. C-242/95	Slg. 1997, I-4449	GT-Link
22.10.1997	verb. Rs. T-213/95 und T-18/96	Slg. 1997, II-1739	SCK und FNK
31.3.1998	verb. Rs. C-68/94 u. C-30/95	Slg. 1998, I-1375	SCPA/EMC
15.9.1998	Rs. T-374,375, 384 und 388/94	Slg. 1998, II-3141	European Night Services
26.11.1998	Rs. C-7/97	Slg. 1998, I-7791	Bronner
3.12.1998	Rs. C-247/97	Slg. 1998, I-8095	Schoonbroodt
8.7.1999	Rs. C-235/92	Slg. 1999, I-4539	Montecatini
3.10.2000	Rs. C-9/99	Slg. 2000, I-8207	Echirolles
26.10.2000	Rs. T-41/96	Slg. 2000, II-3383	Bayer
7.12.2000	Rs. C-214/99	Slg. 2000, I-11121	Neste
14.12.2000	Rs. C-344/98	Slg. 2000, I-11369	Masterfoods
11.1.2001	Rs. C-1/99	Slg. 2001, I-207	Kofisa Italia
5.7.2001	Rs. T-25/99	Slg. 2001, II-1881	Roberts/Greene King
18.9.2001	Rs. T-112/99	Slg. 2001, II-2459	Métropole télévision (M6)
25.10.2001	C-475/99	Slg. 2001 I-8089	Ambulanz Glöckner
19.2.2002	Rs. C-309/99	Slg. 2002, I-1577	Wouters
28.2.2002	Rs. T-395/94	Slg. 2002, II-875, 965	Atlantic Container Line
21.3.2002	Rs. T-131/99	Slg. 2002, II-2023	Shaw und Falla
21.3.2002	Rs. T-231/99	Slg. 2002, II-2085	Joynson
18.9.2003	Rs. C-338/00	Slg. 2003, I-9198	Volkswagen
21.10.2003	Rs. T-368/00	Slg. 2003, II-4491	Opel Nederland
23.10.2003	Rs. T-65/98	Slg. 2003, II-4653	Van den Bergh Foods
3.12.2003	Rs. T-208/01	WuW/E EU-R 761	Volkswagen

EuGH/EuG

Urteil vom	*Aktenzeichen*	*Fundstelle*	*Titel*
6.1.2004	Rs. C-2 und 3/01	WuW/E EU-R 769	BAI
27.5.2005	Rs. T-49/02 bis 51/02	WuW/E EU-R 967	Brasserie Nationale
15.9.2005	Rs. T-325/01	WuW/E EU-R 933	DaimlerChrysler
13.7.2006	Rs. C-74/04	EWS 2006, 365	Volkswagen

Kommission

Entsch. vom	*Aktenzeichen*	*Titel*
8.7.1965	ABl. Nr. 2194 v. 17.7.1965	D.R.U.-Blondel
17.9.1965	ABl. Nr. 2581 v. 23.9.1965	Hummel-Isbecque
17.12.1965	ABl. L 66/37 v. 6.1.1966	Maison Jallatte
29.10.1970	ABl. L 242/22 v. 5.11.1970	Omega
2.1.1973	WuW/E EV 441	Europäische Zuckerindustrie
5.10.1973	ABl. L 293/40 v. 20.10.1973	Deutsche Philips GmbH
18.7.1975	ABl. L 222/34 v. 22.8.1975	Kabelmetall
15.12.1975	ABl. L 28/19 v. 3.2.1976	SABA
22.12.1976	ABl. L 16/8 v. 19.1.1977	Gerofabriek
17.4.1980	ABl. L 120/26 v. 13.5.1980	Krups
6.1.1982	ABl. L 117/15 v. 30.4.1982	AEG-Telefunken
5.12.1983	ABl. L 348/ 20 v. 10.12.1983	Murat
10.12.1984	ABl. L 19/17 v. 23.1.1985	Grohe-Vertriebssystem
10.12.1984	ABl. L 20/38 v. 24.1.1985	Ideal-Standard
27.11.1985	ABl. L 369/1 v. 31.12.1985	Ivoclar
16.12.1985	ABl. L 376/15 v. 31.12.1985	Villeroy & Boch
10.7.1987	ABl. L 222/1 v. 10.8.1987	Tipp-Ex
13.7.1987	ABl. L 222/12 v.10.8.1987	Computerland
22.12.1987	WuW/E EV 1312	ARG/Unipart
14.11.1988	ABl. L 332/38 v. 3.12.1988	Service Master
2.12.1988	ABl. L 35/31 v. 7.2.1989	Charles Jourdan

Kommission

Entsch. v.	*Aktenzeichen*	*Titel*
17.12.1990	WuW/E EV 1555	Promodes/DIRSA
20.12.1990	WuW/E EV 1609	Cargill/Unilever
11.1.1991	ABl. L 75/57 v. 21.3.1991	Vichy
22.2.1991	IV/M.057	Digital/Kienzle
25.2.1991	WuW/E EV 1587	Aerospatiale/MBB
21.3.1991	WuW/E EV 1605	Otto/Grattan
25.4.1991	IV/M.080	La Redoute/Empire
30.4.1991	ABl. L 178/31 v. 6.7.1991	Scottish Nuclear
29.5.1991	WuW/E EV 1735	Magneti Marelli/CEAc
6.6.1991	WuW/E EV 1626	VIAG/Continental Can
28.6.1991	IV/M.099	Nissan/R.Nissan
19.7.1991	WuW/E EV 1644, 1647	Tetra Pak/Alfa Laval
30.7.1991	IV/M.062	Eridania/ISI
31.7.1991	WuW/E EV 1701	Varta/Bosch
23.9.1991	WuW/E EV 1662	Mannesmann/Boge
2.10.1991	WuW/E EV 1675	Aérospatiale/De Havilland
9.12.1991	WuW EV 1783	Lucas/Eaton
19.12.1991	WuW/E EV 1763	Courtaulds/SNIA
21.1.1992	ABl. C 21/27 v. 28.1.1992	Inchcape/IEP
3.2.1992	WuW/E EV 1819	SPAR/Dansk Supermarket
24.2.1992	WuW/E EV 1817	Torras/Sarrio
13.7.1992	WuW/E EV 1945	Promodes/BRMC
22.7.1992	WuW/E EV 1903	Nestlé/Perrier
24.7.1992	ABl. L 236/11 v. 19.8.1992	Parfums Givenchy
25.11.1992	ABl. L 366/47 v. 15.12.1992	Internationaler Eisenbahnverband
22.12.1992	ABl. L 50/14 v. 2.3.1993	Jahrhundertvertrag
23.12.1992	ABl. L 34/20 v. 10.2.1993	CEWAL u.a.
4.9.1992	IV/M. 239	Avesta/British Steel/NCC/AGA/Axel Johnson
30.9.1992	ABl. L 7/13 v. 13.1.1993	Du Pont/ICI
12.11.1992	ABl. L 114/34 v. 8.5.1993	Mannesmann/Hoesch
4.5.1993	ABl. L 217/35 v. 27.8.1993	KNP/BT/VRG
1.7.1993	IV/M.326	Toyota Motor Corp./Walter Frey/Toyota France
29.10.1993	WuW/E EV 2157	Mc Cormick/CPC/Rabobank/Ostmann
29.11.1993	IV/M.390	AKZO/Nobel Industrier

Kommission

Entsch. v.	*Aktenzeichen*	*Titel*
21.12.1993	ABl. L 20/15 v. 25.1.1994	Grundig EG-Vertriebsbindung II
21.12.1993	ABl. L 158/24 v. 25.6.1994	Pilkington-Techint/SIV
13.4.1994	Bull. 4/1994, S. 24	FNK/SCK
21.6.1994	ABl. L 354/32 v. 31.12.1994	Procter & Gamble/Schickedanz
6.7.1994	Fall IV/M. 460	Holdercim/Cedest
24.6.1996	ABl. L 188/37 v. 27.7.1996	BNP/Dresdner Bank
27.8.1996	ABl. C 306/4 v. 15.10.1996	Rewe/Billa
20.11.1996	ABl. L 110/53 v. 26.4.1997	Kesko/Tuko
22.1.1997	ABl. L 218/15 v. 9.8.1997	Coca-Cola/Amalgamated Beverages
15.10.1997	IV/M.938	Guiness/Grand Metropolitan
10.11.1997	IV/M.1001	Preussag/Hapag-Lloyd
10.11.1997	IV/M.1019	Preussag/TUI
3.12.1997	ABl. L 201/102 v. 17.7.1998	VEBA/Degussa
28.1.1998	ABl. L 124/60 v. 25.4.1998	Volkswagen I
11.2.1998	ABl. L 211/22 v. 29.7.1998	Agfa-Gevaert/DuPont
11.3.1998	ABl. L 246/1 v. 4.9.1998	Van den Bergh Foods Limited
2.6.1998	WuW/E EU-V 74	Thyssen/Krupp
11.11.1998	ABl. L 183/1 v. 16.7.1999	Skanska/Scancem
3.2.1999	ABl. L 274/1 v. 23.10.1999	Rewe/Meinl
3.6.1999	Nr. IV/C-2/31.609 u. 37.306	Agence et Messagerie de Presse (AMP)
3.8.1999	WuW/E EU-V 347	Kirch/Mediaset
9.2.2000	ABl. L 120/1 v. 7.5.2002	Linde/AGA
29.6.2000	WuW/E EU-V 514	„Spring-Spring“ und „Inntrepreneur“
23.10.2000	COMP/M.2161	Ahold/Superdiplo
29.6.2001	ABl. L 262/14 v. 2.10.2001	Volkswagen II
6.7.2001	COMP/M.2488	Alcatel/Alcatel Space
10.10.2001	ABl. L 257/1 v. 25.9.2002	Mercedes-Benz
5.12.2001	ABl. L 200/1 v. 7.8.2003	Interbrew
27.9.2002	WuW/E EU-V 779	A.S. Watson/Kruidvat
30.10.2002	ABl. L 255/33 v. 8.10.2003	Nintendo-Vertrieb
15.4.2003	IP/03/545	Interbrew – Lieferverträge
16.10.2003	ABl. L 75/59 v. 12.3.2004	ARGEV ARO
24.3.2004	COMP/C-3/37.792	Microsoft
20.10.2004	ABl. C 258/7 v. 20.10.2004	Repsol

Kommission

Entsch. v.	*Aktenzeichen*	*Titel*
26.10.2004	P 04/1310	GDF/ENI
26.10.2004	IP 04/1310	GDF/ENELI

BVerfG

Entscheidung vom	*Fundstelle*	*Titel*
23.10.1951 (Urt.)	BVerfGE 1, 14	
1.12.1954 (Urt.)	BVerfGE 4, 115	
30.5.1956 (Urt.)	BVerfGE 5, 25	Apothekenstopp-Gesetz
28.11.1957 (Beschl.)	BVerfGE 7, 183	
19.3.1958 (Beschl.)	BVerfGE 7, 330	
12.11.1958 (Beschl.)	BVerfGE 8, 274	Preisgesetz
3.2.1959 (Beschl.)	BVerfGE 9, 137	
27.4.1959 (Urt.)	BVerfGE 9, 268	
7.4.1964 (Beschl.)	BVerfGE 17, 306	
19.7.1966 (Urt.)	BVerfGE 20, 56	Staatliche Parteienfinanzierung
15.11.1967 (Beschl.	BVerfGE 22, 330	Milch- und Fettgesetz
15.7.1969 (Beschl.)	BVerfGE 26, 338	EisenbahnkreuzungsG
13.10.1970 (Beschl.)	BVerfGE 29, 198	SchwellenpreisVO
7.7.1971 (Beschl.)	BVerfGE 31, 255	
21.10.1971 (Beschl.)	BVerfGE 32, 145	
9.5.1972 (Beschl.)	BVerfGE 33, 125	Facharzt
10.10.1972 (Beschl.)	BVerfGE 34, 52	
28.10.1975 (Beschl.)	BVerfGE 40, 237	
1.3.1978 (Beschl.)	BVerfGE 47, 285	Notargebühren
8.8.1978 (Beschl.)	BVerfGE 49, 89	Kalkar
23.3.1982 (Beschl.)	BVerfGE 60, 136	
20.10.1982 (Beschl.)	BVerfGE 61, 260	

BVerfG

Entscheidung vom	*Fundstelle*	*Titel*
14.6.1983 (Beschl.)	BVerfGE 64, 208	Bergmannsversorgungsschein I
22.11.1983 (Beschl.)	BVerfGE 65, 283	
16.10.1984 (Beschl.)	BVerfGE 67, 348	Zugewinn
24.4.1985 (Urt.)	BVerfGE 69, 1	
25.2.1988 (Beschl.)	BVerfGE 78, 32	Bergmannsversorgungsschein II
18.5.1988 (Beschl.)	BVerfGE 78, 205	
24.4.1991 (Urt.)	BVerfGE 84, 133	
2.3.1993 (Beschl.)	BVerfGE 88, 103	
12.10.1993 (Urt.)	BVerfGE 89, 155	Maastricht

BGH

Entscheidung vom	*Fundstelle*	*Titel*
22.11.1954 (Urt.)	BGHZ 15, 221	
16.10.1962 (Urt.)	WuW/E BGH 509	VW Originalersatzteile I
18.6.1964 (Urt.)	BGHZ 42, 59	
15.12.1967 (Urt.)	WuW/E BGH 877	Shell-Tankstelle
9.6.1969 (Urt.)	WuW/E BGH 1013	Tankstellen-Stationärvertrag
2.10.1969 (Urt.)	GRUR 1970, 195	Bierbezug II
7.10.1970 (Urt.)	NJW 1970, 2243	
29.10.1970 (Urt.)	WuW/E BGH 1168	Blitzgeräte
14.6.1972 (Urt.)	NJW 1972, 1459	
23.5.1973 (Urt.)	WM 1973, 924	
17.10.1973 (Urt.)	WM 1973, 1360	
23.9.1975 (Urt.)	WuW/E BGH 1402	EDV-Zubehör
3.7.1976 (Beschl.)	WuW/E BGH 1435	Vitamin-B12
14.10.1976 (Urt.)	WuW/E BGH 1458	Fertigbeton
16.12.1976 (Beschl.)	WuW/E BGH 1445	Valium

BGH

Entscheidung vom	*Fundstelle*	*Titel*
21.2.1978 (Beschl.)	WuW/E BGH 1501	Kfz-Kupplungen
18.12.1979 (Beschl.)	WuW/E BGH 1685	Springer/Elbe Wochenblatt
18.12.1979 (Beschl.)	WuW/E BGH 2000	Beistand bei Kostenangeboten
27.1.1981 (Beschl.)	WuW/E BGH 1787	Garant-Lieferprogramm
26.5.1981 (Beschl.)	WuW/E BGH 1889	Brunnenhof
22.9.1981 (Beschl.)	WuW/ E BGH 1829	VW-Originalersatzteile II
3.11.1981 (Urt.)	WuW/E BGH 1898	Holzpaneele
31.3.1982 (Urt.)	BB 1982, 1016	
27.2.1985 (Urt.)	NJW 1985, 2693	
25.6.1985 (Beschl.)	WuW/E BGH 2150	Edelstahlbestecke
4.2.1986 (Urt.)	WuW/E BGH 2256	Herstellerpreiswerbung
11.3.1986 (Beschl.)	WuW/E BGH 2231	Metro/Kaufhof
15.4.1986 (Beschl.)	WuW/E BGH 2238	EH-Partner-Vertrag
27.5.1986 (Urt.)	WuW/E BGH 2285	Spielkarten
26.5.1987 (Beschl.)	WuW/E BGH 2406	Inter Mailand-Spiel
23.2.1988 (Urt.)	WuW/E BGH 2483	Sonderungsverfahren
23.2.1988 (Urt.)	WuW/E BGH 2491	Opel Blitz
14.3.1990 (Beschl.)	WuW/E BGH 2627	Sportübertragungen
25.9.1990 (Urt.)	WuW/E BGH 2668	Pauschalreise-Vermittlung I
15.10.1991 (Urt.)	WuW/E BGH 2729	Zur Luft
8.4.1992 (Urt.)	NJW 1992, 2145	
18.5.1993 (Beschl.)	WuW/E BGH 2869	Pauschalreisevermittlung II
24.10.1995 (Beschl.)	WUW/E BGH 3026	Backofenmarkt
14.1.1997 (Urt.)	WuW/E BGH 3115	Druckgußteile
14.1.1997 (Urt.)	WuW/E BGH 3121	Bedside-Testkarten
6.5.1997 (Urt.)	WuW/E BGH 3137	Sole
13.1.1998 (Beschl.)	WuW/E DE-R 115	CP-System (carpartner)
12.5.1998 (Urt.)	WuW/E DE-R 131	Subunternehmervertrag I
12.5.1998 (Urt.)	WuW/E DE-R 206	Depotkosmetik
2.2.1999 (Urt.)	WuW/E DE-R 264	Subordinationsfranchising (Sixt)
18.9.1999 (Beschl.)	WRP 2000, 196, 199	Verbundnetz I“

BGH

Entscheidung vom	*Fundstelle*	*Titel*
14.3.2000 (Urt.)	WuW/E DE-R 487	Zahnersatz aus Manila
14.3.2000 (Urt.)	WuW/E DE-R 505	Subunternehmervertrag II
24.9.2002 (Beschl.)	WuW/E DE-R 984	Konditionenanpassung
18.2.2003 (Beschl.)	WuW/E DE-R 1119	Verbundnetz II
20.5.2003 (Urt.)	WuW/E DE-R 1170	Preisbindung durch Franchisegeber II
4.11.2003 (Urt.)	WuW/E DE-R 1203	Depotkosmetik im Internet
30.3.2004 (Urt.)	WuW/E DE-R 1283	Der Oberhammer
13.7.2004 (Beschl.)	WuW/E DE-R 1301	Sanacorp/ANZAG
13.7.2004 (Urt.)	WuW/E DE-R 1335	Citroën

KG, OLG und LG

Gericht	*Entscheidung vom*	*Fundstelle*	*Titel*
KG	1.12.1976 (Beschl.)	WuW/E OLG 1745, 1748	Sachs
	30.11.1977 (Beschl.)	WuW/E OLG 1961	Flug-Union
	14.4.1978 (Beschl.)	WuW/E OLG 1983	Rama-Mädchen
	18.5.1979 (Beschl.)	WuW/E OLG 2120	Mannesmann/ Brueninghaus
	24.4.1985 (Beschl.)	WuW/E OLG 3577	Hussel/Mara
	7.2.1986 (Beschl.)	WuW/E OLG 3807	Gruner + Jahr/ZEIT II
	5.11.1986 (Beschl.)	WuW/E OLG 3917	Coop Wandmaker
	16.12.1987 (Beschl.)	WuW/E OLG 4167	Kampffmeyer/Plange
	27.11.1991 (Beschl.)	WuW/E OLG 4919	Pauschalreise veranstalter II
	18.10.1995 (Beschl.)	WuW/E OLG 5549	Fresenius/Schiwa
	14.2.1996 (Beschl.)	RdE 27 (28)	Demarkation Gasversorgung
OLG Düsseldorf	19.10.1976 (Beschl.)	WuW/E OLG 1801	Rhenania-Pilsner
	19.10.1993 (Urt.)	U Kart 1/93	
	18.2.1994 (Urt.)		

KG, OLG und LG

Gericht	*Entscheidung vom*	*Fundstelle*	*Titel*
OLG Düsseldorf	24.3.2004 (Urt.)	unveröffentlicht – VI – U (Kart) 43/02 *www.justiz.nrw.de*	
	23.6.2004 (Urt.)	WuW/E DE-R 1410	Tschechisches Bier
	27.10.2004 (Urt.)	unveröffentlicht – VI –U (Kart) 41/03	
OLG Frankfurt/M.	28.11.1985 (Urt.)	WuW/E OLG 3858	Pirelli Tennisschuhe
	6.12.1994 (Urt.)	11 U (Kart) 73/94	
	18.11.2003 (Urt.)	unveröffentlicht – 11 U 2/03 (Kart)	
OLG Hamburg	8.12.1993 (Urt.)	WuW/E OLG 3195	Metall-Lösungsmittel
	13.4.2000 (Urt.)	WuW/E DE-R 506	Tankstellenverwalter
OLG Karlsruhe	23.4.1980 (Urt.)	WuW/E OLG 2289	Zeitschriftengrossisten
OLG Köln	4.3.1993 (Urt.)	NJW-RR 1994, 242	
OLG München	23.10.1986 (Urt.)	WuW/E OLG 3946	Fassadenbau
	28.6.1990 (Urt.)	WuW/E OLG 4650	Windsurfing
	18.11.1993 (Urt.)	U (K) 7229/92	
	22.9.1994 (Urt.)		
	27.2.1997 (Urt.)	WuW/E OLG 5869	Sixt-Franchisevertrag
	18.1.2001 (Urt.)	WuW/E DE-R 968	Riegele
	6.12.2001 (Urt.)	GRUR-RR 2002, 207	Depositär
	1.8.2002 (Urt.)	WUW/E DE-R 991	Tankstelle Germering
	27.1.2005 (Beschl.)	NJW-RR 2005, 770	
OLG Naumburg	15.9.2004 (Urt.)	WuW/E DE-R 1426	Düngemittellagerung
OLG Stuttgart	26.7.1985 (Beschl.)	WuW/E OLG 3628	Gaststätte Lamm
	2.10.1992 (Urt.)	NJW-RR 1993, 937	
	24.10.2002 (Urt.)	WuW/E DE-R 1084	Immobilienvertrieb

KG, OLG und LG

Gericht	*Entscheidung vom*	*Fundstelle*	*Titel*
LG Berlin	13.1.2004 (Urt.)	unveröffentlicht – 102 O 122/03	
LG Düsseldorf	14.8.2002 (Urt.)	unveröffentlicht – 12 O 548/01	
LG Frankfurt/M.	15.11.2002 (Urt.)	WuW/E DE-R 1200	Autovermietungs-agenturen
LG Köln	3.7.2003 (Urt.)	unveröffentlicht – 8 O 315/02	
LG München I	1.4.2005 (Urt.)	unveröffentlicht – 27 O 899/04	

BKartA

Beschluss vom	*Fundstelle*	*Titel*
28.11.1963	WuW/E BKartA 761	Elektro-Discount
22.5.1968	WuW/E BKartA 1199	Kraftfahrzeugpflegemittel
23.9.1975	WuW/E BKartA 1583	Metro
4.3.1981	WuW/E BKartA 1867	Rheinmetall/WMF
29.6.1981	WuW/E BKartA 1897	Hussel/Mara
8.2.1983	WuW/E BKartA 2010	Armaturen
28.4.1989	Z (4) 141 (144)	
15.4.1993	WuW/E BKartA 2521	Zahnradfabrik Friedrichshafen/Allison
24.1.1995	WuW/E BKartA 2729	Hochtief/Philipp Holzmann
27.2.1997	WuW/E BKartA 2285	Kali + Salz/PCS
21.8.1997	WuW/E DE-V 9	Ostfleisch

BKartA

Beschluss vom	*Fundstelle*	*Titel*
21.4.1999	WuW/E DE-V 145	Pfleiderer/Coswig
16.6.1999	WuW/E DE-V 162	Porta
29.7.1999	WuW/E DE-V 187	MZO
25.8.1999	WuW/E DE-V 209	Stellenmarkt für Deutschland II
9.12.1999	WuW/E DE-V 203	Krautkrämer/Nutronik
11.2.2000	WuW/E DE-V 235	Dürr/Alstom
26.4.2000	WuW/E DE-V 286	Holsten/König
21.6.2000	WuW/E DE-V 275	Melitta
3.7.2000	WuW/E DE-V 301	REW/VEW
14.7.2000	WuW/E DE-V 331	Flowserve/Ingersoll-Dresser
9.8.2000	WuW DE-V 289	Freie Tankstellen
11.10.2000	WuW/E DE-V 367	Heide
28.2.2001	WuW/E DE-V 453	Wasserwerke Westfalen
27.3.2001	WuW/E DE-V 457	Haniel Bau-Industrie
2.7.2001	WuW/E DE-V 465	Readymix
24.5.2002	WuW/E DE-V 677	RWE Nord
15.7.2002	B 8-87/01	Citiworks
1.10.2002	WuW/E DE-V 689	TRABA
17.12.2002	WuW/E DE-V 759	Nehlsen/Rethmann
26.2.2003	WuW/E DE-V 845	RWE/Kreiswerke Heinsberg
6.5.2003	WuW/E DE-V 772	Werhahn
2.9.2003	B 7-69/03	Ansmann Energy
20.11.2003	WuW/E DE-V 837	E.ON/Stadtwerke Lübeck
17.6.2004	WuW/E DE-R 960	Vetra/Danzer
22.7.2004	WuW/E DE-V 983	Mainova/Aschaffenburger Versorgungs GmbH
28.10.2004	WuW/E DE-V 1017	Schneider/Classen
16.11.2004	WuW/E DE-V 995	Rethmann/GfA Köthen
13.1.2006	WuW/E DE-V 1147	E.ON Ruhrgas

BVerwG

Urteil vom	*Fundstelle*	*Titel*
29.8.1961	NJW 1962, 506	Kölner Bauordnung
28.11.1963	BVerwGE 17, 192	Landschaftsschutzverordnung
19.12.1963	DBVl. 1964, 765	Bayrische Beamtenbesoldung
28.6.1967	BVerwGE 27, 239	
3.3.1989	BayVBl. 1990, 249	Fehlbelegungsabgabe

OVG, VG, VGH, BAG, BSG, MVVerfG, BayVGH

Gericht	*Entscheidung vom*	*Fundstelle*
BAG	16.8.1988 (Urt.)	BB 1989, 152
BayVerfGH	31.1.1989	NVwZ 1989, 1053
BSG	17.3.1972 (Urt.)	BSGE 34, 115
	11.12.1990 (Urt.)	BSGE 68, 47
MVVerfG	18.5.2000 (Urt.)	LKV 2000, 345
OVG Hamburg	8.7.1980 (Urt.)	NJW 1980, 2830
OVG NW	1.2.1996 (Beschl.)	NWVBl. 1996, 307
VGH Baden-Würtemmberg	5.2.1991 (Beschl.)	ZLR 1991, 513
VG Hamburg	17.5.1978 (Urt.)	NJW 1979, 667

Literaturverzeichnis

A. Aufsätze, Kommentare, Monographien

Ablasser-Neuhuber, Astrid/Flener, Lukas, Reform des österreichischen Kartellrechts: Begutachtungsentwurf der Kartellgesetznovelle 2005, WuW 2005, 254-265

Ackermann, Thomas, Art. 85 Abs. 1 EGV und die rule of reason: zur Konzeption der Verhinderung, Einschränkung oder Verfälschung des Wettbewerbs, 1. Auflage, Köln 1997, zugl.: Bonn, Univ., Diss., 1997

ders., Die Zukunft vertikaler Vertriebsvereinbarungen im EG-Kartellrecht, EuZW 1997, 271-275

ders., Die neuen EG-Wettbewerbsregeln für vertikale Beschränkungen, EuZW 1999, 741-746

Andersson-Lindström, Nils, Viele Vertriebsvereinbarungen stehen vor dem Aus – Gelplante GWB-Novelle hat Tücken/Nichtigkeit von Händlerverträgen, FAZ vom 8.12.2004, S. 23 (Nr. 287)

Andrews, Philip, „Modernisation“ – Irish Style, E.C.L.R. 2002, 469-473

Armengod, Héctor, A White Book for the Reform of the Spanish Competition Law System, E.C.L.R. 2005, 428-431

Arndt, Gottfried, Die dynamische Rechtsnormverweisung in verfassungsrechtlicher Sicht – BVerfGE 47, 285, JuS 1979, 784-789

Arnheim, Elke van, Der räumlich relevante Markt im Rahmen der Fusionskontrolle: Staatsgrenzen als Marktgrenzen, Köln 1991, zugl.: Münster, Univ., Diss., 1991

Autenrieth, Karlheinz, Kommissionsagenturvertrag als unzulässige Preisbindung, Urteilsanmerkung zu KG, Beschluss vom 5.8.1982, BB 1983, 458-459

Bach, Albrecht, Der Marktbeherrschungsbegriff in der EG-Fusionskontrolle, auch im Vergleich zum deutschen Kartellrecht, WuW 1993, 805-817

Baden, Gerd-Uwe, Ausschließlichkeitsbindungen von Absatzmittlern in Handels- und Kartellrecht: Entstehung und Kontrollierbarkeit nach § 18 GWB, 1. Auflage, Frankfurt am Main 1986, zugl.: Hamburg, Univ., Diss., 1986

Bahr, Christian, Die Behandlung von Vertikalvereinbarungen nach der 7. GWB-Novelle, WuW 2004, 259-266

Baker, Simon /Wu, Lawrence, Applying the Market Definition Guidelines of the European Commission, E.C.L.R. 1998, 273-280

Bala, Andreas, Art. 90 Abs. 2 EGV im System unverfälschten Wettbewerbs unter besonderer Berücksichtigung der Elektrizitätsversorgungswirtschaft, Münster 1997, zugl.: Münster, Univ., Diss., 1997

Baron, Michael, Die Rechtsnatur der Gruppenfreistellungsverordnungen im System der Legalausnahme - ein Scheinproblem, WuW 2006, 358-365

Bartosch, Andreas, Von der Freistellung zur Legalausnahme – was geschieht mit der Rechtssicherheit?, WuW 2000, 462-473

Bauer, Michael, Kartellrechtliche Zulässigkeit von Beschränkungen des Internetvertriebs in selektiven Vertriebssystemen, WRP 2003, 243-248

Bauer, Michael/Bronett, Georg Klaus de, Die EU-Gruppenfreistellungsverordnung für vertikale Wettbewerbsbeschränkungen, Köln 2001

Baumbach, Adolf/Hefermehl, Wolfgang, Wettbewerbs- und Warenzeichenrecht, 8. Auflage, München 1960

Baur, Jürgen F., Geschlossene Versorgungsgebiete, Versorgungssicherheit oder Wettbewerb, 1. Auflage, Köln 1979

ders., Die Gebietsschutzverträge der Energieversorgungswirtschaft unter Fristenregelung und Kartellverbot seit der 4. Kartellnovelle, Heidelberg u.a. 1981

ders., Handelsvertretersysteme und § 15 GWB, BB 1985, 1821-1827

ders., Die Telefunken-Entscheidung des Bundesgerichtshofs und ihre Auswirkungen auf Handelsvertreter- und Kommissionärsbindungen, WuW 1987, 464-475

ders., Der Einfluß des Europäischen Wettbewerbsrechts auf die deutsche Energiewirtschaft, RdE 1992, 41-49

ders., Schicksal der Lieferverträge nach Wegfall der Ausschließlichkeitsabrede, RdE 1997, 41-46

ders., Langfristige Gaslieferungsverträge, FS Sandrock, Heidelberg 2000, S. 35-47

Bayreuther, Frank, Absoluter Gebietsschutz und quantitativ-selektiver Vertrieb im Kfz-Handel, WuW 1998, 820

ders., Die Reform der EG-Wettbewerbspolitik gegenüber vertikalen Wettbewerbsbeschränkungen, EWS 2000, 106-115

Bechtold, Rainer, Kartellgesetz: Gesetz gegen Wettbewerbsbeschränkungen, Kommentar, 3. Auflage, München 2002

ders., Zwischenstaatlichkeitsklausel und Vorrang des Gemeinschaftsrechts, AWD/RIW 1974, 258-261

ders., Nationale Vertriebssysteme und EWG Kartellrecht, RIW 1975, 185-190

ders., Neue Entwicklungen in der EWG-rechtlichen Beurteilung vertikaler Vertriebssysteme, RIW 1987, 809-814

Bechtold, Rainer, Modernisierung des EG-Wettbewerbsrechts: Der Verordnungsentwurf der Kommission zur Umsetzung des Weißbuchs, BB 2000, 2425-2431

ders., EG-Gruppenfreistellungsverordnungen – eine Zwischenbilanz, EWS 2001, 49-55

ders., Zulassungsansprüche zu selektiven Vertriebssystemen unter besonderer Berücksichtigung der Kfz-Vertriebssysteme, NJW 2003, 3729-3734

ders., Maßstäbe der „Selbstveranlagung" nach Art. 81 Abs. 3 EG, WuW 2003, 343

ders., Grundlegende Umgestaltung des Kartellrechts: Zum Referentenentwurf der 7. GWB-Novelle, DB 2004, 235-241

Bechtold, Rainer/Bosch, Wolfgang/Brinker, Ingo/Hirsbrunner, Simon, EG-Kartellrecht, Kommentar, 1. Auflage, München 2005

Bechtold, Rainer/Buntscheck, Martin, Die 7. GWB-Novelle und die Entwicklung des deutschen Kartellrechts 2003 bis 2005, NJW 2005, 2966-2973

Becker, Carsten/Pfeiffer, Anne-Katrin, Die Entscheidung „Depotkosmetik im Internet" des Bundesgerichtshofs, ZWeR 2004, 268-284

Beckmann, Martin, Anmerkungen zur kartellrechtlichen Abgrenzung von Märkten auf dem Gebiet der Abfallentsorgung, WuW 2002, 16-24

Bellamy, Christopher/Child, Graham D./Roth, P. M., European Community Law of Competition, 5. Auflage, London 2001

Benisch, Werner, Bestimmung der Marktstellung bei Nachfragern, WuW 1977, 619-630

Bergh, Roger J. van den/Camesasca, Peter D., Die 6. GWB-Novelle unter dem Gesichtspunkt des Subsidiariätsprinzips: Teilkonvergenz mit dem europäischen Recht, WuW 1998, 1147-1162

Bergmann, Alfred, Selektive vertikale Vertriebsbindungssysteme im Lichte der kartell- und lauterkeitsrechtlichen Rechtsprechung des Bundesgerichtshofs und des Gerichtshofs der Europäischen Gemeinschaften, ZWeR 2004, 28-50

Bergmann, Helmut, Nachfragemacht in der Fusionskontrolle, Berlin 1989, zugl.: Tübingen, Univ., Diss., 1989

Bernitz, Ulf/Holland, Anna-Karin, Sweden Law, Commentary, The Swedish Competition Act, in: van Empel, Martin, Competition Law in Western Europe and the USA, Volume A, Band 4, 186. Lieferung, September 1999

Beutelmann, Martin, Selektive Vertriebssysteme im europäischen Kartellrecht, Heidelberg 2004, zugl.: Konstanz, Univ., Diss. 2003

Biedenkopf, Kurt, Vertragliche Wettbewerbsbeschränkung und Wirtschaftsverfassung – Die Ausschließlichkeitsbindung als Beispiel, Heidelberg 1958

Billhardt, Sven, Horizontale und vertikale Wettbewerbsbeschränkungen im Gesetz gegen Wettbewerbsbeschränkungen, Frankfurt am Main 2004, zugl.: Frankfurt, Univ., Diss., 2004

Bingaman, Anne K., Antitrust Enforcement, Some Initial Thoughts and Actions, Address Before the Antitrust Section of the American Bar Association (10.8.1993), 65 Antitrust & Trade Reg. Rpt. (BNA) 250 (12.8.1993)

Bishop, Simon, Pro-Competitive Exclusive Supply Agreements: How Refreshing! E.C.L.R. 2003, 229-232

Blaurock, Uwe, Kartellrechtliche Grenzen von Franchise-Systemen, in: Festschrift für Winfried Werner zum 65. Geburtstag – Handelsrecht und Wirtschaftsrecht in der Bankpraxis, Berlin, u.a. 1984

Böge, Ulf, Für Beratung stehen wir zur Verfügung, Interview mit Ulf Böge, Lebensmittelzeitung v. 7.10.2003, S. 12.

Böhner, Reinhard, Verbot von Preisempfehlungen im Sixt-Autovermiet-Franchisesystem nach § 38 Abs. 1 Nr. 11 GWB, BB 1997, 1427-1429

Börner, Bodo, Elektrizitätsversorgung und Gebietsgrenzen, RdE 1979, 50-62

Bork, Robert H., The antitrust paradox – a policy at war with itself, New York 1978

Bornkamm, Joachim, Wettbewerbs- und Kartellrechtsprechung zwischen nationalem und europäischem Recht, in: Festschrift aus Anlaß des fünfzigjährigen Bestehens von Bundesgerichtshof, Bundesanwaltschaft und Rechtsanwaltschaft beim Bundesgerichtshof, Köln u.a. 2000, S. 343-373

ders., Das Kartellverbot in der neueren Rechtsprechung des Bundesgerichtshofs, in: Festschrift für Karlmann Geiß zum 65. Geburtstag, Köln, u.a. 2000, S. 539-557

Bornkamm, Joachim/Becker, Mirko, Die privatrechtliche Durchsetzung des Kartellverbots nach der Modernisierung des EG-Kartellrechts, ZweR 2005, 213-236

Bossche, A. M. van den, The International Dimension of E.C. Competition Law: The Case of the Europe Agreement, E.C.L.R. 1997, 24-37

Brandner, Gert, Die überschießende Umsetzung von Richtlinien, Frankfurt am Main 2003, zugl.: Freiburg (Breisgau), Univ., Diss., 2003

Braun, Ellen, Der Systemwechsel im europäischen (und deutschen) Kartellrecht (VO 1/2003): Vorschläge für die Unternehmenspraxis, in: Behrens [Hrsg.]: Europäisches Wettbewerbsrecht im Umbruch, Baden-Baden 2004, S. 167-211

Breuer, Rüdiger, Direkte und indirekte Rezeption technischer Regeln durch die Rechtsordnung, AöR 101 (1976), S. 46-88

Brinker, Ingo, Mißbrauchsaufsicht auf der Grundlage der Gruppenfreistellungsverordnungen – Die Bedeutung des Widerrufsrechts der EG-Kommission im Rahmen der Gruppenfreistellungsverordnungen nach Art. 85 Abs. 3 EG-Vertrag, oJ (München 1995), zugl.: München, Univ., Diss., 1994

ders., Ansätze für eine EG-konforme Auslegung des nationalen Kartellrechts, WuW 1996, 549-558

ders., Die neue Gruppenfreistellungsverordnung für vertikale Wettbewerbsbeschränkungen, in: Schwarze, Europäisches Wettbewerbsrecht im Wandel, 1. Auflage, Baden-Baden 2001, S. 131-149

ders., Schadensersatz als Sanktion für Wettbewerbsverstöße, in: Schwarze, Jürgen, Instrumente zur Durchsetzung des europäischen Wettbewerbsrechts – Regelungstechniken, Kontrollverfahren und Sanktionen, 1. Auflage Baden-Baden 2002, S. 107-119

ders., Umbruch im Kartellrecht in Deutschland und Europa – Angleichung der Rechtsordnungen/Mitgliedstaaten geraten unter Angleichungsdruck, FAZ v. 7.4.2004 (Nr. 83), S. 25

Brokelmann, Helmut, Developments in National Competition Laws – Spain, April 1-June 30, 2003, WuW 2003, 922 f.

ders., Developments in National Competition Laws – Spain, October1-December 31, 2004, WuW 2005, 298 f.

Brühl, Raimund, Die Formel von den „institutionellen Gegebenheiten“ zur Einschränkung des § 15 GWB – Kritische Anmerkungen aus Anlaß des Urteils des Bundesgerichtshofs vom 26. Mai 1981 („Bundeswehrheime II“), WRP 1983, 3-6

Brugger, Winfried, Rechtsprobleme der Verweisung im Hinblick auf Publikation, Demokratie und Rechtsstaat, VerwArch 78 (1987) 1-44

Bruhin, Roland, Die Zwischenstaatlichkeitsklausel des europäischen Wettbewerbsrechtes in der Rechtsprechung des Gerichtshofes, Bern 1994, zugl.: Freiburg (Schweiz), Univ., Diss., 1994

Brunn, J.H. von, Das Wettbewerbsverbot im Handelsvertreterrecht beim Fehlen einer Vereinbarung, AcP 163 (1963) 487-514

Brunn, Thomas, Die EG-Kartellverfahrensverordnung 1/2003 und ihre Auswirkungen auf die Gruppenfreistellungsverordnungen und die Entzugsverfahren der Vertikal-GVO, Frankfurt am Main 2004, zugl.: Köln, Univ., Diss., 2004

Buchtova, Katerina, Marktstrukturelle Kriterien bei der kartellrechtlichen Beurteilung vertikaler Bindungen im europäischen und im tschechischen Kartellrecht, Frankfurt am Main 2004, zugl.: Hamburg, Univ., Diss., 2003

Büdenbender, Ulrich, Kurzkommentar zu LG Mannheim, Urt. v. 16.4.1999, EWiR 1999, 609-610

Büttner, Tilmann Andreas, Vertriebsbindungen: Zulässigkeit und Schutz nach der Rechtsprechungsänderung, Köln 2004, zugl.: Osnabrück, Univ., Diss., 2004

Bunte, Hermann-Josef, Neue Ansätze zur Beurteilung vertikaler Wettbewerbsbeschränkungen, in: FIW [Hrsg.], Schwerpunkte des Kartellrechts 1990/1991, Köln 1992, S. 51-70

ders., Langfristige Gaslieferverträge nach nationalem und europäischem Kartellrecht, 1. Auflage, Köln u.a. 2003

ders. [Hrsg.], Langen/Bunte, Kommentar zum deutschen und europäischen Kartellrecht, Band 1, Deutsches Kartellrecht, 10. Auflage, Neuwied, Kriftel 2006

ders. [Hrsg.], Langen/Bunte, Kommentar zum deutschen und europäischen Kartellrecht, Band 2, Europäisches Kartellrecht, 10. Auflage, Neuwied, Kriftel 2006

Bunte, Hermann-Josef/Sauter, Herbert, EG-Gruppenfreistellungsverordnungen, Kommentar, 1. Auflage, München 1988

Burkert, Thomas O.J., Die Zulässigkeit von Kopplungsgeschäften aus wettbewerbsrechtlicher Sicht, 1. Auflage, Baden-Baden 1992, zugl.: Tübingen, Univ., Diss., 1992

Burnley, Richard, Interstate Trade Revisited – The Jurisdictional Criterion for Articles 81 and 82 E.C., E.C.L.R. 2002, 217-226

Busche, Jan, Preisbindungsverbot und Markenwarenvertrieb – Zugleich ein Beitrag zur Methodik der Auslegung wettbewerbsrechtlicher Normen, Heidelberg 1990, zugl.: Kiel, Univ., Diss., 1989

Callies, Christian/Ruffert, Matthias, Kommentar des Vertrags über die Europäische Union und des Vertrags zur Gründung der Europäischen Gemeinschaft EUV/EGV, 2. Auflage, Neuwied 2002

Canenbley, Cornelis, Die Abgrenzung des geographisch relevanten Marktes in der EWG-Fusionskontrolle, in: Festschrift für Arved Deringer, 1. Auflage, Baden-Baden 1993, S. 226-245

Caspar, Ute, Wettbewerbliche Gesamtwürdigung von Vereinbarungen im Rahmen von Art. 81 Abs. 1 EGV – Ein Beitrag zur Auslegung des Tatbestandsmerkmals der Wettbewerbsbeschränkungen im europäischen Kartellverbot, Köln u.a. 2001, zugl: Berlin, Freie Universität, Diss. 1999

Cecchini, Paolo, Europa '92 – Die Vorteile des Binnenmarktes, Baden-Baden 1988

Charbonnier, Volker, Vertikale Absprachen im europäischen und internationalen Kartellrecht, DZWiR 1996, 265-273

Clemens, Thomas, Die Verweisung von einer Rechtsnorm auf andere Vorschriften – insbesondere ihre Verfassungsmäßigkeit, AöR 111 (1986), 63-127

Colemann, Martin/Grenfell, Michael, The Competition Act 1998 – A Guide to Procedures and Practice Under the UK's New Competition Legislation, Oxford 1999

Cramer, Horst H., Die Wettbewerbsverbote von Handelsvertretern und ihre kartellrechtliche Beurteilung, Köln 1972

Creutzig, Jürgen, EG-Gruppenfreistellungsverordnung (GVO) für den Kraftfahrzeugsektor – Praxiskommentar, Heidelberg, 2003

Crocioni, Pietro, The hypothetical monopolist test: What it can and cannot tell you, E.C.L.R. 2002, 354-362

Cultrera, Concetta, Les décisions GDF – La Commission est formelle: les clauses de restriction territoriale dans les contrats de gaz violent l'article 81, Competition Policy Newsletter 2005, Nr. 1, S. 45-48

Czarnetzki, Axel, Selektive Vertriebssysteme in der Europäischen Union, Baden-Baden 1997, zugl.: Innsbruck, Univ., Diss., 1994

Dallmann, Michael, Englische Klauseln nach der 7. GWB-Novelle, WRP 2006, 347-352

Danielsson, Christer, Developments in National Competition Laws – Sweden, July 1 – September 30, 2003, WuW 2003, 1301

ders, Developments in National Competition Laws – Sweden, January 1 – March 31, 2005, WuW 2005, 630 f.

Dauses, Manfred, Handbuch des EU-Wirtschaftsrechts, Loseblattsammlung, Band II, München, 11. Ergänzungslieferung, März 2002

Deringer, Arved, Stellungnahme zum Weißbuch der Europäischen Kommission über die Modernisierung der Vorschriften zur Anwendung der Art. 85 und 86 EGV, EuZW 2000, 5-11

ders., Reform der Durchführungsverordnung zu den Art. 81 und 82 des EG-Vertrags – Analyse aus Sicht eines Praktikers, EuR 2001, 306-323

Desai, Kiran, The European Commission's Draft Notice on Market Definition: a Brief Guide to the Economics, E.C.L.R. 1997, 473-477

Dichtl, Erwin/Andritzky, Klaus/Schobert, Rudolf, Ein Verfahren zur Abgrenzung des „relevanten Marktes" auf der Basis von Produktperzeptionen und Präferenzurteilen, WiSt 1977, 290-301

Dobson, P.W./Waterson, M., Vertical Restraints and Competition Policy, Forschungsarbeit, Office of Fair Trading, Dezember 1996

Dolzer, Rudolf/Vogel, Klaus/Graßhof, Karin, Bonner Kommentar zum Grundgesetz, Heidelberg, 116. Lieferung, April 2005

Dreher, Meinrad, Kartellrechtsvielfalt oder Kartellrechtseinheit in Europa? Harmonisierungsbedarf und Harmonisierungsgrenzen für nationale Kartellrechte, AG 1993, 437-448

ders., Die europafreundliche Anwendung des GWB – Zwang schadet, WuW 2005, 251

Dreier, Horst, Grundgesetz-Kommentar, Band II: Art. 20-82, Tübingen 1998

Dresel, Martina, Die Verbraucherbeteiligung am Gewinn als Freistellungsvoraussetzung nach Art. 85 Abs. 3 EWGV – Eine Analyse der Entscheidungspraxis der Kommission der Europäischen Gemeinschaften, Frankfurt am Main 1994, zugl.: Hamburg, Univ., Diss., 1993

Duijm, Bernhard, Die Wettbewerbspolitik der EG gegenüber vertikalen Vertriebsvereinbarungen, 1. Auflage, Baden-Baden 1997, zugl.: Tübingen, Univ., Diss., 1996

Easterbrook, Frank H., Vertical Arrangements and the Rule of Reason, Antitrust Law Journal 1984, 135-173

Ebel, Hans-Rudolf, Kartellrecht, GWB und EG-Vertrag, Frankfurt am Main, 38. Aktualisierung Dezember 2001

ders., Abgegrenzte Versorgungsgebiete auch nach der Energierechtsreform? WuW 1998, 448-456

Ebenroth, Carsten Thomas, Absatzmittlungsverträge im Spannungsverhältnis von Kartell- und Zivilrecht, 1. Auflage, Konstanz 1980

Ebenroth, Carsten Thomas/Boujong, Karlheinz/Joost, Detlev, Handelsgesetzbuch, Kommentar, Band 1: §§ 1-342a, München 2001

Ebenroth, Carsten Thomas/Hübschle, Wolfgang, Gewerbliche Schutzrechte und Marktaufteilung im Binnenmarkt der Europäischen Union, Heidelberg 1994

Ebenroth, Carsten Thomas /Lange, Knut Werner, Die Auswirkungen der Europäischen Fusionkontrollverordnung auf das bundesdeutsche Recht der Unternehmenszusammenschlüsse, BB 1991, 845-853

Ebenroth, Carsten Thomas/Rapp, Angela, Alleinbezugsverträge und EG-Kartellrecht, JZ 1991, 962-967

Ebsen, Ingwer, Fremdverweisungen in Gesetzen und Publikationsgebot, DÖV 1984, 654-662

Eerola, Mikko, Developments in National Competition Laws – Finland, April 1-June 30, 2003, WuW 2003, 918-919

Ehlermann, Claus-Dieter, Artikel 3 des Kommissionsvorschlags vom September 2000 – wohlbegründet!, WuW 2001, 231

Ehricke, Ulrich, Die Bindungswirkung von Negativattesten und Verwaltungsschreiben im Gemeinschaftsrecht, ZHR 158 (1994), 170-187

Ehricke, Ulrich, Dynamische Verweise in EG-Richtlinien auf Regelungen privater Normungsgremien, EuZW 2002, 746-753

Ehricke, Ulrich/Blask, Holger, Dynamischer Verweis auf Gruppenfreistellungsverordnungen im neuen GWB? JZ 2003, 722-730

Eibl, Sonja/Schultze, Jörg-Martin, From Freiburg to Brussels and Back Again: The Seventh Revision of Germany's Competition Law, E.C.L.R. 2005, 526-531

Eilmansberger, Thomas, Zum Vorschlag der Kommission für eine Reform des Kartellvollzugs, JZ 2001, 365-374

ders., Neues zum Handelsvertreterprivileg: Das Daimler-Chrysler-Urteil des EuG, ZWeR 2006, 64-76

Einsele, Dorothee, Auswirkungen der europäischen Fusionskontrollverordnung auf Gemeinschaftsunternehmen, RIW 1992, Beilage 2, S. 1-24

Emde, Raimond, Das Handelsvertreter-Kartellrecht nach den Leitlinien zur GVO 2790/99, BB 2002, 949-955

ders., Die Unzulässigkeit längerer als fünfjähriger Wettbewerbsverbote in Vertragshändlerverträgen (Art. 81 Abs. 1, 2 EG i.V.m. Art. 5 lit. a GVO 2790/99), WRP 2005, 1492-1500

Emmerich, Volker, Kartellrecht, 7. Auflage, München 1994

ders., Kartellrecht, 9. Auflage, München 2001

ders., Fusionskontrolle 1999/2000, AG 2000, 529-538

Ensthaler, Jürgen/Funk, Michael, Zukunft des selektiven Kfz-Vertriebs – Vertikal-GVO und Leitlinien der Kommission, BB 2000, 1685-1693

Ensthaler, Jürgen/Gesmann-Nuissl, Dagmar, Die rechtliche Stellung des Handelsvertreters innerhalb der Kfz-Vertriebssysteme, EuZW 2006, 167-172

Eucken, Walter, Die Grundlagen der Nationalökonomie, 8. Auflage, Berlin u.a. 1965

Feist, Christian, Die Vereinbarkeit der Demarkationsverträge in der leitungsgebundenen Gaswirtschaft mit dem europäischen Kartellrecht, RdE 1995, 186-191

Fikentscher, Wolfgang, „Sonstige Verträge" im Gesetz gegen Wettbewerbsbeschränkungen, in: Festschrift Hueck, 1958, S. 543-564

ders., Die Preislistentreue im Recht der Werbeagenturen, Stuttgart u.a. 1968

ders., Methoden des Rechts in vergleichender Darstellung, Band III, Mitteleuropäischer Rechtskreis, Tübingen 1976

ders., Das Unrecht einer Wettbewerbsbeschränkung: Kritik an Weißbuch und VO-Entwurf zu Art. 81, 82 EG-Vertrag, WuW 2001, 446-458

Fischötter, Werner, Verkehrsbefragung bei Bestimmung des relevanten Marktes? In: Festschrift für Gerd Pfeiffer, Köln 1988, S. 627-641

Fleischer, Holger, Absprachen im Profisport und Art. 85 EGV – eine kartellrechtliche Nachlese zum Bosman-Urteil des Europäischen Gerichtshofs, WuW 1996, 473-485

Flohr, Eckhard, Die konkreten Auswirkungen der neuen europäischen Gruppenfreistellungsverordnung auf Vertragsgestaltung und Vertragspraxis beim Franchising, in: Ahlert, Dieter [Hrsg.], Handbuch Franchising & Cooperation, Neuwied 2001, S. 339-359

Foer, Albert A., Putting the Antitrust Modernization Commission in Perspective, 51 Buffalo L. Rev. 1029 ff. (2003)

Fornalczyk, Anna, The Enforcement of Competition Policy in the Candidate Countries, Intereconomics 2002, 52-58

Forrester, Ian/Norall, Christopher, The laicization of Community law: Self-help and the rule of reason: How competition law is and should be applied, CMLR 1984, 11-51

Freund, Heinz-Joachim, Handelsvertreterverträge und EG-Kartellrecht, EuZW 1992, 408-412

Fritzemeyer, Wolfgang, Auswirkungen der EU-Gruppenfreistellungsverordnung auf die Gestaltung von Franchiseverträgen, BB 2002, 1658-1664

Fritzsche, Jörg, „Notwendige" Wettbewerbsbeschränkungen im Spannungsfeld von Verbot und Freistellung nach Art. 85 EGV, ZHR 160 (1996), 31-58

Fuchs, Andreas, Kartellrechtliche Grenzen der Forschungskooperation: eine vergleichende Untersuchung nach US-amerikanischem, europäischem und deutschem Recht, 1. Auflage, Baden-Baden, zugl.: Göttingen, Univ., Diss., 1988

ders., Die Gruppenfreistellungsverordnung als Instrument der europäischen Wettbewerbspolitik im System der Legalausnahme, ZWeR 2005, 1-31

ders., Die 7. GWB-Novelle - Grundkonzeption und praktische Konsequenzen, WRP 2005, 1384-1396

Funk, Michael, Kfz-Vertrieb und EU-Kartellrecht – Status quo und notwendige Veränderungen für Vertragshändler und Handelsvertreter, Berlin 2002, zugl.: Kaiserslautern, Uni., Diss., 2001

Furse, Mark, Competition Law of the EC and UK, 4. Auflage, Oxford 2004

Fuß, Ernst-Werner, Zur Verweisung des deutschen Umsatzsteuer-Gesetzes auf den Gemeinsamen Zolltarif der Europäischen Gemeinschaften, in: Festschrift Paulick 1973, 293-323

Gamber, Dieter, Die verfassungsrechtliche Problematik der dynamischen Verweisung von Landesrecht auf Bundesrecht, VBlBW 1983, 197-199

Gamm, Otto-Friedrich von, Potentieller Wettbewerb – Substitutionswettbewerb, in: Festschrift für Gerd Pfeiffer, Köln 1988, S. 643-657

Ganal, Michael, Die handels- und kartellrechtliche Beurteilung von Agentursystemen, München 1986, zugl.: München, Univ., Diss., 1986

Gayk, Andreas, Restriktionen des Tatbestandes des Art. 85 Abs. 1 EWG-Vertrag – Anwendungsfälle einer Rule of Reason in der Entscheidungspraxis des Gerichtshofes der Europäischen Gemeinschaften? Zugl.: Tübingen, Univ., Diss., 1991

Geers, Ulrich, Die Gruppenfreistellung im EG-Kartellrecht – Zur Fortentwicklung des europäischen Kartellrechts durch den Erlass einer Allgemeinen Gruppenfreistellungsverordnung, Münster 2000, zugl.: Bayreuth, Univ., Diss., 2000

Giesler, Patrick J./Nauschütt, Jürgen [Hrsg.], Franchiserecht – Handbuch für die anwaltliche und gerichtliche Praxis, 1. Auflage, Neuwied u.a. 2002

Gleiss, Alfred [Begr.]/Hirsch, Martin [Hrsg.]/Burkert, Thomas O.J.[Hrsg.], Kommentar zum EG-Kartellrecht, Band 1: Art. 85 und Gruppenfreistellungsverordnungen, 4. Auflage, Heidelberg 1993

Gliem, Barbara, Die Gruppenfreistellungsverordnungen im aktuellen und kommenden EG-Kartellrecht, Hamburg 2003, zugl.: Dissertation, Universität Kiel 2003

Glöckner, Jochen, Alles bleibt so, wie es wird! Die EG-Verordnung Nr. 1/2003, die geplante 7. GWB-Novelle und der kartellrechtliche Schutz gegenüber im Vertikalverhältnis bewirkten Wettbewerbsbeschränkungen, WRP 2003, 1327-1337

Göres, Joachim, Der Himmel ist immer freundlich, Neue Westfälische v. 6./7.8.2005, S.6

Görgemanns, Thomas, Der Begriff der kleinen und mittleren Unternehmen im Gesetz gegen Wettbewerbsbeschränkungen, Frankfurt am Main 1998, zugl.: Bonn, Univ., Diss., 1998

Goyder, Daniel G., EC Competition Law, 4. Auflage, Oxford 2003

Grabitz, Eberhard/Hilf, Meinhard [Hrsg.], Das Recht der Europäischen Union, Loseblattkommentar, München, 26. Ergänzungslieferung, März 2005

dies., [Hrsg.], Das Recht der Europäischen Union, EU-Kartellverfahrensverordnung, Kommentar zur VO 1/2003, Sonderausgabe, München 2005

Griffith, Mark, A Glorification of de minimis – The Regulation on Vertical Agreements, E.C.L.R. 2000, 241-247

Groeben, Hans von der/Schwarze, Jürgen [Hrsg.], Vertrag über die Europäische Union und Vertrag zur Gründung der Europäischen Gemeinschaft, Kommentar,
- Band 2: Art. 81-97 EGV, 6. Auflage, Baden-Baden 2003,
- Band 4: Art. 189-314 EGV, 6. Auflage, Baden-Baden 2004

Groeben, Hans von der/Thiesing, Jochen/Ehlermann, Claus-Dieter, Kommentar zum EU-/EG-Vertrag, Band 2/I: Art. 85-87 EGV, 5. Auflage, Baden-Baden 1999

Gröner, Helmut/Köhler, Helmut, Nachfragewettbewerb und Marktbeherrschung im Handel, BB 1982, 257-264

Gröning, Jochem, Die dezentrale Anwendung des EG-Kartellrechts gemäß dem Vorschlag der Kommission zur Ersetzung der VO 17/62, WRP 2001, 83-89

Gross, Herbert/Skaupy, Walther, Franchising in der Praxis – Fallbeispiele und rechtliche Grundlagen, Düsseldorf, 1976

Haase, Jörg, Absatzmittlungsverträge zwischen Warenproduzenten und Eigenhändlern – Eine Untersuchung aus kartell- und aus wettbewerbsrechtlicher Sicht, Köln u.a. 1996, zugl.: Bochum, Univ., Diss., 1995

Haberkamm, Katrin, Intrabrand-Wettbewerb und Missbrauchsaufsicht: Abgrenzung von Märkten und Bestimmung der Marktstärke im deutschen und europäischen Kartellrecht, Hamburg 2003, zugl.: Jena, Univ., Diss., 2003

Habersack, Mathias/Mayer, Christian, Die überschießende Umsetzung von Richtlinien, JZ 1999, 913-921

Hahn,Helmuth von/Jaeger, Wolfgang/Pohlmann, Petra/Rieger, Harald/Schroeder, Dirk, Frankfurter Kommentar zum Kartellrecht – Mit Kommentierung des GWB, des EG-Kartellrechts und einer Darstellung ausländischer Kartellrechtsordnungen, Köln, 57. Lieferung, April 2005
- Band II – Kurzdarstellungen §§ 1-60 GWB
- Band IV – § 15-25 GWB a.F.
- Band V – §§ 21-97 GWB a.F.
- Band VI – EG-Kartellrecht, Sachregister

Hamer, Eberhard, Zuliefererdiskriminierung, Minden 1988

Harte-Bavendamm, Henning, Günstige Winde für den selektiven Vertrieb: Auswirkungen der neuen Gruppenfreistellungsverordnung für vertikaleVereinbarungen auf die Beurteilung selektiver Vertriebssysteme nach europäischem und deutschem Kartellrecht, in: Festschrift für Willi Erdmann S. 571-594, Köln u.a. 2002

Harte-Bavendamm, Henning /Kreutzmann, Alix, Neue Entwicklungen in der Beurteilung selektiver Vertriebssysteme, WRP 2003, 682-69

Hartog, Johanna/Noack, Britta, Die 7. GWB-Novelle, WRP 2005, 1396-1407

Harty, Ronan P., The Antitrust Modernization Commission: An Introduction, ANTITRUST SOURCE (Nov. 2004), im Internet unter http://www.abanet.org/antitrust/source/nov04/Nov04-Harty1129.pdf.

Hegyi, Gabor, Neuere Entwicklungen im Kartell- und Wettbewerbsrecht Ungarns unter Berücksichtigung der ungarischen Gruppenfreistellungsverordnungen, GRUR Int. 1999, 312-322

Heidenhain, Martin, Die Abgrenzung räumlich relevanter Nachfragemärkte in der Fusionskontrolle, AG 1987, 117-121

Hermanns, Ferdinand, Die kartellrechtliche Zulässigkeit von Meistbegünstigungsklauseln, WuW 1986, 671-679

Herrlinger, Justus, Änderungen der 7. GWB-Novelle im Rahmen des Gesetzgebungsverfahrens, WRP 2005, 1136-1139

Heutz, Stefan, Legalausnahme und Gruppenfreistellungsverordnungen im System der VO (EG) Nr. 1/2003, WuW 2004, 1255-1266

Hildebrand, Doris, The Role of Economic Analysis in the EC Competition Rules, 2. Auflage, Den Haag 2002

dies., 30 Jahre Preisbindungsverbot – Deutschland im Wandel, WRP 2004, 470-474

Hill, Hermann, Zur Verweisung auf Richtlinien im Kassenarztrecht, NJW 1982, 2104-2108

Hirsch, Günter, Anwendung der Kartellverfahrensverordnung (EG) Nr. 1/2003 durch nationale Gerichte, ZWeR 2003, 233-254

Hoch Classen, Mariel, Vertikale Wettbewerbsabreden im Kartellrecht, Zürich 2003, zugl.: Zürich, Univ., Diss., 2003

Hölzler, Heinrich/Satzky, Horst, Wettbewerbsverzerrungen durch nachfragemächtige Handelsunternehmen: Möglichkeiten und Grenzen ihrer Kontrolle, Köln u.a. 1980

Hömig, Dieter, Zur Zulässigkeit statischer Verweisung des Bundesrechts auf nichtnormative Regelungen, DVBl. 1979, 307-311

Holley, Donald L., EEC competition practice: a thirty-year retrospective, Fordham Corporate Law Institute 1993, 669 ff.

Honnefelder, Stephanie, Gruppenfreistellungsverordnung für selektive Vertriebssysteme, 1. Auflage, Baden-Baden 2003, zugl.: Göttingen, Univ., Diss., 2001

Hoppmann, Erich, Die Abgrenzung des relevanten Marktes im Rahmen der Missbrauchsaufsicht über marktbeherrschende Unternehmen, Baden-Baden 1974

Hopt, Klaus J., Handelsvertreterrecht, 3. Auflage, München 2003

Horsch, Saskia, Die Handelsvertretung im EG-Kartellrecht unter besonderer Berücksichtigung der Gruppenfreistellungsverordnung Nr. 2790/1999 und der Leitlinien für vertikale Beschränkungen, Münster 2004, zugl.: Köln, Univ., Diss., 2004

Horst, Jan-Peter, Das Verbot der vertikalen Preisbindung – Interdisziplinäre Analyse eines Tabus auf marketingwissenschaftlicher und wettbewerbspolitischer Grundlage, Frankfurt am Main 1992, zugl.: Münster, Univ., Diss., 1992

Hossenfelder, Silke, Thesen zu den Folgen der neuen VO 1/2003 für das Bundeskartellamt und das GWB, in: Behrens [Hrsg.]: Europäisches Wettbewerbsrecht im Umbruch, Baden-Baden 2004, S. 251-257

Hossenfelder, Silke/Töllner, Wilko/Ost, Konrad, Kartellrechtspraxis und Kartellrechtsprechung 2003/04, 19. Auflage, Köln 2004

Houtte, Ben van, Les contrats d'agence au regard de l'article 85 CEE: agir pour le compte d'autrui et integration dans son entreprise, Cahiers de Droit Européen 1989, 345-366

Immenga, Ulrich, 7. GWB-Novelle - auf rechtem Weg? BB 2005, Heft 33, I - Die erste Seite

Immenga, Ulrich/Mestmäcker, Ernst-Joachim, EG-Wettbewerbsrecht, Kommentar
- Band I, München 1997
- Band II, München 1997
- Ergänzungsband, München 2001

dies., Gesetz gegen Wettbewerbsbeschränkungen: GWB, Kommentar
- 3. Auflage, München 2001
- 2. Auflage, München 1992

Ipsen, Hans Peter, Europäisches Gemeinschaftsrecht, Tübingen 1972

Ipsen, Jörn, Staatsrecht I – Staatsorganisationsrecht, 14. Auflage, Neuwied 2002

Jachmann, Monika, Die Bindungswirkung normkonkretisierender Verwaltungsvorschriften, Die Verwaltung 1995, 17-31

Jaeger, Wolfgang, Die möglichen Auswirkungen einer Reform des EG-Wettbewerbsrechts für die nationalen Gerichte, WuW 2000, 1062-1074

Jakob-Siebert, Thinam/Reichl, Georg, Die neue Kommissionsbekanntmachung über Bierlieferungsverträge von geringer Bedeutung, EuZW 1992, 433-437

Jansen, Bernhard, Anmerkung zu BVerfG, Beschl. v. 1.3.1978, DÖV 1979, 332-334

Jansen, Udo, Die Kopplungsverträge im Recht der Wettbewerbsbeschränkungen: eine rechtstatsächliche und rechtsvergleichende Untersuchung zum amerikanischen, deutschen und europäischen Recht, Bad Homburg vor der Höhe 1968, zugl.: Münster, Univ., Diss.

Jarass, Hans D., Der rechtliche Stellenwert technischer und wissenschaftlicher Standards, NJW 1987, 1225-1231

Jehle, Thomas, Bierbezugsverträge und Gemeinschaftsrecht – Anmerkungen zur Entscheidung des EuGH in der Rechtssache Delimitis/Henninger Bräu AG, EuZW 1991, 372-375

Jickeli, Joachim, Marktzutrittsschranken im EG-Kartellrecht, (Teil 1), WuW 1992, 101-114

Joerges, Christian, Franchiseverträge und europäisches Wettbewerbsrecht – Eine Kritik der Pronuptia-Entscheidungen des EuGH und der Kommission, ZHR 151 (1987) 195-223

Joliet, René, The Rule of Reason in Antitrust Law – American, German and Common Market Laws in Comparative Perspective, Lüttich 1967

Jones, Alison/Sufrin, Brenda, EC Competition Law, 2. Auflage, Oxford 2001

Jones, Christopher/González-Díaz, Enrique, The EEC Merger Regulation, London 1992

Jutzi, Siegfried, Verfassungsreform in Rheinland-Pfalz, NJW 2000, 1295-1297

Kahlenberg, Harald, Novelliertes deutsche Kartellrecht, BB 1998, 1593-1599

Kahlenberg, Harald/Haellmigk, Christian, Referentenentwurf der 7. GWB-Novelle: Tief greifende Änderungen des deutschen Kartellrechts, BB 2004, 389-397

dies., Neues Deutsches Kartellgesetz – Stichtag: 01.07.2005: Änderung des GWB, BB 2005, 1509-1516

Kallfass, Hermann, Vertikale Verträge in der Wettbewerbspolitik der EU, WuW 1999, 225-244

Kamann, Hans-Georg/Bergmann, Ellen, Einseitige Vertriebsbeschränkungen und Art. 81 EG-Vertrag: Folgerungen aus dem Bayer-Adalat-Urteil des EuGH und dem Volkswagen-Urteil des EuG, EWS 2004, 151-155

Kapp, Thomas, EG-kartellrechtliche Fehlentwicklung bei Handelsvertreterverträgen? WuW 1990, 814-822

ders., Der Mehrfirmen-Handelsvertreter in der neuen Handelsvertreterbekanntmachung der EG-Kommission, RIW 1992, 235-236

Kapp, Thomas/ Andresen, Ole, Der Handelsvertreter im Strudel des Kartellrechts, BB 2006, 2253-2257

Karl, Matthias/ Reichelt, Daniel, Die Änderungen des Gesetzes gegen Wettbewerbsbeschränkungen durch die 7. GWB-Novelle, DB 2005, 1436-1444

Karpen, (Hans-)Ulrich, Die Verweisung als Mittel der Gesetzgebungstechnik, Berlin 1970

Karpen, Ulrich, Die Verweisungstechnik im System horizontaler und vertikaler Gewaltenteilung, in: Rödig [Hrsg.], Studien zu einer Theorie der Gesetzgebung, Berlin, 1976, S. 221-243

Kaufmann, Thomas, Das italienische Kartellgesetz von 1990 und sein Verhältnis zum europäischen Recht der Wettbewerbsbeschränkungen, Frankfurt am Main 1993

Kauper, Thomas, The Problem of Market Definition Under EC Competition Law, Fordham International Law Journal, 1997, 1682 ff.

Kerls, Kathrin, Die Anpassung des deutschen Kartellverbots und seiner Ausnahmen an das europäische Recht: Überlegungen zur sechsten Novelle des Gesetzes gegen Wettbewerbsbeschränkungen anhand eines Rechtsvergleichs der §§ 1, 2 bis 8 GWB und Art. 85 Abs. 1 und 3 EGV, Stuttgart 1997, zugl.: Tübingen, Univ., Diss., 1997

Keul, Thomas, Kartellverbot und Lieferverträge: Ein Beitrag zur Reichweite von § 1 GWB, Regensburg 2000, zugl.: Berlin, Freie Universität, Diss., 2000

Kevekordes, Johannes, Zur EWG-Kartellrechtlichen Beurteilung von Franchiseverträgen – Bemerkungen zum Pronuptia-Urteil des Europäischen Gerichtshofs, BB 1987, 74-80

Kipp, Theodor, Über Doppelwirkungen im Recht, insbesondere über die Konkurrenz von Nichtigkeit und Anfechtbarkeit, in: Festschrift Martitz, 1911, S. 211-233

Kirchhoff, Wolfgang, Die kartellrechtliche Beurteilung vertikaler Vertriebsverträge: Intrabrand- und Interbrand-Wettbewerb als Kriterien in den USA, Deutschland und der EG, Köln u.a. 1990, zugl.: München, Univ., Diss., 1989

Kjølbye, Lars, The New Commission Guidelines on the Application of Article 81 (3): An Economic Approach to Article 81, E.C.L.R. 2004, 566-577

Klees, Andreas, Europäisches Kartellverfahrensrecht mit Fusionskontrollverfahren, 1. Auflage, Köln 2005

Klein, Petra, Gegensätzliche Bewertung der GWB-Novelle – Handel begrüßt Umsetzung der EU-Vorgaben in deutsches Kartellrecht - Markenverband vermisst Aufgreifen nationaler Probleme, Lebensmittel-Zeitung v. 13.2.2004, S. 34

dies., Bundesregierung bleibt bei GWB-Novelle stur, Lebensmittel-Zeitung v. 13.8.2004, S. 30

Kleinmann, Werner/Bechtold, Rainer, Kommentar zur Fusionskontrolle, 2. Auflage, Heidelberg 1989

Klindt, Thomas, Die Zulässigkeit dynamischer Verweisungen auf EG-Recht aus verfassungs- und europarechtlicher Sicht, DVBl. 1998, 373-380

Klotz, Robert/Zurkinden, Philipp, Die Anwendung des Kartellrechts auf kleine und mittlere Unternehmen. Ein Vergleich zwischen der EU und der Schweiz, WuW 1999, 120-132

Knappmann, Lutz, Zurück auf normalem Niveau, Manager-Magazin-Online v. 15.3.2005

Knauss, Pamela Sue, Die räumliche Marktabgrenzung in der Fusionskontrolle und Missbrauchsaufsicht über marktbeherrschende Unternehmen im deutschen und europäischen Recht, Tübingen 2003, zugl.: Tübingen, Univ., Diss, 2003

Knöpfle, Robert, Die Abgrenzung des relevanten Marktes bei der Anwendung des § 22 Abs. 1 GWB, in: FIW [Hrsg.], Schwerpunkte des Kartellrechts 1983/1984, Köln u.a. 1985, S. 139-238

Koch, Norbert/Marenco, Giuliano, L'article 85 du traité CEE et les contrats d'agence, Cahiers de Droit Européen 1987, 603-622

Kögel, Rainer, Die Angleichung der deutschen an die europäische Fusionskontrolle, 1. Auflage, Baden-Baden 1996, zug.: Tübingen, Univ., Diss., 1996

Köhler, Helmut, Wettbewerbs- und kartellrechtliche Kontrolle der Nachfragemacht, Heidelberg 1979

ders.,, Agenturvertrieb und Preisbindungsverbot, ZHR 151 (1987) 224-236

ders., Abfallrückführungssysteme der Wirtschaft im Spannungsfeld von Umweltrecht und Kartellrecht, BB 1996, 2577-2582

ders., Zulässigkeit von Wettbewerbsbeschränkungen beim Energievertrieb, WuW 1999, 445-459

ders., Der Markenartikel und sein Preis, NJW-Sonderheft 100 Jahre Markenverband, 2004, 28-43

Koenig, Christian/Engelmann, Christina, Parallel Trade Restrictions in the Pharmaceuticals Sector on the Test Stand of Article 82 EC – Commentary on the Opinion of Advocate General Jacobs in the Case Syfait/GlaxoSmithKline, E.C.L.R. 2005, 338-348

Koenigs, Folkmar, Die VO Nr. 1/2003: Wende im EG-Kartellrecht, DB 2003, 755-759

Köppen, Martina, Gruppenfreistellungsverordnungen – Wirksamkeit und Rechtsschutz, Frankfurt am Main 2000, zugl.: Hamburg, Univ., Diss., 1999

Körber, Thomas, Die erstmalige Anwendung der Verpflichtungszusage gemäß Art. 9 VO 1/2003 und die Zukunft der Zentralvermarktung von Medienrechten an der Fußballbundesliga, WRP 2005, 463-467

Koppensteiner, Hans-Georg, Österreichisches und europäisches Wettbewerbsrecht: Wettbewerbsbeschränkungen, unlauterer Wettbewerb, Marken, 3. Auflage, Wien 1997

Korah, Valentine, EC Competition Law and Practice, 7. Auflage, Oxford 2000

Korah, Valentine/O'Sullivan, Denis, Distribution Agreements Under the EC Competition Rules, Oxford 2002

Kovar, Robert, Le droit communautaire de la concurrence et la „régle de raison", Rev. trim. dr. europ. 1987, 237-254

Krauskopf, Patrick/Carron, Sabrina, Die Schweizer Kartellrechtsnovelle – Ein wettbewerbspolitischer Meilenstein, WuW 2004, 495-507

Kreis, Helmut, Ausschließlichkeitsbindungen in Tankstellenverträgen, BB 1967, 942-945

Kretzer, Martin, Immanenztheorien im Kartellrecht: Methodische Fehlentwicklungen im Wirtschaftsrecht, Kehl u.a. 1992, zugl.: Saarbrücken, Uni., Diss., 1991

Kühne, Gunther, Schicksal langfristiger Lieferungsverträge zwischen Energieversorgungsunternehmen (EVU) bei Aufhebung der §§ 103, 103 a GWB, BB 1997, Beilage 19, S. 1-16

ders., Absatzsicherungsinteresse, Leistungsaustausch und Wettbewerb bei langfristigen (Energie-) Lieferverträgen mit wettbewerbsbeschränkenden Nebenabreden, in: Festschrift Sandrock, Heidelberg 2000, S. 537-557

Kurth, Jutta Sabine, Meistbegünstigungsklausel im Licht der Vertikal-GVO, WuW 2003, 28-37

Kusák, Vlastislav, Developments in National Competition Laws – Czech Republic, July 1 – September 30, 2002, WuW 2002, 1191

Lampert, Thomas/Niejahr, Nina/Kübler, Johanna/Weidenbach, Georg, Praxiskommentar zur Verordnung (EG) Nr. 1/2003, 1. Auflage, Heidelberg 2004

Lange, Knut-Werner, Räumliche Marktabgrenzung in der Europäischen Fusionskontrolle, Frankfurt am Main 1994, zugl.: Konstanz, Univ., Diss., 1994

ders., Handbuch zum deutschen und europäischen Kartellrecht, 1. Auflage, Heidelberg 2001

ders., Räumliche Marktabgrenzung in der deutschen Fusionskontrolle, BB 1996, 1997-2003

ders., Handelsvertretervertrieb nach den neuen Leitlinien der Kommission, EWS 2001, 18-23

Langen, Eugen/Bunte, Herrmann-Josef, Kommentar zum deutschen und europäischen Kartellrecht, Band 1, 9. Auflage, Neuwied, Kriftel 2001

Langen, Eugen/Niederleithinger, Ernst/Ritter, Lennart/Schmidt, Ulrich, Kommentar zum Kartellgesetz, 6. Auflage, Neuwied 1982

Larenz, Karl, Methodenlehre der Rechtswissenschaft, 6. Auflage, Berlin u.a. 1991

Leibholz, Gerhard/Rinck, Hans-Justus/Hesselberger, Dieter, Grundgesetz für die Bundesrepublik Deutschland, Kommentar an Hand der Rechtsprechung des Bundesverfassungsgerichts, Band 2, 7. Auflage, 41. Lieferung, August 2003

Lenz, Carl Otto, Pflicht zur Harmonisierung des Kartellrechts in der Europäischen Gemeinschaft, insbesondere für die Mitgliedstaaten, in: FIW [Hrsg.], Schwerpunkte des Kartellrechts 1992/1993, Köln 1994, S. 25-32

Liebscher, Christoph/Flohr, Eckhard/Petsche, Alexander, Handbuch der EU-Gruppenfreistellungsverordnungen, 1. Auflage, München 2003

Liebscher, Christoph/Petsche, Alexander, Franchising nach der neuen Gruppenfreistellungsverordnung (EG) Nr. 2790/99 für Vertikalvereinbarungen, EuZW 2000, 400-404

Liebscher, Christoph/Petsche, Alexander, Ist Franchising Selektivvertrieb? ÖRdW 2002, 7-11

Loewenheim, Ulrich/Meessen, Karl M./Riesenkampff, Alexander, Kartellrecht, Europäisches Kartellrecht, Kommentar, 1. Auflage, München 2005

Lohse, Andrea, Kartellverbot und Schirm-GVO: eine restriktive Interpretation des § 1 GWB im Lichte der neuen Verwaltungspraxis der Kommission, Heidelberg 2001

Lorentzen, Jochen/Møllgaard, Peter, Competition Compliance: Limits to Competition Policy Harmonisation in EU Enlargement, E.C.L.R. 2003, 280-287

Lubberger, Andreas, Neue Koordinaten des Vertriebsbindungsschutzes – Bestandsaufnahme und Kritik, NJW-Sonderheft 100 Jahre Markenverband, 2004, 49-74

Lugard, Paul/Hancher, Leigh, Honey, I Shrunk the Article! A Critical Assessment of the Commission's Notice on Article 81 (3) of the EC Treaty, E.C.L.R. 2004, 410-420

Lukes, Rudolf, Energiewirtschaftliche Demarkationsverträge und EWG-Wettbewerbsrecht, DB 1987, 1925-1929

Lutz, Martin, Schwerpunkte der 7. GWB-Novelle, WuW 2005, 718-732

Mangoldt, Hermann von [Begr.]/Klein, Friedrich/Starck, Christian [Hrsg.], Bonner Grundgesetz, Kommentar,
- Band 2, Art. 20-78, 4. Auflage, München 2000
- Band 2, Art. 79-146, 4. Auflage, München 2001

Markert, Kurt, Langfristige Energiebezugsbindungen nach deutschem und europäischem Kartellrecht, ZNER 2004, 250-252

Martinek, Michael, Franchising – Grundlagen der zivil- und wettbewerbsrechtlichen Behandlung der vertikalen Gruppenkooperation beim Absatz von Waren und Dienstleistungen, Heidelberg 1987

Martinek, Michael/Habermeier, Stefan, Chaos der Gruppenfreistellungsverordnungen, ZHR 158 (1994), S. 107-148

Martinek, Michael/Semler, Franz-Jörg/Habermeier, Stefan, Handbuch des Vertriebsrechts, 2. Auflage, München 2003

Maske, August-Carel, Die geographische Dimension im europäischen Wettbewerbsrecht, räumlich relevanter Markt und wesentlicher Teil im Binnenmarkt, Köln u.a. 1998, zugl.: Bremen, Univ., Diss., 1997

Mayer, Kerstin, Die Zwischenstaatlichkeitsklausel als Abgrenzungskriterium zwischen europäischem und nationalem Kartellrecht, Mannheim 2001, zugl.: Berlin, Freie Universität, Diss., 2001

Mehta, Cyrus/Dahl, Michael, Das neue Kartellrecht in Großbritannien, WuW 2000, 1074-1085

Meier, Christian J., Der selektive Vertrieb im EWG-Kartellrecht, Band 2: Kartellrechtliche Bestimmungen des EWG-Vertrages, Diessenhofen, 1979, zugl.: Bern, Univ., Diss.

Meilicke, Wienand, Zur Vorlagepflicht des BFH in Bilanzierungsfragen, BB 1999, 890-894

Meinhardt, Marcel/Waser, Astrid, The Revised Swiss Competition Law – Direct Fines, Leniency and Notification, E.C.L.R. 2005, 349-354

Mendelsohn, Martin/Rose, Stephen, Guide to the EC Block Exemption for Vertical Agreements, 1. Auflage, Den Haag u.a. 2002

Mentula, Arttu/Ruohoniemi, Erkko, The Reform of Finnish Competition Legislation, E.C.L.R. 2004, 638-645

Mestmäcker, Ernst-Joachim, Das marktbeherrschende Unternehmen im Recht der Wettbewerbsbeschränkungen, Antrittsvorlesung aus Anlaß der Habilitation, Tübingen 1959

ders., Versuch einer kartellpolitischen Wende in der EU, EuZW 1999, 523-529

Mestmäcker, Ernst-Joachim/Schweitzer, Heike, Europäisches Wettbewerbsrecht, 2. Auflage, München 2004

Metzlaff, Karsten, Franchiseverträge und EG-Kartellrecht – Die GruppenfreistellungsVO Nr. 4087/88 für Franchiseverträge, Münster 1994, zugl.: Münster, Univ., Diss., 1993

ders., Franchisesysteme und EG-Kartellrecht – neuste Entwicklungen, BB 2000, 1201-1209

ders., Preiswerbung in Franchisesystemen, in: Franchising im Wandel, Gedächtnisschrift für Walther Skaupy, München 2003, S. 307-331

Meyer, Michael, Salto rückwärts im Kartellrecht? Meistbegünstigungsklauseln nach der siebten GWB-Novelle, WRP 2004, 1456-1464

Meyer-Lindemann, Hans Jürgen, Kartellnovelle bringt Annäherung an europäisches Recht – Verstärkte internationale Zusammenarbeit künftig bei Kartell- und Fusionskontrollverfahren besonders zu beachten – Nach langem Vorlauf, Börsenzeitung v. 22.6.2005, S. 2

Möschel, Wernhard, Recht der Wettbewerbsbeschränkungen, Köln u.a. 1983

ders., Absatzmittler und vertikale Preisbindung, BB 1985, 1477-1483

ders., Anpassung des GWB an das europäische Wettbewerbsrecht, EuZW 1995, 817-821

ders., Die 7. GWB-Novelle ante portas, WuW 2003, 571

Montag/Kaessner, Neuere Entwicklungen in der Fallpraxis der europäischen Fusionskontrolle, WuW 1997, 781-794

Müller, Felix, Neue Leitlinien zur Anwendung des Art. 81 III EG im Legalausnahmesystem der Kartellverordnung 1/2003, WRP 2004, 1472-1478

Müller, Hanswerner, Handbuch der Gesetzgebungstechnik, 2. Auflage, Köln u.a. 1968

Müller, Heinz/Giessler, Peter/Scholz, Ulrich, Wirtschaftskommentar – Kommentar zum Gesetz gegen Wettbewerbsbeschränkungen, 4. Auflage, Frankfurt am Main 1981

Müller, Ulrich, Die Handelsvertretung im EG-Kartellrecht – Zur Privilegierung von Vertriebsbindungen in Handelsvertreterverträgen, Baden-Baden 1996, zugl.: Frankfurt am Main, Univ., Diss., 1995

Müller-Graff, Peter-Christian, Die Freistellung vom Kartellverbot, EuR 1992, 1-40

Müller-Henneberg, Hans [Begr.]/Schwartz, Gustav [Begr.]/ Hootz, Christian [Hrsg.], Gesetz gegen Wettbewerbsbeschränkungen und Europäisches Kartellrecht, Gemeinschaftskommentar, Köln u.a.
- §§ 15-19 GWB, 4. Auflage, 11. Lfg., 1987
- § 1 GWB – Kartellverbot, 5. Auflage, 1. Lfg., 1999
- EU-Fusionskontrolle, Einführung und Art. 1-3 VO 4064/89, 5. Auflage, 3. Lfg., 2001
- EG-Gruppenfreistellungen – Branchen-Regelungen Kfz-Vertrieb (VO (EG) 1400/2002), 5. Auflage, 7. Lfg., 2003
- EG-Kartellverfahrensrecht – VO 1/2003, 5. Auflage, 9. Lfg., 2004

Münch, Ingo von [Begr.]/Kunig, Philip [Hrsg.], Grundgesetz-Kommentar, Band 3: Art. 70 bis Art. 146 und Gesamtregister, 4./5. Auflage, München 2003

Mussler, Werner, Das abgeschliffene Kartellrecht, FAZ v. 13.10.2003

Nazerali, Julie/Cowan, David, Beer Supply Agreements – A Step Forward or Last Orders? E.C.L.R. 1998, 289-294

dies., Importing the E.U. Model into U.K. Competition Law: A Blueprint for Reform or a Step into "Euroblivion", E.C.L.R. 1999, 55-61

Nelißen, Bernd, Die Abgrenzung „horizontaler" und „vertikaler" Wettbewerbsbeschränkungen nach der 6.GWB-Novelle, Frankfurt am Main 2001, zugl.: Köln, Univ., Diss., 2001

Neveling, Kirsten, Die sachliche Marktabgrenzung bei der Fusionskontrolle im deutschen und europäischen Recht, Tübingen 2003, zugl.: Tübingen, Univ., Diss., 2002

Niederleithinger, Ernst, Anmerkung zu BGH, Urt. vom 15.10.1991 – KZR 25/90, EWiR 1992, 47-48

Niemeyer, Hans-Jörg, Europäische Fusionskontrolle – Erste Umrisse einer Verwaltungspraxis der EG-Kommission, BB 1991, Beilage 25, S. 1-12

N. N., Mineralölindustrie fürchtet um ihr Tankstellen-Agentur-System, FAZ v. 7.12.1999, S. 26

N.N., Große Teile des bisherigen Kartellrechts entfallen, FAZ v. 10.10.2003, S. 14

Noack, Britta, Industrielle Zulieferverträge und Art. 81 EGV: unter besonderer Berücksichtigung der Gruppenfreistellungsverordnung 2790/99 für vertikale Vereinbarungen, Frankfurt am Main, u.a. 2004, zugl.: Hamburg, Univ., Diss., 2004

Nolte, Steffen, Reform des EG-Kartellrechts für Vertriebs- und Zulieferverträge, BB 1998, 2429-2439

ders., Renaissance des Handelsvertretervertriebs? WuW 2006, 252-263

Oehl, Tilman Peter, Anmerkung zum Pronuptia-Urteil des EuGH, GRUR Int. 1987, 786-788

Olbrich, Rainer, Ursachen, Entwicklung und Auswirkungen der Abhängigkeitsverhältnisse zwischen Markenartikelindustrie und Handel, in: Berichte aus dem Lehrstuhl für Betriebswirtschaftslehre, insb. Marketing, Forschungsbericht Nr. 4, Fern-Universität Hagen 2001

Ossenbühl, Fritz, Die verfassungsrechtliche Zulässigkeit der Verweisung als Mittel der Gesetzgebungstechnik, DVBl. 1967, 401-408

Pampel, Gunnar, Europäisches Wettbewerbsrecht : Rechtsnatur und Rechtswirkungen von Mitteilungen der Kommission im europäischen Wettbewerbsrecht, EuZW 2005, 11-13

Paulusch, Bernd-Arthur/Bühler, Udo, Brauerei- und Gaststättenrecht – Höchstrichterliche Rechtsprechung, 10. Auflage, Köln 2002

Paulweber, Michael/Kögel, Rainer, Das europäische Wettbewerbsrecht am Scheideweg – Die Reformvorhaben der Kommission zur Modernisierung des europäischen Kartellverfahrensrechts in der Kritik, AG 1999, 500-505

Pautke, Stephanie/Jones, Keith, Competition Law Limitations for the Distribution of Pharmaceuticals - Rough Guide to the Brave New World, E.C.L.R. 2005, 24-36

Pautke, Stephanie/Schultze, Jörg-Martin, Internet und Vertriebskartellrecht – Hausaufgaben für die Europäische Kommission, BB 2001, 317-323

Peeperkorn, Luc, The Economics of Verticals, Competition Policy Newsletter 1998, Nr. 2, S. 10-17

Peetz Matthias Fabian, Die neue Kartellverordnung Nr. 1/2003 – eine kritische Analyse, Internet-Publikation, zugl.: Tübingen, Univ., Diss., 2005

Peters, Hans, Postverwaltung und Demokratie, DÖV 1951, 225-231

Petersen, Alexander, Vertikalvereinbarungen nach § 16 GWB im Lichte des Kartellverbots: die Abgrenzung zwischen den §§ 1 und 16 Nr. 2, 3 GWB und die Immanenztheorie nach der 6. GWB-Novelle, Berlin 2002, zugl.: München, Univ., Diss., 2002

Pfeffer, Joachim, Berücksichtigung des internationalen Wettbewerbs bei der räumlichen Abgrenzung des relevanten Marktes, WuW 1986, 853-861

Pfeffer, Joachim/Wegner, Anne C., Handelsvertreterprivileg: Vertrieb über Handelsvertreter – praktikable Ausnahme zum Kartellverbot des Art. 81 EG/§ 1 GWB, EWS 2006, 296-304

Pfeffer, Marc, Interbrand-Kartellverbot und Intrabrand-Vereinbarungen: die Ablösung horizontaler und vertikaler Eingriffsmerkmale im GWB zu Gunsten einer Betrachtung produktexterner und -interner Wettbewerbsfaktoren, Frankfurt am Main 2003, zugl.: Saarbrücken, Uni., Diss., 2002

Pfeiffer, Manfred, Investitionszulagengesetz und Rahmenplan der Gemeinschaftsaufgabe, DVBl. 1975, 323-328

Pieroth, Bodo/Schlink, Bernhard, Grundrechte – Staatsrecht II, 15. Auflage, Heidelberg 1999

Piltz, Harald, Kartellrechtliche Bewertung bestehender Gaslieferungsverträge, RdE 1999, 60-64

Pischel, Gerhard, Preisfestsetzung nach Art. 81 EG und Novellierung des GWB, EuZW 2005, 459-464

Plöger, Christian, Wettbewerb in großer Gefahr – Die Pläne der Bundesregierung für ein neues Kartellrecht bringen den Chefs kleiner und mittlerer Firmen erhebliche Nachteile, Impulse v. 1.4.2004, S. 152

Plum, Jens Munk/Kofmann, Morten, Developments in National Competition Laws – Denmark, January 1-March 31, 2003, WuW 2003, 618

dies., Developments in National Competition Laws – Denmark, January 1-March 31, 2005, WuW 2005, 626

Pohlmann, Petra, 7.GWB-Novelle: Eine neue Chance für die Europäisierung des GWB, WuW 2003, 1007

dies., Keine Bindungswirkung von Bekanntmachungen und Mitteilungen der Europäischen Kommission: Entgegnung zu Schweda, WuW 2004 S. 1133 ff., WuW 2005, 1005-1009

Polley, Romina/Seeliger, Daniela, Die neue Gruppenfreistellungsverordnung für Vertikalverträge Nr. 2790/99 – Ihre praktische Anwendung, WRP 2000, 1203-1217

Posner, Richard A., The Rule of Reason and the Economic Approach: Reflections on the *Sylvania* Decision, Chicago Law Rev. 1977, 1-20

Power, Vincent, E.C. Competition Law in the U.K.: Learning from the Irish Experience, E.C.L.R. 2000, 64-75

Pukall, Kirstin, Neue EU-Gruppenfreistellungsverordnung für Vertriebsbindungen, NJW 2000, 1375-1379

Quaritsch, Helmut, Das parlamentslose Parlamentsgesetz – Rang und Geltung der Rechtssätze im demokratischen Staat untersucht am hamburgischen Planungsrecht, 2. Auflage, Hamburg 1961

Reimann, Carsten, Kfz-Gruppenfreistellungsverordnung, Köln 2004

Rey, Patrick/Caballero-Sanz, Francisco, The Policy Implications of the Economic Analysis of Vertical Restraints, Economic Papers No. 119, Nov. 1996, II/625/96/EN

Reymann, Christoph, Immanente Schranken des europäischen Kartellverbots – Zur Wiederherstellung der systematischen Grundaussagen des Art. 81 EG, 1. Auflage, Baden-Baden 2004, zugl.: Saarbrücken, Univ., Diss., 2003

Rheinländer, Peter, Beschränkungen des Internet-Einzelhandels in selektiven Vertriebssystemen nach Art. 81 EGV, WRP 2005, 285-290

Rißmann, Karin, Kartellverbot und Kooperation zwischen kleinen und mitteleren Unternehmen nach der 7. GWB-Novelle, WuW 2006, 881-890

Ritter, Lennart, Langfristige Gasbezugsverträge: Zulässigkeit, Teilnichtigkeit oder Gesamtnichtigkeit? WuW 2002, 362-367

Ritter, Lennart/Braun, W. David, European Competition Law: A Practitioner's Guide, 3. Auflage, Den Haag u.a. 2004

Rittner, Fritz, Die Wettbewerbsverbote der Handelsvertreter und § 18 GWB, ZHR 135 (1971) 289-319

ders., Das Wettbewerbsverbot des Handelsvertreters und § 18 GWB, DB 1989, 2587-2595

ders., Zurück zum Mißbrauchsprinzip im Europäischen Kartellrecht? DB 1999, 1485-1486

ders., Die EG-Kommission und das Handelsvertreterrecht – Zum geplanten EG-Recht über Vertikalverträge, DB 1999, 2097-2102

ders., Ein neues Kartellrecht für Handelsvertreter? WuW 1999, 979-980

ders., Die Handelsvertreterpraxis nach dem neuen EG-Kartellrecht für Vertikalvereinbarungen, DB 2000, 1211-1216

ders., Fritz, Keine Doppelkontrolle für Vertikalvereinbarungen! WuW 2000, 696-705

ders., Fritz, Vertikalvereinbarungen und Kartellverbote in der 7. GWB-Novelle, WuW 2003, 451

Röhling, Andreas, Die Zukunft des Kartellverbots in Deutschland nach In-Kraft-Treten der neuen EU-Verfahrensrechtsordnung, GRUR 2003, 1019-1025

Rösler, Patrick, Der relevante Markt in der europäischen Fusionskontrolle, NZG 2000, 761-770

Röttinger, Moritz/Weyringer, Claudia, Handbuch der europäischen Integration: Strategie, Struktur, Politik der Europäischen Union, 2. Auflage, Wien 1996

Roniger, Rainer, Das neue Vertriebskartellrecht, Kurzkommentar zur vertikalen EG-Gruppenfreistellungsverordnung, München 2003

Roth, Wulf-Henning, Europäisches Recht und nationales Recht, in: 50 Jahre Bundesgerichtshof, Festgabe aus der Wissenschaft, Band II, München 2000, S. 847-888

Rottnauer, Achim E., Wirksamkeit bestehender Stromlieferungsverträge mit Verteilerunternehmen, BB 1999, 2145-2152

Rütters, Silke, Die neue „Schirm"-Gruppenfreistellungsverordnung (EG) Nr. 2790/1999 der Kommission: zu den Ursachen der weitreichenden Reform der EG-Wettbewerbspolitik gegenüber vertikalen Wettbewerbsbeschränkungen und deren materiellrechtlichen Grenzen, Frankfurt am Main 2002, zugl.: Köln, Univ., Diss., 2001

Sachs, Michael, Die dynamische Verweisung als Ermächtigungsnorm, NJW 1981, 1651-1652

ders., Grundgesetz, Kommentar, 3. Auflage, München 2003

Säcker, Franz Jürgen, Zielkonflikte und Koordinationsprobleme im deutschen und europäischen Kartellrecht, Düsseldorf 1971

ders., Zielwandlungen und Zielkonflikte in der Wettbewerbspolitik: Von der Sicherung der Freiheit zur Organisation des Wohlstandes? Eine wirtschaftsordnungspolitische Untersuchung der kartellrechtlichen Bestimmungen des Referentenentwurfs eines Zweiten Gesetzes zur Änderung des Gesetzes gegen Wettbewerbsbeschränkungen vom 20. März 1970 und der Bekanntmachung der Kommission der Europäischen Gemeinschaften über Vereinbarungen von geringer Bedeutung, die nicht unter Art. 85 Abs. 1 EWGV fallen, vom 2. Juni 1970, Köln, Univ., Diss., 1971

ders. [Hrsg.], Fallbuch Kartellrecht, Wettbewerbsrecht, Markenrecht, Heidelberg 2001

ders. [Hrsg.], Berliner Kommentar zum Energierecht – Energiewettbewerbsrecht, Energieregulierungsrecht und Energieumweltschutzrecht, 1. Auflage, München 2004

ders., L'harmonisation du droit communautaire privé avec les droits privés nationaux et les méthodes classiques de l'interprétation juridique, 1. Auflage, Heidelberg 2004

ders., Zur Berücksichtigung der Marktposition des Unternehmens im Recht der Wettbewerbsbeschränkungen, BB 1967, 681-689

ders., Abschied vom Bedarfsmarktkonzept – Zur Erfassung wettbewerbsrelevanter Produktmärkte mit Hilfe des Wirtschaftsplankonzepts, ZweR 2004, 1-27

ders., Entflechtung von Netzgeschäft und Vertrieb bei den Energieversorgungsunternehmen: Gesellschaftsrechtliche Möglichkeiten zur Umsetzung des sog. Legal Unbundling, DB 2004, 691-695

ders., Der Referentenentwurf zum Energiewirtschaftsgesetz – ordnungspolitische und rechtsdogmatische Grundsatzbemerkungen, N&R 2004, 46 ff.

Säcker, Franz Jürgen/Jaecks, Jörg, Langfristige Energielieferverträge und Wettbewerbsrecht: zur Leitbildfunktion der Schirm-GFVO für das deutsche Kartellverbot, Berlin, 2002

Sandrock, Otto, Grundprobleme der sachlichen Marktabgrenzung, in: Festgabe zum 65. Geburtstag von Max Kummer, Bern 1980, S. 449-486

Sangmeister, Bernd, Die rule of reason und das per-se-Konzept in der Rechtsprechung des Supreme Court der USA zu § 1 Sherman Act, Köln 1975, zugl.: Mainz, Univ., Diss., 1974

Schanze, Berthold, Die europaorientierte Auslegung des Kartellverbots – Methodologische Überlegungen zur Neufassung der §§ 1, 7 I GWB, Frankfurt am Main 2003, zugl.: Bonn, Univ., Diss. 2002

Schaub, Alexander/Dohms, Rüdiger, Das Weißbuch der Europäischen Kommission über die Modernisierung der Vorschriften zur Anwendung der Artikel 81 und 82 EG-Vertrag, WuW 1999, 1055-1070

Scheerer, Daniel, Rechtsfragen der Gruppenfreistellungsverordnung für vertikale Wettbewerbsbeschränkungen, Hamburg 2002, zugl.: Augsburg, Univ., Diss., 2002

Schenke, Wolf-Rüdiger, Verfassungsrechtliche Grenzen gesetzlicher Verweisungen, in: Festschrift Fröhler, 1980, S. 87-126

ders., Die verfassungsrechtliche Problematik der dynamischen Verweisungen, NJW 1980, 743-749

Schmidt, Axel G., Die neue Mittelstandsdefinition der Europäischen Kommission: Implikationen für den deutschen Mittelstand, Trier 1998

Schmidt, Ingo, Wettbewerbspolitik und Kartellrecht: Eine interdisziplinäre Einführung, 8. Auflage, Stuttgart 2005

ders., SLC- oder Marktbeherrschungstest als Eingreifkriterium in der Fusionskontrolle? WuW 2003, 115

Schmidt, Ingo/Rittaler, Jan B., Die Chicago-School of Antitrust Analysis, 1. Auflage, Baden-Baden 1986

Schmidt, Karsten, Handelsrecht, 5. Auflage, Köln 1999

ders., Vertragliche Wettbewerbsverbote im deutschen Kartellrecht, ZHR 149 (1985) 1-27

ders., „Altes" und „neues" Kartellverbot – Kontinuität statt Umbruch durch die Neufassung des § 1 GWB, AG 1998, 551-561

ders., Umdenken im Kartellverfahrensrecht! Gedanken zur Europäischen VO 1/2003, BB 2003, 1237-1245

Schmidt, Martin C., Die Reichweite des Kartellverbots gegenüber Vertikalvereinbarungen – Ein Beitrag zur Abgrenzung zwischen 1 und 16 GWB, Frankfurt am Main 2004, zugl.: Heidelberg, Univ., Diss., 2004

Schmidt-Bleibtreu, Bruno [Hrsg.]/Klein, Franz [Begr.], Kommentar zum Grundgesetz, 10. Auflage, München 2004

Schmitt, Carl, Verfassungslehre, 5. Auflage, Berlin 1970

Schmitz, Erich, Die Anwendung der Wettbewerbsregeln des EWG-Vertrages auf die Elektrizitätswirtschaft, RdE 1991, 142-148

Schneider, Hans, Gesetzgebung: Ein Lehr- und Handbuch, 3. Auflage, Heidelberg 2002

Schneider, Klaus, Rechtliche Bewertung von Umgehungsstrategien zur Durchsetzung vertikaler Quasi-Preisbindungen am Beispiel des Musikinstrumentenvertriebs, 1. Auflage, Konstanz 1999, zugl.: Hannover, Univ., Diss., 1999

Schneider, Ulrich J., Das Bagatellkartell, Köln u.a. 1993, zugl.: Bonn, Univ., Diss., 1993

Schnelle, Ulrich/Bartosch, Andreas/Hübner, Alexander, Das neue EU-Kartellverfahrensrecht: Auswirkungen der Verordnung (EG) Nr. 1/2003 auf die Kartellrechtspraxis, 1. Auflage, Stuttgart 2004

Schnorbus, York, Die Zulässigkeit von langfristigen Bierlieferungsverträgen nach europäischem und deutschem Recht, DZWir 1998, 472-475

ders., Autonome Harmonisierung in den Mitgliedstaaten durch die Inkorporation von Gemeinschaftsrecht – Eine Untersuchung zur einheitlichen Anwendung und Auslegung europäischen und autonomen nationalen Rechts und zur entsprechenden Zuständigkeit des EuGH im Vorabentscheidungsverfahren, RabelsZ 65 (2001), S. 654-705

Schöler, Florian, Die Reform des europäischen Kartellverfahrensrechts durch die Verordnung (EG) Nr. 1/2003, Frankfurt am Main 2004, zugl.: Köln, Univ., Diss., 2004

Scholz, Rupert, Rechtsfragen zur Verweisung zwischen Gesetz und Tarifvertrag, in: Festschrift Gerhard Müller, Berlin 1981, S. 509-536

Schröcker, Sebastian, Die Übernahme von Bundesrecht als Landesrecht, NJW 1967, 2287-229

Schröter, Helmuth, Antitrust Analysis under Article 85 (1) and 85 (3), Fordham Corporate Law Institute, 1988, 645-692

ders., Wie geht man mit Gruppenfreistellungsverordnungen um? In: Baudenbacher, Neuste Entwicklungen im europäischen und internationalen Kartellrecht, Zehntes Internationales Kartellrechtsforum 2003, Basel u.a. 2003, S. 189-214

Schröter, Helmuth/Jakob, Thinam/Mederer, Wolfgang, Kommentar zum Europäischen Wettbewerbsrecht, 1. Auflage, Baden-Baden 2003

Schütz, Jörg, Die Monopolkommission und die GWB-Reform, WuW 1996, 689-699

ders., Die neue Gruppenfreistellungsverordnung der EU für vertikale Wettbewerbsbeschränkungen, in: FIW [Hrsg.], Schwerpunkte des Kartellrechts 1999, Köln u.a. 2000, S. 21-33

Schuhmacher, Florian, Zulässigkeit und Durchsetzung selektiver Vertriebssysteme – Die Fachhandelsbindung im Kartell- und Wettbewerbsrecht, Wien 2001, zugl.: Wien, Univ., Diss., 2001

Schulte-Mäter, Dieter, Alleinvertriebsverträge nach europäischem und amerikanischem Kartellrecht, Stuttgart, o.J. (ca. 1969), zugl.: München, Univ., Diss.

Schultze, Jörg-Martin/Pautke, Stephanie/Wagener, Dominique, Die Gruppenfreistellungsverordnung für vertikale Vereinbarungen – Praxiskommentar, Heidelberg 2001

Schulz, Albrecht, EG-Gruppenfreistellungsverordnung für vertikale Vertriebsbindungen: Interpretations- und Anwendungsprobleme, in: Franchising im Wandel, Gedächtnisschrift für Walther Skaupy, München 2003, S. 333-359

Schulze, Reiner, Auslegung europäischen Privatrechts und angeglichenen Rechts – Einführung, in: ders., Auslegung europäischen Privatrechts und angeglichenen Rechts, Baden-Baden 1999, S. 9-25

Schumacher, Tim, Recht des Kfz-Vertriebs in Europa – Inhalte, Durchführung, Rechtsschutz, München 2005, zugl.: Nürnberg-Erlangen, Univ., Diss., 2004

ders., Die unmittelbare Anwendbarkeit von Art. 81 Abs. 3 EG – Zulässigkeit von Kfz-Vertriebssystemen außerhalb der Kfz-GVO, WuW 2005, 1222-1232

Schwalba, Michael, Die wettbewerbsbezogene Abgrenzung des relevanten Marktes, Frankfurt am Main 2000, zugl.: Berlin, Freie Univ., Diss., 1999

Schwarze, Jürgen, EU-Kommentar, 1. Auflage, Baden-Baden 2000

Schwarze, Jürgen/Andreas Weitbrecht, Grundzüge des europäischen Kartellverfahrensrechts: Die Verordnung (EG) Nr. 1/2003, 1. Aufl., Baden-Baden 2004

Schweda, Marc, Die Bindungswirkung von Bekanntmachungen und Leitlinien der Europäischen Kommission, WuW 2004, 1133-1144

Schwintowski, Hans-Peter, Wettbewerb und Ordnung auf Energiemärkten nach Wegfall der §§ 103, 103a GWB, WuW 1997, 769-781

Schwintowski, Hans-Peter/Klaue, Siegfried, Anwendbarkeit des Kartellrechts auf Energielieferverträge – die deutsche und die europäische Sicht, BB 2000, 1901-1905

Seemann, Peter, Schranken des EG-Kartellrechts für die Ausgestaltung von Handelsvertreterverträgen – Zugleich ein Beitrag zur dogmatischen Erschließung von Artikel 85 Absatz 1 EG-Vertrag, Münster 1995, zugl.: Hamburg, Univ., Diss., 1995

Semler, Franz-Jörg /Bauer, Michael, Die neue EU-Gruppenfreistellungsverordnung für vertikale Wettbewerbsbeschränkungen – Folgen für die Rechtspraxis, DB 2000, 193-200

Spannowsky, Willy, Die Grenzwertkonzeption im Wandel, NVwZ 1995, 845-851

Springer, Ulrich, Die zentrale Vermarktung von Fernsehrechten im Ligasport nach deutschem und europäischem Kartellrecht unter besonderer Berücksichtigung des amerikanischen Anitrust-Rechts, WRP 1998, 477-486

Sroczynski, Jaroslaw, Developments in National Competition Laws – Poland, October 1-December 31, 2002, WuW 2003, 274

Staats, Johann-Friedrich, Verweisung und Grundgesetz, in: Rödig [Hrsg.], Studien zu einer Theorie der Gesetzgebung, Berlin, 1976, S. 244-260

Stangl, Christian, Das neue italienische Kartellgesetz aus dem Jahre 1990: eine rechtsvergleichende Studie, München 1996, zugl.: München, Univ., Diss., 1996

Steinberg, Rudolf/Britz, Gabriele/Schaub, Andrea, Die Bedeutung des Rechts der Europäischen Gemeinschaft für eine umweltorientierte Energiepolitik und Energierechtsetzung – insbesondere für eine Dezentralisierung der Energieversorgung, RdE 1996, 165-173

Steindorff, Ernst, Gesetzeszweck und gemeinsamer Zweck des § 1 GWB – Bemerkungen zum Urteil des BGH vom 14.10.1976, BB 1977, 569-571

ders., Spannungen zwischen deutschem und europäischem Wettbewerbsrecht, in: FIW [Hrsg.], Schwerpunkte des Kartellrechts 1986/87, Köln u.a. 1988, S. 27-54

ders., Aufgaben und Zuständigkeiten im europäischen Kartellverfahren, ZHR 162 (1998) S. 290-317

Steiner, Robert L., The Nature of Vertical Restraints, Antitrust Bulletin 1985, 143-197

ders., Intrabrand Competition – Stepchild of Antitrust, Antitrust Bulletin 1991, 155-200

Stern, Klaus, Das Staatsrecht der Bundesrepublik Deutschland, Band II, 1. Auflage, München 1980

Stockenhuber, Peter, Die europäische Fusionskontrolle, 1. Auflage, Baden-Baden 1995, zugl.: Wien, Univ., Diss., 1995

Strebinger, Andreas/Schweiger, Günter, Mehr, weniger oder die Richtigen? Zur Eigenmarkenstrategie des Lebensmitteleinzelhandels, in: Ahlert, Dieter/Olbrich, Rainer/Schröder, Hendrik: Jahrbuch Vertriebs- und Handelsmanagement 2003, Marktstrategische Veränderungen in der Hersteller-Handels-Dyade, Frankfurt am Main 2003, S. 191-204

Streinz, Rudolf, Europarecht, 6. Auflage, Heidelberg 2003

Streit, Joachim, Die Nichtigkeit, Sittenwidrigkeit und Aufhebbarkeit von Bierlieferungsverträgen unter Berücksichtigung des deutschen und europäischen Kartellrechts, Trier, Univ., Diss., 2002

Strittmatter, Marc, Marktzutrittsschranken durch schlanke Zulieferstrukturen und Art. 85 EGV, Frankfurt am Main 1996, zugl.: Konstanz, Uni., Diss., 1995

Strohe, Dirk, Demarkationen und Bezugsbindungen in gewerblichen Energielieferverträgen, Frankfurt am Main 2003, zugl.: Köln, Univ., Diss., 2002

Stumpf, Herbert [Begr.]/Jaletzke, Matthias [Hrsg.]/Schultze, Jörg-Martin [Hrsg.], Der Vertragshändlervertrag, 3. Auflage, Heidelberg 1997

Thill-Tayara, Mélanie, The New Approach of the French Competition Authorities Towards Vertical Restraints, E.C.L.R. 2002, 474-475

Tietz, Bruno, Handbuch Franchising, 2. Auflage, Landsberg 1991

Tóth, Tilhamér, Competition Law in Hungary: Harmonisation Towards E.U. Membership, E.C.L.R. 1998, 358-369

Traugott, Rainer, Zur Abgrenzung von Märkten, WuW 1998, 929-939

Ulmer, Peter, Zur Problematik vertikaler Wettbewerbsbeschränkungen und zum Schutz des intrabrand-Wettbewerbs im GWB, ZHR 130 (1968) 164-193

ders., Rule of Reason im Rahmen von Artikel 85 EWGV, RIW 1985, 517-524

Ulmer, Peter/Habersack, Mathias, Zur Beurteilung des Handelsvertreter- und Kommissionsagenturvertriebs nach Art. 85 Abs. 1 EGV, ZHR 159 (1995) 109-134

Veelken, Winfried, Anmerkungen zum Grünbuch der Kommission zur EG-Wettbewerbspolitik gegenüber vertikalen Wettbewerbsbeschränkungen, ZVglRWiss 1998, 241-285

Veh, Herbert Michael, Die dynamische Verknüpfung von Landes- und Bundesrecht, BayVBl. 1987, 225-232

Virtanen, Dalia, The New Competition Act in Lithuania, E.C.L.R. 2000, 30-36

Völcker, Sven B., Handelsvertretervertrieb und EG-Kartellrecht, Die Beurteilung von Handelsvertreterverträgen nach Art. 85 EG-Vertrag unter Berücksichtigung des US-amerikanischen und deutschen Kartellrechts, Frankfurt am Main 1994, zugl.: Bonn, Univ., Diss. 1993

Vogel, Louis, Französisches Wettbewerbs- und Kartellrecht, Heidelberg 2003

ders., Wettbewerbsrecht und Einkaufsmacht: Es ist Zeit für eine neue Betrachtungsweise, WuW 1998, 1162-1172

Vollmer, Lothar, Preisbindung bei kooperativem Warenabsatz – Möglichkeiten und Grenzen nach deutschem, europäischem und amerikanischem Wettbewerbsrecht, Köln u.a. 1986

Waelbroeck, Michel, The Pronuptia judgment – a critical appraisal, Fordham Corporate Law Institute 1986, 211 ff.

Wagner, Achim, Der Systemwechsel im EG-Kartellrecht – Gruppenfreistellungen und Übergangsproblematik, WRP 2003, 1369-1389

Walz, Axel, Das Kartellrecht des Automobilvertriebs, Köln u.a. 2005, zugl.: München, Univ., Diss., 2004

Weber, Martin, Wirtschaftliche Preisbindungen als Wettbewerbsbeschränkungen, WuW 1998, 134-145

Weber, Rolf H./Zeier, Priska, Vertikale Wettbewerbsabreden nach schweizerischem Kartellrecht, ZWeR 2005, 178-197

Wegge, Georg, Zur verfassungsrechtlichen Abgrenzung unbestimmter Rechtsbegriffe von unzulässigen dynamischen Verweisungen am Beispiel der „betriebswirtschaftlichen Grundsätze" nach § 6 Abs. 2 Satz 1 KAG NW, DVBl. 1997, 648-652

Weidenbach, Georg, Kurzkommentar zu EuG, Urt. v. 15.9.2005, EWiR 2005, 861-862

Weitbrecht, Andreas, Drei Jahre Europäische Fusionskontrolle – eine Zwischenbilanz, EuZW 1993, 687-690

Weltrich, Ortwin, Franchising im EG-Kartellrecht – Eine kartellrechtliche Analyse nach Art. 85 EWGV, Köln u.a. 1992, zugl.: Köln, Univ., Diss., 1991

Wertenbruch, Johannes, „Einseitige Maßnahmen" des Herstellers in Vertriebsnetzen als Kartellvereinbarung im Sinne des Art. 81 EG, EWS 2004, 145-151

Westermann, Kathrin, Die Einwirkungen der europäischen auf die deutsche Fusionskontrolle, 1. Auflage, Baden-Baden 1996, zugl.: Göttingen, Univ., Diss., 1995

Weyer, Hartmut, Nach der Reform: Gestaltung der Wettbewerbspolitik durch die Kommission? Zur Anwendung des Art. 81 EGV durch Kommission, nationale Gerichte und EuGH in einem System der gesetzlichen Ausnahme, ZHR 164 (2000) 611-637

Whish, Richard, Competition Law, 5. Auflage, Suffolk 2003

Wiedemann, Gerhard, Kommentar zu den Gruppenfreistellungsverordnungen des EWG-Kartellrechts
Band 1: Allgemeiner Teil, Besonderer Teil: Spezialisierungsvereinbarungen (GVO Nr. 417/85), Forschungs- und Entwicklungsvereinbarungen (GVO Nr. 418/85), 1. Auflage, Köln 1989

ders. [Hrsg.], Handbuch des Kartellrechts, Köln 1999

Wijckmans, Frank/Tuytschaever, Filip, Active Sales Restrictions Revisited, E.C.L.R. 2004, 107-113

Willems, Heiko, Die Förderung des Mittelstandes – wirtschaftsverfassungsrechtliche Legitimation und vergaberechtliche Realisierung, Köln u.a. 2003, zugl.: Bochum, Univ., Diss., 2002

Wissel, Holger/Scherer, Peter, Handelsvertreterverträge: Neue Bekanntmachung der EG-Kommission in Vorbereitung, DB 1991, 1659-1662

Woll, Udo, Die Konvergenz der Kartellgesetze in Europa – Parallelen der Entwicklung der nationalen Wettbewerbsrechte im 20. Jahrhundert, Baden-Baden 2002, zugl.: Heidelberg, Univ., Diss., 2002

Zäch, Roger, Vertikale Wettbewerbsbeschränkungen – neuere Entwicklungen, Rede anlässlich des Seminars zum Thema „Reformentwicklungen im Recht der Wettbewerbsbeschränkungen", Tübingen, 14./15. Februar 2003

Zielke, Stephan, Konditionenġestaltung zwischen Industrie und Handel – Ansatzpunkte und Probleme in der Praxis, in: Ahlert, Dieter/Olbrich, Rainer/Schröder, Hendrik: Jahrbuch Vertriebs- und Handelsmanagement 2003, Marktstrategische Veränderungen in der Hersteller-Handels-Dyade, Frankfurt am Main 2003, S. 191-204

Zimmer, Daniel, Kommentar: Ende gut, alles gut? Bemerkungen zur 7. GWB-Novelle, WuW 2005, 715

Zöttl, Johannes, An der kurzen Leine – Kommentar, Financial Times Deutschland v. 28.10.2003, S. 34

ders., Die Ära des deutschen Kartellrechts geht zu Ende – Referentenentwurf zur 7. GWB-Novelle – Gesetzgebungsverfahren soll vor der Sommerpause 2004 abgeschlossen werden, Börsen-Zeitung v. 21.1.2004, S. 5

Zuleeg, Manfred, Der Rang des europäischen im Verhältnis zum nationalen Wettbewerbsrecht, EuR 1990, 123-134

Zweifel, Peter/Zäch, Roger, Vertical restraints: the case of multinationals, Antitrust Bulletin 2003, 271-298

Zwiener, Julia, Die Auswirkungen der Verordnung Nr. 1/2003 auf das europäische und deutsche Kartellverfahren, Frankfurt am Main 2005, zugl.: Würzburg, Univ., Diss., 2004

B. Amtliche Publikationen und sonstige Materialien

Ausschuss für Wirtschaft und Arbeit, Wortprotokoll der 67. Sitzung vom 20.9.2004, Protokoll 15/67 (15. Wahlperiode)

ders., Beschlussempfehlung und Bericht vom 9.3.2005 zu dem Gesetzentwurf der Bundesregierung – Drucksache 15/3640 – Entwurf eines Siebten Gesetzes zur Änderung des Gesetzes gegen Wettbewerbsbeschränkungen, BT-Drs. 15/5049, abgedruckt in WuW, 7. GWB-Novelle, Sonderveröffentlichung, 2005, S. 243 ff.

Bayerisches Staatsministerium für Wirtschaft, Verkehr und Technologie (Landeskartellbehörde), Bekanntmachung vom 25.9.2000 über die Nichtverfolgung von Kooperationsabreden kleiner und mittlerer Unternehmen mit geringer wettbewerbsbeschränkender Bedeutung, Nr. 5551g - W/1c - 27 783

Bundeskartellamt, Bekanntmachung Nr. 57/80 v. 8.7.1980 über die Nichtverfolgung von Kooperationsabreden mit geringer wettbewerbsbeschränkender Bedeutung – Bagatell-Bekanntmachung, BAnz. Nr. 133.

dass., Diskussionspapier für die Sitzung des Arbeitskreises Kartellrecht am 9. und 10.10.2000: „Kooperation zwischen Wettbewerbern – Ist eine Neubewertung erforderlich?" abrufbar unter www.bundeskartellamt.de

dass., Bundeskartellamt, Tätigkeitsberichte der Jahre 1959-2002

dass., Diskussionspapier v. 28.1.2005 „Beurteilungsgrundsätzen zu langfristigen Gasverträgen", B 8 – 113/03, http://www.bundeskartellamt.de/wDeutsch/download/pdf/ Diskussionsbeitraege/050125_DiskussionspapierGasvertraege.pdf

dass., Pressepapier vom 6.4.2005 „Langfristige Gasverträge", http://www.bundeskartellamt.de/wDeutsch/download/pdf/Diskussionsbeitraege/050406_Pressepapier_Gasvertraege.pdf

Bundesministerium der Justiz, Handbuch der Rechtsförmlichkeit, 2. Auflage, Köln 1999

Bundesministerium für Wirtschaft und Arbeit, Entwurf von Eckwerten einer 7. GWB-Novelle vom 24.2.2003, abgedruckt in WuW 2003, 379 ff.

dass., Referenten-Entwurf des Siebten Gesetzes zur Änderung des Gesetzes gegen Wettbewerbsbeschränkungen vom 17.12.2003

Bundesrat, Stellungnahme zum Entwurf eines Siebten Gesetzes zur Änderung des Gesetzes gegen Wettbewerbsbeschränkungen, BR-Drucksache 441/04 vom 9.7.2004, abgedruckt in WuW, 7. GWB-Novelle, Sonderveröffentlichung, 2005, S. 208

Bundesregierung, Bericht zur Zukunftssicherung des Standortes Deutschland (Standortbericht), BT-Drs. 12/5620 vom 3.9.1993

dies., Jahreswirtschaftsbericht 1995, BT-Drs. 13/370 vom 2.2.1995

dies., Entwurf eines Sechsten Gesetzes zur Änderung des Gesetzes gegen Wettbewerbsbeschränkungen, BT-Drs. 13/9720 vom 29.1.1998

dies., Entwurf eines Gesetzes zur Neuregelung des Energiewirtschaftsrechts, BT-Drs. 13/7274 vom 23.3.1997

dies., Entwurf eines Siebten Gesetzes zur Änderung des Gesetzes gegen Wettbewerbsbeschränkungen, BT-Drs. 15/3640 vom 12.8.2004

Bundestag, Plenarprotokoll 15/164 vom 11.3.2005 S. 15383 ff.

ders., Plenarprotokoll 15/181 vom 16.6.2005 S. 17101 ff.

Bundesverband der deutschen Gas- und Wasserwirtschaft (BGW), Stellungnahme vom 21.2.2005 zum Diskussionspapier des Bundeskartellamts vom 25.1.2005

Bundesverband der Deutschen Industrie e. V., Stellungnahme zu den „Eckpunkten für eine Novelle des Gesetzes gegen Wettbewerbsbeschränkungen", Köln, 3.7.1996

ders., Stellungnahme zu den ersten Formulierungsvorschlägen für die zentralen Regelungsbereiche des GWB, Köln, 21.4.1997

ders., Stellungnahme v. 13.9.2004 zum Regierungs-Entwurf eines siebten Gesetzes zur Änderung des Gesetzes gegen Wettbewerbsbeschränkungen,

ders., Stellungnahme zur 7. GWB-Novelle v. 22.6.2005, internes Papier

Bundesvereinigung Deutscher Handelsverbände e. V. (BDH), Stellungnahme 31.3.2003 zum Entwurf von Eckpunkten einer 7. GWB-Novelle

Centralvereinigung Deutscher Wirtschaftsverbände für Handelsvermittlung und Vertrieb (CDH), Stellungnahme vom 30.1.2004 zum Entwurf des Siebten Gesetzes zur Änderung des Gesetzes gegen Wettbewerbsbeschränkungen

Deutscher Franchise-Verband (DFV), „Erfolgreiche Selbständigkeit mit Franchising", DFV-Broschüre Erhältlich über die Homepage

Deutscher Industrie- und Handelskammertag (DIHK), Stellungnahme vom 27.1.2004 zu dem Entwurf eines Siebten Gesetzes zur Änderung des Gesetzes gegen Wettbewerbsbeschränkungen (Entwurf vom 17.12.2003)

Europäische Kommission, Berichte über die Wettbewerbspolitik, Brüssel/Luxemburg

dies., Verordnung Nr. 67/67/EWG über die Anwendung von Artikel 85 Absatz 3 des Vertrages auf Gruppen von Alleinvertriebsvereinbarungen, ABl. L 57/849 v. 25.3.1967

dies., Bekanntmachung über Vereinbarungen von geringer Bedeutung, ABl. C 64/1 v. 2.6.1970

dies., Bekanntmachung vom 18.12.1978 über die Beurteilung von Zulieferverträgen nach Art. 85 Abs. 1 des Vertrages, ABl. C 1/2 v. 3.1.1979

dies., Verordnung (EWG) Nr. 1983/83 vom 22.6.1983 über die Anwendung von Art. 85 Abs. 3 des Vertrages auf Gruppen von Alleinvertriebsvereinbarungen , ABl. L 173/1 vom 30.6.1983

dies., Verordnung (EWG) Nr. 1984/83 vom 22.6.1983 über die Anwendung von Art. 85 Abs. 3 des Vertrages auf Gruppen von Alleinbezugsvereinbarungen , ABl. L 173/5 vom 30.6.1983

dies., Verordnung (EWG) Nr. 4087/88 vom 30.11.1988 über die Anwendung von Art. 85 Abs. 3 des Vertrages auf Gruppen von Franchisevereinbarungen, ABl. L 359/46 v. 28.12.1988

dies., Bekanntmachung zur Änderung der Bekanntmachung zu den Verordnungen (EWG) Nr. 1983/83 und (EWG) Nr. 1984/83 der Kommission vom 22. Juni 1983 über die Anwendung von Artikel 85 Absatz 3 des Vertrages auf Gruppen von Alleinvertriebsvereinbarungen beziehungsweise Alleinbezugsvereinbarungen, ABl. C 121/2 vom 13.5.1992

Europäische Kommission, Empfehlung 96/280/EG, ABl. L 107/4 ff. v. 30.4.1996

dies., Survey of the Member State National Laws Governing Vertical Distribution Agreements, Studie von Februar 1996, im Internet zu finden unter http://europa.eu.int/comm/competition/publications/st9603en_en.pdf

dies., Grünbuch zur EG-Wettbewerbspolitik gegenüber vertikalen Wettbewerbsbeschränkungen, KOM (1996) 721

dies., Bekanntmachung der Kommission über die Definition des relevanten Marktes im Sinne des Wettbewerbsrechts der Gemeinschaft, ABl. C 372/5 v. 9.12.1997

dies., Formblatt CO zur Anmeldung eines Zusammenschlusses gem. der Verordnung (EWG) Nr. 4064/89 des Rates über die Kontrolle von Unternehmenszusammenschlüssen von gemeinschaftsweiter Bedeutung, ABl. L 61/11 vom 2.3.1998

dies., Mitteilung vom 30.9.1998 über die Anwendung der EG-Wettbewerbsregeln auf vertikale Beschränkungen (follow-up zum Grünbuch), ABl. C 365/3-24 v. 26.11.1998

dies., Weißbuch über die Modernisierung der Verfahrensvorschriften zur Anwendung der Art. 81 und 82 EG-Vertrag, KOM (1999) 101 endg. v. 28.4.1999

dies., Verordnung Nr. 2790/1999 (EG) vom 22.12.1999 über die Anwendbarkeit von Art. 81 Abs. 3 des Vertrags auf Gruppen von vertikalen Vereinbarungen und aufeinander abgestimmten Verhaltensweisen, ABl. L 336/21 vom 29.12.1999

dies., Leitlinien für vertikale Beschränkungen, ABl. C 291/1 vom 13.10.2000

dies., Vorschlag für eine Verordnung des Rates zur Durchführung der in den Artikeln 81 und 82 EG-Vertrag niedergelegten Wettbewerbsregeln, ABl. C 365 E/284 v. 19.12.2000 = KOM (2000) 582 endg.

dies., Verordnung Nr. 2658/2000 vom 29.11.2000 über die Anwendung von Art. 81 Abs. 3 EG auf Gruppen von Spezialisierungsvereinbarungen, ABl. L 304/3 v. 5.12.2000

dies., Verordnung Nr. 2659/2000 vom 29.11.2000 über die Anwendung von Art. 81 Abs. 3 EG auf Gruppen von Vereinbarungen über Forschung und Entwicklung, ABl. L 304/7 v. 5.12.2000.

dies., Leitlinien zur Anwendbarkeit von Artikel 81 EG-Vertrag auf Vereinbarungen über horizontale Zusammenarbeit, ABl. C 3/2 v. 6.1.2001

dies., Bekanntmachung über Vereinbarungen von geringer Bedeutung, die den Wettbewerb gemäß Artikel 81 Abs. 1 des Vertrages zur Gründung der Europäischen Gemeinschaft nicht spürbar beschränken (de minimis), ABl. C 368/13 vom 22.12.2001

dies., Verordnung Nr. 1400/2002 vom 31.7.2002 über die Anwendung von Artikel 81 Abs. 3 des Vertrags auf Gruppen von vertikalen Vereinbarungen und aufeinander abgestimmten Verhaltensweisen im Kraftfahrzeugsektor, ABl. L 203/30 v. 1.8.2002

dies., Leitfaden für die VO 1400/2002

dies., Empfehlung 2003/361/EG betreffend die Definition der Kleinstunternehmen sowie der kleinen und mittleren Unternehmen, ABl. L 124/36-41 vom 20.5.2003

Europäische Kommission, Bekanntmachung – Leitlinien über den Begriff der Beeinträchtigung des zwischenstaatlichen Handels in den Artikeln 81 und 82 des Vertrags, ABl. C 101/81 v. 27.4.2004

dies., Bekanntmachung der Kommission – Leitlinien zur Anwendung von Artikel 81 EG-Vertrag auf Technologietransfer-Vereinbarungen, ABl. C 101/2 v. 27.4.2004

dies., Bekanntmachung der Kommission über die Zusammenarbeit innerhalb des Netzes der Wettbewerbsbehörden, ABl. C 101/43 v. 27.4.2004

dies., Bekanntmachung der Kommission – Leitlinien zur Anwendung von Artikel 81 Absatz 3 EG-Vertrag, ABl. C 101/97 v. 27.4.2004

Europäischer Rat, Verordnung (EWG) Nr. 17/62 des Rates vom 6.2.1962 zur Durchführung der in den Artikeln 85 und 86 des Vertrags niedergelegten Wettbewerbsregeln, ABl. L 13/204 v. 21.2.1962

ders., Verordnung (EG) Nr. 1/2003 des Rates vom 16. Dezember 2002 zur Durchführung der in den Artikeln 81 und 82 des Vertrags niedergelegten Wettbewerbsregeln, ABl. L 1/1 v. 4.1.2003

ders., Verordnung (EG) Nr. 139/2004 vom 20.1.2004 über die Kontrolle von Unternehmenszusammenschlüssen, ABl. L 24/1 -22 v. 29.1.2004

Landeskartellbehörde Bayern, Anmerkungen der zur 7. GWB-Novelle, http://www.bayerische-landeskartellbehoerde.de/aenderungen/Anmerkungen_7GWB_Novelle.pdf

Monopolkommission, Missbräuche der Nachfragemacht und Möglichkeiten zu ihrer Kontrolle im Rahmen des Gesetzes gegen Wettbewerbsbeschränkungen, 7. Sondergutachten, 1. Auflage, Baden-Baden 1977

dies., Ökonomische Kriterien für die Rechtsanwendung, 5. Hauptgutachten (1982/19983), 1. Auflage, Baden-Baden 1984

dies., Konzeption einer europäischen Fusionskontrolle, 17. Sondergutachten, 1. Auflage, Baden-Baden 1989

dies., Wettbewerbspolitik in Zeiten des Umbruchs, 11. Hauptgutachten (1994/1995), 1. Auflage, Baden-Baden 1996

dies., Wettbewerbspolitik in Netzstrukturen, 13. Hauptgutachten (1998/1999), 1. Auflage, Baden-Baden 2000

dies., Folgeprobleme der europäischen Kartellverfahrensreform, 32. Sondergutachten, 1. Auflage, Baden-Baden 2001

dies., Das allgemeine Wettbewerbsrecht in der Siebten GWB-Novelle, 41. Sondergutachten, 1. Auflage, Baden-Baden 2004

Office of Fair Trading (OFT), Vertical Agreements – Understanding Competition Law, Guideline No. 419, December 2004

Office of Fair Trading (OFT), Agreements and Concerted Practices – Understanding Competition Law, Guideline No. 401, December 2004

dass., Transport Ticketing Schemes Block Exemption, A Competition Act 1998 Guideline, Guideline No. 439, August 2002

US Department of Justice und Federal Trade Commission, Horizontal Merger Guidelines 1992, abgedruckt in: FIW [Hrsg.], Vertikale Verträge – U.S. Guidelines 1985 und EG-Kartellrecht, Köln u.a. 1986

Verbraucherzentrale Bundesverband, Stellungnahme v. 15.9.2004 zum Entwurf eines siebten Gesetzes zur Änderung des Gesetzes gegen Wettbewerbsbeschränkungen

Vermittlungsausschuss, Beschlussempfehlung zu dem Siebten Gesetz zur Änderung des Gesetzes gegen Wettbewerbsbeschränkungen, BT-Drs. 15/5735 vom 15.6.2005; zugl. BR-Drs. 497/05

ders., Beschlussempfehlung zu dem Zweiten Gesetz zur Neuregelung des Energiewirtschaftsrechts, BT-Drs. 15/5736 vom 15.6.2005; zugl. BR-Drs. 498/05

Erster Teil: Einleitung

Erster Abschnitt: Inhalt und Zielsetzung der 7. GWB-Novelle

Die am 1.7.2005 in Kraft getretene 7. GWB-Novelle hat durch ihre tiefgreifenden strukturellen Änderungen zu einem bedeutenden Paradigmenwechsel im deutschen Kartellrecht geführt.[1] Vorläufer und Auslöser dieser Gesetzesnovellierung waren die verfahrensrechtlichen Änderungen im europäischen Kartellrecht durch die Verordnung Nr. 1/2003, die u.a. zu einer Dezentralisierung der Anwendung des Kartellrechts und zu einem Übergang vom Anmelde- und Genehmigungssystem zum System der Legalausnahme geführt hatte.[2] Gegen diesen Systemwechsel im europäischen Kartellrecht hatte sich Deutschland im Rechtssetzungsverfahren bis zuletzt gewehrt.[3] Gleichwohl ist der Wechsel zum System der Legalausnahme durch die 7. GWB-Novelle nun auch im deutschen Kartellrecht vollzogen worden und hat starke Auswirkungen auf die kartellrechtliche Beurteilung von horizontalen und vertikalen wettbewerbsbeschränkenden

---

1 Bekanntmachung der Neufassung des Gesetzes gegen Wettbewerbsbeschränkungen, BGBl. 2005 I, S. 2114 ff. Grundlage war die Beschlussempfehlung des Vermittlungsausschusses zu dem Siebten Gesetz zur Änderung des Gesetzes gegen Wettbewerbsbeschränkungen, BT-Drs. 15/5735 v. 15.6.2005. Bundestag und Bundesrat haben dieser Beschlussempfehlung am 16. und 17. Juni 2005 zugestimmt, vgl. *Bundestag*, Plenarprotokoll 15/181 vom 16.6.2005 S. 17101 (17109 A.).

Die 7. GWB-Novelle wurde durch ein Eckpunktepapier des *Bundesministerium für Wirtschaft und Arbeit* vorbereitet (siehe Entwurf von Eckwerten einer 7. GWB-Novelle vom 24.2.2003, abgedruckt in WuW 2003, 379 ff.). Darauf folgte im Dezember 2003 ein Referentenentwurf und am 26.5.2004 der Regierungsentwurf (*Bundesregierung*, Entwurf eines Siebten Gesetzes zur Änderung des Gesetzes gegen Wettbewerbsbeschränkungen, BT-Drs. 15/3640). Während des Gesetzgebungsverfahrens fand eine öffentliche Anhörung von Sachverständigen vor dem *Ausschuss für Wirtschaft und* Arbeit statt (Wortprotokoll der 67. Sitzung vom 20.9.2004, Protokoll 15/67 (15. Wahlperiode), S. 1102 ff.), der am 9.3.2005 eine Beschlussempfehlung vorlegte (vgl. *Ausschuss für Wirtschaft und Arbeit*, Beschlussempfehlung und Bericht vom 9.3.2005, BT-Drs. 15/5049). Da sich der Bundesrat sehr kritisch zum Regierungsentwurf zur 7. GWB-Novelle geäußert hat (*Bundesrat*, Stellungnahme zum Entwurf der 7. GWB-Novelle, BR-Drs. 441/04, S. 5 ff.; *Bundesrat*, Wirtschaftsausschuss, Drs. 210/1/05 v. 18.4.2005, S. 2 f.) wurde das Vermittlungsverfahren erforderlich, in dem unter anderem die Pressefusionskontrolle aus der Novelle gestrichen wurde und weitere Änderungen des Entwurfs erfolgten.

2 Verordnung (EG) Nr. 1/2003 des Rates vom 16. Dezember 2002 zur Durchführung der in den Artikeln 81 und 82 des Vertrags niedergelegten Wettbewerbsregeln, ABl. L 1/1 v. 4.1.2003. Im Folgenden als VO Nr. 1/2003 bezeichnet.

3 Auch der Bundesrat hat sich gegen den Inhalt der europäischen Kartellrechtsreform ausgesprochen *Bundesrat*, Beschluss vom 21. Dezember 2000, BR-Drs. 661/00.

Vereinbarungen.[4] Nach der 7. GWB-Novelle sind horizontale Wettbewerbsbeschränkungen, die unter das Kartellverbot des § 1 GWB fallen, ohne die früher erforderliche vorherige Anmeldung freigestellt, sofern der Freistellungstatbestand eingreift. Vertikale Wettbewerbsbeschränkungen, auf denen der Fokus dieser Arbeit liegt, sind künftig ebenfalls wie die horizontalen Wettbewerbsbeschränkungen dem Kartellverbot unterworfen. Eine weitere Neuerung der 7. GWB-Novelle ist, dass das in § 1 GWB schon bislang geregelte Kartellverbot nach der 7. GWB-Novelle in seinem Wortlaut noch stärker an Art. 81 Abs. 1 EG angelehnt worden ist. Anders als Art. 81 Abs. 1 EG enthält § 1 GWB aber keine Zwischenstaatlichkeitsklausel und verzichtet auch auf die unter Art. 81 Abs. 1 lit. a bis lit. e EG normierten Beispiele für Wettbewerbsbeschränkungen. Auch die in § 2 GWB enthaltene Freistellungssystematik orientiert sich nun sehr stark an Art. 81 Abs. 3 EG. So sind die früheren kasuistisch ausgestalteten Freistellungstatbestände in §§ 2 bis 7 GWB a.F. im nun geltenden GWB durch Einführung der Generalklausel des § 2 Abs. 1 GWB entsprechend Art. 81 Abs. 3 EG ersetzt worden.[5] Zur Konkretisierung des § 2 Abs. 1 GWB greifen nun die europäischen Gruppenfreistellungsverordnungen ein, deren entsprechende Anwendbarkeit § 2 Abs. 2 GWB auch für innerstaatliche Sachverhalte betont.

Zweiter Abschnitt: Frühere Missbrauchsaufsicht über vertikale Beschränkungen

Bei der Regelung vertikaler Beschränkungen gab es im deutschen Recht bislang einen Dualismus von Missbrauchs- und Verbotsprinzip. Während Preis- und Konditionenbindungen gem. § 14 GWB a.F. einem absoluten Verbot unterlagen, waren die übrigen vertikalen Beschränkungen der in § 16 GWB a.F. geregelten Missbrauchsaufsicht unterworfen. Nach § 16 GWB a.F. konnte eine Kartellbehörde eine vertikale Vereinbarung untersagen, wenn durch diese der Wettbewerb auf dem Markt wesentlich beeinträchtigt wurde. Nur in sehr wenigen

---

4 Während horizontale Vereinbarungen zwischen Unternehmen auf derselben Wirtschaftsstufe abgeschlossen werden, werden vertikale Vereinbarungen zwischen Unternehmen auf verschiedenen Wirtschaftsstufen abgeschlossen.

5 § 2 Abs. 1 GWB weicht insoweit von Art. 81 Abs. 3 EG ab, als die Vorschrift eine Formulierung enthält, die deutlicher als Art. 81 Abs. 3 EG auf das Legalausnahmesystem verweist. Statt der Formulierung „*Die Bestimmungen des Absatzes 1 können für nicht anwendbar erklärt werden auf* ...“ enthält § 2 Abs. 1 GWB die Formulierung „*Vom Verbot des § 1 freigestellt sind Vereinbarungen* ...“. Nicht zuletzt wegen des Wortlauts des Art. 81 Abs. 3 EG sind immer wieder Bedenken gegenüber der Vereinbarkeit des Legalausnahmesystems mit dem Primärrecht geäußert worden. Aus diesem Grunde sollte die Formulierung des Art. 81 Abs. 3 EG nicht übernommen werden.

Fällen hat das Bundeskartellamt eine wettbewerbsbeschränkende Vereinbarung nach § 16 GWB a.F. untersagt. Insgesamt hat das Bundeskartellamt in den Jahren 1959 bis 2004 562 Verfahren nach § 16 GWB a.F. eröffnet, von denen es nur sehr wenige mit Untersagungsverfügungen beendet hat.[6] Von diesen Untersagungsverfügungen wurden wiederum einige nachträglich von den Kartellgerichten aufgehoben, weil die Tatbestandsvoraussetzungen nicht vorlagen oder nicht nachweisbar waren. Die Landeskartellbehörden haben noch wesentlich seltener als das Bundeskartellamt Untersagungsverfügungen wegen wettbewerbsbeschränkender Vertikalvereinbarungen erlassen.[7]

Der seltene Erlass von Untersagungsverfügungen durch die Kartellbehörden hat verschiedene Gründe. Zum einen besaß § 16 GWB a.F. eine recht hohe Eingriffsschwelle, die die Anwendung der Norm erschwerte und die Norm auf diese Weise zu einem „zahnlosen Tiger“ werden ließ. Zum anderen wurden viele wettbewerbsbeschränkende vertikale Vereinbarungen den Kartellbehörden nicht bekannt. Diese Unkenntnis der Kartellbehörden war darauf zurückzuführen, dass

---

6 Vgl. Statistik im Anhang.

7 Eine Umfrage bei den einzelnen Landeskartellbehörden in Deutschland ergab, dass diese nur in sehr wenigen Fällen ein Verfahren nach § 16 GWB a.F. gegen Unternehmen wegen wettbewerbsbeschränkender Vertikalvereinbarungen eröffnet haben. In diesen wenigen Fällen haben die Unternehmen die wettbewerbsbeschränkenden Vereinbarungen dann meist freiwillig aufgegeben. Auch große Landeskartellbehörden erklärten, keine förmlichen Entscheidungen zur Anwendung des § 16 GWB a.F. erlassen zu haben. Die Arbeit der Landeskartellbehörden hat sich daher vor allem auf die Kontrolle von Horizontalvereinbarungen (Spezialisierungs-, Rationalisierungs- und Mittelstandskartelle u.a.) konzentriert. Die Landeskartellbehörden haben gemeinsam mit dem Bundeskartellamt die Missbrauchsaufsicht nach § 16 GWB a.F. ausgeübt. Dabei waren die Landeskartellbehörden zuständig, soweit sich die Wirkung des wettbewerbsbeschränkenden Verhaltens auf das Gebiet eines Landes beschränkte. In Fällen mit Auswirkungen auf mehrere Bundesländer oder mit Auslandsbezug war grundsätzlich das Bundeskartellamt zuständig. Vgl. § 48 Abs. 2 GWB. Diese Zuständigkeitsverteilung wird durch die 7. GWB-Novelle in den Grundzügen beibehalten, aber insofern modifiziert, als sich das Bundeskartellamt und die Landeskartellbehörden für den Bereich der Kartell- und Missbrauchsaufsicht einvernehmlich über eine andere Zuständigkeitsverteilung einigen können (§ 49 Abs. 3 und 4 GWB). Die Regelung nähert sich insoweit dem europäischen Modell paralleler Zuständigkeiten der europäischen Wettbewerbsbehörden bei der Durchsetzung der Art. 81 und 82 EG an. Durch die Neuregelung der Absätze 3 und 4 des § 49 kann wie im europäischen System erreicht werden, dass die bestgeeignete Behörde („best *placed authority*“) den Fall aufgreifen und entscheiden kann. Zudem sind die Landeskartellbehörden nach der 7. GWB-Novelle – neben dem Bundeskartellamt – ermächtigt, europäisches Wettbewerbsrecht anzuwenden (§ 50 Abs. 1 GWB). Bislang war dies allein dem Bundeskartellamt vorbehalten, vgl. Bundesregierung, Entwurf eines Siebten Gesetzes zur Änderung des Gesetzes gegen Wettbewerbsbeschränkungen, BT-Drs. 15/3640, S. 39.

es – anders als im europäischen Kartellrecht – keine Anmeldepflicht für Vertikalvereinbarungen gab. Weiterhin blieben und bleiben Wettbewerbsbeschränkungen im Vertikalverhältnis häufig auch unentdeckt, weil die entsprechenden Diskriminierungen aufgrund vertikaler Abhängigkeitsverhältnisse verschwiegen wurden.[8] Während somit im früheren deutschen Kartellrecht keine umfassende Kontrolle vertikaler Wettbewerbsbeschränkungen stattfand, wurden Vertikalvereinbarungen im europäischen Kartellrecht umso umfassender und strenger auf ihre kartellrechtliche Zulässigkeit überprüft.[9]

Durch die 7. GWB-Novelle ist die Regelung vertikaler Vereinbarungen an die europäische Rechtslage angepasst worden. Im Rahmen der 6. GWB-Novelle, die zum 1.1.1999 in Kraft getreten war, war nur eine partielle Adaptation des deutschen an das europäische Kartellrecht vorgenommen worden, indem der Wortlaut des Kartellverbots weiter an Art. 81 Abs. 1 EG angelehnt und hinsichtlich der in § 7 GWB a.F. enthaltenen Freistellungsvoraussetzungen Anleihe bei Art. 81 Abs. 3 EG genommen wurde. Damit wurde der seit Anfang der siebziger Jahre bestehenden Forderung nach einer Harmonisierung mit dem europäischen Recht Rechnung getragen.[10] Jedoch wurde eine vollständige Rechtsangleichung

---

8 *Hamer*, Zuliefererdiskriminierung, S. 26. Die These, dass viele wettbewerbsbeschränkende Vertikalvereinbarungen aufgrund von Abhängigkeitsverhältnissen verschwiegen werden, hat auch noch nach der 7. GWB-Novelle Gültigkeit. Wettbewerbsbeschränkende Vereinbarungen horizontaler Art treten schneller ans Licht, da sie unter Konkurrenten abgeschlossen werden, zwischen denen keine (Liefer-)Verträge und damit keine Abhängigkeiten bestehen.

9 Mitte der sechziger Jahre lagen der Kommission rund 37.000 Vertikalvereinbarungen und einige Hundert Horizontalvereinbarungen zur Prüfung auf die Vereinbarkeit mit dem Kartellverbot vor, davon 31.000 Alleinvertriebsverträge und rund 5000 Patentlizenzverträge, vgl. *Schröter*, in: Baudenbacher, Neuste Entwicklungen im europäischen und internationalen Kartellrecht, S. 189 (193); *Geers*, Die Gruppenfreistellung im EG-Kartellrecht, S. 79. Dieses Massenproblem versuchte die Kommission damals mit Schaffung der Gruppenfreistellungsvereinbarungen in den Griff zu bekommen. Da dies nicht gelang, kam es zum Übergang zum System der Legalausnahme durch die Verordnung 1/2003.

10 So stellte *Säcker* schon im Jahr 1971 fest: „*Eine Orientierung der Neufassung des § 1 GWB an Art. 85 Abs. 1 EWGV böte zudem den Vorteil, daß eine im wesentlichen gleichsinnige Auslegung des nationalen und europäischen Kartellrechts möglich würde und so juristische Bedeutungsunterschiede zwischen nationalem und europäischem Kartellrecht ausgemerzt würden, die angesichts der Identität der Zielfunktionen beider Rechtsmaterien sachlich nicht gerechtfertigt sind. Das erspart zugleich die Mühe, verschieden gefaßte Vorschriften hinsichtlich der Tragweite ihrer normativen Aussagen zu prüfen; es würde manchen Auslegungsstreit schlichten und eine Verwertung der Literatur und Rechtsprechung des Europäischen Gerichtshofes zu Art. 85 Abs. 1 EWGV auch für das nationale Recht ermöglichen. Der reiche Gewinn einer Anpassung von § 1 GWB*

und Übernahme des Kartellverbots für vertikale Vereinbarungen im Rahmen der 6. GWB-Novelle noch entschieden abgelehnt. Dies begründete die Bundesregierung im damaligen Gesetzentwurf zur 6. GWB-Novelle damit, dass eine Missbrauchsaufsicht zur wettbewerbsrechtlichen Kontrolle von vertikalen Bindungen besser geeignet sei als ein Verbot. Zudem sei das damalige deutsche Kartellrecht dem europäischen in Bezug auf die Regelung der Vertikalvereinbarungen *„deutlich überlegen“*.[11] Die Angleichung an das europäische Kartellrecht wurde ferner unter Hinweis auf die unterschiedlichen Zielsetzungen des deutschen und europäischen Kartellrechts abgelehnt.[12] Auch Teile der Literatur befürworteten die Beibehaltung der Missbrauchsaufsicht für vertikale Vereinbarungen und vertraten die Ansicht, dass ein Wettbewerb der unterschiedlich ausgestalteten deutschen und europäischen Kartellrechtssysteme der beste Garant für ein wohlfahrtsmaximierendes Rechtssystem sei.[13] Hingegen sah ein anderer Teil der Literatur die Nichtvornahme einer konsequenten Harmonisierung mit dem europäischen Wettbewerbsrecht im Rahmen der 6. GWB-Novelle als Fehlentscheidung an und verwies dabei auch auf die großen wirtschaftlichen Nachteile infolge der fehlenden Rechtsharmonisierung.[14] Aus diesen Gründen forderten

---

an Art. 85 Abs. 1 EWGV liegt damit auf der Hand.“ Siehe *Säcker*, Zielwandlungen und Zielkonflikte in der Wettbewerbspolitik, S. 155.

11 *Bundesregierung*, Entwurf eines Sechsten Gesetzes zur Änderung des Gesetzes gegen Wettbewerbsbeschränkungen, BT-Drs. 13/9720, S. 30 ff.; ähnlich *Schütz*, WuW 1996, 689 (694). So auch noch *Monopolkommission*, 41. Sondergutachten, Tz. 12 und *Peetz*, Die neue Kartellverordnung Nr. 1/2003, S. 145. Ähnlich *Noack*, Industrielle Zulieferverträge und Art. 81 EGV, S. 376 und *Bunte*, in: Bunte, Kommentar zum deutschen und europäischen Kartellrecht, Band 1, § 1 Rn. 202.

12 *Bundesregierung*, Entwurf eines Sechsten Gesetzes zur Änderung des Gesetzes gegen Wettbewerbsbeschränkungen, BT-Drs. 13/9720, S. 31. Siehe zur Situation vor der 7. GWB-Novelle *Kerls*, Die Anpassung des deutschen Kartellverbots und seiner Ausnahmen an das europäische Recht, S. 189 ff.

13 *Van den Bergh/Camesasca*, WuW 1998, 1147 (1149 ff.); *Mayer*, Die Zwischenstaatlichkeitsklausel, S. 159 ff.; so auch noch *Mussler*, FAZ v. 13.10.2003. Ablehnend auch *Bornkamm*, in: Festschrift aus Anlaß des fünfzigjährigen Bestehens von Bundesgerichtshof, Bundesanwaltschaft und Rechtsanwaltschaft beim Bundesgerichtshof, 2000, S. 343 (364), der der Ansicht ist, dass das Kartellverbot des Art. 81 Abs. 1 EG wegen seiner Reformbedürftigkeit als Referenzmodell für das deutsche Kartellrecht nicht geeignet sei.

14 Schon früher hatte ein Großteil der Literatur wegen der faktischen Wirkungslosigkeit der deutschen Missbrauchsaufsicht über vertikale Vereinbarungen eine Angleichung des deutschen an das europäische Kartellrecht im Bereich der vertikalen Vereinbarungen gefordert. Siehe hierzu *Emmerich*, in: Immenga/Mestmäcker, GWB, 2. Auflage, § 18 Rn. 8a; *Dreher*, AG 1993, 437 (447); *Bunte*, in: FIW [Hrsg.], Schwerpunkte des Kartellrechts 1990/1991, S. 51 (61, 70); *BDI*, Stellungnahme zu den „Eckpunkten für eine

einige Stimmen weiterhin die Angleichung an europäisches Kartellrecht, die nun mit der 7. GWB-Novelle erfolgt ist.

Dritter Abschnitt: Gründe für die Harmonisierung mit europäischem Kartellrecht

Vor allem aus verfahrensrechtlicher und rechtspolitischer Sicht ist die nun bewirkte Übernahme des EG-kartellrechtlichen acquis communautaire für die vertikalen Wettbewerbsbeschränkungen angebracht.

Im Hinblick auf die bestehende Rechtsnormenkonkurrenz von EG-Kartellrecht und nationalem Kartellrecht wäre die durch die 7. GWB-Novelle herbeigeführte Konvergenz von europäischem und nationalem Kartellrecht schon seit Jahrzehnten sinnvoll gewesen. Denn das nationale und europäische Kartellrecht waren und sind parallel nebeneinander anwendbar.[15] Wenn eine vertikale Wettbewerbsbeschränkung bislang nach europäischem und nationalem Kartellrecht unterschiedlich beurteilt wurde, wurde diese – sofern die vertikale Wettbewerbsbeschränkung Auswirkungen auf den zwischenstaatlichen Handel hatte – wegen des Vorrangs des europäischen gegenüber dem nationalen Kartellrecht allein nach europäischem Kartellrecht beurteilt.[16] Wenn die gleichlautende vertikale Wettbewerbsbeschränkung jedoch rein innerstaatliche Wirkung hatte, so war sie allein nach dem – gegebenenfalls vom europäischen Kartellrecht abweichenden – nationalen Kartellrecht zu bemessen. Diese Wertungsdivergen-

---

Novelle des Gesetzes gegen Wettbewerbsbeschränkungen", Köln, 3.7.1996; *ders.*, Stellungnahme zu den ersten Formulierungsvorschlägen für die zentralen Regelungsbereiche des GWB, Köln, 21.4.1997. Kritisch auch *M. Pfeffer*, Interbrand-Kartellverbot, S. 176, 335.

15 Zunächst wurde zum Verhältnis von nationalem Kartellrecht zu europäischem Kartellrecht die sog. *Zweischranken-Theorie* vertreten, nach der nationales und europäisches Wettbewerbsrecht gleichwertig nebeneinander anwendbar sind, so dass sich im Konfliktfall die strengere Wettbewerbsordnung durchsetzt. So konnte im Einzelfall ein Vorrang des nationalen Rechts vor dem Gemeinschaftsrecht bestehen. In der Walt Wilhelm-Entscheidung übertrug dann der Gerichtshof die Rechtsprechung zum Vorrang des Gemeinschaftsrechts (*EuGH*, Urt. v. 5.2.1963 – Rs. 26/62 – Slg. 1963, 1 (25) „van Gend & Loos"; *EuGH*, Urt. v. 15.7.1964 – Rs. 6/64 – Slg. 1964, 1251 (1270) „Costa/ENEL") auf das Verhältnis der Kartellrechtsordnungen zueinander. Danach bleibt es bei der grundsätzlich parallelen Anwendung, wobei sich im Konfliktfall das Gemeinschaftsrecht durchsetzt, vgl. *EuGH*, Urt. v. 13.2.1969 – Rs. 14/68 – Slg. 1969, 1 (13) „Walt Wilhelm". Siehe zur parallelen Anwendbarkeit von europäischem und deutschem Kartellrecht *Säcker*, L'harmonisation du droit communautaire privé, S. 78; *Zuleeg*, EuR 1990, 123 ff.

16 *EuGH*, Urt. v. 13.2.1969 – Rs. 14/68 – Slg. 1969, 1 (13) „Walt Wilhelm".

zen bei fast identischen Fällen – die sich nur darin unterschieden, dass im einen Fall die Zwischenstaatlichkeitsklausel erfüllt war und im anderen nicht – hat sich seit jeher sehr negativ auf die Rechtsklarheit ausgewirkt.

Das Inkrafttreten der europäischen Kartellverfahrensnovelle, der VO Nr. 1/2003, hat einen weiteren Anreiz zur Harmonisierung mit dem europäischen Kartellrecht bewirkt. Als Folge der VO Nr. 1/2003 haben auch mehrere andere Mitgliedstaaten ihr nationales Kartellrecht stärker an das europäische Kartellrecht angepasst, so dass nun eine zunehmende Konvergenz der Kartellrechte in Europa zu verzeichnen ist.[17] Durch die VO Nr. 1/2003 hat der Rat erstmalig von seiner Befugnis zur Regelung des Verhältnisses von europäischem zu nationalem Kartellrecht nach Art. 83 Abs. 2 lit. e EG Gebrauch gemacht, um innerhalb Europas einheitliche Kartellrechtsregeln zu schaffen (sog. „level playing field").[18] Aufgrund der in Art. 3 VO Nr. 1/2003 enthaltenen Regelungen, die nun in § 22 GWB aufgenommen wurden, hat die Bedeutung des nationalen Kartellrechts für Fälle mit Auswirkungen auf den zwischenstaatlichen Handel noch weiter abgenommen. Zum einen sieht Art. 3 Abs. 1 VO Nr. 1/2003 die zusätzliche verbindliche Anwendung des Art. 81 EG vor, wenn die nationalen Wettbewerbsbehörden und Gerichte nach nationalem Wettbewerbsrecht gegen eine wettbewerbsbeschränkende Vereinbarung mit zwischenstaatlichen Auswirkungen vorgehen.[19] Deshalb wäre es unökonomisch, in den beiden obligatorisch

---

17 Siehe zu den nationalen Kartellrechten der einzelnen Mitgliedstaaten unter besonderer Berücksichtigung der Vertikalvereinbarungen und Gruppenfreistellungsverordnungen den Fünften Teil dieser Arbeit (S. 382 ff).

18 Siehe zur Verordnung Nr. 1/2003 in der neueren Literatur: *Schnelle/Bartosch/Hübner*, Das neue EU-Kartellverfahrensrecht; *Braun*, Der Systemwechsel im europäischen (und deutschen) Kartellrecht (VO 1/2003), in: Behrens [Hrsg.], Europäisches Wettbewerbsrecht im Umbruch, S. 167 ff.; *Hossenfelder*, Thesen zu den Folgen der neuen VO 1/2003 für das Bundeskartellamt und das GWB, in: Behrens [Hrsg.], Europäisches Wettbewerbsrecht im Umbruch, S. 251 ff.; *Schwarze/Weitbrecht*, Grundzüge des europäischen Kartellverfahrensrechts: Die Verordnung (EG) Nr. 1/2003; *Lampert/Niejahr/Kübler/Weidenbach*, Praxiskommentar zur Verordnung (EG) Nr. 1/2003; *Brunn*, Die EG-Kartellverfahrensverordnung 1/2003; *Zwiener*, Die Auswirkungen der Verordnung Nr. 1/2003 auf das europäische und deutsche Kartellverfahren; *Schöler*, Die Reform des europäischen Kartellverfahrensrechts durch die Verordnung (EG) Nr. 1/2003.

19 Art. 3 VO Nr. 1/2003 sah in der Fassung des Verordnungsentwurfs einen generellen Ausschluss des nationalen Wettbewerbsrechts vor, wenn die Zwischenstaatlichkeitsklausel der Art. 81 und 82 EG erfüllt war. Dies hat zu Protesten der nationalen Regierungen, Kartellbehörden und Kartellrechtler geführt (*Bechtold*, BB 2000, 2425 (2429); *Monopolkommission*, 32. Sondergutachten, Tz. 10 ff; hingegen zustimmend zu Art. 3 des Verordnungsentwurfs: *Ehlermann*, WuW 2001, 231 (231)).

durchzuführenden Parallelverfahren unterschiedliche rechtliche Maßstäbe anzuwenden. Zum anderen legt Art. 3 Abs. 2 VO Nr. 1/2003 fest, dass dann, wenn ein wettbewerbsbeschränkendes Verhalten lediglich nach nationalem, nicht aber nach Gemeinschaftsrecht verboten ist, das Gemeinschaftsrecht die nationalen Regeln verdrängt.[20] Auch dies führt zu einem Angleichungsdruck an das europäische Kartellrecht, da wegen Art. 3 Abs. 2 VO Nr. 1/2003 – jedenfalls gegenüber Art. 81 Abs. 1 EG – strengeres nationales Kartellrecht nicht durchgreifen kann. Vor dem Hintergrund der VO Nr. 1/2003 lässt sich folgern, dass die Angleichung des deutschen an das europäische Kartellrecht für Sachverhalte mit zwischenstaatlichen Auswirkungen - wenn auch nicht verbindlich durch den europäischen Gesetzgeber vorgeschrieben („Harmonisierung von oben") – als freiwillige Angleichung („Harmonisierung von unten"[21]) geboten war. Aus diesem Grund machte es immer weniger Sinn, das nationale Kartellrecht mit seinen vom europäischen Kartellrecht abweichenden Regelungen für Fälle ohne Auswirkung auf den zwischenstaatlichen Handel aufrecht zu erhalten. Denn dabei hätte jeweils geprüft werden müssen, ob die betreffende Vereinbarung Auswirkungen auf den zwischenstaatlichen Handel hat. Diese Prüfung hat sich in der bisherigen Praxis als äußerst schwierig erwiesen und zu erheblicher Rechtsunsicherheit geführt.[22] Zudem wäre es fraglich gewesen, ob die Aufrechterhaltung eines eigenen nationalen Regelungsregimes in Bezug auf vertikale Wettbewerbsbeschränkungen und dessen Weiterentwicklung durch die nationalen Kartellbehörden und Gerichte für die wenigen Fälle mit lokalen und regionalen Auswirkungen eine effiziente Allokation von Ressourcen dargestellt hätte.[23] Darüber hinaus hätte eine Aufrechterhaltung der Besonderheiten des nationalen

---

20 Art. 3 Abs. 2 VO Nr. 1/2003 ist vor dem Hintergrund des Grundsatzes des Vorrangs des Gemeinschaftsrechts verständlich, nach dem das Europarecht dem nationalen Recht vorgeht, wenn beide Rechtsordnungen in Konflikt miteinander stehen. Art. 3 Abs. 2 VO Nr. 1/2003 lässt sich auch mit dem vom Gerichtshof aus Art. 81-86 EG, Art. 3 lit. g EG und Art. 10 Abs. 2 EG entwickelten allgemeinen Grundsatz erklären, dass die Mitgliedstaaten keine Maßnahmen ergreifen oder aufrechterhalten dürfen, durch die die praktische Wirksamkeit (*effet utile*) der Wettbewerbsregeln beeinträchtigt werden könnte (*Streinz*, Europarecht, Rn. 395). Wenn die Mitgliedstaaten ein nach Gemeinschaftsrecht erlaubtes Verhalten nach nationalem Recht verbieten könnten, so hätte das Gemeinschaftsrecht keine praktische Wirksamkeit mehr.

21 Siehe dazu allgemein *van den Bergh/Camesasca*, WuW 1998, 1147 (1150); *Lenz*, in: FIW [Hrsg.], Schwerpunkte des Kartellrechts 1992/1993, S. 25 (31); *Haberkamm*, Intrabrand-Wettbewerb und Missbrauchsaufsicht, S. 138; *Brinker*, FAZ v. 7.4.2004 (Nr. 83), S. 25. Siehe zum faktischen Angleichungsdruck durch die Verordnung Nr. 1/2003 auch *Zöttl*, Börsen-Zeitung v. 21.1.2004, S. 5.

22 Siehe dazu Zweiter Teil, Erster Abschnitt (S. 31).

23 *Weitbrecht*, EuZW 2004, 449 (449).

Kartellrechts bei Abweichungen vom europäischen Recht nicht nur zu unterschiedlichen Rechtslagen für Fälle mit und ohne Auswirkungen auf den zwischenstaatlichen Handel geführt, sondern hätte auch insgesamt die Rechtsunsicherheit und den Umfang der rechtlichen Prüfung sowie die Beratungs- und Transaktionskosten der Unternehmen gesteigert.[24] Vor dem Hintergrund der letzten Überlegung hatte die Bundesregierung schon im Jahr 1993 im sog. Standortpapier eine Anpassung des deutschen Kartellrechts an die europäischen Wettbewerbsregeln geplant.[25]

Vierter Abschnitt: Fragestellungen der vorliegenden Dissertation

Angesichts dieser Überlegungen wird deutlich, dass die Rechtsharmonisierung als Ziel der 7. GWB-Novelle unter den Aspekten der Verfahrenseffizienz, Rechtssicherheit und Kostenreduzierung sehr positiv zu bewerten ist. Mindestens ebenso relevant ist jedoch, dass die Harmonisierung mit dem europäischen Kartellrecht im Bereich der vertikalen Vereinbarungen auch wettbewerbstheoretisch und -politisch vertretbar ist. Erste Stimmen zur 7. GWB-Novelle haben die Gleichbehandlung von horizontalen und vertikalen Wettbewerbsbeschränkungen, d.h. die Anwendung des Kartellverbots auf Vertikalvereinbarungen, begrüßt.[26] Andere haben die Anwendung des Kartellverbots auf Vertikalvereinbarungen unter wettbewerbspolitischen Gesichtspunkten als „Schritt zurück ins 19. Jahrhundert“[27] und „rechtskulturellen Rückschritt“[28] bezeichnet. Die Berücksichtigung der Gruppenfreistellungsverordnungen für innerstaatliche

---

24 Siehe in diesem Zusammenhang die Literatur vor Inkrafttreten der 7. GWB-Novelle: *Westermann*, Die Einwirkungen der europäischen auf die deutsche Fusionskontrolle, S. 124; *Lange*, BB 1996, 1997 (2003).

25 *Bundesregierung*, Bericht zur Zukunftssicherung des Standortes Deutschland (Standortbericht), BT-Drs. 12/5620 v. 3.9.1993, S. 43. Siehe auch *Bundesregierung*, Jahreswirtschaftsbericht 1995, BT-Drs. 13/370 v. 2.2.1995, S. 25, Tz. 42.

26 Siehe *BDI*, Stellungnahme v. 13.9.2004 zum Regierungs-Entwurf eines siebten Gesetzes zur Änderung des Gesetzes gegen Wettbewerbsbeschränkungen, S. 4; *BDI*, Stellungnahme v. 22.6.2005 zur 7. GWB-Novelle, S. 4; *BDH*, Stellungnahme v. 31.3.2003 zum Entwurf von Eckpunkten einer 7. GWB-Novelle, S. 4; *A. Fuchs*, WRP 2005, 1384 (1388), der der Ansicht ist, dass „*angesichts des umfassenden Vorrangs des europäischen Wettbewerbsrechts [...] keine andere Entscheidung sachgerecht [scil.: erscheint], als die Angleichung*“; *Plöger*, Impulse v. 1.4.2004, S. 152.

27 *Möschel*, WuW 2003, 571; *NN.*, FAZ v. 10.10.2003, S. 14; ähnlich *Rittner*, WuW 2003, 451, der davon spricht, dass das deutsche Kartellrecht um Jahrzehnte zurück geworfen würde. A.A. *Kahlenberg/Haellmigk*, BB 2004, 389 (390); *K. Schmidt*, BB 2003, 1237 (1243); *Hartog/Noack*, WRP 2005, 1396 (1397).

28 *Zimmer*, WuW 2005, 715.

Sachverhalte müsse bei ihrer Anwendung auf innerstaatliche Sachverhalte zu „erheblichen Verrenkungen" führen; zudem laufe die Integrationsfunktion des Art. 81 EG bei innerstaatlicher Anwendung leer.[29] Fraglich ist daher, ob das übernommene europäische Recht in einem fremden Rechtssystem mit anderen wettbewerbsrechtlichen Wurzeln, insbesondere in den neuen Anwendungsfällen mit rein innerstaatlichen Auswirkungen, zu sachgerechten Ergebnissen führt. Ob das in Art. 81 EG normierte europäische Kartellrecht einschließlich jeder einzelnen zu dieser Vorschrift erlassenen Gruppenfreistellungsverordnung samt der darin wiederum enthaltenen einzelnen Regelungen auch für rein innerstaatliche Anwendungsfälle wettbewerbspolitisch sinnvoll ist, hat der Gesetzgeber im Gesetzgebungsverfahren nicht überprüft.[30] Gleichwohl wurde die Übertragung des europäischen Kartellrechts auf rein innerstaatliche Sachverhalte für problematisch gehalten.[31] Schon vor dem eigentlichen Gesetzgebungsverfahren wurde die Rechtswissenschaft dazu aufgerufen, die Frage der Anwendbarkeit der Gruppenfreistellungsverordnungen auf innerstaatliches Recht in einer „umfangreiche[n] rechtsvergleichende[n] Detailarbeit" zu klären.[32]

---

29 *Möschel*, WuW 2003, 571; *ders.*, EuZW 1995, 817 (818); ähnlich *Röhling*, GRUR 2003, 1019 (1025); *Eibl/Schultze*, E.C.L.R. 2005, 526 (528); kritisch auch *Zöttl*, Financial Times Deutschland v. 28.10.2003, S. 34. Siehe allgemein auch *Monopolkommission*, 11. Hauptgutachten, Tz. 906 ff. und *Haberkamm*, Intrabrand-Wettbewerb und Missbrauchsaufsicht, S. 139, die die Ansicht vertreten, dass eine völlige Anpassung des deutschen an das europäische Kartellrecht wegen der unterschiedlichen Wettbewerbskonzeptionen nicht möglich sei.

30 Keine Auseinandersetzung mit dieser Frage im Gesetzentwurf (*Bundesregierung*, Entwurf eines Siebten Gesetzes zur Änderung des Gesetzes gegen Wettbewerbsbeschränkungen, BT-Drs. 15/3640), in den Lesungen des Bundestages (*Bundestag*, Plenarprotokoll 15/164 v. 11.3.2005, S. 15383 C bis 15403 B.) und in den Ausschuss-Dokumenten *Ausschuss für Wirtschaft und Arbeit*, Beschlussempfehlung und Bericht vom 9.3.2005, BT-Drs. 15/5049, *ders.*, Wortprotokoll der 67. Sitzung vom 20.9.2004, Protokoll 15/67 (15. Wahlperiode), S. 1102 ff.

31 So heißt es in einem Dokument des Wirtschaftsausschusses des Bundesrats (BT-Drs. 210/1/05 v. 18.4.2005, S. 2): *„Es kann auch nicht davon ausgegangen werden, dass die Auslegung der europäischen Regeln immer unbesehen auch für Sachverhalte mit lediglich regionaler und lokaler Bedeutung geeignet ist."* Kritisch auch *A. Fuchs*, WRP 2005, 1384 (1393).

32 Siehe *Pohlmann*, WuW 2003, 1007 (1007), die zusammen mit *Säcker* und acht weiteren Fachleuten der im März 2003 vom Bundesministerium für Wirtschaft und Arbeit (BMWA) eingerichteten „Expertenkommission 7. GWB-Novelle" angehörte. Ähnlich *M. Schmidt*, Die Reichweite des Kartellverbots gegenüber Vertikalvereinbarungen, S. 260 f. Siehe zu den Schwierigkeiten der Übernahme von europäischem Kartellrecht für Fälle ohne Auswirkung auf den zwischenstaatlichen Handel auch *Dreher*, WuW 2005, 251.

Ausgangspunkt der vorliegenden Arbeit ist das Bedürfnis der Rechtswissenschaft, Wirtschaft und Wettbewerbspolitik, die Wirkungsweise und Übertragbarkeit von Gruppenfreistellungsverordnungen in das deutsche Kartellrecht zu analysieren. Dazu soll die vorliegende Dissertation einen auf die vGVO bezogenen Beitrag zur Klärung der durch die 7. GWB-Novelle entstandenen Fragen leisten. Die Prüfung soll sich auf die vertikalen Wettbewerbsbeschränkungen mit rein innerstaatlichen Auswirkungen konzentrieren, da die vGVO bei ihrem Erlass durch die Europäische Kommission[33] nur auf Fälle mit zwischenstaatlicher Wirkung zugeschnitten worden ist und die Anwendung der vGVO nun erstmalig auf Fälle mit innerstaatlicher Wirkung erfolgt. Trotz dieser Beschränkung der Untersuchung auf Sachverhalte mit rein innerstaatlichen Auswirkungen werden viele Ergebnisse strukturell auch für die Anwendung der vGVO auf zwischenstaatliche Sachverhalte verwertbar sein. Ziel der Arbeit ist es, zu klären, ob die für zwischenstaatliche Sachverhalte konzipierte vGVO für innerstaatliche Sachverhalte bedenkenlos vollständig übernommen werden kann oder ob sie mutatis mutandis, i.e. mit den notwendigen Änderungen, anzuwenden ist. Dabei geht es sowohl um das „ob“ als auch das „wie“ der Anwendbarkeit der Gruppenfreistellungsverordnungen. Im Rahmen dieser Dissertation soll die Anwendung der vGVO nicht nur theoretisch, sondern auch anhand von praktisch verwertbaren Beispielsfällen dargestellt werden. Im Rahmen der Arbeit werden folgende Fragen zu klären sein:

Ist die Art und Weise der Transformation der vGVO sowie der übrigen Gruppenfreistellungsverordnungen in das GWB aus verfassungsrechtlicher Sicht zulässig?[34]

1) Muss sich der Rechtsanwender bei der Auslegung der auf innerstaatliche Sachverhalte angewandten Gruppenfreistellungsverordnungen an der Praxis von Gerichtshof und Kommission orientieren oder ist er bei der Auslegung frei?[35]

---

[33] Im Folgenden wird die Europäische Kommission nur als Kommission und der Europäische Gerichtshof nur als Gerichtshof bezeichnet werden. Dabei ist darauf hinzuweisen, dass der Begriff des (Europäischen) Gerichtshofs im Europarecht sowohl den Europäischen Gerichtshof (EuGH) als auch das Europäische Gericht erster Instanz (EuG) umfasst, vgl. *Wegener*, in: Callies/Ruffert, Kommentar zu EU-Vertrag und EG-Vertrag, Art. 220 EG Rn. 5 f.

[34] Siehe Zweiter Teil, Dritter Abschnitt (S. 52 ff.).

[35] Siehe Zweiter Teil, Zweiter Abschnitt (S. 32 ff.).

Eine ähnliche Frage stellt sich für die Auslegung der §§ 1, 2 Abs. 2 GWB, die mit Art. 81 Abs. 1 und 3 EG nun fast identisch sind. Nachdem § 23 GWB Reg-E 2004, der einen Verweis auf eine europafreundliche Auslegung enthielt, im Vermittlungsausschuss aus dem Gesetz gestrichen wurde, ist der Auslegungsmaßstab für das harmonisierte Kartellrecht völlig offen.

2) Welche verfahrensrechtlichen Wirkungen hat die Einschlägigkeit der vGVO?[36]

   Durch das Inkrafttreten der VO Nr. 1/2003 und den Übergang zum System der Legalausnahme sind die Gruppenfreistellungsverordnungen in einen neuen wettbewerbsrechtlichen Kontext gestellt worden, so dass die Frage ihrer verfahrensrechtlichen Wirkung neu geklärt werden muss.

3) Wann ist eine Wettbewerbsbeschränkung nach neuem Kartellrecht spürbar? Kann die Bagatell-Bekanntmachung der Kommission ohne weiteres für innerstaatliche Wettbewerbsbeschränkungen übernommen werden?[37]

   Sofern innerstaatlich wirkende Vertikalvereinbarungen bereits mangels Spürbarkeit keine Wettbewerbsbeschränkungen im Sinne des § 1 GWB darstellen, kommt es auf die Freistellung nach der vGVO nicht mehr an. Daher betreffen die beiden genannten Fragen den Umfang des Anwendungsbereichs der Gruppenfreistellungsverordnungen, also das „ob" ihrer Anwendung.

4) Was ist bei Anwendung der Marktanteilsschwelle als zentrale Anwendungsvoraussetzung der vGVO hinsichtlich der im deutschen und europäischen Kartellrecht in unterschiedlicher Weise vorgenommenen und jeweils schutzzweckadäquat durchzuführenden Marktabgrenzung zu beachten?[38]

5) Zu welchen materiell-rechtlichen Ergebnissen und zu welchen Änderungen im Vergleich zur früheren Rechtslage führt die Anwendung der vGVO auf innerstaatliche Wettbewerbsbeschränkungen bei den einzelnen durch die vGVO geregelten Vertriebsarten und -klauseln?

---

36 Siehe Zweiter Teil, Vierter Abschnitt (S. 94 ff.).

37 Siehe Dritter Teil (S. 105 ff.).

38 Siehe Vierter Teil, Erster Abschnitt (S. 118 ff.).

Da der Schwerpunkt dieser Arbeit auf innerstaatlich wirkenden Wettbewerbsbeschränkungen liegt, ist zunächst die Abgrenzung innerstaatlicher Wettbewerbsbeschränkungen von zwischenstaatlichen Wettbewerbsbeschränkungen herauszuarbeiten.[39] Anschließend soll auf die kartellrechtliche Beurteilung der verschiedenen innerstaatlich wirkenden Vertikalvereinbarungen nach der vGVO eingegangen werden. Bei diesen Beschränkungen handelt es sich um Preisbindungen[40], Gebietsbeschränkungen[41], Alleinvertrieb[42] und Wettbewerbsverbote[43] sowie um vertikale Wettbewerbsbeschränkungen im Rahmen der Vertriebssysteme selektiver Vertrieb[44], Franchising[45] und Handelsvertretervertrieb[46]. Bei der Anwendung der vGVO auf vertikale Vereinbarungen ist jeweils als Vorfrage zu klären, ob die betreffende Vereinbarung überhaupt eine Wettbewerbsbeschränkung, i.e. einen Verstoß gegen das Kartellverbot, beinhaltet. Denn die Zugehörigkeit eines Sachverhalts zu dem Regelungsgehalt einer Gruppenfreistellungsverordnung bedeutet nicht *a priori*, dass deswegen notwendigerweise der Tatbestand des Art. 81 Abs. 1 EG bzw. § 1 GWB erfüllt ist und alle nicht freigestellten Verhaltensweisen als verboten zu gelten haben.[47]

6) Wann erfüllen vertikale Vereinbarungen bei Nichtanwendbarkeit der vGVO wegen Überschreitung der Marktanteilsschwelle oder wegen Nichterfüllung der übrigen Freistellungsvoraussetzungen die in § 2 Abs. 1 GWB enthaltenen Freistellungsvoraussetzungen?

---

39 Siehe Zweiter Teil, Erster Abschnitt (S. 22 ff.).

40 Siehe Vierter Teil, Zweiter Abschnitt (S. 168 ff.).

41 Siehe Vierter Teil, Dritter Abschnitt (S. 190 ff.).

42 Siehe Vierter Teil, Vierter Abschnitt (S. 207 ff.).

43 Siehe Vierter Teil, Sechster Abschnitt, A. (S. 240 ff.).

44 Siehe Vierter Teil, Siebter Abschnitt (S. 285 ff.).

45 Siehe Vierter Teil, Achter Abschnitt (S. 302 ff.).

46 Siehe Vierter Teil, Neunter Abschnitt (S. 319 ff.).

47 Siehe in Bezug auf Art. 81 Abs. 1 EG: *EuGH*, Urt. v. 13.7.1966 – Rs. 32/65 – Slg. 1966, 457 (483) „Italienische Klage“; Art. 2 Abs. 1 Unterabsatz 2 vGVO und Art. 1 Abs. 1 Unterabsatz 2 VO Nr. 2659/2000 vom 29.11.2000 über die Anwendung von Art. 81 Abs. 3 EG auf Gruppen von Vereinbarungen über Forschung und Entwicklung, ABl. L 304/7 v. 5.12.2000. Siehe auch *Säcker/Jaecks*, in: Berliner Kommentar zum Energierecht, § 1 GWB Rn. 60; *Charbonnier*, DZWir 1996, 265 (269).

Diese Analyse soll anhand von Beispielsfällen zu verschiedenen vertikalen Beschränkungen aus unterschiedlichen Branchen erfolgen. Die Beispielsfälle thematisieren die Freistellungsfähigkeit des weit verbreiteten Alleinvertriebs ebenso wie die zur Zeit besonders aktuellen vertikalen Wettbewerbsbeschränkungen in der Bier- und Energiebranche sowie innerhalb von Handelsvertretersystemen, für die nach der 7. GWB-Novelle ein erheblicher vertraglicher Anpassungsbedarf besteht. Nach dem Übergang zum Legalausnahmesystem mit der damit einhergehenden Rechtsunsicherheit werden diese Beispielsfälle nicht nur für die Freistellung *innerstaatlicher*, sondern auch für die Freistellung *zwischenstaatlicher* Wettbewerbsbeschränkungen von Interesse sein. Daher kam es bei der Auswahl der Fälle nur darauf an, dass die Anwendung der Freistellungsvoraussetzungen möglichst klar deutlich wird, und nicht, ob es sich um inner- oder zwischenstaatliche Sachverhalte handelt.

7) Sind die ermittelten Ergebnisse bei der Anwendung der vGVO auf innerstaatliche Wettbewerbsbeschränkungen wettbewerbspolitisch sinnvoll? In welchen Fällen ist es ratsam, den Rechtsvorteil der Gruppenfreistellungsverordnung zu entziehen?

Es zeigt sich, dass die Übernahme der Gruppenfreistellungsverordnungen für innerstaatliche Sachverhalte anlässlich der 7. GWB-Novelle zu zahlreichen neuen Fragestellungen führt. Innerhalb dieses breiten Spektrums an zu behandelnden Fragen werden die unter den letzten drei Punkten skizzierten Themen Schwerpunkt der Arbeit sein.

Fünfter Abschnitt: Stand der Diskussion in Rechtsprechung und Literatur

Die soeben skizzierten Fragestellungen sind in Rechtsprechung und Literatur bislang noch nicht näher behandelt worden. Hinsichtlich der Anwendung der vGVO hat sich die bisherige Literatur auf den originären Anwendungsbereich der vGVO, i.e. die zwischenstaatlich wirkenden Vereinbarungen, beschränkt. Dabei wurden Entstehungsgeschichte und Systematik der vGVO aufgezeigt, die bestehenden Wettbewerbstheorien beschrieben, die verschiedenen Vertriebssysteme und darin enthaltenen Vertriebsklauseln und deren generelle Wirkungen dargestellt, ein ausführlicher Vergleich mit den ausgelaufenen Verordnungen Nr. 1983/83 und Nr. 1984/83[48] vorgenommen und immer wieder das Problem

---

[48] Verordnung (EWG) Nr. 1983/83 vom 22.6.1983 über die Anwendung von Art. 85 Abs. 3 des Vertrages auf Gruppen von Alleinvertriebsvereinbarungen, ABl. L 173/1 vom 30.6.1983. Verordnung (EWG) Nr. 1984/83 vom 22.6.1983 über die Anwendung

der seit den neunziger Jahren diskutierten rule of reason bzw. der wettbewerblichen Gesamtwürdigung erörtert. Eine fallbezogene Analyse vertikaler Vereinbarungen und ihrer Freistellungsfähigkeit jenseits der vGVO ist dabei bislang – auch für die Fälle mit zwischenstaatlichen Auswirkungen – nicht vorgenommen worden. Selbst Dissertationen über vertikale Wettbewerbsbeschränkungen aus den Jahren 2003 und 2004 konzentrieren sich auf die – nunmehr seit mehreren Jahren bestehende – europäische Regelung. Obwohl der Systemwechsel bei den vertikalen Beschränkungen und die innerstaatliche Anwendbarkeit der Gruppenfreistellungsverordnungen seit der Veröffentlichung der „Eckpunkte für die 7. GWB-Novelle“[49] am 24.2.2003 absehbar waren, sind die zu erwartenden Änderungen bei den vertikalen Wettbewerbsbeschränkungen, insbesondere die Anwendung der vGVO auf innerstaatlich wirkende vertikale Vereinbarungen, in der Literatur kaum beachtet worden. Die Frage der Transformation der Gruppenfreistellungsverordnungen in deutsches Kartellrecht ist bislang lediglich in einem Aufsatz aufgeworfen worden. Zur Behandlung von vertikalen Wettbewerbsbeschränkungen nach der 7. GWB-Novelle gibt es bisher nur sehr wenige Aufsätze und noch keine Dissertationen. Auch neue Dissertationen zu vertikalen Wettbewerbsbeschränkungen stellen nach wie vor fast ausschließlich die alte Rechtslage dar und beschreiben allenfalls die Kernpunkte der geplanten 7. GWB-Novelle.[50] Hinzu kommt, dass innerstaaatlich wirkende Wettbewerbsbeschränkungen schon immer terra incognita des Kartellrechts gewesen sind. Rechtsprechung und Literatur haben den innerstaatlich wirkenden vertikalen Beschränkungen in der Vergangenheit keine spezielle Aufmerksamkeit gewidmet. Eine auf die innerstaatlichen Wettbewerbsbeschränkungen zugeschnittene Analyse ist aber erforderlich, da die Auswirkungen von vertikalen Beschränkungen auf den Wettbewerb unterschiedlich sein können, je nachdem, ob sie den Handel zwischen den Mitgliedstaaten betreffen oder nicht. Beispielsweise ist ein grenzüberschreitender Alleinvertrieb wegen seiner positiven Wirkungen auf die Marktintegration als wettbewerbsfördernd zu bewerten, während ein innerstaatlicher Alleinvertrieb eher wettbewerbsbehindernd wirken kann. Genau umgekehrt ist es beim absoluten Gebietsschutz, der sich auf zwischenstaatlicher

---

von Art. 85 Abs. 3 des Vertrages auf Gruppen von Alleinbezugsvereinbarungen, ABl. L 173/5 vom 30.6.1983.

49 *Bundesministerium für Wirtschaft und Arbeit,* Entwurf von Eckwerten einer 7. GWB-Novelle vom 24.2.2003, abgedruckt in WuW 2003, 379 ff.

50 *M. Schmidt*, Die Reichweite des Kartellverbots gegenüber Vertikalvereinbarungen, 2004; *Billhardt*, Horizontale und vertikale Wettbewerbsbeschränkungen im Gesetz gegen Wettbewerbsbeschränkungen, 2004; *Büttner,* Vertriebsbindungen, 2004.

Ebene sehr integrationsfeindlich und wettbewerbsbehindernd auswirkt, während er im rein innerstaatlichen Fall keine dermaßen negativen Wirkungen zeitigt.

Die präzise Ermittlung der Freistellungsvoraussetzungen der vGVO und von § 2 Abs. 1 GWB ist nach der 7. GWB-Novelle von eminenter Bedeutung, da die Unternehmen im neuen Legalausnahmesystem eine beträchtliche Rechtsunsicherheit hinsichtlich des Eingreifens der Freistellungsvoraussetzungen hinnehmen müssen. Zwar ist im neuen deutschen Kartellrecht in § 32c GWB festgelegt, dass die Kartellbehörden entscheiden können, dass für sie kein Anlass besteht, tätig zu werden, wenn die Voraussetzungen des Kartellverbots nicht gegeben sind.[51] Grundsätzlich haben die Unternehmen aber keinen Anspruch auf Erlass einer Entscheidung nach § 32c GWB.[52]

---

51 Hierbei handelt es sich um eine Parallele zu den sog. Nichtanwendbarkeits-Entscheidungen nach Art. 10 VO Nr. 1/2003, wonach die Kommission von Amts wegen feststellen kann, dass eine bestimmte Vereinbarung oder Verhaltensweise mit Art. 81 EG vereinbar ist. Da eine solche Entscheidung aber nur dann ergeht, wenn dies aus Gründen des öffentlichen Interesses der Gemeinschaft im Rahmen der Art. 81 und 82 EG erforderlich ist und die Unternehmen keinen Anspruch auf eine Entscheidung haben, trägt auch diese Norm nicht entscheidend zur Rechtssicherheit bei. Demgegenüber gab es auf europäischer Ebene im bisherigen Verfahrensregime der VO Nr. 17, also vor Inkrafttreten der VO Nr. 1/2003, die Möglichkeit für die Unternehmen, ein Negativattest nach Art. 2 VO Nr. 17 zu beantragen, durch das die Kommission deklaratorisch feststellte, dass nach den ihr bekannten Tatsachen für sie kein Anlass bestehe, gegen eine Vereinbarung, einen Beschluss oder eine bestimmte Verhaltensweise nach Art. 81 Abs. 1 EG einzuschreiten (vgl. Art. 2 Verordnung (EWG) Nr. 17/62 des Rates v. 6.2.1962 zur Durchführung der in den Artikeln 85 und 86 des Vertrags niedergelegten Wettbewerbsregeln, ABl. L 13/204 v. 21.2.1962). Weiterhin konnte die Kommission in formlosen Verwaltungsschreiben, sog. *comfort letters*, mitteilen, dass sie nicht wegen Verstoßes gegen Art. 81 Abs. 1 EG einschreiten wolle oder dass Gründe für eine Freistellung bestehen.

52 Vgl. *Bundesregierung*, Entwurf eines Siebten Gesetzes zur Änderung des Gesetzes gegen Wettbewerbsbeschränkungen, BT-Drs. 15/3640, S. 34. Der Präsident des Bundeskartellamts *Böge* geht demgegenüber davon aus, dass der Anspruch auf Entscheidung nach § 32c GWB für alle Unternehmen besteht, die die Kartellrechtskonformität ihrer *innerstaatlich* wirkenden Wettbewerbsbeschränkungen prüfen lassen wollen. Siehe *BDI*, Stellungnahme v. 22.6.2005 zur 7. GWB-Novelle, S. 3 unter Bezugsnahme auf ein aktuelles Interview mit *Böge*. Zuvor hatte *Böge* schon betont, dass das Bundeskartellamt für informelle Auskünfte über die kartellrechtliche Zulässigkeit von Vereinbarungen zur Verfügung stehe, vgl. Interview mit Böge, Lebensmittelzeitung v. 7.10.2003, S. 12; einschränkend *ders.*, auf der Arbeitssitzung der Studienvereinigung Kartellrecht e.V. am 10.12.2004 in Bonn, siehe dazu *Karl/Reichelt*, DB 2005, 1436 (1439).

Allein bei (horizontalen) Mittelstandskartellen iSd § 3 Abs. 1 GWB besteht ein Rechtsanspruch auf Erlass einer Entscheidung nach § 32c GWB (so auch *Karl/Reichelt*, DB

Eine genaue Überprüfung der in der vGVO und im Gesetz enthaltenen Freistellungsvoraussetzungen soll in dieser Arbeit aber nicht nur wegen der durch die VO Nr. 1/2003 herbeigeführten Rechtsunsicherheit erfolgen. Eine detaillierte, fallbezogene Untersuchung der Freistellungsfähigkeit und damit der wettbewerblichen Auswirkungen verschiedener vertikaler Beschränkungen ist auch deswegen so wichtig, weil es sich in der Vergangenheit als sehr schwierig erwiesen hat, die Wirkungen von vertikalen Beschränkungen wissenschaftlich nachzuweisen („empirisches Manko“[53]). Vertikale Wettbewerbsbeschränkungen können wegen ihrer Ambivalenz nur selten als ausschließlich wettbewerbsfördernd oder wettbewerbshemmend bezeichnet werden. Einerseits können vertikale Vereinbarungen den Wettbewerb beleben, indem sie sichere Absatz- bzw. Bezugsmöglichkeiten schaffen, Anreize für Serviceleistungen und Investitionen geben und zur Markterschließung beitragen. Zudem bieten vertikale Beschränkungen in einigen Fällen auch die Lösung von freeriding- und hold-up-Problemen. Andererseits können vertikale Beschränkungen auch marktabschottende und preistreibende Wirkung haben und das Leistungs- und Serviceangebot für den Verbraucher verringern. Insgesamt sind Auftreten und Schwere positiver und negativer Auswirkungen vertikaler Beschränkungen stark von den Umständen des Einzelfalls abhängig, so dass die Beurteilung der Freistellungsvoraussetzungen an Beispielsfällen vorgenommen werden soll.

Sechster Abschnitt: (Neu-)bewertung vertikaler Beschränkungen in der Wettbewerbstheorie und -politik und wettbewerbspolitischer Ansatz der vGVO

Zur Frage, wie Gesetzgeber, Kartellbehörden und Gerichte adäquat auf die Ambivalenz der Auswirkungen vertikaler Beschränkungen reagieren sollten, wurden innerhalb der Wettbewerbspolitik und Wettbewerbstheorie immer wieder unterschiedliche Ansätze vertreten.

In den USA wurde das Kartellrecht in Bezug auf vertikale Wettbewerbsbeschränkungen seit den siebziger Jahren maßgeblich durch die äußerst liberale

---

2005, 1436 (1440); *Herrlinger*, WRP 2005, 1136 (1138)). Nach § 3 Abs. 2 GWB haben Unternehmen und Unternehmensvereinigungen bis zum 30.6.2009 ausnahmsweise dann einen Rechtsanspruch auf eine Entscheidung nach § 32c GWB, „*sofern nicht die Voraussetzungen nach Artikel 81 Abs. 1 des Vertrages zur Gründung der Europäischen Gemeinschaft erfüllt sind*“ und die Unternehmen „*ein erhebliches rechtliches oder wirtschaftliches Interesse an einer solchen Entscheidung darlegen.*“

[53] *Kirchhoff*, Die kartellrechtliche Beurteilung vertikaler Vertriebsverträge, S. 329.

Chicago School geprägt.[54] Ihre Kernthese bestand darin, dass bei vertikalen Wettbewerbsbeschränkungen wie Preisbindungen, Alleinvertriebs- und Gebietsschutzklauseln vor allem die wettbewerbsfördernde Wirkung ins Gewicht falle und die durch die Vertikalvereinbarungen bewirkte Beschränkung des intrabrand-Wettbewerbs (markeninternen Wettbewerbs) unbedeutend und unbedenklich sei. Der Einfluss der Chicago School führte in den achtziger Jahren in den USA zum Erlass von sehr liberalen Vertical Restraints Guidelines.[55] Ab den neunziger Jahren wurde die Chicago School immer stärker hinterfragt und die Vertical Restraints Guidelines unter der Regierung Clinton aufgehoben.[56] In den letzten Jahren ist erneut eine lebhafte Diskussion um die Auswirkungen vertikaler Bindungen entflammt, wobei im Gegensatz zu den Lehren der Chicago School eine weitaus kritischere Herangehensweise bei der Beurteilung vertikaler Wettbewerbsbeschränkungen gefordert wurde. Das jüngere amerikanische Schrifttum zur Bewertung vertikaler Wettbewerbsbeschränkungen forderte einen stärkeren Schutz des intrabrand-Wettbewerbs und betonte die wettbewerbsschädigenden Effekte von vertikalen Vereinbarungen.[57] Weiterhin wurde versucht, bei der Analyse der Auswirkungen vertikaler Beschränkungen neue ökonomische Modelle heranzuziehen (economic approach).[58] Derzeit wird in den USA um eine gesetzliche Neuausrichtung des Rechts der vertikalen Wettbewerbsbeschränkungen gerungen.[59]

Die Kommission hat Mitte der neunziger Jahre mit der Überarbeitung ihrer früheren Politik gegenüber den vertikalen Beschränkungen begonnen. Anlass

---

54 Siehe nur *Easterbrook*, Antitrust Law Journal 1984, 135 (168); *Bork*, Antitrust Paradox; *Posner*, Chicago Law Rev. 1977, 1 ff. Kritisch gegenüber der Chicago School *I. Schmidt*, Wettbewerbspolitik und Kartellrecht, 1999 S. 23; *ders./ Rittaler,* Chicago-School of Antitrust Analysis; *Bunte*, in: FIW [Hrsg.], Schwerpunkte des Kartellrechts 1990/1991, S. 51 (58 f.); *Caspar*, Wettbewerbliche Gesamtwürdigung S. 47 ff.

55 *U.S. Department of Justice*, Vertical Restraint Guidelines, abgedruckt in: FIW [Hrsg.], Vertikale Verträge – U.S. Guidelines 1985 und EG-Kartellrecht.

56 Siehe dazu auch *Bingaman*, die an der Rücknahme der Vertical Restraints Guidelines maßgeblich als Chefin der Antitrust Division im Department of Justice beteiligt war, *Bingaman*, 65 Antitrust & Trade REG.RPT. (BNA) 250 (Aug.12, 1993).

57 *Steiner*, Antitrust Bulletin 1985, 143 ff.; *ders.*, Antitrust Bulletin 1991, 155 ff.

58 Beispielsweise wurde vorgeschlagen, die Spieltheorie nutzbar zu machen, um Modellaussagen über die Folgen von Wettbewerbsverhalten zu erzielen, vgl. *Glöckner*, WRP 2003, 1327 (1336); *Bueren*, WRP 2004, 567 (575).

59 *Harty*, The Antitrust Modernization Commission: An Introduction, Antitrust Source (Nov. 2004), im Internet unter www.abanet.org/antitrust/source/nov04/Nov04-Harty1129.pdf. Siehe dazu *Foer*, 51 Buffalo L. Rev. 1029, 1031 (2003).

waren das Auslaufen der drei zeitlich befristeten Gruppenfreistellungsverordnungen im Vertikalbereich[60], der Strukturwandel im Vertriebssektor[61] und neue wettbewerbstheoretische Erkenntnisse. Zur Vorbereitung des Reformprojekts veröffentlichte die Kommission im Jahr 1996 ein Grünbuch über vertikale Wettbewerbsbeschränkungen[62], dem spezielle Studien[63] vorausgegangen waren. Ziel der Kommission war es, durch Zusammenfassung der drei auf vertikale Wettbewerbsbeschränkungen bezogenen Gruppenfreistellungsverordnungen zu einer einzigen dem vielzitierten „Chaos der Gruppenfreistellungsverordnungen"[64] entgegen zu wirken. Weiterhin bezweckte die Kommission, den „Zwangsjackeneffekt" der Gruppenfreistellungsverordnungen zu beseitigen, der dadurch entstanden war, dass sich die Unternehmen bei ihrer Vertragsgestaltung in das Korsett der „weißen" Listen der früheren Gruppenfreistellungsverordnungen gezwängt sahen. Materiell-rechtlicher Kernpunkt der neuen Gruppenfreistellungsverordnung für den Vertikalbereich war und ist der more economic appro-

---

60 Verordnung (EWG) Nr. 1983/83 vom 22.6.1983 über die Anwendung von Art. 85 Abs. 3 des Vertrages auf Gruppen von Alleinvertriebsvereinbarungen, ABl. L 173/1 v. 30.6.1983. Am 31.12.1997 ausgelaufen, verlängert bis 31.12.1999, VO (EG) Nr. 1582/97 der Kommission vom 30. Juli 1997 zur Änderung der Verordnungen (EWG) Nr. 1983/83 und (EWG) Nr. 1984/83 über die Anwendung von Art. 85 Abs. 3 des Vertrages auf Gruppen von Alleinvertriebsvereinbarungen und von Alleinbezugsvereinbarungen, ABl. L 214/27 v. 6.8.1997.

Verordnung (EWG) Nr. 1984/83 vom 22.6.1983 über die Anwendung von Art. 85 Abs. 3 des Vertrages auf Gruppen von Alleinbezugsvereinbarungen, ABl. L 173/5 vom 30.6.1983. Am 31.12.1997 ausgelaufen, verlängert bis 31.12.1999, ABl. L 214/27 v. 6.8.1997.

Verordnung (EWG) Nr. 4087/88 vom 30.11.1988 über die Anwendung von Art. 85 Abs. 3 des Vertrages auf Gruppen von Franchisevereinbarungen, ABl. L 359/46 v. 28.12.1988.

61 Diese Umwälzungen in etablierten Vertriebsstrukturen wurden durch mehrere Faktoren beeinflusst: Zu nennen sind insbesondere die weitgehende Verwirklichung des Binnenmarkts, der technologische Wandel, aber auch das geänderte Nachfrageverhalten der Kunden, der steigende Druck auf den Zwischenhandel und nicht zuletzt die Globalisierung der Märkte.

62 *Kommission,* Grünbuch zur EG-Wettbewerbspolitik gegenüber vertikalen Wettbewerbsbeschränkungen, KOM (1996) 721.

63 *Rey/Caballero-Sanz,* The Policy Implications of the Economic Analysis of Vertical Restraints; *Kommission*, Survey of the Member State National Laws Governing Vertical Distribution Agreements, Studie von Februar 1996, im Internet zu finden unter http://europa.eu.int/comm/competition/publications/st9603en_en.pdf.

64 *Martinek/Habermeier*, ZHR 158 (1994) S. 107 (107); ähnlich *Möschel,* EuZW 1995, 817 (820), der von einem Tohuwabohu bei den Gruppenfreistellungsverordnungen spricht.

ach. Dabei geht die Kommission davon aus, dass für das Eintreten von negativen wettbewerblichen Effekten – abgesehen von einigen schwerwiegenden Beschränkungen – vor allem das Vorliegen von Marktmacht entscheidend sein soll.[65] Als Indiz für das Vorliegen von Marktmacht legt die Kommission in Art. 3 vGVO den Marktanteil des jeweils bindenden Vertragspartners zugrunde und macht die Freistellung davon abhängig, dass der Marktanteil des Lieferanten 30% nicht übersteigt.[66] Unabhängig vom Marktanteil ist eine Freistellung durch die vGVO bei Vorliegen sog. „schwarzer" Klauseln iSd. Art. 4 vGVO oder „gelber" Klauseln[67] iSd. Art. 5 vGVO ausgeschlossen. Die Aussagekraft des Kriteriums des Marktanteils wird kontrovers beurteilt. Während zum Teil davon ausgegangen wird, dass dem Kriterium des Marktanteils im Hinblick auf die Marktauswirkungen vertikaler Beschränkungen wettbewerbspolitische Plausibilität zukomme[68], bezweifeln andere die Aussagekraft des Kriteriums. Dabei verweisen letztere zum einen darauf, dass neben dem Marktanteil auch andere Faktoren für die Marktstruktur entscheidend sind; zum anderen verweisen sie auf die zahlreichen Schwierigkeiten, die mit der Bestimmung des Marktanteils in der Praxis verbunden sind.[69] Zuzugeben ist, dass für die Ermittlung der Marktstruktur neben dem Marktanteil auch andere Kriterien von Bedeutung sind.[70] Gegen die Einbeziehung dieser Kriterien bei der Beurteilung vertikaler

---

65 *Kommission*, Mitteilung v. 30.9.1998 über die Anwendung der EG-Wettbewerbsregeln auf vertikale Beschränkungen (follow-up zum Grünbuch), ABl. C 365/3 (9) v. 26.11.1998. Marktmacht wird verstanden als Fähigkeit eines Unternehmens, seine Preise über den bei funktionsfähigem Wettbewerb herrschenden Gleichgewichtspreis anzuheben, ohne dadurch Absatzeinbußen zu erleiden, die zur Unrentabilität der Preiserhöhung führen (*Kirchhoff*, Die kartellrechtliche Beurteilung vertikaler Vertriebsverträge, S. 96; *Kommission*, Leitlinien für vertikale Beschränkungen, ABl. C 291/1 v. 13.10.2000, Tz. 119). Marktmacht im Sinne möglicher Behinderungsmissbräuche kann auch unterhalb der Schwelle der Marktbeherrschung bestehen und ausgeübt werden (*I. Schmidt*, WuW 2003, 115 (115).

66 Im Falle der Vereinbarung einer Alleinbelieferung kommt es auf den Marktanteil des Käufers an, vgl. Art. 3 Abs. 2 vGVO.

67 Siehe *Fritzemeier*, BB 2002, 1658 (1663).

68 *Korah/O'Sullivan*, Distribution Agreements Under the EC Competition Rules, S. 165; *Veelken*, ZVglRWiss 1998, 241 (278 f.); *Kallfass*, WuW 1999, 225 (243); differenzierend: *Buchtova,* Marktstrukturelle Kriterien bei der kartellrechtlichen Beurteilung vertikaler Bindungen im europäischen und im tschechischen Kartellrecht, S. 201.

69 *Ackermann*, EuZW 1998, 271 (273); *ders.*, EuZW 1999, 741 (742); *Bayreuther*, EWS 2000, 106 (108); *Ritter/Braun*, European Competition Law, S. 290 f.; *Semler/Bauer*, DB 2000, 193 (195); *Bayreuther*, EWS 2000, 106 (108); *Nolte*, BB 1998, 2429 (2431).

70 Genannt seien beispielsweise fehlende Marktzutrittsschranken, der Konzentrationsgrad und die Dichte von Vertriebssystemen und Vertriebsnetzen, die Marktphase für die

Vereinbarungen spricht jedoch, dass die Unternehmen, die die vGVO anwenden, diese Faktoren im Gegensatz zum Kriterium des Marktanteils im Allgemeinen kaum erkennen können.[71] So werden besonders kleinere Unternehmen regelmäßig über die Finanzkraft ihrer Konkurrenten und oft auch über die Marktstruktur kaum eine Aussage machen können. Daher ist für die Gruppenfreistellung eine Orientierung am Marktanteil der Unternehmen sinnvoll.

Nachdem nun die frühere und die aktuelle Regelungssystematik für vertikale Wettbewerbsbeschränkungen mit ihren rechts- und wettbewerbspolitischen Hintergründen kurz dargestellt worden ist, sollen im Folgenden die im Vierten Abschnitt dieser Einleitung skizzierten Probleme systematisch gelöst werden.

Produkte, die Marktstärke und die Finanzkraft des Lieferanten und seiner Konkurrenzunternehmen, die Nachfragemacht, die Verflechtung mit anderen Unternehmen, fehlende Markttransparenz, öffentliche Subventionen, Verbraucherpräferenzen, die Sortimentbreite, die Markentreue der Verbraucher, Werbeetats und die Dauer von Vertriebsverträgen, vgl. *Griffith*, E.C.L.R. 2000, 241 (245); *Duijm*, Die Wettbewerbspolitik der EG gegenüber vertikalen Vertriebsvereinbarungen, S. 41 ff., 43; *Veelken*, ZVglRWiss 1998, 241 (278); *Dobson/Waterson*, Vertical Restraints and Competition Policy, S. 52 ff.

71 *Veelken*, ZVglRWiss 1998, 241 (280).

Zweiter Teil: Allgemeine Fragen der innerstaatlichen Anwendung der Gruppenfreistellungsverordnungen

Erster Abschnitt: Abgrenzung innerstaatlicher und zwischenstaatlicher Wettbewerbsbeschränkungen

Die Untersuchung, ob die vGVO mit all ihren Bestimmungen im deutschen Kartellrecht sinnvoll und systemgerecht ist, erfordert, vorab zu klären, für welche konkreten Fallgruppen die Anwendung der vGVO kraft Verweisung relevant wird. Da die vGVO für zwischenstaatliche Sachverhalte unmittelbar gilt, betrifft die Anwendung der vGVO kraft Verweisung nur die übrigen Fälle, also Sachverhalte mit innerstaatlicher Wirkung. Wann genau eine Wettbewerbsbeschränkung mit Auswirkung auf den zwischenstaatlichen Handel und wann eine Wettbewerbsbeschränkung mit rein innerstaatlicher Wirkung vorliegt, soll im folgenden Abschnitt erläutert werden.

Die Abgrenzung von zwischenstaatlich und innerstaatlich wirkenden Vereinbarungen erfolgt nach der Zwischenstaatlichkeitsklausel, die auch Tatbestandsmerkmal von Art. 81 Abs. 1 und 82 Satz 1 EG ist. Sofern eine wettbewerbsbeschränkende Vereinbarung die Voraussetzungen der Zwischenstaatlichkeitsklausel erfüllt, ist der Weg zur Prüfung der EG-Wettbewerbsregeln eröffnet. Greift die Klausel nicht ein, so kann kein europäisches, sondern ausschließlich nationales Wettbewerbsrecht anwendbar sein und auch der Rückgriff auf die Gruppenfreistellungsverordnungen ist über die Verweisung in § 2 Abs. 2 GWB möglich.

A. Voraussetzungen der Zwischenstaatlichkeitsklausel

Die Zwischenstaatlichkeitsklausel ist erfüllt, wenn eine Maßnahme unmittelbar oder mittelbar, tatsächlich oder potenziell geeignet ist, den Handel zwischen den Mitgliedstaaten in einer Weise spürbar zu beeinträchtigen, die für die Verwirklichung der Ziele eines einheitlichen Marktes nachteilig ist, indem Handelsschranken errichtet oder verfestigt werden und so die gewollte gegenseitige Durchdringung der Märkte erschwert wird.[72] Die Eignung zur Beeinträchtigung des zwischenstaatlichen Handels muss marktbezogen alle objektiven, tatsächlichen und rechtlichen Umstände berücksichtigen, die eine hinreichende Wahrscheinlichkeit der Beeinflussung des zwischenstaatlichen Handels ergeben.[73]

---

[72] *EuGH*, Urt. v. 30.6.1966 – Rs. 56/65 – Slg. 1966, 281 (303) „Société Technique Minière (Maschinenbau Ulm)"; *EuGH*, Urt. v. 12.12.1967– Rs. 23/67 – Slg. 1967, 543 (556) „Brasserie de Haecht I".

[73] *EuGH*, Urt. v. 30.6.1966 – Rs. 56/65 – Slg. 1966, 281 (303) „Société Technique Minière (Maschinenbau Ulm)"; *EuGH*, Urt. v. 12.12.1967– Rs. 23/67 – Slg. 1967, 543

Der Begriff des Handels ist weit zu verstehen, so dass neben der Produktion und dem Vertrieb von Waren auch Dienstleistungen und Kapitalverkehr, also der ganze Wirtschaftsverkehr erfasst wird.[74] Auch Zwischenerzeugnisse werden erfasst, da es ausreicht, dass ein Produkt als Bestandteil eines anderen Produkts am zwischenstaatlichen Handel teilnimmt.[75] Ob eine Beeinträchtigung des Handels vorliegt, ist anhand eines Vergleichs der Ist-Situation mit der hypothetischen Lage ohne die benannte Wettbewerbsbeschränkung zu ermitteln.[76] Entscheidend ist, ob sich infolge der zu beurteilenden Maßnahme die innergemeinschaftlichen Warenströme anders entwickeln als bei Fehlen der Wettbewerbsbeschränkung.[77]

Die von der Zwischenstaatlichkeitsklausel geforderte Spürbarkeit der Beeinträchtigung des zwischenstaatlichen Handels ist von der Spürbarkeit der Wettbewerbsbeschränkung an sich zu unterscheiden.[78] Insofern spricht man auch von der Doppelbezogenheit des Merkmals der Spürbarkeit.[79] Für die Beurteilung der Spürbarkeit der Wettbewerbsbeschränkung kann die Bekanntmachung der Kommission über Vereinbarungen von geringer Bedeutung herangezogen werden.[80] Darin weist die Kommission darauf hin, dass die Bekanntmachung zur Beurteilung der Spürbarkeit des zwischenstaatlichen Handels anzuwenden ist.[81]

---

(556) „Brasserie de Haecht I“; *EuGH*, Urt. v. 25.10.2001– C-475/99 – Slg. 2001 I-8089 (8153) Rn. 48 „Ambulanz Glöckner“; *Kommission*, Leitlinien über den Begriff der Beeinträchtigung des zwischenstaatlichen Handels in den Artikeln 81 und 82 des Vertrags, ABl. C 101/81 v. 27.4.2004 (im Folgenden Bekanntmachung Zwischenstaatlichkeit) Tz. 23-43.

74 *EuGH*, Urt. v. 25.10.1979 – Rs. 22/79 – Slg. 1979, 3275 (3288) „Greenwich Film Production /SACEM“.

75 *EuGH*, Urt. v. 30.1.1985 – Rs. 123/83 – Slg. 1985, 391 (425) „Bureau national interprofessionnel du cognac“.

76 *Streit*, Bierlieferungsverträge, S. 567 m.w.N.

77 *EuGH*, Urt. v. 12.12.1967– Rs. 23/67 – Slg. 1967, 543 (556) „Brasserie de Haecht I“; *Duijm*, Die Wettbewerbspolitik der EG gegenüber vertikalen Vertriebsvereinbarungen, S. 49.

78 *Kommission*, Bekanntmachung Zwischenstaatlichkeit, ABl. C 101/81 v. 27.4.2004, Tz. 4.

79 Siehe *Streit*, Bierlieferungsverträge, S. 547 mit Hinweis auf die Praxis der Gerichte.

80 *Kommission*, Bekanntmachung über Vereinbarungen von geringer Bedeutung, die den Wettbewerb gemäß Artikel 81 Abs. 1 des Vertrages zur Gründung der Europäischen Gemeinschaft nicht spürbar beschränken (*de minimis*), ABl. C 368/13 vom 22.12.2001.

81 *Kommission*, Bekanntmachung über Vereinbarungen von geringer Bedeutung, die den Wettbewerb gemäß Artikel 81 Abs. 1 des Vertrages zur Gründung der Europäischen

Regelungen für die Beurteilung der Spürbarkeit der Beeinträchtigung des zwischenstaatlichen Handels finden sich aber in der Bekanntmachung der Kommission zur Zwischenstaatlichkeit.[82] Darin führt die Kommission aus, dass Vereinbarungen nach der NAAT-Regel (no appreciable affectation of trade) grundsätzlich nicht geeignet sind, den Handel zwischen den Mitgliedstaaten zu beeinträchtigen, wenn a) der gemeinsame Marktanteil der Parteien auf keinem von der Vereinbarung betroffenen relevanten Markt innerhalb der Gemeinschaft 5% überschreitet und b) im Falle vertikaler Vereinbarungen der Jahresumsatz des Lieferanten mit den von der Vereinbarung erfassten Waren in der Gemeinschaft nicht den Betrag von 40 Mio. EUR überschreitet.[83] Im Falle von Vereinbarungen zwischen einem Käufer und mehreren Lieferanten ergibt sich der relevante Umsatz aus der Gesamtheit der von der Vereinbarung erfassten Käufe des Abnehmers dieser Waren. Wenn die Beeinträchtigung des zwischenstaatlichen Handels nicht spürbar ist, so wird europäisches Kartellrecht nicht anwendbar sein. Dies bedeutet jedoch nicht, dass dann der deutsche Kartellrechtstatbestand eingreift, weil auch in diesen ein Spürbarkeitserfordernis hineinzulesen ist.

Bei der Prüfung, ob eine Vereinbarung den zwischenstaatlichen Handel beeinträchtigt, ist nicht allein auf die Auswirkungen der in Frage stehenden vertikalen Vereinbarung abzustellen. Vielmehr muss zusätzlich untersucht werden, ob die Vereinbarung objektiv Teil eines Systems ähnlicher wettbewerbsbeschränkender Vereinbarungen ist, das in seiner Gesamtheit aufgrund weiterer Umstände geeignet ist, den zwischenstaatlichen Handel zu beeinträchtigen (Bündeltheorie).[84] Ein klassisches Beispiel für die Anwendung der Bündeltheorie ist die Bierlieferungsbranche, wo die Bierhersteller mit Betreibern von Gaststätten Alleinbezugsverträge schließen, die in ihrer Gesamtheit zu einer Marktabschottung führen können.[85] Wenn dieses System in seiner Gesamtheit den Marktzu-

---

Gemeinschaft nicht spürbar beschränken (*de minimis*), ABl. C 368/13 vom 22.12.2001, Tz. 3 Satz 2 und 3.

82 *Kommission*, Bekanntmachung Zwischenstaatlichkeit, ABl. C 101/81 v. 27.4.2004, Tz. 52.

83 *Kommission*, Bekanntmachung Zwischenstaatlichkeit, ABl. C 101/81 v. 27.4.2004, Tz. 52.

84 *EuGH*, Urt. v. 12.12.1967– Rs. 23/67 – Slg. 1967, 543 (555) „Brasserie de Haecht I"; *EuGH*, Urt. v. 1.2.1977 – Rs. 47/76 – Slg. 1977, 65 (91) Rn. 6 ff. „Brauerei Concordia"; *EuGH*, Urt. v. 28.2.1991 – Rs. C-234/89 – Slg. 1991, I-935 (984) Rn. 14 „Delimitis/Henninger Bräu"; *Kommission*, Bekanntmachung Zwischenstaatlichkeit, ABl. C 101/81 v. 27.4.2004, Tz. 87.

85 *EuGH*, Urt. v. 28.2.1991 – Rs. C-234/89 – Slg. 1991, I-935 (987) Rn. 27 „Delimitis/Henninger Bräu".

tritt von Unternehmen aus anderen Mitgliedstaaten behindert und der einzelne Vertrag in erheblichem Maße zu der handelsbeeinträchtigenden Wirkung beiträgt, so sind – selbst wenn es sich um eine rein nationale Ausschließlichkeitsbindung handelt – die Voraussetzungen der Zwischenstaatlichkeitsklausel erfüllt.[86]

B. Anwendung auf vertikale Beschränkungen

I. Vertikale Absprachen, die mehrere Mitgliedstaaten betreffen

Bei vertikalen Vereinbarungen mit einem grenzüberschreitenden Bezug, die zwischen Unternehmen aus mehreren Mitgliedstaaten getroffen werden bzw. den Vertrieb in mehreren Mitgliedstaaten regeln, sind die Voraussetzungen der Zwischenstaatlichkeitsklausel in der Regel erfüllt. Dies gilt insbesondere, wenn durch die vertikale Vereinbarung Handelsströme in eine bestimmte Richtung gelenkt werden oder sie einen marktabschottenden Effekt haben.[87] Auf diese Fallgruppe soll hier jedoch nicht weiter eingegangen werden, da sie für die innerstaatliche Anwendung der vGVO nicht relevant ist.

II. Vertikale Absprachen, die nur einen Mitgliedstaat betreffen

Auch vertikale Absprachen, die zwischen Unternehmen aus demselben Mitgliedstaat geschlossen werden und die sich unmittelbar nur auf das Gebiet eines Mitgliedstaates beziehen, können den Handel zwischen den Mitgliedstaaten beeinträchtigen, wenn sie den Vertrieb in diesem Mitgliedstaat so regeln, dass hiervon auch, wenngleich nur als Nebenfolge, der Handel zwischen den Mitgliedstaaten erfasst wird.[88] Noch in der VO Nr. 67/67 war die Kommission davon ausgegangen, dass (Alleinvertriebs-)Vereinbarungen innerhalb eines Mitgliedstaates nur ausnahmsweise geeignet seien, den zwischenstaatlichen Handel zu beeinträchtigen, so dass sie nicht in den Anwendungsbereich der Gruppenfreistellungsverordnung einbezogen wurden.[89]

---

86 *EuGH*, Urt. v. 12.12.1967– Rs. 23/67 – Slg. 1967, 543 (556) „Brasserie de Haecht I".

87 *Kommission*, Bekanntmachung Zwischenstaatlichkeit, ABl. C 101/81 v. 27.4.2004, Tz. 70 f.; *EuGH*, Urt. v. 17.1.1984 – verb. Rs. 43/82 und 63/82 – Slg. 1984, 19 Rn. 9 „VBVB" und „VBBB").

88 *Bechtold*, RIW 1975, 185 (185 f.); *Bechtold*, AWD/RIW 1974, 258 (259); *Burnley*, E.C.L.R. 2002, 217 (224).

89 *Kommission*, Verordnung Nr. 67/67/EWG über die Anwendung von Artikel 85 Absatz 3 des Vertrages auf Gruppen von Alleinvertriebsvereinbarungen, ABl. L 57/849 v. 25.3.1967, Einleitungserwägungen. In der folgenden Verordnung Nr. 1983/83 bezog die

Vereinbarungen, die nur einen Mitgliedstaat betreffen, werden vor allem dann zwischenstaatliche Auswirkungen haben, wenn sie geeignet sind, den nationalen Markt abzuschotten. Eine Marktabschottung eines gesamten Mitgliedstaates führt zur Aufteilung der Märkte entlang der nationalen Grenzen und behindert die vom EG-Vertrag angestrebte wirtschaftliche Durchdringung.[90] Ein Marktabschottungseffekt wird regelmäßig bei Vereinbarung von Exportverboten entstehen oder bei Vereinbarungen, die Exporte oder die Errichtung von Niederlassungen in einem anderen Mitgliedstaat für Unternehmen aus anderen Mitgliedstaaten erschweren.[91] Eine Marktabschottungswirkung kann auch von Alleinbezugsvereinbarungen ausgehen, wenn durch diese keine realen und konkreten Möglichkeiten mehr für andere Unternehmen bestehen, Zugang zum Markt zu erhalten.[92] Die Vereinbarungen müssen jedoch eine spürbare Zutrittsschranke bewirken, was regelmäßig der Fall ist, wenn sie einen erheblichen Teil des Marktes erfassen.[93] Für diese Beurteilung können der Marktanteil und die Marktabdeckung ein Indiz sein.[94] Der zwischenstaatliche Handel kann auch dann beeinträchtigt sein, wenn eine vertikale Vereinbarung zu einem größeren

---

Kommission auch Vereinbarungen innerhalb eines Mitgliedstaates in den Anwendungsbereich ein, vgl. *Kommission*, Verordnung (EWG) Nr. 1983/83 vom 22.6.1983 über die Anwendung von Artikel 85 Absatz 3 des Vertrages auf Gruppen von Alleinvertriebsvereinbarungen, ABl. L 173/1 v. 30.6.1983, Ziff. 3 der Erwägungen.

90 *Kommission*, Bekanntmachung Zwischenstaatlichkeit, ABl. C 101/81 v. 27.4.2004, Tz. 86. Siehe dazu auch *EuG*, Urt. v. 27.7.2005 – verb. Rs. T-49/02 bis T-51/02 – WuW/E EU-R 967 (976) „Brasserie Nationale".

91 *Kommission*, Bekanntmachung Zwischenstaatlichkeit, ABl. C 101/81 v. 27.4.2004, Tz. 86. Zum Verbot der Errichtung von Niederlassungen in anderen Mitgliedstaaten: *EuGH*, Urt. vom 28.1.1986 – Rs. 161/84 – Slg. 1986, 353 (384) Rn. 26 „Pronuptia".

92 *EuGH*, Urt. v. 28.2.1991 – Rs. C-234/89 – Slg. 1991, I-935 (985) Rn. 21 „Delimitis/Henninger Bräu"; *EuGH*, Urt. v. 25.3.1981 – Rs. 61/80 – Slg. 1981, 851 (867 f.) Rn. 12-15 „Coöperatieve Stremselen Kleurselfabriek".

93 *Kommission*, Bekanntmachung Zwischenstaatlichkeit, ABl. C 101/81 v. 27.4.2004, Tz. 87.

94 *EuGH*, Urt. v. 8.11.1983 – verb. Rs. 96-102, 104, 105, 108, 110/82 – Slg. 1983, 3369 (3412) Rn. 27 „NV IAZ International Belgium u.a."; *EuGH*, Urt. v. 11.7.1989 – Rs. 246/86 – Slg. 1989, 2117 (2190) Rn. 37 „S.C. Belasco u.a."; *EuG*, Urt. v. 2.7.1992 – Rs. T-61/89 – Slg. 1992, II-1935 (1986) Rn. 141 ff. „Dansk Pelsdyravlerforening"; *Kommission*, Bekanntmachung Zwischenstaatlichkeit, ABl. C 101/81 v. 27.4.2004, Tz. 87; *Bruhin*, Die Zwischenstaatlichkeitsklausel des europäischen Wettbewerbsrechtes, S. 113.

Handelsvolumen zwischen den Mitgliedstaaten führt.[95] Dies wird häufig bei der Festsetzung der Wiederverkaufspreise der Fall sein.[96] Wenn der durch die Festsetzung der Wiederverkaufspreise zustande gekommene Preis höher ist als der in den anderen Mitgliedstaaten, so kann dies zu mehr Importen und weniger Exporten führen.[97] Im umgekehrten Fall, dass der Wiederverkaufspreis niedriger ist als der in den anderen Mitgliedstaaten, so kann dies Exporte in andere Mitgliedstaaten erhöhen und Importe von anderen Mitgliedstaaten verringern. Häufig wird ein auf hohem Niveau festgesetzter Preis nur dann haltbar sein, wenn Importe aus anderen Mitgliedstaaten kontrolliert werden, was sich ebenfalls auf den zwischenstaatlichen Handel auswirkt.[98]

III. Vertikale Absprachen, die ein regionales oder lokales Gebiet betreffen

Wenn die Vereinbarung nur für einen Teil eines Mitgliedstaates getroffen wird, also ein regionales oder lokales Gebiet betrifft, so ist die Wahrscheinlichkeit, dass dadurch der Handel zwischen den Mitgliedstaaten beeinträchtigt wird, wesentlich geringer als bei der vorhergehenden Fallgruppe. Aber auch durch eine regionale oder lokale Vereinbarung kann der zwischenstaatliche Handel betroffen sein, wenn durch die Vereinbarung ein Gebiet abgeschottet wird, das dem zwischenstaatlichen Handel offen steht, dieses Gebiet keinen unbedeutenden Teil des Mitgliedstaates darstellt und die Auswirkungen auf den zwischenstaatlichen Handel spürbar sind.[99]

---

95 *Kommission*, Entsch. v. 29.6.2001, ABl. L 262/14 (30) Tz. 82 v. 2.10.2001 „Volkswagen II"; *Duijm*, Die Wettbewerbspolitik der EG gegenüber vertikalen Vertriebsvereinbarungen, S. 49.

96 *EuGH*, Urt. v. 17.10.1972 – Rs. 8/72 – Slg. 1972, 977 (991) Rn. 28/30 „Cementhandelaren": In dem Fall ging es um die Beurteilung eines Preisbindungssystems, das allein die Niederlande erfasste. In dem Urteil stellte der Gerichtshof fest: „Ein sich auf das gesamte Gebiet eines Mitgliedstaates erstreckendes Kartell hat schon seinem Wesen nach die Wirkung, die Abschottung der Märkte auf nationaler Ebene zu verfestigen; es verhindert somit die vom Vertrag gewollte gegenseitige wirtschaftliche Durchdringung und schützt die inländische Produktion."

97 *Kommission*, Entsch. v. 29.6.2001, ABl. L 262/14 (30) Tz. 84 v. 2.10.2001 „Volkswagen II".

98 *Kommission*, Bekanntmachung Zwischenstaatlichkeit, ABl. C 101/81 v. 27.4.2004, Tz. 88. *EuGH*, Urt. v. 11.7.1989 – Rs. 246/86 – Slg. 1989, 2117 (2190) Rn. 35 „S.C. Belasco u.a.".

99 *EuG*, Urt. v. 22.10.1997 – verb. Rs. T-213/95 und T-18/96 – Slg. 1997, II-1739 (1804 f.) Rn. 177 bis 181 „SCK" und „FNK"; siehe auch *Kommission*, Bekanntmachung Zwischenstaatlichkeit, ABl. C 101/81 v. 27.4.2004, Tz. 21.

Zunächst muss bei einer Vereinbarung, die nur ein regionales oder lokales Gebiet betrifft, geklärt werden, ob dieses Gebiet dem zwischenstaatlichen Handel überhaupt offen steht.[100] Dies wird dann nicht der Fall sein, wenn es aufgrund von hohen Transportkosten oder einem eingeschränkten Aktionsradius der Transportmittel der Unternehmen aus anderen Mitgliedstaaten unrentabel ist, das gesamte Gebiet oder einen Teil des Gebiets eines anderen Mitgliedstaates zu beliefern.[101] Vereinfacht lässt sich sagen, dass Gebiete dem zwischenstaatlichen Handel mit einem bestimmten Produkt dann nicht offen stehen, wenn das betreffende Produkt auf lokalen und regionalen Märkten gehandelt wird.[102] Daher wird die Marktabgrenzung bereits bei der Anwendung der Zwischenstaatlichkeitsklausel relevant. Für die räumliche Marktabgrenzung sind neben den Transportkosten und dem Aktionsradius der Unternehmen weitere Kriterien wie die Verbraucherpräferenzen, die technischen Merkmale des Produkts und die kulturellen und wirtschaftlichen Besonderheiten der Region von Bedeutung. Dies wird zusammen mit Beispielen für lokale und regionale Märkte später genauer erläutert werden.[103] Ob ein Gebiet dem zwischenstaatlichen Handel offen steht, hängt aber nicht nur davon ab, ob es sich um einen lokalen oder regionalen Markt handelt. Es kommt auch darauf an, wie weit das Gebiet von anderen Mitgliedstaaten entfernt liegt, da dieser Faktor die Erreichbarkeit durch ausländische Händler beeinflusst. Daher wird eine Vereinbarung, die sich auf das Saarland bezieht, eher Auswirkungen auf den zwischenstaatlichen Handel haben als eine Vereinbarung, die sich auf das Bundesland Hessen bezieht. Selbstverständlich ist in diesem Zusammenhang auch entscheidend, wie groß ein Mitgliedstaat ist. Je kleiner ein Mitgliedstaat ist, desto eher wird ein Gebiet innerhalb des Mitgliedstaats, auf das sich eine wettbewerbsbeschränkende Vereinbarung bezieht, durch Handel aus anderen Mitgliedstaaten erreicht werden können. In der Konsequenz werden regionale Vereinbarungen innerhalb der Niederlande den zwischenstaatlichen Handel eher behindern als regionale

---

[100] *Kommission*, Bekanntmachung Zwischenstaatlichkeit, ABl. C 101/81 v. 27.4.2004, Tz. 89.

[101] Siehe dazu auch *BKartA*, Beschl. v. 17.6.2004, WuW/E DE-R 960 (962) „Vetra/Danzer", in dem das Bundeskartellamt einen grenzüberschreitenden Lieferradius eines Unternehmens – nicht aber die räumliche Reichweite der Kartellvereinbarung – als entscheidend für die Annahme der zwischenstaatlichen Wirkung ansieht und die neue Bekanntmachung der Kommission zur Zwischenstaatlichkeit erstmalig angewandt hat.

[102] Der regionale Markt ist dabei größer als der lokale Markt, mehrere lokale Märkte können einen regionalen Markt bilden, vgl. *Lange*, Räumliche Marktabgrenzung in der Europäischen Fusionskontrolle, S. 111.

[103] Siehe Vierter Teil, Erster Abschnitt, D. (S. 156 ff.).

Vereinbarungen innerhalb von Deutschland. Dies bedeutet, dass sich die Problematik der Behandlung innerstaatlicher Wettbewerbsbeschränkungen bei großen Mitgliedstaaten wie Deutschland in besonderem Maße stellt.

Wenn man nun im ersten Schritt zum Ergebnis gekommen ist, dass durch eine regionale oder lokale Vereinbarung der zwischenstaatliche Handel betroffen ist, muss im zweiten Schritt die Spürbarkeit der Handelsbeeinträchtigung untersucht werden. Bei einer regionalen Marktabschottung liegt die Spürbarkeit der Handelsbeeinträchtigung vor, wenn der betreffende Umsatz einen erheblichen Anteil am Gesamtumsatz der fraglichen Ware innerhalb des betreffenden Mitgliedstaats ausmacht.[104] Andere Kriterien hingegen haben in diesem Zusammenhang nicht die gleiche Aussagekraft wie das des Umsatzes. Daher richtet sich die Beurteilung der Spürbarkeit auch nicht maßgeblich nach der „räumlichen Abdeckung", i.e. der Größe der Region, auf die sich die Vereinbarung bezieht, im Verhältnis zur Größe des Mitgliedstaates.[105] Der Marktanteil der an der Vereinbarung Beteiligten ist ebenfalls nicht ausschlaggebend für die Prüfung, ob die regionale Vereinbarung Auswirkung auf den Handel zwischen den Mitgliedstaaten hat.[106] Die Kommission verweist dabei darauf, dass selbst wenn die beteiligten Unternehmen einen hohen Marktanteil an einem genau abgegrenzten Regionalmarkt haben, die mengenmäßige Größe dieses Marktes im Vergleich zum Gesamtumsatz mit den Waren innerhalb dieses Mitgliedstaates unbedeutend sein kann. Vereinbarungen, die Gebiete mit einer hohen Nachfragekonzentration umfassen, werden eher Auswirkungen auf den zwischenstaatlichen Handel haben als Vereinbarungen in Bezug auf Gebiete mit geringerer Nachfragekonzentration.[107] Es ist davon auszugehen, dass die Spürbarkeit der Beeinträchtigung des zwischenstaatlichen Handels gegeben ist, wenn aufgrund der (regionalen) Vereinbarung ein Teil eines Mitgliedstaates abgeschottet wird, der einen wesentlichen Teil des Gemeinsamen Marktes ausmacht.[108] Bei der Ermittlung, ob der abgeschottete Markt einen wesentlichen Teil des Gemeinsamen

---

104 *Kommission*, Bekanntmachung Zwischenstaatlichkeit, ABl. C 101/81 v. 27.4.2004, Tz. 90.

105 *Kommission*, Bekanntmachung Zwischenstaatlichkeit, ABl. C 101/81 v. 27.4.2004, Tz. 90.

106 *Kommission*, Bekanntmachung Zwischenstaatlichkeit, ABl. C 101/81 v. 27.4.2004, Tz. 90.

107 *Kommission*, Bekanntmachung Zwischenstaatlichkeit, ABl. C 101/81 v. 27.4.2004, Tz. 90.

108 *Kommission*, Bekanntmachung Zwischenstaatlichkeit, ABl. C 101/81 v. 27.4.2004, Tz. 92.

Marktes betrifft, kann auf die Rechtsprechung zu Art. 82 EG hinsichtlich des Kriteriums „wesentlicher Teil des Gemeinsamen Marktes" zurückgegriffen werden.[109]

Vereinbarungen von rein lokaler Bedeutung können ihrem Wesen nach den Handel zwischen den Mitgliedstaaten grundsätzlich nicht spürbar beeinträchtigen, selbst wenn der örtliche Markt in einem Grenzgebiet liegt.[110] Wenn jedoch ausnahmsweise der Anteil des lokalen Gebiets am abgeschotteten nationalen Markt erheblich ist, dann kann der zwischenstaatliche Handel auch dann beeinträchtigt sein, wenn der relevante Markt nicht in einer Grenzregion liegt.[111]

IV. Ergebnis

Die Untersuchung hat gezeigt, dass es für die Abgrenzung zwischen zwischenstaatlichen und innerstaatlichen Vertikalvereinbarungen nicht darauf ankommt, ob der Ursprung einer Beschränkung innerstaatlich ist, i.e. ob die Unternehmen ihren Sitz im Inland haben oder ob sich eine Vereinbarung nur auf das Inland bezieht. Vielmehr kommt es auf die Auswirkungen der Beschränkung an. Insofern übernimmt der Gerichtshof in seiner Rechtsprechung die im US-amerikanischen Recht entwickelte Beeinflussungs- oder Auswirkungstheorie.[112] Bei einer wettbewerbsbeschränkenden Vertikalvereinbarung, die sich auf einen nationalen Markt bezieht, wird in den meisten Fällen der Handel zwischen den Mitgliedstaaten beeinträchtigt sein. Doch auch eine solche Vereinbarung kann im Einzelfall innerstaatliche Wirkung haben. Bei Vereinbarungen, die sich auf den regionalen oder lokalen Markt beziehen, wird eine Beeinträchtigung des zwischenstaatlichen Handels weitaus weniger wahrscheinlich sein. Daher werden diese Fälle der Hauptanwendungsbereich für die Anwendung der vGVO kraft Verweisung sein. Es ist davon auszugehen, dass die überwiegende Anzahl von vertikalen Vereinbarungen, etwa 80%, Auswirkungen auf den zwischenstaatlichen Handel haben und nur eine kleinere Anzahl von vertikalen Verein-

---

109 *Kommission*, Bekanntmachung Zwischenstaatlichkeit, ABl. C 101/81 v. 27.4.2004, Tz. 92; *EuGH*, Urt. v. 25.10.2001 – C-475/99 – Slg. 2001, I-8089 (8150) Rn. 38 „Ambulanz Glöckner"; *EuGH*, Urt. v. 17.7.1997 – Rs. C-242/95 – Slg. 1997, I-4449 (4465) Rn. 34 f. „GT-Link".

110 *Kommission*, Bekanntmachung Zwischenstaatlichkeit, ABl. C 101/81 v. 27.4.2004, Tz. 91.

111 *Kommission*, Bekanntmachung Zwischenstaatlichkeit, ABl. C 101/81 v. 27.4.2004, Tz. 91.

112 *Supreme Court of the United States*, 334 U.S. 219-249 (1948) „Mandeville Island Farms v. American Crystal Sugar Co".

barungen innerstaatliche Wirkung hat. Zudem wird die Zwischenstaatlichkeitsklausel von der Rechtsprechung des Gerichtshofs und der Verwaltungspraxis der Kommission sehr weit ausgelegt.[113] Dies liegt vor allem an dem Bestreben der europäischen Organe, möglichst viele Vereinbarungen dem europäischen Kartellrecht zu unterwerfen, um so die Funktionsfähigkeit des Gemeinsamen Marktes zu sichern, aber auch ihren eigenen Einflussbereich auszuweiten.[114] Die Möglichkeit der weiten Auslegung der Zwischenstaatlichkeitsklausel wurde durch die fehlende begriffliche Schärfe eröffnet, die zugleich für die Unternehmen zu der erheblichen Rechtsunsicherheit führte, ob europäisches oder deutsches Kartellrecht anzuwenden war. Auch im Hinblick auf die Schwierigkeiten der Anwendung der Zwischenstaatlichkeitsklausel werden vertikale Vereinbarungen mit und ohne Auswirkungen auf den zwischenstaatlichen Handel nach der 7. GWB-Novelle anhand der Maßstäbe des europäischen Kartellrechts behandelt.[115]

---

113 So auch *Mayer*, Die Zwischenstaatlichkeitsklausel, S. 53; *Rehbinder*, in: Immenga/Mestmäcker, EG-WbR I, Einleitung E. Rn. 8 ff. (S. 55 ff.); *Emmerich*, in: Dauses H. I. § 1 Rn. 32.

114 Kritisch dazu *Zöttl*, Financial Times Deutschland v. 28.10.2003, S. 34, der der Meinung ist, dass die Kommission alle grenzüberschreitenden oder potenziell grenzüberschreitenden Sachverhalte an sich ziehe, wodurch das Bundeskartellamt „*vom Gralshüter des Bekannten und Bewährten zum lokalen Sachwalter der Kommission*" werde.

115 *Bundesregierung*, Entwurf eines Siebten Gesetzes zur Änderung des Gesetzes gegen Wettbewerbsbeschränkungen, BT-Drs. 15/3640, S. 22; *Monopolkommission*, 41. Sondergutachten, Tz. 12.

Zweiter Abschnitt: Bindung an die Entscheidungspraxis von Gerichtshof und Kommission

Im Folgenden soll der Frage nachgegangen werden, inwieweit die nationalen Kartellbehörden, Gerichte und Unternehmen in den Mitgliedstaaten bei der Anwendung des harmonisierten Kartellrechts an die Entscheidungen des Gerichtshofs und der Kommission gebunden sind. Dazu soll zunächst kurz dargestellt werden, in welcher Weise eine Bindung an die Entscheidungspraxis der europäischen Organe bei der Anwendung des europäischen Kartellrechts durch die deutschen Kartellbehörden, Gerichte und Unternehmen besteht (A.). Anschließend soll erarbeitet werden, ob die Berücksichtigung des europäischen Kartellrechts bei der Anwendung und Auslegung der am Gemeinschaftsrecht orientierten §§ 1, 2 GWB und der Gruppenfreistellungsverordnungen – insbesondere für innerstaatliche Sachverhalte – verpflichtend ist (B. I.). Darüber hinaus wird zu klären sein, ob der Gerichtshof für Vorabentscheidungsverfahren zuständig ist, die sich auf die innerstaatliche Anwendung der vGVO und der §§ 1, 2 GWB beziehen (B. II.).

A. Bindung an die Entscheidungspraxis von Gerichtshof und Kommission bei zwischenstaatlichen Sachverhalten

Bei der dezentralen Anwendung der Art. 81, 82 EG sind die nationalen Kartellbehörden, Gerichte und sonstigen Rechtsanwender in den Mitgliedstaaten an die Entscheidungspraxis von Gerichtshof und Kommission gebunden. Der Gerichtshof besitzt das Auslegungsmonopol für das Primär- und Sekundärrecht und entscheidet letztverbindlich über die Auslegung der Art. 81, 82 EG. Zudem besteht bei der Anwendung von Art. 81, 82 EG für die nationalen Gerichte gem. Art. 16 Abs. 1 Satz 1 VO Nr. 1/2003 eine Bindung an die Praxis der Kommission.[116] Auch die nationalen Kartellbehörden sind an die Entscheidungen der Kommission gebunden, die im Netzwerk der Wettbewerbsbehörden für

---

[116] Bei Art. 16 Abs. 1 Satz 1 VO Nr. 1/2003 handelt es sich um die Kodifikation des Masterfood-Urteils des Gerichtshofs (*EuGH*, Urt. v. 14.12.2000 – Rs. C-344/98 – Slg. 2000, I-11369 (11427) Rn. 46 ff. „Masterfoods“). Darin leitete das Gericht die Pflicht der nationalen Gerichte zur Beachtung der Kommissionsentscheidungen aus Art. 10 Abs. 1 Satz 2 und Abs. 2 EG ab. Die Kommission habe nach Art. 211 EG die Aufgabe der „Hüterin des EG-Vertrags“ und müsse die gemeinschaftliche Wettbewerbspolitik festlegen und durchführen. Das Ziel einer einheitlichen Wettbewerbspolitik könne nur erreicht werden, wenn sich die nationalen Wettbewerbsbehörden und Gerichte an der Praxis der Kommission orientierten.

Kohärenz sorgt.[117] Bei der Auslegung der Art. 81, 82 EG sind auch die Leitlinien, Mitteilungen und Bekanntmachungen der Kommission zu beachten. Diese Rechtakte stellen eine Auslegungshilfe der Kommission für die Rechtsanwender dar. Die Kommission konkretisiert in diesen Rechtsakten ihr Aufgreifermessen, so dass sich für die Kommission eine Selbstbindung an die Leitlinien, Mitteilungen und Bekanntmachungen ergibt.[118] Für die einheitliche Auslegung des europäischen Kartellrechts sind die Leitlinien, Mitteilungen und Bekanntmachungen der Kommission von großer Bedeutung. Angesichts dessen sollte sich der Rechtsanwender über diese Rechtsakte der Kommission – trotz ihrer rechtlichen Unverbindlichkeit[119] – nicht hinwegsetzen.

B. Bindung an die Entscheidungspraxis von Gerichtshof und Kommission bei „autonomer" Anwendung des Gemeinschaftsrechts auf rein nationale Sachverhalte

Wenn der nationale Gesetzgeber das Gemeinschaftsrecht über seinen originären Anwendungsbereich hinaus auf Sachverhalte für anwendbar erklärt, für deren Regelung allein der nationale Gesetzgeber die Gesetzgebungskompetenz besitzt, so bezeichnet man dies als „autonome"[120] Anwendung des Gemeinschaftsrechts oder als „erweiterte"[121] Rechtsangleichung. In diesem Zusammenhang ist auch von „überschießender Umsetzung" des Gemeinschaftsrechts die Rede, wenn der nationale Gesetzgeber die Umsetzung einer Richtlinie freiwillig über ihre

---

117 *Kommission*, Bekanntmachung über die Zusammenarbeit innerhalb des Netzes der Wettbewerbsbehörden, ABl. C 101/43 v. 27.4.2004, Tz. 43.

118 *Canenbley*, in: Festschrift Deringer, 1993, S. 226 (228) Fn. 6.; *Kögel*, Die Angleichung der deutschen an die europäische Fusionskontrolle, S. 105. Siehe auch *OLG München*, Urt. v. 1.8.2002, WuW/E DE-R 991 (993) „Tankstelle Germering".

119 *Pampel*, EuZW 2005, 11 (13); *Lange*, in: Lange, Hdb. d. Kartellrechts, S. 225; *Kögel*, Die Angleichung der deutschen an die europäische Fusionskontrolle, S. 108; *Schröter*, in: Baudenbacher, Neuste Entwicklungen im europäischen und internationalen Kartellrecht, S. 189 (212). *Pohlmann*, WuW 2005, 1005 (1008) spricht von einer „faktischen Bindung" der Kommissionsbekanntmachungen. Für eine rechtliche Bindungswirkung der Bekanntmachungen gegenüber den nationalen Kartellbehörden und Gerichten hat sich *Schweda*, WuW 2004, 1133 (1140 ff.) ausgesprochen.

120 *Schnorbus*, RabelsZ 65 (2001) 654 (656); *Brandner*, Die überschießende Umsetzung von Richtlinien, S. 11.

121 *Schulze*, in: *ders.* [Hrsg.], Auslegung europäischen Privatrechts und angeglichenen Rechts, S. 9 (17).

Vorgaben hinaus auf weitere Sachverhalte erstreckt.[122] Bei der Erweiterung des Anwendungsbereichs der vGVO auf innerstaatliche Sachverhalte mittels der Verweisung in § 2 Abs. 2 GWB liegt ein Fall der „autonomen" Anwendung des Gemeinschaftsrechts vor. Gleiches gilt für die §§ 1, 2 Abs. 1 GWB, die den Wortlaut des Art. 81 Abs. 1 und 3 EG zum größten Teil übernehmen und in die Harmonisierung mit dem EG-Kartellrecht auch innerstaatliche Sachverhalte einbeziehen.

I. Pflicht zur europarechtsfreundlichen Auslegung?

Es stellt sich die Frage, ob der Rechtsanwender im Falle der autonomen Anwendung von Gemeinschaftsrecht in der Auslegung frei ist oder ob er an die Art und Weise der Auslegung gebunden ist wie sie Gerichtshof und Kommission für das Gemeinschaftsrecht vornehmen (europafreundliche Auslegung). Diese Frage wird sowohl für die Anwendung der §§ 1, 2 GWB auf zwischenstaatliche als auch auf innerstaatliche Sachverhalte relevant.

1. Pflicht zur europarechtsfreundlichen Auslegung aus dem Gemeinschaftsrecht?

Für den Fall, dass das nationale Recht europäisches Recht auf freiwilliger Basis übernimmt, hat sich der Gerichtshof mehrfach für eine einheitliche, europarechtsfreundliche Auslegung ausgesprochen: *„Richten sich nationale Rechtsvorschriften zur Regelung rein innerstaatlicher Sachverhalte nach den im Gemeinschaftsrecht getroffenen Regelungen, um insbesondere zu verhindern, dass es zu Benachteiligungen der eigenen Staatsangehörigen oder – wie im vorliegenden Fall – zu Wettbewerbsverzerrungen kommt, so besteht ein klares Interesse der Gemeinschaft daran, daß die aus dem Gemeinschaftsrecht übernommenen Bestimmungen und Begriffe unabhängig davon, unter welchen Voraussetzungen sie angewandt werden sollen, einheitlich ausgelegt werden, um künftige Auslegungsunterschiede zu verhindern".*[123] Wenn das Gemeinschafts-

---

[122] *Brandner*, Die überschießende Umsetzung von Richtlinien. Beispiele für eine überschießende Richtlinienumsetzung finden sich im Umwandlungsgesetz, Bilanzrecht und im Steuerrecht.

[123] *EuGH*, Urt. v. 17.7.1997 – Rs. C-28/95 – Slg. 1997, I-4161 (4201 f.) Rn. 32 „Leur-Bloem". Siehe auch *EuGH*, Urt. v. 18.10.1990 – verb. Rs. C-297/88 und C-197/89 – Slg. 1990, I-3763 (3793) Rn. 37 „Dzodzi"; *EuGH*, Urt. v. 17.7.1997 – Rs. C-130/95 – Slg. 1997, I-4291 (4302) Rn. 23, 28 „Giloy"; *EuGH*, Urt. v. 3.12.1998 – Rs. C-247/97 – Slg. 1998, I-8095 (8121) Rn. 14 „Schoonbroodt"; *EuGH*, Urt. v. 11.1.2001 – Rs. C-1/99 – Slg. 2001, I-207 (242) Rn. 32 „Kofisa Italia".

recht bei autonomer Anwendung im Rahmen des nationalen Rechts anders ausgelegt werden würde als bei direkter Anwendung des Gemeinschaftsrechts, so bestünde die Gefahr, dass diese abweichende Auslegung auch auf Sachverhalte abfärbt, die direkt unter das Gemeinschaftsrecht fallen.[124] In diesem Fall würde Unklarheit über die Auslegung des Gemeinschaftsrechts entstehen und die Anwendung des Gemeinschaftsrechts würde dadurch beeinträchtigt werden. Gleichwohl kann aus der vom Gerichtshof gewählten Formulierung nicht geschlossen werden, dass neben dem gemeinschaftsrechtlichen *Interesse* an einer einheitlichen Auslegung auch eine gemeinschaftsrechtliche *Pflicht* zu einer einheitlichen Auslegung besteht.[125] Zudem spricht gegen eine gemeinschaftsrechtliche Pflicht zu einer europafreundlichen Auslegung des freiwillig angeglichenen nationalen Rechts, dass die Gemeinschaft in diesem Bereich keine Gesetzgebungskompetenz und damit keine Regelungs- und Auslegungskompetenz besitzt.

Eine Pflicht zur europafreundlichen Auslegung des freiwillig harmonisierten Gemeinschaftsrechts ergibt sich auch nicht aus Art. 10 EG, der die Pflicht der Mitgliedstaaten zur loyalen Zusammenarbeit mit der Europäischen Gemeinschaft statuiert. Denn die Norm bezieht sich nur auf Pflichten der Mitgliedstaaten im Zusammenhang mit der unmittelbaren Anwendung von Gemeinschaftsrecht.[126] Art. 10 EG enthält keine Verpflichtung zu einer Auslegung des nationalen Rechts, die mit einer aus dem Gemeinschaftsrecht bekannten Auslegung übereinstimmt.[127] Im Übrigen hat der Gerichtshof darauf hingewiesen,

124 *W.-H. Roth*, in: Festschrift aus Anlaß des fünfzigjährigen Bestehens von Bundesgerichtshof, Bundesanwaltschaft und Rechtsanwaltschaft beim Bundesgerichtshof, 2000, S. 847 (883).

125 So auch *Billhardt*, Horizontale und vertikale Wettbewerbsbeschränkungen im Gesetz gegen Wettbewerbsbeschränkungen, S. 23 f.

126 *Schulze*, in: *ders.* [Hrsg.], Auslegung europäischen Privatrechts und angeglichenen Rechts, S. 9 (18).

127 *Brinker*, WuW 1996, 549 (552 f.); *Kahl*, in: Callies/Ruffert, Kommentar zu EU-Vertrag und EG-Vertrag, Art. 10 EG Rn. 13; *Westermann*, Die Einwirkungen der europäischen auf die deutsche Fusionskontrolle, S. 124; *Schanze*, Die europaorientierte Auslegung des Kartellverbots, S. 35; *Lenz*, in: FIW [Hrsg.], Schwerpunkte des Kartellrechts 1992/1993, S. 25 (30); siehe auch *BGH*, Beschl. v. 24.10.1995, WuW/E BGH 3026 (3034) „Backofenmarkt". *Ebenroth/Lange* BB 1991, 845 (853) gehen demgegenüber davon aus, dass sich aus Art. 10 EG die Verpflichtung ableite, das Recht der Mitgliedstaaten gemeinschaftsrechtskonform auszulegen, anzupassen und fortzubilden. Dies gelte sowohl für die Umsetzung von Richtlinien in nationales Recht als auch für das übrige innerstaatliche Recht. So auch *Steindorff*, in: FIW [Hrsg.], Schwerpunkte des Kartellrechts 1986/1987, S. 27 (54); *Dreher*, AG 1993, 437 (447).

dass die Mitgliedstaaten selbst über die Grenzen der autonomen Anwendung des Gemeinschaftsrechts entscheiden dürfen.[128] Mit *Anwendung* des Gemeinschaftsrechts meint der Gerichtshof auch die Berücksichtigung der ungeschriebenen Tatbestandsmerkmale der Norm sowie der zu der Norm entwickelten *Auslegungsmaßstäbe*. Wenn die Mitgliedstaaten nun in der Anwendung des autonom auf innerstaatliche Sachverhalte angewandten Gemeinschaftsrechts frei sind, so bedeutet dies in der Konsequenz, dass sie in diesem Fall auch die Auslegungsgrundsätze des Gemeinschaftsrechts nicht beachten müssen.

Auch im Hinblick auf den vom Gerichtshof entwickelten *effet utile*[129], wonach das Gemeinschaftsrecht so auszulegen ist, dass die Gemeinschaftsbefugnisse effektiv und vollständig ausgenutzt werden können, lässt sich keine Pflicht aus dem Gemeinschaftsrecht zur europafreundlichen Auslegung des nationalen Kartellrechts ableiten.[130] Es muss lediglich gewährleistet sein, dass das EG-Kartellrecht neben dem parallel anwendbaren nationalen Kartellrecht zur Anwendung kommt (Art. 3 Abs. 1 VO Nr. 1/2003). Zudem darf das nationale Recht bei der Regelung wettbewerbsbeschränkender, zwischenstaatlich wirkender Vereinbarungen nicht strenger sein als das europäische (Art. 3 Abs. 2 VO Nr. 1/2003).[131] Sofern diesen europarechtlichen Vorgaben genügt ist, ist der Rechtsanwender in der Anwendung und Auslegung des nationalen Rechts frei. Somit kann vor dem Hintergrund des *effet utile* nicht verlangt werden, dass das nationale Recht keine anderen Regelungen und Auslegungsmaßstäbe enthalten darf als das Gemeinschaftsrecht.[132]

---

128 Siehe *EuGH*, Urt. v. 17.7.1997 – Rs. C-28/95 – Slg. 1997, I-4161 (4202) Rn. 33 „Leur-Bloem": „*[Es ist...] allein Sache des nationalen Gerichts, die genaue Tragweite dieser Verweisung auf das Gemeinschaftsrecht zu beurteilen, die Zuständigkeit des Gerichtshofs beschränkt sich auf die Prüfung der gemeinschaftsrechtlichen Bestimmungen. Für die Berücksichtigung der Grenzen, die der nationale Gesetzgeber der Anwendung des Gemeinschaftsrechts auf rein innerstaaatliche Sachverhalte setzen wollte, gilt nämlich das nationale Recht, so daß dafür ausschließlich die Gerichte des Mitgliedsstaates zuständig sind.*"

129 *EuGH*, Urt. v. 15.7.1960 – Rs. 20/59 – Slg. 1960, 685 (708) „Italien".

130 *Brinker*, WuW 1996, 549 (552 f.); *Schanze*, Die europaorientierte Auslegung des Kartellverbots, S. 33 f.

131 Zur Frage, ob bei zwischenstaatlichen Sachverhalten nur das Tatbestandsmerkmal der Wettbewerbsbeschränkung oder auch die Tatbestandsmerkmale der Vereinbarung und des Unternehmens wie im europäischen Kartellrecht auszulegen sind, vgl. *Eilmansberger*, ZWeR 2006, 64 (75).

132 *Brinker*, WuW 1996, 549 (552).

Auch unter dem Gesichtspunkt einer möglichen Inländerdiskriminierung lässt sich keine Pflicht zur europafreundlichen Auslegung des nationalen Kartellrechts herleiten. Eine solche Inländerdiskriminierung liegt schon deshalb nicht vor, da das deutsche Kartellrecht sowohl auf inländische als auch auf ausländische Unternehmen anwendbar ist.[133]

Aus den aufgezeigten Gründen besteht zwar ein Interesse der Gemeinschaft an einer einheitlichen, europaorientierten Auslegung des autonom übernommenen Gemeinschaftsrechts. Eine entsprechende Pflicht zur europafreundlichen Auslegung ist aber aus dem Gemeinschaftsrecht nicht herzuleiten.

2. Pflicht zur europarechtsfreundlichen Auslegung aus dem nationalen Recht?

Eine Pflicht zur europarechtsfreundlichen Auslegung des autonom angewandten EG-Kartellrechts könnte sich aber aus dem nationalen Recht ergeben. Um dies zu überprüfen, sind diejenigen Normen des nationalen Rechts auszulegen, die an das Gemeinschaftsrecht angeglichen worden sind. Bei dieser Auslegung ist der Wille des Gesetzgebers zu erforschen, wobei neben dem Wortlaut der Norm auch ihre Systematik, ihr Sinn und Zweck (Teleologie) sowie ihre Entstehungsgeschichte einschließlich der Gesetzesmaterialien zu beachten sind.[134] Zur besseren Übersichtlichkeit wird bei der Auslegung zwischen den §§ 1, 2 Abs. 1 GWB, die das Kartellverbot und den Freistellungstatbestand enthalten und § 2 Abs. 2 GWB unterschieden werden.

a) §§ 1 und 2 Abs. 1 GWB

Die §§ 1, 2 Abs. 1 GWB sind vom Wortlaut her fast identisch mit Art. 81 Abs. 1 und 3 EG. Abweichungen ergeben sich lediglich durch das Fehlen der Zwischenstaatlichkeitsklausel, das Fehlen der Regelbeispiele und den im Vergleich zu Art. 81 Abs. 3 EG deutlicheren Hinweis auf das Legalausnahmesystem.

---

133 Siehe dazu *Brinker*, WuW 1996, 549 (553); ablehnend gegenüber dem Vorliegen einer Inländerdiskriminierung auch *BGH*, Beschl. v. 24.10.1995, WuW/E BGH 3026 (3034) „Backofenmarkt".

134 Weitere dogmatische Ausführungen zur Methode der Auslegung – insbesondere eine Auseinandersetzung mit der Frage, ob es auf den subjektiv-historischen oder den objektiven Willen des Gesetzgebers ankommt – sollen an dieser Stelle unterbleiben. Siehe weiterführend dazu *Säcker*, L'harmonisation du droit communautaire privé, S. 38 ff.; *Larenz*, Methodenlehre der Rechtswissenschaft, S. 343 ff.; *Fikentscher*, Methoden des Rechts, Band III, S. 669.

Aus dem mit Art. 81 Abs. 1 und 3 EG fast identischen Wortlaut der §§ 1, 2 Abs. 1 GWB lässt sich jedoch nicht entnehmen, dass eine europarechtsfreundliche Auslegung der §§ 1, 2 Abs. 1 GWB vorzunehmen ist.[135]

Eine Pflicht zur europarechtsfreundlichen Auslegung könnte jedoch aus der systematischen Auslegung herzuleiten sein. Die (fast) vollständige Übernahme des Wortlauts des EG-Kartellrechts bedeutet zugleich eine Anpassung an die Systematik des Kartellrechts. Dabei werden die bisherigen Sonderfreistellungstatbestände in §§ 2-6 GWB a.F. gestrichen, der europäische Freistellungstatbestand übernommen[136] und die Gruppenfreistellungsverordnungen für anwendbar erklärt. Eine weitere Angleichung des deutschen Kartellrechts an das europäische betrifft die Aufhebung der Sonderbehandlung von Vertikalvereinbarungen, die nun wie im europäischen Recht dem Kartellverbot unterstellt sind. Grundsätzlich deutet die systematische Auslegung darauf hin, Normen mit gleicher Systematik auch in gleicher Weise auszulegen. Allerdings ist nicht nur die Systematik des EG-Kartellrechts, sondern auch der allgemeine wettbewerbspolitische Kontext des EG-Vertrags zu beachten. Das europäische Kartellrecht ist innerhalb des EG-Vertrags ein Mittel zur Verwirklichung und Stärkung des Binnenmarktes. Diese integrationspolitische Zielsetzung verfolgt das deutsche Recht im Allgemeinen und das GWB im Besonderen nicht.[137] Aus diesem Grunde wurde eine europafreundliche Auslegung des § 1 GWB a.F. nach der 6. GWB-Novelle von *Huber* sehr skeptisch bewertet.[138] M.E. sollte jedoch allein der Hinweis auf unterschiedliche systematische Ansätze der Wettbewerbspolitik noch kein Argument gegen eine einheitliche europaorientierte Auslegung sein. Nur wenn ein Tatbestandsmerkmal im europäischen Kartellrecht im Hinblick auf die integrationsbezogene Komponente des EG-Kartellrechts tatsächlich in einer Weise auszulegen ist, die im deutschen Kartellrecht keinen Sinn ergibt, könnte mit dem Argument *Hubers* unter systematischen Aspekten eine europafreundliche Auslegung abgelehnt werden. Gleichwohl wird nicht bei allen Tatbestandsmerkmalen des Art. 81 EG ein Binnenmarktbezug vorhanden sein. Zudem ist zu bedenken, dass der integrationspolitische Aspekt des EG-

---

135 Siehe zur grammatikalischen Auslegung von § 1 GWB in der Fassung der 6. GWB-Novelle: *Schanze*, Die europaorientierte Auslegung des Kartellverbots, S. 41.

136 Die frühere Generalklausel in § 7 GWB a.F. war aus systematischer Sicht nicht identisch mit Art. 81 Abs. 3 EG, vgl. Vierter Teil, Neunter Abschnitt, C. I. 2. a) (S. 358).

137 Siehe dazu ausführlich Vierter Teil, Dritter Abschnitt, B. I. 2. (S. 199 ff.)

138 *Huber*, in: Frankfurter Kommentar, Band II, § 1 GWB Rn. 24; teilweise ablehnend *Schanze*, Die europaorientierte Auslegung des Kartellverbots, S. 42 f.

Kartellrechts nach der Vollendung des Binnenmarktes kontinuierlich abgenommen hat. Mithin spricht die systematische Auslegung für eine europaorientierte Auslegung.

Entscheidend für die Frage, ob eine europafreundliche Auslegung vorzunehmen ist, ist letztlich aber das *telos* der §§ 1, 2 Abs. 1 GWB, das im Folgenden untersucht werden soll. Dabei könnte sich eventuell ergeben, dass sich der Gesetzgeber *trotz* unterschiedlicher Systematik und unterschiedlicher Zielsetzungen des deutschen und europäischen Kartellrechts für eine umfassende Rechtsangleichung und eine einheitliche Auslegung entschieden hat.

Eine teleologische Auslegung der §§ 1, 2 Abs. 1 GWB deutet auf eine Pflicht zur Berücksichtigung der zum europäischen Kartellrecht ergangenen Rechtsprechung und Verwaltungspraxis hin. Schon nach der 6. GWB-Novelle wurde aus der zunehmenden Angleichung an das europäische Kartellrecht geschlossen, dass eine europafreundliche Auslegung vorzunehmen sei.[139] Sinn und Zweck der 7. GWB-Novelle ist nunmehr eine echte Harmonisierung des deutschen Kartellrechts mit dem EG-Kartellrecht. Dabei soll der verstärkten Dezentralisierung des Kartellrechts Rechnung getragen werden, die durch die VO Nr. 1/2003 herbeigeführt worden ist.[140] Bei der nun verpflichtenden parallelen Anwendung des europäischen und deutschen Kartellrechts ist es nicht länger praktikabel, für zwischen- und innerstaatliche Sachverhalte unterschiedliche Regelungsregimes bereitzuhalten. Dies gilt auch angesichts der Schwierigkeit der Anwendung der Zwischenstaatlichkeitsklausel. Sinn und Zweck der 7. GWB-Novelle ist mithin eine Rechtsharmonisierung, für die es nicht nur erforderlich ist, sowohl für zwischen- als auch für innerstaatliche Sachverhalte identische *Rechtsnormen* zu schaffen, sondern bei Anwendung dieser Rechtsnormen auch identische *Auslegungsmaßstäbe* anzuwenden.[141] Ohne die Auslegung des Kartellverbots und des Freistellungstatbestandes in der im europäischen Kartellrecht praktizierten

---

139 *Schanze*, Die europaorientierte Auslegung des Kartellverbots, S. 44 ff.

140 Nach der europäischen Kartellverfahrensreform sind die nationalen Kartellbehörden und Gerichte zur Anwendung der Art. 81, 82 EG nicht nur berechtigt, sondern auch verpflichtet (Art. 5 und 6 VO Nr. 1/2003). Zuvor war nur Art. 81 Abs. 1 EG, nicht aber Art. 81 Abs. 3 EG unmittelbar durch die nationalen Wettbewerbsbehörden und Gerichte anwendbar. Zudem sind seit der 7. GWB-Novelle auch die Landeskartellbehörden für die Anwendung des Art. 81 EG zuständig.

141 So in Bezug auf die innerstaatliche Anwendung der Gruppenfreistellungsverordnungen ebenfalls: *Bechtold*, DB 2004, 235 (237). Allgemein auch *Brandner*, Die überschießende Umsetzung von Richtlinien, S. 139; ähnlich *W.-H. Roth*, in: Festschrift aus Anlaß des fünfzigjährigen Bestehens von Bundesgerichtshof, Bundesanwaltschaft und Rechtsanwaltschaft beim Bundesgerichtshof, 2000, S. 847 (883).

Art und Weise würde die intendierte Rechtsharmonisierung unterlaufen. Bei der Auslegung der §§ 1, 2 Abs. 1 GWB muss somit – ähnlich wie bei der richtlinienkonformen Auslegung des nationalen Rechts[142] – der im EG-Kartellrecht praktizierte Auslegungsmodus beachtet werden.

Zu berücksichtigen ist allerdings, dass der deutsche Gesetzgeber keine Rechtsangleichung um jeden Preis und in jedem Fall beabsichtigt hat. Dies liegt schon daran, dass er die Konsequenzen der Rechtsangleichung für alle kartellrechtlichen Fallgestaltungen im Gesetzgebungsverfahren nicht voraussehen konnte. Daher hat der Gesetzgeber bereits in der Gesetzesbegründung ausgeführt, dass vom europäischen Kartellrecht abgewichen werden kann, wenn dieses für innerstaatliche Sachverhalte nicht systemgerecht ist.[143] Dies spricht für eine *grundsätzliche Orientierung* am europäischen Wettbewerbsrecht mit der Möglichkeit, in *Ausnahmefällen* von diesem abzuweichen. Solche Ausnahmen können beispielsweise aus nationalen Spezifika oder den Besonderheiten innerstaatlicher Wettbewerbsbeschränkungen resultieren. Es sollte somit auch im deutschen Kartellrecht ein sog. *opt-out* geben, was im britischen Kartellrecht gerade diese Möglichkeit bezeichnet, von der grundsätzlichen Berücksichtigung des EG-Kartellrechts in Ausnahmefällen abzuweichen. Festzuhalten ist, dass das *telos* der §§ 1, 2 Abs. 1 GWB für eine europafreundliche Auslegung spricht.

Möglicherweise könnte aber die bewusste Nichtaufnahme des § 23 GWB Reg-E 2004 in den novellierten Gesetzestext unter dem Aspekt der historischen Auslegung gegen die Berücksichtigung des europäischen Wettbewerbsrechts bei der Auslegung der §§ 1, 2 GWB sprechen. In der Fassung der 7. GWB-Novelle, die der Bundestag in dritter Lesung am 11.3.2005 angenommen hatte, war in § 23 GWB Reg-E eine Pflicht zur maßgeblichen Berücksichtigung der Grundsätze des europäischen Wettbewerbsrechts bei der Anwendung der §§ 1 bis 2 und 19

---

142 Siehe dazu *Säcker*, L'harmonisation du droit communautaire privé, S. 44, der die richtlinienkonforme Interpretation als fünfte Auslegungsart einordnet: „Le cercle herméneutique de la compréhension de ces normes uniformisatrices ne baigne plus dans le droit national mais est empreint d´une „dimension européenne“ et doit être défini sur la base d´une vision commune et d´un choix de valeurs communes des Etats membres.“

143 Siehe dazu allgemein *Schulze*, in: *ders.* [Hrsg.], Auslegung europäischen Privatrechts und angeglichenen Rechts, S. 9 (18). Auch in § 23 Halbsatz 2 GWB Reg-E 2004 war vorgesehen, dass die europafreundliche Auslegung nur dann gelten sollte, wenn sich nicht aus dem deutschen Kartellrecht im Einzelfall ein der Harmonisierung entgegenstehender Wille ergab oder aus sonstigen Gründen einzelstaatliche Besonderheiten bestanden (siehe dazu *Bundesregierung*, Entwurf eines Siebten Gesetzes zur Änderung des Gesetzes gegen Wettbewerbsbeschränkungen, BT-Drs. 15/3640, S. 32).

GWB enthalten („europafreundliche Auslegung").[144] Durch § 23 GWB Reg-E 2004 sollte speziell für Vereinbarungen und Verhaltensweisen ohne zwischenstaatliche Auswirkungen, die allein dem innerstaatlichen Recht unterliegen, eine Berücksichtigung der europäischen Praxis verpflichtend sein.[145] § 23 GWB Reg-E 2004 sollte der Kritik an der äußerst zögerlichen Angleichung der Kartellrechtsgesetzgebung und -anwendung auf deutscher und europäischer Ebene Rechnung tragen.[146] Auch in den meisten anderen Mitgliedstaaten ist eine europafreundliche Auslegung des nationalen Kartellrechts schon seit langem normiert.[147] Seit Veröffentlichung des Regierungsentwurfs war § 23 GWB

---

144 Siehe *Bundestag*, Plenardebatte, 2. und 3. Lesung zur Verabschiedung der 7. GWB-Novelle, Plenarprotokoll 15/164. Auch der *Ausschuss für Wirtschaft und Arbeit* hatte sich für die Aufnahme von § 23 GWB Reg-E 2004 in den Gesetzestext ausgesprochen, vgl. *Ausschuss für Wirtschaft und Arbeit*, Beschlussempfehlung und Bericht vom 9.3.2005, BT-Drs. 15/5049.

145 *Bundesregierung*, Entwurf eines Siebten Gesetzes zur Änderung des Gesetzes gegen Wettbewerbsbeschränkungen, BT-Drs. 15/3640, S. 32 f.

146 Siehe dazu: *Westermann*, Die Einwirkungen der europäischen auf die deutsche Fusionskontrolle, S. 124; *Ebenroth/Lange* BB 1991, 845 (853); *van den Bergh/Camesasca*, WuW 1998, 1147 (1150); *Lange*, BB 1996, 1997 (2003). Bereits vor der 7. GWB-Novelle hatte ein Teil der Literatur eine Auslegung des § 1 GWB nach den Grundsätzen des EG-Kartellrechts gefordert (*W.-H. Roth*, in: Festschrift aus Anlaß des fünfzigjährigen Bestehens von Bundesgerichtshof, Bundesanwaltschaft und Rechtsanwaltschaft beim Bundesgerichtshof, 2000, S. 847 (883 ff); *Schanze*, Die europaorientierte Auslegung des Kartellverbots, S. 267; *Kerls*, Die Anpassung des deutschen Kartellverbots und seiner Ausnahmen an das europäische Recht). Das Bundeskartellamt hat nach der 6. GWB-Novelle § 1 GWB im Lichte des Art. 81 Abs. 1 EG ausgelegt, vgl. *BKartA*, Beschl. v. 25.8.1999, WuW/E DE-V 209 (212) „Stellenmarkt für Deutschland II". Auch im Bereich der Marktabgrenzung wurde eine gemeinschaftsfreundliche Auslegung in den Fällen gefordert, in denen das nationale Recht Spielräume offen lässt (*Ebenroth/Lange*, BB 1991, 845 (853); *Lange*, BB 1996, 1997 (2003)).

147 Im *Vereinigten Königreich* bestimmt Sec. 60 (1) des UK Competition Act (CA) 1998, dass Auslegungsfragen bezüglich des britischen Wettbewerbsrechts behandelt werden „in a manner which is consistent with the treatment of corresponding questions arising in Community law in relation to competition within the community". Nach Sec. 60 (2) (3) müssen die nationalen Gerichte bei ihren Urteilen auf die Kongruenz zwischen britischem und europäischem Recht achten, wobei sowohl die Entscheidungen des Gerichtshofs als auch die der Kommission zu berücksichtigen sind. Da Befürchtungen aufgekommen sind, dass es zu Inkompatibilitäten kommen könne, da es am integrationspolitischen Ziel fehle, welches das europäische Recht zumindest auch verfolge (*Nazerali/Cowan*, E.C.L.R. 1999, 55 (56); *Goodman*, E.C.L.R. 1999, 73 (74), regelt Sec. 60 (1) ein sog. *opt-out*, wonach die europaorientierte Auslegung nur dann anzuwenden ist, „so far as it is possible (having regard to any relevant differences between the provisions concerned)". In *Italien* existiert sei 1990 in Art. 1 IV des *legge antitrust* eine sog. Euro-Auslegungsklausel, nach der das Kartellrecht nach den Grundsätzen der

Reg-E 2004 mehrfach Gegenstand intensiver Auseinandersetzung zwischen Bundestag und Bundesrat begleitet von Stellungnahmen aus Praxis und Literatur.[148] Auf Initiative des Bundesrats ist die europafreundliche Auslegung im Kompromissvorschlag des Vermittlungsausschusses, den Bundestag und Bundesrat angenommen haben, endgültig gestrichen worden.[149] Der Bundesrat

Europäischen Union auszulegen ist. Daher ist bei Auslegungsfragen auf die Praxis der europäischen Gerichte und der Kommission zurückzugreifen. Siehe dazu *Schanze*, Die europaorientierte Auslegung des Kartellverbots, S. 37; *Kaufmann*, Das italienische Kartellgesetz von 1990, S. 155 f.; *Stangl*, Das neue italienische Kartellgesetz, S. 75 f. In den *Niederlanden* hat sich die Interpretation der kartellrechtlichen Bestimmungen ebenfalls an der europäischen Praxis auszurichten (*Van Themaat*, E.C.L.R. 1997, 344 ff; *Betlem*, CMLR 36 (1999), 165 (177). Dabei werden unter europäischer Praxis die Entscheidungen der Gerichte und der Kommission, nicht aber die Bekanntmachungen der Kommission verstanden, da diese keine Bindungswirkung haben (*Mok*, Nederlandse Kartelrecht, S. 82, zitiert nach *Schanze*, Die europaorientierte Auslegung des Kartellverbots, S. 38). Bei der Interpretation des Art. 6 Abs. 1 Mw (mededingingswet), welcher dem Art. 81 Abs. 1 EG nachgebildet ist, besteht die Besonderheit, dass das Merkmal der Verhinderung, Einschränkung oder Verfälschung des Wettbewerbs nicht europarechtskonform ausgelegt werden muss. Dies wird damit begründet, dass eine Übernahme der stark integrationspolitisch geprägten Urteile des Gerichtshofs, insbesondere zu vertikalen Bindungen, nicht mit der Zielsetzung des niederländischen Gesetzes kompatibel sei, denn dort existiere bereits ein einheitlicher Markt (*Van Themaat*, E.C.L.R. 1997, 344 (345). Auch *Belgien*, *Frankreich*, *Griechenland*, *Portugal*, *Spanien*, *Irland* und die *skandinavischen* Staaten kennen mittlerweile eine an der Praxis der europäischen Institutionen orientierte Auslegung. Sie ergibt sich hier aus den jeweiligen Gesetzesmaterialien oder wurde unmittelbar von der Rechtsprechung begründet. (*Schanze*, Die europaorientierte Auslegung des Kartellverbots, S. 39); *Mok*, Nederlandse Kartelrecht, S. 82; *Zschocke*, WuW 1993, 381 (383) Fn. 16 zum belgischen Recht; *Kofmann*, E.C.L.R. 1998, 268 (270) zum dänischen Recht; *Nuolimaa*, EuZW 1993, S. 88 zum finnischen Recht; auch der irische Supreme Court sowie die irische Kartellbehörde orientieren sich an der Auslegung der Art. 81, 82 EG; vgl. *Steindorff*, ZHR 162 (1998), 290 (299) Fn. 36; umfassend *Power*, E.C.L.R. 2000, 64 (69).

148 Für § 23 GWB Reg-E 2004 haben sich ausgesprochen *Bechtold*, DB 2004, 235 (237); *Billhardt*, Horizontale und vertikale Wettbewerbsbeschränkungen im Gesetz gegen Wettbewerbsbeschränkungen, S. 166; *Ausschuss für Wirtschaft und Arbeit*, Beschlussempfehlung und Bericht vom 9.3.2005, BT-Drs. 15/5049. Der BDI hat sich sogar dafür ausgesprochen, dass die Grundsätze des europäischen Kartellrechts „Eins zu Eins“ übernommen werden sollten, vgl. Stellungnahme v. 13.9.2004 zum Regierungs-Entwurf eines siebten Gesetzes zur Änderung des Gesetzes gegen Wettbewerbsbeschränkungen, S. 8. *Meyer-Lindemann*, Börsenzeitung v. 22.6.2005, S. 2 und der BDI (Stellungnahme v. 22.6.2005 zur 7. GWB-Novelle, S. 5) halten die Streichung von § 23 GWB Reg-E für problematisch bzw. bedauerlich.

149 *Vermittlungsausschuss*, Beschlussempfehlung zu dem Siebten Gesetz zur Änderung des Gesetzes gegen Wettbewerbsbeschränkungen, BT-Drs. 15/5735 v. 15.6.2005, S. 3. Siehe bereits *Bundesrat*, Stellungnahme zum Entwurf der 7. GWB-Novelle, BR-Drs. 441/04, S. 5 ff.; *Bundesrat*, Wirtschaftsausschuss, Drs. 210/1/05 v. 18.4.2005, S. 2 f.

hat befürchtet, dass die Entscheidungen der Kartellbehörden und Gerichte bei einer normierten Pflicht zur Berücksichtigung der Grundsätze des europäischen Wettbewerbsrechts in hohem Maße der Gefahr der Rechtswidrigkeit ausgesetzt seien.[150] Dies gelte vor allem, wenn in den Gründen der jeweiligen Entscheidung nicht oder nicht hinreichend dargelegt werde, dass die genannten Grundsätze als für den Einzelfall relevant erkannt, entsprechend gewürdigt und schließlich „maßgeblich" zugrunde gelegt wurden. Insofern sei zu erwarten, dass sich die Zahl der Anfechtungen kartellbehördlicher Entscheidungen erhöhen werde. Diese Einwände des Bundesrates wurden vornehmlich von den Kartellbehörden der Bundesländer initiiert. Diese wollten verhindern, bei innerstaatlichen Sachverhalten durch die Bindung an die Grundsätze des EG-Kartellrechts zu einer umfassenderen Prüfung als bisher verpflichtet zu sein.[151] Dabei argumentierten sie auch mit ihren begrenzten Haushaltsmitteln und ihrer geringen personellen Besetzung, die eine Orientierung an den Grundsätzen des europäischen Kartellrechts nicht ermöglichen würde. Neben diesem Vorbringen des Bundesrates gab es weitere Gründe für die Streichung des § 23 GWB Reg-E 2004. Dabei sind vor allem Differenzen über die Formulierung der Vorschrift zu nennen. In der Kritik an § 23 GWB Reg-E 2004 wurde immer wieder vorgebracht, es sei unklar, was unter den „Grundsätzen des europäischen Wettbewerbsrechts" zu verstehen sei und wann ein „maßgebliches Zugrundelegen" des europäischen Wettbewerbsrechts vorliege.[152] Zudem wurde befürchtet, dass es durch § 23 GWB Reg-E 2004 zu einer Bindung der Rechtsprechung an exekutivisches, im Europarecht selbst Dritte nicht bindendes Handeln der europäischen Verwaltung kommen könne.[153] Weiterhin wurde im Gesetzgebungsverfahren immer wieder darauf hingewiesen, dass sich die Kartellbehörden und -gerichte

---

und den diesbezüglichen Antrag der Freien und Hansestadt Hamburg, Drs. 210/2/05 v. 18.4.2005.

150 *Bundesrat*, Stellungnahme zum Entwurf der 7. GWB-Novelle, BR-Drs. 441/04, S. 5; *Bundesrat*, Wirtschaftsausschuss, Drs. 210/1/05 v. 18.4.2005, S. 2.

151 Dies ergab eine Befragung der einzelnen Landeskartellbehörden durch die Verfasserin.

152 *Bundesrat*, Stellungnahme zum Entwurf der 7. GWB-Novelle, BR-Drs. 441/04, S. 6; *Bundesrat*, Wirtschaftsausschuss, Drs. 210/1/05 v. 18.4.2005, S. 3; *Dreher*, WuW 2005, 251; *ders.*, in: Ausschuss für Wirtschaft und Arbeit, Beschlussempfehlung und Bericht vom 9.3.2005, BT-Drs. 15/5049, S. 43; *A. Fuchs*, WRP 2005, 1384 (1387); ähnlich: *Bundeskartellamt*, das § 23 GWB Reg-E 2004 wegen der Unklarheit der rechtliche Folgen der Anwendung der europafreundlichen Auslegung beanstandete (vgl. *Bundeskartellamt*, in: *Ausschuss für Wirtschaft und Arbeit*, Beschlussempfehlung und Bericht vom 9.3.2005, BT-Drs. 15/5049, S. 42.

153 *Dreher*, in: Ausschuss für Wirtschaft und Arbeit, Beschlussempfehlung und Bericht vom 9.3.2005, BT-Drs. 15/5049, S. 43; *Klein*, Lebensmittel-Zeitung v. 13.2.2004, S. 34.

bei innerstaatlichen Sachverhalten schon jetzt an die Auslegungsregeln des EG-Kartellrechts gebunden fühlten.[154] Wegen der Selbstverständlichkeit der Berücksichtigung des europäischen Kartellrechts wurde kein Bedarf für eine explizite Regelung der europafreundlichen Auslegung gesehen.

Die Diskussion während des Gesetzgebungsverfahrens über die Normierung der europafreundlichen Auslegung in § 23 GWB Reg-E 2004 ergibt somit kein einheitliches Bild. Es lässt sich nicht sagen, ob die Vorschrift nicht aufgenommen wurde, weil die Rechtsanwender gerade nicht an die Grundsätze des europäischen Wettbewerbsrechts gebunden sein sollten oder ob auf § 23 GWB Reg-E 2004 verzichtet wurde, weil er in missverständlicher Art und Weise etwas postulierte, was bereits gängige Praxis und geltendes Recht war. In der Konsequenz kann aus der Streichung des § 23 GWB Reg-E 2004 aus dem Gesetzentwurf weder ein Argument für noch gegen die europafreundliche Auslegung hergeleitet werden. Die historische Auslegung ist im Hinblick auf § 23 GWB Reg-E 2004 somit unergiebig.

Zentrales Ergebnis der Auslegung ist daher, dass der Sinn und Zweck der §§ 1, 2 Abs. 2 GWB auf eine Rechtsangleichung mit dem europäischen Kartellrecht hindeutet. Dies kann nur dann erreicht werden, wenn auf zwischenstaatliche und innerstaatliche Sachverhalte die Art und Weise der Auslegung angewandt wird, die im europäischen Kartellrecht gilt.[155] Somit sind die Kartellbehörden, Gerichte und sonstigen Rechtsanwender auch bei innerstaatlicher Anwendung der §§ 1, 2 Abs. 1 GWB grundsätzlich an die Rechtsprechung des Gerichtshofs und die Praxis der Kommission gebunden.[156]

---

[154] *Dreher*, WuW 2005, 251; *ders.*, in: Ausschuss für Wirtschaft und Arbeit, Beschlussempfehlung und Bericht vom 9.3.2005, BT-Drs. 15/5049, S. 43.

[155] So in Bezug auf die innerstaatliche Anwendung der Gruppenfreistellungsverordnungen ebenfalls: *Bechtold*, DB 2004, 235 (237). Allgemein auch: *Brandner*, Die überschießende Umsetzung von Richtlinien, S. 139; ähnlich *W.-H. Roth*, in: Festschrift aus Anlaß des fünfzigjährigen Bestehens von Bundesgerichtshof, Bundesanwaltschaft und Rechtsanwaltschaft beim Bundesgerichtshof, 2000, S. 847 (883).

[156] So auch *Kahlenberg/Haellmigk*, BB 2005, 1509 (1510); *Lutz*, WuW 2005, 718 (725); *Bornkamm*; in: *Ausschuss für Wirtschaft und Arbeit*, Beschlussempfehlung und Bericht vom 9.3.2005, BT-Drs. 15/5049, S. 42, der sich deshalb für die Streichung des § 23 GWB-Reg-E 2004 eingesetzt hat. Siehe zur europafreundlichen Auslegung des § 1 GWB vor der 7. GWB-Novelle auch *Billhardt*, Horizontale und vertikale Wettbewerbsbeschränkungen im Gesetz gegen Wettbewerbsbeschränkungen, S. 35. *Meyer-Lindemann*, Börsenzeitung v. 22.6.2005, S. 2 geht demgegenüber davon aus, dass die Grundsätze des europäischen Kartellrechts im Rahmen des deutschen Kartellrechts nicht verbindlich sind.

Dieses Ergebnis wird dadurch bestätigt, dass nach allgemeiner Meinung auch in anderen Rechtsgebieten, die freiwillig an das europäische Recht angeglichen worden sind – beispielsweise im Bilanz- und Steuerrecht –, eine europafreundliche Auslegung vorzunehmen ist.[157]

Das Gemeinschaftsrecht ist daher einheitlich auszulegen, unabhängig davon, ob es direkt gilt oder nur kraft autonomer Anwendung im Rahmen nationalen Rechts anwendbar ist. Dies bedeutet, dass das europäische Kartellrecht auch ohne die Kodifizierung der europafreundlichen Auslegung bei der Anwendung der §§ 1, 2 GWB auf innerstaatliche Sachverhalte zu beachten ist, so dass die ursprünglich geplante Kodifizierung der europarechtsfreundlichen Auslegung kaum materiell-rechtliche Auswirkungen gehabt hätte.[158] Die gesetzliche Verankerung einer europafreundlichen Auslegung wäre jedoch für die Rechtsklarheit vorteilhaft gewesen.[159] Zudem wird die Arbeitseffektivität der Kartellbehörden und Gerichte entgegen der Behauptungen durch die Anwendung der EG-kartellrechtlichen Regeln und Auslegungsgrundsätze nicht eingeschränkt, da die europäischen Rechtsgrundsätze im Rahmen der Art. 81, 82 EG *per se* zu beachten sind.[160] Die Existenz des § 23 GWB Reg-E 2004 hätte in der Praxis nur zur Folge gehabt, dass eine sorgfältigere Auseinandersetzung mit den Grundsätzen des europäischen Wettbewerbsrechts erfolgt wäre.

b) § 2 Abs. 2 GWB

§ 2 Abs. 2 GWB verweist zur Freistellung vom in § 1 GWB geregelten Kartellverbot sowohl für zwischenstaatliche als auch für innerstaatliche Sachverhalte

---

157 Siehe zu diesem Ergebnis allgemein *W.-H. Roth*, in: Festschrift aus Anlaß des fünfzigjährigen Bestehens von Bundesgerichtshof, Bundesanwaltschaft und Rechtsanwaltschaft beim Bundesgerichtshof, 2000, S. 847 (883 ff.); *Brandner*, Die überschießende Umsetzung von Richtlinien, S. 139; *Schulze*, in: *ders.* [Hrsg.], Auslegung europäischen Privatrechts und angeglichenen Rechts, S. 9 (18).

158 Vgl. dazu *Bechtold/Buntscheck*, NJW 2005, 2966 (2967). Im Ergebnis haben sich für eine europafreundliche Auslegung der §§ 1, 2 GWB auch ausgesprochen *A. Fuchs*, WRP 2005, 1384 (1387); *Karl/Reichelt*, DB 2005, 1436 (1437); *Hartog/Noack*, WRP 2005, 1396 (1398); *Immenga*, BB 2005, Heft 33, I - Die erste Seite; a.A. *Braun*, in: Bunte, Kommentar zum deutschen und europäischen Kartellrecht, Band 1, nach § 2 Rn. 5, 14.

159 So auch *DIHK*, Stellungnahme vom 27.1.2004 zu dem Entwurf eines Siebten Gesetzes zur Änderung des Gesetzes gegen Wettbewerbsbeschränkungen (Entwurf vom 17.12.2003), S. 3.

160 Nach der 7. GWB-Novelle haben auch die Landeskartellbehörden das europäische Kartellrecht anzuwenden, vgl. § 50 Abs. 1 GWB.

auf die europäischen Gruppenfreistellungsverordnungen. Insgesamt können die Ergebnisse, die soeben bei der Auslegung der §§ 1, 2 Abs. 1 GWB erzielt worden sind, auf § 2 Abs. 2 GWB übertragen werden. Zentrale Überlegung im Rahmen der teleologischen Auslegung ist auch bei § 2 Abs. 2 GWB, dass der Gesetzgeber mit dem Verweis auf das europäische Kartellrecht eine umfassende Rechts*angleichung* und damit auch eine möglichst identische Rechts*auslegung* intendiert hat. Daher spricht viel dafür, auch die europäischen Gruppenfreistellungsverordnungen grundsätzlich anhand der Rechtsprechung von Gerichtshof und Kommission anzuwenden.

Eine nähere Untersuchung bedarf aber noch die in § 2 Abs. 2 Satz 1 GWB enthaltene Formulierung, wonach die Gruppenfreistellungsverordnungen *„bei der Anwendung von Absatz 1 [...] entsprechend"* gelten. § 2 Abs. 2 Satz 2 GWB betont, dass diese entsprechende Anwendung besonders für die innerstaatlichen Sachverhalte gilt. Die Formulierung „gelten entsprechend" weist regelmäßig darauf hin, dass eine Bezugsnorm nicht wörtlich passt, so dass sie analog anzuwenden ist.[161] § 2 Abs. 2 GWB weist somit darauf hin, dass die europäischen Gruppenfreistellungsverordnungen *mutatis mutandis* anzuwenden sind, ohne dass deutlich wird, was darunter konkret zu verstehen ist. Möglich sind zwei Lesarten der Norm.

Die „entsprechende Anwendung" kann zum einen lediglich der Hinweis darauf sein, dass die Gruppenfreistellungsverordnungen über ihren originären Anwendungsbereich für zwischenstaatliche Sachverhalte hinaus auch auf innerstaatliche Fallgestaltungen übertragen werden sollen, wobei die Verordnungen wie im EG-Kartellrecht interpretiert und angewendet werden.

Zum anderen kann die „entsprechende Anwendung" auch bedeuten, dass im deutschen Kartellrecht von den normativen Regelungen der europäischen Gruppenfreistellungsverordnungen abgewichen werden kann, so dass die Verordnungen im deutschen Kartellrecht in anderer Weise ausgelegt werden können. Wegen des Vorrangs des EG-Kartellrechts könnten eine solche Abweichung von den europäischen Gruppenfreistellungsverordnungen und eine unterschiedliche Auslegung *per se* nur für innerstaatliche Sachverhalte gelten. Bei einer solchen „entsprechenden" – vom europäischen Kartellrecht differierenden – Anwendung könnte man beispielsweise daran denken, bestimmte schwarze Klauseln, die eine Freistellung ausschließen, auf innerstaatliche Sachverhalte nicht anzuwenden oder die Freistellung innerstaatlicher Wettbewerbsbeschränkungen von verschärften Bedingungen abhängig zu machen, z.B.

161 Vgl. *Bundesministerium der Justiz*, Handbuch der Rechtsförmlichkeit, Rn. 220.

eine Marktanteilsschwelle von 20% statt 30% bei Art. 3 Abs. 1 vGVO zugrunde zu legen. Neben diesen denkbaren materiell-rechtlichen Modifizierungen der Gruppenfreistellungsverordnungen könnten auch verfahrensrechtliche Regelungen speziell für die innerstaatliche Anwendung abgeändert oder sogar ausgesetzt werden. In diesem Sinne ist zum Teil vertreten worden, dass die Formulierung „gelten entsprechend" auf einen Spielraum bei der Anwendung des § 2 Abs. 2 GWB und bei der Anwendung der Gruppenfreistellungsverordnungen hindeute.[162] Zudem weist die Bundesregierung in der Begründung zum Entwurf der 7. GWB-Novelle darauf hin, dass „ – *insbesondere außerhalb der materiell-rechtlichen Bestimmungen – nicht in jedem Falle eine wörtliche Anwendung*" der Gruppenfreistellungsverordnungen zu erfolgen habe.[163] Als Beispiel nennt die Bundesregierung die Befugnis der Kommission, eine Gruppenfreistellungsverordnung in bestimmten Fällen durch Verordnung für nicht anwendbar zu erklären (Art. 8 vGVO). Diese Vorschrift habe bei der innerstaatlichen Anwendung der vGVO keine Funktion. Für materiell-rechtliche Regelungen der Gruppenfreistellungsverordnungen, die bei der innerstaatlichen Anwendung in „modifizierter" Form angewendet werden könnten, findet sich in der Gesetzesbegründung allerdings kein Beispiel. Denkbar ist allenfalls die Definition der Alleinbelieferungsverpflichtung in Art. 1 lit. c vGVO, die voraussetzt, dass „nur an einen einzigen Käufer innerhalb der Gemeinschaft" verkauft wird.

Gegen eine „modifizierte" Anwendung der Gruppenfreistellungsverordnungen für innerstaatliche Sachverhalte in der zuletzt dargestellten Lesart spricht, dass dabei weiterhin eine Unterscheidung zwischen inner- und zwischenstaatlichen Sachverhalten erfolgen müsste, obwohl eine Harmonisierung beider Fallgestaltungen das Ziel der 7. GWB-Novelle war.[164] Auch der Sinn und Zweck der Gruppenfreistellungsverordnungen lässt keine Abweichungen von ihrem Regelungsgehalt für innerstaatliche Sachverhalte zu. Sollen die Gruppenfreistellungsverordnungen für die Unternehmen einen sicheren Hafen gewähren, so ist es nicht sinnvoll, dass jeder Rechtsanwender über die analoge Anwendbarkeit der Gruppenfreistellungsverordnungen auf innerstaatliche Sachverhalte nach

---

162 *M. Schmidt*, Die Reichweite des Kartellverbots gegenüber Vertikalvereinbarungen, S. 261. A.A. *Bechtold*, DB 2004, 235 (237).

163 *Bundesregierung*, Entwurf eines Siebten Gesetzes zur Änderung des Gesetzes gegen Wettbewerbsbeschränkungen, BT-Drs. 15/3640, S. 25.

164 Ähnlich *Bechtold*, DB 2004, 235 (237), der darauf hinweist, dass materiell-rechtliche Unterschiede angesichts der bezweckten Rechtsharmonisierung nicht gewollt seien. Auch *A. Fuchs*, WRP 2005, 1384 (1393) ist der Ansicht, dass sich aus der in § 2 Abs. 2 GWB vorgesehenen entsprechenden Anwendung der Gruppenfreistellungsverordnungen keine Befugnis zur normativen Einschränkung dieser ergebe.

eigenem Gutdünken entscheidet. Wenn ein Rechtsanwender der Auffassung wäre, dass bestimmte schwarze Klauseln einer Gruppenfreistellungsverordnung auf innerstaatliche Sachverhalte nicht anwendbar sind und er trotz Einschlägigkeit schwarzer Klauseln eine Freistellung seiner Vertikalvereinbarung aus der Gruppenfreistellungsverordnung herleiten würde, so entstünde beträchtliche Rechtsunsicherheit. Diese Rechtsunsicherheit könnte durch eine gerichtliche Interpretation der Gruppenfreistellungsverordnungen für innerstaatliche Sachverhalte nicht beseitigt werden. Denn zum einen werden nur selten Rechtsstreitigkeiten über die Anwendung der Gruppenfreistellungsverordnungen entstehen, da die Verordnungen von den Unternehmen direkt im Wege einer „Selbstveranlagung" angewandt werden. Daher erhalten die Kartellbehörden von den unter die Gruppenfreistellungsverordnungen fallenden Vereinbarungen kaum Kenntnis und können somit auch nur in seltensten Fällen eine Verfügung wegen zu Unrecht angenommener (Gruppen-)Freistellungen erlassen, die dann Gegenstand eines Rechtsstreits wird. Zum anderen wird sich keine Rechtsprechung zur innerstaatlichen Interpretation der Gruppenfreistellungsverordnungen herausbilden, da die Gruppenfreistellungsverordnungen jeweils nur für einen verhältnismäßig kurzen Zeitraum erlassen werden, so dass die zu früheren Verordnungen ergangenen Urteile häufig auf spätere Gruppenfreistellungsverordnungen nicht mehr anwendbar sein werden. Somit ist davon auszugehen, dass für innerstaatliche Sachverhalte allenfalls Abweichungen verfahrensrechtlicher Art zulässig sind – wie in Bezug auf Art. 8 vGVO –, nicht aber Abweichungen in Bezug auf die materiell-rechtlichen Freistellungsvoraussetzungen.

3. Ergebnis

Somit besteht zwar keine Pflicht zur europarechtsfreundlichen Auslegung aus dem Gemeinschaftsrecht, wohl aber aus dem nationalen Kartellrecht. Mit der „entsprechenden" Geltung der europäischen Gruppenfreistellungsverordnungen im deutschen Kartellrecht sind grundsätzlich keine materiell-rechtlichen Abweichungen von diesen bezweckt. Lediglich in begründeten Einzelfällen kann im deutschen Kartellrecht bei der Anwendung der §§ 1, 2 GWB und der Gruppenfreistellungsverordnungen eine vom europäischen Recht abweichende Auslegung erfolgen.

II. Zuständigkeit des Gerichtshofs nach Art. 234 EG und Vorlagepflicht der Gerichte bei autonomer Anwendung des Gemeinschaftsrechts?

Der Gerichtshof entscheidet im Vorabentscheidungsverfahren nach Art. 234 EG auf Vorlage der nationalen Gerichte verbindlich über die Auslegung von Gemeinschaftsrecht, wenn dieses für einen Rechtsstreit entscheidungserheblich ist. In der Vergangenheit haben die deutschen Gerichte in mehreren Fällen Vorabentscheidungsverfahren beim Gerichtshof zur Auslegung von Gruppenfreistellungsverordnungen beantragt. Es stellt sich die Frage, ob der Gerichtshof auch zur Entscheidung über Auslegungsfragen bei der „autonomen" Anwendung des Gemeinschaftsrechts zuständig ist.

Der Gerichtshof hat in mehreren Entscheidungen seine Befugnis bejaht, im Rahmen des Art. 234 EG über die Auslegung von Gemeinschaftsrecht zu entscheiden, das nur kraft Verweisung für rein nationale Sachverhalte gilt. Dazu hat der Gerichtshof Folgendes ausgeführt: „*Weder aus dem Wortlaut des Art. 177 [scil.: i.e. Art. 234 EG n.F.] noch aus dem Zweck des dort vorgesehenen Verfahrens ergibt sich, daß die Verfasser des EG-Vertrags von der Zuständigkeit des Gerichtshofs die Vorabentscheidungsverfahren hätten ausschließen wollen, die eine Gemeinschaftsbestimmung in dem besonderen Fall betreffen, dass das nationale Recht eines Mitgliedstaats auf sie verweist, um einen rein internen Sachverhalt zu regeln.*[165] *Es bestehe im Gegenteil für die Gemeinschaftsrechtsordnung ein offensichtliches Interesse daran, dass jede Bestimmung des Gemeinschaftsrechts unabhängig davon, unter welchen Voraussetzungen sie angewandt werden soll, eine einheitliche Auslegung erhält, damit künftige unterschiedliche Auslegungen verhindert werden.*"[166] Deshalb sei „*der Gerichtshof gemäß Art. 177 EG-Vertrag für die Auslegung des Gemeinschaftsrechts zuständig [...], wenn [...] der nationale Gesetzgeber beschlossen hat, rein innerstaatliche Sachverhalte und Sachverhalte, die unter die Richtlinie fallen, gleichzubehandeln, und seine innerstaatlichen Rechtsvorschriften deshalb an das Gemeinschaftsrecht angepaßt hat.*"[167] In weiteren Entscheidungen hat der Gerichtshof erklärt, dass sogar dann, wenn kein Gesetz, sondern

---

165 *EuGH*, Urt. v. 18.10.1990 – verb. Rs. C-297/88 und C-197/89 – Slg. 1990, I-3763 (3793) Rn. 36 „Dzodzi"; *EuGH*, Urt. v. 8.11.1990 – Rs. C-231/89 – Slg. 1990, I-4003 (4018) Rn. 25 „Gmurzynska-Bscher"; *EuGH*, Urt. v. 24.1.1991 – Rs. C-384/89 – Slg. 1991, I-127 (128) Rn. 1 „Tomatis und Fulchiron"; *EuGH*, Urt. v. 17.7.1997 – Rs. C-28/95 – Slg. 1997, I-4161 (4200) Rn. 25 „Leur-Bloem".

166 *EuGH*, Urt. v. 18.10.1990 – verb. Rs. C-297/88 und C-197/89 – Slg. 1990, I-3763 (3793) Rn. 37 „Dzodzi".

167 *EuGH*, Urt. v. 17.7.1997 – Rs. C-28/95 – Slg. 1997, I-4161 (4202) Rn. 34 „Leur-Bloem".

vertragliche Bestimmungen auf Gemeinschaftsrecht verweisen, eine Zuständigkeit des Gerichtshofs für die Auslegung des Gemeinschaftsrechts im Rahmen eines Vorabentscheidungsverfahrens bestehe.[168] Nur in einem Fall, der Rechtssache „*Kleinwort Benson*“, hat der Gerichtshof bei einer Verweisung des nationalen Rechts auf Gemeinschaftsrecht seine Zuständigkeit für ein Vorabentscheidungsverfahren verneint. In dem Fall „*Kleinwort Benson*“ ging es um die Auslegung eines europarechtlichen Übereinkommens, das durch ein nationales Gesetz für Sachverhalte außerhalb des eigentlichen Anwendungsbereichs des Übereinkommens für anwendbar erklärt worden war. Dabei hatte das nationale Gesetz das Gemeinschaftsrecht nicht uneingeschränkt für anwendbar erklärt, sondern festgelegt, dass das Übereinkommen lediglich ein Muster sein sollte. Zudem gab das Gesetz die Begriffe und Bestimmungen des Übereinkommens nur zum Teil wieder. Die Behörden konnten von den Vorschriften des Übereinkommens abweichen, wenn eine Divergenz zum nationalen Recht bestand.[169] Diese Tatsachen deuten darauf hin, dass die Sachlage in der Entscheidung „*Kleinwort Benson*“ von derjenigen bei der 7. GWB-Novelle abweicht. Durch die 7. GWB-Novelle werden das Kartellverbot und die Freistellungstatbestände fast wörtlich übernommen und alle bestehenden Gruppenfreistellungsverordnungen werden in innerstaatliches Recht transformiert. Ziel der Novellierung ist eine umfassende Angleichung an europäisches Recht. Daher lässt sich aus der Entscheidung „*Kleinwort Benson*“ nicht folgern, dass der Gerichtshof für die Auslegung des autonom angewandten Gemeinschaftsrechts unzuständig sei. Vielmehr geht aus der bisherigen Judikatur des Gerichtshofs hervor, dass die Zuständigkeit des Gerichtshofs für ein Vorabentscheidungsverfahren auch im Falle der autonomen Anwendung des Gemeinschaftsrechts besteht.[170] Dementsprechend besteht auch eine Vorlagepflicht der letztinstanzlichen Gerichte an

---

168 *EuGH*, Urt. v. 25.6.1992 – Rs. C-88/91 – Slg. 1992, I-4035 (4064) Rn. 8 „Federconsorzi“ und *EuGH*, Urt. v. 12.11.1992 – Rs. C-73/89 – Slg. 1992, I-5621 ff. „Fournier“.

169 *EuGH*, Urt. v. 28.3.1995 – Rs. C-346/93 – Slg. 1995, I-615 (640) Rn. 16 ff. „Kleinwort Benson“.

170 Allgemein ohne Bezug auf die Gruppenfreistellungsverordnungen: *Meilicke*, BB 1999, 890 (890); *W.-H. Roth*, in: Festschrift aus Anlaß des fünfzigjährigen Bestehens von Bundesgerichtshof, Bundesanwaltschaft und Rechtsanwaltschaft beim Bundesgerichtshof, 2000, S. 847 (885); *Dreher*, WuW 2005, 251; *Schnorbus*, RabelsZ 65 (2001) 654 (692); *Brandner*, Die überschießende Umsetzung von Richtlinien, S. 140; *Billhardt*, Horizontale und vertikale Wettbewerbsbeschränkungen im Gesetz gegen Wettbewerbsbeschränkungen, S. 34; *Schulze*, in: *ders.* [Hrsg.], Auslegung europäischen Privatrechts und angeglichenen Rechts, S. 9 (19).

den Gerichtshof nach Art. 234 Abs. 3 EG, wenn sie Zweifel an der Auslegung des autonom angewandten Gemeinschaftsrechts haben.[171]

An der Rechtsprechung des Gerichtshofs ist Kritik geübt worden. Ein Teil der Literatur geht davon aus, dass ein Vorabentscheidungsverfahren nicht möglich sei, wenn das Gemeinschaftsrecht nur kraft Verweisung für rein nationale Sachverhalte gelte. Nach Art. 234 EG dürfe der Gerichtshof nur über die Auslegung des primären und sekundären Gemeinschaftsrechts, nicht aber des nationalen Rechts entscheiden.[172] Wenn der Gerichtshof über die Auslegung von Gemeinschaftsrecht entscheide, das nur kraft Verweisung als nationales Recht gelte, so habe diese Entscheidung nur den Charakter eines Rechtsgutachtens und könne keine rechtliche Bindungswirkung entfalten.[173] Dieser Ansicht ist nicht zuzustimmen. Die Kompetenz des Gerichtshofs zur Vorabentscheidung über die Auslegung von Gemeinschaftsrecht, das kraft Verweisung von den Mitgliedstaaten autonom angewandt wird, ergibt sich aus Art. 234 EG. Die Zuständigkeit des Gerichtshofs für ein Verfahren nach Art. 234 Satz 1 lit. a EG setzt allein voraus, dass über die Auslegung des Vertrages zu entscheiden ist und diese Frage für einen Rechtsstreit vorgreiflich und entscheidungserheblich ist. Resultiert eine gemeinschaftsrechtliche Vorfrage aus einer nach Art. 83 Abs. 2 lit. b EG erlassenen Gruppenfreistellungsverordnungen, so greift das Vorabentscheidungsverfahren des Art. 234 EG daher ebenfalls ein. Für die Anwendung des Art. 234 EG kommt es daher nur darauf an, dass das Gemeinschaftsrecht für die Entscheidung des Rechtsstreits entscheidungserheblich ist. Ob die Anwendung des Gemeinschaftsrechts direkt oder kraft Verweisung durch das nationale Recht erfolgt, ist dabei unerheblich. Wenn das Gemeinschaftsrecht kraft Verweisung innerhalb des nationalen Rechts anwendbar ist, dann entscheidet der Gerichtshof nicht über die Auslegung nationalen Rechts, sondern über die Auslegung von Gemeinschaftsrecht.

Aus diesen Gründen ist der Gerichtshof auch für die Auslegung des autonom angewandten Gemeinschaftsrechts zuständig. Zudem besteht in diesen Fällen eine Vorlagepflicht der letztinstanzlichen nationalen Gerichte.

---

171 *Meilicke*, BB 1999, 890 (890); *W.-H. Roth*, in: Festschrift aus Anlaß des fünfzigjährigen Bestehens von Bundesgerichtshof, Bundesanwaltschaft und Rechtsanwaltschaft beim Bundesgerichtshof, 2000, S. 847 (885); *Schnorbus*, RabelsZ 65 (2001) 654 (692); a.A. *Brandner*, Die überschießende Umsetzung von Richtlinien, S. 134 ff.

172 *Habersack/Mayer*, JZ 1999, 913 (919).

173 *Habersack/Mayer*, JZ 1999, 913 (920).

Dritter Abschnitt: Art und Weise der Transformation der Gruppenfreistellungsverordnungen in das deutsche Kartellrecht

Durch die nahezu wörtliche Übernahme des europäischen Kartellverbots und die Streichung der in §§ 2-7 GWB a.F. enthaltenen Freistellungstatbestände, gewinnt im Rahmen der 7. GWB-Novelle auch die Ausgestaltung von Gruppenfreistellungen an Bedeutung. Für die von § 1 GWB erfassten wettbewerbsbeschränkenden Vereinbarungen mit zwischenstaatlicher Wirkung gelten die europäischen Gruppenfreistellungsverordnungen, ohne dass es einer besonderen Anordnung im GWB bedürfte, da die europäischen Gruppenfreistellungsverordnungen als Verordnungen gemäß Art. 249 Abs. 2 EG unmittelbare Wirkung haben. Eine Umsetzung in deutsches Recht durch bloße Wiedergabe ihres Inhalts ist nicht nur unnötig, sondern vor allem auch unzulässig.[174] Hingegen gelten die europäischen Gruppenfreistellungsverordnungen für wettbewerbsbeschränkende Vereinbarungen mit rein innerstaatlicher Wirkung nicht, so dass der deutsche Gesetzgeber bei der 7. GWB-Novelle vor der Aufgabe stand, gerade für diese Fälle Gruppenfreistellungen auszugestalten. Dabei hatte der Gesetzgeber das Ziel, den Inhalt der europäischen Gruppenfreistellungsverordnungen auch für Vereinbarungen mit innerstaatlicher Wirkung zu übernehmen, um eine Rechtsharmonisierung für Vereinbarungen mit und ohne Auswirkungen auf den zwischenstaatlichen Handel zu erzielen.

A. Verweisungsmodus in § 2 Abs. 2 GWB

Der deutsche Gesetzgeber hat sich in der 7. GWB-Novelle für die Verweisung auf die europäischen Gruppenfreistellungsverordnungen entschieden. Bei dieser in § 2 Abs. 2 GWB enthaltenen Verweisung verlieren die Gruppenfreistellungsverordnungen im Anwendungsbereich des GWB ihren früheren Charakter als Europarecht. Sie werden zu partiellem Bundesrecht und damit zu einem konstitutiven Bestandteil des Verweisungsgesetzes.[175]

Bei dieser Verweisung hatte der Gesetzgeber die Wahl zwischen der Verwendung einer statischen und einer dynamischen Verweisung, die sich in ihren Wirkungen und in ihrer verfassungsrechtlichen Beurteilung erheblich voneinan-

---

174 Vgl. dazu allgemein *Bundesministerium der Justiz*, Handbuch der Rechtsförmlichkeit, Rn. 291.

175 Allgemein: *BVerfG*, Beschl. v. 15.7.1969, BVerfGE 26, 338 (368) „Eisenbahnkreuzungs G"; *BVerfG*, Beschl. v. 1.3.1978, BVerfGE 47, 285 (313) „Notargebühren"; *BVerfG*, Beschl. v. 16.10.1984, BVerfGE 67, 348 (363) „Zugewinn"; *Bundesministerium der Justiz*, Handbuch der Rechtsförmlichkeit, Rn. 203; *Arndt*, JuS 1979, 784 (785); *Ehricke/Blask*, JZ 2003, 722 (724).

der unterscheiden. Bei der statischen oder starren Verweisung erklärt der Gesetzgeber eine andere Norm in einer bestimmten Fassung für anwendbar. Dabei gilt im Rahmen der Verweisungsnorm bei einer Änderung der Bezugsnorm weiterhin die frühere Fassung der Bezugsnorm. Will der Gesetzgeber auf die jeweils aktuelle Bezugsnorm verweisen, so muss er das Verweisungsgesetz bei einer statischen Verweisung regelmäßig anpassen. Demgegenüber gilt bei einer dynamischen oder gleitenden[176] Verweisung die Bezugsnorm automatisch in ihrer jeweils aktuellen Fassung, so dass bei einer Änderung der Bezugsnorm keine Anpassung der Verweisungsnorm erforderlich ist.

Fraglich ist, ob es sich bei § 2 Abs. 2 GWB um eine dynamische oder eine statische Verweisung handelt. § 2 Abs. 2 Satz 1 GWB stellt lediglich fest, dass die Gruppenfreistellungsverordnungen entsprechend gelten. Die Tatsache, dass die Bundesregierung in der Begründung des Gesetzentwurfs feststellt, dass § 2 Abs. 2 GWB eine dynamische Verweisung enthalte[177], ist als Indiz für das Vorliegen einer dynamischen Verweisung nur von untergeordneter Bedeutung. Denn für die Beurteilung, ob es sich um eine dynamische oder statische Verweisung handelt, ist nicht der subjektive Wille des Gesetzgebers, sondern ein objektiver Maßstab maßgeblich, der sich aus der jeweiligen Norm ergibt.[178] Die Frage, welcher Art die Verweisung ist, muss durch Gesetzesauslegung beantwortet werden, wobei neben der Entstehungsgeschichte der Verweisungsnorm und den Regelungszielen der Normen im Umfeld vor allem der Sinnzusammenhang, in den die gesetzliche Vorschrift eingebettet ist, entscheidend ist.[179]

Dynamische Verweisungen haben vor allem dort ihre Berechtigung, wo das Verweisungsobjekt von vornherein auf häufige Änderungen hin angelegt ist.[180] Die derzeit neun Gruppenfreistellungsverordnungen gelten meist nur für etwa fünf bis zehn Jahre.[181] Dies hat für die statische Verweisung auf die euro-

---

176 *Brugger*, VerwArch 1987, 1 (21); *Bundesministerium der Justiz*, Handbuch der Rechtsförmlichkeit, Rn. 222.

177 *Bundesregierung*, Entwurf eines Siebten Gesetzes zur Änderung des Gesetzes gegen Wettbewerbsbeschränkungen, BT-Drs. 15/3640, S. 25.

178 *Ossenbühl*, DVBl. 1967, 401 (403).

179 *BVerfG*, Beschl. v. 23.3.1982, BVerfGE 60, 136 (156); *H. Schneider*, Gesetzgebung, Rn. 385.

180 *BVerfG*, Beschl. v. 23.3.1982, BVerfGE 60, 136 (160); *BGH*, Urt. v. 22.11.1954, BGHZ 15, 221 (223).

181 *Kommission*, Verordnung Nr. **2790/1999** vom 22.12.1999 über die Anwendbarkeit von Art. 81 Abs. 3 des Vertrags auf Gruppen von vertikalen Vereinbarungen und aufeinan-

päischen Gruppenfreistellungsverordnungen zur Konsequenz, dass die Verweisung jeweils zeitnah mit Inkrafttreten einer neuen Gruppenfreistellungsverordnung, möglicherweise sogar in halbjährlichen Abständen, geändert werden müsste. Den Gesetzgeber mit den immer wiederkehrenden Anpassungen der statischen Verweisung an die jeweils aktuellen Gruppenfreistellungsverordnungen zu belasten, wäre angesichts des derzeit herrschenden Reformstaus, den häufigen Verzögerungen bei der Umsetzung von Richtlinien sowie der großen Menge an wesentlich wichtigeren Gesetzesvorhaben unökonomisch und somit kaum zu rechtfertigen.[182]

---

der abgestimmten Verhaltensweisen, ABl. L 336/21 v. 29.12.1999; *Kommission,* Verordnung Nr. **2658/2000** vom 29.11.2000 über die Anwendung von Art. 81 Abs. 3 EG auf Gruppen von Spezialisierungsvereinbarungen, ABl. L 304/3 v. 5.12.2000; *Kommission,* Verordnung Nr. **2659/2000** vom 29.11.2000 über die Anwendung von Art. 81 Abs. 3 EG auf Gruppen von Vereinbarungen über Forschung und Entwicklung, ABl. L 304/7 v. 5.12.2000; *Kommission,* VO (EG) Nr. **772/2004** v. 27.4.2004 über die Anwendung von Art. 81 Abs. 3 EG auf Gruppen von Technologietransfer-Vereinbarungen, ABl. L 123/11 v. 2004; *Kommission,* VO Nr. **1400/2002** vom 31.7.2002 über die Anwendung von Artikel 81 Abs. 3 des Vertrags auf Gruppen von vertikalen Vereinbarungen und aufeinander abgestimmten Verhaltensweisen im Kraftfahrzeugsektor, ABl. L 203/30 v. 1.8.2002; *Kommission,* Verordnung (EG) Nr. **358/2003** vom 27. 2.2003 über die Anwendung von Artikel 81 Absatz 3 EG-Vertrag auf Gruppen von Vereinbarungen, Beschlüssen und aufeinander abgestimmten Verhaltensweisen im Versicherungssektor, ABl. L 53/8-16 v. 28.2.2003; *Kommission,* Verordnung (EG) Nr. **823/2000** vom 19.4.2000 zur Anwendung von Artikel 81 Absatz 3 EG-Vertrag auf bestimmte Gruppen von Vereinbarungen, Beschlüssen und aufeinander abgestimmten Verhaltensweisen zwischen Seeschiffahrtsunternehmen (Konsortien), ABl. L 100/24-30 vom 20.4.2000. Nach Aufhebung der früheren Gruppenfreistellung für den Luftverkehr (Verordnung (EWG) Nr. **3975/87** vom 14.12.1987 über die Einzelheiten der Anwendung der Wettbewerbsregeln auf Luftfahrtunternehmen, ABl. L 374/1 vom 31.12.1987) hat der Rat der Kommission eine Ermächtigung zum Erlass einer neuen Gruppenfreistellungsverordnung auf diesem Gebiet erteilt, die über den Rahmen der alten Ermächtigung hinausgeht, vgl. *Rat,* Verordnung (EG) Nr. 411/2004 vom 26.2.2004 zur Aufhebung der Verordnung (EWG) Nr. 3975/87 und zur Änderung der Verordnung (EWG) Nr. 3976/87 sowie der Verordnung (EG) Nr. 1/2003 hinsichtlich des Luftverkehrs zwischen der Gemeinschaft und Drittländern, ABl. L 68/1 v. 6.3.2004. Unbefristet sind die folgenden beiden Gruppenfreistellungsverordnungen: *Rat,* Verordnung Nr. **1017/68** des Rates vom 19.7.1968 über die Anwendung von Wettbewerbsregeln auf dem Gebiet des Eisenbahn-, Straßen- und Binnenschiffsverkehrs, ABl. L 175/1 v. 23.7.1968; *Rat,* Verordnung Nr. **4056/86** des Rates vom 22.12.1986 über die Einzelheiten der Anwendung der Artikel 85 und 86 des Vertrages auf den Seeverkehr, ABl. L 378/4 v. 31.12.1986.

182 An dieser Stelle sei an die erheblichen Schwierigkeiten der Bundesrepublik, aber auch anderer Mitgliedstaaten bei der fristgerechten Umsetzung von EG-Richtlinien erinnert, wobei es nicht selten zu Verspätungen von mehreren Jahren kommt. Selbst wenn die

Wenn eine Verweisung gemäß ihrer Entstehungsgeschichte der Rechtsangleichung dienen soll, so wird dies ebenfalls dafür sprechen, dass die Verweisung als dynamische Verweisung auszulegen ist.[183] Im vorliegenden Fall kann der Sinn und Zweck der 7. GWB-Novelle, eine Rechtsharmonisierung zu erzielen, nur dann erreicht werden, wenn ein konstanter Gleichlauf zwischen der originären Anwendung der Gruppenfreistellungsverordnungen auf zwischenstaatliche Sachverhalte und der Anwendung der kraft Verweisung für innerstaatliche Sachverhalte geltenden Gruppenfreistellungsverordnungen geschaffen wird. Folge der statischen Verweisung auf die europäischen Gruppenfreistellungsverordnungen wäre, dass es nach Änderung von Gruppenfreistellungsverordnungen auf europäischer Ebene in der Zeit bis zur Anpassung der Verweisungsnorm an die aktuellen Gruppenfreistellungsverordnungen zu unterschiedlichen Freistellungsnormen für Sachverhalte mit und ohne Auswirkungen auf den zwischenstaatlichen Handel käme; also gerade keine Rechtsharmonisierung eintreten würde. Demgegenüber sind bei einer dynamischen Verweisung keine Anpassungen des GWB erforderlich. Aus diesem Grunde ist nicht eine statische, sondern eine dynamische Verweisung zweckmäßig.

Zudem ist es in der Praxis der Gesetzgebung üblich, eine statische Verweisung dadurch anzudeuten, dass auf eine andere Norm mittels eines Vollzitats verwiesen wird.[184] Fehlt ein Vollzitat und wird das Gesetz, auf das Bezug genommen wird, nur mit dem Zitiernamen genannt, so wird die Tatsache, dass es sich um eine statische Verweisung handelt, in der Regel durch einen Hinweis wie z.B. *„in der am ... geltenden Fassung“* kenntlich gemacht.[185] Demgegenüber reicht es bei einer dynamischen Verweisung aus, wenn die in Bezug genommene Norm lediglich mit dem Zitiernamen bzw. die Richtlinien der Gemeinschaft mit

---

Anpassung einer Verweisung weniger aufwendig wäre als die Umsetzung einer Richtlinie, so würde es dennoch zu erheblichen Verzögerungen bei der Anpassung des Verweisungsgesetzes kommen.

183 *BVerwG*, Urt. v. 19.12.1963, DBVl. 1964, 765 (765 f.) „Bayrische Beamtenbesoldung“; *Clemens*, AöR 111 (1986), 63 (81).

184 *Bundesministerium der Justiz*, Handbuch der Rechtsförmlichkeit, Rn. 234; *Klindt*, DVBl. 1998, 373 (374). Anders nur die ältere Rechtsprechung: *BVerwG*, Urt. v. 28.6.1967, BVerwGE 27, 239 (244), das der Ansicht war, dass die Verweisung auf Normen eines anderen Gesetzgebers als „sozusagen versteinert“ anzusehen sei, wenn nicht das Gegenteil ausdrücklich gesagt werde.

185 *Bundesministerium der Justiz*, Handbuch der Rechtsförmlichkeit, Rn. 236; Richtlinien der Landesregierung (Baden-Württemberg) zum Erlass von Vorschriften, Beschl. v. 12.5.1997, Ziff. 2.1.9.3, abgedruckt bei *H. Schneider*, Gesetzgebung, S. 429 ff.

ihrem Kurzzitat angeführt werden.[186] In diesem Fall darf der Rechtsanwender davon ausgehen, dass auf die aktuelle Fassung der Verweisungsnorm Bezug genommen wird. Da bei § 2 Abs. 2 GWB auf die Gruppenfreistellungsverordnungen weder durch ein Vollzitat verwiesen wird noch eine besondere Fassung der Gruppenfreistellungsverordnungen als anwendbar bezeichnet wird, geht aus § 2 Abs. 2 GWB hervor, dass die Gruppenfreistellungsverordnungen in ihrer jeweils gültigen Fassung anzuwenden sind. Somit handelt es sich bei dem Verweis auf die europäischen Gruppenfreistellungsverordnungen in § 2 Abs. 2 GWB um eine dynamische Verweisung.[187] Die Verweisung ist hinsichtlich der Vereinbarungen mit zwischenstaatlicher Wirkung nur deklaratorischer Art, da § 2 Abs. 2 GWB insofern nur auf Regelungen verweist, die ohnehin gelten.[188] Eigenständige Bedeutung kann die dynamische Verweisung in § 2 Abs. 2 GWB daher nur für die wettbewerbsbeschränkenden Vereinbarungen mit innerstaatlicher Wirkung haben.

B. Gesetzestechnische Alternativen zur Transformation der Gruppenfreistellungsverordnungen mittels Verweisung

Bei der Schaffung von Gruppenfreistellungen für innerstaatliche Fälle, die mit dem EG-Recht inhaltsgleich sind, hatte der deutsche Gesetzgeber neben der Verwendung einer Verweisung auch zwei weitere gesetzestechnische Möglichkeiten. Um die Vor- und Nachteile der gewählten dynamischen Verweisung besser beurteilen können, sollen diese beiden Möglichkeiten hier kurz skizziert werden.

Wenn der Gesetzgeber den Text der europäischen Gruppenfreistellungsverordnungen wörtlich in das GWB aufgenommen hätte (Inkorporation im engeren Sinne), so hätten sich vor allem zwei Schwierigkeiten ergeben: Zum einen wäre

186 *Bundesministerium der Justiz*, Handbuch der Rechtsförmlichkeit, Rn. 237; *H. Schneider*, Gesetzgebung, Rn. 385. Siehe auch *BSG*, Urt. v. 11.12.1990, BSGE 68, 47 (50); *H. Müller*, Hdb. der Gesetzgebungstechnik, S. 174; *BVerfG*, Beschl. v. 25.2.1988, BVerfGE 78, 32 (36) „Bergmannsversorgungsschein II"; *BAG*, Urt. v. 16.8.1988, BB 1989, 152 (153).

187 Dies gilt vorbehaltlich einer unter Umständen nötigen verfassungskonformen Auslegung, die dann unabdingbar sein wird, wenn sich in der folgenden Prüfung ergeben sollte, dass die dynamische Verweisung verfassungswidrig ist. Siehe zur Auslegung einer dynamischen Verweisung als statische im Fall der Verfassungswidrigkeit: *BVerfG*, Beschl. v. 1.3.1978, BVerfGE 47, 285 (317) „Notargebühren"; *Clemens*, AöR 111 (1986), 63 (118f.).

188 Siehe allgemein zu deklaratorischen Verweisungen *Bundesministerium der Justiz*, Handbuch der Rechtsförmlichkeit, Rn. 204.

das GWB durch die Aufnahme der neun Gruppenfreistellungsverordnungen vom Umfang her überfrachtet worden und wäre dadurch auch wesentlich unübersichtlicher geworden. Zum anderen hätte das GWB in regelmäßigen Abständen geändert werden müssen, da die Gruppenfreistellungsverordnungen meist auf fünf bis zehn Jahre befristet werden und in der Folgezeit immer wieder neu erlassen bzw. verlängert werden. Diese Überarbeitung des GWB hätte zu erheblichen Kosten und zu einer starken Arbeitsbelastung des Gesetzgebers geführt.

Eine weitere, aber ebenfalls nicht praktikable Möglichkeit hätte darin bestanden, die europäischen Gruppenfreistellungsverordnungen in Rechtsverordnungen iSd. Art. 80 Abs. 1 Satz 1 GG zu transformieren. Inhalt, Zweck und Ausmaß der Gruppenfreistellung hätten dabei im Ausgangsgesetz, also im GWB, geregelt werden müssen. Auch bei dieser Lösung hätte jedoch der Nachteil bestanden, dass bei der häufigen Änderung der Gruppenfreistellungsverordnungen auf europäischer Ebene auch die deutschen Rechtsverordnungen regelmäßig hätten geändert werden müssen. Auch wenn eine Rechtsverordnung weitaus schneller geändert werden kann als ein formelles Gesetz wie das GWB, hätte es einen erheblichen Aufwand bei der Anpassung gegeben. Auch für den Rechtsanwender hätte die Transformation der Gruppenfreistellungsverordnungen mittels Rechtsverordnung einen Mehraufwand bedeutet, da er jeweils hätte überprüfen müssen, ob die als Rechtsverordnung erlassenen „deutschen“ Gruppenfreistellungsverordnungen von den europäischen abweichen. Ein weiterer Nachteil hätte darin bestanden, dass sich die Anzahl einschlägiger Rechtsvorschriften erhöht hätte, was der Rechtssicherheit und -klarheit abträglich gewesen wäre.

Festzuhalten ist, dass die dynamische Verweisung auf die Gruppenfreistellungsverordnungen gegenüber der statischen Verweisung, der direkten Inkorporation und auch der Rechtsverordnungs-Lösung wesentlich flexibler ist. Da die dynamische Verweisung auf die jeweils geltenden Gruppenfreistellungsverordnungen Bezug nimmt, besteht auch nicht die Gefahr, dass in der Phase bis zur Anpassung an das geänderte europäische Recht für innerstaatliche und zwischenstaatliche Sachverhalte unterschiedliche Regelungen anzuwenden sind. Da sich die dynamische Verweisung auch im Übrigen durch ihre Übersichtlichkeit und ihre Praktikabilität auszeichnet, ist sie gegenüber den anderen Modellen vorzugswürdig.[189]

---

189 Allgemein dazu siehe auch *Jutzi*, NJW 2000, 1295 (1296).

C. Verfassungsmäßigkeit der dynamischen Verweisung

Der dynamischen Verweisung sind immer wieder Vorbehalte in Bezug auf die verschiedenen verfassungsrechtlichen Grundsätze entgegen gebracht worden. So wurden teilweise Bedenken in Bezug auf das Demokratie-, Rechtsstaats- und Bundesstaatsprinzip geäußert. Während ein Teil der Literatur von der grundsätzlichen Verfassungswidrigkeit der dynamischen Verweisung ausgeht[190], halten andere die dynamische Verweisung für verfassungsmäßig, sofern bestimmte Voraussetzungen erfüllt sind.[191] Das Bundesverfassungsgericht hat in seinen zahlreichen Entscheidungen auf diesem Gebiet die Verfassungsmäßigkeit der dynamischen Verweisung *„nicht schlechthin ausgeschlossen“*[192] und lässt eine Entwicklung hin zu einer zunehmend positiveren Beurteilung der dynamischen Verweisung erkennen.[193] Auch das Bundesverwaltungsgericht[194], das Bundessozialgericht[195], das Bundesarbeitsgericht[196], Landesverfassungsgerichte[197] und

---

190 Grundlegend: *Ossenbühl*, DVBl. 1967, 401 (402 ff.) und *Karpen*, Die Verweisung als Mittel der Gesetzgebungstechnik, S. 136, 181 ff. Siehe auch *Ehlers*, DVBl. 1977, 693 (694 f.); *Sachs*, NJW 1981, 1651 (1652); *Kutscheidt*, NJW 1997, 2481 (2486); *Jarass*, NJW 1987, 1225 (1231); *Stern*, Staatsrecht, Band II, § 37 III 10 d (S. 635); *Staats*, in: Rödig [Hrsg.], Studien zu einer Theorie der Gesetzgebung, S. 244 (251, 257); *Arndt*, JuS 1979, 784 (789); *VG Hamburg*, Urt. v. 17.5.1978, NJW 1979, 667 (668 f.), nicht rechtskräftig, siehe zweitinstanzliches Urteil *OVG Hamburg*, Urt. v. 8.7.1980, NJW 1980, 2830 ff. An der Verfassungsmäßigkeit der dynamischen Verweisung zweifelnd: *Röhling*, GRUR 2003, 1019 (1025).

191 *Schröcker*, NJW 1967, 2287 (2289 f.); *B. Jansen*, DÖV 1979, 332 (334); *Schenke*, NJW 1980, 743 (745 ff.); *ders*, in: Festschrift Fröhler, 1980, S. 87 (118, 125 ff.); *Clemens*, AöR 111 (1986), 63 (124); *Brugger*, VerwArch 1987, 1 (21 ff.); *H. Schneider*, Gesetzgebung, Rn. 398; *Gamber*, VBlBW 1993, 197 (197 ff.); *Wegge*, DVBl. 1997, 648 (649); *Spannowsky*, NVwZ 1995, 845 (850); Jachmann, Die Verwaltung 1995, 17 (26 ff.); *Klindt*, DVBl. 1998, 373 (375); *Jutzi*, NJW 2000, 1295 (1296); *Ehricke/Blask*, JZ 2003, 722 (729).

192 *BVerfG*, Beschl. v. 15.7.1969, BVerfGE 26, 338 (366) „EisenbahnkreuzungsG“; *BVerfG*, Beschl. v. 1.3.1978, BVerfGE 47, 285 (312) „Notargebühren“; *BVerfG*, Beschl. v. 16.10.1984, BVerfGE 67, 348 (363) „Zugewinn“.

BVerfG, Beschl. v. 23.3.1982, BVerfGE 60, 135 (155).

193 *BVerfG*, Beschl. v. 14.6.1983, BVerfGE 64, 208 ff. „Bergmannsversorgungsschein I“. *BVerfG*, Beschl. v. 25.2.1988, BVerfGE 78, 32 ff. „Bergmannsversorgungsschein II“.

194 *BVerwG*, Urt. v. 3.3.1989, BayVBl. 1990, 249 (251) „Fehlbelegungsabgabe“.

195 *BSG*, Urt. v. 17.3.1972, BSGE 34, 115 (117), *BSG*, Urt. v. 11.12.1990, BSGE 68, 47 ff.

196 *BAG*, Urt. v. 16.8.1988, BB 1989, 152 (153), wobei es sich allerdings um eine dynamische Verweisung eines Arbeitsvertrages auf ein Bundesgesetz handelte.

Oberverwaltungsgerichte[198] gehen von der grundsätzlichen Verfassungsmäßigkeit der dynamischen Verweisung aus. Die vorliegende dynamische Verweisung auf die europäischen Gruppenfreistellungsverordnungen ist insofern verfassungsrechtlich unbedenklich, als sie für zwischenstaatliche Sachverhalte nur deklaratorisch wirkt. Für die innerstaatliche Anwendung der Gruppenfreistellungsverordnungen, i.e. die Fälle, in denen die dynamische Verweisung konstitutiv wirkt, wird im Folgenden die Verfassungsmäßigkeit der dynamischen Verweisung zu überprüfen sein. Dabei wird auf das Demokratie- und Rechtsstaatsprinzip (I. und II.) einschließlich der darin enthaltenen weiteren verfassungsrechtlichen Grundsätze (Grundsatz der Gewaltenteilung (II.1.), Parlamentsvorbehalt (II.2.), Bestimmtheitsgebot (II.3.), Publizität der Rechtsordnung (II.4.)) ebenso einzugehen sein wie auf die Frage der Kompetenzverteilung zwischen der Europäischen Union und Deutschland als Mitgliedstaat (III.).

I. Demokratieprinzip

Die dynamische Verweisung auf die europäischen Gruppenfreistellungsverordnungen genügt nur dann den Anforderungen des Demokratieprinzips, wenn sie in hinreichendem Maße vom Willen des verweisenden Bundesgesetzgebers umfasst ist. Da gemäß Art. 20 Abs. 2 Satz 1 GG alle Staatsgewalt vom Volke ausgeht, muss jede Ordnung eines Lebensbereichs auf eine Willensentscheidung der vom Volk bestellten Gesetzgebungsorgane zurückgeführt werden können.[199] Aufgrund des Demokratieprinzips obliegt es dem parlamentarischen Gesetzgeber, den Inhalt seiner Gesetze in eigener Verantwortung und im Wege der parlamentarischen Willensbildung selbst zu bestimmen und dabei auch die Verfassungsmäßigkeit zu überprüfen.[200] Bei einer in der Verfassung vorgesehenen Delegation von Normgebungsbefugnissen an andere darf sich der zuständige Gesetzgeber seiner Verantwortung für den Inhalt der Normierung jedenfalls nicht völlig entäußern.[201] Bei der Überprüfung des § 2 Abs. 2 GWB

---

197 *MVVerfG*, Urt. v. 18.5.2000, LKV 2000, 345 (348); *BayVerfGH*, Entsch. v. 31.1.1989, NVwZ 1989, 1053 (1054); *VGH Baden-Württemberg*, Beschl. v. 5.2.1991, ZLR 1991, 513 (515).

198 *OVG Hamburg*, Urt. v. 8.7.1980, NJW 1980, 2830 (2831); *OVG NW*, Beschl. v. 1.2.1996, NWVBl. 1996, 307 (308 f.).

199 *BVerfG*, Beschl. v. 9.5.1972, BVerfGE 33, 125 (158) „Facharzt".

200 *BVerfG*, Beschl. v. 14.6.1983, BVerfGE 64, 208 (214) „Bergmannsversorgungsschein I"; *BVerfG*, Beschl. v. 1.3.1978, BVerfGE 47, 285 (315) „Notargebühren".

201 *BVerfG*, Beschl. v. 9.5.1972, BVerfGE 33, 125 (157 ff.) „Facharzt"; *BVerfG*, Beschl. v. 1.3.1978, BVerfGE 47, 285 (315) „Notargebühren".

auf die Konformität mit dem Demokratieprinzip werden folgende Aspekte zu beachten sein, die in der Literatur immer wieder anklingen:

Erstens ist angeführt worden, dass die dem Demokratiebegriff eigene Identität zwischen Regierenden und Regierten[202] ohne die keinem Gesetz demokratische Legitimation zukommt, nicht mehr gewahrt sei, wenn die Bezugsnorm von einem anderen Gesetzgeber stamme.[203] So würde „*das Herabziehen*" bundesgesetzlicher Regelungen auf die Landesebene im Wege der dynamischen Verweisung bedeuten, dass das Bundesvolk das Landesvolk regiere.[204] Dieser Aspekt der Verweisung von Landesrecht auf Bundesrecht bzw. von Bundesrecht auf Landesrecht ist für die vorliegende Verweisung von Bundesrecht auf europäisches Recht entsprechend zu überprüfen (siehe dazu 1.).

Zweitens ist vor allem früher bezweifelt worden, ob eine Verweisung hinsichtlich des Inhalts der Bezugsnorm eine eigenständige Willensentschließung des Parlaments beinhalte. Durch die Verwendung einer dynamischen Verweisung verzichte das Parlament auf die Wahrnehmung seiner legislativen Rechte und Pflichten.[205] Eine Verweisungsvorschrift könne sich als „*Freigabeerklärung*" des Gesetzgebers entlarven bzw. eine Abdankung des Parlaments darstellen, da dieses von seinem Vorrecht zur Normsetzung keinen Gebrauch mache, also einen Regelungsbereich für einen anderen Gesetzgeber freigebe oder frei lasse[206] (siehe dazu 2.).

Drittens wurde problematisiert, dass sich der Inhalt der Bezugsgesetze bei der dynamischen Verweisung kraft der Verweisungsautomatik in der Folgezeit ändern könne, ohne dass der Gesetzgeber des Verweisungsgesetzes den Inhalt der Änderungen bestimmen könne. Auch könne das Bezugsgesetz, das im Wege der Verweisung zum Bestandteil des Verweisungsgesetzes wird, ohne Einfluss des Verweisungsgesetzgebers außer Kraft treten, so dass der bezogene Normsetzer bei einer dynamischen Verweisung eine Blankett-Vollmacht zur Ausgestaltung und Aufhebung des Bezugsgesetzes mit Wirkung für das Verweisungsgesetz erhalte. Dies sei besonders dann problematisch, wenn Verweisungs-

---

202 *Schmitt*, Verfassungslehre, S. 235; *Peters*, DÖV 1951, 225 (226).

203 *Ossenbühl*, DVBl. 1967, 401 (404); *Karpen*, in: Rödig [Hrsg.], Studien zu einer Theorie der Gesetzgebung, S. 221 (240).

204 *Ossenbühl*, DVBl. 1967, 401 (404); *Karpen*, in: Rödig [Hrsg.], Studien zu einer Theorie der Gesetzgebung, S. 221 (240).

205 *Ossenbühl*, DVBl. 1967, 401 (404); siehe auch *VG Hamburg*, Urt. v. 17.5.1978, NJW 1979, 667 (668 f.), nicht rechtskräftig.

206 *Ossenbühl*, DVBl. 1967, 401 (404).

und Bezugsgesetz von verschiedenen Normgebern stammen, z.B. Bundesgesetzgeber, Landesgesetzgeber, europäischer Gesetzgeber, Tarifvertragsparteien oder private Institutionen (Normungsinstitute etc.).[207] In diesem Fall könne der eine Gesetzgeber die Willensbildung des anderen Gesetzgebers in keiner Weise determinieren und es komme zu einem *„parlamentslosen Parlamentsgesetz“*[208] (siehe dazu 3.).

1. Keine Identität von Regierenden und Regierten?

Die Annahme, dass bei dem Verweis auf Bundesrecht in Landesgesetzen das Bundesvolk das Landesvolk bzw. bei einem Verweis von Bundesrecht auf Europarecht das europäische Volk das deutsche Volk regieren würde und in diesem Fall keine Identität zwischen Regierenden und Regierten bestehe, ist nicht überzeugend. Denn durch eine Verweisung wird das Bezugsgesetz ja gerade zu einem konstitutiven Bestandteil des Verweisungsgesetzes[209], so dass die Regierten keiner fremden Herrschaftsmacht ausgeliefert sind, sondern den eigenen Normen ihrer Regierenden unterworfen werden. Auch nach der Judikatur des Bundesverfassungsgerichts fehlt es bei einer Verweisung nicht an der Identität zwischen Regierenden und Regierten. Das Bundesverfassungsgericht hat festgestellt, dass es auf eine Identität der Gesetzgeber bei der Urheberschaft von Verweisungs- und Bezugsgesetz nicht ankommt.[210] Insbesondere ist eine Verweisung auf Gemeinschaftsrecht nicht deswegen unzulässig, weil auf Normen eines fremden Gesetzgebers verwiesen wird.[211] Aus diesen Überlegungen folgt, dass auch bei dem Verweis des deutschen Gesetzgebers auf eine

---

207 *Schenke*, NJW 1980, 743 (744).

208 Allgemein *Quaritsch*, Das parlamentslose Parlamentsgesetz, S. 40 f.: *„Das parlamentslose Parlamentsgesetz – das Gesetz als Wille ohne Vorstellung – ist blinder Wille, nicht aber Ergebnis einer Willensbildung.“*

209 Siehe oben Zweiter Teil, Dritter Abschnitt, A. (S. 52).

210 *BVerfG*, Beschl. v. 15.7.1969, BVerfGE 26, 338 (365 f.) „EisenbahnkreuzungsG“; *BVerfG*, Beschl. v. 1.3.1978, BVerfGE 47, 285 (312) „Notargebühren“. So auch *Leibholz/Rinck/Hesselberger*, Art. 82 Rn. 56.

211 *BVerfG*, Beschl. v. 13.10.1970, BVerfGE 29, 198 (210) „SchwellenpreisVO“: *„Der Gesetzgeber kann in einer Ermächtigung zum Erlaß von Rechtsverordnungen auch auf Normen und Begriffe des Rechts der Europäischen Gemeinschaften verweisen. Gemeinschaftsrecht und nationales Recht der Mitgliedstaaten sind zwar zwei verschiedene Rechtsordnungen (BVerfGE 22, 293 [296]). Die beiden Rechtsordnungen stehen jedoch nicht unverbunden nebeneinander, greifen vielmehr auf mannigfache Weise ineinander. Diese vielfältige Verschränkung von Gemeinschaftsrecht und nationalem Recht verbietet es, Verweisungen auf Gemeinschaftsrecht anders zu beurteilen als Verweisungen auf nationales Recht.“*

europäische Verordnung weiterhin die erforderliche Identität von Regierenden und Regierten gewahrt ist.

2. Verzicht des Parlaments auf Normsetzung?

Die Behauptung, dass der Gesetzgeber bei einer Verweisung von seinem Recht zur Normsetzung keinen Gebrauch mache, ist grundsätzlich nicht nachvollziehbar und auch im vorliegenden Fall unzutreffend. Auch ein Gesetzgeber, der die Geltung einer anderen Vorschrift im Wege einer Verweisung anordnet, trifft eine eigene Entscheidung darüber, wie ein bestimmter Bereich zu regeln ist. Ebenso wie das Parlament bei allen anderen Gesetzen über deren Inhalt in drei Lesungen berät, wird auch die Entscheidung über die Verwendung einer Verweisung während des Gesetzgebungsprozesses im Plenum und in Ausschüssen eingehend beraten. Mit der 7. GWB-Novelle und der Schaffung des § 2 Abs. 2 GWB hat sich der deutsche Gesetzgeber ganz bewusst für die Rechtsangleichung an das europäische Kartellrecht entschieden.[212] Die Harmonisierung mit dem europäischen Recht konnte in der Konsequenz nur bedeuten, dass auch die Gruppenfreistellungsverordnungen in ihrer Gesamtheit übernommen werden. Somit hat der deutsche Gesetzgeber die Ausrichtung an dem EG-Kartellrecht bewusst vorgenommen und hinsichtlich des Verweises auf die europäischen Gruppenfreistellungsverordnungen eine eigenständige Entscheidung getroffen. Für die hier aufgeworfene Frage, ob der Gesetzgeber durch die Verweisung auf sein Recht zur Normsetzung verzichtet hat, kommt es lediglich darauf an, dass der Gesetzgeber überhaupt eine eigenständige Entscheidung darüber getroffen hat, wie er einen bestimmten Bereich regeln will. Wie sinnvoll diese Entscheidung war, i.e. ob die Anwendung der Gruppenfreistellungsverordnungen für innerstaatliche Sachverhalte zweckmäßig ist oder nicht, ist im Zusammenhang mit dem Demokratieprinzip nicht von Bedeutung und wird erst im Vierten Teil der vorliegenden Arbeit überprüft werden.

Das Ergebnis, dass das Parlament im vorliegenden Fall nicht auf seine Rechtssetzungsbefugnisse verzichtet hat, wird durch die Rechtsprechung des Bundesverfassungsgerichts bestätigt. Danach kann von einem verfassungsrechtlich unzulässigen Verzicht des Gesetzgebers auf seine Regelungsbefugnisse nicht die

---

212 *Bundesregierung*, Entwurf eines Siebten Gesetzes zur Änderung des Gesetzes gegen Wettbewerbsbeschränkungen, BT-Drs. 15/3640, S. 21 ff.; *Bundestag*, Plenarprotokoll 15/164 v. 11.3.2005, S. 15384 (A).

Rede sein, wenn der Inhalt einer Verweisung im Wesentlichen feststeht.[213] Der Gesetzgeber habe im demokratischen Willensbildungsprozess durchaus die verfassungsrechtliche Möglichkeit, sich Regeln zu unterwerfen, die eine andere staatliche oder private Stelle aufgestellt hat.[214] Wie unter 3. genau ausgeführt werden wird, hat der deutsche Gesetzgeber den wesentlichen Inhalt der Bezugsnorm vorgegeben. Nicht tragfähig ist deshalb der Vorwurf, durch eine dynamische Verweisung verzichte das Parlament auf die Normsetzung und gebe stattdessen eine generelle Freigabeerklärung ab, so dass es zu einer *„Abdankung des Parlaments“* komme.

3. Blankett-Ermächtigung des fremden Gesetzgebers zu Änderungen?

Das stärkste Argument derjenigen, die von der Verfassungswidrigkeit der dynamischen Verweisung ausgehen, ist die Tatsache, dass eine dynamische Verweisung nicht nur auf Regelungen in ihrer jetzigen Gestalt Bezug nimmt, sondern auch auf Bezugsgesetze verweist, die erst künftig geändert werden und deren Inhalt der Gesetzgeber noch nicht kennt. Dieser Vorbehalt gegen die dynamische Verweisung bezieht sich im Gegensatz zu den beiden oben angesprochenen Aspekten speziell auf die dynamische und nicht zugleich auf die statische Verweisung, so dass hier eine besonders vertiefte Auseinandersetzung mit diesem Argument erforderlich ist. Wie jedoch anhand der Rechtsprechung des Bundesverfassungsgerichts herausgearbeitet werden wird, sind die aufgezeigten Bedenken gegen die dynamische Verweisung unter diesem Aspekt nicht stichhaltig.

Nach der Rechtsprechung des Bundesverfassungsgerichts kann auch eine dynamische Verweisung samt der künftig zu erwartenden Änderungen der Bezugsnorm vom Willen des Gesetzgebers umfasst sein wie das Gericht folgendermaßen ausführt: *„Soweit der Inhalt [scil.: einer Verweisung] im wesentlichen feststeht, kann von einem unzulässigen Verzicht des Gesetzgebers auf seine Regelungsbefugnisse nicht die Rede sein.“*[215] Der *„Inhalt der Regelungen, auf die der Bundesgesetzgeber verwiesen hat, [scil.: steht dann] [...] im wesent-*

---

213 *BVerfG*, Beschl. v. 14.6.1983, BVerfGE 64, 208 (215) „Bergmannsversorgungsschein I“; *BVerfG*, Beschl. v. 25.2.1988, BVerfGE 78, 32 (36) „Bergmannsversorgungsschein II“.

214 In Bezug auf Verweisungen auf Regelungen anderer staatlicher Stellen *BVerfG*, Beschl. v. 1.3.1978, BVerfGE 47, 285 (312) „Notargebühren“; *Klindt*, DVBl. 1998, 373 (376).

215 *BVerfG*, Beschl. v. 14.6.1983, BVerfGE 64, 208 (215) „Bergmannsversorgungsschein I“. *BVerfG*, Beschl. v. 25.2.1988, BVerfGE 78, 32 (36) „Bergmannsversorgungsschein II“.

lichen fest, [wenn sich die Verweisungsnorm auf ein] scharf umrissene[s] Rechtsinstitut" [bezieht, das] vom jeweils zuständigen Bundes- oder Landesgesetzgeber im wesentlichen gleich ausgestaltet worden ist, dessen Regelungen sich nur in minder wichtigen Einzelheiten, die den Kern des Rechtsinstituts unberührt lassen, unterscheiden können".[216] In diesem Fall hat der Gesetzgeber „*die wesentlichen Entscheidungen selbst getroffen und sie nicht außenstehenden Stellen überlassen*".[217] Problematisch wird es dann, wenn der Verweisungsgesetzgeber überhaupt keinen Rahmen für das Bezugsgesetz vorgibt und so keinen Einfluss auf die Ausgestaltung des Verweisungsobjekts hat.[218] Aus den vier zitierten Entscheidungen „*Bergmannsversorgungsschein I und II*", „*EisenbahnkreuzungsG*" und „*Zugewinn*" kann somit zusammenfassend festgehalten werden, dass die dynamische Verweisung im Hinblick auf das Demokratieprinzip unbedenklich ist, wenn der Spielraum für den ausfüllenden Normgeber durch eine wesentliche Begrenzung des Regelungsgegenstandes deutlich begrenzt ist. In der Entscheidung „*Notargebühren*" hat sich das Bundesverfassungsgericht jedoch sehr viel kritischer zur Vereinbarkeit der dynamischen Verweisung mit dem Demokratieprinzip geäußert. Durch die dynamische Verweisung werde dem Landesgesetzgeber die Möglichkeit überlassen, das Außerkrafttreten der Bezugsnorm und das Inkrafttreten einer geänderten Neuregelung zu bestimmen.[219] Die Verantwortung für den geänderten Inhalt der Regelung gehe durch bloße Verweisungsautomatik auf den jeweiligen Landesgesetzgeber über, ohne dass der Bundesgesetzgeber dessen Willensbildung in irgendeiner Weise determiniere.[220] Weitere Bedenken im Hinblick auf das Demokratieprinzip hatte das Bundesverfassungsgericht, weil die dynamische Verweisung auf Normen eines fremden Gesetzgebers verweise und zugleich Verweisungs- und Bezugsnorm „*zu verschiedenen Rechtsbereichen gehören und nach verschiedenen Maßstäben zu beurteilen sind*".[221] In diesem Fall habe der Schöpfer der Verweisungsnorm keinen Anlass, die künftigen Auswirkungen des

---

216 *BVerfG*, Beschl. v. 15.7.1969, BVerfGE 26, 338 (366 f.) „EisenbahnkreuzungsG", ähnlich: *BayVerfGH*, Entsch. v. 31.1.1989, NVwZ 1989, 1053 (1054); *OVG Hamburg*, Urt. v. 8.7.1980, NJW 1980, 2830 (2831).

217 *BVerfG*, Beschl. v. 15.7.1969, BVerfGE 26, 338 (367) „EisenbahnkreuzungsG";

218 *BVerfG*, Beschl. v. 16.10.1984, BVerfGE 67, 348 (363 f.) „Zugewinn".

219 *BVerfG*, Beschl. v. 1.3.1978, BVerfGE 47, 285 (315) „Notargebühren".

220 *BVerfG*, Beschl. v. 1.3.1978, BVerfGE 47, 285 (315 f.) „Notargebühren".

221 *BVerfG*, Beschl. v. 1.3.1978, BVerfGE 47, 285 (316) „Notargebühren". Ähnlich: ***Bundesministerium der Justiz***, Handbuch der Rechtsförmlichkeit, Rn. 227, das es für erforderlich hält, dass zwischen dem Verweisungsgesetz und dem Bezugsgesetz eine hinreichende Zweckverwandtschaft bestehe.

Bezugsgesetzes auf das Verweisungsgesetz zu überprüfen.[222] Die kritische Haltung des Bundesverfassungsgerichts zur dynamischen Verweisung in der Entscheidung „*Notargebühren*" erklärt sich jedoch dadurch, dass die in dieser Entscheidung zu bewertende Verweisung Auswirkungen auf die Grundrechtsausübung hatte. Aus der Begründung des Gerichts geht klar hervor, dass die Grundrechtsrelevanz der dynamischen Verweisung der Grund war, weshalb hier ein strengerer Maßstab an die Verweisung angelegt wurde: „*Derartige Auswirkungen einer dynamischen Verweisung sind zumindest bei grundrechtsrelevanten Regelungen, bei denen der Gesetzesvorbehalt eine eigenverantwortliche Prüfung durch den Gesetzgeber erfordert, verfassungsrechtlich nicht tragbar.*"[223] Dass die Ausführungen nur bei einer Grundrechtsrelevanz gelten, ergibt sich auch daraus, dass das Gericht auf Seite 313 auf die besondere Bedeutung des Gesetzesvorbehalts im Zusammenhang mit der Prüfung, ob das Demokratieprinzip gewahrt ist, hinweist. Auch in der Rechtsprechung und Literatur wird der Grund für die hohen Anforderungen der dynamischen Verweisung im Hinblick auf das Demokratieprinzip mit der Grundrechtsrelevanz begründet.[224]

Die mittlerweile herrschende Auffassung in der Literatur greift die Rechtsprechung des Bundesverfassungsgerichts auf und hält eine dynamische Verweisung dann für zulässig, wenn der Inhalt der Bezugsnorm im Verweisungsgesetz im Wesentlichen feststeht. Ob dabei der Gesetzgeber den inhaltlichen Rahmen des in Bezug genommenen Gesetzes im Verweisungsgesetz nach Inhalt, Zweck und Ausmaß bestimmen müsse[225] wird uneinheitlich beurteilt. Zum Teil wird

---

222 Der Bundesgesetzgeber könne bei Schaffung des § 144 Abs. 3 KostO den Umfang künftiger landesrechtlicher Gebührenbefreiungen nicht voraussehen. Er habe keinen Anlaß zu der ihm obliegenden Prüfung, ob es gerechtfertigt sei, den Notaren eine erweiterte Gebührenermäßigungspflicht zugunsten der Gemeinden aufzuerlegen. Der Landesgesetzgeber habe im Bezugsgesetz die gerichtlichen Gebührenbefreiungstatbestände zu regeln. Dabei könne er sich bei der Erweiterung der Gebührenbefreiungstatbestände auf die Gründe konzentrieren, die für einen Gebührenverzicht des Staates sprachen, die aber keinesweges auch auf die Notare zutrafen.

223 *BVerfG*, Beschl. v. 1.3.1978, BVerfGE 47, 285 (317) „Notargebühren".

224 Vgl. *BayVerfGH*, Entsch. v. 31.1.1989, NVwZ 1989, 1053 (1054); *Hömig*, DVBl. 1979, 307 (310).

225 So *Schenke*, NJW 1980, 743 (748 f.); *ders.*, in: Festschrift Fröhler, 1980, S. 87 (101 f.) *R. Scholz*, in: Festschrift Gerhard Müller, 1981, S. 509 (524 f.); *Gamber*, VBlBW 1983, 197 (197 f.); *Sommermann*, in: v. Mangoldt/Klein/Starck, Grundgesetz-Kommentar, Band 2, Art. 20 Abs. 3 Rn. 280. Differenzierend: *Clemens*, AöR 111 (1986), 63 (107, 124), der die genaue Vorgabe von Inhalt, Zweck und Ausmaß nur dann für erforderlich hält, wenn ein spezialgesetzlicher Gesetzesvorbehalt betroffen sei. Wenn nur Art. 2 Abs. 1 GG betroffen sei, reiche es aus, dass ein genereller Spielraum für den ausfüllenden Normgeber festgelegt werde.

auch gefordert, dass der mögliche Inhalt des Bezugsgesetzes hinreichend bestimmbar sein[226] oder dass der Entscheidungsspielraum des Schöpfers der Verweisungsnorm „strukturiert“[227] sein müsse. Die verschiedenen Ansichten stimmen aber darin überein, dass gewährleistet sein muss, dass Änderungen der Bezugsnorm nicht dazu führen können, dass sich der Regelungsinhalt der Ausgangsnorm wesentlich ändern kann. Auf die sich in der Literatur ergebenden unterschiedlichen Nuancen soll hier jedoch nicht weiter eingegangen werden, da die Rechtsprechung des Bundesverfassungsgerichts allein entscheidend ist und als Grundlage der Subsumtion auch ohne zusätzliche Interpretation ausreicht.

Vorab ist zu konstatieren, dass die Übernahme von europäischen Gruppenfreistellungsverordnungen in § 2 Abs. 2 GWB keine grundrechtswesentliche Entscheidung des Gesetzgebers ist, so dass unter diesem Aspekt keine verschärften Anforderungen an die demokratische Legitimation der Verweisungsnorm zu stellen sind. Dieser Punkt soll unten im Zusammenhang mit dem Rechtsstaatsgebot genauer ausgeführt werden.[228]

Da die Gruppenfreistellungsverordnungen die in § 2 Abs. 1 GWB normierten vier Freistellungsvoraussetzungen konkretisieren, wird die inhaltliche Ausgestaltung der Gruppenfreistellungsverordnungen im GWB bereits vorgezeichnet. Die Freistellungsvoraussetzungen sind zwar als Generalklauseln zunächst recht abstrakt und vielfältigen Interpretationen zugänglich. Sie werden aber ihrerseits durch die jahrzehntelange Entscheidungspraxis des Gerichtshofs und der Kommission zu dem inhaltsgleichen Art. 81 Abs. 1 EG konkretisiert. Die Tatsache, dass das Institut der Gruppenfreistellungsverordnungen seit langer Zeit ausgeformt ist, trägt ebenfalls dazu bei, dass die Bezugnahme auf die Gruppenfreistellungsverordnungen in ihren Grundzügen berechenbar ist. Durch die lange Praxis sind die grundlegenden Wirkungen der Gruppenfreistellungsverordnungen bekannt. Auch die frühere deutsche Kartellrechtspraxis zu Art. 81 Abs. 3 EG bzw. zu § 7 GWB a.F. kann in gewissem Umfang herangezogen

---

226 *Ehricke/Blask*, JZ 2003, 722 (726) lehnen sich jedoch bei der Konkretisierung dieser Bestimmbarkeit im Einzelnen maßgeblich an die Ausführungen von *Schenke* an. Ähnlich *Jachmann*, Die Verwaltung 1995, 17 (27), die darauf abstellt, ob für den Gesetzgeber der mögliche künftige Inhalt des Bezugsgesetzes nach Inhalt, Zweck und Ausmaß überschaubar sei.

227 *Brugger*, VerwArch 1987, 1 (25 ff.). Ein strukturierter Entscheidungsspielraum soll dann vorliegen, wenn die Verweisung material-gebunden sei, was der Fall ist, wenn die Verweisung vorhersehbar und angemessen ist. Dann würde sich der Gesetzgeber nicht „zum blind tätigen Sanktionsautomaten denaturieren lassen“ (Quaritsch, Das parlamentslose Parlamentsgesetz, S. 40).

228 Siehe Zweiter Teil, Dritter Abschnitt, C. II. 2. (S. 77 ff.).

werden, um den Rahmen für zulässige Gruppenfreistellungen zu ermitteln. Aus diesen Gründen sind die Voraussetzungen, unter denen eine Gruppenfreistellung gewährt wird, durch die deutsche Verweisungsnorm, aber auch durch die europäische Kartellrechtspraxis, hinreichend bestimmt.[229] Aus § 2 Abs. 2 GWB in der Zusammenschau mit den Grundsätzen des europäischen Wettbewerbsrechts ergibt sich nicht nur der wesentliche Regelungsinhalt des Bezugsgesetzes; aus diesen Normen werden sogar Inhalt, Zweck und Ausmaß der Gruppenfreistellungsverordnungen deutlich: Der Zweck der Gruppenfreistellung liegt darin, Unternehmen verbindliche Anhaltspunkte für die Beurteilung ihrer Vereinbarungen im Legalausnahmesystem zu geben. Inhalt und Ausmaß ergeben sich aus den vier Tatbestandsmerkmalen in Verbindung mit den Ermächtigungsverordnungen des Rates. Dies bedeutet, dass das Verweisungsgesetz den Rahmen für das Bezugsgesetz so konkret festlegt, dass dies sogar den strengen Anforderungen genügen würde, die Art. 80 Abs. 1 Satz 1 GG an eine Rechtsverordnung stellt. Wenn man sich nun vor Augen hält, dass die Ermächtigung der Exekutive zum Erlass einer Rechtsverordnung eine Delegation von Rechtssetzungsbefugnissen beinhaltet und der Gesetzgeber dabei durch Festlegung von Inhalt, Zweck und Ausmaß seinen aus dem Demokratieprinzip resultierenden Pflichten gerecht wird, so ist es nicht berechtigt, einer dynamischen Verweisung, bei der es gerade nicht zur Übertragung von Rechtssetzungsbefugnissen kommt und die im Hinblick auf die Bestimmtheitsanforderungen für das Bezugsgesetz dem Maßstab des Art. 80 Abs. 1 Satz 1 GG ebenfalls gerecht wird, Bedenken im Hinblick auf das Demokratieprinzip entgegen zu halten (*argumentum a maiore ad minus*).

Die Tatsache, dass Verweisungs- und Bezugsnorm von unterschiedlichen Gesetzgebern stammen, ist im Hinblick auf das Demokratieprinzip deshalb nicht bedenklich, weil Verweisungs- und Bezugsnorm zum gleichen Rechtsbereich gehören und nach gleichen Maßstäben zu beurteilen sind.[230] Denn sowohl der Freistellung kraft § 2 Abs. 1 GWB als auch der Freistellung kraft Gruppenfreistellungsverordnung liegen letztlich dieselben Freistellungsvoraussetzungen zugrunde.

Sollte der deutsche Gesetzgeber dennoch eines Tages die Anwendung aller oder einzelner europäischer Gruppenfreistellungsverordnungen für innerstaatliche

229 So im Ergebnis auch *Ehricke/Blask*, JZ 2003, 722 (729); *Nordemann*, in: Loewenheim/Meessen/Riesenkampff, Kartellrecht, Band 2, § 2 Rn. 160 (S. 255); *Bunte*, in: Bunte, Kommentar zum deutschen und europäischen Kartellrecht, Band 1, § 2 Rn. 66 f.

230 Siehe allgemein dazu in *BVerfG*, Beschl. v. 1.3.1978, BVerfGE 47, 285 (316) „Notargebühren“ und *Bundesministerium der Justiz*, Handbuch der Rechtsförmlichkeit, Rn. 227.

Sachverhalte nicht mehr für tragbar halten, so könnte er die dynamische Verweisung in § 2 Abs. 2 GWB jederzeit aufheben und von den übrigen oben beschriebenen Möglichkeiten zur Einbeziehung von Gruppenfreistellungsverordnungen Gebrauch machen.[231]

Nach Auslaufen der bestehenden Gruppenfreistellungsverordnungen und einer Neuformulierung derselben werden die Freistellungsvoraussetzungen weiterhin zu beachten sein. Daher werden auch künftige Änderungen der Gruppenfreistellungsverordnungen am Maßstab des mit § 2 Abs. 1 GWB inhaltsgleichen Art. 81 Abs. 3 EG erfolgen, so dass die Gruppenfreistellungsverordnungen in Bezug auf Inhalt, Zweck und Ausmaß dem Willen des deutschen Gesetzgebers entsprechen werden. Wenn also eine Gruppenfreistellungsverordnung Freistellungen für Vereinbarungen gewährt, bei denen die in § 2 Abs. 1 GWB vorgegebenen Freistellungsvoraussetzungen erfüllt sind, bestehen unter dem Aspekt des Demokratieprinzips keine Bedenken.

Sollte eine Gruppenfreistellungsverordnung ausnahmsweise von dem in § 2 Abs. 1 GWB vorgegebenen Rahmen abweichen, so wird die entsprechende Gruppenfreistellungsverordnung rechtswidrig sein und könnte vom Gerichtshof für nichtig erklärt werden.[232] Dies bedeutet, dass eine dynamische Verweisung auf eine derartige Verordnung für innerstaatliche Wettbewerbsbeschränkungen nach einem entsprechenden Urteil des Gerichtshofs keine positiven Freistellungswirkungen auslösen wird. Mithin entsteht bei der Überschreitung des in § 2 Abs. 1 GWB gesetzten Rahmens durch den Normgeber des Bezugsgesetzes keine Bindung an diese Norm, so dass unter dem Gesichtspunkt des Demokratieprinzips keine Bedenken bestehen.

In diesem Zusammenhang ist auch die Fallgestaltung von Bedeutung, dass eine wirksame Gruppenfreistellungsverordnung zwar den Anforderungen des § 2 Abs. 1 GWB bzw. Art. 81 Abs. 3 EG entspricht; die freigestellten (innerstaatlichen) Vereinbarungen aber *im Einzelfall* nicht zugleich die Voraussetzungen des § 2 Abs. 1 GWB erfüllen. Ist die europäische Gruppenfreistellungsverordnung bei innerstaatlichen Sachverhalten zu großzügig, i.e. gewährt sie eine Freistellung, obwohl die Freistellungsvoraussetzungen im Regelfall nicht erfüllt sind, so kann dieses Problem durch Entzug des Vorteils der Gruppen-

---

231 Siehe Zweiter Teil, Dritter Abschnitt B. (S. 56 ff.).

232 Siehe in Bezug auf Abweichungen der Gruppenfreistellungsverordnungen von Art. 81 Abs. 3 EG: *EuGH*, Urt. v. 13.7.1966 – Rs. 32/65 – Slg. 1966, 457 (483) „Italienische Klage“; *Köppen*, Gruppenfreistellungsverordnungen – Wirksamkeit und Rechtsschutz, S. 110; *Brunn*, Die EG-Kartellverfahrensverordnung 1/2003, S. 54.

freistellungsverordnung gelöst werden.[233] In diesem Fall ist die nationale Kartellbehörde im Einzelfall nicht an die Rechtswirkung der Bezugsnorm gebunden; die Rechtsfolge der Bezugsnorm ist mithin „widerlegbar". Gerade in Fällen, in denen die Rechtsfolge der Norm, auf die mittels dynamischer Verweisung Bezug genommen wird, widerlegbar ist, sind Bedenken gegen das Demokratieprinzip kaum von Bedeutung.[234] Denn durch die „Widerlegbarkeit" der Rechtsfolge der Bezugsnorm werden der Möglichkeit des fremden Gesetzgebers, im Rahmen der Bezugsnorm auf den Inhalt des Verweisungsgesetzes Einfluss nehmen zu können, bereits durch die Systematik der Verweisungsnorm Grenzen gesetzt. Daher fungiert die Bezugsnorm in diesen Fällen vor allem als Konkretisierung der im Verweisungsgesetz zugrunde gelegten Rahmenregelung. Die Spezifikation dieser Rahmenregelung durch das Bezugsgesetz stellt nur *eine* Option dar, wie die Regelungsadressaten den tatbestandlichen Vorgaben der Rahmenregelung nachkommen können. Den Regelungsadressaten bleibt es unbenommen, auf andere Weise nachzuweisen, dass sie die Anforderungen des Verweisungsgesetzes erfüllen.

Im umgekehrten Fall, in dem die Gruppenfreistellungsverordnung bei einer speziellen vertikalen Beschränkung eine Freistellung versagt, obwohl für eine derart restriktive Behandlung jedenfalls bei innerstaatlichen Sachverhalten kein überzeugender Grund besteht, kann dennoch eine Freistellung direkt durch § 2 Abs. 2 GWB erfolgen.[235] Somit haben die Gruppenfreistellungsverordnungen gegenüber einer Freistellung kraft Gesetzes keine Sperrwirkung und binden den deutschen Rechtsanwender im Falle einer Versagung der Gruppenfreistellung nicht.

---

233 Zum Entzug des Rechtsvorteils der Gruppenfreistellungsverordnungen siehe allgemein Art. 29 VO Nr. 1/2003 sowie Art. 6 vGVO; Art. 6 der VO (EG) Nr. 772/2004 v. 27.4.2004 über die Anwendung von Art. 81 Abs. 3 EG auf Gruppen von Technologietransfer-Vereinbarungen, ABl. L 123/11 v. 2004; Art. 7 VO Nr. 2658/2000 vom 29.11.2000 über die Anwendung von Art. 81 Abs. 3 EG auf Gruppen von Spezialisierungsvereinbarungen, ABl. L 304/3 v. 5.12.2000; Art. 7 VO Nr. 2659/2000 vom 29.11.2000 über die Anwendung von Art. 81 Abs. 3 EG auf Gruppen von Vereinbarungen über Forschung und Entwicklung, ABl. L 304/7 v. 5.12.2000.

234 *Jarass*, NJW 1987, 1225 (1231); *Ehricke*, EuZW 2002, 746 (750). Siehe auch *Ehricke/Blask*, JZ 2003, 722 (726).

235 Siehe Vierter Teil, Dritter Abschnitt, B. III. (S. 205).

4. Ergebnis

Festzuhalten ist, dass § 2 Abs. 2 GWB den wesentlichen Inhalt der Gruppenfreistellungsverordnungen vorgibt. Selbst wenn eine Gruppenfreistellungsverordnung als Bezugsgesetz grundsätzlich oder im Einzelfall die Voraussetzungen des § 2 Abs. 2 GWB nicht erfüllt, so hat eine solche Verordnung *per se* bzw. nach Entzug des Vorteils der Freistellung keine Rechtswirkung. Dies bedeutet, dass die Verweisung in ihren Folgen für den deutschen Gesetzgeber voraussehbar, widerlegbar und auch berechenbar ist. Somit hat der deutsche Gesetzgeber bei der Verweisung in § 2 Abs. 2 GWB auf die europäischen Gruppenfreistellungsverordnungen die Anforderungen des Demokratieprinzips erfüllt.

II. Rechtsstaatsprinzip

Fraglich ist, ob die dynamische Verweisung in § 2 Abs. 2 GWB auf die Gruppenfreistellungsverordnungen gegen das Rechtstaatsprinzip (Art. 20 Abs. 3 GG) verstößt. Das Rechtstaatsprinzip bündelt mehrere verfassungsrechtliche Grundsätze wie den Grundsatz der Gewaltenteilung, die Lehre vom Vorbehalt des Gesetzes und unter dem Aspekt der Rechtssicherheit den Bestimmtheits- und den Publizitätsgrundsatz.

1. Grundsatz der Gewaltenteilung

Zur Frage, ob und unter welchen Umständen dynamische Verweisungen gegen den Grundsatz der Gewaltenteilung in seiner horizontalen Ausprägung verstoßen, findet sich in der Rechtsprechung des Bundesverfassungsgerichts keine Aussage.[236] Die Literatur zu dieser Frage ist gespalten: Nach einer Auffassung verstößt eine dynamische Verweisung auf Normen der Exekutive bzw. auf Normen privater Gremien gegen den Grundsatz der Gewaltenteilung, da sie eine unzulässige Ermächtigung unzuständiger Stellen zur Rechtsetzung enthalte.[237] Wenn der Gesetzgeber auf die jeweils geltende Fassung derartiger Normen

---

236 Keine Auseinandersetzung mit dem Gewaltenteilungsgrundsatz in den Entscheidungen *BVerfG*, Beschl. v. 15.7.1969, BVerfGE 26, 338 (366 f.) „EisenbahnkreuzungsG"; *BVerfG*, Beschl. v. 1.3.1978, BVerfGE 47, 285 (31 ff.) „Notargebühren"; *BVerfG*, Beschl. v. 14.6.1983, BVerfGE 64, 208 (214 ff.) „Bergmannsversorgungsschein I"; *BVerfG*, Beschl. v. 25.2.1988, BVerfGE 78, 32 (35 ff.) „Bergmannsversorgungsschein II".

237 *Ossenbühl*, DVBl. 1967, 401 (404); *Arndt*, JuS 1979, 784 (787). Ähnlich: *Pfeifer*, DVBl. 1975, 323 (324); *Fuß*, in: Festschrift Paulick, 1973, S. 293 (297); *Karpen*, in: Rödig [Hrsg.], tudien zu einer Theorie der Gesetzgebung, S. 221 (233); *Karpen*, Die Verweisung als Mittel der Gesetzgebungstechnik, S. 122, 136.

verweise, übertrage er ihm allein zustehende Gesetzgebungsbefugnisse über das in Art. 80 Abs. 1 Satz 1 GG verfassungsrechtlich zugelassene Maß hinaus auf die Exekutive oder verlagere diese auf nichtstaatliche Gremien, die nicht zur Rechtssetzung befugt seien.[238] Es handele sich bei der dynamischen Verweisung somit um eine *„apokryphe Delegation"* von Gesetzgebungszuständigkeiten unter Umgehung des Art. 80 Abs. 1 GG.[239] Die Gewaltenteilung sei verfassungsrechtlich als Dogma ausgeprägt, welches auch nur von den in der Verfassung zugelassenen Ausnahmen durchbrochen werden könne. Nach anderer Auffassung sind dynamische Verweisungen in Gesetzen auf Regelungen der Exekutive zulässig.[240] Allein entscheidend sei, dass das Ausmaß der Verweisung hinreichend begrenzt und damit eine ausreichend rechtsstaatlich-demokratische Legitimation gegeben sei.[241] Das Bundesverfassungsgericht habe klargestellt, dass der Gesetzgeber der Exekutive in gewissem Umfang Macht einräumen dürfe.[242] Wie die dynamische Verweisung zu beurteilen ist, wenn auf Exekutivnormen *einer anderen staatlichen Ebene* verwiesen wird, beispielsweise eine Verweisung des Landesgesetzgebers auf Verwaltungsvorschriften des Bundes erfolgt, wird ebenfalls uneinheitlich beurteilt. Zum Teil wird eine Verweisung auf Normen einer anderen staatlichen Ebene als Verstoß gegen den Gewaltenteilungsgrundsatz angesehen, da sowohl das auf Landes- als auch auf Bundesebene bestehende Gewaltenteilungsschema verfassungsrechtlich so ausbalanciert sei, dass auch die Abgabe von Befugnissen an außenstehende Stellen

---

238 *Arndt*, JuS 1979, 784 (787). Ähnlich: *Pfeifer*, DVBl. 1975, 323 (324); *Fuß*, in: Festschrift Paulick, 1973, S. 293 (297); *Karpen*, in: Rödig [Hrsg.], Studien zu einer Theorie der Gesetzgebung, S. 221 (233); differenzierend *Karpen*, Die Verweisung als Mittel der Gesetzgebungstechnik, S. 122, 136.

239 *Ossenbühl*, DVBl. 1967, 401 (403).

Schenke, NJW 1980, 743 (745 ff.); *ders.*, in: Festschrift Fröhler, 1980, S. 87 (100 ff.) stellt Art. 80 Abs. 1 GG in den Mittelpunkt seiner Ausführungen und fordert die Einhaltung der dort normierten Anforderungen für Delegationen auch bei dynamischen Verweisungen.

240 *Clemens*, AöR 111 (1986), 63 (110); *Schenke*, NJW 1980, 743 (747); *Schröcker*, NJW 1967, 2287 (2289); *Jachmann*, Die Verwaltung 1995, 17 (26); *Staats*, in: Rödig [Hrsg.], Studien zu einer Theorie der Gesetzgebung, S. 244 (250) in Bezug auf Verweisungen innerhalb desselben Rechtssubjektes.

241 *Clemens*, AöR 111 (1986), 63 (110).

242 *BVerfG*, Beschl. v. 10.10.1972, BVerfGE 34, 52 (60).

das Gleichgewicht beeinträchtigen könne.[243] Andere sind der Auffassung, dass der Gewaltenteilungsgrundsatz in diesen Fällen nicht verletzt sei.[244]

In der Literatur wurde bislang nur diskutiert, ob der Grundsatz der Gewaltenteilung dann verletzt ist, wenn auf Normen außerstaatlicher Gremien oder auf deutsche Verwaltungsvorschriften und Rechtsverordnungen verwiesen wird. Wie der äußerst seltene Fall, dass der Bundesgesetzgeber – nicht nur deklaratorisch – auf Gesetzesrang beanspruchende europäische Verordnungen verweist, vor dem Hintergrund des Gewaltenteilungsgrundsatzes zu bewerten ist, ist in der Literatur noch nicht eingehend erörtert worden.[245] Im Folgenden soll getrennt für die Gruppenfreistellungsverordnungen des Rates und die der Kommission untersucht werden, ob der Gewaltenteilungsgrundsatz verletzt ist, da § 2 Abs. 2 GWB ausdrücklich auf beide Arten von Gruppenfreistellungsverordnungen verweist.

Sofern auf die Gruppenfreistellungsverordnungen des Rates verwiesen wird, bestehen gegen die dynamische Verweisung unter dem Aspekt des Gewaltenteilungsgrundsatzes keine durchgreifenden Bedenken. Letztlich bezieht sich die bundesrechtliche Verweisung in diesem Fall auf eine europarechtliche Norm, die ebenfalls einen Legislativakt darstellt. Der Rat ist nach Art. 202 EG das Hauptrechtsetzungsorgan der Europäischen Gemeinschaften und beim Erlass von Verordnungen iSd. Art. 249 Abs. 2 EG als Legislativorgan einzuordnen.[246]

---

243 *Ossenbühl*, DVBl. 1967, 401 (404); zustimmend *Fuß*, in: Festschrift Paulick, 1973, S. 293 (297).

244 *Staats*, in: Rödig [Hrsg.], Studien zu einer Theorie der Gesetzgebung, S. 244 (250); *Schröcker*, NJW 1967, 2287 (2289).

245 *Ehricke/Blask*, JZ 2003, 722 (728) greifen die Thematik nur zum Teil auf, da sie den Aspekt der Gewaltenteilung weder vor dem Hintergrund, dass die Kommission tätig wird noch angesichts der Tatsache problematisieren, dass es sich um eine Verweisung auf Normen eines fremden Gesetzgebers handelt.

246 So im Ergebnis auch *Ehricke/Blask*, JZ 2003, 722 (728). Diese Einordnung als Legislative gilt trotz der Tatsache, dass die Gewaltenteilung in Legislative, Exekutive und Judikative auf europäischer Ebene nicht so stark ausgeprägt ist wie im deutschen Staatsrecht. Denn es finden sich im vom Gerichtshof entwickelten Grundsatz vom institutionellen Gleichgewicht Parallelen zum Grundsatz der Gewaltenteilung. Nach diesem auch als Meroni-Doktrin bezeichneten Ansatz haben die Organe der Europäischen Union ihre Aufgaben unter dem Gesichtspunkt der Wahrung nationaler und gemeinschaftsrechtlicher Kompetenzen auszuüben (*EuGH*, Urt. v. 13.6.1958 – Rs. 9/56 – Slg. 58, 9 (36 ff., 40 ff., 46 ff.) „Meroni"; *EuGH*, Urt. v. 17.12.1970 – Rs. 25/70 – Slg. 1970, 1161 (1173) „Einfuhr- und Vorratsstelle Getreide"). Die Lehre vom institutionellen Gleichgewicht kommt dem Grundsatz der Gewaltenteilung sehr nahe und verfolgt ebenso wie dieser

Verweist nun der deutsche Gesetzgeber auf die europäischen Legislativakte, so gerät dadurch das Gleichgewicht der deutschen Gewaltenteilung nicht ins Wanken wie *Ossenbühl* bei einer dynamischen Verweisung auf Normen einer anderen staatlichen Ebene annimmt. Die geäußerten Bedenken, durch die darin liegende Abgabe von Befugnissen an Stellen außerhalb des jeweiligen Staates werde das genau ausbalancierte Gleichgewicht der Machtverteilung zwischen den einzelnen Gewalten beeinträchtigt, greifen nicht durch. Zum einen kommt es durch eine dynamische Verweisung gerade nicht zu einer Abgabe (oder Delegation) von Befugnissen. Zum anderen hat das Bundesverfassungsgericht in den Entscheidungen „*Notargebühren*" und „*Eisenbahnkreuzungsgesetz*" klargestellt, dass der Gesetzgeber nicht daran gehindert ist, auf das Recht eines fremden Kompetenzbereichs zu verweisen.[247] Dies hat das Bundesverfassungsgericht in einer weiteren Entscheidung noch explizit für Verweisungen auf europäisches Recht bekräftigt: „*Der Gesetzgeber kann in einer Ermächtigung zum Erlaß von Rechtsverordnungen auch auf Normen und Begriffe des Rechts der Europäischen Gemeinschaften verweisen. Gemeinschaftsrecht und nationales Recht der Mitgliedstaaten sind zwar zwei verschiedene Rechtsordnungen (BVerfGE 22, 293 [296]). Die beiden Rechtsordnungen stehen jedoch nicht unverbunden nebeneinander, greifen vielmehr auf mannigfache Weise ineinander. Diese vielfältige Verschränkung von Gemeinschaftsrecht und nationalem Recht verbietet es, Verweisungen auf Gemeinschaftsrecht anders zu beurteilen als Verweisungen auf nationales Recht.*"[248] Wenn das Bundesverfassungsgericht bei der Verweisung auf Normen fremder Gesetzgeber keine Bedenken hat, so spricht dies dafür, dass in diesem Fall auch kein Verstoß gegen den Gewaltenteilungsgrundsatz zu befürchten ist. Somit verstößt der Verweis auf die Gruppenfreistellungsverordnungen des Rates nicht gegen den Gewaltenteilungsgrundsatz. Bei dem Erlass der Gruppenfreistellungsverordnungen durch den Rat handelt es sich jedoch um einen äußerst seltenen Fall, da der Rat bislang erst zwei Gruppenfreistellungsverordnungen erlassen hat.[249]

---

das Ziel, Staatswillkür und Machtmissbrauch durch eine ausgewogene Machtverteilung und gegenseitige Kontrolle zu verhindern, was auf die Formel *checks and balances* gebracht wird. Zudem lassen sich die einzelnen Tätigkeiten von Rat, Kommission und Europäischem Gerichtshof ebenfalls mehr oder weniger deutlich der Legislative, Exekutive oder Judikative zuordnen.

247 *BVerfG*, Beschl. v. 15.7.1969, BVerfGE 26, 338 (366) „EisenbahnkreuzungsG"; *BVerfG*, Beschl. v. 1.3.1978, BVerfGE 47, 285 (311) „Notargebühren".

248 *BVerfG*, Beschl. v. 13.10.1970, BVerfGE 29, 198 (210) „SchwellenpreisVO".

249 Verordnung Nr. 1017/68 des Rates vom 19.7.1968 über die Anwendung von Wettbewerbsregeln auf dem Gebiet des Eisenbahn-, Straßen- und Binnenschiffsverkehrs,

In den meisten Fällen werden die Gruppenfreistellungsverordnungen von der Kommission erlassen, die dabei aufgrund der nach Maßgabe des Art. 211, 4. Spiegelstrich EG durch den Rat erlassenen Ermächtigungs-Verordnungen tätig wird.[250] Durch diese Ermächtigungsverordnungen werden der Kommission die Befugnisse zum Erlass der Gruppenfreistellungsverordnungen nicht nur *ad usum*, sondern als eigene zugewiesen; es handelt sich dabei nicht um delegierte Ratsbefugnisse.[251] Daher haben die Gruppenfreistellungsverordnungen dieselbe Qualität wie die übrigen Akte der Kommission. Da die Kommission nach Art. 211 EG typische Verwaltungsfunktionen wie Durchführung der Gemeinschaftsmaßnahmen und die Kontrolle der Einhaltung des Rechts wahrzunehmen hat, ist sie als Exekutive der Europäischen Gemeinschaft einzuordnen. Dies bedeutet, dass die durch die Kommission erlassenen Gruppenfreistellungsverordnungen als Exekutivakte anzusehen sind, so dass ein Verstoß gegen den Grundsatz der Gewaltenteilung vorliegen könnte. Dagegen sprechen aber folgende Überlegungen: Hält man eine dynamische Verweisung auf die Gruppenfreistellungsverordnungen der Kommission aus Gründen der Gewalten-

---

ABl. L 175/1 v. 23.7.1968; Verordnung Nr. 4056/86 des Rates vom 22.12.1986 über die Einzelheiten der Anwendung der Artikel 85 und 86 des Vertrages auf den Seeverkehr, ABl. L 378/4 v.31.12.1986.

250 Die Kompetenz zum Erlass der Gruppenfreistellungsverordnungen steht nach Art. 83 Abs. 1 und 2 lit. b EG dem Rat zu. Der Rat hat seine Kompetenz in folgenden Ermächtigungsverordnungen an die Kommission delegiert: Art. 1 Abs. 1 VO Nr. 19/65/EWG des Rates vom 2.3.1965 über die Anwendung von Art. 81 Abs. 3 EG des Vertrages auf Gruppen von Vereinbarungen und aufeinander abgestimmten Verhaltensweisen, ABl. L 26/533 v. 6.5.1965; zuletzt geändert durch die VO (EG) Nr. 1215/1999 v. 10.6.1999, ABl. L 148/1 v. 15.6.1999; Art. 1 Abs. 1 VO (EWG) Nr. 2821/71 des Rates vom 20.12.1971 über die Anwendung von Art. 81 Abs. 3 EG des Vertrages auf Gruppen von Vereinbarungen, Beschlüssen und aufeinander abgestimmten Verhaltensweisen, ABl. L 285/46 v. 29.12.1971; *Rat*, Verordnung (EG) Nr. 411/2004 vom 26.2.2004 zur Aufhebung der Verordnung (EWG) Nr. 3975/87 und zur Änderung der Verordnung (EWG) Nr. 3976/87 sowie der Verordnung (EG) Nr. 1/2003 hinsichtlich des Luftverkehrs zwischen der Gemeinschaft und Drittländern, ABl. L 68/1 v. 6.3.2004; Art. 1 VO (EWG) Nr. 1534/91 des Rates vom 31.5.1991 über die Anwendung von Art. 81 Abs. 3 EG des Vertrages auf bestimmte Gruppen von Vereinbarungen, Beschlüssen und aufeinander abgestimmten Verhaltensweisen im Bereich der Versicherungswirtschaft, ABl. L 143/1 v. 7.6.1991; Art. 1 VO (EWG) Nr. 479/92 des Rates vom 25. 2. 1992 über die Anwendung von Art. 81 Abs. 3 EG des Vertrages auf bestimmte Gruppen von Vereinbarungen, Beschlüssen und aufeinander abgestimmten Verhaltensweisen zwischen Seeschifffahrtsunternehmen (Konsortien), ABl. L 55/3 v. 29.2.1992.

251 *Schmitt von Sydow*, in: von der Groeben/Schwarze, Band 4, Art. 211 Rn. 77; *Ruffert*, in: Callies/Ruffert, Kommentar zu EU-Vertrag und EG-Vertrag, Art. 211 EG Rn. 15. Eine andere Auslegung wäre inpraktikabel, weil dann die Kommission die gleichen Verfahrensregeln beachten müsste wie der Rat, z.B. Anhörung des Europäischen Parlaments.

teilung für verfassungsrechtlich unzulässig, so hätte dies zur Konsequenz, dass der Gesetzgeber eine Thematik selbst normieren müsste, die sinnvollerweise durch die Exekutive zu regeln ist. Ein solches Ergebnis kann aber gerade nicht der Sinn des Gewaltenteilungsgrundsatzes sein.[252] Da die Kommission im Kartellrecht eine größere Sachnähe als der Rat hat und ihr auch umfangreichere Kapazitäten zur Verfügung stehen, wäre der Erlass von Gruppenfreistellungsverordnungen durch den Rat weit weniger sinnvoll. Zudem ist zu beachten, dass das Bundesverfassungsgericht an eine Verletzung des Grundsatzes der Gewaltenteilung hohe Anforderungen stellt. Dem Bundesverfassungsgericht zufolge ist der Grundsatz der Gewaltenteilung nicht schon dann verletzt, wenn eine Maßnahme einen Bereich betrifft, der einer anderen Gewalt zuzurechnen ist. Der Grundsatz der Gewaltenteilung gebietet nur, dass gewährleistet sein muss, dass keine der Gewalten ein von der Verfassung nicht vorgesehenes Übergewicht über eine andere Gewalt erhält.[253] Daher setzt ein Verstoß gegen den Gewaltenteilungsgrundsatz voraus, dass in den über die zugewiesenen typischen Aufgaben definierbaren Kernbereich der Gewalt eingegriffen wird[254] und dass das auf gegenseitige Kontrolle und Ausbalancierung angelegte System nicht nur unerheblich beeinträchtigt ist.[255] Der Grundsatz der Gewaltenteilung ist dann verletzt, wenn die Vollmachten der Exekutive nicht mehr hinreichend bestimmt sind, sie nicht mehr das Gesetz ausführt und dabei nach den Richtlinien des Gesetzgebers handelt, sondern an dessen Stelle entscheidet.[256] Sowohl der Legislative als auch der Exekutive verbleiben bei der Verweisung in § 2 Abs. 2 GWB ihre Kernbereiche. Eine wesentliche Verschiebung der Aufgabenbereiche von Legislative und Exekutive liegt nicht vor: Vorliegend handelt es sich um die typische Aufgabenverteilung zwischen Legislative und Exekutive. Die Legislative, i.e. der Bundesgesetzgeber bzw. der Rat, gibt die grundlegenden

---

252 Ähnlich *Staats*, in: Rödig [Hrsg.], Studien zu einer Theorie der Gesetzgebung, S. 244 (250).

253 *BVerfG*, Urt. v. 27.4.1959, BVerfGE 9, 268 (279); *BVerfG*, Beschl. v. 10.10.1972, BVerfGE 34, 52 (59).

254 *BVerfG*, Beschl. v. 10.10.1972, BVerfGE 34, 52 (59); *BVerfG*, Urt. v. 27.4.1959, BVerfGE 9, 268 (280). Siehe auch *BVerfG*, Beschl. v. 28.11.1957, BVerfGE 7, 183 (188).

255 *Sommermann*, in: v. Mangoldt/Klein/Starck, Grundgesetz-Kommentar, Band 2, Art. 20 Abs. 2 Rn. 204. Dies wird gerade von *Ossenbühl* bei seiner Argumentation verkannt, wenn er meint, dass man bei der Beurteilung der dynamischen Verweisungen im Hinblick auf ihre Konformität mit dem Gewaltenteilungsgrundsatz gar nicht erst „in eine Erörterung der Frage eintreten müsste, ob die Gewaltenbalance schon oder noch nicht gestört" sei, vgl. *Ossenbühl*, DVBl. 1967, 401 (405).

256 *BVerfG*, Beschl. v. 12.11.1958, BVerfGE 8, 274 (325) „Preisgesetz".

(Freistellungs-)voraussetzungen vor, während die Exekutive im Rahmen ihrer Ermächtigung die Durchführung(-sverordnung) ausgestaltet. Dabei ist der Spielraum der Kommission bei der Ausgestaltung der Gruppenfreistellungsverordnungen durch die gesetzlichen Voraussetzungen in Art. 81 Abs. 3 EG bzw. § 2 Abs. 1 GWB sowie durch die konkreten Ermächtigungsverordnungen beschränkt.[257] Somit handelt es sich hinsichtlich der Aufgabenverteilung zwischen Rat und Kommission bei der Freistellung um eine ausgewogene Regelung und es kommt gerade nicht zu einer Gefährdung der Machtbalance. Auch der Sinn und Zweck des Gewaltenteilungsgrundsatzes gebietet es nicht, den dynamischen Verweis auf die europäischen Gruppenfreistellungsverordnungen für unzulässig zu halten. Die Gewaltenteilung soll durch horizontale Aufteilung der Staatsgewalt auf die Organe Legislative, Exekutive und Judikative Staatswillkür und Machtmissbrauch verhindern. Gerade diese Risiken bestehen aber bei der vorliegenden dynamischen Verweisung nicht.

Die dynamische Verweisung auf die Gruppenfreistellungsverordnungen führt auch nicht zu einer unzulässigen Ermächtigung der Exekutive oder zu einer Umgehung des Art. 80 Abs. 1 GG, der eine verfassungsrechtliche Ausprägung des Grundsatzes der Gewaltenteilung ist. Denn die in Art. 80 Abs. 1 GG geregelte Delegation von Befugnissen an die Exekutive unterscheidet sich in ihrer Zielrichtung grundlegend von einer dynamischen Verweisung. Bei einer Delegation oder Ermächtigung überträgt ein Rechtsträger seine Kompetenz ganz oder teilweise auf ein anderes Rechtssubjekt dergestalt, dass der Willensakt des Delegatars formell und materiell dieselben Rechtswirkungen hat, wie sie der Willensakt des Deleganten hätte, nähme er die Kompetenz selbst wahr.[258] Der Delegatar bekommt zwar keine eigene, aber eine übertragene Befugnis eingeräumt.[259] Durch die Delegation kommt es mithin zu einer *Machtverteilung.*

---

257 In den Ermächtigungsverordnungen sind die Typen der freistellungsfähigen Vereinbarungen gekennzeichnet. Es ist geregelt, welche Vertragsbestimmungen nicht in der Vereinbarung enthalten sein dürfen und welche, neben anderen Voraussetzungen, in ihr enthalten sein müssen. Darauf beruht die Technik der sog. „schwarzen“ und „weißen“ Listen in den Gruppenfreistellungsverordnungen. Die Ratsverordnungen enthalten ferner Verpflichtungen zur zeitlichen Begrenzung sowie Ermächtigungen zur intertemporalen Ausgestaltung der Gruppenfreistellungsverordnungen und regeln das Verfahren beim Erlass der Gruppenfreistellungsverordnungen (Pflicht zur Veröffentlichung des Verordnungsentwurfs und Aufforderung an die Betroffenen zur Abgabe von Stellungnahmen sowie Mitwirkung des Beratenden Aussschusses in Kartell- und Monopolfragen) wie eine Missbrauchsaufsicht durch die Möglichkeit des Entzugs der Freistellung, vgl. *Veelken*, in: Immenga/Mestmäcker, EG-WbR I, GFVO A. Rn. 5 (S. 399).

258 *Karpen*, in: Rödig [Hrsg.], Studien zu einer Theorie der Gesetzgebung, S. 221 (232).

259 *Brenner*, in: v. Mangoldt/Klein/Starck, Grundgesetz-Kommentar, Band 3, Art. 80 Rn. 7.

Demgegenüber ermächtigt die Verweisung den zum Erlass des Bezugsgesetzes Befugten nicht, sondern übernimmt unter Verzicht auf eine eigene inhaltliche Regelung den Wortlaut des Bezugsgesetzes. Somit kommt es bei der Verweisung auf Exekutivnormen nur zu einer Angleichung der gesetzlichen Normen oder der Verwaltungspraxis.[260] Die Verweisung stellt keine *Machtverteilung*, sondern lediglich eine *Machtanknüpfung* dar und hat daher weit weniger Einfluss auf die Gewaltenteilung als die Delegation. Selbst wenn bei einer dynamischen Verweisung auch die Anforderungen des Art. 80 Abs. 1 GG erfüllt sein müssten, wie namentlich *Schenke* meint[261], wäre diesen Anforderungen im vorliegenden Fall Genüge getan. Oben wurde bereits dargelegt, dass § 2 Abs. 2 GWB Inhalt, Zweck und Ausmaß der Gruppenfreistellungsverordnungen genau festlegt.[262]

Aus den genannten Gründen liegt bei dem dynamischen Verweis in § 2 Abs. 2 GWB auf die europäischen Gruppenfreistellungsverordnungen kein Verstoß gegen den Gewaltenteilungsgrundsatz vor.[263]

2. Parlamentsvorbehalt

Eine dynamische Verweisung ist dann unzulässig, wenn sie sich auf wesentliche Fragen im Sinne der Vorbehaltsrechtsprechung des Bundesverfassungsgerichts bezieht und der Parlamentsvorbehalt deshalb eingreift. Wegen des Parlamentsvorbehalts, dessen Geltung sich aus Art. 20 Abs. 3 GG ergibt[264], ist der Gesetzgeber verpflichtet, bei wesentlichen Entscheidungen, welche grundlegende normative Bereiche betreffen, Gegenstand, Zweck und Ausmaß der Eingriffe weitgehend selbst zu definieren.[265] Durch die parlamentarische Öffentlichkeit und Diskussion soll die sachliche Basis für die Entscheidung verbreitert und

---

260 *Schröcker*, NJW 1967, 2287 (2289).

261 *Schenke*, NJW 1980, 743 (745).

262 Siehe oben Zweiter Teil, Dritter Abschnitt, C. I. 3. (S. 63 ff.).

263 So auch *Ehricke/Blask*, JZ 2003, 722 (728), die jedoch den Aspekt der Gewaltenteilung vor dem Hintergrund, dass die Kommission als Exekutive tätig wird, ebensowenig problematisieren wie die Tatsache, dass es sich um eine Verweisung auf Normen eines anderen Gesetzgeber handelt.

264 *BVerfG*, Beschl. v. 28.10.1975, BVerfGE 40, 237 (248); *BVerfG*, Beschl. v. 8.8.1978, BVerfGE 49, 89 (126) „Kalkar";

265 *BVerfG*, Beschl. v. 3.2.1959, BVerfGE 9, 137(147); *BVerfG*, Beschl. v. 8.8.1978, BVerfGE 49, 89 (126) „Kalkar"; *BVerfG*, Beschl. v. 20.10.1982, BVerfGE 61, 260 (275); *BVerfG*, Urt. v. 24.4.1985, BVerfGE 69, 1 (41); *BVerfG*, Beschl. v. 2.3.1993, BVerfGE 88, 103 (116).

durch die Repräsentativfunktion des Parlaments der Konsens gewährleistet werden. In welchen Bereichen staatliches Handeln unter dem Aspekt des Parlamentsvorbehalts einer Rechtsgrundlage im förmlichen Gesetz bedarf und eine dynamische Verweisung deshalb unzulässig ist, lässt sich nur im Blick auf den jeweiligen Sachbereich und die Intensität der getroffenen Regelung ermitteln. Die verfassungsrechtlichen Wertungskriterien sind dabei in erster Linie den tragenden Prinzipien des Grundgesetzes, insbesondere den Grundrechten, zu entnehmen.[266]

Das Bundesverfassungsgericht hat dem grundrechtlichen Gesetzesvorbehalt bei der Frage der Zulässigkeit der dynamischen Verweisung große Bedeutung zugemessen. In der Entscheidung *„Notargebühren"* hat es wegen der Betroffenheit von Art. 12 GG die dynamische Verweisung des § 144 Abs. 3 KostO auf die Gebührenbefreiungsgesetze der Länder, derzufolge die Notargebühren gegenüber Gemeinden um 80% ermäßigt wurden, als verfassungswidrig angesehen und die Verweisung als statische ausgelegt.[267] Auch in weiteren Entscheidungen hat das Bundesverfassungsgericht bei der Bewertung dynamischer Verweisungen den Parlamentsvorbehalt als maßgeblich erachtet.[268] Letztlich bedeutet diese Rechtsprechung, dass der parlamentarische Gesetzgeber den Parlamentsvorbehalt nicht durch eine Verweisung auf einen anderen parlamentarischen Gesetzgeber umgehen kann.[269]

Bei der vorliegenden dynamischen Verweisung in § 2 Abs. 2 GWB auf die Gruppenfreistellungsverordnungen ist der Parlamentsvorbehalt jedoch nicht einschlägig, da der Gesetzgeber keine wesentlichen Entscheidungen im Sinne der Vorbehaltsrechtsprechung des Bundesverfassungsgerichts trifft. Die Gruppenfreistellungsverordnungen konkretisieren lediglich die ohnehin geltenden gesetzlichen Freistellungsvoraussetzungen und dürfen kein „Mehr" an Freistellung gewähren, als gesetzlich vorgesehen ist. Sofern durch die Gruppenfreistellungsverordnungen eine Freistellung gewährt wird, die über die in § 2 Abs. 1 GWB normierten Freistellungsvoraussetzungen hinausgeht, handelt es

---

266 *BVerfG*, Beschl. v. 8.8.1978, BVerfGE 49, 89 (127) „Kalkar".

267 *BVerfG*, Beschl. v. 1.3.1978, BVerfGE 47, 285 (317) „Notargebühren". Die Grundrechtsrelevanz der zu regelnden Materie war aber nur ein Grund, der das Bundesverfassungsgericht die Verfassungswidrigkeit annehmen ließ. Daneben hatte das Gericht weitere rechtsstaatliche, demokratie- und bundesstaatsbezogene Bedenken.

268 *BVerfG*, Beschl. v. 25.2.1988, BVerfGE 78, 32 (36) „Bergmannsversorgungsschein II"; so auch *OVG Hamburg*, Urt. v. 8.7.1980, NJW 1980, 2831).

269 So auch *Sommermann*, in: v. Mangoldt/Klein/Starck, Grundgesetz-Kommentar, Band 2, Art. 20 Abs. 3 Rn. 280.

sich in der Regel nur um eine vorübergehende Begünstigung, da der Rechtsvorteil der Gruppenfreistellungsverordnungen entzogen werden kann. Dies bedeutet, dass die Gruppenfreistellungsverordnungen bei der Prüfung der Freistellungsvoraussetzungen zwar die Rechtsanwendung erleichtern, ihre Anwendung in der Regel aber materiell-rechtlich nicht zu anderen Ergebnissen führt, als wenn es die Gruppenfreistellungsverordnungen nicht gäbe. Insbesondere stellt die Verweisung auf die Gruppenfreistellungsverordnungen auch nicht wegen einer Grundrechtsbetroffenheit eine wesentliche Entscheidung dar. Zwar können den Unternehmen, deren Vereinbarungen an den Gruppenfreistellungsverordnungen zu messen sind, als inländische juristische Personen nach Art. 19 Abs. 3 GG Grundrechte zustehen, wenn die Grundrechte auf sie wesensmäßig anwendbar sind. Dies gilt insbesondere für die allgemeine Handlungs- und wirtschaftliche Betätigungsfreiheit, die Berufsfreiheit und das Eigentum (Art. 2 Abs. 1, 12 Abs. 1 bzw. Art. 14 Abs. 1 Satz 1 GG). Die Frage nach der Anwendbarkeit der einzelnen Grundrechte und dem Konkurrenzverhältnis zwischen ihnen kann hier aber dahinstehen. Denn aufgrund der Tatsache, dass die Gruppenfreistellungsverordnungen eine Begünstigung und keine Belastung darstellen, ist eine Betroffenheit von Freiheitsgrundrechten sehr zweifelhaft. Selbst wenn eine solche Grundrechtsbetroffenheit vorliegen sollte, so wäre sie von dermaßen geringer Intensität, dass es schon deshalb an der Wesentlichkeit fehlen würde.[270] Da es sich bei dem Verweis auf die Gruppenfreistellungsverordnungen nicht um eine wesentliche Entscheidung handelt, bestehen unter dem Aspekt des Parlamentsvorbehalts keine Bedenken gegen die vorliegende dynamische Verweisung.

3. Bestimmtheitsgrundsatz

Fraglich ist, ob die dynamische Verweisung des § 2 Abs. 2 GWB den Anforderungen des ebenfalls zum Rechtsstaatsprinzip gehörenden Bestimmtheitsgrundsatzes genügt. Diese Frage ist in der Literatur nur am Rande behandelt worden. *Karpen* hat sich auf den Standpunkt gestellt, dass eine dynamische Verweisung gegen den Bestimmtheitsgrundsatz verstoße, wobei er argumentiert, Bestimmtheit bedeute, dass der Adressat im Zeitpunkt des Inkrafttretens den sachlichen, persönlichen und zeitlichen Geltungsbereich der Norm hinreichend deutlich und leicht überschauen könne. Bei Inkrafttreten der Verweisungsnorm sei aber

---

[270] Siehe dazu allgemein *Pieroth/Schlink*, Grundrechte, Staatsrecht II, Rn. 266.

ungewiss, ob, wann und wie das Verweisungsobjekt in Zukunft geändert werde, so dass die Verweisungsnorm unbestimmt sei.[271]

Dieser These ist nicht zuzustimmen. Käme es darauf an, dass der Normunterworfene bei Erlass der Norm schon alle Änderungen der Ausgangsnorm sowie des dazu gehörigen Bezugsgesetzes sachlich und zeitlich überblicken kann, so würde nahezu jede einfache Änderung eines Gesetzes in Konflikt mit dem Bestimmtheitsgrundsatz geraten. Wann eine Gesetzesänderung eintritt oder eine Norm aufgehoben wird, entscheidet sich jedoch nur in den seltensten Fällen schon bei erstmaligem Erlass der Norm, sondern erst im Laufe der Zeit. Der Bestimmtheitsgrundsatz setzt nicht voraus, dass der Normanwender die Rechtslage, die durch eine bestimmte Norm geregelt wird, für alle Zeiten anhand dieser Norm beurteilen kann und schon bei Erlass der Norm ihren zeitlichen Anwendungsbereich kennt. Vielmehr ist der Bestimmtheitsgrundsatz nach Rechtsprechung des Bundesverfassungsgerichts dann verletzt, wenn Regelungen unklar oder widersprüchlich sind, dies auch nach Klärungsbemühungen der Rechtsanwenders bleiben und die Rechtsanwender die Rechtslage nicht erkennen und ihr Verhalten daran ausrichten können.[272] Der Bestimmtheitsgrundsatz bezieht sich somit nur auf die inhaltliche Bestimmtheit einer Norm; der zeitliche Anwendungsbereich bzw. die Frage, ob eine Norm in Zukunft (noch) anwendbar sein wird, kann und muss sich aus der Norm selbst nicht ergeben. Auch wenn die Bestimmtheit einer dynamischen Verweisung nicht mit der Argumentation *Karpens* ausgeschlossen werden kann, so soll sie dennoch unter einem weiteren Aspekt untersucht werden.

Problematisch ist, dass § 2 Abs. 2 GWB recht pauschal auf die Gruppenfreistellungsverordnungen in ihrer Gesamtheit Bezug nimmt, ohne die einzelnen anwendbaren Gruppenfreistellungsverordnungen zu nennen. Bei Verweisungen

---

[271] *Karpen*, Die Verweisung als Mittel der Gesetzgebungstechnik, S. 161 f. *„Bestimmtheit heißt nämlich, daß der Adressat im Zeitpunkt des Inkrafttretens den sachlichen, persönlichen und zeitlichen Geltungsbereich der Norm hinreichend deutlich und leicht überschauen kann. Verweist die Norm aber auf die „jeweilige Fassung" einer anderen Vorschrift, so ist beim Inkrafttreten ungewiß, ob, wann und wie das Verweisungsobjekt in Zukunft geändert wird. Bestimmt ist nur der abstrakte Geltungsbefehl, die in Zukunft von einer anderen Stelle erlassenen Bestimmungen sollen gelten als habe sie der Gesetzgeber selbst erlassen, wogegen der Inhalt des Befehls nicht bestimmt ist. Da eine bestimmte Norm aber einen inhaltlich bestimmten Gesetzesbefehl, also beides, voraussetzt, ist eine dynamische Verweisungsnorm unbestimmt."*

[272] *BVerfG*, Beschl. v. 7.4.1964, BVerfGE 17, 306 (314); *BVerfG*, Beschl. v. 7.7.1971, BVerfGE 31, 255 (264); *BVerfG*, Beschl. v. 18.5.1988, BVerfGE 78, 205 (212); *BVerfG*, Urt. v. 24.4.1991, BVerfGE 84, 133 (149).

ist unter dem Aspekt der Bestimmtheit zu fordern, dass für den Rechtsunterworfenen evident ist, welche (Bezugs-)Vorschriften im Einzelnen maßgebend sein sollen.[273] Nach Rechtsprechung des Bundesverfassungsgerichts müssen die Bezugsnormen bei einer Verweisung jedoch nicht nach Gesetzestitel, Datum und Fundstelle genau benannt sein.[274] Vielmehr ist ausreichend, dass die Bezugsnormen nach ihrem Gegenstand präzise bezeichnet sind.[275] Dabei reicht es beispielsweise aus, wenn auf eine sehr konkrete Rechtsthematik verwiesen wird.[276]

Bei dem Verweis des § 2 Abs. 2 GWB auf die europäischen Gruppenfreistellungsverordnungen sind die vom Bundesverfassungsgericht aufgestellten Voraussetzungen hinsichtlich der hinreichenden Bestimmtheit des Gesetzes erfüllt. Im vorliegenden Fall wird deutlich, dass auf kartellrechtliche Normen verwiesen wird. Welche Verordnungen konkret zum Komplex der Gruppenfreistellungsverordnungen gehören, kann der Rechtsanwender auf verschiedene Weise feststellen. Dabei wird es am einfachsten sein, die geltenden Gruppenfreistellungsverordnungen dem Internet zu entnehmen. Die Generaldirektion Wettbewerb der Kommission hat auf ihrer Internetseite seit mehreren Jahren alle derzeit geltenden Gruppenfreistellungsverordnungen unter Nennung der genauen Fundstelle im Amtsblatt der EG aufgelistet und stellt diese im Internet auch

---

273 *BVerfG*, Urt. v. 30.5.1956, BVerfGE 5, 25 (31f.) „Apothekenstopp-Gesetz"; *BVerfG*, Beschl. v. 15.11.1967, BVerfGE 22, 330 (346 f.) „Milch- und Fettgesetz"; *BVerfG*, Beschl. v. 15.7.1969, BVerfGE 26, 338 (367) „EisenbahnkreuzungsG"; *BVerfG*, Beschl. v. 25.2.1988, BVerfGE 78, 32 (35) „Bergmannsversorgungsschein II".

274 *BVerfG*, Beschl. v. 15.7.1969, BVerfGE 26, 338 (367) „EisenbahnkreuzungsG".

275 *BVerfG*, Beschl. v. 15.7.1969, BVerfGE 26, 338 (367) „EisenbahnkreuzungsG".
Das Bundesverfassungsgericht hat bei einer Verweisung in den Apothekenstoppgesetzen von 1953/54 auf das am 1.10.1945 in den einzelnen Ländern des Bundesgebiets geltende Apothekenrecht die Bestimmtheit abgelehnt. Dabei bestand aber die Besonderheit, dass sich die Verweisung in der noch jungen Bundesrepublik auf Normen wie die „Preußische Apothekenordnung von 1801" und die „Königliche Verordnung wegen Anlegung neuer Apotheken von 1811" sowie Partikularrecht der früheren Länder Schaumburg-Lippe und Oldenburg zu berücksichtigen gewesen wären. Selbst unter den Behörden herrschte hinsichtlich der Anwendbarkeit der Vorschriften keine Einigkeit. Im damaligen Fall konnte der Rechtsanwender nicht unter zumutbarem Aufwand feststellen, auf welche Vorschriften verwiesen wurde. Siehe *BVerfG*, Urt. v. 30.5.1956, BVerfGE 5, 25 (31 ff.) „Apothekenstopp-Gesetz".

276 *BVerfG*, Beschl. v. 15.7.1969, BVerfGE 26, 338 (367) „EisenbahnkreuzungsG": Hier reichte die Bezugnahme auf Vorschriften, nach denen für den Bau oder die Veränderung eines Verkehrsweges ein Planfeststellungsverfahren durchzuführen ist.

als pdf-Dokument zur Verfügung.[277] Auch durch Nachfrage bei Behörden und Institutionen wie dem Bundeskartellamt, den Landeskartellbehörden oder auch beim Bundestag werden sich die einschlägigen Gruppenfreistellungsverordnungen ermitteln lassen. Denn den Staat trifft die Pflicht, den Zugang zum Normenbestand zu erleichtern, indem er beispielsweise neue Medien einsetzt oder für Auskünfte zur Verfügung steht.[278] Für die Annahme, dass die allgemeine Bezugnahme auf die Gruppenfreistellungsverordnungen bestimmt genug ist, spricht auch, dass die ähnlich lautende Verweisung in Art. 81 Abs. 3 EG auf die Gruppenfreistellungsverordnungen ebenfalls als konform mit dem (europäischen) Bestimmtheitsgrundsatz angesehen wird, obwohl diese Verweisung in ihrer Formulierung gerade im Vergleich mit § 2 Abs. 2 GWB weniger genau ist.[279] Somit ist die dynamische Verweisung in § 2 Abs. 2 GWB hinreichend bestimmt.

4. Grundsatz der Publizität der Rechtsordnung

Eng mit dem Bestimmtheitsgrundsatz hängt auch der ebenfalls zum Rechtsstaatsprinzip gehörende Grundsatz der Publizität der Rechtsordnung zusammen. Danach muss das geltende Recht öffentlich sein, so dass sich jedermann über die Rechtslage informieren kann.[280] Daran anknüpfend sieht Art. 82 Abs. 1 Satz 1, 2. Halbsatz GG für Bundesgesetze am Ende des Rechtsetzungsverfahrens die Verkündung im Bundesgesetzblatt vor. Die ordnungsgemäße Publikation eines Rechtssatzes ist nicht nur Rechtmäßigkeitsvoraussetzung der betreffenden Norm, sondern auch deren Entstehungs- und Wirksamkeitsvoraussetzung.[281] Einigkeit besteht darüber, dass bei einer Verweisung sowohl die Verweisungs-

---

277 Derzeit im Internet unter http://europa.eu.int/comm/competition/antitrust/legislation/. Die Kommission weist darauf hin, dass die im Internet enthaltene Amtsblattversion nicht verbindlich ist. Der Rechtsanwender hat jedoch die Möglichkeit, die Gruppenfreistellungen aus den Original-Amtsblättern in gedruckter Form zu entnehmen.

278 *Sommermann*, in: v. Mangoldt/Klein/Starck, Grundgesetz-Kommentar, Band 2, Art. 20 Abs. 3 Rn. 293.

279 Art. 81 Abs. 3 EG lautet: „Die Bestimmungen des Absatz 1 können für nicht anwendbar erklärt werden auf
- Vereinbarungen oder Gruppen von Vereinbarungen zwischen Unternehmen,
- Beschlüsse oder Gruppen von Beschlüssen von Unternehmensvereinigungen,
- aufeinander abgestimmte Verhaltensweisen oder Gruppen von solchen,...“.

280 *Sommermann*, in: v. Mangoldt/Klein/Starck, Grundgesetz-Kommentar, Band 2, Art. 20 Abs. 3 Rn. 292.

281 *BVerfG*, Beschl. v. 19.3.1958, BVerfGE 7, 330 (337); *Ossenbühl*, DVBl. 1967, 401 (408); *Brugger*, VerwArch 1987, 1 (9).

als auch die Bezugsnorm ordnungsgemäß publiziert sein bzw. publiziert werden muss.[282] Welche Anforderungen im Einzelnen an die ordnungsgemäße Publikation zu stellen sind, wird aber unterschiedlich beurteilt.

Eine Ansicht stellt die Formenstrenge der verfassungsrechtlichen Publikationsvorschriften in den Mittelpunkt und bezweifelt, dass bei dynamischen Verweisungen auf eine nicht bundesrechtliche Bezugsnorm eine ordnungsgemäße Publikation erfolgt ist, wenn diese nicht vollständig im Bundesgesetzblatt abgedruckt wird.[283] Art. 82 Abs. 1 Satz 1 GG gebiete, dass bei einer Verweisung in einem Bundesgesetz sowohl das Verweisungsgesetz als auch das Bezugsgesetz vollständig im Bundesgesetzblatt dokumentiert und publiziert werden.[284] Bei landesrechtlichen Verweisungsgesetzen müsse eine Publikation der Bezugsnorm in den entsprechenden Landesgesetzblättern erfolgen.[285] Bekanntmachungen in anderen Publikationsorganen als dem Bundesgesetzblatt und dem Landesgesetzblatt könnten keine ordnungsgemäße Publikation bewirken, selbst wenn sie allgemein zugänglich seien und bei der Publikation des Verweisungsgesetzes die Fundstelle genannt sei, unter der das Bezugsgesetz in einem anderen Publikationsorgan zu finden sei.[286] Denn das Bundesgesetzblatt müsse ein Gesetzbuch und keine Gesetzesbibliographie sein; es fungiere als Fundstelle und nicht als Fundstellenverzeichnis.[287]

Gegenüber dieser strikt rechtsformalen Meinung verfolgt die überwiegende Auffassung in der Literatur bei Art. 82 Abs. 1 Satz 1 GG einen eher rechtsrealistischen Ansatz. Danach ist ein bundesrechtliches dynamisch verweisendes

---

282 *BVerwG*, Urt. v. 28.11.1963, BVerwGE 17, 192 (195) „Landschaftsschutzverordnung". *Ebsen*, DÖV 1984, 654 (657 f.) weist in diesem Zusammenhang darauf hin, dass Art. 82 Abs. 1 Satz 1 GG nicht nur den Abdruck des Gesetzestexts, sondern auch des gesamten Gesetzesinhalts fordert.

283 *Lücke*, in: Sachs, Grundgesetz, Art. 82 Rn. 9; *Ossenbühl*, DVBl. 1967, 401 (405 ff.); *Karpen*, Die Verweisung als Mittel der Gesetzgebungstechnik, S. 142 ff. *Arndt*, JuS 1979, 784 (788) differenziert aus nicht nachvollziehbaren Umständen auch bei der Frage nach der ordnungsgemäßen Publikation zwischen der statischen und der dynamischen Verweisung und hält nur letztere unter diesem Aspekt für unzulässig.

284 *Lücke*, in: Sachs, Grundgesetz, Art. 82 Rn. 9; *Staats*, in: Rödig [Hrsg.], Studien zu einer Theorie der Gesetzgebung, S. 244 (256 f.).

285 *Karpen*, Die Verweisung als Mittel der Gesetzgebungstechnik, S. 142 ff.

286 *Ossenbühl*, DVBl. 1967, 401 (406); *Staats*, in: Rödig [Hrsg.], Studien zu einer Theorie der Gesetzgebung, S. 244 (256).

287 *Ossenbühl*, DVBl. 1967, 401 (406), ihm folgend *Karpen*, Die Verweisung als Mittel der Gesetzgebungstechnik, S. 142.

Gesetz nicht nur dann ordnungsgemäß publiziert, wenn es zusammen mit dem Bezugsgesetz im Bundesgesetzblatt abgedruckt wird, sondern auch dann, wenn die Bezugsnorm in einem anderen ohne weiteres zugänglichen amtlichen Publikationsorgan veröffentlicht wird.[288] Dies gelte insbesondere dann, wenn im deutschen Recht auf europäische Normen Bezug genommen werde, die im Amtsblatt der EG veröffentlicht seien.[289] Einige Autoren fordern dabei zusätzlich, dass die verweisende Norm die Bezugsnorm und deren Fundstelle klar und eindeutig kennzeichnen müsse.[290]

Die Gruppenfreistellungsverordnungen als Bezugsgesetze von § 2 Abs. 2 GWB sind lediglich im Amtsblatt der EG, nicht aber im Bundesgesetzblatt veröffentlicht worden. Dabei findet sich im Bundesgesetzblatt kein Verweis auf die Fundstelle der Gruppenfreistellungsverordnungen im Amtsblatt der EG. Fraglich ist, ob auf diese Weise eine ordnungsgemäße Verkündung der Gruppenfreistellungsverordnungen erfolgt ist.[291] Aus Sicht der ersten geschilderten Auffassung liegt keine ordnungsgemäße Publikation vor, während nach Ansicht der meisten Vertreter der Gegenauffassung keine Bedenken gegen die ordnungsgemäße Publikation bestehen. Die kontroverse Frage der Voraussetzungen für die ordnungsgemäße Verkündung bei dynamischen Verweisungen soll unter

---

288 *Brenner*, in: v. Mangoldt/Klein/Starck, Grundgesetz-Kommentar, Band 3, Art. 82 Rn. 32; *Bauer*, in: Dreier, Grundgesetz-Kommentar, Band II, Art. 82 Rn. 18; *Sannwald*, in: Schmidt-Bleibtreu/Klein, Kommentar zum Grundgesetz, Art. 82 Rn. 30 (in Bezug auf die Veröffentlichung im Bundesgesetzblatt oder Bundesanzeiger); *Bryde*, in: v. Münch/Kunig, Band 3, Art. 82 Rn. 11; *Brugger*, VerwArch 1987, 1 (9, 13 ff.); *Clemens*, AöR 111 (1986), 63 (92); *H. Schneider*, Gesetzgebung, Rn. 391; *Hill*, NJW 1982, 2104 (2107); *Klindt*, DVBl. 1998, 373 (375); *Schenke*, in: Festschrift Fröhler, 1980, S. 87 (96 ff.); *Hömig*, DVBl. 1979, 307 (311) nur in Bezug auf die statische Verweisung; *Maurer*, in: Bonner Kommentar zum Grundgesetz, Art. 82 Rn. 108, der Art. 82 GG in diesem Fall jedoch nicht für einschlägig hält; eingehend *Ebsen*, DÖV 1984, 654 (662) erfordert eine Publikation in einem für amtliche Anordnungen geeignetem Blatt, so dass unter bestimmten Voraussetzungen auch Publikationen von privaten Normungsinstitutionen dazugehören. Zu der Frage, welche Publikationsorgane als amtlich anzusehen sind, siehe *Staats*, in: Rödig [Hrsg.], Studien zu einer Theorie der Gesetzgebung, S. 244 (255) und *Clemens*, AöR 111 (1986), 63 (88) Fn. 107.

289 *Sommermann*, in: v. Mangoldt/Klein/Starck, Grundgesetz-Kommentar, Band 2, Art. 20 Abs. 3 Rn. 280; a.A. *Staats*, in: Rödig [Hrsg.], Studien zu einer Theorie der Gesetzgebung, S. 244 (257).

290 *Brenner*, in: v. Mangoldt/Klein/Starck, Grundgesetz-Kommentar, Band 3, Art. 82 Rn. 32; *Bauer*, in: Dreier, GG II, Art. 82 Rn. 18; *Maurer*, in: Bonner Kommentar zum Grundgesetz, Art. 82 Rn. 109; *Hill*, NJW 1982, 2104 (2107).

291 *Ehricke/Blask*, JZ 2003, 722 (728) gehen im vorliegenden Fall ohne weitere Begründung von der ordnungsgemäßen Publikation aus.

Heranziehung der Rechtsprechung des Bundesverfassungsgerichts geklärt werden. Danach ist dem Verkündungserfordernis gemäß Art. 82 Abs. 1 Satz 1 GG jedenfalls dann genügt, wenn für den Rechtsunterworfenen klar erkennbar ist, welche Vorschriften im Einzelnen gelten sollen[292] und die in Bezug genommene Regelung im Bundesgesetzblatt oder im Bundesanzeiger verkündet wird.[293] In einer späteren Entscheidung hat das Bundesverfassungsgericht noch geringere Anforderungen an die Verkündung gestellt. Danach bedeutet Verkündung regelmäßig, *„daß die Rechtsnormen der Öffentlichkeit in einer Weise förmlich zugänglich gemacht werden, daß die Betroffenen sich verläßlich Kenntnis von ihrem Inhalt verschaffen können. [...] Konkrete weitere Gebote für die Ausgestaltung des Verkündungsvorgangs im Einzelnen ergeben sich aus dem Rechtsstaatsprinzip unmittelbar nicht. Es obliegt vielmehr dem zuständigen Normgeber, das Verkündungsverfahren so auszugestalten, daß es seine rechtsstaatliche Funktion erfüllt, der Öffentlichkeit die verläßliche Kenntnisnahme vom geltenden Recht zu ermöglichen. Dem Rechtsstaatsprinzip lassen sich indessen keine bestimmten Aussagen dazu entnehmen, in welchen Fällen es für die Verkündung einer Rechtsnorm ausreichen kann, sie nicht in einem gedruckten Publikationsorgan zu veröffentlichen [...].“*[294]

In der Entscheidung *„Eisenbahnkreuzungsgesetz“* hat das Bundesverfassungsgericht es für ausreichend erachtet, dass die landesrechtlichen Bezugsnormen, auf die der Bundesgesetzgeber dynamisch verwies, allein in den Landesgesetzblättern verkündet wurden.[295] In der Entscheidung *„SchwellenpreisVO“* hielt das Bundesverfassungsgericht eine dynamische Verweisung auf EG-Recht für zulässig und ging auch von einer ordnungsgemäßen Publikation aus.[296] Aus

292 *BVerfG*, Urt. v. 30.5.1956, BVerfGE 5, 25 (31) „Apothekenstopp-Gesetz“; *BVerfG*, Beschl. v. 15.11.1967, BVerfGE 22, 330 (346 f.) „Milch- und Fettgesetz“; *BVerfG*, Beschl. v. 15.7.1969, BVerfGE 26, 338 (367) „EisenbahnkreuzungsG“; *BVerfG*, Beschl. v. 24.5.1977, BVerfGE 44, 322 (350); *BVerfG*, Beschl. v. 1.3.1978, BVerfGE 47, 285 (311) „Notargebühren“.

293 *BVerfG*, Beschl. v. 15.11.1967, BVerfGE 22, 330 (346 f.) „Milch- und Fettgesetz“.

294 *BVerfG*, Beschl. v. 22.11.1983, BVerfGE 65, 283 (291). In der haushaltsrechtlichen Entscheidung *BVerfG*, Urt. v. 19.7.1966, BVerfGE 20, 56 (92 f.) „Staatliche Parteienfinanzierung“ hat das Gericht es für ausreichend gehalten, wenn nur der Gesamtplan des Haushalts, nicht aber die Einzelpläne im Bundesgesetzblatt verkündet werden. Diese Auslegung von Art. 82 Abs. 1 GG sah das Bundesverfassungsgericht durch die andernfalls übermäßige Belastung des Verkündungsblatts, durch die Tradition sowie durch die öffentliche Zugänglichkeit der Einzelpläne gerechtfertigt.

295 *BVerfG*, Beschl. v. 15.7.1969, BVerfGE 26, 338 (367) „EisenbahnkreuzungsG“.

296 *BVerfG*, Beschl. v. 13.10.1970, BVerfGE 29, 198 (219) „SchwellenpreisVO“.

diesen Entscheidungen geht hervor, dass es nicht erforderlich ist, dass die Bezugsnorm noch ein weiteres Mal im Bundesgesetzblatt abgedruckt wird. Nur in bestimmten Fällen hat das Bundesverfassungsgericht im Zusammenhang mit dynamischen Verweisungen an die Verkündung von Gesetzen weitere Anforderungen gestellt. In der Entscheidung „*Notargebühren*“, in der die Verweisung die Grundrechte der Normunterworfenen berührte, hat das Gericht gefordert, dass der zuständige Gesetzgeber selbst für eine ordnungsgemäße Inkraftsetzung und Verkündung seiner Gesetze und deren Änderungen (durch Bezugsgesetze) sorgen müsse.[297] Dieses Postulat ist aber vor dem Hintergrund des im damaligen Fall eingreifenden Parlamentsvorbehalts zu verstehen[298], der aber im vorliegenden Fall gerade nicht einschlägig ist.[299] Auf einer Linie mit der Judikatur des Bundesverfassungsgerichts liegt auch diejenige des Bundesverwaltungsgerichts. Letzteres hat festgestellt, dass bei einer Verweisung die in Bezug genommene Norm nicht in gleicher Weise wie die verweisende Norm verkündet werden müsse, sondern dass es reiche, wenn die Publikation des Bezugsgesetzes für den Betroffenen zugänglich und ihrer Art nach für amtliche Anordnungen geeignet sei.[300] Der Bayrische Verfassungsgerichtshof hat es ebenfalls für ausreichend erachtet, wenn bei einer dynamischen Verweisung das Bezugsgesetz zuvor in irgendeinem amtlichen Publikationsorgan veröffentlicht worden ist.[301]

Festzuhalten ist also, dass Art. 82 Abs. 1 Satz 1 GG nach Ansicht der verfassungs- und verwaltungsgerichtlichen Rechtsprechung keineswegs voraussetzt, dass jedes Verweisungsgesetz vollständig samt der Bezugsgesetze, auf die es verweist, im Bundesgesetzblatt abgedruckt wird. Es reicht, dass die Bezugsnorm in einem anderen amtlichen Publikationsorgan abgedruckt worden ist, das der Öffentlichkeit zugänglich ist. Ob diese sehr pragmatische Anwendung des Art. 82 GG durch die Rechtsprechung sowie den prädominierden Teil der Literatur vom Wortlaut der Norm gedeckt ist, ist zwar zu recht bezweifelt

---

297 *BVerfG*, Beschl. v. 1.3.1978, BVerfGE 47, 285 (315) „Notargebühren“.

298 Siehe oben Zweiter Teil, Dritter Abschnitt, C. I. 3. (S. 65).

299 Siehe oben Zweiter Teil, Dritter Abschnitt, C. II. 2. (S. 78).

300 *BVerwG*, Urt. v. 29.8.1961, NJW 1962, 506 (506) „Kölner Bauordnung“. „*Die Rechtsnorm muß erkennbar zum Ausdruck bringen, daß sie die außenstehende Anordnung zu ihrem Bestandteil macht; in der ergänzten Rechtsnorm muß die ergänzende Anordnung hinreichend bestimmt bezeichnet sein; die Verlautbarung der ergänzenden Anordnung muß für den Betroffenen zugänglich und ihrer Art nach für amtliche Anordnungen geeignet sein.*“

301 *BayVerfGH*, Entsch. v. 31.1.1989, NVwZ 1989, 1053 (1054); *OVG Hamburg*, Urt. v. 8.7.1980, NJW 1980, 2830 (2831).

worden.[302] Dennoch ist dem Bundesverfassungsgericht und dem größten Teil der Literatur zu folgen, da eine wörtliche Anwendung der Publikationsvorschriften eine „*Überspannung des rechtsstaatlichen Postulats ordnungsgemäßer Verkündung*" darstellen würde.[303] Eine „*teleologische Reduktion*"[304] von Art. 82 Abs. 1 GG ist aus mehreren Gründen geboten.

Zunächst ist davon auszugehen, dass der Verfassungsgeber die Publikationsproblematik bei Verweisungen nicht gesehen hat. Zwar haben sich die Gesetzgeber schon vor Schaffung des Grundgesetzes der Verweisung bedient. Die verfassungsrechtliche Brisanz der Verweisung rückte aber erst durch die grundlegenden Arbeiten von *Ossenbühl* und *Karpen* in den Blickpunkt und muss erst seitdem als dem Verfassungsgeber bekannt vorausgesetzt werden.[305] Unter Praktikabilitätsgesichtspunkten ist eine teleologische Reduktion des Art. 82 Abs. 1 Satz 1 GG angezeigt: Eine wörtliche Anwendung des Art. 82 Abs. 1 Satz 1 GG in dem Sinne, dass das Bezugsgesetz beim Verkünden des verweisenden Gesetzes ein weiteres Mal im Bundesgesetzblatt abzudrucken wäre, würde dem Zweck der Verweisungstechnik zuwiderlaufen. Bei der Verweisung sollen die Gesetze durch Vermeidung von Wiederholungen klarer und übersichtlicher werden und der Umfang der zu verkündenden Gesetze und der Gesetzblätter soll zugleich reduziert werden.[306] Eine dogmatisch-strenge Auslegung würde dazu führen, dass die gesetzesökonomische Methode der Verweisung bei förmlichen Gesetzen *de constitutione lata* nicht möglich wäre.[307] Dies würde dem Willen des Gesetzgebers auch nicht gerecht, der lediglich aus gesetzestechnischen Gründen die Wiederholung des Textes des Verweisungsobjektes in der Verweisungsnorm vermeiden will.[308] Auch der Sinn und Zweck des in Art. 82 Abs. 1 Satz 1 GG normierten Verkündungserfordernisses gebietet nicht, dass das Bezugsgesetz bei einer Verweisung ein weiteres Mal im Bundesgesetzblatt abgedruckt wird. Für die Verkündung ist allein entscheidend, dass die Öffentlichkeit verlässliche Möglichkeit zur Kenntnisnahme der gesetzlichen Regelun-

---

302 *Schenke*, NJW 1980, 743 (744).

303 *Breuer*, AöR 101 (1976), S. 46 (62).

304 *Schenke*, in: Festschrift Fröhler, 1980, S. 87 ff. (97); ähnlich *Clemens*, AöR 111 (1986), 63 (89). *Brugger*, VerwArch 1987, 1 (19) spricht in diesem Zusammenhang von einer rechtsrealistischen Auslegung.

305 *Clemens*, AöR 111 (1986), 63 (90).

306 Siehe dazu *Clemens*, AöR 111 (1986), 63 (87); *Schenke*, in: Festschrift Fröhler, 1980, S. 87 (97).

307 *Clemens*, AöR 111 (1986), 63 (91).

308 *Schenke*, in: Festschrift Fröhler, 1980, S. 87 (96).

gen hat und dass das Publikationsorgan im Hinblick auf Schutz vor Verfälschungen verlässlich ist.[309] Da die natürlichen und juristischen Personen in Deutschland nicht nur dem Bundesrecht, ihrem Landesrecht, sondern zugleich auch dem EG-Recht unterworfen sind, sind Verkündungen der Bezugsnormen auch in Landesgesetzblättern sowie dem Amtsblatt der EG zulässig, so dass keine erneute Publikation im Bundesgesetzblatt erforderlich ist. Heute können keine Zweifel mehr daran bestehen, dass das Amtsblatt der EG ein zur amtlichen Publikation von Rechtsnormen geeignetes Organ ist.[310] Daher ist ein Rechtsakt auch bei einer Veröffentlichung im Amtsblatt der EG ordnungsgemäß verkündet und kann wirksames Verweisungsobjekt sein.[311] Aus den genannten Gründen bestehen keine Bedenken hinsichtlich der ordnungsgemäßen Publikation des novellierten GWB samt der in Bezug genommen Gruppenfreistellungsverordnungen.

III. Kompetenzverschiebung im Verhältnis Bundesrepublik - Europäische Union

In der Entscheidung „*Notargebühren*“ finden sich zwei Aussagen des Bundesverfassungsgerichts, wonach es durch eine dynamische Verweisung zur versteckten Verlagerung von Gesetzgebungsbefugnissen kommen könne, was unter bundesstaatlichen, rechtsstaatlichen und demokratischen Gesichtspunkten bedenklich sei.[312]

---

309 Zur Verlässlichkeit der Publikation siehe *Schenke*, in: Festschrift Fröhler, 1980, S. 87 (98); *Brugger*, VerwArch 1987, 1 (16).

310 Anders noch in der älteren Literatur: *Fuß*, in: Festschrift Paulick, 1973, S. 293 (318): Danach liegt keine ordnungsgemäße Publikation vor, da das Amtsblatt der EG nicht leicht zu benutzen sei. Die Systematik des Amtsblatts weiche von der der deutschen Gesetzesblätter ab. Vorbehalte auch bei *Staats*, in: Rödig [Hrsg.], Studien zu einer Theorie der Gesetzgebung, S. 244 (257). Heutzutage kann der Normunterworfene bei einer Veröffentlichung im Amtsblatt der EG jedoch ohne Schwierigkeiten den Inhalt der Norm ermitteln. Zudem ist der Zugriff auf das Amtsblatt im Internet sehr einfach, da eine gute Suchmaschine die Ermittlung des betreffenden Rechtsaktes erleichtert. Aus diesen Gründen wird der Rechtsakt für den Rechtsunterworfenen bei einer Veröffentlichung im Amtsblatt der EG noch schneller auffindbar sein als im Bundesgesetzblatt.

311 *Klindt*, DVBl. 1998, 373 (374); *Clemens*, AöR 111 (1986), 63 (93); *OVG NW*, Beschl. v. 1.2.1996, NWVBl. 1996, 307 (308); *Hömig*, DVBl. 1979, 307 (310).

312 *BVerfG*, Beschl. v. 1.3.1978, BVerfGE 47, 285 (312) „Notargebühren“: „*Bei fehlender Identität der Gesetzgeber bedeutet aber eine dynamische Verweisung mehr als eine bloße gesetzestechnische Vereinfachung; sie führt zur versteckten Verlagerung von Gesetzgebungsbefugnissen und wird daher im Schrifttum unter bundesstaatlichen, rechtsstaatlichen und demokratischen Gesichtspunkten als bedenklich beurteilt. Wieweit*

Auf die Frage, ob die dynamische Verweisung in § 2 Abs. 2 GWB wegen der versteckten Verlagerung von (Gesetzgebungs-)Kompetenzen gegen das Demokratie- und das Rechtsstaatsprinzip verstößt, ist bereits oben umfassend eingegangen worden. Dabei wurde thematisiert, ob es im Einklang mit dem Demokratieprinzip steht, wenn das Parlament, auf dessen Willensentscheidung die Gesetze zu beruhen haben, die Entscheidung über den Inhalt des Bezugsgesetzes einem fremden Gesetzgeber überlässt. Die Verlagerung von Befugnissen ist weiterhin unter dem Gesichtspunkt des Rechtsstaatsprinzips (horizontale Gewaltenteilung zwischen Legislative und Exekutive) diskutiert worden. Daher soll an dieser Stelle abschließend nur noch der Frage nachgegangen werden, ob die dynamische Verweisung zu einer unzulässigen Verlagerung von Gesetzgebungsbefugnissen auf die Europäische Union im Rahmen der vertikalen Gewaltenteilung zwischen der Europäischen Union und der Bundesrepublik als Mitgliedstaat führt.[313]

Dazu soll zunächst überprüft werden, inwieweit die Ausführungen des Bundesverfassungsgerichts zur Parallel-Problematik im Bund-Länder-Verhältnis auf den vorliegenden Fall übertragbar sind. Bei der dynamischen, bundesrechtlichen Verweisung in § 144 Abs. 3 KostO auf die landesrechtlichen Normen hat das Bundesverfassungsgericht Bedenken gehabt, dass dadurch die Gesetzgebungskompetenz des Bundes an die Länder verlagert werde. Das Gericht hielt einen Verstoß gegen das Bundesstaatsprinzip für nahe liegend und nahm auch aus diesem Grunde letztlich keine dynamische Verweisung an.[314] Das Bundesverfassungsgericht hat dies folgendermaßen formuliert: *„Die Annahme, die Vorschrift des § 144 Abs. 3 KostO könnte als eine derartige gesetzgebungsverlagernde dynamische Verweisung auszulegen sein, erscheint schon unter dem Gesichtspunkt der bundesstaatlichen Kompetenzordnung bedenklich. Denn da dem Landesgesetzgeber die Zuständigkeit für das notarielle Gebührenrecht fehlt, dürfte er erst recht nicht zur Änderung bundesrechtlicher Gebührenvor-*

---

diesen Bedenken zuzustimmen ist, bedarf keiner abschließenden Prüfung.“ Siehe auch S. 313: *„Die Annahme, die Vorschrift des § 144 Abs. 3 KostO könnte als eine derartige gesetzgebungsverlagernde dynamische Verweisung auszulegen sein, erscheint schon unter dem Gesichtspunkt der bundesstaatlichen Kompetenzordnung bedenklich. Denn da dem Landesgesetzgeber die Zuständigkeit für das notarielle Gebührenrecht fehlt, dürfte er erst recht nicht zur Änderung bundesrechtlicher Gebührenvorschriften für Notare legitimiert sein.*“ Auch der Bayrische Verfassungsgerichtshof spricht in diesem Zusammenhang von einer Verlagerung von Kompetenzen, vgl. *BayVerfGH*, Entsch. v. 31.1.1989, NVwZ 1989, 1053 (1054).

313 Siehe hierzu kritisch: *Fuß*, in: Festschrift Paulick, 1973, S. 293 (299, 320).

314 *BVerfG*, Beschl. v. 1.3.1978, BVerfGE 47, 285 (313 ff.) „Notargebühren“.

schriften für Notare legitimiert sein.“[315] Daraus folgt, dass das Bundesverfassungsgericht eine dynamische Verweisung auf Normen eines fremden Gesetzgebers dann als bedenklich ansah, wenn der entsprechende Normgeber der Bezugsnorm keine Gesetzgebungskompetenz zum Erlass der Verweisungsnorm besitzt.

Es wäre aber übereilt, aus dieser sehr vorsichtig formulierten[316] Passage die generelle Unzulässigkeit von dynamischen Verweisungen wegen einer damit einhergehenden Verlagerung von Gesetzgebungskompetenzen zu folgern. Dies ergibt sich zum einen aus dem Gesamtzusammenhang des Urteils. Auf der einen Seite meint das Bundesverfassungsgericht in der Entscheidung „*Notargebühren*“, dass die Gesetzgeber von Verweisungs- und Bezugsnorm nicht identisch sein müssen[317], also eine Verweisung von Bundes- auf Landesrecht und Bundes- auf Europarecht grundsätzlich zulässig ist. Wenn das Gericht auf der anderen Seite im zitierten Abschnitt postuliert, dass eine dynamische Verweisung dann unzulässig sei, wenn der bezogene Landesgesetzgeber (bzw. der bezogene europäische Gesetzgeber) nicht zugleich die Kompetenz zum Erlass des bundesrechtlichen Verweisungsgesetzes habe, dann wird die Zulässigkeit der dynamischen Verweisung in den meisten Fällen entgegen der Aussage des Bundesverfassungsgerichts gerade an der fehlenden Identität der Gesetzgeber scheitern. Denn bei einer Außenverweisung, bei der also Verweisungs- und Bezugsgesetz von verschiedenen Gesetzgebern stammen, ist kein Fall denkbar, in dem der Bezugsgesetzgeber zugleich eine Gesetzgebungskompetenz zum Erlass der Verweisungsnorm hat. Denn sowohl bei der ausschließlichen Gesetzgebungskompetenz des Bundes bzw. der Länder als auch bei der konkurrierenden

---

315 *BVerfG*, Beschl. v. 1.3.1978, BVerfGE 47, 285 (313) „Notargebühren“.

316 *„[...] dürfte er erst recht nicht zur [...] legitimiert sein.*“ Hervorhebung durch die Verfasserin.

317 Dynamische Verweisungen sind nach der bisherigen Rechtsprechung nicht ausgeschlossen *„und zwar selbst dann nicht, wenn keine Identität der Gesetzgeber besteht [...].*“ (*BVerfG*, Beschl. v. 1.3.1978, BVerfGE 47, 285 (312) „Notargebühren“), also auch wenn auf Normen einer anderen staatlichen Ebene verwiesen wird. Dies hat das Bundesverfassungsgericht in der Entscheidung „Eisenbahnkreuzungsgesetz“ bekräftigt (*BVerfG*, Beschl. v. 15.7.1969, BVerfGE 26, 338 (366) „EisenbahnkreuzungsG“). Auch wenn sich die Ausführungen des Bundesverfassungsgerichts nur auf dynamische Verweisungen des Bundesgesetzgebers auf Landesrecht beziehen, kann man aus dieser Aussage schließen, dass das Bundesverfassungsgericht auch eine dynamische Verweisung auf Normen des europäischen Gesetzgebers für zulässig hält, da die fehlende Identität der Gesetzgeber nicht grundsätzlich bedenklich ist. Siehe zur Verweisung auf europarechtliche Normen *BVerfG*, Beschl. v. 13.10.1970, BVerfGE 29, 198 (210) „SchwellenpreisVO“.

Gesetzgebungskompetenz hat immer nur entweder der Bund oder die Länder die Gesetzgebungskompetenz.[318]

Die in der Entscheidung *„Notargebühren“* aufgeworfenen Bedenken greifen für die vorliegende dynamische Verweisung auch deswegen nicht ein, weil sie sich nur auf Verweisungen im Verhältnis zwischen Bund und Ländern, wo die Gesetzgebungsbefugnisse besonders streng abgegrenzt sind, nicht aber auf Verweisungen auf europarechtliche Normen bezieht. Das Bundesverfassungsgericht hat festgestellt, dass weder der Bund noch die Länder über ihre in der Verfassung festgelegten Zuständigkeiten verfügen können.[319] Sie dürfen ihre Zuständigkeiten nicht übertragen und auch bei Zustimmung der Beteiligten keine Kompetenzverschiebungen vornehmen.[320] Ob bzw. unter welchen Umständen dynamische Verweisungen im Bund-Länder-Verhältnis zulässig sind[321], kann im vorliegenden Fall offen bleiben, da es hier nur auf die Zulässigkeit der dynamischen Verweisung im Verhältnis Bund-Europäische Union ankommt.

---

318 *J. Ipsen* weist zurecht darauf hin, dass es auch bei der konkurrierenden Gesetzgebungskompetenz kein *„Nebeneinander“*, sondern nur ein *„Hintereinander“* von Kompetenzen gibt. *J. Ipsen*, Staatsrecht I, Rn. 544.

319 *BVerfG*, Urt. v. 23.10.1951, BVerfGE 1, 14 (35); *BVerfG*, Beschl. v. 21.10.1971, BVerfGE 32, 145 (156).

320 *BVerfG*, Urt. v. 23.10.1951, BVerfGE 1, 14 (35); *BVerfG*, Beschl. v. 21.10.1971, BVerfGE 32, 145 (156); *BVerfG*, Urt. v. 1.12.1954, BVerfGE 4, 115 (139).

321 Es ist angenommen worden, dass eine landesrechtliche dynamische Verweisung auf ein Bundesgesetz nicht mehr im Einklang mit dem Bundesstaatsprinzip stehe, wenn es sich um eine Verweisung in einem Bereich handele, der der ausschließlichen Gesetzgebungskompetenz des Landes unterliegt (*Gamber*, VBlBW 1983, 197 (197); *Schenke*, NJW 1980, 743 (748)). Dem Land sei es untersagt, im Bereich seiner ausschließlichen Gesetzgebungskompetenz Rechtssetzungsgewalt zu übertragen, worauf eine dynamische Verweisung hinauslaufe. Das bundesstaatliche Prinzip begründe nicht nur ein Recht auf Eigenständigkeit der Länder, sondern auch eine Pflicht, diese Eigenständigkeit zu wahren (*Gamber*, VBlBW 1983, 197 (197); *Ossenbühl*, DVBl. 1967, 401 (408)). *Ehlers*, DVBl. 1977, 693 (694) hält landesrechtliche dynamische Verweisung auf ein Bundesgesetz nicht nur im Bereich der ausschließlichen Gesetzgebung der Länder, sondern auch allgemein für unzulässig, da es zu einer Selbstpreisgabe wesentlicher Teile der Landesgewalt und damit zu einer Aushöhlung des föderalistischen Gefüges kommen könne. Ähnlich: *Ossenbühl*, DVBl. 1967, 401 (405); *Karpen*, in: Rödig [Hrsg.], Studien zu einer Theorie der Gesetzgebung, S. 221 (239); *Karpen*, Die Verweisung als Mittel der Gesetzgebungstechnik, S. 181, 182 f.; *Staats*, in: Rödig [Hrsg.], Studien zu einer Theorie der Gesetzgebung, S. 244 (251); *Sachs*, NJW 1981, 1651 (1651).

Differenzierend: *Schenke*, in: Festschrift Fröhler, 1980, S. 87 (113 ff.); a.A. *Veh*, BayVBl. 1987, 225 (230 f.).

Die Voraussetzungen und Grenzen für die Verlagerung von Kompetenzen des Bundes auf die Europäische Union sind in Art. 23, 24 GG kodifiziert. Nach Art. 23 Abs. 1 Satz 2 GG kann der Bund durch Gesetz mit Zustimmung des Bundesrats Hoheitsrechte auf die Europäische Union übertragen. Weitere Grenzen der Integrationsermächtigung hat das Bundesverfassungsgericht im Maastricht-Urteil konkretisiert. Auch nach der Übertragung von Hoheitsrechten müssen dem Deutschen Bundestag Aufgaben und Befugnisse von substantiellem Gewicht verbleiben.[322] Der Bund darf „*bedeutsame Aufgabenfelder*" nicht an die Europäische Union abgeben, so dass in Bezug auf derartige Bereiche eine dynamische Verweisung besonders bedenklich wäre. Nach den Maßstäben des Maastricht-Urteils bestehen gegen die vorliegende dynamische Verweisung jedoch keine Bedenken. Zum einen ist das nationale Kartellrecht, bei dem der Bund jedenfalls für den Bereich der Sachverhalte mit rein innerstaatlicher Wirkung die ausschließliche Gesetzgebungskompetenz hat[323], nicht als ein dermaßen bedeutsames Aufgabenfeld anzusehen, dessen Regelung durch die Europäische Union bedenklich wäre. Zum anderen kommt es gerade nicht zur tatsächlichen Übertragung von Gesetzgebungskompetenzen, da der deutsche Gesetzgeber durch die Verwendung einer dynamischen Verweisung nicht auf seine Rechtsetzungsbefugnisse zur Regelung des nationalen Kartellrechts verzichtet.[324] Der Bundesgesetzgeber gibt seine originäre Gesetzgebungskompetenz nicht aus der Hand. Zudem trifft er nur eine Regelung, die er jederzeit wieder aufheben kann. Daher beinhaltet die dynamische Verweisung keinen Verstoß gegen Art. 23 Abs. 1 Satz 2 GG. Es kommt allenfalls zu einer de facto-Übertragung von Kompetenzen, die jedoch sehr positiv zu bewerten ist, da sie zu einer Rechtsangleichung führt. Wegen dieses positiven Effektes ist bei einer dynamischen Verweisung von Landes- auf Bundesrecht kein Verstoß gegen die Regelungssystematik von Bund und Ländern angenommen worden, weil diese Rechtsangleichung Ausdruck eines bundesfreundlichen Verhaltens sei.[325] Dem ist zuzustimmen und im Gegenzug bei einer dynamischen rechtsharmonisieren-

[322] *BVerfG*, Urt. v. 12.10.1993, BVerfGE 89, 155 (186 f.) „Maastricht".

[323] Grundsätzlich besteht im Kartellrecht eine parallele Kompetenz zwischen der EG und den Mitgliedstaaten. Dies gilt jedoch nur im Hinblick auf Art. 81 EG, also für Vereinbarungen, die den Handel zwischen den Mitgliedstaaten betreffen. Für Sachverhalte, die Vereinbarungen mit lediglich innerstaatlichen Auswirkungen betreffen, besteht keine Kompetenz der EG. In diesen Fällen hat nur der deutsche Gesetzgeber die Kompetenz zum Erlass von Kartellgesetzgebung. Da die Verweisung in § 2 Abs. 2 GWB für die wettbewerbsbeschränkenden Vereinbarungen mit innerstaatlicher Wirkung nur deklaratorisch wirkt, erlangt die Verweisung nur für innerstaatliche Fälle Bedeutung.

[324] Siehe oben Zweiter Teil, Dritter Abschnitt, C. I. 2. (S. 62 f.).

[325] *Schröcker*, NJW 1967, 2287 (2290); ablehnend *Ehlers*, DVBl. 1977, 693 (695).

den Verweisung von Bundesrecht auf Europarecht ebenfalls kein Verstoß gegen die Kompetenzverteilung zwischen der Europäischen Union und der Bundesrepublik als Mitgliedstaat anzunehmen.

Somit kommt es durch die dynamische Verweisung nicht zu einer unzulässigen Verschiebung im Kompetenzgefüge zwischen der Europäischen Union und der Bundesrepublik.

D. Zusammenfassung und Ergebnis

Die Untersuchung hat zunächst gezeigt, dass die dynamische Verweisung auf die Gruppenfreistellungsverordnungen wesentlich praktikabler ist als eine statische Verweisung oder die Transformation der Gruppenfreistellungsverordnungen in das GWB mittels direkter Inkorporation oder Rechtsverordnungen. Bei letzteren Modellen hätte es bei einer Änderung auf europäischer Ebene unbeabsichtigt zu unterschiedlichen Gruppenfreistellungsverordnungen für Fälle mit und ohne Auswirkungen auf den zwischenstaatlichen Handel kommen können, was bei der dynamischen Verweisung nicht zu befürchten ist. Da durch die dynamische Verweisung die Wiederholung des Inhalts der Gruppenfreistellungsverordnungen im deutschen Recht entbehrlich ist, ist die dynamische Verweisung auch unter dem Aspekt der Gesetzesökonomie und Übersichtlichkeit sowie zur Entlastung des Gesetzgebers gegenüber dem Inkorporations- und Rechtsverordnungsmodell vorzugswürdig. Die dynamische Verweisung auf die Gruppenfreistellungsverordnungen in § 2 Abs. 2 GWB verstößt in ihrer konkreten Ausgestaltung weder gegen rechtsstaatliche oder demokratische Prinzipien noch wirft sie berechtigte Bedenken hinsichtlich der Kompetenzverteilung zwischen der EU und der Bundesrepublik als Mitgliedstaat auf.

Vierter Abschnitt: Verfahrensrechtliche Wirkung von Gruppenfreistellungsverordnungen nach der VO Nr. 1/2003 und der 7. GWB-Novelle

Wenn eine wettbewerbsbeschränkende Vereinbarung die Voraussetzungen einer Gruppenfreistellungsverordnung nicht erfüllt, begründet dies keine Vermutung für ihre Unvereinbarkeit mit Art. 81 Abs. 3 EG bzw. § 2 Abs. 1 GWB. Bereits vor dem Übergang zum System der Legalausnahme war im europäischen Kartellrecht anerkannt, dass Gruppenfreistellungsverordnungen keine Sperrwirkung gegenüber der Anwendung von Art. 81 Abs. 3 EG bzw. § 2 Abs. 1 GWB entfalten.[326] Gleiches gilt auch im System der Legalausnahme, so dass auch Vereinbarungen, die nicht unter eine Gruppenfreistellungsverordnung fallen, nach Art. 81 Abs. 3 EG bzw. § 2 Abs. 1 GWB freigestellt sein können. Ist in einer Vereinbarung allerdings eine Klausel enthalten, die in einer sog. „schwarzen Liste" einer Gruppenfreistellungsverordnung aufgeführt ist, begründet dies eine Vermutung für die Unvereinbarkeit mit Art. 81 Abs. 3 EG bzw. § 2 Abs. 1 GWB und für die fehlende Freistellungsfähigkeit.[327]

A. Wirkung der Gruppenfreistellungsverordnungen bei Nichteinschlägigkeit des Art. 81 Abs. 1 EG bzw. § 2 Abs. 1 GWB

Von besonderer Brisanz ist der umgekehrte Fall, dass eine Vereinbarung durch eine Gruppenfreistellungsverordnung freigestellt ist, zugleich aber nicht die Voraussetzungen des Art. 81 Abs. 3 EG bzw. § 2 Abs. 1 GWB erfüllt. In diesem Fall stellt sich die Frage, welche Wirkung die Gruppenfreistellungsverordnungen haben.

Vor der europäischen Kartellverfahrensreform durch die VO Nr. 1/2003 hatten die Gruppenfreistellungsverordnungen so lange konstitutive Freistellungswirkung bis im Falle des Nichtvorliegens der Voraussetzungen des Art. 81 Abs. 3 EG der Rechtsvorteil der Gruppenfreistellungsverordnung wieder entzogen wurde. Daher konnten sich die begünstigten Unternehmen grundsätzlich auf die Rechtmäßigkeit und zivilrechtliche Gültigkeit der unter die Verordnung fallenden Vereinbarungen und Beschlüsse gegenüber jedermann – i.e. gegenüber

---

326 *Ackermann*, EuZW 1999, 741 (745); *Wiedemann*, Kommentar zu den Gruppenfreistellungsverordnungen, Band 1, Rn. 57.

327 *Kommission*, Leitlinien für vertikale Beschränkungen, ABl. C 291/1 v. 13.10.2000, Tz. 46; *Kommission*, Leitlinien zur Anwendbarkeit von Artikel 81 EG-Vertrag auf Vereinbarungen über horizontale Zusammenarbeit, ABl. C 3/2 v. 6.1.2001, Tz. 70; *Kommission*, Leitlinien zur Anwendung von Artikel 81 Abs. 3 EG-Vertrag, ABl. C 101/97 v. 27.4.2004, Tz. 46; *Bundesregierung*, Entwurf eines Siebten Gesetzes zur Änderung des Gesetzes gegen Wettbewerbsbeschränkungen, BT-Drs. 15/3640, S. 25.

Dritten, der Kommission sowie nationalen Behörden und Gerichten – berufen.[328] Dies bedeutete auch, dass ein nationales Gericht – ohne vorangehende Entscheidung des Gerichtshofs – keine mit einer Gruppenfreistellungsverordnung unvereinbaren Entscheidungen erlassen durfte. Es durfte weder die Tragweite der Verordnung auf Vereinbarungen erstrecken, die nicht unter die Verordnung fielen noch die Geltung für Vereinbarungen verneinen, die von der betreffenden Freistellung erfasst wurden.[329] Eine solche Vorgehensweise wäre ein Eingriff in die Rechtsetzungsbefugnis der Kommission gewesen.[330]

Durch den Übergang zum System der Legalausnahme könnte aber ein Funktions- und Wirkungswandel der Gruppenfreistellungsverordnungen eingetreten sein. Der Fortbestand des Instrumentariums der Gruppenfreistellungsverordnungen im System der Legalausnahme ist auf den ersten Blick insoweit systemfremd, als man annehmen könnte, dass kein Bedürfnis mehr für eine – jedenfalls früher – konstitutiv wirkende Gruppenfreistellung besteht, wenn Art. 81 Abs. 3 EG und § 2 Abs. 1 GWB als Legalausnahme *ipso iure* eingreifen. Daher stellt sich vor dem Hintergrund der europäischen und deutschen Kartellrechtsreform die Frage, welche Wirkung die Gruppenfreistellungsverordnungen nach der Kartellrechtsreform haben. Fraglich ist also, ob die Kommission, die nationalen Behörden, Gerichte und Dritte bei Nichtvorliegen der Voraussetzungen des Art. 81 Abs. 3 EG nun weiterhin an Freistellungen durch die Gruppenfreistellungsverordnungen gebunden sind oder ob in diesem Fall ein Kartellrechtsverstoß vorliegt. Letzteres könnte bedeuten, dass die Behörden prinzipiell gegen eine von einer Gruppenfreistellungsverordnung freigestellte Vereinbarung ein Bußgeld verhängen könnten, wenn die Voraussetzungen des Art. 81 Abs. 3 EG bzw. § 2 Abs. 1 GWB nicht erfüllt sind. Letzteres könnte weiterhin bedeuten, dass in diesem Fall ein drittes Unternehmen im Rahmen einer privaten Klage erfolgreich Schadensersatz geltend machen könnte.[331]

---

328 *Ehricke*, ZHR 158 (1994), 170 (172).

329 *EuGH*, Urt. vom 3.2.1976 – Rs. C-63/75 – Slg. 1976, 111 Rn. 10 und 11 „Roubaix/Roux“; *EuGH*, Urt. v. 28.2.1991 – Rs. C-234/89 – Slg. 1991, 935 (992) Rn. 46 „Delimitis/Henninger Bräu“; explizit auch Generalanwalt Tesauro, Schlussanträge vom 8.6.1995 in der Rs. C-70/93 – Slg. 1995, I-3439, Rn. 39 „BMW“.

330 *EuGH*, Urt. v. 28.2.1991 – Rs. C-234/89 – Slg. 1991, 935 (992) Rn. 46 „Delimitis/Henninger Bräu“.

331 Betroffene Dritte, also Wettbewerber, Angehörige der Marktgegenseite und sonstige Dritte, können gegen Kartellvereinbarungen, die gegen § 1 GWB und Art. 81 Abs. 1 EG verstoßen, klagen. Sie können die Unterlassung des wettbewerbsbeschränkenden Verhaltens bzw. Schadensersatz für daraus resultierende Verluste fordern, vgl. § 33 Abs. 1 und 3 GWB. Die Anspruchsgrundlagen richten sich dabei nach dem Recht des jeweili-

Die Frage, ob eine Vereinbarung bei Nichteingreifen des Freistellungstatbestandes in Art. 81 Abs. 3 EG bzw. § 2 Abs. 1 GWB und gleichzeitigem Vorliegen der Voraussetzungen einer Gruppenfreistellungsverordnung rechtsverbindlich freigestellt und damit kartellrechtskonform ist, hängt davon ab, ob die Gruppenfreistellungsverordnungen im neuen System deklaratorische oder konstitutive Wirkung haben.

I. Deklaratorische Wirkung

Von einem Teil der Literatur wird davon ausgegangen, dass die Gruppenfreistellungsverordnungen nach der Kartellverfahrensreform nur noch deklaratorische Wirkung haben.[332] Nach Aufhebung des Anmelde- und Genehmigungssystems und Wegfall des Freistellungsmonopols der Kommission seien konstitutive Entscheidungen der Kommission über das Vorliegen der Voraussetzungen des

---

gen Mitgliedsstaats; in Deutschland nach § 823 Abs. 2 BGB, wobei Art. 81 Abs. 1 EG als Schutzgesetz zugunsten der Wettbewerber und der Marktgegenseite, nicht aber der Verbraucher angesehen wird (*Brinker*, in: Schwarze, Instrumente zur Durchsetzung des europäischen Wettbewerbsrechts, S. 107 (110)). Unter den Voraussetzungen des § 1004 BGB besteht eine Unterlassungspflicht. Durch die 7. GWB-Novelle wurde der Rechtsschutz Dritter in Schadensersatzklagen verbessert. Nun ist das Gericht, vor dem der Schadensersatz geltend gemacht wird, an die bestandskräftige Feststellung der Kartellbehörde, der Kommission und auch der Gerichte der anderen Mitgliedstaaten über das Vorliegen eines Kartellrechtsverstoßes gebunden, vgl. § 33 Abs. 4 GWB.

332 *Koenigs*, DB 2003, 755 (759); *Monopolkommission*, 32. Sondergutachten, Tz. 11; *Gliem*, Die Gruppenfreistellungsverordnungen im aktuellen und kommenden EG-Kartellrecht, S. 75, 109; *Bechtold*, EWS 2001, 49 (54); *ders.*, BB 2000, 2425 (2426); *ders.*, WuW 2003, 343; *Deringer*, EuZW 2000, 5 (7); *Gröning*, WRP 2001, 83 (85); *Harte-Bavendamm/Kreutzmann*, WRP 2003, 682 (686); *Schröter*, in: Baudenbacher, Neuste Entwicklungen im europäischen und internationalen Kartellrecht, S. 189 (195); *Pukall*, NJW 2000, 1375 (1379); *Bartosch*, WuW 2000, 462 (466 f.); *Schütz*, in: Gemeinschaftskommentar zum GWB und Europäischen Kartellrecht, 5. Auflage, 9. Lfg. 2004, EG-Kartellverfahrensrecht – VO Nr. 1/2003, Art. 29 Rn. 9, 11; *ders.*, in: Gemeinschaftskommentar zum GWB und Europäischen Kartellrecht, 5. Auflage, 7. Lfg. 2003, EG-Gruppenfreistellungen – Branchen-Regelungen Kfz-Vertrieb (VO (EG) 1400/2002), Einführung, Rn. 53, 55; *Creutzig*, EG-Gruppenfreistellungsverordnung (GVO) für den Kraftfahrzeugsektor, Rn. 302; *Schwarze/Weitbrecht*, Grundzüge des europäischen Kartellverfahrensrechts: die Verordnung (EG) Nr. 1/2003, § 2 Rn. 25; *Hirsch*, ZWeR 2003, 233 (246 f.). Siehe auch *Schöler*, Die Reform des europäischen Kartellverfahrensrechts durch die Verordnung (EG) Nr. 1/2003, S. 122 ff., der davon ausgeht, dass die Gruppenfreistellungsverordnungen formelle Bindungswirkung haben, aber zugleich nur deklaratorische Wirkung besitzen. *Heutz*, WuW 2004, 1255 (1264) hat sich mit den Wirkungen der Gruppenfreistellungsverordnungen im System der Legalausnahme auseinander gesetzt, die Frage aber im Ergebnis offengelassen.

Art. 81 Abs. 3 EG nicht mehr möglich.[333] Durch Gruppenfreistellungsverordnungen könne nur noch das Eingreifen der Voraussetzungen des Art. 81 Abs. 3 EG deklaratorisch festgestellt werden. *Deringer* weist darauf hin, dass es sich auch begrifflich nicht mehr um Gruppenfreistellungsverordnungen handeln könne, sondern dass diese nun als „*Gruppen-Negativatteste*“[334] oder Rechtsverordnungen[335] angesehen werden müssten. Andere sehen in den Gruppenfreistellungsverordnungen eine Beweiserleichterung, die denjenigen, der die Voraussetzungen der Gruppenfreistellungsverordnungen dartue, iSd. Art. 2 VO Nr. 1/2003 von der weiteren Darlegungs- und Beweislast für die Voraussetzungen des Art. 81 Abs. 3 EG befreie (unwiderlegbare Vermutung).[336] Es finden sich auch differenzierte Ansichten, wonach die Gruppenfreistellungsverordnungen nur deklaratorische Wirkung entfalten, soweit sie Vereinbarungen erfassen, die mit Art. 81 Abs. 3 EG übereinstimmen. Bei von Art. 81 Abs. 3 EG abwei-

---

333 *Bechtold*, EWS 2001, 49 (54); *ders.*, BB 2000, 2425 (2426); *Deringer*, EuZW 2000, 5 (7); *Gröning*, WRP 2001, 83 (85).

334 Eine Freistellung, die ein konstitutiver Verwaltungsakt ist, sei im System der Legalausnahme nicht mehr möglich. Im System der Legalausnahme könne nur die negative Feststellung getroffen werden, dass kein Grund bestehe, gegen eine Vereinbarung vorzugehen. Daher handele es sich bei den neuen Gruppenfreistellungsverordnungen um unverbindliche Mitteilungen der Kommission, dass nach ihrer Auffassung Art. 81 Abs. 3 EG bei bestimmten Typen von Vereinbarungen unter bestimmten Voraussetzungen eingreife. Dies entspreche den früheren Negativattesten. *Deringer*, EuZW 2000, 5 (7); zustimmend *Gröning*, WRP 2001, 883 (884). Problematisch an der Konstruktion der ersten Meinung, dass die Gruppenfreistellungsverordnungen „Gruppennegativatteste“ seien, ist, dass diese – jedenfalls mit dem Begriffsverständnis des Regelungsregimes der VO Nr. 17 – nicht wie die Gruppenfreistellungsverordnungen von vornherein zeitlich begrenzt werden können. Ein Negativattest konnte nicht auf eine bestimmte Zeit erteilt werden, denn es enthält nur die Feststellung eines Zustandes in einem bestimmten Zeitpunkt ohne Wirkung für die Zukunft.

335 *Deringer*, EuR 2001, 306 (311).

336 *Bechtold*, BB 2000, 2425 (2427); ähnlich *ders.*, EWS 2001, 49 (54); *Reimann*, Kfz-Gruppenfreistellungsverordnung, S. 121; *Schütz*, in: Gemeinschaftskommentar zum GWB und Europäischen Kartellrecht, 5. Auflage, 9. Lfg. 2004, EG-Kartellverfahrensrecht – VO Nr. 1/2003, Art. 29 Rn. 11; *ders.*, in: Gemeinschaftskommentar zum GWB und Europäischen Kartellrecht, 5. Auflage, 7. Lfg. 2003, EG-Gruppenfreistellungen – Branchen-Regelungen Kfz-Vertrieb (VO (EG) 1400/2002), Einführung, Rn. 55. *Creutzig*, EG-Gruppenfreistellungsverordnung (GVO) für den Kraftfahrzeugsektor, Rn. 305 sieht die Gruppenfreistellungsverordnungen als widerlegbare Vermutung an. Gegen die Annahme, dass die Gruppenfreistellungsverordnungen allein eine Vermutungswirkung entfalten wendet sich *A. Fuchs*, ZWeR 2005, 1(10).

chenden Vereinbarungen hätten die Gruppenfreistellungsverordnungen konstitutive Wirkung.[337]

II. Konstitutive Wirkung

Demgegenüber wird von einer im Vordringen befindlichen Meinung vertreten, dass die Gruppenfreistellungsverordnungen weiterhin konstitutive Wirkung haben und so zu einer allgemein verbindlichen Freistellung führen, die auch von den nationalen Behörden und Gerichten zu beachten sei.[338] Die in Art. 29 Abs. 1, 2. Halbsatz und Abs. 2 VO Nr. 1/2003 vorgesehene Möglichkeit des Entzugs des Rechtsvorteils der Gruppenfreistellungsverordnung deute darauf hin, dass auch die neuen Gruppenfreistellungsverordnungen konstitutive Wirkung haben sollten, denn sonst gäbe es keinen Rechtsvorteil, den man entziehen könne.[339] Für die Annahme der konstitutiven Wirkung spreche auch, dass Gruppenfreistellungsverordnungen in Art. 16 VO Nr. 1/2003 nicht erwähnt seien. Da man davon ausgehen könne, dass die Kommission von nationalen Behörden und Gerichten die Beachtung der neuen Gruppenfreistellungsverordnungen erwarte, könne man sich die Nichterwähnung von Gruppenfreistellungsverordnungen in Art. 16 VO Nr. 1/2003 nur so erklären, dass es sich bei diesen Rechtsakten nach Ansicht der Kommission ohnehin um allgemein verbindliche Rechtsnormen handele.[340] Im Übrigen werde in den Erläuterungen zum Verordnungsentwurf zur VO Nr. 1/2003[341] auf die bereits bestehende Befugnis zum

---

337 *Brunn*, Die EG-Kartellverfahrensverordnung 1/2003, S. 83. Siehe gegen diese Auffassung *Wagner*, WRP 2003, 1369 (1377).

338 *Weyer*, ZHR 164 (2000), 611 (628); *Schaub/Dohms*, WuW 1999, 1055 (1061); *Eilmansberger*, JZ 2001, 365 (373); *Jaeger*, WuW 2000, 1062 (1066); *Veelken*, in: Immenga/Mestmäcker, EG-WbR, Erg-Bd, 2. Lieferung 2001, V. GFVO Rn. 55; *K. Schmidt*, BB 2003, 1237 (1241); *Beutelmann*, Selektive Vertriebssysteme im europäischen Kartellrecht, S. 237; *A. Fuchs*, ZWeR 2005, 1(12 ff.); *Klees*, Europäisches Kartellverfahrensrecht, S. 50 ff.; *Walz*, Das Kartellrecht des Automobilvertriebs, S. 201 f.; *Peetz*, Die neue Kartellverordnung Nr. 1/2003, S. 169; *Dalheimer*, in: Grabitz/Hilf, Kommentar zum Recht der Europäischen Union, EU-Kartellverfahrensverordnung, nach Art. 83 EGV, Art. 29 Rn. 3; *Bornkamm/Becker*, ZWeR 2005, 213 (223 ff.); *Schumacher*, WuW 2005, 1222 (1224 f.); *Bunte*, in: Bunte, Kommentar zum deutschen und europäischen Kartellrecht, Band 1, § 2 Rn. 61; *Baron*, WuW 2006, 358 (365).

339 *Eilmansberger*, JZ 2001, 365 (374); *Beutelmann*, Selektive Vertriebssysteme im europäischen Kartellrecht, S. 236.

340 *Eilmansberger*, JZ 2001, 365 (374).

341 *Kommission*, Vorschlag für eine Verordnung des Rates zur Durchführung der in den Artikeln 81 und 82 EG-Vertrag niedergelegten Wettbewerbsregeln, ABl. C 365 E/284 v. 19.12.2000, Begründung zu Art. 29 (S. 31).

Erlass von Gruppenfreistellungsverordnungen verwiesen und es finde sich dabei keine Andeutung, dass sich die neue Befugnis nun auf einen anderen Typ von Gruppenfreistellungsverordnungen beziehen solle.[342] Auch die Bundesregierung hat sich in der Begründung des Entwurfs der 7. GWB-Novelle für die konstitutive Wirkung ausgesprochen.[343]

III. Stellungnahme

Der ersten Meinung ist schon nicht zuzustimmen, dass es systemwidrig erscheint, wenn die Kommission im System der Legalausnahme noch konstitutive Entscheidungen über das Vorliegen der Voraussetzungen des Art. 81 Abs. 3 EG trifft. Zwar ist unter gesetzestechnischen Aspekten keine Entscheidung oder besonderer Akt der Kartellbehörden hinsichtlich des Vorliegens der Voraussetzungen des Art. 81 Abs. 3 EG bzw. § 2 Abs. 1 GWB mehr erforderlich, da Art. 81 Abs. 3 EG bzw. § 2 Abs. 1 GWB von Gesetzes wegen eingreifen. Dem steht aber nicht entgegen, dass *zugleich* durch eine Gruppenfreistellungsverordnung festgestellt wird, dass die Freistellung eingreift.[344] Eine solche „Doppelwirkung" ist im deutschen Recht seit langem anerkannt.[345]

Die Argumentation derjenigen, die gleichzeitig eine deklaratorischen Wirkung der Gruppenfreistellungsverordnungen und eine bindende Wirkung annehmen, ist widersprüchlich. Für die konstitutive Wirkung der Gruppenfreistellungsverordnungen spricht vor allem, dass sie Verordnungen des Rates iSd. Art. 249 Abs. 2 EG sind.[346] Dadurch sind die Gruppenfreistellungsverordnungen – als *lex* im materiellen Sinne – in allen ihren Teilen verbindlich und gelten unmittelbar in jedem Mitgliedstaat. Verbindlichkeit bedeutet rechtliche Gehorsamspflicht und rechtliche Berufungsmöglichkeit.[347] Die Pflicht der Mitgliedstaaten und aller Rechtsanwender zur Beachtung einer Verordnung gilt unbedingt und

---

342 *Eilmansberger*, JZ 2001, 365 (374).

343 *Bundesregierung*, Entwurf eines Siebten Gesetzes zur Änderung des Gesetzes gegen Wettbewerbsbeschränkungen, BT-Drs. 15/3640, S. 25.

344 *K. Schmidt*, BB 2003, 1237 (1241). Zustimmend *Wagner*, WRP 2003, 1369 (1377); *A. Fuchs*, ZWeR 2005, 1 (13).

345 *Kipp*, in: Festschrift Martitz, 1911, S. 211 (223 ff.).

346 Dies ergibt sich noch nicht allein daraus, dass die Rechtsakte als (Gruppenfreistellungs-)Verordnungen bezeichnet werden. Eine ausführliche Analyse zu der Frage, ob Gruppenfreistellungsverordnungen unter Art. 249 Abs. 2 EG fallen, findet sich bei *Brunn*, Die EG-Kartellverfahrensverordnung 1/2003, S. 44-49.

347 *H.P. Ipsen*, Europäisches Gemeinschaftsrecht, S. 450 f.; *G. Schmidt*, in: von der Groeben/Schwarze, Band 4, Art. 249 Rn. 30.

vorbehaltlos.[348] Sie haben Verordnungsbestimmungen umfassend zu beachten, solange diese nicht vom Gerichtshof für ungültig erklärt worden sind.[349] Wenn man annähme, dass die Gruppenfreistellungsverordnungen nur noch deklaratorische Wirkung hätten, sie also keine rechtsverbindlichen Freistellungen gewähren könnten, dann würde die im EG-Vertrag für die Verordnungen vorgesehene Verbindlichkeit und rechtliche Berufungsmöglichkeit konterkariert. Daher folgt aus Art. 249 Abs. 2 EG, dass die Gruppenfreistellungsverordnungen auch im neuen System der Legalausnahme die üblichen Wirkungen einer Verordnung haben müssen und die Kommission sowie die nationalen Gerichte und Behörden nicht über ihre Wirksamkeit und Anwendbarkeit disponieren können.[350]

Bei einer lediglich deklaratorischen Wirkung wäre der Freistellungsbereich der Gruppenfreistellungsverordnungen in allen Fällen deckungsgleich mit den durch Art. 81 Abs. 3 EG gewährten Freistellungen. Unter der Prämisse der deklaratorischen Wirkung der Gruppenfreistellungsverordnungen würde aber ein Widerspruch zu zwei in der europäischen Kartellverfahrensverordnung getroffenen Regelungen entstehen. Könnte die Freistellung durch die Gruppenfreistellungsverordnung auch in Ausnahmefällen niemals über die durch – den nun unmittelbar anwendbaren – Art. 81 Abs. 3 EG gewährte Freistellung hinausgehen, so bestünde kein Bedürfnis zum (konstitutiven) Entzug des Rechtsvorteils der Gruppenfreistellungsverordnungen nach Art. 29 Abs. 1, 2. Halbsatz und Abs. 2 VO Nr. 1/2003. Bei lediglich deklaratorischer Wirkung der Gruppenfreistellungsverordnungen wäre auch Art. 3 Abs. 2 Satz 1 VO Nr. 1/2003 nicht zu erklären. Aus Art. 3 Abs. 2 Satz 1 VO Nr. 1/2003 ergibt sich, dass bei zwischenstaatlich wirkenden Vereinbarungen die primärrechtliche Freistellung nach Art. 81 Abs. 3 EG sowie eine Freistellung durch eine europäische Gruppenfreistellungsverordnung Vorrang vor dem Verbot dieser Vereinbarungen durch nationales Kartellrecht haben. Wenn die Gruppenfreistellungsverordnungen lediglich deklaratorische Wirkung hätten und in keinem Fall von der Freistellung durch Art. 81 Abs. 3 EG abweichen könnten, so wäre die Bezugnahme auf die Gruppenfreistellungsverordnungen in Art. 3 Abs. 2 Satz 1 VO Nr. 1/2003 überflüssig. Denn wenn die Freistellung durch die Gruppenfreistellungsverordnungen in jedem Fall deckungsgleich mit der Freistellung durch Art. 81 Abs. 3 EG wäre, müsste nicht gesondert auf die Gruppenfreistellungs-

348 *Nettesheim*, in: Grabitz/Hilf, Kommentar zum Recht der Europäischen Union, Art. 249 Rn. 120.

349 *Nettesheim*, in: Grabitz/Hilf, Kommentar zum Recht der Europäischen Union, Art. 249 Rn. 120.

350 So auch *Jaeger*, WuW 2000, 1062 (1066).

verordnungen hingewiesen werden.[351] *E contrario* folgt also aus Art. 3 Abs. 2 Satz 1 und Art. 29 Abs. 1, 2. Halbsatz und Abs. 2 VO Nr. 1/2003, dass die Gruppenfreistellungsverordnungen konstitutive Wirkung haben.

Eine konstitutive Entscheidung der Kommission über die Freistellungsfähigkeit vertikaler Vereinbarungen ist auch angesichts des Übergangs vom Anmeldesystem zum System der Legalausnahme und der dadurch hervorgerufenen Rechtsunsicherheit wichtiger als je zuvor. Nach der Kartellverfahrensreform besteht ein besonderes Bedürfnis für rechtsverbindlich wirkende Gruppenfreistellungen, da eine Freistellung allein nach den generalklauselartigen Freistellungstatbeständen (Art. 81 Abs. 3 EG und § 2 Abs. 1 GWB) mit zahlreichen Unsicherheiten behaftet ist. Könnten die Gerichte – die deklaratorische Wirkung der Gruppenfreistellungsverordnungen unterstellt – die von den Verordnungen erfassten Vereinbarungen gleichwohl für unwirksam erklären, so bliebe eine beträchtliche Rechtsunsicherheit und ein erhebliches Bußgeldrisiko bestehen. Nur wenn durch die konstitutiv wirkenden Gruppenfreistellungsverordnungen für die Unternehmen ein „sicherer Hafen“[352] geschaffen wird und die Unternehmen dabei darauf vertrauen können, dass kein Bußgeld für Vereinbarungen verhängt wird, die sie anhand der Gruppenfreistellungsverordnungen getroffen haben, lässt sich die geringe Rechtssicherheit des Legalausnahmesystems entschärfen. Daher besteht gerade im System der Legalausnahme ein praktisches Bedürfnis für konstitutiv wirkende Gruppenfreistellungsverordnungen.

Weiterhin wäre ohne eine konstitutive Wirkung der Gruppenfreistellungsverordnung die Rolle der Kommission als „Hüterin des EG-Vertrags“ nach Art. 211 EG und als Koordinatorin der gemeinschaftlichen Wettbewerbspolitik[353] stark eingeschränkt. Bei dem Erlass von Gruppenfreistellungsverordnungen kann die Kommission durch Festlegung von Grundsätzen der Wettbewerbspolitik im EG-Kartellrecht für Kohärenz sorgen, was gerade bei der nun verstärkten Dezentralisierung des Kartellrechts unverzichtbar ist. Nur wenn die Gruppenfreistellungsverordnungen konstitutive Wirkung haben, kann die Kommission verbindliche Maßstäbe für die Anwendung des Art. 81 Abs. 3 EG setzen und die Gruppenfreistellungsverordnungen als Instrument zur Schaffung einer einheitlichen Wettbewerbspolitik nutzen. Neuere Äußerungen der Kommission deuten

---

351 Siehe *A. Fuchs*, ZWeR 2005, 1 (11).

352 *Kommission*, Vorschlag für eine Verordnung des Rates zur Durchführung der in den Artikeln 81 und 82 EG-Vertrag niedergelegten Wettbewerbsregeln, ABl. C 365 E/284 v. 19.12.2000, Begründung II C 2 b (S. 10).

353 Zu dieser Rolle der Kommission siehe *EuGH*, Urt. vom 14.12.2000 – Rs. C-344/98 – Slg. 2000, I-11369 (11427) Rn. 46 „Masterfoods“.

ebenfalls auf eine konstitutive Wirkung der Gruppenfreistellungsverordnungen hin. In den Leitlinien zur Anwendung von Artikel 81 Abs. 3 EG-Vertrag formuliert die Kommission dies folgendermaßen: *„Alle bestehenden Gruppenfreistellungsverordnungen behalten ihre Gültigkeit, und durch eine Gruppenfreistellungsverordnung erfasste Vereinbarungen sind wirksam und durchsetzbar, selbst wenn sie den Wettbewerb im Sinne von Artikel 81 Absatz 1 beschränken. Diese Vereinbarungen können nur für die Zukunft und nur nach förmlichem Entzug der Gruppenfreistellung durch die Kommission oder eine nationale Wettbewerbsbehörde untersagt werden. Von Gruppenfreistellungsverordnung erfasste Vereinbarungen können nicht durch nationale Gerichte in zivilrechtlichen Verfahren für nichtig erklärt werden.“* [354]

B. Ergebnis

Somit haben Gruppenfreistellungsverordnungen konstitutive Wirkung. Dies bedeutet, dass eine Vereinbarung, die die Voraussetzungen einer Gruppenfreistellungsverordnung erfüllt, als freigestellt gilt, selbst wenn der Tatbestand des Art. 81 Abs. 3 EG bzw. § 2 Abs. 1 GWB nicht erfüllt ist. Diese Immunisierung von Vereinbarungen, die durch die Gruppenfreistellungsverordnungen erfasst sind, wird als Sperrwirkung[355] bzw. Abschirmeffekt[356] bezeichnet. Auf diese Weise sind die Kommission bzw. die nationalen Behörden und Gerichte an die Feststellungen der Gruppenfreistellungsverordnungen gebunden. Die Unternehmen befinden sich (zunächst) in einem „sicheren Hafen“, wenn sie sich bei ihren Vereinbarungen an der vGVO orientieren. Dies gilt jedoch nur so lange, wie Kommission bzw. nationale Kartellbehörden den Rechtsvorteils der Gruppenfreistellung nicht entzogen haben oder die Kommission durch Verordnung erklärt hat, dass die Gruppenfreistellungsverordnung nicht anwendbar ist.[357] Es

354 *Kommission*, Leitlinien zur Anwendung von Artikel 81 Abs. 3 EG-Vertrag, ABl. C 101/97 v. 27.4.2004, Tz. 2. Siehe auch Tz. 37.

355 *Müller-Graff*, EuR 1992, 1 (30).

356 *A. Fuchs*, ZWeR 2005, 1 (12).

357 Der Entzug des Rechtsvorteils der Gruppenfreistellungsverordnung durch die Kommission ist in Art. 7 Abs. 1 der Verordnung Nr. 19/65/EWG vorgesehen (Verordnung des Rates über die Anwendung von Art. 81 Abs. 3 EG des Vertrages auf Gruppen von Vereinbarungen und aufeinander abgestimmten Verhaltensweisen, ABl. L 26/533 v. 6.5.1965; zuletzt geändert durch die VO (EG) Nr. 1215/1999 v. 10.6.1999, ABl. L 148/1 v. 15.6.1999). Siehe auch Art. 6 der vGVO. Der Entzug des Rechtsvorteils durch die nationalen Kartellbehörden ist Art. 7 Abs. 2 der Verordnung Nr. 19/65 geregelt, der durch die Verordnung 1215/1999 eingefügt wurde. Die Erklärung der Nichtanwendbarkeit der Gruppenfreistellungsverordnung erfolgt nach Art. 8 der Verordnung 19/65, der ebenfalls durch die Verordnung 1215/1999 eingefügt wurde. Siehe auch Art. 8 vGVO.

ist zu beachten, dass Dritte einen gerichtlich durchsetzbaren Rechtsanspruch auf Erlass einer Entzugsentscheidung iSd. § 32d GWB haben, wenn eine von einer Gruppenfreistellungsverordnung freigestellte Vereinbarung die Voraussetzungen des Art. 81 Abs. 3 EG bzw. § 2 Abs. 1 GWB nicht erfüllt.

Dritter Teil: Spürbarkeit der Wettbewerbsbeschränkung

Nach dem Grundsatz *de minimis non curat lex*[358] stellt sich auch im Kartellrecht die Frage, unter welchen Voraussetzungen Vereinbarungen mit lediglich geringfügigen Auswirkungen auf den Markt nicht dem Kartellverbot unterliegen. Diese Frage wird innerhalb der vorliegenden Arbeit relevant, da nicht nur das „wie", sondern auch das „ob" der innerstaatlichen Anwendung der vGVO zu behandeln ist. Gerade bei innerstaatlich wirkenden Vereinbarungen, also solchen, die auf lokalen und regionalen Märkten abgeschlossen werden, ist vorstellbar, dass viele dieser Vereinbarungen bereits mangels Spürbarkeit keine Kartellrechtsverstöße darstellen. Da in diesem Fall die vGVO nicht anwendbar ist, beinhaltet die Untersuchung der Spürbarkeit der Wettbewerbsbeschränkung zugleich eine Analyse des Anwendungsbereichs der vGVO.

Sowohl im europäischen als auch im deutschen Kartellrecht besteht Einigkeit darüber, dass Vereinbarungen mit geringfügigen Auswirkungen auf den Wettbewerb kartellrechtlich immunisiert sein sollten. Dennoch ist die Spürbarkeit der Wettbewerbsbeschränkung bislang im deutschen und im europäischen Recht nicht immer nach einheitlichen Maßstäben beurteilt worden. Selbst im europäischen Kartellrecht verfolgen Gerichtshof und Kommission bei der Beurteilung der Spürbarkeit im Detail divergierende Ansätze.

Es ist herausgearbeitet worden, dass die Auslegung der §§ 1, 2 GWB einschließlich der Gruppenfreistellungsverordnungen nach der Kartellrechtsnovelle anhand der Rechtsprechung des Gerichtshofs und der Verwaltungspraxis der Kommission zu erfolgen hat.[359] Dies bedeutet in der Konsequenz, dass die Spürbarkeit im Rahmen des § 1 GWB nach europäischem Kartellrecht beurteilt werden muss. Im Folgenden soll zunächst ein kurzer Überblick über die Spürbarkeit im europäischen Kartellrecht gegeben werden (Erster Abschnitt). Anschließend wird zu klären sein, ob das Quantitativum der im europäischen Kartellrecht angewandten Spürbarkeitsschwelle auch im nationalen Recht – insbesondere bei den innerstaatlichen Wettbewerbsbeschränkungen – sachgerecht ist (Zweiter Abschnitt). Diese Untersuchung ist deshalb von Bedeutung, da im Bereich der Spürbarkeit ein Gleichlauf von europäischem und deutschem Kartellrecht gerade nicht ohne weiteres anzunehmen ist. Es ist immer als

---

358 Bzw. *de minimis non curat praetor*.

359 Zudem wird in den Materialien zur 7. GWB-Novelle auf die Anwendbarkeit der Bagatell-Bekanntmachung der Kommission hingewiesen, vgl. *Bundesregierung*, Entwurf eines Siebten Gesetzes zur Änderung des Gesetzes gegen Wettbewerbsbeschränkungen, BT-Drs. 15/3640, S. 23. Für die analoge Anwendung der Bagatell-Bekanntmachung hat sich auch *Bahr*, WuW 2004, 259 (260) ausgesprochen.

Aufgabe der nationalen Kartellrechte gesehen worden, speziell für diejenigen Wettbewerbsbeschränkungen Regeln aufzustellen, die nach europäischem Kartellrecht nicht als spürbar gelten.[360] Das „engmaschigere“[361], deutsche Kartellrecht hat mithin die Aufgabe, auch Wettbewerbsbeschränkungen, die nach europäischem Kartellrecht nicht als spürbar gelten, auf ihre Wettbewerbskonformität zu untersuchen.

Erster Abschnitt: Spürbarkeit im europäischen Kartellrecht

Zur Beurteilung der Spürbarkeit im europäischen Kartellrecht sind sowohl die Rechtsprechung des Gerichtshofs als auch die Verwaltungspraxis einschließlich der Bagatell-Bekanntmachung der Kommission heranzuziehen.

A. Rechtsprechung des Gerichtshofs

Nach der Rechtsprechung des Gerichtshofs greift das Kartellverbot nicht ein, wenn eine Vereinbarung keine spürbaren Auswirkungen auf den innergemeinschaftlichen Handel hat oder keine spürbare Wettbewerbsbeschränkung vorliegt. Eine Vereinbarung hat dann keine spürbaren Auswirkungen, wenn sie den Markt mit Rücksicht auf die schwache Stellung der Beteiligten auf dem Markt der fraglichen Erzeugnisse nur geringfügig beeinträchtigt.[362] Für die Beurteilung der Spürbarkeit zieht der Gerichtshof in erster Linie den addierten Marktanteil der an der jeweiligen Vereinbarung beteiligten Unternehmen heran. Während der Gerichtshof die Spürbarkeit bei einem Marktanteil von mehr als 5% in der Regel als gegeben ansieht[363], geht er bei einem Marktanteil unterhalb der 1%-Grenze davon aus, dass eine Vereinbarung keine spürbaren Wirkungen auf den Wettbewerb hat.[364] Bei der Ermittlung der Spürbarkeit fungiert der Marktanteil der Unternehmen aber nicht als alleiniger Indikator. Vielmehr führt der Gerichtshof gelegentlich auch eine einzelfallbezogene Marktstrukturanalyse durch,

---

360 *Säcker*, Zielkonflikte und Koordinationsprobleme, S. 55: „*Die Bekämpfung der, bezogen auf den gesamten EWG-Raum, quantitativ nicht erheblichen Wettbewerbsbeschränkungen kann durchaus den nationalen Kartellbehörden überlassen bleiben.*“

361 *Säcker*, Zielwandlungen und Zielkonflikte in der Wettbewerbspolitik, S. 96.

362 *EuGH*, Urt. v. 9.7.1969 – Rs. 5/69 – Slg. 1969, 295 (302) Rn. 7 „Völk/Vervaecke“; *EuGH*, Urt. v. 28.4.1998 – C-306/96 – Slg. 1998, I-1983 (2003) Rn. 17 „Javico“:

363 *EuGH*, Urt. v. 1.2.1978 – Rs. 19/77 – Slg. 1978, 131 (149) Rn. 8-10 „Miller International“; *EuGH*, Urt. v. 25.10.1983 – Rs. 107/82 – Slg. 1983, 3151 (3201) Rn. 58 „AEG“.

364 *EuGH*, Urt. v. . 9.7.1969 – Rs. 5/69 – Slg. 1969, 295 (299, 302) Rn. 7 „Völk/Vervaecke“.

bei der er unter anderem die Bedeutung und Größe der beteiligten Unternehmen, die Art und Menge der betroffenen Erzeugnisse oder den Ausfuhrhandelsanteil der von der Koordinierung betroffenen Geschäfte berücksichtigt.[365] Wie bereits im Zusammenhang mit der Zwischenstaatlichkeitsklausel angedeutet, ist bei der Beurteilung der Spürbarkeit der Beeinträchtigung des zwischenstaatlichen Handels auch die Bündeltheorie des Gerichtshofs zu beachten.[366] Gerade bei vertikalen Wettbewerbsbeschränkungen ist die Bündeltheorie von besonderer Bedeutung, da vertikale Wettbewerbsbeschränkungen häufig gebündelt auftreten. Denn die Lieferanten setzen vertikale Vereinbarungen als Mittel zur Strukturierung ihres Vertriebssystems regelmäßig in einer Vielzahl von Absatzverträgen ein.[367]

B. Verwaltungspraxis der Kommission

Die Kommission hat sich in ihrer kartellrechtlichen Praxis seit Jahren mit der Frage beschäftigt, unter welchen Voraussetzungen Vereinbarungen nicht als spürbar anzusehen sind. Um die kartellrechtliche Selbsteinschätzung der Unternehmen zu erleichtern, hat die Kommission im Jahr 1970 eine erste Bagatell-Bekanntmachung veröffentlicht, die sie seitdem fünf Mal an neue wirtschaftliche Erfordernisse und Erkenntnisse angepasst hat.[368] In ihrer aktuellen Bagatell-Bekanntmachung aus dem Jahr 2001 misst die Kommission vertikalen Bindungen keine spürbare Wirkung bei, wenn der Marktanteil, den jedes der beteiligten Unternehmen auf dem von der Vereinbarung betroffenen relevanten Markt besitzt, 15% nicht übersteigt.[369] In diesem Fall ist Art. 81 Abs. 1 EG mangels

---

365 *EuGH*, Urt. v. 25.11.1971 – Rs. 22/71 – Slg. 1971, 949 (960) Rn. 16/18 „Béguelin"; *EuGH*, Urt. v. 14.12.1983 – Rs. 319/82 – Slg. 1983, 4173 (4183) Rn. 8 „Société de Vente" (Spürbarkeit bei 10% Marktanteil); *EuGH*, Urt. v. 21.2.1984 – Rs. 86/82 – Slg. 1984, 883 (902) Rn. 20-23 „Hasselblad"; *EuGH*, Urt. v. 10.12.1985 – Rs. 260/82 – Slg. 1985, 3801 (3824) Rn. 46 „Nederlandse Sigarenwinkeliers Organisatie".

366 Siehe Zweiter Teil, Erster Abschnitt, A. (S. 24).

367 *Kirchhoff*, in: Wiedemann, Hdb. d. KartellR § 9 Rn. 15.

368 *Kommission*, Bekanntmachung über Vereinbarungen von geringer Bedeutung, ABl. C 64/1 v. 2.6.1970; *dies.*, Bekanntmachung über Vereinbarungen von geringer Bedeutung, die den Wettbewerb gemäß Artikel 81 Abs. 1 des Vertrages zur Gründung der Europäischen Gemeinschaft nicht spürbar beschränken (*de minimis*), ABl. C 368/13 v. 22.12.2001. Siehe zur ersten Bagatell-Bekanntmachung *Säcker*, Zielwandlungen und Zielkonflikte in der Wettbewerbspolitik, S. 150.

369 *Kommission*, Bekanntmachung über Vereinbarungen von geringer Bedeutung, die den Wettbewerb gemäß Artikel 81 Abs. 1 des Vertrages zur Gründung der Europäischen Gemeinschaft nicht spürbar beschränken (*de minimis*), ABl. C 368/13 v. 22.12.2001, Tz. 7 lit. b.

Spürbarkeit der Wettbewerbsbeschränkung sowie mangels Einschlägigkeit der Zwischenstaatlichkeitsklausel nicht anwendbar, so dass im Bagatellbereich allein nationales Recht gilt. Neben diesen quantitativen Grenzen enthält die Bagatell-Bekanntmachung aber auch Regelungen, wonach bei Eingreifen bestimmter qualitativer Faktoren die 15%-Grenze nicht anwendbar ist.[370] So ist nach der Bagatell-Bekanntmachung die Spürbarkeit von – die 15%-Grenze unterschreitenden – vertikalen Vereinbarungen dann nicht ausgeschlossen, wenn die Vereinbarungen bestimmte enumerativ aufgeführte Kernbeschränkungen enthalten, die größtenteils mit der in Art. 4 vGVO enthaltenen schwarzen Liste übereinstimmen.[371] Somit greift bei Vereinbarungen, die Kernbeschränkungen enthalten, nicht die Vermutung, dass die Vereinbarungen unterhalb einer bestimmten Marktanteilsschwelle nicht spürbar sind. Bei kumulativer Wirkung von wettbewerbsbeschränkenden Vereinbarungen gilt statt der 15%- eine 5%-Grenze. Zudem weist die Kommission in der Bagatell-Bekanntmachung darauf hin, dass Vereinbarungen zwischen kleinen und mittleren Unternehmen (KMU) selten geeignet sind, den Handel zwischen den Mitgliedstaaten spürbar zu beeinträchtigen.[372] Zu beachten ist, dass die Kommission in ihrer Bekanntmachung nur die Voraussetzung der fehlenden Spürbarkeit umschreibt. Die Tatsache, dass eine Vereinbarung nicht in den Anwendungsbereich der Bagatell-Bekanntmachung fällt, bedeutet nicht zwangsläufig, dass ihre Spürbarkeit deshalb anzunehmen ist. Allein das Überschreiten der genannten Schwellenwerte lässt somit nicht darauf schließen, dass eine spürbare Wettbewerbsbeschränkung vorliegt.[373]

---

370 Hinsichtlich der Anwendbarkeit der Bagatell-Bekanntmachung bei Kernbeschränkungen siehe *Kommission*, Bagatell-Bekanntmachung, ABl. C 368/13 v. 22.12.2001, Tz. 11 Nr. 2 und *Kommission*, Leitlinien für vertikale Beschränkungen, ABl. C 291/1 v. 3.10.2000, Tz. 11.

Bezüglich der Anwendbarkeit der Bagatell-Bekanntmachung bei kumulativen Wirkungen siehe *Kommission*, Bagatell-Bekanntmachung, ABl. C 368/13 v. 22.12.2001, Tz. 8 und *Kommission*, Leitlinien für vertikale Beschränkungen, ABl. C 291/1 v. 3.10.2000, Tz. 11.

371 Bei Wettbewerbsverboten iSd. Art. 5 vGVO gilt die 15%-Grenze für vertikale Wettbewerbsbeschränkungen ohne diese Ausnahme; gleichwohl kann die Spürbarkeit von Vereinbarungen bei kumulativen Wirkungen anzunehmen sein.

372 *Kommission*, Bagatell-Bekanntmachung, ABl. C 368/13 v. 22.12.2001, Tz. 3.

373 *Kommission*, Leitlinien zur Anwendung von Artikel 81 Abs. 3 EG-Vertrag, ABl. C 101/97 v. 27.4.2004, Fn. 32 und Tz. 24. Siehe auch *OFT*, Agreements and Concerted Practices – Understanding Competition Law, Guideline No. 401, 2.20.

Die Bagatell-Bekanntmachung konkretisiert die Rechtsprechung des Gerichtshofs zur Spürbarkeit und stimmt insofern im Wesentlichen mit ihr überein. Bei Kernbeschränkungen muss im Einzelfall beurteilt werden, ob sie spürbar sind. Der Gerichtshof hat entschieden, dass auch bei Kernbeschränkungen eine Kartellrechtswidrigkeit abzulehnen sein kann, wenn besonders geringe Marktanteile vorliegen.[374] Die deutsche Rechtsprechung hat bei besonders schwerwiegenden Vereinbarungen trotz geringer Marktanteile zum Teil das Vorliegen der Spürbarkeit einer Wettbewerbsbeschränkung angenommen.[375]

Zweiter Abschnitt: Übertragung des europäischen Konzepts der Spürbarkeit auf innerstaatliche Sachverhalte

Im deutschen Kartellrecht ist die Spürbarkeit vertikaler Vereinbarungen im Rahmen des § 1 GWB zu prüfen. Bereits § 1 GWB a.F., der sich bis zur 7. GWB-Novelle nur auf horizontale Vereinbarungen bezog, enthielt bis zur 6. GWB-Novelle eine Bagatellgrenze, die im Tatbestandsmerkmal „Eignung zur Marktbeeinflussung" verankert war. Nachdem dieses Tatbestandsmerkmal im Zuge der 6. GWB-Novelle aus dem Tatbestand gestrichen worden war, bestand Einigkeit darüber, dass eine Bagatellgrenze nach wie vor in den Tatbestand hineinzulesen war.[376] Der Bundesgerichtshof hat hinsichtlich der Spürbarkeit der Wettbewerbsbeschränkung in den meisten Fällen auf die Marktstruktur abge-

---

374 *EuGH*, Urt. v. 9.7.1969 – Rs. 5/69 – Slg. 1969, 295 (302) Rn. 7 „Völk/Vervaecke" in Bezug auf absoluten Gebietsschutz; *EuGH*, Urt. v. 6.5.1971 – Rs. 1/71 – Slg. 1971, 351 (356) Rn. 7/10 „Cadillon/Höss"; *EuGH*, Urt. v. 28.4.1998 – C-306/96 – Slg. 1998, I-1983 (2003) Rn. 17 „Javico". So auch *OLG Düsseldorf*, Urt. v. 23.6.2004, WuW/E DE-R 1410 ff. „Tschechisches Bier", wo die Spürbarkeit von Kernbeschränkungen bei einem Marktanteil von 0,16% abgelehnt wurde. Ähnlich: *Conseil de la Concurrence* (Französischer Wettbewerbsrat), Entsch. v. 22.1.2002 „Barbour", vgl. *Thill-Tayara*, E.C.L.R. 2002, 474 f. In dieser Entscheidung lehnte der Wettbewerbsrat eine Freistellung nach der vGVO allerdings trotz Vorliegens einer hardcore-Beschränkung wegen Geringfügigkeit ab (Marktanteil weniger als 1%). Ähnlich entschied der Wettbewerbsrat im Benetton-Fall vom 24.9.2001, wo eine zusätzliche Durchsuchung abgelehnt wurde, da selbst wenn der Vorwurf der Preisbindung zutreffend sei, diese wegen 3%-Marktanteils nicht spürbar sei. Der *Cour d'Appel de Paris* hat in seinem Urteil vom 7.5.2002 die Entscheidung des Wettbewerbsrats in diesem Punkt nicht beanstandet.

375 Vgl. *BGH*, Urt. v. 14.4.1983, WuW/E BGH 2000 (2002) „Beistand bei Kostenangeboten"; *OLG München*, Urt. v. 23.10.1986, WuW/E OLG 3946 (3948) „Fassadenbau"; ähnlich *Emmerich*, Kartellrecht, § 3 7 d) (S. 44).

376 Siehe ausdrücklich *BKartA*, Beschl. v. 15.7.2002 – B 8-87/01 „citiworks"; *BKartA*, Beschl. v. 25.8.1999, WuW/E DE-V 209 (213) „Stellenmarkt für Deutschland II"; siehe auch *Hossenfelder/Töllner/Ost*, Kartellrechtspraxis und Kartellrechtsprechung 2003/04, Rn. 80.

stellt.[377] Eine exakte Quantifizierung der *de minimis*-Grenze hat er jedoch – anders als das Bundeskartellamt[378] und die Oberlandes- und Landgerichte – nicht vorgenommen.[379]

Nach der Rechtsharmonisierung mit europäischem Kartellrecht durch die 7. GWB-Novelle muss nun auch die Auslegung des Spürbarkeitskriteriums anhand des europäischen Kartellrechts erfolgen. Der Übertragung der aus dem europäischen Kartellrecht bekannten Spürbarkeitsprüfung steht nicht entgegen, dass sie zugleich Bestandteil der Zwischenstaatlichkeitsklausel ist. Zwar sind das Kriterium der Spürbarkeit und das der Beeinträchtigung des zwischenstaatlichen Handels innerhalb der Zwischenstaatlichkeitsklausel eng miteinander verbunden. Ohne das Vorliegen der Spürbarkeit kann die Zwischenstaatlichkeitsklausel nicht erfüllt sein. Dennoch ist es möglich, dass es an einer Beeinträchtigung des zwischenstaatlichen Handels fehlt, die Spürbarkeit der Beschränkung aber gleichwohl vorliegt. Dieser Fall liegt bei innerstaatlich wirkenden Wettbewerbsbeschränkungen vor. Somit kann die aus dem europäischen Kartellrecht bekannte Spürbarkeit auch losgelöst von dem Element des zwischenstaatlichen Handels betrachtet werden. Auch wenn der Gerichtshof in seinen Urteilen regelmäßig auf eine doppelte Spürbarkeitsprüfung verzichtet und erst im Rahmen der Zwischenstaatlichkeitsklausel Überlegungen zur Spürbarkeit anstellt, muss die Spürbarkeit auf europäischer Ebene bei dogmatisch korrekter Prüfung sowohl im Rahmen der Zwischenstaatlichkeitsklausel als auch ein weiteres Mal bei der Spürbarkeit der Wettbewerbsbeschränkung isoliert geprüft werden. Dies spricht für die Abtrennbarkeit der Spürbarkeit von der Zwischenstaatlichkeitsklausel. Zudem weist die Kommission in ihrer aktuellen Bagatell-Bekanntmachung darauf hin, dass sie in der Bekanntmachung nur die Spürbarkeit einer Wettbewerbsbeschränkung konkretisiert.[380] Somit bestehen

---

377 *BGH*, Urt. v. 14.1.1997, WuW/E BGH 3115 (3120) „Druckgußteile"; *BGH*, Beschl. v. 13.1.1998, WuW/E DE-R 115 (119 f.) „CP-System (carpartner)". Siehe auch *Zimmer*, in: Immenga/Mestmäcker, GWB, § 1 Rn. 257 mwN.

378 *BKartA*, Bekanntmachung Nr. 57/80 v. 8.7.1980 über die Nichtverfolgung von Kooperationsabreden mit geringer wettbewerbsbeschränkender Bedeutung – Bagatell-Bekanntmachung, BAnz. Nr. 133. Siehe auch *Bayerisches Staatsministerium für Wirtschaft, Verkehr und Technologie (Landeskartellbehörde)*, Bekanntmachung vom 25.9.2000 über die Nichtverfolgung von Kooperationsabreden kleiner und mittlerer Unternehmen mit geringer wettbewerbsbeschränkender Bedeutung, Nr. 5551g - W/1c - 27 783, S. 2.

379 Siehe dazu ausführlich *U. J. Schneider*, Das Bagatellkartell, S. 93 ff. und *Bunte*, in: Bunte, Kommentar zum deutschen und europäischen Kartellrecht, Band 1, § 1 Rn. 232-238.

380 *Kommission*, Bagatell-Bekanntmachung, ABl. C 368/13 v. 22.12.2001, Tz. 3.

gegen die Übertragung der Spürbarkeitsprüfung des europäischen Kartellrechts ins deutsche Kartellrecht keine Bedenken im Hinblick darauf, dass die europäische Spürbarkeitsregelung auch ein Teil der Zwischenstaatlichkeitsklausel ist.[381]

Die Spürbarkeitsprüfung des Europäischen Gerichtshofs ist ebenso einzelfallbezogen wie diejenige des Bundesgerichtshofs und stellt schwerpunktmäßig auf die Marktstruktur ab. Insofern gleicht die frühere Rechtsprechung des Bundesgerichtshofs zur Spürbarkeit dem Konzept des Gerichtshofs, was dafür spricht, auch nach der 7. GWB-Novelle die frühere deutsche Rechtsprechung des Bundesgerichtshofs bei der Spürbarkeitsprüfung teilweise mit heranzuziehen. Dabei ist allerdings zu beachten, dass § 1 GWB in seiner neuen Fassung nun nicht nur horizontale, sondern auch vertikale Vereinbarungen erfasst und insofern Modifizierungen der früheren BGH-Rechtsprechung erforderlich sind.[382]

Da die einzelfallorientierte Spürbarkeitsprüfung des Gerichtshofs gerade im System der Legalausnahme eine beträchtliche Rechtsunsicherheit mit sich bringt, haben die Unternehmen ein starkes Interesse an der Anwendung der Bagatell-Bekanntmachung der Kommission mit ihren klaren Marktanteilsschwellen.[383] Im Folgenden soll überprüft werden, ob die aus der Bagatell-Bekanntmachung bekannten Schwellenwerte, die für Sachverhalte mit zwischenstaatlichen Auswirkungen konzipiert worden sind, bei innerstaatlichen Sachverhalten wettbewerbspolitisch sachgerecht sind.

A. Übertragung der europäischen Schwellenwerte der Bagatell-Bekanntmachung auf innerstaatliche Sachverhalte?

Fraglich ist, ob es wettbewerbspolitisch sachgerecht ist, die aus der Bagatell-Bekanntmachung bekannten Spürbarkeitsschwellen von 10% und 15%, die für Sachverhalte mit zwischenstaatlichen Auswirkungen konzipiert sind, für innerstaatliche Sachverhalte zu übernehmen.

---

381 So im Ergebnis auch Schanze, Die europaorientierte Auslegung des Kartellverbots, S. 229.

382 Vertikale Vereinbarungen werden im europäischen Recht nur unter höheren Voraussetzungen als spürbar angesehen, was auch in der Bagatell-Bekanntmachung zum Ausdruck kommt: Für horizontale Vereinbarungen besteht eine de-minimis-Grenze von 10% Marktanteil, für vertikale Vereinbarungen eine von 15%.

383 Siehe zur Anwendbarkeit der Bagatell-Bekanntmachung auf § 1 GWB auch *Nordemann*, in: Loewenheim/Meessen/Riesenkampff, Kartellrecht, Band 2, § 1 Rn. 144 (S. 76). Auch *Rißmann*, WuW 2006, 881 (884) hat sich für die Anwendbarkeit der Bagatell-Bekanntmachung im innerstaatlichen Bereich ausgesprochen.

Dreher hat die Anwendung des europäischen Kartellrechts deshalb kritisiert, weil die dort bestehenden recht hohen Marktanteilsschwellen bei Sachverhalten mit lediglich lokaler oder regionaler Bedeutung zu hoch sein könnten.[384] Vor diesem Hintergrund ließe sich befürchten, dass bei der Anwendung des europäischen Wettbewerbsrechts in Deutschland in zu vielen innerstaatlichen Fällen die Spürbarkeit einer Wettbewerbsbeschränkung abzulehnen wäre und so zu viele Fälle durch das Raster der Wettbewerbskontrolle fallen würden. Die aus dem europäischen Kartellrecht übernommene Regelung könnte also *zu liberal* sein und möglicherweise keinen adäquaten Schutz des Wettbewerbs gewährleisten.

Demgegenüber hat der *CDH* befürchtet, dass die Orientierung an den aus dem europäischen Kartellrecht bekannten (Spürbarkeits-)Grenzen *zu strenge* Regeln für rein innerstaatliche Sachverhalte, i.e. für solche mit lediglich lokalen und regionalen Auswirkungen, schaffen würde. Dabei hat er argumentiert, dass die Marktanteilsschwelle und die Spürbarkeitsgrenze umso schneller erreicht seien, je kleiner das Gebiet sei.[385] Lokale und regionale Vereinbarungen fielen daher wesentlich schneller unter das Verbot des § 1 GWB und würden andererseits in weniger Fällen von der vGVO freigestellt. In diese Richtung geht auch die Systematik des österreichischen Kartellrechts.[386]

Der Einschätzung des *CDH*, dass Unternehmen, die auf lokalen und regionalen Märkten tätig sind, tendenziell höhere Marktanteile haben, ist zuzustimmen. Oben ist herausgearbeitet worden, dass vor allem Waren wie Baustoffe, Molkereiprodukte, Arzneimittel (Großhandelsstufe, etc.), Strom und Gas auf lokalen und regionalen Märkten gehandelt werden.[387] Auf diesen Märkten wird nicht eine Vielzahl von Unternehmen tätig sein, sondern es werden nur sehr wenige Unternehmen dem jeweiligen Markt angehören, die dementsprechend hohe Marktanteile erzielen. Auf nationalen, europa- und weltweiten Märkten gibt es

---

384 *Dreher*, WuW 2005, 251 (251).

385 *CDH (Centralvereinigung Deutscher Wirtschaftsverbände für Handelsvermittlung und Vertrieb)*, Stellungnahme vom 30.1.2004 zum Entwurf des Siebten Gesetzes zur Änderung des Gesetzes gegen Wettbewerbsbeschränkungen, S. 2.

386 Dort handelt es sich nach § 2 Abs. 2 Nr. 1 KartG 2006 um ein Bagatellkartell, wenn an der Vereinbarung Unternehmer beteiligt sind, die gemeinsam am gesamten inländischen Markt einen Anteil von nicht mehr als 5% und an einem allfälligen inländischen räumlichen Teilmarkt von nicht mehr als 25% haben, vgl. www.bwb.gv.at/BWB/Gesetze/Kartellgesetz/default.htm und *Ablasser-Neuhuber/Flener*, WuW 2005, 254 (255 f.). Das Bagatellkartell war früher unter gleichen Voraussetzungen in § 16 KartG geregelt, vgl. dazu ausführlich *Koppensteiner*, Österreichisches und europäisches Wettbewerbsrecht, S. 127 ff.

387 Siehe Vierter Teil, Erster Abschnitt, D. III. (S. 165 ff.).

in den meisten Fällen weitaus mehr Anbieter, so dass sie durchschnittlich geringere Marktanteile haben. Ein Blick auf die kartellrechtliche Praxis bestätigt, dass in Fällen, die nach europäischem Kartellrecht entschieden werden, insgesamt weitaus niedrigere Marktanteile der einzelnen Unternehmen angenommen werden als in Fällen innerstaatlicher Art.[388]

Entgegen der Aussage des *CDH* sind aber die in lokalen und regionalen Märkten erzielten höheren Marktanteile kein überzeugender Grund, die Schwellenwerte der Bagatell-Bekanntmachung für die innerstaatlich wirkenden Wettbewerbsbeschränkungen zu erhöhen. Entscheidend ist nicht allein, ob es auf lokalen und regionalen Märkten häufiger höhere Marktanteile gibt, sondern welche Wirkung diese – durch die hohen Marktanteile indizierte – stärkere Marktposition auf den Wettbewerb hat. Innerstaatliche Wettbewerbsbeschränkungen werden sich im Zweifel nicht – wie der *CDH* meint – weniger, sondern eher stärker wettbewerbsschädigend auswirken als Wettbewerbsbeschränkungen, die auf nationalen, europa- und weltweiten Märkten vereinbart werden. Denn mit einem hohen Marktanteil auf lokalen und regionalen Märkten können die Unternehmen den Wettbewerb durch ihre Vertikalvereinbarungen stärker beschränken. Zudem bestehen auf lokalen und regionalen Märkten oft höhere Marktzutrittsschranken als auf größeren Märkten.[389] Die Markt- und Machtposition der Hersteller gegenüber den Händlern auf lokalen und regionalen Märkten ist somit häufig noch größer, da sie den Wettbewerb konkurrierender Hersteller aus anderen lokalen und regionalen Märkten nicht zu fürchten brauchen.[390] Andererseits können vertikale Beschränkungen auf lokalen und regionalen Märkten teilweise auch leichter umgangen werden, was beispielsweise bei Gebietsbeschränkungen der Fall ist.[391] Letztlich lässt es sich nicht einheitlich beurteilen, ob Wettbewerbsbeschränkungen auf lokalen und regionalen Märkten *per se* wettbewerbsschädigender oder weniger wettbewerbsschädigend sind, so dass die Marktanteilsschwellen der Bagatell-Bekanntmachung für innerstaatliche Fälle gesenkt oder erhöht werden sollten. Demgegenüber spricht viel für eine Orientierung an

---

388 Siehe dazu *Bechtold*, in: Festschrift Gaedertz, 1992, S. 45 (50).

389 Siehe in diesem Zusammenhang auch *Knappmann*, Manager-Magazin-Online v. 15.3.2005.

390 Ähnlich *Hamer*, Zuliefererdiskriminierung, S. 27: *„Jede Marktmacht gegenüber Kunden – die sogenannte „Lieferantenmacht" – ist dort am größten, wo wir geschlossene Volkswirtschaften haben, nimmt aber um so mehr ab, je stärker eine Volkswirtschaft international liberalisiert ist und deshalb ausländlische Lieferanten und Importeure die Vorherrschaft inländischer Lieferanten reduzieren oder sogar aufheben können."*

391 Siehe dazu Vierter Teil, Dritter Abschnitt, B. II. (S. 204).

den europäischen Spürbarkeitsschwellen. Wenn der Marktanteil eines Unternehmens auf einem lokalen oder regionalen Markt ebenso hoch ist wie der Marktanteil eines Unternehmens auf einem nationalen Markt, dann haben diese beiden Unternehmen auf ihrem Markt auch eine vergleichbare Macht- und Marktposition und die von den beiden Unternehmen vereinbarten Vertikalvereinbarungen beschränken den Wettbewerb in vergleichbarer Weise. Um dem Rechnung zu tragen, sollte für zwischen- und innerstaatliche Wettbewerbsbeschränkungen mit gleichermaßen hohen bzw. niedrigen Marktanteilen auch dieselbe Marktanteilsschwelle zugrunde gelegt werden.[392] Neben diesem wettbewerbsbezogenen Argument spricht auch die mit der 7. GWB-Novelle beabsichtigte Harmonisierung gegen eine spezielle Spürbarkeitsprüfung bei innerstaatlichen Sachverhalten. Eine Erhöhung oder Senkung der Marktanteilsschwelle für innerstaatliche Sachverhalte ist somit nicht gerechtfertigt. Insgesamt kann also für die Beurteilung der Spürbarkeit von innerstaatlichen Wettbewerbsbeschränkungen die Bagatell-Bekanntmachung der Kommission mit ihren Schwellenwerten von 10% für horizontale Vereinbarungen und 15% Marktanteil für vertikale Vereinbarungen herangezogen werden.[393]

---

392 Gegen eine kartellrechtliche Immunisierung von wettbewerbsbeschränkenden Vereinbarungen auf lokalen und regionalen Märkten hat sich auch Säcker ausgesprochen: „*Die nationale Kartellpolitik darf deshalb lokale und regionale Märkte u.U. höchst wirkungsvoll verändernde Kartellierungen nicht vom Kartellverbot ausnehmen, weil sie quantitativ, im Rahmen des gesamten Bundesgebietes betrachtet, nur geringe Bedeutung haben. Es gilt vielmehr auch hier, Dritte vor den negativen Wirkungen der Preis- und Konditionenbestimmungsmacht des Kartells auf dem konkret wettbewerbsrelevanten Markt zu schützen, um so Schädigungen und Benachteiligungen zu verhindern, zu denen die kartellierten Unternehmen ohne das Kartell nicht in der Lage gewesen wären.*“ Siehe *Säcker*, Zielwandlungen und Zielkonflikte in der Wettbewerbspolitik, S. 97.

393 So auch *Hartog/Noack*, WRP 2005, 1396 (1398). *Schanze*, Die europaorientierte Auslegung des Kartellverbots, S. 226 (2003) spricht sich dafür aus, sich bei § 1 GWB a.F., der damals nur horizontale Vereinbarungen umfasste, hinsichtlich der Spürbarkeit am europäischen Schwellenwert zu orientieren. *Schanze* nimmt keine Stellung zu der Frage, ob im deutschen Kartellrecht wegen der zusätzlichen Einbeziehung rein innerstaatlicher Sachverhalte eine andere Spürbarkeitsschwelle als im europäischen Kartellrecht geboten sein könnte.

Auch andere Mitgliedstaaten wie Finnland[394], Irland[395], Frankreich[396], Italien[397], das Vereinigte Königreich[398] und Schweden[399] haben sich in ihren nationalen Kartellrechten hinsichtlich der Spürbarkeit an den Schwellenwerten des europäischen Kartellrechts orientiert. Spanien plant derzeit die Übernahme der europäischen Schwellenwerte für die Spürbarkeit.[400] Gleiches gilt für die der Europäischen Union nicht angehörige Schweiz.[401] Allein in Österreich[402] und in den

394 In das nationale Recht wurde eine Parallelvorschrift zu Art. 81 EG aufgenommen, die sich nur durch das Fehlen der Zwischenstaatlichkeitsklausel und Einfügung einer Spürbarkeitsschwelle unterscheidet. Dieses Spürbarkeitskriterium soll nach dem Gesetzentwurf anhand der de-minimis-Bekanntmachung der Kommission ausgelegt werden, vgl. *Mentula/Ruohoniemi*, E.C.L.R. 2004, 638 (639).

395 Irland besitzt keine eigene Spürbarkeitsregel und orientiert sich schon seit längerer Zeit am europäischen Kartellrecht, vgl. *Power*, E.C.L.R. 2000, 64 (65). Siehe zum neuen irischen Recht auch *Andrews*, E.C.L.R. 2002, 469 ff.

396 In Frankreich sind die aus der Bagatell-Bekanntmachung der Kommission bekannten Schwellenwerte von 10% für horizonale und 15% für vertikale Vereinbarungen vor kurzem kodifiziert worden. Ebenso wie in der Bagatell-Bekanntmachung wurde festgelegt, dass auch bei Unterschreiten dieser Schwellenwerte die Spürbarkeit von Vereinbarungen vorliegt, die bestimmte aufgeführte Kernbeschränkungen enthalten. Vgl. die Regierungsverordnung Nr. 2004-274 vom 25.3.2004 über die Vereinfachung von Recht und Formalitäten für Unternehmen. Diese führte zur Ausgestaltung des soeben beschriebenen L 464-6-1 des französischen Handelsgesetzbuches. Siehe zur früheren Rechtslage *Woll,* Die Konvergenz der Kartellgesetze in Europa, S. 151.

397 In Italien wurde zwar im Gesetz eine eigenständige Spürbarkeitsschwelle kodifiziert. Diese ist aber anhand des europäischen Kartellrechts auszulegen, vgl. *Woll,* Die Konvergenz der Kartellgesetze in Europa, S. 151 f.

398 Im Vereinigten Königreich ist Sec. 2 im Zusammenhang mit Sec. 60 CA auszulegen, wonach bei der Anwendung des nationalen Kartellrechts die europäische Rechtspraxis zu berücksichtigen ist, vgl. *Woll,* Die Konvergenz der Kartellgesetze in Europa, S. 151. Daher findet der europäische Spürbarkeitstest auch im britischen Kartellrecht Anwendung, vgl. *Furse*, Competition Law of the EC and UK, S. 204. Siehe auch *OFT*, Agreements and Concerted Practices – Understanding Competition Law, Guideline No. 401, 2.18, 2.19. Wettbewerbsbeschränkende Vereinbarungen kleiner und mittelgroßer Unternehmen unterliegen aber insofern einer Sonderbehandlung, als gegen sie keine Bußgelder verhängt werden, vgl. *Furse*, Competition Law of the EC and UK, S. 204 unter Hinweis auf den Competition Act 1998 (Small Agreements and Conduct of Minor Significance) Regulations 2000, SI 2000/262. Danach handelt es sich um *small agreements*, wenn der addierte Jahresumsatz 20 Mio. Pfund nicht übersteigt.

399 Siehe dazu *Woll,* Die Konvergenz der Kartellgesetze in Europa, S. 152.

400 Vgl. *Armengod*, E.C.L.R. 2005, 428 (429).

401 Ziffer 4 der Bekanntmachung über die wettbewerbsrechtliche Behandlung vertikaler Abreden vom 18.2.2002, PRW 2002/1, S. 404 ff. „Andere vertikale Wettbewerbsabreden betrachtet die Wettbewerbskommission in der Regel nicht als erhebliche Beein-

Niederlanden[403] bestehen Sonderregelungen für die Spürbarkeit innerstaatlicher Wettbewerbsbeschränkungen.

B. Übertragbarkeit der Vermutungsregel in Textziffer 3 der Bagatell-Bekanntmachung auf innerstaatliche Sachverhalte?

Die in Textziffer 3 ausgesprochene Vermutungsregelung, wonach Vereinbarungen von kleinen und mittelgroßen Unternehmen (KMU) nur in seltenen Fällen spürbar sind, scheint zunächst für innerstaatlich wirkende Vertikalvereinbarungen von besonderer Bedeutung zu sein. Denn die auf lokalen und regionalen Märkten tätigen Unternehmen sind häufig KMU. Zudem handelt es sich gerade im Vertriebssektor bei vielen Einzel- und Zwischenhändlern um KMU. Aber auch einige Lieferanten werden zu den KMU zu rechnen sein, besonders wenn es sich um spezialisierte Hersteller und Zulieferer von industriellen Produkten handelt.[404] Problematisch an der Anwendung der Vermutungsregel aus Textziffer 3 ist, dass es sich nicht nach einer pauschalen Faustregel beantworten lässt, wann Unternehmen als KMU einzuordnen sind. Die Definition von KMU ist sowohl von dem rechtlichen Zusammenhang[405], der allgemeinen Marktstruktur und der jeweiligen Branche[406] abhängig. Die Einstufung, wann ein KMU

---

trächtigung des Wettbewerbs, wenn die von allen beteiligten Unternehmen gehaltenen Marktanteile auf keinem der relevanten Märkte eine Schwelle von 10 % überschreiten. Ausgenommen sind Fälle, in denen der Wettbewerb auf dem relevanten Markt durch die kumulativen Auswirkungen mehrerer gleichartiger, nebeneinander bestehender vertikaler Vertriebsnetze beschränkt wird, sofern die beteiligten Lieferanten bzw. Händler tatsächlich oder der Möglichkeit nach miteinander im Wettbewerb stehen."

402 Siehe Dritter Teil, Zweiter Abschnitt, A. (S. 111).

403 Vom Anwendungsbereich des Kartellverbots sind gem. Art. 7 Mw (*mededingingswet*) solche Vereinbarungen ausgenommen, die von nicht mehr als acht Unternehmen mit einem gemeinsamen Umsatz von nicht mehr als 4.550.000 EUR bei Warenproduzenten und ansonsten 908.000 EUR getroffen werden. Aber auch in einem solchen Fall kann der Generaldirektor der niederländischen Wettbewerbsbehörde die Anwendbarkeit des Kartellverbots aussprechen, sofern die Vereinbarung im Einzelfall spürbar ist, vgl. Art. 9 Abs. 1 Mw.

404 Siehe in diesem Zusammenhang auch *Klotz/Zurkinden*, WuW 1999, 120 (124).

405 Siehe zur Relativität des Begriffs der KMU bei den einzelnen Vorschriften des GWB *Görgemanns*, Der Begriff der kleinen und mittleren Unternehmen im Gesetz gegen Wettbewerbsbeschränkungen, S. 163.

406 Daher hatte das Institut für Mittelstandsforschung bis September 2002 ergänzend eine branchenbezogene Definition der KMU vorgeschlagen, wonach im Einzelhandel, Verkehr und bei der Nachrichtenübermittlung bei geringeren Umsatzschwellen von KMU auszugehen sein sollte (25 Mio. DM) als im Bereich der Energie, Wasserversor-

vorliegt, lässt sich somit nicht nach absoluten Zahlen festlegen.[407] Es lässt sich nicht pauschal sagen, ab welcher konkreten Umsatzgrenze, Jahresbilanzsumme und Zahl der Beschäftigten die Spürbarkeit von wettbewerbsbeschränkenden Vereinbarungen verneint werden kann. Die Definitionen des Terminus der KMU durch die Kommission[408], das Bundeskartellamt[409], den Bundesgerichtshof[410], die Literatur zu § 3 GWB[411] und durch das Institut für Mittelstandsforschung[412],

---

gung, Bergbau, dem verarbeitenden Gewerbe, Baugewerbe und Großhandel (100 Mio. DM).

407 So auch in Bezug auf die Definition der KMU *BGH*, Beschl. v. 24.9.2002, WuW/E DE-R 984 (987) „Konditionenanpassung" m.w.N.); Siehe auch *Bundeskartellamt*, Merkblatt vom 16.12.1998 über die Kooperationsmöglichkeiten für kleinere und mittlere Unternehmen nach dem Kartellgesetz, S. 3: „Was im Einzelfall ein "kleines oder mittleres Unternehmen ist, hängt von der Relation der Unternehmensgrößen im jeweiligen Wirtschaftszweig ab. Für diesen Begriff ist vor allem das Verhältnis zu den großen Betrieben der jeweiligen Branche entscheidend, denen gegenüber die Wettbewerbsfähigkeit durch die Möglichkeit von Mittelstandskartellen oder -empfehlungen verbessert werden soll. Bei dieser Gegenüberstellung sind die Wettbewerber der an der Kooperation oder Empfehlung beteiligten Unternehmen zu berücksichtigen. Ein Unternehmen mit 100 Mio. EUR Jahresumsatz kann z.B. in einem Markt, auf dem auch Umsatzmilliardäre tätig sind, u. U. als mittleres Unternehmen angesehen werden; demgegenüber ist ein Unternehmen mit einem gleich hohen Umsatz in einem anderen Wirtschaftszweig, der eine andere Wettbewerbsstruktur aufweist, nicht mehr als kleines oder mittleres Unternehmen anzusehen."

408 *Kommission*, Empfehlung 2003/361/EG betreffend die Definition der Kleinstunternehmen sowie der kleinen und mittleren Unternehmen, ABl. L 124/36 v. 20.5.2003, Anhang Titel I Art. 2 I.. Nach der neuen Definition liegen KMU vor, wenn sie weniger als 250 Mitarbeiter beschäftigen und entweder einen Jahresumsatz von 50 Mio. EUR oder eine Jahresbilanzsumme von höchstens 43 Mio. EUR haben. Die aktuelle Bagatell-Bekanntmachung nimmt noch auf die alte Empfehlung Bezug, siehe *Kommission*, Empfehlung 96/280/EG, ABl. L 107/4 ff. v. 30.4.1996.

409 Das Bundeskartellamt hat zum Teil angenommen, dass es sich um kleine und mittlere Unternehmen handelt, wenn ihr Umsatz unter 500 Mio. DM liegt, vgl. *Glöckner*, WRP 2003, 1327 (1335).

410 Der Bundesgerichtshof hat die Definition des Bundeskartellamts im Grundsatz anerkannt, vgl. BGH, Beschl. v. 24.9.2002, WuW/E DE-R 984 (988) „Konditionenanpassung".

411 Bei § 3 GWB wird der relative „KMU-Begriff" verwendet, der sich an der Stellung der betreffenden Unternehmen im Verhältnis zu ihren Wettbewerbern orientiert, vgl. *Karl/Reichelt*, DB 2005, 1436 (1438); *Immenga*, in: Immenga/Mestmäcker, GWB, § 4 Rn. 64 ff.

412 Nach Ansicht des Instituts für Mittelstandsforschung, einer vom Bund und dem Land Nordrhein-Westfalen gegründeten Stiftung des Privatrechts, gelten Unternehmen mit weniger als 50 Mio. EUR Jahresumsatz und weniger als 500 Beschäftigten als kleine

dessen Definition in Deutschland am weitesten verbreitet ist, weichen voneinander ab. Bei Zugrundelegung der Definition des Instituts für Mittelsstandsforschung gelten 99,7 % der Unternehmen in Deutschland als KMU[413], bei Anwendung der Definition der Kommission müssten noch mehr Unternehmen zu den KMU zu rechnen sein. Auch von Mitgliedstaat zu Mitgliedstaat ist es unterschiedlich, wann ein Unternehmen als klein oder mittelgroß anzusehen ist. Dies zeigt sich auch daran, dass in Deutschland der Anteil von Unternehmen mit mehr als 250 Beschäftigten gemessen an der Gesamtzahl der Unternehmen doppelt so hoch ist wie im EU-Durchschnitt.[414] Aufgrund der Tatsache, dass – je nach Definition – über 99% aller deutschen Unternehmen zu den KMU zu zählen ist, würde das Kartellrecht unter Zugrundelegung der Vermutungsregel in Textziffer 3 der Bagatell-Bekanntmachung fast vollkommen ausgehebelt. Auch aus diesem Grund ist die Vermutungsregel der Kommission nicht praxistauglich.

---

und mittlere Unternehmen, vgl. *Institut für Mittelstandsforschung*, www.ifm-bonn.org/dienste/daten.htm.

413 Siehe *Institut für Mittelstandsforschung*, www.ifm-bonn.org/dienste/daten.htm

414 *A. Schmidt*, Die neue Mittelstandsdefinition der Kommission, S. 12 ff.; *Willems*, Die Förderung des Mittelstandes, S. 53.

Vierter Teil: Anwendung der vGVO

Erster Abschnitt: Bestimmung des Marktanteils – Dreh- und Angelpunkt der vGVO

Voraussetzung für die Gruppenfreistellung nach Art. 2 Abs. 1 vGVO ist gemäß Art. 3 Abs. 1 vGVO, dass der Anteil des Lieferanten beim Absatz von Waren und Dienstleistungen an dem relevanten Markt 30% nicht überschreitet. Wird eine vertikale Vereinbarung zwischen drei Parteien abgeschlossen, die auf unterschiedlichen Handelsstufen tätig sind, dann muss der Marktanteil auf beiden Stufen unter 30% liegen, damit die Vereinbarung nach der vGVO vom Kartellverbot freigestellt ist.[415] Bei vertikalen Vereinbarungen, die Alleinbelieferungsverpflichtungen enthalten, kommt es gemäß Art. 3 Abs. 2 vGVO auf den Marktanteil des Käufers auf dem relevanten Beschaffungsmarkt an. Die Kommission hat die Freistellung von dieser Marktanteilsschwelle abhängig gemacht, weil sie vermutet, dass bei einem Marktanteil des Lieferanten bzw. des Käufers an dem relevanten Markt von nicht mehr als 30% die wettbewerbsbeschränkenden Vereinbarungen im allgemeinen zu einer Verbesserung der Produktion oder des Vertriebs führen und auch die übrigen drei Freistellungsvoraussetzungen des Art. 81 Abs. 3 EG erfüllt sind.[416] Voraussetzung für die Ermittlung des Marktanteils ist zunächst die Marktabgrenzung in sachlicher, räumlicher und ggf. auch zeitlicher Hinsicht und danach die Feststellung des Volumens des Marktes und des Anteils der betreffenden Unternehmen daran. In der gesamten kartellrechtlichen Praxis ist die Marktabgrenzung das zentrale Kriterium, an dem sich in den meisten Fällen auch der Ausgang eines Falls entscheidet.[417] Die Abgrenzung des relevanten Marktes erweist sich in der Praxis oft als äußerst schwierig, da der Begriff des Marktes von einer Vielzahl ökonomischer, sozialer und technischer Faktoren geprägt ist, die einem steten Wandel unterworfen sind und durch Empirie und ökonomische Modelle nur schwer erfasst werden können. Aus ökonomischer Sicht lässt sich der Begriff des Marktes aber auf die Kurzformel bringen, dass es sich um jedes Sich-

---

415 *Kommission*, Leitlinien für vertikale Beschränkungen, ABl. C 291/1 v. 13.10.2000, Tz. 93 Satz 1 und 2.

416 8. Erwägungsgrund der vGVO; siehe auch *Kommission*, Leitlinien für vertikale Beschränkungen, ABl. C 291/1 v. 13.10.2000, Tz. 22.

417 Siehe zur Bedeutung des Marktes als Zentralbegriff des Wettbewerbsrechts *Säcker*, ZWeR 2004, 1 (1, 13); *Pfeffer*, WuW 1986, 853 ff.

Treffen von Angebot und Nachfrage innerhalb eines zu definierenden Gebietes und Zeitraums handelt.[418]

A. Problemaufriss

Viele Rechtsanwender werden dazu tendieren, bei der innerstaatlichen Anwendung der vGVO die bisherige deutsche Praxis der Marktabgrenzung zugrunde zu legen, da diese ihnen bereits aus der Missbrauchsaufsicht über marktbeherrschende Unternehmen (§§ 19, 20 GWB), der Fusionskontrolle (§ 36 Abs. 1 GWB), dem Kartellverbot (§ 1 GWB a.F.) und nicht zuletzt aus der früheren Missbrauchsaufsicht über Vertikalvereinbarungen (§ 16 GWB a.F.) bekannt ist. Insbesondere die deutsche Praxis der Marktabgrenzung, die im Rahmen des § 16 GWB a.F. praktiziert wurde, weicht sehr stark von der europäischen Praxis der Marktabgrenzung ab, die bei der Fusionskontrolle und den Art. 81, 82 EG angewandt wird. Dies gilt beispielsweise für die Frage, ob nicht nur das von der vertikalen Wettbewerbsbeschränkung betroffene Produkt, sondern auch die austauschbaren Produkte in den relevanten Markt einzubeziehen sind. Weiterhin wurde im Rahmen des § 16 GWB a.F. angenommen, dass sich der räumliche Markt auf den Markt der gesperrten Außenseiter beschränke.[419]

Die aus dem deutschen Kartellrecht bekannte Praxis der Marktabgrenzung kann bei der Anwendung der vGVO auf innerstaatliche Sachverhalte nicht unbesehen übernommen werden. Denn es ist herausgearbeitet worden, dass die Übernahme des Gemeinschaftsrechts bedeutet, dass die Auslegung anhand des europäischen Kartellrechts zu erfolgen hat.[420] Daher wird bei der Anwendung der Gruppenfreistellungsverordnung auf innerstaatliche Sachverhalte im Grundsatz eine Orientierung an der Art und Weise der Marktabgrenzung zu erfolgen haben, die der Gerichtshof und die Kommission praktizieren. Für die Marktabgrenzung bei der vGVO gibt die Kommission in ihren Leitlinien für vertikale Beschränkungen für einige Sonderfälle bei der Marktabgrenzung Anleitung und verweist auf ihre Bekanntmachung über die Definition des relevanten Marktes.[421] In dieser

---

418 Siehe bei *Kögel*, Die Angleichung der deutschen an die europäische Fusionskontrolle, S. 99; *Hoppmann*, Die Abgrenzung des relevanten Marktes im Rahmen der Missbrauchsaufsicht, S. 30; *Herdzina*, Wettbewerbspolitik, S. 79 ff.; *van Arnheim*, Der räumliche Markt im Rahmen der Fusionskontrolle, S. 24; *Dichtl/Andritzky/Schobert*, WiSt 1977, 290 (290).

419 Vgl. *Emmerich*, in: Immenga/Mestmäcker, GWB, § 16 Rn. 108 m.w.N.

420 Siehe Zweiter Teil, Zweiter Abschnitt, B. I. 3. (S. 48).

421 Siehe *Kommission*, Leitlinien für vertikale Beschränkungen, ABl. C 291/1 v. 13.10.2000, Tz. 88 unter Hinweis auf *Kommission*, Bekanntmachung über die Definiti-

Bekanntmachung hat die Kommission ihre Verwaltungspraxis sowie die Rechtsprechung des Gerichtshofs zur Marktabgrenzung festgehalten und für die verschiedenen Anwendungsbereiche der Marktabgrenzung gemeinsame Grundsätze aufgestellt. Für die Marktabgrenzung bei der vGVO sind die Leitlinien und die Bekanntmachung der Kommission von großer Bedeutung, da es zur Marktabgrenzung bei der vGVO auf europäischer Ebene, soweit ersichtlich, noch keine Entscheidungspraxis der Kommission und der europäischen Gerichte gibt.

Trotz der bestehenden Gemeinsamkeiten bei der Marktabgrenzung im deutschen Recht und im europäischen Recht und trotz der zunehmenden Angleichung der deutschen an die europäische Marktabgrenzungspraxis bestehen in diesem Bereich nicht nur in der Terminologie weiterhin zahlreiche Unterschiede. Anders als in der deutschen Praxis hat auf europäischer Ebene die Homogenität der Wettbewerbsbedingungen bei der sachlichen Marktabgrenzung eine große Bedeutung und spielt bei der räumlichen Marktabgrenzung sogar die entscheidende Rolle. Auch bei der Bestimmung des Beschaffungsmarktes sowie der Berücksichtigung des hypothetischen Monopoltests und des Kettenreaktions- und Weitergabeeffekts weichen die beiden Konzepte voneinander ab. Weitere Unterschiede bestehen bei der Berücksichtigung der Angebotsumstellungsflexibilität und der Ermittlung der Sicht der Marktgegenseite. Angesichts der zum Teil diametral unterschiedlichen Praxis der Marktabgrenzung auf deutscher und europäischer Ebene ist hier eine Auseinandersetzung mit der – für die Prüfung der vGVO elementaren – Marktabgrenzung unverzichtbar. Bei der folgenden Darstellung dieser europäischen Praxis im Rahmen der Gliederungspunkte C. und D. wird herausgearbeitet werden, inwieweit sich die europäische Praxis der Marktabgrenzung von der bisherigen deutschen Praxis der Marktabgrenzung unterscheidet und wo Gemeinsamkeiten bestehen. In Fällen, in denen die deutsche und europäische Praxis von den gleichen Grundsätzen ausgehen, kann und soll die Praxis des Bundeskartellamts und der Gerichte ergänzend herangezogen werden.

Zunächst werden aber unter B. einige Überlegungen zu den Besonderheiten der Marktabgrenzung bei der vGVO gegenüber der aus der Fusionskontrolle und Missbrauchsaufsicht bekannten Marktabgrenzung erfolgen. Allgemein besteht in der Literatur darüber Einigkeit, dass die Marktabgrenzung bei der vGVO

---

on des relevanten Marktes im Sinne des Wettbewerbsrechts der Gemeinschaft, ABl. C 372/5 v. 9.12.1997. Siehe hierzu *Desai*, E.C.L.R. 1997, 473 ff.

schutzzweckadäquat zu erfolgen hat, wobei bisher noch konkrete Vorschläge bzw. Begründungen und Argumente fehlen.[422]

B. Übertragbarkeit der Marktabgrenzung aus der Fusionskontrolle und Missbrauchsaufsicht auf die vGVO

Wie oben dargestellt verweisen die Leitlinien über vertikale Beschränkungen hinsichtlich der Marktabgrenzung auf die Bekanntmachung über die Definition des relevanten Marktes, in der die Kommission bereits Grundsätze für die Marktabgrenzung für Art. 81, 82 EG und für die Fusionskontrolle aufgestellt hat.[423] Die in der Bekanntmachung niedergelegten Prinzipien der Marktabgrenzung haben somit für die verschiedenen Bereiche des Wettbewerbsrechts übergreifende Geltung.[424] Dies begründet die Kommission mit der gleichen Zielsetzung des europäischen Wettbewerbsrechts für alle Regelungsbereiche. Mit dem europäischen Wettbewerbsrecht werde insgesamt die Aufrechterhaltung des wirksamen Wettbewerbs durch Schutz des europäischen Marktes vor Wettbewerbsverfälschungen bezweckt.

Dennoch führt die Kommission aus, dass die Anwendung der Kriterien für die Abgrenzung des relevanten Marktes zu unterschiedlichen Ergebnissen führen könne, je nachdem, was für eine Wettbewerbsfrage geprüft werde.[425] Die

---

422 Auf die Marktabgrenzung gehen bislang nur *Klotz*, in: von der Groeben/Schwarze, Band 2, nach Art. 81 EG, Fallgruppen, Liefer- und Bezugsvereinbarungen, Rn. 63 ff.; *Bauer/de Bronett*, Die EU-Gruppenfreistellungsverordnung für vertikale Wettbewerbsbeschränkungen, Rn. 193 ff. und *Veelken*, in: Immenga/Mestmäcker, EG-WbR, Erg-Bd, 2. Lieferung 2001, V. GFVO Rn. 137 ff. ein. Außerdem finden sich einige Erläuterungen der Kommission in den Leitlinien für vertikale Beschränkungen bzw. im Leitfaden für die VO 1400/2002. Eine differenzierte Auseinandersetzung mit der Marktabgrenzung vor allem vor dem Hintergrund der Anwendung der vGVO im deutschen Recht fehlt jedoch vollkommen.

423 *Kommission*, Bekanntmachung über den relevanten Markt, ABl. C 372/5 v. 9.12.1997, Tz. 1.

424 Auch die Literatur geht davon aus, dass die Marktabgrenzung bei der Fusionskontrolle und Missbrauchsaufsicht nach gleichen Grundsätzen erfolgt, vgl. *Emmerich*, Kartellrecht, S. 465; *Bauer/de Bronett*, Die EU-Gruppenfreistellungsverordnung für vertikale Wettbewerbsbeschränkungen, Rn. 197.

425 *Kommission*, Bekanntmachung über den relevanten Markt, ABl. C 372/5 v. 9.12.1997, Tz. 12. Generell könne der räumlich relevante Markt beispielsweise bei der zukunftsbezogenen Untersuchung eines Zusammenschlusses größer sein als derjenige, der für einen in der Vergangenheit liegenden Verhaltensverstoß ermittelt wurde (siehe auch *Ritter/Braun*, European Competition Law, S. 25; *Knauss*, Die räumliche Marktabgrenzung in der Fusionskontrolle und Missbrauchsaufsicht, S. 128).

Literatur spricht in diesem Zusammenhang von „schutzzweckadäquater Auslegung“ des Marktbegriffs.[426] Eine Marktabgrenzung erfordere juristische Wertungen, die trotz identischen Zahlenmaterials zu unterschiedlichen Marktabgrenzungen führen könnten.[427] Folgerichtig sind bei der Marktabgrenzung im Rahmen der Missbrauchsaufsicht und der Fusionskontrolle[428] – und natürlich auch bei der vGVO – jeweils Modifikationen erforderlich. Selbst im Rahmen der Missbrauchsaufsicht bei Art. 82 EG erfolgt die Marktabgrenzung je nach Fallgestaltung unterschiedlich.[429] Nach herrschender Ansicht wird auch im deutschen Kartellrecht davon ausgegangen, dass die Marktabgrenzung einen normativen Charakter habe.[430] Daher gebe es keinen einheitlichen Markt- und Wettbewerbsbegriff, der für alle Normen des GWB gelte. Der Markt als normativer Zweckbegriff könne von der ökonomischen Marktdefinition abweichen.[431] Aus diesem Grund könne die Volkswirtschaftslehre zur Frage der Marktabgrenzung nur einen begrenzten Beitrag leisten.[432] Für jede Norm müsse die Marktabgrenzung mittels eines juristischen Werturteils normspezifisch ermittelt werden.[433] Das heißt, dass bei der Marktabgrenzung die jeweilige Zielsetzung

---

426 *Neveling*, Die sachliche Marktabgrenzung bei der Fusionskontrolle im deutschen und europäischen Recht, S. 144; *Bach*, WuW 1993, 805 (806); *Bauer/de Bronett*, Die EU-Gruppenfreistellungsverordnung für vertikale Wettbewerbsbeschränkungen, Rn. 197. *Möschel*, in: Immenga/Mestmäcker, EG-WbR I, Art. 86 B. Rn. 41 spricht hier von Relativität der Marktabgrenzung. Siehe auch *v. Gamm*, Festschrift Pfeiffer, 1988, S. 643 (648); *Emmerich*, in: Immenga/Mestmäcker, EG-WbR I, Art. 85 Abs. 1 A Rn. 217 (S. 179).

427 *Kögel*, Die Angleichung der deutschen an die europäische Fusionskontrolle, S. 99.

428 *Möschel*, in: Immenga/Mestmäcker, EG-WbR I, Art. 86 B. Rn. 41 (S. 695).

429 So wird der Markt bei einigen Vertikalbeziehungen (z.B. Missbrauch von Abnehmern durch Hersteller von Originalersatzteilen) sehr eng abgegrenzt, vgl. *Möschel*, in: Immenga/Mestmäcker, EG-WbR I, Art. 86 B. Rn. 42 (S. 695).

430 *v. Gamm*, Festschrift Pfeiffer, 1988, S. 643 (648); *Kleinmann/Bechtold*, Kommentar zur Fusionskontrolle, § 22 Rn. 23; *Ruppelt*, in: Langen/Bunte, Kommentar zum deutschen und europäischen Kartellrecht, Band 1, § 19 GWB Rn. 5; *Knauss*, Die räumliche Marktabgrenzung in der Fusionskontrolle und Missbrauchsaufsicht, S. 5.

431 Bei *Kögel*, Die Angleichung der deutschen an die europäische Fusionskontrolle, S. 99; siehe *Hoppmann*, Die Abgrenzung des relevanten Marktes im Rahmen der Missbrauchsaufsicht, S. 26 f.

432 *Hoppmann*, Die Abgrenzung des relevanten Marktes im Rahmen der Missbrauchsaufsicht, S. 26 f.

433 *BGH*, Beschl. v. 18.12.1979, WuW/E BGH 1685 (1691) „Springer/Elbe Wochenblatt“; *Hoppmann*, Die Abgrenzung des relevanten Marktes im Rahmen der Missbrauchsaufsicht, S. 93.

der anzuwendenden Norm zu beachten sei; die Marktabgrenzung habe mithin schutzzweckadäquat zu erfolgen.[434]

Aus allem folgt, dass für die Marktabgrenzung bei der vGVO zwar eine Orientierung an der Bekanntmachung der Kommission über den relevanten Markt als erster Ansatz zu erfolgen hat. Dabei ist es jedoch unerlässlich, jeweils zu prüfen, inwieweit die in der Bekanntmachung niedergelegten Grundsätze auf die vGVO übertragen werden können. Für das generelle Erfordernis einer schutzzweckadäquaten Auslegung des Begriffs Markt(anteil) bei der vGVO hat sich auch die zurzeit verfügbare Literatur ausgesprochen, ohne allerdings genaue Vorschläge für die Marktabgrenzung folgen zu lassen.[435] Mangels Entscheidungspraxis der Kommission oder Rechtsprechung gibt es abgesehen von den Leitlinien über vertikale Beschränkungen noch keine Anleitung durch die europäischen Organe.

Angesichts der Knappheit und teilweisen Unklarheiten[436] der Marktabgrenzung in der Bekanntmachung und der übergreifenden Geltung der Marktabgrenzungskriterien für die verschiedenen Bereiche des Wettbewerbsrechts ist es hilfreich, für die Entwicklung von Marktabgrenzungskriterien bei der vGVO neben der Bekanntmachung zugleich auch auf die von Kommission und Gerichtshof bei der Fusionskontrolle und Missbrauchsaufsicht erarbeitete Marktabgrenzungspraxis zurückzugreifen. Beim Rückgriff auf die Marktabgrenzungspraxis von Gerichtshof und Kommission auf dem Gebiet der Fusionskontrolle und Missbrauchsaufsicht muss geklärt werden, inwieweit die dort vorhandenen Strukturen mit denen der vGVO vergleichbar sind und wo Modifizierungen der aus der Fusionskontrolle und Missbrauchsaufsicht bekannten Marktabgrenzung bei der Anwendung der vGVO erfolgen müssen. Durch den Vergleich der Strukturen von Fusionskontrolle, Missbrauchsaufsicht und vGVO werden auch die Besonderheiten bei der Marktabgrenzung im Rahmen der vGVO deutlich, was die normadäquate Auslegung des Marktbegriffs erleichtert. Bei der schutzzweck-

---

[434] *Hoppmann,* Die Abgrenzung des relevanten Marktes im Rahmen der Missbrauchsaufsicht, S. 39; *Ruppelt,* in: Langen/Bunte, Kommentar zum deutschen und europäischen Kartellrecht, Band 1, § 36 GWB Rn. 17. Siehe auch: *Baker/Wu,* E.C.L.R. 1998, 273 (273); *Schwalba,* Die wettbewerbsbezogene Abgrenzung des relevanten Marktes, S. 49; *Bach,* WuW 1993, 805 (806). A.A.: *Sandrock,* Festgabe Kummer, 1980, S. 449 (469); *Rieger,* in: Frankfurter Kommentar, Band III, § 36 Rn. 40, die annehmen, dass dem GWB ein einheitlicher Markt- und Wettbewerbsbegriff zugrunde liege, weshalb die Begriffe für alle Vorschriften des GWB identisch und folglich in der gleichen Weise auszulegen und anzuwenden seien.

[435] *Klotz,* in: von der Groeben/Schwarze, Band 2, nach Art. 81 EG, Fallgruppen, Liefer- und Bezugsvereinbarungen Rn. 63.

[436] Siehe auch *Paulusch/Bühler,* Brauerei- und Gaststättenrecht, Rn. 984.

adäquaten Auslegung des Marktbegriffs bei der vGVO wird u.a. entscheidend sein, ob die Marktabgrenzung im Rahmen einer Verhaltens- oder Strukturkontrolle erfolgt, ob die Prüfung gegenwartsbezogen oder zukunftsorientiert ist und welche rechtlichen und wirtschaftlichen Auswirkungen eine enge oder weite Marktabgrenzung hat. Vor allem aber ist der Sinn und Zweck der Marktabgrenzung im Rahmen der Norm zu untersuchen. Dabei ist auch zu beachten, ob die Marktabgrenzung zur Bestimmung eines Marktanteils oder zur Bestimmung der Marktbeherrschung erfolgt.

I. Struktur bei Fusionskontrolle und Missbrauchsaufsicht

Bei Art. 82 EG erfolgt die Marktabgrenzung, um im Rahmen einer Verhaltenskontrolle zu ermitteln, ob ein bestimmtes Unternehmen den Markt beherrscht. Die Marktbeherrschung wird in einem zweistufigen Verfahren ermittelt. Nach der Marktabgrenzung wird der Beherrschungsgrad des Unternehmens festgestellt, wobei die Praxis eine Kombination von Marktstruktur- und Marktverhaltenskriterien heranzieht.[437] Ziel der Missbrauchsaufsicht ist der Schutz der Marktgegenseite vor der Unausweichlichkeit von Marktmacht, die sich in einer konkreten Einzelverhaltensweise offenbart.[438] Daher muss sich die Marktabgrenzung bei der Verhaltenskontrolle an den Interessen der Abnehmer orientieren.[439] Aus diesem Grund erfolgt eine recht enge Marktabgrenzung, wobei oft angenommen wird, dass das Gebiet, in dem sich die missbräuchlichen Verhaltensweisen auswirken, der räumlich relevante Markt ist.[440] Bei Art. 82 EG erfolgt die Analyse eines in der Vergangenheit liegenden Verhaltens bezogen

---

437 *Möschel*, in: Immenga/Mestmäcker, EG-WbR I, Art. 86 B. Rn. 38 (S. 695).

438 *Möschel*, Recht der Wettbewerbsbeschränkungen, Rn. 838.

439 *Möschel*, Recht der Wettbewerbsbeschränkungen, Rn. 839.

440 *EuGH*, Urt. v. 16.12.1975 – Rs. 40-48, 50, 54-56, 111, 113, 114/73 – Slg. 1975, 1663 (1995 f.) „Suiker Unie", in dem der Gerichtshof als räumlichen Markt Belgien und Luxemburg annahm, weil ein Machtmissbrauch gegenüber belgischen Händlern begangen wurde. Ein sich auf Süddeutschland erstreckender Absatzmarkt des beherrschten Unternehmens führte zu einer entsprechenden Marktabgrenzung. Siehe auch *EuGH*, Urt. v. 9.11.1983 – Rs. 322/81 – Slg. 1983, 3461 (3502 f.) „Michelin": Annahme eines räumlichen Marktes, der sich auf die Niederlande erstreckt, da der Missbrauch niederländische Händler betraf.

auf seine Konformität mit dem Wettbewerb.[441] Künftige Marktentwicklungen werden bei Art. 82 EG nicht berücksichtigt.[442]

Bei der Fusionskontrolle geht es hingegen nicht um ein Verhalten gegenüber einzelnen Abnehmern, sondern um die Auswirkungen des Zusammenschlusses auf den Wettbewerb und den Markt als Gesamtheit. Bei der Fusionskontrolle handelt es sich um eine Strukturkontrolle, so dass eine absolutere Definition des relevanten Marktes notwendig ist als für die Verhaltenskontrolle.[443] Die Marktabgrenzung erfolgt im Rahmen der Ermittlung, ob durch den Zusammenschluss wirksamer Wettbewerb erheblich behindert werden würde (Art. 2 Abs. 3 FKVO[444]). Da die Wirkungen des Zusammenschlusses auf den Wettbewerb erst in der Zukunft eintreten, sind bei der Marktabgrenzung im Rahmen der Fusionskontrolle – im Gegensatz zur Verhaltenskontrolle – auch zukünftige Marktveränderungen zu beachten.[445] Daher sind bereits zum Zeitpunkt der Marktabgrenzung zukünftige Rechtsharmonisierungen oder technologische Veränderungen soweit wie möglich einzubeziehen.[446] Das Prognoseelement in der europäischen Fusionskontrolle ist sogar noch stärker ausgeprägt als im GWB, da die FKVO vor dem Hintergrund der herannahenden Verwirklichung des Binnenmarktes und dessen Ausbau erlassen wurde.[447] Insgesamt erfolgt in der Fusionskontrolle eine weitere und auch präzisere Marktabgrenzung als bei der Missbrauchsaufsicht.[448]

---

441 *Knauss*, Die räumliche Marktabgrenzung in der Fusionskontrolle und Missbrauchsaufsicht, S. 128.

442 *Schröter*, in: von der Groeben/Schwarze, Band 2, Art. 82 Rn. 153.

443 *Möschel*, Recht der Wettbewerbsbeschränkungen, Rn. 839; *Kleinmann/Bechtold*, Kommentar zur Fusionskontrolle, § 22 Rn. 25; *Neveling*, Die sachliche Marktabgrenzung bei der Fusionskontrolle im deutschen und europäischen Recht, S. 107.

444 *Rat*, Verordnung (EG) Nr. 139/2004 vom 20.1.2004 über die Kontrolle von Unternehmenszusammenschlüssen, ABl. L 24/1 v. 29.1.2004.

445 *Jung*, in: Grabitz/Hilf, Kommentar zum Recht der Europäischen Union, Art. 82 Rn. 27; *Baker/Wu*, E.C.L.R. 1998, 273 (274); *Kommission*, XXII. Wettbewerbsbericht, S. 137; *Kauper*, Fordham International Law Journal 1997, 1682 (1726).

446 *Knauss*, Die räumliche Marktabgrenzung in der Fusionskontrolle und Missbrauchsaufsicht, S. 239.

447 *Jickeli*, WuW 1992, 101 (110); *Ritter/Braun/Rawlinson*, European Competition Law, S. 3.

448 *Möschel*, in: Immenga/Mestmäcker, EG-WbR I, Art. 86 B. Rn. 41 (S. 695); *Immenga*, in: Immenga/Mestmäcker, EG-WbR I, FKVO D. Art. 2 FKVO Rn. 39 (S. 834); *Ritter/Braun*, European Competition Law, S. 25 f.

II. Übertragung auf die vGVO

Bei der Anwendung der vGVO wird eine Wettbewerbsbeschränkung auf ihre Freistellungsfähigkeit vom Kartellverbot untersucht. Insofern könnte man argumentieren, dass die Analyse der Wettbewerbsbeschränkung verhaltensbezogen ist. Entscheidend für die Frage, ob die Marktabgrenzung im Rahmen einer Verhaltens- oder Strukturkontrolle erfolgt, ist aber der Zusammenhang, in dem die Marktabgrenzung vorgenommen wird. Wenn wie hier die Marktabgrenzung zur Marktanteilsberechnung erfolgt, so soll damit die Marktmacht bestimmt werden, was die Ermittlung der gesamten Marktverhältnisse erforderlich macht. Ziel ist es, nicht nur einige konkrete Unternehmen wie bei Art. 82 EG zu schützen. Vielmehr sollen bei der Anwendung der vGVO alle Marktteilnehmer vor etwaigen negativen Folgen der wettbewerbsbeschränkenden Absprache geschützt werden. Dazu gehören nicht nur diejenigen, gegenüber denen die Wettbewerbsbeschränkung vereinbart wird, sondern auch die Konkurrenten und die Unternehmen auf der vorhergehenden oder nachfolgenden Handelsstufe sowie die Verbraucher. Zudem soll durch die vGVO auch die Freiheit und Funktionsfähigkeit des europäischen Binnenmarktes geschützt werden. Insgesamt weist die Marktabgrenzung bei der vGVO mehr Parallelen zu der Strukturkontrolle bei der Anwendung der FKVO als zu der Verhaltenskontrolle bei Art. 82 EG auf. Dies spricht dafür, sich näher an der Marktabgrenzung zur Fusionskontrolle als an derjenigen zur Missbrauchskontrolle zu orientieren. Dies hat auch den Vorteil, dass neben der knappen und unübersichtlichen Bekanntmachung der Kommission über die Definition des relevanten Marktes auf eine umfangreichere Verwaltungspraxis und Rechtsprechung zurückgegriffen werden kann. Da im Ergebnis aber ein eigenständiger Maßstab der Marktabgrenzung bei der vGVO entwickelt werden muss, kann nur eine erste Orientierung an der Marktabgrenzung der Fusionskontrolle erfolgen und es muss ein genaues Augenmerk auf nötige Modifizierungen gelegt werden.

Zum Teil wird vertreten, dass bei der Marktabgrenzung im Rahmen der vGVO eine großzügigere und damit weitere Marktabgrenzung vorgenommen werden könne als bei der Fusionskontrolle.[449] Dies wird damit begründet, dass Unternehmenszusammenschlüsse die Marktstrukturen dauerhaft und damit tief greifender verändern als die in aller Regel zeitlich befristeten Vertikalverträge. Auch wenn dieser Aspekt nicht von der Hand zu weisen ist, sollten die Folgen einer zu engen bzw. zu weiten Marktabgrenzung bei der vGVO genau bedacht werden. Eine eher enge Marktabgrenzung bei der vGVO wird positiver für den

---

449 *Bauer/de Bronett*, Die EU-Gruppenfreistellungsverordnung für vertikale Wettbewerbsbeschränkungen, Rn. 197.

Wettbewerb sein als eine zu weite und würde dennoch Unternehmen, die wettbewerbsbeschränkende Vereinbarungen verwenden, nicht übermäßig benachteiligen. Je enger das Gebiet des sachlich und räumlich relevanten Marktes gezogen wird, desto eher wird die Marktanteilsschwelle von 30% überschritten mit der Folge, dass die vGVO nicht anwendbar ist. In diesem Fall ist die Freistellung der wettbewerbsbeschränkenden Vereinbarung nach Art. 81 Abs. 3 EG bzw. § 2 Abs. 1 GWB gleichwohl möglich – seit Inkrafttreten der VO Nr. 1/2003 wegen der unmittelbaren Anwendbarkeit der Vorschriften auch ohne eine Entscheidung der Kommission bzw. des Bundeskartellamtes.

Bei einer übermäßig weiten Marktabgrenzung könnte es ggf. zu einer Freistellung von Vereinbarungen kommen, die nicht nach Art. 81 Abs. 3 EG bzw. § 2 Abs. 1 GWB direkt freigestellt worden wären. In diesen Fällen bestünde noch die Möglichkeit des Entzugs des Vorteils der Gruppenfreistellung im Einzelfall nach Art. 6 vGVO. Dieser Entzug würde aber wohl in vielen Fällen mangels Kenntnis der Wettbewerbsbehörden nicht erfolgen. Insgesamt würden von einer zu weiten Marktabgrenzung mehr Risiken für den Wettbewerb ausgehen als von einer zu engen Marktabgrenzung.

Nötige Modifizierungen der aus der Fusionskontrolle bekannten Marktabgrenzung können sich bei der Marktabgrenzung im Rahmen der vGVO insbesondere auch daraus ergeben, dass die Marktabgrenzung bei der Anwendung einer Gruppenfreistellungsverordnung durch die Unternehmen nicht mit der gleichen Präzision und Ausführlichkeit vorgenommen werden kann wie von der Kommission bei der Anwendung der FKVO. Zwar haben die Unternehmen bei der Marktabgrenzung einen gewissen Informationsvorsprung gegenüber der Kommission, da sie sich bereits in ihrer Branche auskennen und häufig bereits Marktanalysen erstellt haben. Dennoch wird gerade die innerstaatliche Anwendung der vGVO vor allem durch kleine und mittelständische Unternehmen erfolgen, die häufig nicht über große finanzielle Ressourcen und zeitliche Kapazitäten zu einer umfangreichen Marktabgrenzung verfügen. Auch wird ihnen kein so umfassendes Informationsmaterial zur Bewertung der Marktlage zu Verfügung stehen wie der Kommission, die bei der Marktabgrenzung häufig empirisch vorgeht, indem sie schriftliche Stellungnahmen der Unternehmen und deren Kunden sowie von Berufs- und Wirtschaftsverbänden zur Marktabgrenzung einholt.[450] Ergänzend dazu sucht die Kommission in wichtigen Fällen die

---

[450] *Kommission*, Bekanntmachung über den relevanten Markt, ABl. C 372/5 v. 9.12.1997, Tz. 33.

betreffenden Unternehmen und Kunden auch vor Ort auf.[451] Für die Unternehmen wird sich die Marktabgrenzung im Rahmen der vGVO tendenziell schwieriger gestalten als für die Kommission bei der Fusionskontrolle oder Missbrauchsaufsicht. Hinzu kommt, dass die Unternehmen häufig zahllose gleichlaufende Vertikalverträge abschließen, so dass sie eine sorgfältige Marktabgrenzung hinsichtlich jedes einzelnen Produktes aus Kapazitätsgründen kaum vornehmen können.[452] Ein Unternehmen, das die Anwendbarkeit der vGVO prüft, wird Entwicklungen, die erst in mehreren Jahren eintreten, häufig noch nicht kennen oder Schwierigkeiten haben, die daraus folgenden Auswirkungen auf den Markt richtig einzuschätzen.

Bei Anwendung der vGVO erfolgt die Marktabgrenzung, um einen Marktanteil zu ermitteln, den ein Unternehmen zu einem bestimmten Zeitpunkt hält. Gleichwohl sollten auch künftige Marktentwicklungen soweit wie möglich bei der Marktabgrenzung einbezogen werden. Ein solches „dynamisches Element" wird auch bei der Marktabgrenzung im Rahmen der Fusionskontrolle berücksichtigt. Ähnlich wie Fusionen prägen auch Vertriebsverträge die Marktstrukturen für viele Jahre. In Vertriebsverträgen wird nicht nur der Verkauf von Waren vereinbart, sondern es wird ein Vertriebssystem aufgebaut, das die Marktsituation über mehrere Jahre bestimmt. Eine Prognose der dynamischen Entwicklung bei der Marktabgrenzung kann in Extremfällen auch verhindern, dass es bei innovativen Produkten zu extrem hohen Marktanteilen kommt, die angesichts der sich entwickelnden Konkurrenz der Realität nicht gerecht werden. Daher sind auch künftige Entwicklungen bei der Beurteilung des Wettbewerbsdrucks auf dem Markt einzubeziehen, was im Zusammenhang mit der Angebotsumstellungsflexibilität noch weiter erläutert werden wird.

Aus Art. 9 Abs. 1 Satz 2 und 3 vGVO ergibt sich, dass eine exakte Marktabgrenzung im Rahmen der Gruppenfreistellungsverordnung nicht immer möglich sein wird.[453] Angesichts dieser Überlegungen ist evident, dass die Marktabgrenzung bei der Anwendung der vGVO zum einen nicht so ausführlich erfolgen kann wie bei der Fusionskontrolle und zum anderen dass ein möglichst einfacher Ansatz der Marktabgrenzung gefunden werden muss. Für die Unternehmen besteht das Bedürfnis, für die Marktabgrenzung klare Kriterien zu haben, deren

---

451 *Kommission*, Bekanntmachung über den relevanten Markt, ABl. C 372/5 v. 9.12.1997, Tz. 34.

452 *Nolte*, BB 1998, 2429 (2431).

453 Daher dürfen Schätzungen über den Absatzwert vorgenommen werden, wenn keine genauen Angaben vorliegen. Diese Schätzungen müssen allerdings auf anderen verlässlichen Marktdaten beruhen, vgl. Art. 9 Abs. 1 Satz 2 vGVO.

Überprüfung schnell und unkompliziert ist. Es werden nicht alle für die Marktabgrenzung relevanten Daten allen Unternehmen gleichermaßen zur Verfügung stehen. Faktoren, deren Bewertung durch die Unternehmen schwierig ist und nicht genau erfolgen kann, sollten bei der Marktabgrenzung im Rahmen der vGVO nicht berücksichtigt werden.

III. Zwischenergebnis

Es besteht für den Rechtsanwender die Möglichkeit, sich bei der Anwendung der vGVO auf innerstaatliche Sachverhalte auch an der Praxis der Marktabgrenzung zu orientieren, die die Kommission und die europäischen Gerichte für die Fusionskontrolle entwickelt haben.[454] Dabei muss aber jeweils auf die schutzzweckadäquate Auslegung geachtet werden. Zudem ist beim Rückgriff auf frühere Fälle aus der Fusionskontrolle zu beachten, dass sich auf dem Markt zeitliche Veränderungen ergeben haben können, was dann einer Orientierung an der Entscheidung entgegen stehen kann.[455] Zudem ist bei der Heranziehung früherer Entscheidungen zu überprüfen, ob auch die Marktabgrenzung sowohl im früheren als auch im aktuell zu beurteilenden Fall für die gleiche Handelsstufe vorgenommen wird. So kann eine Entscheidung über eine Fusion zwischen zwei Herstellern von Kfz-Bauteilen nicht zwangsläufig herangezogen werden, um den relevanten Produktmarkt für eine Vertriebs- und Kundendienstvereinbarung zu bestimmen, die denselben Bauteil als Ersatzteil sowie alle anderen Ersatzteile betrifft, die für die Erbringung von Instandsetzungsdienstleistungen notwendig sind.[456]

C. Sachliche Marktabgrenzung

Die vGVO enthält zur Methode der Marktabgrenzung in Art. 9 Abs. 1 Satz 1 sowie in Art. 1 lit. a den Hinweis, dass die Produkte (Waren und Dienstleistungen) in den Markt einzubeziehen sind, „*die vom Käufer aufgrund ihrer Eigenschaften, ihrer Preislage und ihres Verwendungszwecks als austauschbar oder substituierbar angesehen werden*". Damit sind in den sachlichen Markt sämtliche Produkte einzubeziehen, die aus der Sicht der Marktgegenseite funktionell austauschbar sind (Nachfragesubstitution). Bei der Marktabgrenzung wird somit

---

454 So auch *Kommission*, Leitfaden für die VO 1400/2002, S. 77 bezüglich der Marktabgrenzung bei Anwendung der ebenfalls das Vertikalverhältnis betreffenden Kfz-GVO.

455 *Kommission*, Leitfaden für die VO 1400/2002, S. 77.

456 *Kommission*, Leitfaden für die VO 1400/2002, S. 77 Fn. 181.

auf das Bedarfsmarktkonzept zurückgegriffen, welches der Gerichtshof und die Kommission schon seit langem in der Praxis anwenden.[457] Auch in Deutschland hat sich in der Praxis bei der sachlichen Marktabgrenzung das Bedarfsmarktkonzept durchgesetzt[458], wobei sich auch hinsichtlich dessen Anwendung keine grundlegenden Unterschiede im deutschen und europäischen Recht ergeben.[459] Neben der funktionellen Austauschbarkeit der Produkte ist in der Marktabgrenzungspraxis der Kommission jedoch das Vorhandensein von homogenen Wettbewerbsbedingungen ebenfalls von großer Bedeutung. Für die Marktabgrenzung finden sich in der deutschen Literatur auch andere Konzepte wie das Substitutionslückenkonzept[460] und das im Vordringen befindliche Konzept der Wirtschaftspläne.[461] Da bei der Marktabgrenzung im Rahmen der vGVO eine Orientierung an der Praxis von Kommission und Gerichtshof zu erfolgen hat, soll diesen Konzepten nicht gefolgt werden. Einige interessante Ansätze des Konzepts der Wirtschaftspläne werden jedoch im Folgenden noch aufgegriffen werden.

---

457 *EuGH*, Urt. v. 9.11.1983 – Rs. 322/81 – Slg. 1983, 3461 (3505) „Michelin"; *EuGH*, Urt. v. 26.11.1998 – Rs. C-7/97 – Slg. 1998, I-7791 (7829) Rn. 33 „Bronner": „Alle Erzeugnisse, die sich aufgrund ihrer Merkmale zur Befriedigung eines gleich bleibenden Bedarfs besonders eignen und mit anderen Erzeugnissen nur in geringem Maße austauschbar sind." EuG und Kommissions-Entscheidungen, *Kommission*, Bekanntmachung über den relevanten Markt, ABl. C 372/5 v. 9.12.1997, Tz. 7.

458 *BGH*, Beschl. v. 3.7.1976, WuW/E BGH 1435 (1440) „Vitamin-B12"; *BGH*, Beschl. v. 16.12.1976, WuW/E BGH 1445 (1447) „Valium"; *BGH*, Beschl. v. 25.6.1985 WuW/E BGH 2150 (2153) „Edelstahlbestecke". Nach der Definition des Bundesgerichtshofs gehören zu dem selben sachlichen Markt *„sämtliche Erzeugnisse, die sich nach ihren Eigenschaften, ihrem wirtschaftlichem Verwendungszweck und ihrer Preislage so nahe stehen, dass der verständige Verbraucher sie als für die Deckung eines bestimmten Bedarfs geeignet in berechtigter Weise abwägend miteinander vergleicht und als gegeneinander austauschbar ansieht"*.

459 *Neveling*, Die sachliche Marktabgrenzung bei der Fusionskontrolle im deutschen und europäischen Recht, S. 221; *Emmerich*, AG 2000, 529 (531); *Einsele*, RIW 1992; Beilage 2, S. 1 (16); *Monopolkommission*, 17. Sondergutachten, Tz. 89; *Rösler*, in: Frankfurter Kommentar Band VI, FKVO 2000, Art. 2 Rn. 19.

460 Siehe dazu *Knauss*, Die räumliche Marktabgrenzung in der Fusionskontrolle und Missbrauchsaufsicht, S. 24 f

461 *Säcker*, ZWeR 2004, 1 f.; *Golz*, Der sachlich relevante Markt bei Verlagserzeugnissen; siehe auch schon *Mestmäcker*, Das marktbeherrschende Unternehmen im Recht der Wettbewerbsbeschränkungen, S. 9 ff.; *Eucken*, Grundlagen der Nationalökonomie, S. 93 ff.

I. Marktabgrenzung beim Angebotsmarkt

Grundsätzlich ist bei der Anwendung der vGVO gemäß Art. 3 Abs. 1 vGVO der Marktanteil des Lieferanten auf dem sog. Angebotsmarkt maßgeblich. Anderes gilt nur im Fall der Vereinbarung einer Alleinbelieferung, bei der nach Art. 3 Abs. 2 vGVO auf den Anteil des Käufers auf dem Beschaffungsmarkt abzustellen ist.[462] Bei vertikalen Vereinbarungen innerhalb von Verbundgruppen zwischen einer Vereinigung von Einzelhändlern und ihren Mitgliedern ist die Vereinigung als Lieferant im Sinne der vGVO anzusehen.[463] Für weitere Sonderfälle gibt die Kommission in den Leitlinien ebenfalls Anleitung. Enthält eine vertikale Vereinbarung über die Lieferung der Vertragsware hinaus auch Bestimmungen in Bezug auf Rechte an geistigem Eigentum – beispielsweise über die Nutzung eines Warenzeichens des Lieferanten –, die dem Käufer bei der Vermarktung der Ware helfen, so ist der Anteil des Lieferanten an dem Markt, auf dem er die Vertragware verkauft, maßgeblich für die Anwendung der vGVO.[464] Ein Franchisegeber muss den Marktanteil zugrunde legen, den er als Anbieter einer Geschäftsmethode hat. Da der relevante Markt derjenige ist, auf dem der Franchisenehmer das Produkt anbietet, können sowohl substituierbare Produkte einbezogen werden, die mittels Franchising angeboten werden als auch solche, für die andere Vertriebswege bestehen.[465]

1. Terminologie: Teilmärkte und getrennte Märkte

Wenn voneinander unabhängige Märkte vorliegen, so wird auf europäischer Ebene von Teilmärkten gesprochen.[466] So wird z.B. der sachliche Teilmarkt für Fernsehgeräte von demjenigen für Kraftfahrzeuge zu unterscheiden sein. Demgegenüber bezeichnet der Begriff der getrennten Märkte mehrere verschiedene Märkte innerhalb der derselben Produkte bzw. Produktgruppen (z.B. zwei getrennte Märkte für Kraftfahrzeuge). Ein identisches Produkt kann also zu mehreren getrennten Märkten gehören. Der Grund für diese Bildung von ge-

---

462 Zu der Marktabgrenzung auf dem Beschaffungsmarkt siehe Vierter Teil, Erster Abschnitt, C. II. (S. 148 ff.).

463 *Kommission*, Leitlinien für vertikale Beschränkungen, ABl. C 291/1 v. 13.10.2000, Tz. 89.

464 *Kommission*, Leitlinien für vertikale Beschränkungen, ABl. C 291/1 v. 13.10.2000, Tz. 95 Satz 1.

465 *Kommission*, Leitlinien für vertikale Beschränkungen, ABl. C 291/1 v. 13.10.2000, Tz. 95 Satz 2-7.

466 *Neveling*, Die sachliche Marktabgrenzung bei der Fusionskontrolle im deutschen und europäischen Recht, S. 189.

trennten Märkten ergibt sich aus der Anwendung des Bedarfsmarktkonzepts. Ein einheitlicher sachlich relevanter Markt (Gesamtmarkt) liegt nur vor, wenn eine homogene Gruppe von Abnehmern ein homogenes Bündel von Gütereigenschaften nachfragt.[467] In diesem Fall sind sich die Mitglieder der homogenen Abnehmergruppe über die Austauschmöglichkeiten der Produkte weitgehend einig. Eine einheitliche Bestimmung der Austauschmöglichkeiten der Marktgegenseite ist jedoch nicht möglich, wenn sich die Abnehmer auf der Marktgegenseite stark von einander unterscheiden. Beispielsweise können die Abnehmer verschiedene Verwendungszwecke für dasselbe Produkt A haben, so dass dieses für manche mit Produkt B, für andere aber mit Produkt C austauschbar ist. Die Abnehmer können auch aus unterschiedlichen Abnehmergruppen kommen (Verbraucher, Handelsunternehmen oder Weiterverarbeiter), was sich ebenfalls auf die Beurteilung der Austauschbarkeit auswirkt. In Deutschland wird ebenfalls ein getrennter Markt angenommen, wenn die Marktgegenseite aufgrund unterschiedlicher Verwendungszwecke oder unterschiedlicher wirtschaftlicher Struktur heterogen ist und so unterschiedliche Austauschmöglichkeiten hat.[468] Jedoch unterscheidet sich die deutsche von der europäischen Terminologie: In Deutschland wird der getrennte Markt als Teilmarkt bezeichnet und als getrennte Märkte beispielsweise die sachlich relevanten Märkte für Fernseher und Kraftfahrzeuge bezeichnet.

2. Marktgegenseite

Grundsätzlich ist bei der europäischen Marktabgrenzung hinsichtlich der Austauschbarkeit auf die tatsächliche Sicht der Marktgegenseite abzustellen[469], die empirisch durch Markterhebungen und Statistiken ermittelt wird.[470] Ergänzend dazu – bzw. wenn ein empirisches Vorgehen ausgeschlossen ist – stellt die Kommission auf den typischen Verbraucher, i.e. den Durchschnittsverbraucher, ab.[471] Dabei wird auf europäischer Ebene davon ausgegangen, dass das Verbrau-

---

467 *Monopolkommission*, 5. Hauptgutachten, Tz. 628.

468 *Weitbrecht*, EuZW 1993, 687 (688).

469 *Möschel*, in: Immenga/Mestmäcker, EG-WbR I, Art. 86 B. Rn. 44 (S. 696).

470 *Kommission*, Bekanntmachung über den relevanten Markt, ABl. C 372/5 v. 9.12.1997, Tz. 25.

471 *Möschel*, in: Immenga/Mestmäcker, EG-WbR I, Art. 86 B. Rn. 44 (S. 696). Siehe auch *Rösler*, NGZ 2000, 761 (762); Schütz, in: Gemeinschaftskommentar zum GWB und Europäischen Kartellrecht, 5. Auflage, 3. Lfg., EU-Fusionskontrolle, Art. 2 FKVO Rn. 19. Siehe auch Europäische Kommission, Formblatt CO zur Anmeldung eines Zusammenschlusses gem. der Verordnung (EWG) Nr. 4064/89 des Rates über die Kontrolle von Unternehmenszusammenschlüssen von gemeinschaftsweiter Bedeutung, ABl.

cherbild dem eines „vernünftig denkenden Verbrauchers" entspricht. Bei der Ermittlung der Sicht der Marktgegenseite sind in der Regel flüchtige und irrationale Verbraucheransichten nicht ausreichend.[472] Hingegen kommt es nicht darauf an, dass die gesamte Markgegenseite die Produkte für austauschbar hält.[473] Bei Anwendung der vGVO wird ein empirisches Vorgehen nicht durchführbar sein, da den Unternehmen bei der Überprüfung der Marktanteile wenig Zeit und geringere Informations- und Nachforschungsmöglichkeiten zur Verfügung stehen als der Kommission in einem Verfahren der Fusionskontrolle oder Missbrauchsaufsicht. Daher ist bei der Anwendung der vGVO zu prüfen, wie die Austauschbarkeit aus der Sicht eines verständigen Durchschnittsabnehmers zu beurteilen ist.

In der vertikalen Vertriebskette ist häufig nicht nur die Sicht der unmittelbaren Marktgegenseite für die Beurteilung der Austauschbarkeit maßgeblich, sondern auch die Sicht der Vertragspartner der auf der Marktgegenseite befindlichen Händler. Insbesondere bei Endprodukten, die vom direkten Käufer in unverändertem oder nur unwesentlich verändertem Zustand an Endkunden weiterverkauft werden, ist hinsichtlich der Austauschbarkeit auf die Sicht des Endverbrauchers auf den nachgeordneten Märkten abzustellen. Zur Verdeutlichung folgendes Beispiel: Hersteller (H) verkauft an Vertriebshändler (V) das Produkt X; dieser verkauft seinerseits an Endverbraucher (E). Dabei vereinbaren H und V eine vertikale Wettbewerbsbeschränkung, die keine Alleinbelieferungsvereinbarung ist. Für die Frage nach der Anwendbarkeit der vGVO ist auf den Marktanteil des H abzustellen. Bei der sachlichen Marktabgrenzung kommt es hier auf die Austauschbarkeit des Produkts X aus Sicht der Marktgegenseite an. Die Besonderheit bei Fällen, in denen ein Produkt über einen zwischengeschalteten Händler an Endverbraucher abgesetzt wird, besteht darin, dass es hinsichtlich der Austauschbarkeit auf die Präferenzen der Endverbraucher ankommt. Denn ein Vertriebshändler, der als Wiederverkäufer agiert, kann beim Einkauf von Endprodukten die Präferenzen der Endverbraucher nicht außer Acht lassen.[474] Zudem betreffen die vertikalen Beschränkungen auf der Ebene des Vertriebs

---

L 61/11 v. 2.3.1998, Abschnitt 8, Punkt 8.6 lit. d), wo die Nachfragestruktur in den betroffenen Märkten durch Befragung der zusammenschlusswilligen Parteien ermittelt werden soll. Diese sollen den „typischen" Kunden beschreiben.

472 *Möschel*, in: Immenga/Mestmäcker, EG-WbR I, Art. 86 B. Rn. 44 (S. 696).

473 *Jung*, in: Grabitz/Hilf, Kommentar zum Recht der Europäischen Union, Art. 82 Rn. 31; *Baker*, E.C.L.R. 1998, 273 (275).

474 *Kommission*, Leitlinien für vertikale Beschränkungen, ABl. C 291/1 v. 13.10.2000, Tz. 91 Satz 8; siehe auch *Kommission*, Entsch. v. 22.7.1992, WuW/E EV 1903 (1908) „Nestlé/Perrier".

zumeist nicht nur den Verkauf von Produkten durch den Lieferanten an den Käufer, sondern auch den Weiterverkauf dieser Produkte.[475] Auch bei der Praxis der bisherigen deutschen Marktabgrenzung wird auf die funktionelle Austauschbarkeit aus Sicht des Endverbrauchers und nicht auf die des unmittelbaren Abnehmers abgestellt.[476] Wenn die Sicht der Endabnehmer für den unmittelbaren Abnehmer jedoch nicht entscheidend ist, so wird die Sicht des unmittelbaren Abnehmers als ausschlaggebend angesehen.[477]

Auch der relevante Markt für ein Zwischenprodukt richtet sich nach der Sicht der direkten Käufer wie folgendes Beispiel erläutert: Hersteller (H1, Lieferant) liefert an Endhersteller (H2, direkter Käufer) ein Zwischenprodukt, das dieser in das Endprodukt einbaut, wobei das Zwischenprodukt im Endprodukt nicht mehr wieder zu erkennen ist. Dabei vereinbaren H1 und H2 eine vertikale Wettbewerbsbeschränkung, die keine Alleinbelieferungsverpflichtung ist. Das Endprodukt wird an den Großhandel (G) geliefert. Bei der Marktabgrenzung für die Bestimmung des Marktanteils des H1 kommt es bei der Beurteilung der Austauschbarkeit auf die Sicht des direkten Käufers (H2) an. Denn die Kunden der Käufer, hier der Großhandel G, hat normalerweise keine besondere Präferenz für bestimmte vom Endhersteller verwendete Einsatzgüter.[478] Im Übrigen betreffen vertikale Beschränkungen, die der Lieferant H1 und der Käufer H2 miteinander vereinbaren, üblicherweise nur den Verkauf und den Bezug des Zwischenprodukts und nicht den Verkauf des Endprodukts.[479]

---

475 Z.B. Höchstpreisbindungen, Preisempfehlungen etc. Siehe auch *Kommission*, Leitlinien für vertikale Beschränkungen, ABl. C 291/1 v. 13.10.2000, Tz. 91 Satz 9.

476 *BGH*, Beschl. v. 26.5.1987, WuW/E BGH 2406 2408 „Inter Mailand-Spiel"; *BGH*, Beschl. v. 25.6.1985 WuW/E BGH 2150, 2153 „Edelstahlbestecke"; *Kögel*, Die Angleichung der deutschen an die europäische Fusionskontrolle, S. 100; *Knöpfle*, FIW [Hrsg.], Schwerpunkte des Kartellrechts 1983/1984, S. 139 (195).

477 *Kommission*, Entsch. v. 30.9.1992, ABl. L 7/13 v. 13.1.1993 Tz. 23 und Tz. 46 „Du Pont/ICI", hier kam es auf die Sicht eines Teppichherstellers als unmittelbaren Abnehmer von Polypropylen- bzw. Nylonfasern an, da der Endabnehmer die beiden Fasern nicht unterscheiden konnte und somit keine besonderen Präferenzen hatte.

478 *Kommission*, Leitlinien für vertikale Beschränkungen, ABl. C 291/1 v. 13.10.2000, Tz. 91 Satz 5.

479 *Kommission*, Leitlinien für vertikale Beschränkungen, ABl. C 291/1 v. 13.10.2000, Tz. 91 Satz 6.

3. Substituierbarkeit

Bei der Überprüfung der Nachfragesubstitution, i.e. der Ermittlung, ob ein Produkt aus Sicht der Marktgegenseite austauschbar ist, kommt es besonders auf die Eigenschaften, die Beschaffenheit und den Preis des Produktes sowie den Verwendungszweck der Abnehmer an. Bei der Beschaffenheit sind insbesondere die physikalischen, chemischen und technischen Eigenschaften eines Produkts relevant. Zur physikalischen Beschaffenheit gehören unter anderem die Materialbeschaffenheit[480], die Hitzebeständigkeit oder Recyclingfähigkeit[481]. Bei der chemischen Beschaffenheit sind insbesondere der Aggregatszustand und etwaige Giftigkeit[482] zu berücksichtigen. Als technische Eigenschaften können z.B. Einhaltung von DIN-Normen[483] oder bestimmte Produktionsverfahren[484] relevant sein. Es ist aber nochmals darauf hinzuweisen, dass bei der Anwendung des Bedarfsmarktkonzepts nicht die tatsächliche Austauschbarkeit, sondern die Austauschbarkeit aus Sicht der Marktgegenseite entscheidend ist. Daher kommt es nicht auf die physikalisch-technische oder chemische Identität eines Produktes an, sondern nur darauf, dass die Produkte als austauschbar angesehen werden können.[485] In vielen Fällen wird dies jedoch im Ergebnis keinen Unterschied machen. Auch die Qualität der fraglichen Produkte ist für die Beurteilung der Austauschbarkeit von Bedeutung.[486] Besonders wichtiges Abgrenzungsmerkmal ist jedoch der Verwendungszweck der jeweiligen Käufer.[487] Bei identischem Verwendungszweck sind Unterschiede in der Beschaffenheit ohne Bedeutung.[488] In den meisten Fällen werden jedoch Produkte mit dem gleichen Verwendungs-

---

480 *Kommission*, Entsch. v. 6.6.1991, WuW/E EV 1626 (1628) „VIAG/Continental Can".

481 *Rösler*, NGZ 2000, 761 (763).

482 *Rösler*, NGZ 2000, 761 (763).

483 *Rösler*, NGZ 2000, 761 (763).

484 *Kommission*, Entsch. v. 19.7.1991, WuW/E EV 1644, 1647 „Tetra Pak/Alfa Laval", wo die Kommission feststellte, dass die verschiedenen Abfüllverfahren (aseptisch arbeitende und nicht aseptisch arbeitende sowie Verpackungsmaschinen, die Glas, Plastik und Karton verwenden) nicht als realistische und vernünftige Substitute anzusehen sind.

485 *Neveling*, Die sachliche Marktabgrenzung bei der Fusionskontrolle im deutschen und europäischen Recht, S. 157.

486 *Kommission*, Entsch. v. 30.9.1992, ABl. L 7/13 v. 13.1.1993 Tz. 14 ff. „Du Pont/ICI", wo die Kommission Nylonfasern, die für die Herstellung von Teppichböden verwendet werden, aufgrund ihrer besseren Qualität und des wesentlich höheren Preises einem gesonderten Markt zuordnete.

487 *Rösler*, in: Frankfurter Kommentar, Band VI, FKVO 2000, Art. 2 Rn. 20; *Niemeyer*, BB 1991, Beilage 25, S. 1 (5); *Kommission*, XXIII. Wettbewerbsbericht, Tz. 273.

488 *Niemeyer*, BB 1991, Beilage 25, S. 1 (5).

zweck auch ähnliche physikalische, chemische oder technische Eigenschaften haben. Dem gleichen Verwendungszweck dienen die Produkte bereits dann, wenn sie sich in ihren Hauptanwendungsbereichen entsprechen.[489] Dabei können sich die Produkte auch in ihren Randanwendungsbereichen unterscheiden. Hinsichtlich der unterschiedlichen Verwendungszwecke ist insbesondere zwischen privater und geschäftlicher Nutzung[490], ziviler und militärischer Nutzung[491], privatwirtschaftlicher und öffentlich-rechtlicher Nutzung[492] zu unterscheiden.[493] Bei unterschiedlichem Verwendungszweck kann es zu getrennten Märkten kommen. Auch unterschiedliche Verbrauchergewohnheiten können ein Grund sein, identische Produkte getrennten sachlichen Märkten zuzuordnen.[494]

Das Bestehen von Preisunterschieden ist ebenfalls ein wichtiges Indiz zur Ermittlung der Austauschbarkeit.[495] Denn dauerhafte, erhebliche Preisunterschiede deuten darauf hin, dass die Austauschbarkeit ausgeschlossen ist und daher getrennte Märkte vorliegen.[496] Besonders relevant wird das Kriterium der Preisunterschiede, wenn sich die Produkte hinsichtlich ihres Verwendungszwecks sowie ihrer Eigenschaften und Beschaffenheit nicht wesentlich voneinander unterscheiden.[497] Bestehen in diesen Fällen bedeutende Preisunterschiede, kann allein hierdurch auf die Zugehörigkeit zu einem anderen Markt geschlos-

489 *Niemeyer*, BB 1991, Beilage 25, S. 1 (5).

490 *Kommission*, Entsch. v. 22.2.1991, IV/M.057, Tz. 9f. „Digital/Kienzle"; *Kommission*, Entsch. v. 10.11.1997, IV/M.1001, Tz. 18 „Preussag/Hapag-Lloyd"; *Kommission*, Entsch. v. 10.11.1997, IV/M.1019, Tz. 18 „Preussag/TUI".

491 *Kommission*, Entsch. v. 6.7.2001, COMP/M.2488, Tz. 11 „Alcatel/Alcatel Space".

492 *Kommission*, Entsch. v. 6.7.2001, COMP/M.2488, Tz. 11 „Alcatel/Alcatel Space"; *Kommission*, Entsch. v. 2.6.1998, WuW/E EU-V 74 (75) „Thyssen/Krupp".

493 *Kommission*, XXIIII. Wettbewerbsbericht, Tz. 273; *Niemeyer*, BB 1991, Beilage 25, S. 1 (5); Immenga, in: Immenga/Mestmäcker, EG-WbR I, FKVO D. Art. 2 Rn. 56 und 62 (S. 841 f.); *Kommission*, Entsch. v. 25.2.1991, WuW/E EV 1587 (1588) „Aerospatiale/MBB".

494 *Kommission*, Entsch. v. 22.7.1992, WuW/E EV 1903 (1906, 1911) „Nestlé/Perrier".

495 *Kommission*, XXIII. Wettbewerbsbericht, Tz. 273 und 277; *Kommission*, Entsch. v. 22.7.1992, WuW/E EV 1903 (1906, 1911) „Nestlé/Perrier"; *Kommission*, Entsch. v. 2.10.1991, WuW/E EV 1675 (1676) „Aérospatiale/De Havilland"; *Kommission*, Entsch. v. 6.6.1991, WuW/E EV 1626 (1628) „VIAG/Continental Can"; *Kommission*, Entsch. v. 22.1.1997, ABl. L 218/15 Tz. 34 v. 9.8.1997 „Coca-Cola/Amalgamated Beverages"; *Kommission*, Entsch. v. 19.7.1991, WuW/E EV 1644 (1647) „Tetra Pak/ Alfa Laval".

496 *Emmerich*, AG 1997, 529 (531).

497 *Stockenhuber*, Die europäische Fusionskontrolle, S. 197.

sen werden.[498] Dies muss jedoch nicht zwangsläufig so sein. Zwei Produkte mit erheblichen Preisunterschieden und vergleichbarem Verwendungszweck können auch zu einem Markt gehören, wenn aufgrund von anderen Merkmalen eine Austauschbarkeit vorliegt.[499] In der deutschen Praxis der Marktabgrenzung wurden in der Vergangenheit große absolute Preisunterschiede über einen relativ langen Zeitraum häufig als Indiz für unterschiedliche Produktmärkte gewertet.[500] Dies gilt in erster Linie für die Abgrenzung von Markenartikeln und Billigangeboten.[501]

Bei der sachlichen Markabgrenzung kann auch als Ergänzung die Untersuchung der Preiselastizität mittels sog. hypothetischen Monopoltests erfolgen.[502] Bei der Untersuchung der Nachfragesubstitution wird ein hypothetischer Monopoltest durchgeführt, bei dem beobachtet wird, ob die Abnehmer als Reaktion auf eine angenommene kleine, dauerhafte Preiserhöhung für die betreffenden Produkte von ca. 5-10% auf leicht verfügbare Substitute ausweichen („*SSNIP-Test*").[503] Sofern dies der Fall ist, wird dies als ein Zeichen dafür verstanden, dass das Produkt, dessen Preis erhöht wurde und die Produkte, auf die die Abnehmer ausgewichen sind, zu demselben sachlich relevanten Markt gehören.[504] Wäre

498 *Neveling*, Die sachliche Marktabgrenzung bei der Fusionskontrolle im deutschen und europäischen Recht, S. 161; *Kommission*, Entsch. v. 22.2.1991, IV/M.057, Tz. 9 ff. „Digital/Kienzle".

499 *Gugerbauer*, Fusionskontrolle, Art. 2 Rn. 10.

500 *KG*, Beschl. v. 16.12.1987, WuW/E OLG 4167 (4168) „Kampffmeyer/Plange"; *KG*, Beschl. v. 7.2.1986, WuW/E OLG 3807, 3808 „Gruner + Jahr/ZEIT II"; *KG*, Beschl. v. 14.4.1978, WuW/E OLG 1983, 1984 „Rama-Mädchen"; *KG*, Beschl. v. 1.12.1976, WuW/E OLG 1745, 1748 „Sachs".

501 *BGH*, Beschl. v. 25.6.1985 WuW/E BGH 2150, 2154 „Edelstahlbestecke"; *BKartA*, Entsch. v. 4.3.1981, WuW/E BKartA 1867, 1868 „Rheinmetall/WMF"; *BKartA*, Beschl. v. 29.6.1981, WuW/E BKartA 1897, 1903 „Hussel/Mara", dabei wird der Preis aber nur als eines von mehreren Merkmalen neben intensiver Bedienung und exklusiver Betreuung aufgeführt.

502 *Kommission*, XXIII. Wettbewerbsbericht, Tz. 273, S. 186.

503 Dieser Test ist aus dem amerikanischen Antitrust-Recht übernommen. Vgl. *US Department of Justice und Federal Trade Commission*, Horizontal Merger Guidelines 1992, abgedruckt in Trade Regulation Reporter, Volume 4, 20, 521 ff.).

504 *Kommission*, XXIII. Wettbewerbsbericht, Tz. 277; *Montag/Kaessner*, WuW 1997, 781 (782); *Rösler*, NZG 2000, 761 (763); *Traugott*, WuW 1998, 929 (930); *Kommission*, Bekanntmachung über den relevanten Markt, ABl. C 372/5 v. 9.12.1997, Tz. 17:„*Ist die Substitution so groß, dass durch den damit einhergehenden Absatzrückgang eine Preiserhöhung nicht mehr einträglich wäre, so werden in den sachlich und räumlich relevanten Markt so lange weitere Produkte einbezogen, bis kleine, dauerhafte Erhöhungen der relativen Preise einen Gewinn einbrächten.*"

danach die Abwanderung zu anderen Produkten derart groß, dass durch den Absatzrückgang eine Preiserhöhung nicht mehr einträglich wäre, so werden in den sachlich und räumlich relevanten Markt so lange weitere Produkte einbezogen, bis kleine, dauerhafte Erhöhungen der relativen Preise einen Gewinn einbringen würden.[505] In zahlreichen Entscheidungen hat die europäische Praxis den hypothetischen Monopoltest angewandt.[506] Von der Literatur wird die Aussagekraft des hypothetischen Monopoltests mit dem Argument bezweifelt, dass der Wechsel der Nachfrager von einem Produkt auf ein anderes nicht allein durch den Preis, sondern durch sehr unterschiedliche Faktoren motiviert sein könne. Hierbei spielten u.a. subjektive Erwägungen, Werbung, die Qualität, die Preisstrategie der Unternehmen und sonstige Gründe eine Rolle.[507] Problematisch sei auch die Ermittlung des tatsächlichen Marktpreises, wenn der aktuelle Preis bereits über dem Marktpreis liege.[508] Hinzu komme, dass immer eine Vorabgrenzung des relevanten Marktes erforderlich sei, um zu ermitteln, welche Gebiete untersucht werden sollen.[509] Die Ermittlung austauschbarer Gebiete sei jedoch erst das Ziel der Untersuchung. Weiterhin problematisch am hypothetischen Monopoltest ist, dass die Frage, ob Kunden eine Preissteigerung im Rahmen von 5-10% akzeptieren, in der Regel dazu führen wird, dass eine solche Frage im Grunde schon gefühlsmäßig verneint wird. In diesem Fall würden viel zu große Märkte zustande kommen. Der hypothetische Monopoltest ist dem Konzept der Kreuzpreiselastizität im deutschen Recht sehr ähnlich. Das Konzept der Kreuzpreiselastizität wird in der deutschen Praxis nur vereinzelt ange-

---

505 *Kommission*, Bekanntmachung über den relevanten Markt, ABl. C 372/5 v. 9.12.1997, Tz. 17.

506 *EuGH*, Urt. v. 14.5.1975 – verb. Rs. 19/74 u. 20/74 – Slg. 1975, 499 (519) Rn. 5 f. „Kali und Salz Chemie“; *EuGH*, Urt. v. 14.2.1978 – Rs. 27/76 – Slg. 1978, 207 (281) Rn. 13-18 ff. „United Brands“; *EuG*, Urt. v. 12.12.1991 – Rs. T-30/89 – Slg. 1991, II-1439 (1475) Rn. 75 „Hilti“; *Kommission*, Entsch. v. 22.7.1992, WuW/E EV 1903 (1905 ff) „Nestlé/Perrier“; *Kommission*, Entsch. v. 22.1.1997, ABl. L 218/15 Tz. 37 f v. 1997 „Coca-Cola/Amalgamated Beverages GB“; *Kommission*, Entsch. v. 15.10.1997, IV/M.938, Tz. 10 „Guiness/Grand Metropolitan“; *Kommission*, Entsch. v. 6.7.1994, IV/M. 460, Tz. 15 „Holdercim/Cedest“. Siehe auch *Kommission*, XXIII. Wettbewerbsbericht, Tz. 273 und 277; *Kommission*, XXI. Wettbewerbsbericht, S. 401; *Kommission*, XIV. Wettbewerbsbericht, S. 160, Tz. 280 und 283.

507 *Kögel*, Die Angleichung der deutschen an die europäische Fusionskontrolle, S. 101; siehe auch *Desai*, E.C.L.R. 1997, 473 (473 f); *Crocioni*, E.C.L.R. 2002, 354 (360 ff).

508 *Kommission*, Bekanntmachung über den relevanten Markt, ABl. C 372/5 v. 9.12.1997, Tz. 19; *Crocioni*, E.C.L.R. 2002, 354 (359); *Knauss*, Die räumliche Marktabgrenzung in der Fusionskontrolle und Missbrauchsaufsicht, S. 35.

509 Bezogen auf die Kreuzpreiselastizität: *Knauss*, Die räumliche Marktabgrenzung in der Fusionskontrolle und Missbrauchsaufsicht, S. 51.

wandt.[510] Eine konsequente Übernahme des Konzeptes der Kreuzpreiselastizität ist noch nicht erfolgt, da das Konzept in Deutschland ebenfalls sehr kritisch beurteilt wird.[511]

Wenn Lieferanten ganze Produktpaletten verkaufen, kann die Palette den Markt bilden, wenn solche Paletten – und nicht die darin enthaltenen Einzelprodukte – von den Käufern als Substitute angesehen werden.[512] Dies kann der Fall sein, wenn die Geschäftstätigkeit der Unternehmen eher durch die Vertriebsleistung als durch die einzelnen Produkte gekennzeichnet ist.

4. Homogenität der Wettbewerbsbedingungen

Bei der sachlichen Marktabgrenzung prüft die Kommission neben den Eigenschaften, den Preisen des Produkts und dem Verwendungszweck der Abnehmer auch die Homogenität der Wettbewerbsbedingungen.[513] Demgegenüber wird im deutschen Recht nicht auf die Homogenität der Wettbewerbsbedingungen als Kriterium im Rahmen der sachlichen Marktabgrenzung abgestellt, wenngleich sich teilweise in der Argumentation Parallelen zum europäischen Recht ergeben.[514] Zwar führt eine ausreichende Substitutionsmöglichkeit aufgrund von Preis, Eigenschaften und Verwendungszweck gewöhnlich zu homogenen Wettbewerbsbedingungen.[515] Es gibt aber auch Fälle, in denen bei technisch voll austauschbaren, selbst bei identischen Produkten aufgrund unterschiedlicher

---

510 *KG*, Beschl. v. 14.4.1978, WuW/E OLG 1983 (1984) „Rama Mädchen"; *KG*, Beschl. v. 18.5.1979, WuW/E OLG 2120, 2123 „Mannesmann/Brueninghaus"; *Kögel*, Die Angleichung der deutschen an die europäische Fusionskontrolle, S. 103.

511 *Kögel*, Die Angleichung der deutschen an die europäische Fusionskontrolle, S. 101 ; *Hoppmann*, Die Abgrenzung des relevanten Marktes im Rahmen der Missbrauchsaufsicht, S. 38 f; *Knauss*, Die räumliche Marktabgrenzung in der Fusionskontrolle und Missbrauchsaufsicht, S. 51; *Möschel*, in: Immenga/Mestmäcker, GWB, § 19 Rn. 33; *ders.*, Wettbewerbsbeschränkungen Rn. 510.

512 *Kommission*, Leitlinien für vertikale Beschränkungen, ABl. C 291/1 v. 13.10.2000, Tz. 91 Satz 11.

513 *Kommission*, XXI. Wettbewerbsbericht, Tz. 401; *Kommission*, XXII. Wettbewerbsbericht, Tz. 232; Kommission, Entsch. v. 23.9.1991, WuW/E EV 1662 (1663 f.) „Mannesmann/Boge"; *Kommission*, Entsch. v. 31.7.1991, WuW/E EV 1701 (1703) „Varta/Bosch"; *Kommission*, Entsch. v. 29.5.1991, WuW/E EV 1735 (1736) „Magneti Marelli/CEAc"; *Kommission*, Entsch. v. 22.7.1992, WuW/E EV 1903 (1908 f.) „Nestlé/Perrier".

514 *Westermann*, Die Einwirkungen der europäischen auf die deutsche Fusionskontrolle, S. 114.

515 *Kommission*, XXI. Wettbewerbsbericht, Anhang III, S. 401.

Wettbewerbsbedingungen getrennte Märkte angenommen werden müssen.[516] Verneint man aufgrund der Heterogenität der Wettbewerbsbedingungen die Austauschbarkeit der Produkte, so gehören diese getrennten Märkten an. Nimmt man jedoch Homogenität der Wettbewerbsbedingungen an, so können selbst relativ heterogene Produkte einem sachlich relevanten Markt zugeordnet werden.[517]

Wettbewerbsbedingungen, die im Rahmen der sachlichen Marktabgrenzung zu berücksichtigen sind, sind u.a. Unterschiede in den Produktionsbedingungen, den Herstellungskosten, den Marktzugangsbedingungen und -zugangsschranken, den Vertriebsbedingungen, der betriebenen Preispolitik, der Kundenstruktur sowie der Zahl und Stärke der Marktgegenseite.[518] Hier sollen einige Wettbewerbsbedingungen exemplarisch herausgegriffen werden.

Heterogene Wettbewerbsbedingungen können vorliegen, wenn das gleiche Produkt an einzelne sehr unterschiedliche Abnehmergruppen verkauft wird und/oder für eine unterschiedliche Verwendung bestimmt ist.[519] Gegenüber den verschiedenen Abnehmergruppen werden die Anbieter oft unterschiedliche Wettbewerbsbedingungen – beispielsweise im Hinblick auf Preise[520] – vorgeben können, wenn zum Zeitpunkt des Verkaufs des relevanten Produkts feststellbar ist, welcher Gruppe der Abnehmer angehört und ein Handel zwischen Kunden oder Arbitrage durch Dritte nicht möglich ist.[521] Unterschiedliche Wettbewerbsbedingungen können auf der Marktgegenseite auch dann vorliegen, wenn einzelne Abnehmergruppen besonders günstige Konditionen einfordern können,

---

516 *Rösler*, NZG 2000, 761 (763); *Kommission*, Entsch. v 23.9.1991, WuW/E EV 1662 (1663 f.) „Mannesmann/Boge"; *Kommission*, Entsch. v. 31.7.1991, WuW/E EV 1701 (1703) „Varta/Bosch"; *Kommission*, Entsch. v. 29.5.1991, WuW/E EV 1735 (1736) „Magneti Marelli/CEAc"; *Kommission*, XXI. Wettbewerbsbericht, Anhang III, S. 401; *Kommission*, XXII. Wettbewerbsbericht, Tz. 235, S. 136.

517 *Kommission*, XXII. Wettbewerbsbericht, Tz. 235, S. 136 unter Hinweis auf die Entscheidung *Kommission*, Entsch. v. 21.1.1992, ABl. C 21/27 v. 28.1.1992 „Inchcape/IEP", wo im Kfz-Großhandel wegen eines einheitlichen Kfz-Vertriebssystems für Autos aus verschiedenen Produktsegmenten ein einheitlicher sachlicher Markt angenommen wurde.

518 *Kommission*, XXII. Wettbewerbsbericht, Tz. 235; *Kommission*, Entsch. v. 22.7.1992, WuW/E EV 1903 (1908) „Nestlé/Perrier".

519 *Kommission*, XXI. Wettbewerbsbericht, Anhang III, S. 401.

520 *Kommission*, Bekanntmachung über den relevanten Markt, ABl. C 372/5 v. 9.12.1997, Tz. 43.

521 *Kommission*, Bekanntmachung über den relevanten Markt, ABl. C 372/5 v. 9.12.1997, Tz. 43.

weil sie über besonders viel Marktmacht verfügen. Ein klassisches Beispiel dafür ist der Erstausstattermarkt (OEM) und der Ersatzteilmarkt[522] im Kfz-Bereich.[523] Die Abnehmer im Erstausstattermarkt (Kraftfahrzeughersteller) können insbesondere hinsichtlich Preis, Qualität (Produktabnahme, hundertprozentige Mängelfreiheit, hohe technische Kapazität und intensive Forschung und Entwicklung) und „Just-in-time"-Lieferung den Anbietern völlig andere Wettbewerbsbedingungen auferlegen als die Abnehmer auf dem Ersatzteilmarkt.[524] Auf dem Ersatzteilmarkt haben die Käufer eine geringere Einkaufsmacht, da sie jeweils geringere Mengen abnehmen, wobei die Anbieter aber aufgrund der höheren Anzahl an Abnehmern auf dem Ersatzteilmarkt ein aufwendiges Vertriebs- und Kundendienstnetz vorhalten müssen. Deshalb herrschen auf beiden Märkten sehr unterschiedliche Wettbewerbsbedingungen.[525] Es ist darauf hinzuweisen, dass für jeden Sektor und in jedem Einzelfall beurteilt werden muss, ob Erstausrüstungsmarkt und Ersatzteilmarkt getrennte Märkte darstellen. Neben den oben für den Kfz-Bereich genannten Kriterien sind folgende Punkte zu beachten: Anzeichen für eine enge Abgrenzung des Marktes für Ersatzteile („sekundäre Produkte") und damit für getrennte Märkte liegen vor, wenn die Kompatibilität des sekundären Produkts mit dem Primärprodukt wichtig ist, es schwierig ist, kompatible Sekundärprodukte zu finden und wenn die Primärprodukte teuer und lange haltbar sind.[526] Weiterhin ist auch die Lebensdauer der Produkte auf dem Erstausrüstungsmarkt und die Höhe der Reparatur- bzw.

522 Als Handelsmarkt bezeichnet, *Kommission*, Entsch. v. 31.7.1991, WuW/E EV 1701 (1703) „Varta/Bosch".

523 Beispiele im Kfz-Bereich: *Kommission*, Entsch. v 23.9.1991, WuW/E EV 1662 (1664) „Mannesmann/Boge"; *Kommission*, Entsch. v. 31.7.1991, WuW/E EV 1701 (1703) „Varta/Bosch"; *Kommission*, Entsch. v. 29.5.1991, WuW/E EV 1735 (1736) „Magneti Marelli/CEAc". Siehe auch *KG*, Beschl. v. 1.12.1976, WuW/E OLG 1745 (1749) „Sachs"; Unterscheidung zwischen Erstaustattermarkt und Ersatzteilmarkt bei Registrierkassen: *EuGH*, Urt. v. 31.5.1979 – Rs. 22/78 – Slg. 1979, 1869 (1895) Rn. 5 ff „Hugin".

524 *Kommission*, Entsch. v. 23.9.1991, WuW/E EV 1662 (1663 f.) „Mannesmann/Boge"; *Kommission*, Entsch. v. 31.7.1991, WuW/E EV 1701 (1703) „Varta/Bosch"; *Kommission*, Entsch. v. 29.5.1991, WuW/E EV 1735 (1736) „Magneti Marelli/CEAc"; *Kommission*, XXI. Wettbewerbsbericht, Anhang III, S. 402.

525 *Kommission*, Entsch. v. 31.7.1991, WuW/E EV 1701 (1703) „Varta/Bosch"; *Kommission*, XXI. Wettbewerbsbericht, Anhang III, S. 401.

526 *Kommission*, Bekanntmachung über den relevanten Markt, ABl. C 372/5 v. 9.12.1997, Tz. 56 Satz 3 und 4.

Austauschkosten sowie die Wirkung der jeweiligen Wettbewerbsbeschränkung zu berücksichtigen.[527]

Heterogene Wettbewerbsbedingungen können sich auch dann ergeben, wenn Anbieter gegenüber Abnehmern aus verschiedenen Markt- bzw. Handelsstufen wegen ihrer unterschiedlichen Ausweichmöglichkeiten differenzierte Absatzmöglichkeiten verfolgen können. Diese Fallgruppe ist von besonderer Bedeutung für die vGVO. Wenn eine Wirtschaftsstufe an mehrere folgende Stufen liefert, z.B. der Hersteller sowohl an Groß- als auch an Einzelhändler und wenn die Groß- und Einzelhändler hinsichtlich Lieferzeit, -preis und -menge unterschiedliche Bedingungen gewähren und die Vertriebsmöglichkeiten daher nicht austauschbar sind, so können nach Ansicht der Kommission aufgrund der Heterogenität der Wettbewerbsbedingungen getrennte Märkte vorliegen.[528] Die deutsche Praxis der Marktabgrenzung weicht an diesem Punkt nicht von der europäischen Praxis ab. Es werden getrennte Märkte, die als Teilmärkte bezeichnet werden, abgegrenzt, wenn der Anbieterseite zwei verschiedene Wirtschaftsstufen untergeordnet sind, denen gegenüber sie zu unterschiedlichen Marktstrategien in der Lage ist.[529]

Getrennte Märkte liegen nach Auffassung der Kommission ebenfalls vor, wenn ein Hersteller ausschließlich an den Großhandel absetzt und dieser wiederum ausschließlich an den Einzelhandel.[530] Anders ist es in diesem Fall in Deutschland, wo keine getrennten Märkte, als Teilmärkte bezeichnet, angenommen

527 *Kommission*, Leitlinien für vertikale Beschränkungen, ABl. C 291/1 v. 13.10.2000, Tz. 94 Satz 3.

528 *Kommission*, Entsch. v. 24.2.1992, WuW/E EV 1817 (1819 f) „Torras/Sarrio"; *Kommission*, Entsch. v. 4.5.1993, ABl. L 217/35 (42) Tz. 57 ff v. 27.8.1993 „KNP/BT/VRG"; *Kommission*, Entsch. v. 30.7.1991, IV/M.062, Tz. 16 ff „Eridania/ISI", hier deutete die Kommission an, dass Industriezucker und Haushaltszucker aufgrund der unterschiedlichen Wettbewerbsbedingungen getrennten Märkten angehören könnten. Industriezucker werde im Gegensatz zum Haushaltszucker in großen Mengen bei relativ geringen Transportkosten geliefert. Letztlich ließ die Kommission die sachliche Marktabgrenzung aber offen.

529 *Ruppelt*, in: Langen/Bunte, Kommentar zum deutschen und europäischen Kartellrecht, Band 1, § 19 GWB Rn. 15; *Möschel*, Recht der Wettbewerbsbeschränkungen, Rn. 510; *Rieger*, in: Frankfurter Kommentar, Band III, § 36 Rn. 40.

530 *Kommission*, XXI. Wettbewerbsbericht, S. 402; Schütz, in: Gemeinschaftskommentar zum GWB und Europäischen Kartellrecht, 5. Auflage, 3. Lfg., EU-Fusionskontrolle, Art. 2 FKVO Rn. 11; *Kommission*, Entsch. v. 29.11.1993, IV/M.390 Tz. 39 „AKZO/Nobel Industrier"; *Kommission*, Entsch. v. 28.6.1991, IV/M.099 Tz. 4a „Nissan/R.Nissan"; *Kommission*, Entsch. v. 1.7.1993, IV/M.326 Tz. 9 „Toyota Motor Corp./Walter Frey/Toyota France".

werden, wenn der Hersteller ausschließlich über die nachfolgende Wirtschaftsstufe – z.B. nur über den Großhandel – abgesetzt. Grund dafür ist, dass in diesem Fall eine unterschiedliche Marktstrategie des Herstellers gegenüber dem Großhändler und den folgenden Wirtschaftsstufen ausscheidet.[531]

Märkte werden im Allgemeinen nicht anhand der angewandten Vertriebsform definiert, so dass Selbstbedienungshandel, Fachhandel und Zustellhandel grundsätzlich zum gleichen Markt gehören können.[532] Auch unterschiedliche Vertriebsformen wie Alleinvertrieb und selektiver Vertrieb begründen im Allgemeinen keine eigenständigen Märkte.[533] Dies wird auch von der bisherigen deutschen Praxis der Marktabgrenzung angenommen.[534] In seltenen Fällen hat die Kommission jedoch unterschiedliche Vertriebsformen als getrennte Märkte angesehen, wenn ein Teil der Marktgegenseite auf diese Vertriebsform angewiesen ist und keine Ausweichmöglichkeiten hat.[535] Beispielsweise können die sog. *captive consumers* auf der Endabnehmerstufe auf den Versandhandel angewiesen sein, wenn sie durch Alter oder Behinderung keine Ausweichmöglichkeiten haben.[536] Bei der Bestimmung des Angebotsmarktes im Rahmen der vGVO wird diese Fallgruppe jedoch keine Relevanz haben, da dabei nur die Marktanteile von Unternehmen zu bestimmen sind, denen andere Unternehmen als Käufer auf der Marktgegenseite gegenüberstehen. Diese sind hinsichtlich der verschiedenen Vertriebsformen, auf die sie als Käufer zugreifen, flexibel und sehen die

---

531 *Möschel*, Recht der Wettbewerbsbeschränkungen, Rn. 510; *Neveling*, Die sachliche Marktabgrenzung bei der Fusionskontrolle im deutschen und europäischen Recht, S. 116.

532 *Kommission*, Leitlinien für vertikale Beschränkungen, ABl. C 291/1 v. 13.10.2000, Tz. 91 Satz 10.

533 *Kommission*, Leitlinien für vertikale Beschränkungen, ABl. C 291/1 v. 13.10.2000, Tz. 91; *Veelken*, in: Immenga/Mestmäcker, EG-WbR, Erg-Bd, 2. Lieferung 2001, V. GFVO Rn. 138; *Roniger*, Das neue Vertriebskartellrecht, Art. 3 Rn. 10.

534 *BGH*, Beschl. v. 11.3.1986, WuW/E BGH 2231, 2235 „Metro/Kaufhof": Grundsätzlich habe der Nachfrager kein ausschließliches Interesse an einer bestimmten Belieferungsform, so dass verschiedene Belieferungsformen „prinzipiell" austauschbar seien.

535 So kann für den Absatz an den Endverbraucher der Versandhandel im Non-Food-Bereich wegen seines besonderen Service gegenüber dem gewöhnlichen Einzelhandel einen eigenständigen Markt darstellen (*Gugerbauer*, Fusionskontrolle, Art. 2 Rn. 12; *Kommission*, Entsch. v. 21.3.1991, WuW/E EV 1605 (1607) „Otto/Grattan").

536 *Immenga*, in: Immenga/Mestmäcker, EG-WbR I, FKVO D. Art. 2 Rn. 64 (S. 843); *Kommission*, Entsch. v. 21.3.1991, WuW/E EV 1605 (1607) Tz. 12 f. „Otto/Grattan"; *Kommission*, Entsch. v. 25.4.1991, IV/M.080 Tz. 11 „La Redoute/Empire".

Vertriebsformen als austauschbar an. Das bedeutet, dass die verschiedenen Vertriebsformen kein Grund für die Annahme von getrennten Märkten sind.

5. Einbeziehung des marktnahen Bereichs

Bei der sachlichen Marktabgrenzung im Rahmen der vGVO stellt sich die Frage, in welcher Weise der Wettbewerb im marktnahen Bereich zu berücksichtigen ist. Dabei soll zwischen den einzelnen Erscheinungsformen des Wettbewerbs im marktnahen Bereich – dem potenziellen Wettbewerb, der Angebotsumstellungsflexibilität, dem Substiutionswettbewerb und der Eigenproduktion – unterschieden werden:

a) Potenzieller Wettbewerb

Potenzieller Wettbewerb bezeichnet den Wettbewerb, der durch den in naher Zukunft möglichen Markteintritt von Unternehmen hervorgerufen wird, unabhängig davon, auf welchem Markt die betreffenden Unternehmen bisher tätig waren.[537] Der potenzielle Wettbewerb ist sowohl nach europäischer als auch nach deutscher Rechtspraxis nicht in den sachlich relevanten Markt einzubeziehen[538], sondern wird nur bei der Prüfung der Marktbeherrschung berücksichtigt.[539]

b) Angebotsumstellungsflexibilität

Allerdings wird ein Unterfall des potenziellen Wettbewerbs, die sog. Angebotsumstellungsflexibilität, unter gewissen Voraussetzungen bei der Marktabgren-

537 *Stockenhuber*, Die europäische Fusionskontrolle, S. 267, Fn. 157.

538 *Kommission*, Bekanntmachung über den relevanten Markt, ABl. C 372/5 v. 9.12.1997, Tz. 24; *Kommission*, XXXI. Wettbewerbsbericht, S. 66. Siehe für die deutsche Praxis der Marktabgrenzung *Monopolkommission*, 5. Hauptgutachten, Tz. 611; 654; *Fischötter*, Festschrift Pfeiffer, S. 627 (640); *Knauss*, Die räumliche Marktabgrenzung in der Fusionskontrolle und Missbrauchsaufsicht, S. 54; a.A. *Schwalba*, Die wettbewerbsbezogene Abgrenzung des relevanten Marktes, S. 99 ff.

539 *Immenga*, in: Immenga/Mestmäcker, EG-WbR I, FKVO D. Kommentierung, Art. 2 Rn. 44 (S. 836); *Rösler*, NZG 2000, 761 (762); *Kommission*, XXIV. Wettbewerbsbericht, Tz. 311; *Kommission*, Entsch. v. 19.12.1991, WuW/E EV 1763 (1769) „Courtaulds/SNIA"; *Kommission*, Entsch.v. 22.7.1992, WuW/E EV 1903 (1930 f.) „Nestlé/Perrier". Siehe für die deutsche Praxis der Marktabgrenzung *Neveling*, Die sachliche Marktabgrenzung bei der Fusionskontrolle im deutschen und europäischen Recht, S. 75 f.; *BKartA*, Entsch. v. 27.2.1997, WuW/E BKartA 2285 (2887) „Kali + Salz/PCS"; *KG*, Beschl. v. 18.10.1995, WuW/E OLG 5549 (5556) „Fresenius/Schiwa".

zung berücksichtigt. Die Angebotsumstellungsflexibilität bezeichnet die Möglichkeit eines Unternehmens, seine bestehende Produktion auf die Produktion benachbarter Produktsegmente umzustellen. Bei einer möglichen Angebotsumstellungsflexibilität umfasst der relevante Markt das Ausgangsprodukt sowie die Produkte, die bei einer Umstellung der Produktion ohne größere Schwierigkeiten produziert werden könnten.[540] Die Angebotsumstellungsflexibilität wird dann im Rahmen der Marktabgrenzung berücksichtigt, wenn die Anbieter in Reaktion auf kleine, dauerhafte Änderungen bei den relativen Preisen in der Lage sind, ihre Produktion ohne spürbare Zusatzinvestitionen oder technische Schwierigkeiten problemlos auf die relevanten Erzeugnisse umzustellen.[541] Eine Umstellungsmöglichkeit kann nicht berücksichtigt werden, wenn große Unterschiede in der Herstellungstechnik der einzelnen Produkte bestehen oder für die Produktion ein besonders Know-how oder die erforderlichen Maschinen fehlen.[542] Die Angebotsumstellungsflexibilität kann ebenfalls nicht berücksichtigt werden, wenn sie zwar technisch möglich wäre, ihr aber gesetzliche Vorschriften entgegenstehen oder sie durch Auflagen erschwert wird.[543] Die Angebotsumstellungsflexibilität wird nur dann berücksichtigt, wenn die Herstellung innerhalb eines Jahres realisierbar ist.[544] In der deutschen Praxis der Marktab-

---

540 *Kommission*, Bekanntmachung über den relevanten Markt, ABl. C 372/5 v. 9.12.1997, Tz. 22; *Weitbrecht*, EuZW 1993, 687 (688); *Niemeyer*, BB 1991, Beilage 25, S. 1 (6); *Kommission*, XXII. Wettbewerbsbericht, S. 136; Kommission, XXI. Wettbewerbsbericht, Anhang III S. 401; *Kommission*, XXIV. Wettbewerbsbericht, S. 160; *Kommission*, Entsch. v. 12.11.1992, ABl. L 114/34 v. 8.5.1993, Tz. 66 „Mannesmann/Hoesch".

541 *Kommission*, Bekanntmachung über den relevanten Markt, ABl. C 372/5 v. 9.12.1997, Tz. 20; *Kommission*, Entsch. v. 12.11.1992, ABl. L 114/34 v. 8.5.1993 Tz. 66 „Mannesmann/Hoesch"; *Kommission*, Entsch. v. 29.10.1993, WuW/E EV 2157 (2162) „Mc Cormick/CPC/Rabobank/Ostmann"; *Kommission*, Entsch. v. 4.9.1992, IV/M. 239, Tz. 21 f. „Avesta/British Steel/NCC/AGA/Axel Johnson"; *Kommission*, Entsch. v. 29.11.1993, IV/M.390, Tz. 40 „AKZO/Nobel Industrier".

542 *Kommission*, Bekanntmachung über den relevanten Markt, ABl. C 372/5 v. 9.12.1997, Tz. 23; *Kommission*, Entsch. v. 4.9.1992, IV/M. 239, Tz. 21 f „Avesta/British Steel/NCC/AGA/Axel Johnson"; *Kommission*, Entsch. v. 29.11.1993, IV/M.390, Tz. 40 „AKZO/Nobel Industrier".

543 *Kommission*, Entsch. v. 22.7.1992, WuW/E EV 1903 (1910) „Nestlé/Perrier"; *Kommission*, Entsch. v. 12.11.1992, ABl. L 114/34 v. 8.5.1993, Tz. 46 und 56 „Mannesmann/Hoesch".

544 *Immenga*, in: Immenga/Mestmäcker, EG-WbR I, FKVO D., Art. 2 Rn. 59 (S. 842). Ein Zeitraum von drei bis vier Jahren wurde von der Kommission für zu lang gehalten, um bei der Marktabgrenzung berücksichtigt werden zu können (*Kommission*, Entsch. v. 2.10.1991, WuW/E EV 1675, 1678 „Aérospatiale/De Havilland"); ebenso ein Zeitraum von zwei bis vier Jahren; *Kommission*, Entsch. v. 12.11.1992, ABl. L 114/34 v. 8.5.1993, Tz. 108 „Mannesmann/Hoesch".

grenzung wird die Umstellungsflexibilität unter ähnlichen Voraussetzungen berücksichtigt.[545]

Auch wenn im Vergleich zu den achtziger Jahren tendenziell eine zunehmende Anerkennung der Angebotsumstellungsflexibilität bei der Marktabgrenzung zu verzeichnen ist, ist die Einbeziehung der Angebotsumstellungsflexibilität bis heute nicht unumstritten. Im Zusammenhang mit der Marktabgrenzung bei der vGVO wird zum Teil – ohne weitere Begründung – vertreten, dass die Angebotsumstellungsflexibilität nicht zu berücksichtigen sei.[546] Gegen die Einbeziehung der Angebotsumstellungsflexibilität bei der Marktabgrenzung im Rahmen der Fusionskontrolle und Missbrauchsaufsicht wird immer wieder vorgebracht, dass sich die Angebotsumstellungsflexibilität nicht mit dem Bedarfsmarktkonzept begründen ließe, da zum einen nicht ausschließlich gegenwärtige Bezugsalternativen berücksichtigt werden und zum anderen eine Betrachtung der Sicht der Marktangehörigen anstelle der Marktgegenseite erfolge.

Die Ablehnung der Einbeziehung der Angebotsumstellungsflexibilität unter Hinweis auf die Unvereinbarkeit mit dem Bedarfsmarktkonzept überzeugt jedoch nicht. Eine alleinige Anwendung des Bedarfsmarktkonzepts würde die Strukturen der Märkte nicht korrekt erfassen, da sie zur Abgrenzung viel zu enger Märkte führen würde.[547] Daher kann das Bedarfsmarktkonzept nur als Ausgangspunkt für die Marktabgrenzung fungieren. Die Einbeziehung der Angebotsumstellungsflexibilität ist darüber hinaus erforderlich, um den Wettbewerbsdruck zu erfassen, der durch die Unternehmen entsteht, die ihre Produktion umstellen könnten. Es sollte daher keine theoretisch-dogmatische Begründung für die Berücksichtigung der Angebotsumstellungsflexibilität bei der Marktabgrenzung durch das Bedarfsmarktkonzept gefordert werden. Vielmehr sollte ein einheitliches *„angebotsumstellungsflexibles Bedarfsmarktkonzept“* zur Abgrenzung des relevanten Marktes angewendet werden, das sowohl das

---

545 *KG*, Beschl. v. 16.12.1987, WuW/E OLG 4167 (4168) „Kampffmeyer/Plange“; *BKartA*, Entsch. v. 15.4.1993, WuW/E BKartA 2521 (2527) „Zahnradfabrik Friedrichshafen/Allison“; *BKartA*, Entsch. v. 24.1.1995, WuW/E BKartA 2729 (2736 ff.) „Hochtief/Philipp Holzmann“; *Monopolkommission*, 5. Hauptgutachten, Tz. 654; *Lange*, BB 1996, 1997 (2001); *Schwalba*, Die wettbewerbsbezogene Abgrenzung des relevanten Marktes, S. 100; *Knauss*, Die räumliche Marktabgrenzung in der Fusionskontrolle und Missbrauchsaufsicht, S. 58. Ablehnend noch *Knöpfle*, FIW [Hrsg.], Schwerpunkte des Kartellrechts 1983/1984, S. 139 (189).

546 *Klotz*, in: von der Groeben/Schwarze, Band 2, nach Art. 81 EG, Fallgruppen, Liefer- und Bezugsvereinbarungen Rn. 63.

547 *Säcker*, ZWeR 2004, 1 (2, 3, 6).

Bedarfsmarktprinzip als auch die Angebotsumstellungsflexibilität umfasst. Bei einer solchen Vorgehensweise wird das Bedarfsmarktkonzept von der „*Leerformel ohne Anleitungswert*“[548] zum „*starting point*“[549] für die Prüfung der Umstellungsflexibilität auf dem Weg zu einer – der Marktwirklichkeit gerecht werdenden – Marktabgrenzung. Die Zugrundelegung eines „*angebotsumstellungsflexiblen Bedarfsmarktkonzepts*“ widerspricht nicht der Berücksichtigung der Marktabgrenzungspraxis von Kommission und Gerichtshof, die bei der Anwendung der vGVO auf innerstaatliche Sachverhalte grundsätzlich zu beachten ist. Denn bei dem „*angebotsumstellungsflexiblen Bedarfsmarktkonzepts*“ handelt es sich nicht um eine neue Theorie, sondern nur um eine Beschreibung der bestehenden Marktabgrenzungspraxis mit neuen Worten.

Die Einbeziehung der Angebotsumstellungsflexibilität wird bei der Fusionskontrolle mit dem dynamischen Element begründet. Bei der Fusionskontrolle muss versucht werden, eine Prognose über die Entwicklung der Märkte zu erarbeiten und dabei insbesondere die Lage zu bewerten, die durch die künftige Fusion entsteht. Durch den möglichen Markteintritt von Konkurrenten werden schon heute die Marktstrukturen bestimmt. Ebenso wie Fusionen beeinflussen auch Vertriebsverträge nicht nur die aktuellen, sondern auch die künftigen Marktstrukturen. In Vertriebsverträgen wird nicht nur der Verkauf von Waren vereinbart, sondern es wird ein Vertriebssystem aufgebaut, das die Absatzkanäle über mehrere Jahre prägt. Daher ist bei der Marktabgrenzung zur Anwendung der vGVO auch der künftige Wettbewerbsdruck auf dem Markt durch Einbeziehung der Umstellungsflexibilität zu berücksichtigen. Wegen der großen Bedeutung der Angebotsumstellungsflexibilität sollten Bedarfsmarktkonzept und Angebotsumstellungsflexibilität nicht mehr als konträre, einander widersprechende Konzepte angesehen werden.[550]

---

548 *Säcker*, ZWeR 2004, 1 (1).

549 *Säcker*, ZWeR 2004, 1 (9).

550 Erkennt man die Notwendigkeit der Kombination von Bedarfsmarktkonzept und Angebotsumstellungsflexibilität an, so ist der Weg nicht weit zum Konzept der Wirtschaftspläne, welches in der neueren Literatur wieder zunehmend Anklang gefunden hat (siehe dazu *Säcker*, ZWeR 2004, 1 (10 ff.); *Golz*, Der sachlich relevante Markt bei Verlagserzeugnissen; *Mestmäcker*, Das marktbeherrschende Unternehmen im Recht der Wettbewerbsbeschränkungen, S. 9 ff.; *Eucken*, Grundlagen der Nationalökonomie, S. 93 ff.). Nach diesem Konzept sollen Nachfrage- und Angebotssubstitution anhand der Wirtschaftspläne der Unternehmen berücksichtigt werden. Letztlich werden auch beim Konzept der Wirtschaftspläne zunächst die Austauschbarkeit der Produkte und danach die eventuell möglichen Umstellungsflexibilitäten berücksichtigt. Das Konzept

c) Substitutionswettbewerb und Eigenproduktion

Der Substitutionswettbewerb umfasst Wettbewerb, der von Produkten ausgeht, die nicht zum relevanten Markt gehören, sondern benachbarten Märkten zuzuordnen sind. Nach allgemeiner Meinung ist der Substitutionswettbewerb bei der Marktabgrenzung nicht zu berücksichtigen.

Die Eigenproduktion bezeichnet die Produktion eines Unternehmens an Gütern, die es in die eigenen Produkte einbaut. Die Eigenproduktion ist ebenfalls nicht in den relevanten Markt mit einzubeziehen.[551] Denn zum einen gelangen die Produkte, die ein Unternehmen nur für den eigenen Betrieb herstellt, nicht auf den Markt, so dass sie für die Marktgegenseite auch nicht Gegenstand von Austauschmöglichkeiten sein können.[552] Zum anderen erzeugen die Produkte, die ein Unternehmen für den eigenen Betrieb herstellt, auch keinen Wettbewerbsdruck auf dem Markt. Weiterhin spricht Art. 10 Abs. 1 Satz 2 vGVO gegen die Einbeziehung der Eigenproduktion in den relevanten Markt. Danach sind die Umsätze eines Unternehmens, die durch seine Geschäfte mit den mit ihm verbundenen Unternehmen entstehen, nicht zu berücksichtigen. Deshalb dürfen Warenströme innerhalb des Unternehmens durch Eigenproduktion erst recht nicht bei der Marktanteilsermittlung im Rahmen der vGVO eingerechnet werden.

II. Marktabgrenzung beim Beschaffungsmarkt

In Fällen, in denen eine Alleinbelieferung vereinbart wird, kommt es für die Anwendbarkeit der vGVO auf den Marktanteil des Käufers auf dem sog. Beschaffungsmarkt an (Art. 3 Abs. 2 vGVO).[553] Dieser wird zum Teil auch als

---

der Wirtschaftspläne ist der bei der vGVO vorzunehmenden Art und Weise der Marktabgrenzung auch insofern ähnlich, als die unternehmerische „Selbstveranlagung" im Rahmen der vGVO die Berücksichtigung der internen Wirtschaftspläne, i.e. die Analyse der Marktsituation und Planung von Marketing und Produktentwicklung, erfordert.

551 *Kommission*, Entsch. v. 23.9.1991, WuW/E EV 1662 (1666) „Mannesmann/Boge"; *Kommission*, Entsch. v. 9.12.1991, WuW EV 1783 (1787) „Lucas/Eaton"; Kommission, Entsch. v. 3.8.1999, WuW/E EU-V 347 (348) „Kirch/Mediaset". Siehe auch *BGH*, Beschl. v. 21.2.1978, WuW/E BGH 1501 (1503) „Kfz-Kupplungen"; anders noch *KG*, Beschl. v. 1.12.1976, WuW/E OLG 1745 (1749) „Sachs".

552 *Gugerbauer*, Fusionskontrolle Art. 2 Rn. 14; *Kommission*, Entsch. v. 23.9.1991, WuW/E EV 1662 (1666) „Mannesmann/Boge"; *Neveling*, Die sachliche Marktabgrenzung bei der Fusionskontrolle im deutschen und europäischen Recht, S. 81.

553 *Kommission*, Leitlinien für vertikale Beschränkungen, ABl. C 291/1 v. 13.10.2000, Tz. 92.

Nachfragemarkt bezeichnet. Die Fälle in denen der Beschaffungsmarkt abgegrenzt werden muss, scheinen zunächst mit Blick auf die sehr enge Legaldefinition der Alleinbelieferung in Art. 1 lit. c vGVO nicht sehr zahlreich zu sein. Dennoch wird in der Praxis gerade bei der Produktion von Ersatzteilen in Lizenz klassischerweise eine Alleinbelieferung vereinbart, so dass es für die Freistellungsfähigkeit dieser Vereinbarung auf den Marktanteil des Käufers auf dem Beschaffungsmarkt ankommt. Die Kommission hat sich entschieden, zur Beurteilung der Marktmacht bei der Vereinbarung einer Alleinbelieferung auf den Marktanteil des Käufers abzustellen, da durch die Vereinbarung die Wettbewerber des Käufers von einem Teil der auf dem Markt verfügbaren Bezugsquellen ausgeschlossen werden. Je mehr Marktmacht der Käufer auf dem Beschaffungsmarkt besitzt, desto intensiver wird sich diese Wettbewerbsbeschränkung auswirken.[554] Konsequenterweise hätte die Kommission bei Alleinvertriebsvereinbarungen ebenfalls auf den Marktanteil des Käufers abstellen müssen, da sich der Käufer durch diese ebenso wie bei Alleinbelieferungsvereinbarungen durch den Lieferanten eine Ausschließlichkeit einräumen lässt. Dennoch kommt es bei der Freistellung des Alleinvertriebs auf den Marktanteil des Lieferanten an.[555]

Die Abgrenzung des Beschaffungsmarktes wird nicht nur bei Alleinbelieferungsverpflichtungen relevant: Sofern die Marktanteilsschwelle der vGVO überschritten ist und das Vorliegen der Freistellungsvoraussetzungen des § 2 Abs. 1 GWB zu prüfen ist, ist unter anderem auch die Nachfragemacht des Käufers zu berücksichtigen, die sich maßgeblich nach dessen Marktanteil auf dem Beschaffungsmarkt bemisst.[556] Auch aus diesem Grund ist die Abgrenzung des Beschaffungsmarkts in der vorliegenden Arbeit von großer Bedeutung.

1. Verschiedene Methoden der Abgrenzung des Beschaffungsmarktes

Der Beschaffungsmarkt ist der Markt, auf dem die Käufer als Nachfrager den Lieferanten gegenüberstehen.[557] Einigkeit besteht nur darüber, dass das Bedarfsmarktkonzept bei der Abgrenzung des relevanten Beschaffungsmarktes

---

554 *Kommission*, Leitlinien für vertikale Beschränkungen, ABl. C 291/1 v. 13.10.2000, Tz. 204.

555 *Kommission*, Leitlinien für vertikale Beschränkungen, ABl. C 291/1 v. 13.10.2000, Tz. 162.

556 Siehe *Kommission*, Leitlinien für vertikale Beschränkungen, ABl. C 291/1 v. 13.10.2000, Tz. 125.

557 *Kommission*, Entsch. v. 27.8.1996, ABl. C 306/4 v. 15.10.1996, Tz. 7 „Rewe/Billa“.

insofern spiegelbildlich anzuwenden ist, als die Ausweichmöglichkeiten der Anbieter, hier der Lieferanten, zu ermitteln sind.[558] Dies ist auch in der bisherigen deutschen Praxis der Ansatz für die Abgrenzung des Beschaffungsmarktes.[559] Ob es jedoch allein auf die Ausweichmöglichkeiten der Anbieter hinsichtlich der Nachfrager oder zusätzlich auf die Angebotsumstellungsflexibilität ankommt, wird unterschiedlich beurteilt.

Nach überwiegender Auffassung sind bei der Abgrenzung des relevanten Beschaffungsmarktes sowohl die anderweitigen Absatzmöglichkeiten der Lieferanten – somit die Austauschbarkeit der Nachfrager – als auch die Angebotsumstellungsflexibilität zu berücksichtigen. Dies ist die gängige Praxis der Kommission.[560] In ihrer Bekanntmachung zum relevanten Markt weist die Kommission zudem darauf hin, dass bei der Abgrenzung des Beschaffungsmarktes auch der hypothetische Monopoltest angewandt werden solle.[561] Der überwiegende Teil der Literatur ist ebenfalls der Ansicht, dass die Angebotsumstellungsflexibilität in den relevanten Beschaffungsmarkt mit einbezogen werden sollte.[562] Diese Berücksichtigung der Angebotsumstellungsflexibilität

---

558 *Schröter*, in: von der Groeben/Schwarze, Band 2, Art. 82 Rn. 144; *Immenga*, in: Immenga/Mestmäcker, EG-WbR I, FKVO D. Kommentierung, Art. 2 Rn. 35 (S. 832); *Emmerich*, in: Immenga/Mestmäcker, EG-WbR I, Art. 85 Abs. 1 A. Rn. 228 (S. 182); *Traugott*, WuW 1998, 929 (933); *Dirksen*, in: Langen/Bunte, Kommentar zum deutschen und europäischen Kartellrecht, Band 2, Art. 82 EG Rn. 66.

559 *BGH*, Urt. v. 23.2.1988, WuW/E BGH 2483 (2487) „Sonderungsverfahren"; *KG*, Beschl. v. 24.4.1985, WuW/E OLG 3577 (3585) „Hussel/Mara"; *Niederleithinger*, in: Schwerpunkte des Kartellrechts 1975, S. 65 (75); *Monopolkommission*, 5. Hauptgutachten, Tz. 667 ff.

560 *Kommission*, Entsch. v. 3.2.1999, ABl. L 274/1 Tz. 76 v. 23.10.1999 „Rewe/Meinl"; *Kommission*, Entsch. v. 20.11.1996, ABl. L 110/53 v. 26.4.1997 Tz. 146 „Kesko/Tuko"; *Kommission*, Entsch. v. 27.8.1996, ABl. C 306/4 v. 15.10.1996, Tz. 20 „Rewe/Billa".

561 *Kommission*, Bekanntmachung über den relevanten Markt, ABl. C 372/5 v. 9.12.1997, Tz. 17.

562 *Immenga*, in: Immenga/Mestmäcker, EG-WbR I, FKVO D. Kommentierung, Art. 2 Rn. 35 (S. 832); *Traugott*, WuW 1998, 929 (933); *Gröner/Köhler*, BB 1982, 257 (260 f.); *Köhler*, Wettbewerbs- und kartellrechtliche Kontrolle der Nachfragemacht, S. 37 f.; *Möschel*, in: Immenga/Mestmäcker, GWB § 19 Rn. 41; *ders.*, in: Immenga/Mestmäcker, EG-WbR I, Art. 86 Rn. 61 (S. 700 f.); *Schröter*, in: von der Groeben/Schwarze, Band 2, Art. 82 Rn. 144; *Schütz*, in: Gemeinschaftskommentar zum GWB und Europäischen Kartellrecht, 5. Auflage, 3. Lfg., EU-Fusionskontrolle, Art. 2 FKVO Rn. 42; *Neveling*, Die sachliche Marktabgrenzung bei der Fusionskontrolle im deuschen und europäischen Recht, S. 199 f.; *Emmerich*, in: Immenga/Mestmäcker, EG-WbR I, Art. 85 Abs. 1 A. Rn. 228 (S. 182); *Monopolkommission*, 5. Hauptgutachten, Tz. 667.

führt dazu, dass in den relevanten Beschaffungsmarkt dann neben den aktuellen Nachfragern auch diejenigen Nachfrager einbezogen werden, an die der betreffende Lieferant nach der Umstellung der Produktion ebenfalls verkaufen könnte. Dabei wird ebenso wie bei der Angebotsumstellungsflexibilität beim Angebotsmarkt gefordert, dass die Angebotsumstellung mit den vorhandenen Produktionsanlagen ohne größere Anstrengungen technisch möglich, wirtschaftlich sinnvoll und zumutbar ist.[563]

Demgegenüber wird von Vertretern des Konzepts der Marktgleichwertigkeit angenommen, dass es bei der Abgrenzung des Beschaffungsmarktes allein darauf ankomme, welche Nachfrager aus Sicht des Anbieters austauschbar seien.[564] Nach diesem Ansatz, der vor allem in der Literatur zur deutschen Praxis der Marktabgrenzung vertreten wird, müsse auf das Kriterium der Angebotsumstellungsflexibilität verzichtet werden, weil dies *„der Marktlogik entspricht und eine entsprechende gleichwertige Behandlung von Nachfragepositionen im Verhältnis zur Anbietermarktstellung* gewährleistet“.[565] Bei der Abgrenzung des Angebotsmarkts werde auch nicht das Ausweichen der Nachfrager auf einen anderen Bedarf und damit auf andere Produkte bzw. auf andere Märkte verlangt.[566] Zudem würde die Berücksichtigung der Angebotsumstellungsflexibilität des Anbieters bedeuten, dass die Marktstellung eines Nachfragers von Anbieter zu Anbieter unterschiedlich zu beurteilen wäre.[567] Im Verhältnis zu einem Anbieter, der ein Gemischtwarenunternehmen betreibe, der

---

So auch *Knauss*, Die räumliche Marktabgrenzung in der Fusionskontrolle und Missbrauchsaufsicht, S. 29 (deutsches Kartellrecht). Unklar sind die Ausführungen von *Knauss* auf S. 40 zur Abgrenzung des Nachfragemarktes im EG-Kartellrecht, wo sie davon ausgeht, dass das Abstellen auf die Austauschbarkeit der Nachfrager unrichtig sei und es auf die Austauschbarkeit des Angebotenen ankomme. Zudem geht sie zu Unrecht davon aus, dass der Ansatz der Kommission dem Konzept der Marktgleichwertigkeit ähnlich sei.

Offengelassen in: KG, Beschl. v. 24.4.1985, WuW/E OLG 3577 (3585) „Hussel-Mara“; *KG*, Beschl. v. 5.11.1986, WuW/E OLG 3917 (3927f) „Coop Wandmaker“.

563 *Köhler*, Wettbewerbs- und kartellrechtliche Kontrolle der Nachfragemacht, S. 37; *Monopolkommission*, 7. Sondergutachten, Tz. 49.

564 *Benisch*, WuW 1977, 619 (624 f.); *Hölzler/Satzky*, Wettbewerbsverzerrungen durch nachfragemächtige Handelsunternehmen, S. 87; *Säcker*, BB 1988, 416 (418); differenzierend und teilweise unter Aufgabe ihrer bisherigen Meinung *Paschke/Kersten*, in: Frankfurter Kommentar, Band V, § 22 GWB a.F. Rn. 88.

565 *Benisch*, WuW 1977, 619 (626).

566 *Säcker*, BB 1988, 416 (418).

567 *Benisch*, WuW 1977, 619 (627).

der eine erhebliche Produktionsbreite aufweise oder dessen Produktionsanlagen leicht umgestellt werden könnten, wäre der relevante Markt weiter als im Verhältnis zu Einproduktlieferanten oder solchen mit Spezialanlagen, deren Umstellung auf andere Produkte schwierig wäre.[568] Bei Berücksichtigung der Angebotsumstellungsflexibilität seien somit die Finanzkraft, Sortimentsbreite, Diversifizierungs- und Umstellungsmöglichkeiten des Anbieters für die Ausdehnung des Marktes mitbestimmend, wodurch die Grenzziehung „uferlos" werde und der Beschaffungsmarkt keine messbare Größe sei.[569] Gegen das Angebotsumstellungskonzept spreche auch die *„wirtschaftliche Erfahrung"*, da Hersteller bei ihren Absatzbemühungen in der Regel von ihrem Produkt und dessen Verkaufsmöglichkeiten ausgingen.[570] Wenn ein Hersteller beschließen sollte, seine Produktion umzustellen, so sei dies als Erschließung eines neuen Marktes anzusehen.[571]

2. Stellungnahme

Zu entscheiden ist nun, ob die Angebotsumstellungsflexibilität bei der Abgrenzung des Beschaffungsmarktes einzubeziehen ist. Dies lässt sich weder mit dem Hinweis auf die *„wirtschaftliche Erfahrung"* klären noch durch die Aussage, dass *„das Konzept der Produktionsumstellung die Koordinationsfähigkeit des Marktsystems auf Produzentenseite [scil.: erhalte] und ein Erlahmen der Strukturflexibilität [verhindere]."*[572]

Dem Konzept der Marktgleichwertigkeit ist entgegenzuhalten, dass es keinesfalls der Marktlogik entspricht, die Angebotsumstellungsflexibilität bei der Abgrenzung der Beschaffungsmärkte auszuklammern. Soll die Marktabgrenzung beim Beschaffungsmarkt spiegelbildlich zu derjenigen des Angebotsmarkts erfolgen, so muss in beiden Fällen die Angebotsumstellungsflexibilität einbezogen werden, deren Berechtigung beim Angebotsmarkt auch die Vertreter des Konzepts der Marktgleichwertigkeit anerkennen. Wie oben dargestellt, werden die realen Marktstrukturen beim Angebotsmarkt erst bei Einbeziehung

---

568 *Benisch*, WuW 1977, 619 (627).

569 *Benisch*, WuW 1977, 619 (626).

570 *Hölzler/Satzky*, Wettbewerbsverzerrungen durch nachfragemächtige Handelsunternehmen, S. 87.

571 *Hölzler/Satzky*, Wettbewerbsverzerrungen durch nachfragemächtige Handelsunternehmen, S. 87.

572 *Knauss*, Die räumliche Marktabgrenzung in der Fusionskontrolle und Missbrauchsaufsicht, S. 29 mit deutlichem Rückgriff auf *Gröner/Köhler*, BB 1982, 257 (260).

der Angebotsumstellungsflexibilität abgebildet. Beim Beschaffungsmarkt werden die Nachfrager umso stärker in ihrer Machtposition beschränkt, je vielfältiger die Möglichkeiten der Anbieter zur Angebotsumstellung sind. Aus Sicht der Nachfrager bedeutet eine hohe Angebotsumstellungsflexibilität der Anbieter, dass die Absatzchancen der Anbieter steigen, da diese nun alternative, eventuell auch zusätzliche Nachfrager nach ihren Produkten haben. Bei einer hohen Angebotsumstellungsflexibilität sinkt somit die Abhängigkeit der Anbieter von den Nachfragern, so dass Nachfragemacht aus diesem Grund ausgeschlossen sein kann. Aus der Angebotsumstellungsflexibilität resultiert somit für die Nachfrager eine erhöhte „Abwanderungsgefahr“ von Anbietern.[573]

Weiterhin ist der Vorwurf der Vertreter des Konzepts der Marktgleichwertigkeit nicht überzeugend, bei einer Einbeziehung der Angebotsumstellungsflexibilität sei der Markt je nach Flexibilität der Anbieter unterschiedlich abzugrenzen. Zwar werden die Umstellungsmöglichkeiten der einzelnen Anbieter unterschiedlich sein. Dennoch werden nicht *einzelne* Beschaffungsmärkte aus Sicht der *einzelnen* Anbieter bestimmt, sondern die Sicht *aller* Anbieter auf der Marktgegenseite zur Bestimmung eines *einheitlichen* Beschaffungsmarkts zugrunde gelegt. Es kommt nicht auf die Sicht einzelner Anbieter an, sondern auf die „kollektive Sicht der Durchschnittsanbieter“. Aus diesem Grund überzeugt das Argument nicht, der Beschaffungsmarkt sei bei Einbeziehung der Angebotsumstellungsmöglichkeiten keine messbare rechtliche Größe.[574] Zudem sind die Voraussetzungen, unter denen die Angebotsumstellungsflexibilität zu berücksichtigen ist, in der Vergangenheit durch die Praxis geklärt worden.

Somit ist die Angebotsumstellungsflexibilität bei der Abgrenzung des Beschaffungsmarkts einzubeziehen. Die Abgrenzung des Beschaffungsmarkts erfolgt somit in zwei Schritten. Zunächst ist die maßgebliche Produktgruppe, hinsichtlich der der Beschaffungsmarkt abzugrenzen ist, unter Einbeziehung der Angebotsumstellungsflexibilität zu ermitteln. Sodann ist die Frage zu untersuchen, welche Nachfrager aus Sicht der Anbieter austauschbar sind.

Bei der Ermittlung der Produktgruppen ist die Angebotssubstituierbarkeit insofern zu berücksichtigen, als zu prüfen ist, ob ein Hersteller eines bestimmten Produkts ohne erhebliche Investitionen und Erwerb von zusätzlichem Knowhow ein anderes Produkt herstellen kann.[575] Sofern dies der Fall ist, gehört das

---

573 *Gröner/Köhler*, BB 1982, 257 (260).

574 Ähnlich *Köhler*, Wettbewerbs- und kartellrechtliche Kontrolle der Nachfragemacht, S. 37.

575 *Kommission*, Entsch. v. 3.2.1999, ABl. L 274/1 v. 23.10.1999, Tz. 76 „Rewe/Meinl“.

Produkt, auf das der Hersteller ausweichen kann, ebenfalls zur maßgeblichen Produktgruppe. So gehören beispielsweise Molkereiprodukte und Backwaren unterschiedlichen Produktgruppen an, da ein Hersteller von Molkereiprodukten nicht ohne erhebliche Investitionen und Erwerb von zusätzlichem Know-how Brot und Backwaren herstellen kann.[576] Gerade in der Zuliefererindustrie wird die Einbeziehung der Angebotsumstellungsflexibilität von großer Bedeutung sein. Wenn die Zulieferer ausschließlich für ein Unternehmen nach dessen Anweisungen produzieren, so ist das hergestellte Produkt häufig nicht an andere Nachfrager absetzbar. Ohne Einbeziehung der Angebotsumstellungsflexibilität würde der Beschaffungsmarkt in diesem Fall nur aus dem Abnehmer des Zulieferers bestehen, so dass ein getrennter sachlich relevanter Beschaffungsmarkt vorläge. Aber auch hier ist die Angebotsumstellungsflexibilität einzubeziehen, sofern der Zulieferer ohne größere Umstellung seiner Produktion in der Lage ist, technisch verwandte Erzeugnisse anzufertigen.[577]

Es ist darauf hinzuweisen, dass sich bei der Ermittlung der für den Beschaffungsmarkt maßgeblichen Produktgruppe erhebliche Abweichungen zum Angebotsmarkt ergeben können: Auf dem Angebotsmarkt im Lebensmitteleinzelhandel fragen die Kunden ein Gesamtsortiment von Food- und Non-Food-Artikeln nach, um beim Einkauf Zeit zu sparen („*one stop shopping*"). Auf dem Beschaffungsmarkt kann ein Einzelhändler/Nachfrager das Gesamtsortiment häufig jedoch nicht von einem einzigen Großhändler beziehen.[578] Dies gilt umso mehr im Lebensmitteleinzelhandel, wo die großen, zunehmend internationalen Einzelhandelsketten die Produkte häufig direkt von den Herstellern kaufen.[579] Weil kein Gesamtsortiment von einem bestimmten Hersteller bezogen werden

---

576 *Kommission*, Entsch. v. 3.2.1999, ABl. L 274/1 v. 23.10.1999, Tz. 76 „Rewe/Meinl". Ein weiteres Beispiel siehe *Traugott*, WuW 1998, 929 (933): Wenn es beispielsweise einem Hersteller von Konservendosen für Fisch wenig Mühe kostet, seine Produktion auf Dosen für Fleisch umzustellen, so sind seine möglichen Abnehmer nicht nur Hersteller von Fischprodukten, sondern auch solche von Fleischprodukten.

577 *Möschel*, in: Immenga/Mestmäcker, EG-WbR I, Art. 86 Rn. 61 (S. 700 f.); *Schröter*, in: von der Groeben/Schwarze, Band 2, Art. 82 Rn. 145.

578 *Kommission*, Entsch. v. 3.2.1999, ABl. L 274/1 v. 23.10.1999, Tz. 76 „Rewe/Meinl".

579 Im Lebensmitteleinzelhandel stehen die Unternehmen den Herstellern meist direkt gegenüber, da die großen Einzelhandelsketten selbst die Großhandelsfunktionen übernehmen. Vgl. *Kommission*, Entsch. v. 27.8.1996, ABl. C 306/4 v. 15.10.1996, Tz. 7 „Rewe/Billa".

kann, ist auch nicht von einem einheitlichen Beschaffungsmarkt für den Lebensmitteleinzelhandel auszugehen.[580]

Nach der Bestimmung der Produktgruppen erfolgt die eigentliche Abgrenzung des Beschaffungsmarktes bei der es auf die Austauschbarkeit der Nachfrager aus Sicht der Anbieter ankommt. Es ist zu prüfen, in welchem Maß die Anbieter im Durchschnitt die Möglichkeit haben, ihre Lieferungen eines Produkts oder einer Produktgruppe an einen Nachfrager ohne Schwierigkeiten durch Lieferungen an andere Nachfrager zu ersetzen.[581] Somit gehören zum Beschaffungsmarkt alle Nachfrager, an die das Produkt abgesetzt wird oder alternativ abgesetzt werden könnte. Die alternativen Nachfrager sind diejenigen, die hinsichtlich ihrer Anforderungen an das Produkt und hinsichtlich der Konditionen, die sie sich einräumen lassen, mit den bestehenden Nachfragern vergleichbar sind. Die alternativen Absatzmöglichkeiten für ein Produkt sind umso größer, je vielfältiger dessen Verwendungsmöglichkeiten sind[582]. Bei einem flexiblen Produkt wird sich daher ein weiter Beschaffungsmarkt ergeben. Gleiches gilt bei bestimmten Erstmarken, die im Sortiment des Einzelhandels unverzichtbar sind.[583] Ein weiterer Faktor für die mögliche Austauschbarkeit der Nachfrager ist deren Abnahmevolumen.[584] So wird der Anbieter einen sehr großen Nachfrager häufig nicht durch andere ersetzen können. Das Abnahmevolumen des Nachfragers hängt wiederum von den Marktanteilen ab, die er als Anbieter auf dem Angebotsmarkt erzielt.[585]

---

580 *Kommission*, Entsch. v. 3.2.1999, ABl. L 274/1 v. 23.10.1999, Tz. 76 „Rewe/Meinl".

581 *Kommission*, XXVI. Wettbewerbsbericht S. 71, Tz. 147; *Kommission*, Entsch. v. 27.8.1996, ABl. C 306/4 v. 15.10.1996, Tz. 20 „Rewe/Billa"; *Kommission*, Entsch. v. 3.2.1999, ABl. L 274/1 v. 23.10.1999 Tz. 76, 79 ff. „Rewe/Meinl". Ähnlich: *Emmerich*, in: Immenga/Mestmäcker, EG-WbR I, Art. 85 Abs. 1 A Rn. 228 (S. 182 f.); *Neveling*, Die sachliche Marktabgrenzung bei der Fusionskontrolle im deutschen und europäischen Recht, S. 199.

582 *Möschel*, in: Immenga/Mestmäcker, EG-WbR I, Art. 86 Rn. 61 (S. 700); *Schröter*, in: von der Groeben/Schwarze, Band 2, Art. 82 Rn. 144.

583 Siehe dazu auch: *Kommission*, Entsch. v. 27.8.1996, ABl. C 306/4 v. 15.10.1996, Tz. 20 „Rewe/Billa"; *Kommission*, Entsch. v. 21.6.1994, ABl. L 354/32 v. 31.12.1994, Tz. 166 ff. „Procter & Gamble/Schickedanz".

584 *Kommission*, Entsch. v. 27.8.1996, ABl. C 306/4 v. 15.10.1996, Tz. 20 „Rewe/Billa".

585 Siehe zur Interdependenz zwischen dem Handels- und dem Beschaffungsmarkt ausführlich *Kommission*, Entsch. v. 27.8.1996, ABl. C 306/4 v. 15.10.1996, Tz. 8 „Rewe/Billa".

Für die Beurteilung der Austauschbarkeit der Nachfrager kommt es auch darauf an, auf welchen weiteren alternativen Distributionsschienen das Produkt vertrieben werden kann. Als solche kommen unter anderem der Einzelhandel, Großhandel, Discounter, Cash&Carry-Märkte, Gastronomie, Drogeriemärkte, Apotheken und der Export in Betracht. Der Eintritt in einen neuen Absatzkanal ist häufig sehr schwierig, da er oft eine lange Marktbearbeitung voraussetzt.[586] Dies liegt daran, dass sich die Vermarktung eines Produkts bei den einzelnen Absatzkanälen stark unterscheidet. So können unterschiedliche Gebindegrößen, Aufmachung und Verpackung erforderlich sein, für die teilweise spezielle Maschinen oder andere Produktionsmittel erforderlich sind. Weiterhin können neue Distributionsschienen unterschiedliche Verkaufsstrategien und besondere Kenntnisse und Kontakte erfordern oder neue logistische Herausforderungen darstellen.[587] Daher sind die verschiedenen Absatzwege für die Hersteller häufig nicht ohne weiteres austauschbar.

D. Räumliche Marktabgrenzung

I. Marktabgrenzung beim Angebotsmarkt

1. Allgemein

Die Kommission definiert in ihrer Bekanntmachung zum relevanten Markt den räumlichen Markt wie folgt: „*Der geographisch relevante Markt umfasst das Gebiet, in dem die beteiligten Unternehmen die relevanten Produkte und Dienstleistungen anbieten, in dem die Wettbewerbsbedingungen hinreichend homogen sind und das sich von benachbarten Gebieten durch spürbar unterschiedliche Wettbewerbsbedingungen unterscheidet*“.[588] Der Gerichtshof stellt bei der räumlichen Marktabgrenzung ebenfalls auf die Homogenität der Wettbewerbsbedingungen ab.[589] Unter Wettbewerbsbedingungen werden dabei alle wirtschaftlichen Rahmenbedingungen des Leistungsaustausches, einschließlich

---

586 *Kommission*, Entsch. v. 3.2.1999, ABl. L 274/1 v. 23.10.1999, Tz. 80 „Rewe/Meinl“.

587 *Kommission*, Entsch. v. 3.2.1999, ABl. L 274/1 v. 23.10.1999, Tz. 80 „Rewe/Meinl“.

588 *Kommission*, Bekanntmachung über den relevanten Markt, ABl. C 372/5 v. 9.12.1997, Tz. 8. Anlehnung an Art. 9 Abs. 7 Satz 1 FKVO. Aus der Entscheidungspraxis: *Kommission*, Entsch. v. 31.7.1991, WuW/E EV 1701 (1704) „Varta/Bosch“; *Kommission*, Entsch. v. 23.9.1991, WuW/E EV 1662 (1666) „Mannesmann/Boge“.

589 *EuGH*, Urt. v. 31.3.1998 – verb. Rs. C-68/94 u. C-30/95 – Slg. 1998, I-1375 (1495) Rn. 143 „SCPA/EMC“; *EuGH*, Urt. v. 14.2.1978 – Rs. 27/76 – Slg. 1978, 207 (280) Rn. 10/11 „United Brands“.

staatlicher Einfuhr- und Vermarktungsregeln verstanden.[590] Es ist nicht erforderlich, dass die Wettbewerbsbedingungen vollkommen identisch sind; vielmehr genügt hinreichende Homogenität[591], so dass dem Rechtsanwender ein gewisser Beurteilungsspielraum verbleibt.

Bei der Bestimmung des räumlich relevanten Marktes geht die Kommission zunächst als Arbeitshypothese von dem Gebiet aus, das vom ersten Eindruck her den Umfang des räumlich relevanten Marktes ergibt, wobei sie sich vor allem an Marktanteilen orientiert.[592] Bei der anschließenden Untersuchung der Wettbewerbsbedingungen nimmt die Kommission eine Trennung zwischen Marktabgrenzungsfaktoren und Marktabgrenzungsindizien vor.[593] Während die Marktabgrenzungsfaktoren, die nach Nachfrage- und Angebotsfaktoren unterschieden werden, die Ursache für die Entstehung von räumlich getrennten Märkten sind, stellen die Marktabgrenzungsindizien Anhaltspunkte für das Bestehen von räumlich getrennten Märkten dar. Primär grenzt die Kommission den räumlich relevanten Markt unter Berücksichtigung der Nachfragefaktoren ab.[594] Dazu gehören unter anderem Kaufgewohnheiten, nationale oder regionale Präferenzen, Vorlieben für einheimische Marken, Sprache, Kultur und Lebensstil etc.[595] Dabei untersucht sie auch die Preiselastizität, indem sie ermittelt, ob die Nachfrager bei einer geringen bleibenden Preiserhöhung auf ein anderes Gebiet ausweichen würden (hypothetischer Monopoltest). Gegebenenfalls berücksichtigt die Kommission auch noch Faktoren auf der Angebotsseite wie die Höhe der Transportkosten, die Art der Produktaufmachung, Zugriff auf ein

---

590 *Jung*, in: Grabitz/Hilf, Kommentar zum Recht der Europäischen Union, Art. 82 Rn. 42; *Schröter*, in: Schröter/Jakob/Mederer, Kommentar zum Europäischen Wettbewerbsrecht, Art. 82 Rn. 148.

591 *EuG*, Urt. v. 6.10.1994 – Rs. T-83/91 – Slg. 1994, II-755 (805) Rn. 91 „Tetra Pak"; *EuG*, Urt. v. 12.6.1997 – Rs. T-504/93 – Slg. 1997, II- 923 (960) „Tiercé Ladbroke"; *Schröter*, in: von der Groeben/Schwarze, Band 2, Art. 82 Rn. 147.

592 *Kommission*, Bekanntmachung über den relevanten Markt, ABl. C 372/5 v. 9.12.1997, Tz. 28.

593 Zur Unterscheidung von Marktabgrenzungsfaktoren und -indikatoren siehe: *Kommission*, XXIV. Wettbewerbsbericht, S. 162; *Kommission*, XXII. Wettbewerbsbericht, Tz. 237, S. 137; *Kommission*, XXIII. Wettbewerbsbericht, Tz. 279, S. 188; *Immenga*, in: Immenga/Mestmäcker, EG-WbR I, FKVO D. Art. 2 Rn. 74 (S. 856); *Jones/ Gonzáles-Díaz*, The EEC Merger Regulation, S. 117 ff.; *Kommission*, XXIV. Wettbewerbsbericht, Tz. 286.

594 *Kommission*, Bekanntmachung über den relevanten Markt, ABl. C 372/5 v. 9.12.1997, Tz. 29; *Möschel*, in: Immenga/Mestmäcker, EG-WbR Art. 86 Rn. 55.

595 *Kommission*, XXIII. Wettbewerbsbericht, Tz. 279, S. 188.

bestehendes Vertriebssystem sowie Marktzutrittsschranken.[596] In ihrer Entscheidungspraxis schenkt die Kommission auch den Marktabgrenzungsindizien sehr viel Beachtung, wenngleich dies in der Bekanntmachung zur Definition des relevanten Marktes nicht so deutlich wird. Solche Marktabgrenzungsindizien sind beispielsweise Preisunterschiede, Marktanteile, Handelsströme und der Standort größerer Anbieter.[597] Die einzelnen Parameter haben je nach Fallgestaltung mehr oder weniger Bedeutung und müssen so je nach Einzelfall in unterschiedlicher Weise gewichtet werden.[598] Es müssen nicht alle Kriterien in jedem einzelnen Fall untersucht werden.[599] Flexibel wird anhand der Vielzahl von Faktoren von Fall zu Fall entschieden, ob homogene Wettbewerbsbedingungen anzunehmen sind oder nicht. Nachdem die Kommission in der oben dargestellten Weise geprüft hat, ob die Wettbewerbsbedingungen innerhalb eines Gebietes hinreichend homogen sind, prüft sie in einem zweiten Schritt, ob sich die Wettbewerbsbedingungen in dem in Frage stehenden Gebiet hinreichend von denen in angrenzenden Gebieten unterscheiden.[600]

Es ist darauf hinzuweisen, dass die räumliche Marktabgrenzung bei Anwendung der vGVO speziell für die jeweilige Produktions- bzw. Vertriebsstufe, auf der eine vertikale Vereinbarung abgeschlossen wird, erfolgen muss. Der räumliche Markt eines Großhändlers beim Verkauf eines Produkts an einen Einzelhändler ist nicht zwangsläufig deckungsgleich mit dem räumlichen Markt eines Einzelhändlers bei Verkauf eines Produkts an den Endverbraucher.[601] Bei ersterem, i.e. einem Markt, auf dem die Käufer gewerblich handeln, wird der räumliche Markt üblicherweise weiter sein als der Markt, auf dem das Produkt an Endverbraucher weiterverkauft wird.[602] Dies liegt daran, dass die Händlerstufe weitergehendere

---

596 *Kommission*, Bekanntmachung über den relevanten Markt, ABl. C 372/5 v. 9.12.1997, Tz. 30; *Kommission*, XXIII. Wettbewerbsbericht, Tz. 279, S. 188.

597 *Kommission*, XXIII. Wettbewerbsbericht, Tz. 279, S. 188.

598 *Maske*, Die geographische Dimension im europäischen Wettbewerbsrecht, S. 223; *Weitbrecht* EuZW 1993, 687 (688).

599 *Kommission*, Bekanntmachung über den relevanten Markt, ABl. C 372/5 v. 9.12.1997, Tz. 52.

600 *Kommission*, Bekanntmachung über den relevanten Markt, ABl. C 372/5 v. 9.12.1997, Tz. 8.

601 Siehe auch *Kommission*, Leitfaden für die VO 1400/2002, S. 77 ff.

602 *Kommission*, Leitlinien für vertikale Beschränkungen, ABl. C 291/1 v. 13.10.2000, Tz. 91 Satz 12. Ähnlich auch *Kommission*, Leitfaden für die VO 1400/2002 S. 78 f. dort Fn. 189: „*Liefer- und Großhandelsvereinbarungen über Bau- oder Ersatzteile können von Vertragsparteien abgeschlossen werden, deren geographischer Tätigkeitsbereich sich auf alle oder mehrere Mitgliedstaaten erstreckt, was zu einer entsprechenden Defi-*

Austauschmöglichkeiten als die Endkunden hat, z.B. da sie bessere Möglichkeiten des Bezugs im Ausland hat. So ergeben sich jeweils unterschiedliche Wettbewerbsbedingungen für die Produktions- bzw. Vertriebsstufen.

2. Konzept der Homogenität der Wettbewerbsbedingungen contra Bedarfsmarktkonzept

Von der bisherigen deutschen Kartellrechtspraxis wird bei der räumlichen Marktabgrenzung das Bedarfsmarktkonzept angewandt, wonach die Gebiete in den räumlichen Markt einbezogen werden, die aus Sicht der Marktgegenseite austauschbar sind.[603] Seit einigen Jahren lehnt sich das Bundeskartellamt in seinen Entscheidungen jedoch verstärkt an die europäische Praxis an, indem es auf die Homogenität der Wettbewerbsbedingungen abstellt.[604] Für eine solche Vereinheitlichung der räumlichen Marktabgrenzung hatte sich auch ein Teil der deutschen Literatur ausgesprochen.[605] Die Marktabgrenzung nach dem Kriterium der Homogenität der Wettbewerbsbedingungen hat einige methodische Vorteile gegenüber der strengen Anwendung des Bedarfsmarktkonzepts, deren Erläuterung sinnvoll ist.

a) Schwierigkeiten des Bedarfsmarktkonzepts

Der Grund für die Bevorzugung des Konzepts der Homogenität der Wettbewerbsbedingungen ist darin zu sehen, dass die Anwendung des Bedarfsmarktkonzepts, i.e. die Ermittlung der Austauschbarkeit aus Sicht jedes einzelnen

---

nition der geographischen Märkte führt. Vertikale Vereinbarungen, die auf einer niedrigeren Vertriebsstufe abgeschlossen werden, können enger abgegrenzte Märkte betreffen. An Vereinbarungen, die direkt vor der Einzelhandelsstufe angesiedelt sind, sind für gewöhnlich Käufer beteiligt, für die eine nationale oder regionale Abgrenzung des relevanten Marktes zweckmäßig ist."

603 *H. Bergmann*, Nachfragemacht in der Fusionskontrolle, S. 66; *van Arnheim*, Der räumliche Markt im Rahmen der Fusionskontrolle, S. 15; Kleinmann/Bechtold, Kommentar zur Fusionskontrolle, § 22 Rn. 80; *Richter*, in: Handbuch des Kartellrechts § 20 Rn. 26; *Heidenhain*, AG 1987, 117 (118).

604 *BKartA*, Entsch. v. 9.12.1999, WuW/E DE-V 203 (207) „Krautkrämer/Nutronik"; *BKartA*, Entsch. v. 11.2.2000, WuW/E DE-V 235 (237) „Dürr/Alstom"; *BKartA*, Entsch. v. 21.6.2000, WuW/E DE-V 275 (277) „Melitta"; *BKartA*, Entsch. v. 3.7.2000, WuW/E DE-V 301 (305) „REW/VEW"; *BKartA*, Entsch. v. 14.7.2000, WuW/E DE-V 331 (332) „Flowserve/Ingersoll-Dresser". Siehe auch *KG*, Beschl. v. 16.12.1987, WuW/E OLG 4167 (4169) „Kampffmeyer/Plange"; *Monopolkommission*, 13. Hauptgutachten, Tz. 488.

605 *Traugott*, WuW 1998, 929 (939).

Nachfragers auf der Marktgegenseite, gerade bei der räumlichen Marktabgrenzung besonders schwierig ist. Dies wird deutlich, wenn man eine räumliche Marktabgrenzung anhand des Bedarfsmarktkonzepts vornimmt und dabei beispielsweise versucht, die örtlichen Austauschmöglichkeiten der Marktgegenseite zu ermitteln. Einfach wäre die Ermittlung der örtlichen Austauschmöglichkeiten, wenn in den einzelnen räumlichen Märkten alle Anbieter den gleichen Lieferradius hätten, am gleichen Ort ihren Standort hätten und die Marktgegenseite ebenfalls dort konzentriert wäre. In der Realität ist jedoch genau das Gegenteil der Fall. Die Unternehmen haben unterschiedlich große Lieferradien, die sich zum Teil überschneiden und die Marktgegenseite ist in und zwischen den einzelnen Liefergebieten der Unternehmen verteilt, so dass die einzelnen Nachfrager jeweils eine Vielzahl unterschiedlicher Austauschmöglichkeiten besitzen.

Beispiel:

Es soll angenommen werden, dass sich die Lieferradien der Unternehmen A und B und die der Unternehmen B und C überschneiden. Es ist vorstellbar, dass für den gedachten Kunden X aus dem Liefergebiet des Unternehmens A, der dort sehr weit westlich wohnt, keine Austauschmöglichkeiten mehr mit Produkten des Unternehmens B bestehen, wenn die Produktionsstätte in B so weit von X entfernt liegt, dass eine Belieferung unwirtschaftlich wäre. Für den Kunden Y, der im Belieferungsgebiet von B sehr weit südlich wohnt, kann eine Belieferung durch A und C ebenfalls aus Entfernungsgründen nicht mehr möglich sein. Hingegen kann er möglicherweise zusätzlich zum Lieferanten B auf den Lieferanten D zurückgreifen, dessen Liefergebiet sich aber nicht mit dem von B überschneidet.

Dies zeigt, dass sich je nach Standpunkt des Betrachters die Austauschmöglichkeiten und damit die Grenzziehungen von eventuellen Märkten verschieben, woraus sich der Begriff der „wandernden Märkte“[606] erklärt. Somit ergeben sich besondere Probleme, wenn man bei Anwendung des Bedarfsmarktkonzepts die Austauschmöglichkeiten für jeden einzelnen Nachfrager auf der Marktgegenseite zu bestimmen versucht. Besonders in den Randzonen eines Gebietes werden die Austauschmöglichkeiten der Marktgegenseite eingeschränkt sein bzw. sich nur schwer beurteilen lassen.[607] Die Schwierigkeit, die Austauschmöglichkeiten der Marktgegenseite zu ermitteln, wird dadurch verschärft, dass

606 *Traugott*, WuW 1998, 929 (938).

607 *Kommission*, Bekanntmachung über den relevanten Markt, ABl. C 372/5 v. 9.12.1997, Tz. 57.

die einzelnen Nachfrager bei der Beurteilung der Austauschmöglichkeiten nicht nur ein Kriterium wie die Liefermöglichkeiten (Entfernung zum Unternehmen) verwenden, sondern sich zugleich u.a. an Preis, Qualität und Image des Produktes orientieren, so dass Faktoren ins Spiel kommen, die sich nur schwer ermitteln lassen.

b) Vorteile des Konzepts der Homogenität der Wettbewerbsbedingungen

Die Kommission löst die Problematik, indem sie nicht die Austauschmöglichkeiten der Marktgegenseite in den Mittelpunkt ihrer Betrachtungen stellt, sondern die Homogenität der Wettbewerbsbedingungen anhand verschiedener Marktabgrenzungskriterien überprüft. In den räumlich relevanten Markt bezieht die Kommission dann alle Gebiete mit ein, in denen die Wettbewerbsbedingungen hinreichend homogen sind. Dies geschieht unabhängig davon, ob die so einbezogenen Gebiete in ihrer Gesamtheit von allen Nachfragern auf der Marktgegenseite als austauschbar angesehen werden.[608] Die Tatsache, dass hier also auf die genaue Ermittlung der räumlichen Austauschbarkeit für jeden einzelnen Nachfrager verzichtet wird, stellt den entscheidenden Vorteil der europäischen gegenüber der traditionellen deutschen Praxis der räumlichen Marktabgrenzung dar. Die Anwendung des Kriteriums der Homogenität der Wettbewerbsbedingungen ermöglicht flexible Lösungen im Einzelfall und ist daher gegenüber dem Bedarfsmarktkonzept vorzuziehen. Aufgrund der Vorteile des Konzepts der Homogenität der Wettbewerbsbedingungen fallen auch dessen Nachteile, die relative Unschärfe und Dehnbarkeit des Prüfungsmaßstabes, die besonders im Rahmen der „Selbstveranlagung" durch die Unternehmen bei Anwendung einer Gruppenfreistellungsverordnung schwierig werden kann, nicht entscheidend ins Gewicht. Im Übrigen ergeben sich diese Nachteile bei der Anwendung des Bedarfsmarktkonzepts fast in gleicher Weise.

Insgesamt betrachtet sind die Unterschiede zwischen den beiden Konzepten jedoch geringer als man es auf den ersten Blick annehmen könnte. Denn Gebiete, in denen weitgehend homogene Wettbewerbsbedingungen bestehen, sind aus der Sicht der Marktgegenseite in den meisten Fällen auch hinreichend substituierbar.[609] Dies erklärt, dass es auch aus Sicht der Kommission bei der räum-

---

608 *Kommission*, Entsch. v. 21.12.1993, ABl. L 158/24 Tz. 16 v. 25.6.1994 „Pilkington-Techint/SIV";_*Kommission*, Entsch. v. 23.10.2000, Ahold/Superdiplo, COMP/M.2161, Tz. 16: offengelassen.

609 *Rösler*, in: Frankfurter Kommentar, Band VI, Art. 2 FKVO Rn. 24; wohl auch *Niemeyer*, BB 1991, Beilage 25, S. 1 (7); *Knauss*, Die räumliche Marktabgrenzung in der Fusionskontrolle und Missbrauchsaufsicht, S. 153.

lichen Marktabgrenzung entscheidend darauf ankommt, welche Gebiete die Marktgegenseite als austauschbar ansieht.[610] In ihren Entscheidungen stellt die Kommission jedoch nur selten direkt auf die Austauschbarkeit aus Sicht der Marktgegenseite ab, sondern legt den Schwerpunkt auf die Homogenität der Wettbewerbsbedingungen.[611]

c) Bedeutung des Kettenreaktions- oder Weitergabeeffekts

Da die räumliche Marktabgrenzung in der europäischen Praxis maßgeblich von der Homogenität der Wettbewerbsbedingungen bestimmt wird und es auf die Austauschbarkeit der Gebiete aus Sicht jedes einzelnen Nachfragers nicht ankommt, hat der sog. Kettenreaktions- oder Weitergabeeffekt in einigen Fällen Bedeutung.[612] Der Kettenreaktionseffekt bezeichnet die Auswirkungen eines Gebietes A auf die Wettbewerbsbedingungen des weiter entfernt gelegenen Gebietes C vermittelt durch das zwischen den Gebieten liegende und sich gleichermaßen mit A und C überschneidende Gebiet B. Je intensiver und weitgehender diese Kettenreaktionseffekte sind, desto eher nimmt die Kommission eine Substitutionskette, also einen Markt an, der über den Bereich zweier oder dreier sich überschneidender Lieferradien der Unternehmen hinaus geht (Marktverkettung). So kommt die Kommission zu einer Vergrößerung des räumlichen Marktes. Ob dieser Kettensubstitutionseffekt tatsächlich vorliegt, überprüft die Kommission, indem sie die gegenseitige Abhängigkeit der Preise in den Randbereichen einer möglichen Substitutionskette untersucht. Bei einer Kettensubstitution müssen das Preisniveau und ggf. auch andere Wettbewerbsfaktoren an beiden Enden der Substitutionskette etwa gleich hoch sein.[613] In der

---

610 *Kommission*, Bekanntmachung über den relevanten Markt, ABl. C 372/5 v. 9.12.1997, Tz. 13, 16, 17, 29.

611 Anders nur in den Entscheidungen *Kommission*, Entsch. v. 3.12.1997, ABl. L 201/102 Tz. 36 v. 17.7.1998 „VEBA/Degussa"; *Kommission*, Entsch. v. 23.12.1992, ABl. L 34/20 Tz. 54 v. 10.2.1993 „CEWAL u.a."; *Kommission*, Entsch. v. 11.2.1998, ABl. L 211/22 Tz. 40 v. 29.7.1998 „Agfa-Gevaert/DuPont".

612 *Kommission*, Bekanntmachung über den relevanten Markt, ABl. C 372/5 v. 9.12.1997, Tz. 57 und 58; *Kommission*, Entsch. v. 11.11.1998, ABl. L 183/1 (9) Tz. 64 v. 16.7.1999 „Skanska/Scancem"; *Kommission*, XXVI. Wettbewerbsbericht S. 69. Siehe auch *Kommission*, Entsch. v. 27.9.2002, WuW/E EU-V 779 (779) „A.S. Watson/Kruidvat"; *Kommission*, Entsch. v. 9.2.2000, ABl. L 120/1 v. 7.5.2002 Tz. 25 „Linde/AGA", wo das Ergebnis der Kommission zeigt, dass sie von einem Kettenreaktionseffekt ausgeht, obwohl sie diesen nicht explizit benennt.

613 *Kommission*, Bekanntmachung über den relevanten Markt, ABl. C 372/5 v. 9.12.1997, Tz. 58; siehe auch *Jones/Sufrin*, EC Competition Law, S. 277; *Kommission*, Entsch. v. 21.12.1993, ABl. L 158/24 Tz. 16 v. 25.6.1994 „Pilkington-Techint/SIV".

Bekanntmachung über die Definition des relevanten Marktes ist die Kommission der Ansicht, dass der Kettenreaktionseffekt nur anzunehmen sein könne, wenn die Homogenität der Wettbewerbsbedingungen durch empirische Nachweise bestätigt werde.[614] Diese Voraussetzung für die Annahme des Kettenreaktionseffektes kann aber für die Anwendung der vGVO nicht in dieser Weise übernommen werden. Denn die Unternehmen können bei der Prüfung, ob die von ihnen vereinbarten Wettbewerbsbeschränkungen in den Genuss einer Gruppenfreistellungsverordnung kommen, aus finanziellen und zeitlichen Gründen regelmäßig keine umfangreichen empirischen Untersuchungen vornehmen. Daher sollte bei der Marktabgrenzung im Rahmen der vGVO ein Kettenreaktionseffekt auch dann angenommen werden können, wenn die Homogenität der Wettbewerbsbedingungen nicht durch empirische Nachweise bestätigt wird.

So überzeugend die theoretische Annahme von Kettenreaktionseffekte zwischen einzelnen Gebieten auch ist; in der Entscheidungspraxis ist der Umgang der Kommission mit diesem Phänomen recht unbefriedigend. Zum einen sind die Ausführungen der Kommission zu den Voraussetzungen und der Wirkungsweise dieses Effektes nur sehr knapp. Zum anderen ist im Voraus kaum kalkulierbar, in welchen Fällen die Kommission den räumlich relevanten Markt aufgrund Vorliegens des Kettenreaktionseffektes vergrößern wird. Häufig scheint es, dass die Kommission große Märkte aufgrund des Kettenreaktionseffektes nur annimmt, um keine präzisen Entscheidungen treffen zu müssen. So tendiert die Kommission statt eines Regionalmarktes oft zu einem nationalen Markt bzw. statt eines nationalen zu einem europaweiten Markt, wenn eine große Vielzahl von Unternehmen mit sich überschneidenden Lieferradien auf dem Markt tätig ist und die genaue Bestimmung der Homogenität der Wettbewerbsbedingungen schwierig wird.[615]

An der Praxis der Kommission ist weiterhin kritikwürdig, dass in den Entscheidungen, in denen die Kommission den Kettenreaktionseffekt annahm, das Vorliegen von homogenen Wettbewerbsbedingungen nicht wie in der Bekanntmachung gefordert empirisch nachgewiesen wurde. Nachteilig am Umgang der Kommission mit Kettenreaktionseffekten ist zudem, dass die Kommission im Ergebnis vielfach viel zu große Märkte bestimmt mit der Folge, dass die so

---

614 *Kommission*, Bekanntmachung über den relevanten Markt, ABl. C 372/5 v. 9.12.1997, Tz. 58.

615 *Kommission*, Entsch. v. 27.9.2002, WuW/E EU-V 779 (780) „A.S. Watson/Kruidvat“; *Kommission*, Entsch. v. 21.12.1993, ABl. L 158/24 v. 25.6.1994 „Pilkington-Techint/SIV.

berechneten Marktanteile die real existierende Marktmacht der Unternehmen regelmäßig nicht wiedergeben werden. Insbesondere ist problematisch, dass durch die Annahme des Kettenreaktionseffektes räumliche Märkte entstehen, die im Einzelfall weitaus größer als das jeweilige Liefergebiet sind, was zur Folge hat, dass das einzelne Unternehmen teilweise gar nicht in der Lage ist, den gesamten räumlich relevanten Markt zu bedienen und so zwischen den einzelnen Anbietern kein echtes Wettbewerbsverhältnis besteht.[616] Trotz dieser Vorbehalte gegenüber der Kommissionspraxis im Zusammenhang mit dem Kettenreaktionseffekt, kann dieser jedoch bei der Marktabgrenzung im Rahmen der innerstaatlichen Anwendung der vGVO im Einzelfall berücksichtigt werden.

II. Räumliche Marktabgrenzung beim Beschaffungsmarkt

Die Abgrenzung des räumlichen Beschaffungsmarktes ist ebenfalls aus Sicht der Anbieter vorzunehmen. Daher umfasst der räumlich relevante Beschaffungsmarkt die gesamte Nachfrage nach Waren, die von deren Anbietern räumlich erreicht und befriedigt werden kann (Ausweichmöglichkeiten der Anbieter).[617] Der räumlich relevante Markt deckt sich daher mit dem Gebiet, in dem ein Unternehmen die von ihm angebotenen Waren vertreibt oder aufgrund einer zumutbaren Erweiterung oder Umstellung seiner Absatzwege vertreiben kann.[618] Da sich die Abgrenzung des räumlich relevanten Beschaffungsmarktes an der Reichweite des Angebots ausrichtet[619], wird es sich besonders dann um lokale und regionale Beschaffungsmärkte handeln, wenn die Ware aufgrund von schlechter Transportfähigkeit oder schneller Verderblichkeit nicht national gehandelt werden kann.

III. Beispiele für lokale und regionale Märkte

Da die vorliegende Arbeit die innerstaatliche Anwendung der vGVO thematisiert und bereits erarbeitet worden ist, dass innerstaatliche Wettbewerbsbeschränkungen in der Regel vorliegen, wenn sie sich auf lokale und regionale

---

616 Siehe auch *Knauss*, Die räumliche Marktabgrenzung in der Fusionskontrolle und Missbrauchsaufsicht, S. 84 f.

617 *KG*, Beschl. v. 24.4.1985, WuW/E OLG 3577 (3588) „Hussel/Mara"; *Heidenhain*, AG 1987, 117 (119).

618 *Heidenhain*, AG 1987, 117 (119).

619 *Heidenhain*, AG 1987, 117 (119).

Märkte beziehen[620], sollen nun einige Beispiele für lokale und regionale Märkte angeführt werden.

Lokale und regionale Märkte können insbesondere bei Gütern vorliegen, deren Transport nur schwer möglich ist.[621] Zu solchen Gütern gehören unter anderem Asphaltmischgut und Transportbeton, Sand und Kies, Papier und bestimmte Obst- und Gemüsesorten. Der Grund für die eingeschränkte Transportfähigkeit kann verschiedene Ursachen haben. Beim Asphalt ist die eingeschränkte Transportfähigkeit darauf zurückzuführen, dass er bei Temperaturen von 150°-190° C verarbeitet werden muss. Dies bedeutet, dass sich die Lieferradien der Unternehmen auf nur 25 km um das betreffende Mischwerk erstrecken, so dass bei Asphalt den Lieferradien entsprechende regionale Märkte abzugrenzen sind.[622] Ein ähnlicher Lieferradius wird bei Transportbeton angenommen, da dieser nach längerem Transport aushärtet.[623] Beim Verkauf von Benzin an den Endverbraucher werden regionale Märkte zugrunde gelegt.[624] Auch bei einigen Obst- und Gemüsesorten wird eine regionale Marktabgrenzung vorgenommen, die auf die besondere Verderblichkeit zurückzuführen ist. Bei weiteren Warengruppen wie bei Papier[625], Kalksandstein[626], Ziegeln[627], Sand und Kies wird die eingeschränkte Transportfähigkeit darauf zurückzuführen sein, dass der Transport im Verhältnis zum Wert besonders hohe Kosten verursacht. Auch bei Waren wie Zucker, Tierfutter, Saatkörnern[628] und Eisenbahnschwellen aus Beton[629] ist eine

---

620 Siehe Zweiter Teil, Erster Abschnitt, B. IV. (S. 30).

621 *Rösler*, NGZ 2000, 761 (769).

622 *BKartA*, Beschl. v. 6.5.2003, WuW/E DE-V 772 (775) „Werhahn".

623 *BKartA*, Beschl. v. 2.7.2001, WuW/E DE-V 465 (466) „Readymix"; *BKartA*, Beschl. v. 6.5.2003, WuW/E DE-V 772 (775) „Werhahn" unter Hinweis auf die ständige Entscheidungspraxis.

624 *BKartA*, Entsch. v. 9.8.2000, WuW DE-V 289 (290) „Freie Tankstellen".

625 *BKartA*, Beschl. v. 28.10.2004, WuW/E DE-V 1017 „Schneider/Classen".

626 *BKartA*, Beschl. v. 27.3.2001, WuW/E DE-V 457 (458) „Haniel Bau-Industrie".

627 Siehe dazu *Knappmann*, Manager-Magazin-Online v. 15.3.2005.

628 Die Ausführungen der *Kommission*, Entsch. v. 20.12.1990, WuW/E EV 1609 ff. „Cargill/Unilever" deuten auf eine regionale Marktabgrenzung hin, so dass *Lange*, Räumliche Marktabgrenzung in der Europäischen Fusionskontrolle, S. 111 von einer regionalen Marktabgrenzung ausgeht. Ein Blick auf die vollständige, im Amtsblatt abgedruckte Entscheidung lässt aber erkennen, dass die Kommission es offen gelassen hat, ob der Markt für derartige landwirtschaftliche Produkte regional oder national abzugrenzen ist.

629 *BKartA*, Beschl. v. 21.4.1999, WuW/E DE-V 145 (147) „Pfleiderer/Coswig".

regionale Marktabgrenzung wegen verhältnismäßig hoher Transportkosten vorzunehmen. Auch im Pharmagroßhandel, der die Handelsstufe zwischen den Arzneimittelherstellern und den Apotheken darstellt, wird der Markt regional abgegrenzt, da eine schnelle Belieferung der Apotheken und somit eine örtliche Nähe der Vertriebsstellen unverzichtbar ist.[630] Bei Molkereiprodukten wird ebenfalls eine regionale Marktabgrenzung vorgenommen. Denn bei Molkereiprodukten beträgt der Lieferradius in den meisten Fällen etwa 120-150 km um den Standort der jeweiligen Molkerei.[631] Ein weiteres Beispiel *par excellence* für einen regionalen Markt ist Bier.[632] Denn der deutsche Vertriebsmarkt für Bier ist nach wie vor zersplittert und durch regional unterschiedliche Wettbewerbsverhältnisse und -strukturen gekennzeichnet. Die einzelnen Regionen unterscheiden sich hinsichtlich der produzierten und abgesetzten Biersorten und Mengen, hinsichtlich der Anbieter, der Absatzverteilung, der Marktanteile, der Betriebsgrößenstruktur der Brauereien, insbesondere hinsichtlich der Nachfragepräferenzen der Verbraucher sowie auch hinsichtlich der Preise. Auch Fleischmärkte werden aufgrund gesetzlicher Rahmenbedingungen und der tatsächlichen wirtschaftlichen Verhältnisse regional abgegrenzt.[633] Bei Ansichtskarten ist ebenfalls denkbar, einen sehr eng beschränkten, in der Regel lokalen Markt zugrunde zu legen.[634]

Weiterhin sind (lokale) und regionale Märkte in der Versorgungs-[635] und Entsorgungsbranche[636] abgegrenzt worden. Trotz der Liberalisierung der Energiemärkte wird in der Gasbranche der räumlich relevante Markt für die Belieferung von Weiterverteilern und von Endverbrauchern regional nach den Netzgebieten

---

630 *BGH*, Beschl. V. 13.7.2004, WuW/E DE-R 1301 „Sanacorp/ANZAG" unter Aufhebung des Beschlusses der Vorinstanz (OLG Düsseldorf, Beschl. v. 30.10.2002, WuW/E DE-R 1033 „Sanacorp/ANZAG").

631 *BKartA*, Beschl. v. 29.7.1999, WuW/E DE-V 187 „MZO".

632 *BKartA*, Beschl. v. 26.4.2000, WuW/E DE-V 286 ff. „Holsten/König".

633 *BKartA*, Beschl. v. 21.8.1997, WuW/E DE-V 9 (12) „Ostfleisch".

634 Siehe zu dem Markt für Ansichtskarten und vertikale Beschränkungen in diesem Bereich *Göres*, Neue Westfälische v. 6./7.8.2005, S. 6.

635 Siehe zur Marktabgrenzung in der Wasserwirtschaft *BKartA*, Beschl. v. 28.2.2001, WuW/E DE-V 453 (455) „Wasserwerke Westfalen".

636 *BKartA*, Beschl. v. 17.12.2002, WuW/E DE-V 759 (761) „Nehlsen/Rethmann" (Entsorgung unvorbehandelter Siedlungsabfälle); *BKartA*, Beschl. v. 16.11.2004, WuW/E DE-V 995 „Rethmann/GfA Köthen"; *BKartA*, Beschl. v. 1.10.2002, WuW/E DE-V 689 (694) „TRABA"; BKartA, Beschl. v. 24.5.2002, WuW/E DE-V 677 (681) „RWE Nord"; Beckmann, WuW 2002, 16 (24).

der Unternehmen abgegrenzt.[637] In der Strombranche werden der Markt für die Belieferung von Großkunden und Weiterverteilern national und der Markt für die Belieferung von Endverbrauchern regional abgegrenzt.[638]

Das Bundeskartellamt hat lokale Märkte beim Angebot von Lebensmitteln[639] und Möbeln[640] an den Endverbraucher angenommen. Das Einzugsgebiet der Geschäfte ist durch eine etwa zehn bis zwanzig minütige Autofahrt abgesteckt, so dass es sich in der Regel um lokale Märkte handeln wird. Zu beachten ist jedoch, dass die Kommission in diesen Fällen teilweise eine nationale Marktabgrenzung vornimmt, wenn entscheidende Parameter des Wettbewerbs (Preise, Qualität, Produktpalette, Werbung) auf nationaler Ebene festgelegt werden und es so zu einem Kettensubstitutionseffekt kommt.[641]

Die Vereinbarungen, die anhand der vGVO zu prüfen sind, werden sich jedoch nur in den wenigsten Fällen auf die Märkte für den Verkauf von Lebensmitteln, Möbel etc. an den Endverbraucher auf der Einzelhandelsstufe beziehen. Denn die vGVO erfasst nur vertikale Wettbewerbsbeschränkungen zwischen Unternehmen. Daher wird die vGVO im Regelfall auf Vertriebsvereinbarungen in Bezug auf Verbrauchsgüter angewendet werden, die auf der Zwischenhandelsstufe vertrieben werden, beispielsweise vom Groß- an den Einzelhändler.

Insgesamt ist davon auszugehen, dass bei der innerstaatlichen Anwendung der vGVO vor allem Produkte betroffen sein werden, die auf regionalen Märkten gehandelt werden. Demgegenüber wird es sich nur sehr selten um Produkte handeln, für die der relevante Markt lokal oder national abzugrenzen ist.

---

637 *BKartA*, Beschl. v. 22.7.2004, WuW/E DE-V 983 (985) „Mainova/Aschaffenburger Versorgungs GmbH“; *BKartA*, Beschl. v. 11.10.2000, WuW/E DE-V 367 (369) „Heide“.

638 *BKartA*, Beschl. v. 26.2.2003, WuW/E DE-V 845 (846) „RWE/Kreiswerke Heinsberg“; *BKartA*, Beschl. v. 20.11.2003, WuW/E DE-V 837 (839) „E.ON/Stadtwerke Lübeck“.

639 Vgl. aus der äußerst umfangreichen Entscheidungspraxis nur *Kommisssion*, Entsch. v. 17.12.1990, WuW/E EV 1555, 1556 „Promodes/DIRSA“; *Kommission*, Entsch. v. 3.2.1992, WuW/E EV 1819 ff. „SPAR/Dansk Supermarket“. Demgegenüber wird das Marktsegment der Großhandelsmärkte regional abgegrenzt, vgl. *Kommission*, Entsch. v. 13.7.1992, WuW/E EV 1945 ff. „Promodes/BRMC“.

640 *BKartA*, Beschl. v. 16.6.1999, WuW/E DE-V 162 „Porta“.

641 Siehe dazu *Kommission*, Entsch. v. 27.9.2002, WuW/E EU-V 779 f. „A.S. Watson/Kruidvat“.

Zweiter Abschnitt: Preisbindung

Vertikale Preisbindungen sind Vereinbarungen, bei denen der Lieferant den (Groß-)Händler unmittelbar oder mittelbar verpflichtet, beim Weiterverkauf an Dritte, z.B. den nachgeordneten Einzelhändler, bestimmte Preise einzuhalten (sog. Preisbindung der zweiten Hand[642]). Preisbindungen können in Form von Fest-, Mindest- oder Höchstpreisen, aber auch bei bestimmten Preisempfehlungen auftreten. In den Abschnitten über Franchising[643] und Handelsvertreter[644] soll auf die Preisbindung im Rahmen dieser besonderen Vertriebsstrukturen eingegangen werden.

Schon das frühere deutsche Kartellrecht sah für Preis- sowie für Konditionenbindungen keine Missbrauchsaufsicht wie für sonstige vertikale Beschränkungen vor, sondern enthielt seit 1973, als die seinerzeit noch zulässige vertikale Preisbindung bei Markenartikeln aufgehoben wurde, in § 15 GWB a.F. (i.d.F. v. 1990) bzw. § 14 GWB a.F. (i.d.F. v. 1999) ein umfassendes Verbot der Preisbindung.[645] Mit der 6. GWB-Novelle wurde der Wortlaut der Norm insofern an Art. 81 Abs. 1 EG angeglichen, als derartige Vereinbarungen „verboten" und nicht mehr wie zuvor „nichtig" waren.[646] Die Nichtigkeit ergab sich jedoch seit der 6. GWB-Novelle aus § 134 BGB, wobei die Nichtigkeit nur denjenigen Teil des Vertrages betraf, der die unzulässige Beschränkung der Vertragsfreiheit enthielt. Nur für Verlagserzeugnisse bzw. später nur noch für Zeitungen und

---

642 So schon *Biedenkopf*, Vertragliche Wettbewerbsbeschränkung und Wirtschaftsverfassung, S. 185.

643 Siehe Vierter Teil, Achter Abschnitt B. I. (S. 304 ff.).

644 Siehe Vierter Teil, Neunter Abschnitt B. II. 2.a) (S. 337 ff.).

645 Durch Aufhebung der Preisbindung für Markenartikel im Jahr 1973 war zum einen eine Angleichung an das europäische Wettbewerbsrecht bezweckt, zum anderen sollte das Machtverhältnis zwischen den Herstellern und Händlern ausbalanciert werden. Demgegenüber hatte man bei Schaffung des GWB die Preisbindung für Markenartikel – nicht zuletzt auf starken Druck seitens der Industrie – kartellrechtlich positiv bewertet. Die Legitimation der Preisbindung wurde damit begründet, dass die Verbraucher einen Festpreis mit gleich bleibender Qualität der Produkte verbinden würden. Zudem war man der Ansicht, dass die Preisbindung zur Automatisierung des Vertriebsvorgangs beitrage. Zur Entwicklung der kartellrechtlichen Beurteilung von Preisbindungen im letzten Jahrhundert siehe *Horst*, Das Verbot der vertikalen Preisbindung, S. 6 ff. und *Wolter*, in: Frankfurter Kommentar, Band II, § 14 Rn. 4 ff.

646 Weiterhin wurde der Begriff der „Verträge" durch „Vereinbarungen" und der Begriff „Vertragsbeteiligten" durch „Beteiligten" ersetzt. Siehe Sechstes Gesetz zur Änderung des Gesetzes gegen Wettbewerbsbeschränkungen vom 26.8.1998, BGBl. 1998 I, S. 2521 f.

Zeitschriften fand sich in § 15 GWB a.F. eine Ausnahme von der vertikalen Preisbindung.

Grund für das generelle Verbot der Preisbindung war und ist, dass es sich um eine qualitativ sehr schwerwiegende Wettbewerbsbeschränkung handelt, wenn ein Hersteller bzw. Lieferant durch die Preisbindung – meist unter Ausnutzung einer tatsächlichen oder rechtlichen Monopolstellung – die Entscheidungsfreiheit des Händlers hinsichtlich der Preisgestaltung beim Zweitvertrag beschränkt.[647] Durch die Preisbindung können Händler in Bezug auf die betreffende Marke keinen Preiswettbewerb mehr betreiben, so dass der intrabrand-Wettbewerb vollkommen ausgeschaltet wird.[648] Wettbewerbsaktive Händler sind durch die Preisbindung an der Weitergabe von Rationalisierungsvorteilen an die Verbraucher gehindert.[649] Zudem hat die Preisbindung durch den Ausschluss des intrabrand-Wettbewerbs preistreibende Effekte[650], was sich darin äußert, dass nach Abschaffung der Preisbindung die Endverbraucherpreise tendenziell sinken.[651] Weiterhin können horizontale Absprachen zwischen Lieferanten durch die vertikale Preisbindung erleichtert werden.[652]

A. Verbot der Preisbindung

Nach der 7. GWB-Novelle ergibt sich das Verbot der Preisbindung aus § 1 GWB. Da der Regelungsgehalt des § 1 GWB nach der 7. GWB-Novelle mit dem des Art. 81 Abs. 1 EG identisch sein soll, sind in den neuen § 1 GWB auch die Regelbeispiele des Art. 81 Abs. 1 EG hineinzulesen, selbst wenn sie nicht

---

647 Ähnlich: *Emmerich*, in: Immenga/Mestmäcker, GWB, § 14 Rn. 5. Siehe auch *Bundestag*, Begründung zu dem Entwurf eines Gesetzes gegen Wettbewerbsbeschränkungen, BT-Drs. 2/1158, S. 26, 35.

648 *Kommission*, Mitteilung v. 30.9.1998 über die Anwendung der EG-Wettbewerbsregeln auf vertikale Beschränkungen (follow-up zum Grünbuch), ABl. C 365/3 (10) v. 26.11.1998.

649 *BKartA*, Tätigkeitsbericht 1991/1992, S. 40; *K. Schneider*, Umgehungsstrategien zur Durchsetzung vertikaler Quasi-Preisbindungen, S. 6.

650 *BKartA*, Tätigkeitsbericht 1991/1992, S. 40; *P. Ulmer*, ZHR 130 (1968), 164 (184); *Möschel*, BB 1985, 1477 (1483); *Emmerich*, in: Immenga/Mestmäcker, GWB, § 14 Rn. 6.

651 *Möschel*, BB 1985, 1477 (1483) m.w.N.

652 *Kommission*, Mitteilung v. 30.9.1998 über die Anwendung der EG-Wettbewerbsregeln auf vertikale Beschränkungen (follow-up zum Grünbuch), ABl. C 365/3 (11) v. 26.11.1998.

ausdrücklich in § 1 GWB aufgeführt sind.[653] Daher erfasst § 1 GWB auch die in Art. 81 Abs. 1 lit. a EG verbotene unmittelbare oder mittelbare Festsetzung der An- und Verkaufspreise oder sonstigen Geschäftsbedingungen. Mittelbare Beschränkungen der Preisfestsetzung durch den Bezieher waren auch schon früher von § 14 GWB a.F. erfasst. Zu mittelbaren Preisbindungen gehören unter anderem Absprachen über maximal mögliche Nachlässe, Bestimmungen, denen zufolge die Gewährung von Nachlässen oder die Erstattung von Werbeaufwendungen von der Einhaltung eines vorgegebenen Preisniveaus abhängig gemacht wird[654] oder der vorgeschriebene Wiederverkaufspreis an die Preise von Wettbewerbern gebunden wird.[655] Weiterhin können mittelbare Preisbindungen durch Drohungen, Strafen, Verzögerung und Aussetzung von Lieferungen[656] und Vertragskündigungen bei Nichteinhaltung eines bestimmten Preisniveaus vorliegen.[657] Konditionenbindungen, die früher durch § 14 GWB a.F. verboten waren, sind nun ebenfalls von § 1 GWB erfasst.[658]

Preisbindungen zulasten des Beziehers, i.e. des Käufers, stellen nach § 2 Abs. 2 GWB iVm. Art. 4 lit. a vGVO eine Kernbeschränkung dar und sind als solche nach der vGVO nicht freistellungsfähig. Dennoch ist es mangels Vorliegens einer absoluten Freistellungssperre theoretisch möglich, dass eine Preisbindung direkt nach § 2 Abs. 1 GWB bzw. Art. 81 Abs. 3 EG freistellungsfähig ist, wenngleich dies auch sehr unwahrscheinlich ist.[659]

---

653 Trotz des gleichen Regelungsgehalts haben § 1 GWB und Art. 81 Abs. 1 EG einen unterschiedlichen Anwendungsbereich, da die letzte Vorschrift nur für Vereinbarungen gilt, die den zwischenstaatlichen Handel beeinträchtigen. Siehe *Bundesregierung*, Entwurf eines Siebten Gesetzes zur Änderung des Gesetzes gegen Wettbewerbsbeschränkungen, BT-Drs. 15/3640, S. 23.

654 Siehe dazu auch *BKartA*, Beschl. v. 28.8.2003 – B 7-220/02 „Swissphone", wo der Lieferant einen Zusatzrabatt davon abhängig machte, dass die Händler die empfohlenen Mindestverkaufspreise einhielten.

655 *Kommission*, Leitlinien für vertikale Beschränkungen, ABl. C 291/1 v. 13.10.2000, Tz. 47 Satz 4.

656 *Kommission*, Leitlinien für vertikale Beschränkungen, ABl. C 291/1 v. 13.10.2000, Tz. 47 Satz 4. Siehe dazu auch *BKartA*, Beschl. v 2.9.2003 - B 7-69/03 „Ansmann Energy".

657 *Kommission*, Leitlinien für vertikale Beschränkungen, ABl. C 291/1 v. 13.10.2000, Tz. 47 Satz 4.

658 Siehe auch *Bahr*, WuW 2004, 259 (263 f.).

659 *EuG*, Urt. v. 15.6.1994 – Rs. T-17/93 – Slg. II, 1994, 595 (625) Rn. 85 „Matra Hachette": „*Es kann vielmehr nach Ansicht des Gerichts grundsätzlich keine wettbewerbswidrige Verhaltensweise geben, die unabhängig von der Intensität ihrer Wirkungen auf*

Im Regierungsentwurf zur 7. GWB-Novelle war in § 4 GWB Reg-E 2004 noch eine derartige absolute Freistellungssperre enthalten, die eine Freistellung von Fest- und Mindestpreisen nach § 2 Abs. 1 GWB ausschließen sollte.[660] Den Nutzen der absoluten Freistellungssperre begründete der Regierungsentwurf mit *„den schwerwiegenden wettbewerbspolitischen Gefahren von Preisbindungen*". Zwar ist dem Regierungsentwurf insofern zuzustimmen, als Fest- und Mindestpreise beträchtliche Gefahren für den Wettbewerb zeitigen, da sie zu einer vollständigen Ausschaltung des intrabrand-Wettbewerbs führen, Anreize für die Effizienz der Distributionsstufe beseitigen und gerade von marktstarken Anbietern zu einer überhöhten Preispolitik genutzt werden können.[661] Trotz dieser negativen Auswirkungen der Preisbindung reicht die bereits im EU-Recht bestehende und nun durch die 7. GWB-Novelle auch in deutsches Kartellrecht übertragene Regelung aus, um den aufgezeigten Gefahren in angemessener Weise vorzubeugen. Denn auch nach europäischem und neuem deutschen Recht kommt es praktisch nie zu einer Freistellung von Fest- und Mindestpreisen nach Art. 81 Abs. 3 EG[662], so dass die Einführung einer absoluten Freistellungssperre nicht erforderlich gewesen wäre. Die ursprünglich geplante Vorschrift hätte eine Abweichung des deutschen vom europäischen Kartellrecht bedeutet, die bei Fällen mit zwischenstaatlichen Auswirkungen zu einem Vorrang des europäi-

---

einem bestimmten Markt nicht freigestellt werden kann, wenn die Voraussetzungen des Artikels 85 Absatz 3 EWG-Vertrag sämtlich erfüllt sind."

660 Die Vorschrift sollte lauten: *„Verboten sind vertikale Vereinbarungen, die unmittelbar oder mittelbar, für sich allein oder in Verbindung mit anderen Umständen unter der Kontrolle der Vertragsparteien bezwecken, die Möglichkeiten des Beziehers zu beschränken, seinen Preis selbst festzusetzen.*" Eine weitere Abweichung der Regelung in § 4 GWB Reg-E 2004 bestand darin, dass die Vorschrift von dem „Bezieher" statt von dem „Käufer" sprach und vom „Preis" statt vom „Verkaufspreis". Letzteres war wohl eine Klarstellung dahingehend, dass nicht nur Abnehmer von Waren, sondern auch von Dienstleistungen betroffen sein können (*Bahr*, WuW 2004, 259 (264)). Dass von diesem Preisbindungsverbot nur Fest- und Mindestpreise erfasst waren, ergab sich aus § 4 Satz 2 GWB Reg-E 2004, der Höchstpreisbindungen und Preisempfehlungen unter den genannten Voraussetzungen für zulässig erklärte. Siehe zu § 4 GWB Reg-E 2004 auch *Bechtold*, DB 2004, 235 (238).

Die Preisbindung zulasten des Beziehers sollte nicht nur von § 4 GWB Reg-E 2004, sondern auch von dem in § 1 GWB enthaltenen allgemeinen Kartellverbot erfasst sein, vgl. *Bundesregierung*, Entwurf eines Siebten Gesetzes zur Änderung des Gesetzes gegen Wettbewerbsbeschränkungen, BT-Drs. 15/3640, S. 23, 28; *Kahlenberg/ Haellmigk*, BB 2004, 389 (391).

661 Siehe dazu auch *Chr. Joerges*, ZHR 151 (1987), 195 (215).

662 Allgemein zur Freistellungsfähigkeit von Kernbeschränkungen siehe auch *Kommission*, Leitlinien für vertikale Beschränkungen, ABl. C 291/1 v. 13.10.2000, Tz. 46 Satz 3.

schen Rechts geführt hätte, während es bei innerstaatlichen Sachverhalten immer beim per se-Verbot geblieben wäre.[663] Daher wäre § 4 GWB Reg-E 2004 nicht nur weitgehend inhaltsleer gewesen, sondern hätte vor allem die vollkommene Harmonisierung des deutschen und europäischen Rechts der Preisbindung beeinträchtigt. Zudem hätte § 4 GWB Reg-E 2004 vertikale Fest- und Mindestpreisbindungen durch Qualifizierung als *per se* nicht freistellungsfähige Klauseln strenger behandelt als horizontale Preisabsprachen, für die kein expliziter Freistellungsausschluss besteht.[664] Aus diesen Gründen ist es zu begrüßen, dass es zu dem im Gesetzgebungsverfahren vom Bundesrat angeregten Verzicht auf § 4 GWB Reg-E 2004 gekommen ist.[665]

B. Höchstpreisbindung

Während im europäischen Kartellrecht die Höchstpreisbindung als zulässig angesehen wurde, verbot § 14 GWB a.F. jede Form der Preisbindung einschließlich der Höchstpreisbindung und sah keine Freistellungsmöglichkeit vor. § 14 GWB a.F. war somit strenger als das europäische Recht. Für Fälle mit Auswirkungen auf den Handel zwischen den Mitgliedstaaten ergab sich so ein Konflikt zwischen der grundsätzlich parallel anwendbaren deutschen und europäischen Rechtsordnung. Wegen des Anwendungsvorrangs des Europarechts konnte § 14 GWB a.F. in Fällen mit zwischenstaatlichen Auswirkungen keine Anwendung finden, so dass dann entgegen § 14 GWB a.F. eine Höchstpreisbindung vereinbart werden konnte.[666] Höchstpreisbindungen ohne grenzüberschreitende Wirkung waren nicht aus Gründen des Gemeinschaftsrechts zulässig. Um eine Diskriminierung von innerstaatlichen Sachverhalten zu vermeiden, berücksichtigte das Bundeskartellamt auch in rein innerstaatlichen Fällen im Rahmen seines Aufgreifermessens die Vorgaben der vGVO.[667] Dies änderte jedoch nichts an der Tatsache, dass innerstaatliche Höchstpreisbindungen weiterhin nach § 14 GWB a.F. iVm. § 134 BGB zivilrechtlich nichtig waren. Die 7. GWB-Novelle führt nun die überfällige Harmonisierung von deutschem und

---

663 *Bundesregierung*, Entwurf eines Siebten Gesetzes zur Änderung des Gesetzes gegen Wettbewerbsbeschränkungen, BT-Drs. 15/3640, S. 28.

664 *Pischel*, EuZW 2005, 459 (464).

665 *Bundesrat*, Stellungnahme zum Entwurf der 7. GWB-Novelle, BR-Drs. 441/04, S. 4. Gegen § 4 GWB Reg-E haben sich auch *A. Fuchs* und *Bornkamm*, in: *Ausschuss für Wirtschaft und Arbeit*, Beschlussempfehlung und Bericht vom 9.3.2005, BT-Drs. 15/5049, S. 42 ausgesprochen; *Pischel*, EuZW 2005, 459.

666 *Bayreuther*, EWS 2000, 106 (111).

667 Siehe *Bahr*, WuW 2004, 259 (264). Siehe auch *Bayreuther*, EWS 2000, 106 (111).

europäischem Recht herbei und überwindet zugleich die entstandenen Anwendungsschwierigkeiten. Nun sind Höchstpreisbindungen und Preisempfehlungen vom Preisbindungsverbot ausgenommen, sofern sie sich nicht infolge der Ausübung von Druck oder der Gewährung von Anreizen durch eine der Vertragsparteien wie Fest- oder Mindestpreise auswirken (Art. 4 lit. a vGVO). Höchstpreisbindungen können sich auch dann wie Fest- und Mindestpreise auswirken, wenn sie so niedrig angesetzt werden, dass sie praktisch nicht unterschritten werden können.[668] Im Folgenden soll zunächst untersucht werden, wie sich die Aufhebung des Verbots von Höchstpreisbindungen wirtschaftlich auswirkt (I.). Die im Rahmen dieser Analyse gefundenen Ergebnisse können bei der anschließenden systematischen Einordnung von Höchstpreisbindungen verwendet werden, also bei der Frage, ob sie freigestellt sind oder bereits keinen Verstoß gegen das Kartellverbot darstellen (II.).

I. Wirtschaftliche Auswirkungen der Aufhebung des Verbots der Höchstpreisbindung

Die Höchstpreisbindung kann als ein Mittel eingesetzt werden, um das Problem der *double marginalisation* (doppelte Gewinnspannenerhöhung) zu lösen.[669] Es entsteht, wenn Lieferant und Händler die Preisentscheidung unabhängig voneinander vornehmen, ohne die Auswirkungen der Preishöhe auf ihren Partner in der vertikalen Struktur zu berücksichtigen.[670] Wenn dann sowohl der Lieferant als auch der Händler einen Aufschlag zu ihren jeweiligen Kosten hinzurechnen, kommt es zu einem sehr hohen Preis, zu dem nur geringe Stückzahlen verkauft werden.[671] Dieser geringe Absatz ist für den Lieferanten, der von dem kräftigen Preisaufschlag durch den Händler nicht profitieren kann, ungünstig. Um im Interesse von Lieferanten und Händler die maximale Menge des Produkts an den Endverbraucher abzusetzen, kann es sich dann anbieten, dass der Lieferant dem Händler einen Höchstpreis für den Weiterverkauf setzt. Auf diese Weise kann nicht nur für Lieferanten und Händler ein maximaler Gesamtgewinn erzielt werden. Auch der Verbraucher wird von dem niedrigeren Weiterverkaufspreis

---

668 *Schultze/Pautke/Wagener*, Gruppenfreistellungsverordnung für vertikale Vereinbarungen, Rn. 409; *Bunte*, in: Langen/Bunte, Kommentar zum deutschen und europäischen Kartellrecht, Band 2, Art. 81 EG Generelle Prinzipien Rn. 80 (S. 104).

669 *Zweifel/Zäch*, Antitrust Bulletin 2003, 271 (274).

670 *Kommission*, Grünbuch zur EG-Wettbewerbspolitik gegenüber vertikalen Wettbewerbsbeschränkungen, KOM (1996) 721, Tz. 58.

671 *Kommission*, Grünbuch zur EG-Wettbewerbspolitik gegenüber vertikalen Wettbewerbsbeschränkungen, KOM (1996) 721, Tz. 57, 58.

profitieren. Das Problem der *double marginalisation* stellt sich in den letzten Jahren in besonderer Weise, da sich die Machtbalance zwischen Lieferanten und Händlern zugunsten letzteren erheblich verschoben hat.[672] Durch die zunehmende Konzentration im Konsumgüterhandel sowie die Internationalisierung hat die Nachfragemacht des Handels zugenommen.[673] In vielen Fällen werden die Händler den Preis der Markenartikel des Lieferanten besonders hoch ansetzen, um so eine verstärkte Nachfrage für ihre eigenen niedrigpreisigen Handelsmarken[674] zu bewirken oder um den Hersteller wegen der drohenden Umsatzverluste unter Konditionendruck zu setzen.[675] Ein Sonderfall des Problems der *double marginalisation* kann bei Alleinvertrieb entstehen, da in diesem Fall der Händler über eine besonders starke Marktposition verfügt, die er zu Preiserhöhungen ausnutzen kann. Beim Alleinvertrieb steht ein Händler in seinem Gebiet mit anderen Vertragshändlern derselben Marke nicht im intrabrand-Wettbewerb und die Abwanderung der Verbraucher zu anderen Händlern ist nicht so wahrscheinlich. Dadurch hat der Händler grundsätzlich die Möglichkeit, den Preis des Produkts sehr hoch anzusetzen. Dieser hohe Preis wird jedoch oft dazu führen, dass zum Nachteil des Lieferanten geringe Stückzahlen abgesetzt werden. Daher kann die Höchstpreisbindung auch beim Missbrauch von Marktmacht durch einen Alleinvertriebshändler Abhilfe schaffen.[676]

Der künstlichen Hochpreisung von Markenartikeln zur Förderung des Absatzes der Handelsmarken, die zu enormen Absatzverlusten der Lieferanten führt, kann ebenfalls durch eine Höchstpreisbindung entgegengewirkt werden. Selbst wenn

---

672 *Zielke*, in: Ahlert/Olbrich/Schröder: Jahrbuch Vertriebs- und Handelsmanagement, S. 191 (192); *Hildebrand*, WRP 2004, 470 (471); *Olbrich*, Ursachen, Entwicklung und Auswirkungen der Abhängigkeitsverhältnisse, S. 35.

673 *Hamer*, Zuliefererdiskriminierung, S. 27; *Hildebrand*, WRP 2004, 470 (471) m.w.N.

674 Handels- oder Eigenmarken sind Marken, die der Handel unter eigener Bezeichnung führt, z.B. „tipp“, „ja“, „AP“ und meist durch andere Unternehmen herstellen lässt. Beim Vertrieb von Handelsmarken nimmt der Händler mehrere Funktionen wahr, da er gleichzeitig als Produzent, Wettbewerber und Kunde auftritt. Siehe in diesem Zusammenhang auch *L. Vogel*, WuW 1998, 1162 (1171); *Strebinger/Schweiger* in: Ahlert/Olbrich/Schröder, Jahrbuch Vertriebs- und Handelsmanagement, S. 69 ff.

675 *Köhler*, NJW-Sonderheft 100 Jahre Markenverband, 2004, S. 28 (31); *Hildebrand*, WRP 2004, 470 (470).

676 *Kommission*, Grünbuch zur EG-Wettbewerbspolitik gegenüber vertikalen Wettbewerbsbeschränkungen, KOM (1996) 721, Tz. 67; *Kommission*, Mitteilung v. 30.9.1998 über die Anwendung der EG-Wettbewerbsregeln auf vertikale Beschränkungen (follow-up zum Grünbuch), ABl. C 365/3 (13) v. 26.11.1998; *Rey/Caballero-Sanz*, The Policy Implications of the Economic Analysis of Vertical Restraints, S. 35; *Bayreuther*, EWS 2000, 106 (111).

der Markenhersteller in einer solchen Situation auf Grund des Absatzrückgangs den Preis seiner Markenprodukte senkt, kann der Handel den Preis gegenüber dem Endkonsumenten hochhalten.[677] Denn der Handel hat sowohl für die Markenartikel als auch für die eigenen Handelsmarken die Preishoheit und kann so für beide Produkte die Preise sowie den Preisabstand zwischen den Produkten festsetzen (*double agent*).[678] Wie stark verbreitet das vorliegende Problem ist, wird deutlich, wenn man sich vor Augen führt, dass die Handelsmarken immer mehr an Bedeutung gewonnen haben und durchschnittlich einen Marktanteil von 16,4% ausmachen.[679]

Eine Höchstpreisbindung kann *in casu* auch das sog. Problem des *freeridings* lösen. Ein *freeriding,* auch Trittbrettfahrer-Verhalten genannt, entsteht, wenn Verbraucher Produktinformationen in einem Geschäft mit umfangreichem Serviceangebot einholen und anschließend das Produkt bei einem Händler (Trittbrettfahrer) erwerben, der es zu einem besonders günstigen Preis anbieten kann, weil er keinen Service bietet.[680] Wenn der Preiswettbewerb unter den Händlern durch die Höchstpreisbindung eingeschränkt wird, führt dies dazu, dass die Händler nicht mehr über den Preis, sondern verstärkt über den Service in Wettbewerb treten, so dass die Gefahr eines Trittbrettfahrerverhaltens durch andere Händler verringert wird.[681]

---

677 *Olbrich*, Ursachen, Entwicklung und Auswirkungen der Abhängigkeitsverhältnisse, S. 35.

678 *Köhler*, NJW-Sonderheft 100 Jahre Markenverband, 2004, S. 28 (40); *Olbrich*, Ursachen, Entwicklung und Auswirkungen der Abhängigkeitsverhältnisse, S. 32.

679 AC Nielsen, Nachweis bei *Hildebrand*, WRP 2004, 470 (471). Gründe für den zunehmenden Erfolg von Handelsmarken sind unter anderem das zunehmende Preisbewusstsein der Verbraucher („Geiz ist geil"-Kampagne, Euro/Teuro-Debatte), die allgemeine Kaufzurückhaltung und die hohe Arbeitslosigkeit. Auf den ersten Blick ist der Preisdruck auf die Markenprodukte, der durch die günstigen Handelsmarken entsteht, positiv für den Verbraucher. Es ist jedoch auch zu berücksichtigen, dass die Handelsmarken durch Verdrängung von Markenprodukten die Produktvielfalt und Produktqualität einschränken. Zudem fehlen den Markenartikelhersteller durch die starken Umsatzverluste die finanziellen Möglichkeiten zu Produktinnovationen und Forschung, was umso verheerender ist als Innovationen fast ausschließlich aus dem Bereich der Markenartikelhersteller kommen und Handelsmarkenherstellern bestehende Markenprodukte meist nur „kopieren". Daher ist bei einer starken Erhöhung des Marktanteils der Handelsmarken ein Rückgang der Innovationsinitiativen und -anreize der Markenartikelhersteller wahrscheinlich. Siehe *Hildebrand*, WRP 2004, 470 (471 f.).

680 Siehe dazu *Easterbrook*, 53 Antitrust L.J. 1984, 135 (148).

681 *Zweifel/Zäch*, Antitrust Bulletin 2003, 271 (282).

Nachteilig an Höchstpreisbindungen ist, dass dadurch der intrabrand-Wettbewerb, insbesondere der Preiswettbewerb, verringert wird. Zudem kann es in Einzelfällen vorkommen, dass der angegebene Höchstpreis als Orientierungspreis im Markt fungiert, an den sich die meisten oder alle Händler halten.[682] Die Gefahr, dass solche Angaben zu einem mehr oder weniger einheitlichen Preisniveau unter den Wiederverkäufern führen, ist von der Marktposition des Lieferanten abhängig.[683] Da der geringere intrabrand-Wettbewerb dazu führt, dass der Abwärtsdruck auf den Preis für den betreffenden Artikel abnimmt, kann der geringere intrabrand-Wettbewerb indirekt auch zu einem geringeren interbrand-Wettbewerb führen.[684] Die Höchstpreisbindung bewirkt zudem – ebenso wie andere Preisbindungen – eine erhöhte Transparenz der Preise.[685] Weiterhin kann eine Höchstpreisbindung in seltenen Fällen eine Kollusion unter Lieferanten erleichtern, indem ein im Rahmen eines Herstellerkartells verabredeter Preis gegenüber dem Verbraucher durchgesetzt wird.[686] Die Gefahr eines Herstellerkartells besteht besonders in einem oligopolistischen Markt mit nur wenigen Anbietern.[687]

Summa summarum ist festzuhalten, dass sich Höchstpreisbindungen negativ und positiv auswirken können, wobei unter den aktuellen Bedingungen die positiven Effekte von Höchstpreisbindungen gegenüber den negativen Wirkungen häufig prädominieren werden. Daher ist die neue Zulässigkeit der Höchstpreisbindung zu begrüßen.[688] Mit der positiven Beurteilung von Höchstpreisbindungen – zunächst auf europäischer und nun auch auf deutscher Ebene – schließen sich der europäische und deutsche Gesetzgeber der liberalen Einstellung gegenüber

---

682 *Kommission*, Leitlinien für vertikale Beschränkungen, ABl. C 291/1 v. 13.10.2000, Tz. 112 und 226.

683 *Kommission*, Leitlinien für vertikale Beschränkungen, ABl. C 291/1 v. 13.10.2000, Tz. 227.

684 *Kommission*, Mitteilung v. 30.9.1998 über die Anwendung der EG-Wettbewerbsregeln auf vertikale Beschränkungen (follow-up zum Grünbuch), ABl. C 365/3 (11) v. 26.11.1998.

685 *Kommission*, Leitlinien für vertikale Beschränkungen, ABl. C 291/1 v. 13.10.2000, Tz. 112.

686 *Kommission*, Leitlinien für vertikale Beschränkungen, ABl. C 291/1 v. 13.10.2000, Tz. 226; *Hildebrand*, WRP 2004, 470 (473).

687 *Kommission*, Leitlinien für vertikale Beschränkungen, ABl. C 291/1 v. 13.10.2000, Tz. 228.

688 Wegen der Veränderung der Marktverhältnisse in Deutschland bewertet auch *Hildebrand*, WRP 2004, 470 (470) die Zulässigkeit von Höchstpreisbindungen in Deutschland sehr positiv.

Höchstpreisbindungen im US-amerikanischen Antitrustrecht an. Während dort zunächst sowohl Mindest- als auch Höchstpreise verboten waren, änderte der Supreme Court seine Rechtsprechung im Jahr 1997 in der Rechtssache *„State Oil v. Khan“* dahingehend, dass Höchstpreisbindungen nicht mehr dem per se-Verbot unterliegen, sondern nach den Grundsätzen der *rule of reason* jeweils im Einzelfall zu bewerten sind.[689]

II. Kein Verstoß gegen § 1 GWB oder Freistellung

Für die Befugnis des Lieferanten, Höchstpreise festzusetzen, gelten die §§ 1 und 2 GWB.[690] Fraglich ist, ob Höchstpreisbindungen immer oder nur unter bestimmten Voraussetzungen einen Verstoß gegen § 1 GWB darstellen. Besonders relevant wird die Frage, ob Höchstpreisbindungen unter § 1 GWB fallen, wenn es sich um Höchstpreisbindungen durch Lieferanten handelt, deren Marktanteil 30% übersteigt. In diesem Fall käme man bei der Annahme, dass Höchstpreisbindungen gegen das Kartellverbot verstoßen, nur über § 2 Abs. 1 GWB zu einer Freistellung, während keine Freistellung erforderlich wäre, wenn man davon ausginge, dass Höchstpreisbindungen bereits keinen Verstoß gegen § 1 GWB darstellen. Für die Frage, ob bzw. unter welchen Umständen Höchstpreisbindungen unter § 1 GWB fallen, bietet sich eine Orientierung an der systematischen Einordnung von Höchstpreisbindungen auf europäischer Ebene an. Anderenfalls käme es zu einer Inkongruenz zwischen deutschem und europäischem Recht bei der Höchstpreisbindung, die bei Fällen mit zwischenstaatlichen Auswirkungen durch Vorrang der europäischen Regelung zu lösen wäre. Daher soll hier auf die Einordnung der Höchstpreisbindungen im europäischen Kartellrecht eingegangen werden. Ein Urteil des Gerichtshofs zur Frage, ob

---

689 *Supreme Court of the United States*, Urt. v. 4. 11.1997, 522 U.S. 3 (1997) “State Oil Co. v. Khan“. Die bisherige Spruchpraxis (“Albrecht v. Herald Co. “, 390 U.S. 145 (1968)) wurde damit aufgegeben.

690 § 4 Satz 2 GWB Reg-E verwies zur Beurteilung von Höchstpreisbindungen auf §§ 1, 2 GWB. Dieser Verweis auf das allgemeine Kartellverbot und die Freistellungsmöglichkeit war im Referentenentwurf noch nicht enthalten, welcher sich noch stärker an dem Wortlaut von Art. 4 lit. a vGVO orientierte. § 4 Satz 2 GWB Ref-E lautete: „dies gilt unbeschadet der Möglichkeit des Lieferanten, Höchstverkaufspreise festzusetzen oder Preisempfehlungen auszusprechen, sofern (....)“. Aus § 4 Satz 2 GWB Ref-E wurde zunächst eine Freistellung unabhängig vom Marktanteil abgeleitet. Dieses Ergebnis wurde dann unter Verweis auf §§ 1, 2 GWB eingeschränkt, vgl. *Bahr*, WuW 2004, 259 (264). Durch den Wortlaut des § 4 Satz 2 GWB Reg-E 2004 ergab sich dann die Klarstellung, dass §§ 1 und 2 GWB anwendbar sind. Aus § 4 Satz 2 GWB Reg-E 2004 wurde deutlich, dass die Höchstpreisbindung keinen Verstoß gegen § 4 GWB, sondern allenfalls gegen § 1 GWB darstellen sollten.

Höchstpreisbindungen einen Verstoß gegen Art. 81 Abs. 1 EG beinhalten, gibt es bislang nicht. Zum Teil wird zwar in diesem Zusammenhang auf das Urteil des Gerichtshofs in der Sache „*Danis*“ verwiesen. Dieses bezieht sich aber nicht auf die vorliegende Problematik, sondern beschäftigt sich mit Art. 28 EG.[691]

Aus der Formulierung in der vGVO geht nicht hervor, wie Höchstpreisbindungen einzuordnen sind. Art. 4 lit. a, 1. Halbsatz besagt, dass Beschränkungen der Möglichkeit des Käufers, seinen Verkaufspreis selbst festzusetzen, nicht freigestellt sind. Daran schließt sich folgender Halbsatz an: „*dies gilt unbeschadet der Möglichkeit des Lieferanten, Höchstverkaufspreise festzusetzen [...]*“. Diese Formulierung, die der Regelung bezüglich Preisempfehlungen in der früheren VO Nr. 4087/88 nachgebildet ist[692], kann man so verstehen, dass Höchstpreisbindungen freigestellt sind. Man kann aber auch annehmen, dass Höchstpreisbindungen gar keinen Verstoß gegen Art. 81 Abs. 1 EG darstellen, so dass sie gar nicht freistellungsbedürftig sind. Daher spricht dieser Halbsatz weder für noch gegen die Einordnung von Höchstpreisbindungen als Verstoß gegen Art. 81 Abs. 1 EG. Auch die englische und französische Fassung geben keinen Aufschluss darüber, ob Höchstpreise freigestellt sind oder schon keinen Verstoß gegen das Kartellverbot enthalten.[693] Aus Art. 4 lit. a, 2. Halbsatz vGVO geht jedoch hervor, dass ein Verstoß gegen Art. 81 Abs. 1 EG jedenfalls dann vorliegt, wenn Höchstpreisbindungen wegen Ausübung von Druck oder der Gewährung von Anreizen wie Fest- und Mindestpreise wirken.

In der Mitteilung vom 30.9.1998 spricht sich die Kommission für eine differenzierende Lösung aus. So geht sie grundsätzlich davon aus, dass Höchstpreise nicht wettbewerbsbeschränkend sind und in ihnen kein Verstoß gegen Art. 81 Abs. 1 EG liegt. Anderes soll jedoch gelten, sofern die Höchstpreisbindungen wie Fest- oder Mindestpreise wirken. Die Kommission führt aus: „*Höchstpreise*

---

691 *EuGH*, Urt. v. 6.11.1979 – Rs. 16-20/79 – Slg. 1979, 3327 (3339) Rn. 7 „Danis“. In dem Urteil stellte der Gerichtshof fest, dass eine unterschiedslos für inländische wie für eingeführte Erzeugnisse geltende Preisstoppregelung möglicherweise den Absatz der eingeführten Erzeugnisse aufgrund des Preisniveaus entweder unmöglich machen oder gegenüber dem Absatz inländischer Erzeugnisse erschweren kann. Das Urteil ist auch insofern nicht auf das Kartellrecht übertragbar, als eine staatliche Maßnahme in Frage stand.

692 *Kommission*, Verordnung (EWG) Nr. 4087/88 vom 30.11.1988 über die Anwendung von Art. 85 Abs. 3 des Vertrages auf Gruppen von Franchisevereinbarungen, ABl. L 359/46 v. 28.12.1988, Art. 5 lit. e, 2. Halbsatz.

693 Englischer Wortlaut: „*without prejudice to the possibility of the supplier's imposing a maximum sale price ....*“ Französischer Wortlaut: : „ *... sans préjudice de la possibilité pour le fournisseur d'imposer un prix de vente maximal ...*“

und Preisempfehlungen dürften sich zwar kaum nachteilig auswirken, können aber in Wirklichkeit wie Festpreise wirken."[694] *„Höchstpreise und Preisempfehlungen werden, wenn es sich wirklich um solche handelt, nicht als wettbewerbsbeschränkend betrachtet."*[695] *„Eine Reihe vertikaler Vereinbarungen werden oder würden in der Zukunft grundsätzlich nicht unter den Anwendungsbereich von Art. 85 fallend angesehen. Dies umfasst den qualitativen Selektivvertrieb, Leistungsanforderungen sowie Höchst- und empfohlene Preise, sofern sie nicht wie Festpreise wirken."*[696] Diese Einordnung der Höchstpreisbindungen liegt auch den Leitlinien für vertikale Beschränkungen zugrunde. Darin äußert die Kommission, dass Höchstpreisbindungen unter Art. 81 Abs. 1 EG fallen können, wenn sie als Orientierungspreis wirken, an den sich die meisten Käufer halten und so zu einem einheitlichen Preisniveau führen.[697] Dies soll besonders dann der Fall sein, wenn der Lieferant über eine sehr starke Marktposition und ein besonders gutes Image verfügt. Weiterhin führt die Kommission aus, dass Höchstpreisbindungen unter Art. 81 Abs. 1 EG fallen können, wenn dadurch eine Kollusion unter Lieferanten erleichtert oder verdeckt wird.[698]

Der differenzierenden Lösung der Kommission ist im Ergebnis zu folgen und sie sollte auch auf § 1 GWB übertragen werden. Die obige Analyse der wirtschaftlichen Auswirkungen von Höchstpreisbindungen hat ergeben, dass diese in den meisten Fällen sinnvoll sind und nur selten wettbewerbswidrige Wirkungen haben. Folgerichtig sollte auch nur in bestimmten Fällen ein Verstoß gegen § 1 GWB angenommen werden. Dies kann im Einzelfall sein, wenn die Höchstpreisbindungen als Orientierungspreis gelten, an die sich die meisten oder alle

---

694 *Kommission*, Mitteilung v. 30.9.1998 über die Anwendung der EG-Wettbewerbsregeln auf vertikale Beschränkungen (follow-up zum Grünbuch), ABl. C 365/3 (10) v. 26.11.1998.

695 *Kommission*, Mitteilung v. 30.9.1998 über die Anwendung der EG-Wettbewerbsregeln auf vertikale Beschränkungen (follow-up zum Grünbuch), ABl. C 365/3 (14) v. 26.11.1998.

696 *Kommission*, Mitteilung v. 30.9.1998 über die Anwendung der EG-Wettbewerbsregeln auf vertikale Beschränkungen (follow-up zum Grünbuch), ABl. C 365/3 (21) v. 26.11.1998.

697 *Kommission*, Leitlinien für vertikale Beschränkungen, ABl. C 291/1 v. 13.10.2000, Tz. 227 Satz 4.

698 *Kommission*, Leitlinien für vertikale Beschränkungen, ABl. C 291/1 v. 13.10.2000, Tz. 228 Satz 3. Zudem spricht die Kommission in Tz. 225 ausdrücklich von der Freistellung der Höchstpreisbindungen, wenn der Marktanteil des Lieferanten nicht mehr als 30% beträgt. Da eine Freistellung ohne einen zuvorigen Verstoß gegen das Kartellverbot nicht möglich ist, deutet diese Stelle in den Leitlinien zumindest darauf hin, dass Höchstpreisbindungen in einigen Fällen gegen Art. 81 Abs. 1 EG verstoßen.

Käufer beim Weiterverkauf halten oder wenn sie infolge der Ausübung von Druck oder der Gewährung von Anreizen de facto wie Fest- oder Mindestpreise wirken.[699]

C. Preisempfehlung

Nach Inkrafttreten 7. GWB-Novelle richtet sich die Beurteilung der Preisempfehlung, die früher in § 23 GWB a.F. geregelt war, nach §§ 1, 2 GWB. Ein entscheidender Unterschied zur früheren Rechtslage liegt nun darin, dass sich die alte Regelung nur auf Markenwaren bezog, während Preisempfehlungen nun auch bei Nichtmarkenwaren oder Dienstleistungen erlaubt sind. Weiterhin ist es nach der neuen Regelung im Gegensatz zu früher nicht erforderlich, dass die Preisempfehlung ausdrücklich als unverbindlich bezeichnet wird oder eine bestimmte Preisangabe enthält. Wie auch bei der Höchstpreisbindung stellt sich auch bei den Preisempfehlungen die Frage, unter welchen Voraussetzungen sie gegen § 1 GWB verstoßen können. In den meisten Fällen wird eine Preisempfehlung schon deshalb keinen Verstoß gegen § 1 GWB enthalten, weil es sich um eine einseitige Maßnahme handeln wird, so dass es an einer Vereinbarung oder abgestimmten Verhaltensweise iSv. § 1 GWB fehlt.[700] So hat der Gerichtshof in Bezug auf Art. 81 Abs. 1 EG entschieden, dass in der Mitteilung von Richtpreisen im Rahmen eines Franchisesystems keine Wettbewerbsbeschränkung liegt, wenn zwischen dem Franchisegeber und den Franchisenehmern keine aufeinander abgestimmte Verhaltensweise hinsichtlich der tatsächlichen Anwendung dieser Preise besteht.[701] Die Kommission hat in ihrer früheren Entscheidungspraxis ebenfalls konstatiert, dass unverbindliche Preis-

---

699 Mit dieser Differenzierung auch: *Bellamy/Child*, European Community Law of Competition, 7-051; *Schultze/Pautke/Wagener*, Gruppenfreistellungsverordnung für vertikale Vereinbarungen, Rn. 409; *Bunte*, in: Langen/Bunte, Kommentar zum deutschen und europäischen Kartellrecht, Band 2, Art. 81 EG Generelle Prinzipien, Rn. 80 (S. 104). Die meisten Stimmen in der Literatur gehen von einer marktanteilsabhängigen Freistellung von Höchstpreisbindungen aus, was impliziert, dass sie einen Verstoß gegen Art. 81 Abs. 1 EG annehmen: *Bahr*, WuW 2004, 259 (264); *Kahlenberg/Haellmigk*, BB 2004, 389 (391); *Köhler*, NJW-Sonderheft 100 Jahre Markenverband, 2004, S. 28 (31); *Ackermann*, EuZW 1999, 741 (743); *Bechtold*, EWS 2001, 49 (52); einschränkend: *Bechtold*, DB 2004, 235 (238).

700 Siehe zur Abgrenzung von einseitigen Maßnahmen und Vereinbarungen iSd. Art. 81 Abs. 1 EG *EuGH*, Urt. v. 6.1.2004, Rs. C-2 und 3/01, WuW/E EU-R 769 ff. „BAI"; *EuG*, Urt. v. 3.12.2003, Rs. T-208/01, WuW/E EU-R 761 ff. „Volkswagen"; *EuGH*, Urt. v. 13.7.2006, Rs. C-74/04, EWS 2006, 365 (368); *Wertenbruch*, EWS 2004, 145 ff.; *Kamann/Bergmann*, EWS 2004, 151 ff.

701 *EuGH*, Urt. v. 28.1.1986 – Rs. 161/84 – Slg. 1986, 353 (384) Rn. 25 „Pronuptia".

empfehlungen grundsätzlich nicht Art. 81 Abs. 1 EG unterfallen.[702] Auch in den Leitlinien bringt die Kommission zum Ausdruck, dass unverbindliche Preisempfehlungen als solche ohne das Hinzutreten weiterer Umstände keinen Verstoß gegen Art. 81 Abs. 1 EG darstellen.[703] Grundsätzlich bleibt den Beteiligten bei der Preisempfehlung auch noch ein wettbewerblicher Handlungsspielraum, da *per definitionem* die theoretische Möglichkeit des Handels besteht, der unverbindlichen Preisempfehlung nicht Folge zu leisten. Wenn der Empfänger der Preisempfehlung jedoch aufgrund der Geschlossenheit des Vertriebssystems und der Strenge seiner Durchsetzung einer Preisdisziplin unterworfen ist, die durch Kontrollen, Sanktionen oder Anreize gefördert wird, kann ein Verstoß gegen Art. 81 Abs. 1 EG bzw. § 1 GWB bejaht werden. Insgesamt ist jedoch festzuhalten, dass eine Preisempfehlung keinen Verstoß gegen Art. 81 Abs. 1 EG bzw. § 1 GWB darstellt.[704]

D. Meistbegünstigungsklauseln

I. Arten von Meistbegünstigungsklauseln

Nicht nur bei der Beurteilung der Höchstpreisbindung, sondern auch bei den Meistbegünstigungsklauseln werden alte Zöpfe abgeschnitten. Wie gut letztere dem deutschen Kartellrecht zu Gesicht standen, wird im folgenden Abschnitt zu ermitteln sein. Meistbegünstigungsklauseln sind nicht nur aus vertikalen Lieferverträgen, sondern auch aus dem WTO- und Versicherungsrecht bekannt. Meistbegünstigungsklauseln in Lieferverträgen sind sowohl aus AGB-rechtlichen Gründen als auch in kartellrechtlicher Hinsicht bedenklich; hier soll aber nur auf den letzteren Aspekt eingegangen werden. Die Ausgestaltung der Meistbegünstigungsklauseln im Einzelnen kann sehr unterschiedlich sein. Grundsätzlich ist zwischen den Meistbegünstigungsklauseln zulasten des Käufers und den weitaus häufigeren Meistbegünstigungsklauseln zulasten des Lieferanten zu unterscheiden, wobei die letztgenannten in Form von echten[705]

---

702 *Kommission*, Entsch. v. 16.12.1985, ABl. L 376/15 (16, 20) v. 31.12.1985 „Villeroy & Boch"; *Kommission*, Entsch. v. 5.12.1983, ABl. L 348/ 20 (21, 23) v. 10.12.1983 „Murat".

703 *Kommission*, Leitlinien für vertikale Beschränkungen, ABl. C 291/1 v. 13.10.2000, Tz. 47 Satz 8.

704 Siehe zu Art. 81 Abs. 1 EG: *Schultze/Pautke/Wagener*, Gruppenfreistellungsverordnung für vertikale Vereinbarungen, Rn. 417; anderer Auffassung, aber ohne weitere Begründung: *Köhler*, NJW-Sonderheft 100 Jahre Markenverband, 2004, S. 28 (33).

705 Auch als „rechtliche", „einfache" oder „unmittelbare" Meistbegünstigungsklauseln bezeichnet, vgl. *Nolte*, BB 1998, 2429 (2434); *Ullrich*, in: Immenga/Mestmäcker, EG-WbR II, GRUR, Technologienutzungsverträge Rn. 65.

und von unechten[706] Meistbegünstigungsklauseln auftreten können. Durch echte Meistbegünstigungsklauseln zulasten des Lieferanten verpflichtet sich dieser gegenüber dem Käufer, Dritten keine günstigeren Preise und Konditionen für die Vertragsprodukte zu gewähren als dem Käufer. Demgegenüber beziehen sich unechte Meistbegünstigungsklauseln zulasten des Lieferanten nicht auf die Gestaltung von Verträgen mit Dritten, sondern enthalten lediglich eine Verpflichtung zur Anpassung des ursprünglich zwischen dem gebundenen Lieferanten und dem begünstigten Käufer abgeschlossenen Vertrags. Dabei verpflichtet sich der Lieferant gegenüber dem Käufer, diesem die jeweils günstigsten oder gleich günstige oder keine ungünstigeren Preise und Konditionen als Dritten einzuräumen. Meistbegünstigungsklauseln zulasten des Käufers wirken sich auf die Preise und Konditionen aus, die der Käufer in Verträgen mit seinen Kunden festlegt.[707] Bei Meistbegünstigungsklauseln zulasten des Käufers sind sowohl zwei- als auch dreistufige Modelle denkbar. Sie sollen in ihren unterschiedlichen Formen unten auf ihre kartellrechtliche Zulässigkeit überprüft werden (II.2).

II. Auswirkungen der neuen Regelung in Deutschland

1. Meistbegünstigungsklauseln zulasten des Lieferanten

Bislang verstießen echte Meistbegünstigungsklauseln zulasten des Lieferanten gegen § 14 GWB a.F. und waren gemäß § 134 BGB nichtig.[708] Gleiches galt für unechte Meistbegünstigungsklauseln zulasten des Lieferanten.[709] Nach der Novellierung des GWB werden sowohl echte als auch unechte Meistbegünstigungsklauseln zulasten des Lieferanten nach §§ 1, 2 GWB zu beurteilen sein.[710]

---

706 Auch als „wirtschaftliche", „leistungsbedingte" oder „mittelbare" Meistbegünstigungsklauseln bezeichnet, vgl. *Nolte*, BB 1998, 2429 (2434).

707 *Schultze/Pautke/Wagener*, Gruppenfreistellungsverordnung für vertikale Vereinbarungen, Rn. 438; *Kommission*, Leitlinien für vertikale Beschränkungen, ABl. C 291/1 v. 13.10.2000, Tz. 47 Satz 6.

708 *BGH*, Urt. v. 29.10.1970, WuW/E BGH 1168 (1171) „Blitzgeräte". Siehe auch *Kirchhoff*, in: Wiedemann, Hdb. d. KartellR, § 11 Rn. 9; *Klosterfelde-Metzlaff*, in: Langen/Bunte, Kommentar zum deutschen und europäischen Kartellrecht, 9. Auflage, § 14 GWB Rn. 50.

709 *BGH*, Beschl. v. 27.1.1981, WuW/E BGH 1787 (7189) „Garant-Lieferprogramm"; *BKartA*, Beschl. v. 23.9.1975, WuW/E BKartA 1583 (1584) „Metro"; *OLG München*, Urt. v. 28.6.1990, WuW/E OLG 4650 (4654) „Windsurfing"; *OLG Hamburg*, Urt. v. 8.12.1993, WuW/E OLG 3195 (3196) „Metall-Lösungsmittel".

710 *Bundesregierung*, Entwurf eines Siebten Gesetzes zur Änderung des Gesetzes gegen Wettbewerbsbeschränkungen, BT-Drs. 15/3640, S. 28.

Für die Annahme, dass eine echte Meistbegünstigungsklausel zulasten des Lieferanten eine Wettbewerbsbeschränkung iSd. § 1 GWB darstellt, spricht, dass durch die Klausel eine Festschreibung des *status quo* der Preise und Konditionen erfolgt[711] und der intrabrand-Wettbewerb zwischen dem Käufer und dem Dritten beschränkt wird. *In realiter* hat der Lieferant keine Möglichkeit mehr, Dritten bei später geschlossenen Verträgen günstigere Konditionen einzuräumen und so Effizienzgewinne, die er seit dem Vertragsschluss mit dem zu begünstigenden Käufer z.B. durch Verbesserung der Produktion oder günstigeren Einkauf erzielt hat, an Dritte weiterzugeben. Auch eine Anpassung der Preise, um in einer Phase gestiegenen Wettbewerbsdrucks konkurrenzfähig zu bleiben, wird aufgrund der Meistbegünstigungsklausel nicht möglich sein. Die wettbewerbsbeschränkende Wirkung der Klausel wird dadurch verstärkt, dass derartige Meistbegünstigungsklauseln gerade von marktstarken Unternehmen bevorzugt verwendet und regelmäßig auch nur von diesen gegenüber ihren Vertragspartnern durchgesetzt werden können.[712] Insgesamt liegt in einer echten Meistbegünstigungsklausel zulasten des Lieferanten ein Verstoß gegen § 1 GWB. Gleiches gilt für die unechte Meistbegünstigungsklausel zulasten des Lieferanten, die – wenngleich der gebundene Lieferant bei dieser Klausel in der Gestaltung von Zweitverträgen frei ist – wirtschaftlich genauso wirkt wie die echte.[713] Sobald der Lieferant Dritten günstigere Preise und Konditionen anbietet, ist er verpflichtet, diese auch dem begünstigten Käufer einzuräumen. Daher wird der Lieferant kein Interesse daran haben, Dritten günstigere Konditionen als dem begünstigten Käufer anzubieten, was zu einer dauerhaften Festschreibung des Preisniveaus auf dem vergleichsweise hohen *status quo* führt. Auch auf europäischer Ebene wird angenommen, dass Meistbegünstigungsklauseln gegen Art. 81 Abs. 1 EG verstoßen, auch wenn diesbezüglich noch keine Entscheidung des Gerichtshofs ergangen ist.[714] Entscheidungen der Kommission

---

711 Allgemein zu § 14 GWB a.F. *Kurth*, WuW 2003, 28 (29).

712 *Kurth*, WuW 2003, 28 (29); *Meyer*, WRP 2004, 1456 (1457).

713 *BGH*, Beschl. v. 27.1.1981, WuW/E BGH 1787 (1789) „Garant-Lieferprogramm"; *BKartA*, Beschl. v. 23.9.1975, WuW/E BKartA 1583 (1584 f.) „Metro"; *Emmerich*, in: Immenga/Mestmäcker, GWB, § 14 Rn. 53; anders nur *Hermanns*, WuW 1968, 671 (673 f., 679).

714 *Bechtold*, DB 2004, 235 (238); *Schultze/Pautke/Wagener*, Gruppenfreistellungsverordnung für vertikale Vereinbarungen, Rn. 431; *Kirchhoff*, in: Wiedemann, Hdb. d. KartellR, § 10 Rn. 277; *Kurth*, WuW 2003, 28 (32).

zu Meistbegünstigungsklauseln sind singulär und lassen keine einheitliche Linie erkennen.[715]

Die Freistellungsfähigkeit der Meistbegünstigungsklauseln zulasten des Lieferanten ergibt sich aus § 2 Abs. 2 GWB iVm. Art. 2 Abs. 1 Satz 2, Art. 3 Abs. 1 vGVO.[716] Auch dreistufige Vereinbarungen wie die echte Meistbegünstigungsklausel zulasten des Lieferanten, die sich auf die Ausgestaltung der Verträge des Lieferanten mit Dritten bezieht, sind nach der vGVO freistellungsfähig. Die vGVO setzt für die Freistellung einer Vereinbarung nicht voraus, dass sich die Vereinbarung auf Bedingungen bezieht, zu denen der *Käufer* die Waren vom Lieferanten bezieht, sondern gewährt die Freistellung auch dann, wenn sich die Vereinbarung auf Verträge des Lieferanten mit *Dritten* bezieht. Denn nach dem Wortlaut des Art. 2 Abs. 1 vGVO bleibt offen, ob der Bezug, Verkauf oder Weiterverkauf der Waren oder Dienstleistungen vom bzw. an den Vertragspartner oder von bzw. an Dritte in Rede steht.[717] Voraussetzung für die Freistellung ist, dass die Marktanteilsschwelle von 30% nicht überschritten wird. Da es nach Art. 3 Abs. 2 vGVO nur im Falle einer Alleinbelieferungsvereinbarung auf den Marktanteil des Käufers ankommt, ist bei der Freistellungsfähigkeit von Meistbegünstigungsklauseln zulasten des Lieferanten der Marktanteil des Lieferanten

715 Vgl. *Kommission*, Entsch. v. 18.7.1975, ABl. L 222/34 (37) v. 22.8.1975 „Kabelmetall“. In diesem Fall wies die Kommission auf die wettbewerbsbeschränkenden Wirkungen von Meistbegünstigungsklauseln hin, beanstandete die konkret zu beurteilende Klausel aber nicht. Zwei neuere Entscheidungen sind uneinheitlich: In einem Fall vertrat die Kommission die Auffassung, dass Meistbegünstigungsklauseln neben Ausschließlichkeitsklauseln keine eigenständige Wirkung entfalteten und lehnte mangels spürbarer Wettbewerbsbeschränkung einen Verstoß gegen Art. 81 Abs. 1 EG ab (*Kommission*, Entsch. v. 16.10.2003, ABl. L 75/59 ff. Rn. 210 v. 12.3.2004 „ARGEV ARO“). Demgegenüber bejahte sie in einem anderen Fall bei Meistbegünstigungsklauseln zugunsten des Lieferanten einen Verstoß gegen Art. 81 Abs. 1 EG, wobei sie vor allem auf die kumulative Wirkung mehrerer Meistbegünstigungsklauseln abstellte (*Kommission*, COMP/38.427, siehe Pressemitteilung vom 26.10.2004).

716 *Bahr*, WuW 2004, 259 (264); zu der europäischen Regelung *Polley/Seeliger*, WRP 2000, 1203 (1212); *Ackermann*, EuZW 1999, 741 (743); *Semler/Bauer*, DB 2000, 193 (197); *Klein*, Lebensmittel-Zeitung v. 13.8.2004, S. 30; ähnlich: *Bundesregierung*, Entwurf eines Siebten Gesetzes zur Änderung des Gesetzes gegen Wettbewerbsbeschränkungen, BT-Drs. 15/3640, S. 28, die auf §§ 1, 2 GWB verweist. Bislang trat das strengere deutsche Recht, das einen Verstoß gegen § 14 GWB a.F., aber keine Freistellungsmöglichkeit vorsah, bei Fällen mit Auswirkung auf den Handel zwischen den Mitgliedstaaten zurück, vgl. *Schultze/Pautke/Wagener*, Gruppenfreistellungsverordnung für vertikale Vereinbarungen, Rn. 440.

717 *Schultze/Pautke/Wagener*, Gruppenfreistellungsverordnung für vertikale Vereinbarungen, Rn. 437.

entscheidend. Systemgerechter wäre es gewesen, in diesem Fall auf den Marktanteil des bindenden Vertragspartners, also des Käufers, abzustellen, dessen Marktmacht für die Entstehung wettbewerbswidriger Wirkungen der Klausel von größerer Bedeutung sein wird. Es ist nicht zu erwarten, dass die Freistellung von Meistbegünstigungsklauseln zulasten des Lieferanten an der Marktanteilsschwelle scheitern wird, da diese Klauseln meist nur gegenüber nicht sehr marktstarken Lieferanten ausgeübt werden können. Somit sind die Meistbegünstigungsklauseln zulasten des Lieferanten durch die vGVO freigestellt.

2. Meistbegünstigungsklauseln zulasten des Käufers

Echte Meistbegünstigungsklauseln zulasten des Käufers sind sehr selten und waren in Deutschland soweit ersichtlich bislang noch nicht Gegenstand eines kartellrechtlichen Verfahrens. Vor der 7. GWB-Novelle war aber allgemeine Meinung, dass auch sie unter § 14 GWB a.F. fielen. Es sind verschiedene Ausprägungen der Klauseln möglich.

Denkbar ist zunächst, dass eine Meistbegünstigungsklausel zulasten des Käufers so ausgestaltet wird, dass sich der Käufer gegenüber dem Lieferanten verpflichtet, seinen Kunden für die Vertragsprodukte keine ungünstigeren Preise und Konditionen zu gewähren als für Produkte, die der Käufer von Dritten bezieht.[718] In diesem Fall beschränkt die Meistbegünstigungsklausel den Käufer in seiner Freiheit, den Preis für den Weiterverkauf festzusetzen, so dass ein Verstoß gegen § 1 GWB vorliegen könnte. Im Parallelfall auf europäischer Ebene, also bei einer Meistbegünstigungsklausel zulasten des Käufers mit zwischenstaatlicher Wirkung, wird ein Verstoß gegen Art. 81 Abs. 1 EG angenommen, der als Kernbeschränkung im Sinne des Art. 4 lit. a vGVO nicht freistellungsfähig sein soll.[719] Dieser Lösungsansatz ist jedoch m.E. nicht überzeugend. Eine echte Meistbegünstigungsklausel zulasten des Käufers bezweckt, dass der Käufer seinen Kunden das vom Lieferanten bezogene Produkt nicht teurer anbietet als diejenigen Produkte, die er von Dritten bezogen hat. Durch Auferlegung der Klausel will der Lieferant sicherstellen, dass seine Produkte gegenüber anderen wettbewerbsfähig bleiben, indem sie zu moderaten Preise angeboten werden. Wenn die Produkte des Lieferanten nicht teurer verkauft werden dürfen als die Produkte, die von Dritten an den Käufer verkauft werden, so beinhaltet

---

[718] So *Kurth*, WuW 2003, 28 (30). Siehe auch *Kommission*, Leitlinien zur Anwendung des Artikel 81 EG-Vertrages auf Technologietransfer-Vereinbarungen, ABl. C 101/2 v. 27.4.2004, Tz. 97.

[719] *Schultze/Pautke/Wagener*, Gruppenfreistellungsverordnung für vertikale Vereinbarungen, Rn. 438; *Kurth*, WuW 2003, 28 (33). Anderes gilt jedoch bei Konditionen.

dies eine faktische Höchstpreisbindung, die wie oben dargestellt nur in bestimmten Fällen einen Verstoß gegen das Kartellverbot beinhaltet. Somit ist davon auszugehen, dass die echte Meistbegünstigungsklausel zulasten des Käufers wie eine Höchstpreisbindung zu behandeln ist, also unter den oben genannten Voraussetzungen keinen Verstoß gegen § 1 GWB beinhaltet.[720]

Sofern die Meistbegünstigungsklausel dem Käufer verbietet, Konkurrenten des Lieferanten günstigere, also höhere Einkaufspreise einzuräumen, findet Art. 4 lit. a vGVO keine Anwendung, da die Norm nur von Verkaufspreisen spricht, die Einkaufspreise der Käufer aber nicht betrifft. Da eine derartige Meistbegünstigungsklausel zulasten des Käufers keine Kernbeschränkung iSd. Art. 4 lit. a vGVO enthält, greift unter den Voraussetzungen des § 2 Abs. 2 GWB iVm. Art. 2 Abs. 1 Satz 2, Art. 3 Abs. 1 vGVO die allgemeine Freistellung ein. Eine Meistbegünstigungsklausel zulasten des Käufers kann auch die Verpflichtung enthalten, den Erstvertrag mit dem bindenden Lieferanten anzupassen, wenn der Käufer Konkurrenten des Lieferanten für diese günstigere, also höhere Einkaufspreise einräumt. Auch diese Meistbegünstigungsklausel kann unter den Voraussetzungen der vGVO freigestellt sein.

3. Stellungnahme

Die Freistellung der Meistbegünstigungsklauseln wird in ersten Äußerungen fast schon euphorisch kommentiert. Dabei wird darauf hingewiesen, dass Meistbegünstigungsklauseln nicht nur negative, sondern auch positive Effekte haben könnten. Bei unechten Meistbegünstigungsklauseln, wonach der bindenden Partei die gleichermaßen günstigen Konditionen wie einem Konkurrenten einzuräumen sind, könne es zur Weitergabe der günstigen Konditionen über den betreffenden Konkurrenten hinaus auch auf andere Vertragspartner kommen. Dadurch könne eine höhere Wertschöpfung für alle Betroffenen auf dem jeweiligen Markt ausgehen.[721] Diese doch sehr theoretische Möglichkeit der gesamtwirtschaftlichen Wohlstandsmaximierung durch eine Meistbegünstigungsklausel geht an der Realität vorbei. Es ist nicht zu erwarten, dass die gebundene Vertragspartei überhaupt zur Gewährung von für den Vertragspartner günstigen – aber aus Sicht der gebundenen Partei ungünstigen – Konditionen bereit sein wird, wenn sich in diesem Fall auch andere Verträge für die gebundene Partei unvorteilhafter gestalten werden.

---

[720] So im Ergebnis auch *Meyer*, WRP 2004, 1456 (1460).

[721] *Meyer*, WRP 2004, 1456 (1458). Die Freistellung der Meistbegünstigungsklauseln haben auch *Hartog/Noack*, WRP 2005, 1396 (1399) positiv bewertet.

Der in der Literatur prognostizierte Vorteil in Form von niedrigeren Endkundenpreisen bei unechten Meistbegünstigungsklauseln zulasten des Lieferanten ist ebenfalls zweifelhaft.[722] Da es bereits unwahrscheinlich ist, dass ein gebundener Lieferant bei einer solchen Klausel Dritten überhaupt noch günstigere Konditionen einräumt, wird es auch nur in den seltensten Fällen zur Weitergabe der günstigen Preise an die bindende Vertragspartei und an die Endverbraucher kommen können. Aus diesem Grunde ist teilweise auch ein Verbot der Meistbegünstigungsklauseln bei der Novellierung des GWB gefordert worden.[723]

Bei einer Meistbegünstigungsklausel zulasten des Käufers, durch die dieser verpflichtet ist, dem Lieferanten die günstigsten Konditionen einzuräumen – also die höchsten Preise zu zahlen –, werden die Endverbraucherpreise wegen der Erhöhung der Einkaufspreise mit Sicherheit nicht sinken, sondern vielmehr steigen. Aus den genannten Gründen sind die behaupteten positiven Effekte von Meistbegünstigungsklauseln nicht nachvollziehbar. Vielmehr ist davon auszugehen, dass bei vielen der durch die vGVO freigestellten Meistbegünstigungsklauseln die Freistellungsvoraussetzungen des § 2 Abs. 1 GWB nicht erfüllt sein werden. Sinnvoll wäre es gewesen, die Meistbegünstigungsklauseln auf europäischer Ebene in die schwarze Liste in Art. 4 lit. a vGVO aufzunehmen. Dass dies nicht erfolgt ist, wird von vielen als Redaktionsversehen bei der Formulierung der vGVO angesehen.[724] Der deutsche Gesetzgeber hat sich im Zuge der 7. GWB-Novelle für die liberale Behandlung der Meistbegünstigungsklauseln entschieden. Obwohl eine restriktivere Haltung aus wettbewerbspolitischer Sicht überzeugender gewesen wäre, ist die Angleichung an das europäische Recht unter dem Aspekt der Rechtsharmonisierung und Rechtssicherheit zu begrüßen. In Zukunft wird es Aufgabe des Bundeskartellamts sein, die entstandenen Probleme durch Erlass von Entzugsentscheidungen nach § 32d GWB zu lösen.

---

722 So aber *Meyer*, WRP 2004, 1456 (1458).

723 *Verbraucherzentrale Bundesverband*, Stellungnahme v. 15.9.2004 zum Entwurf eines siebten Gesetzes zur Änderung des Gesetzes gegen Wettbewerbsbeschränkungen, S. 4; a.A. *BDI*, Stellungnahme v. 13.9.2004 zum Regierungs-Entwurf eines siebten Gesetzes zur Änderung des Gesetzes gegen Wettbewerbsbeschränkungen, S. 6.

724 Siehe *Bundesrat*, Stellungnahme zum Entwurf der 7. GWB-Novelle, BR-Drs. 441/04.

E. Exkurs: Ausnahme für Zeitschriften und Zeitschriften

Wie schon vor der 7. GWB-Novelle gibt es auch für Zeitungen und Zeitschriften eine Ausnahme vom generellen Verbot der vertikalen Preisbindung. Dabei wird die im früheren § 15 GWB a.F. geregelte Missbrauchsaufsicht in § 30 GWB fortgeführt, der nun bestimmt, dass § 1 GWB auf vertikale Preisbindungen bei Zeitungen und Zeitschriften nicht anwendbar ist.[725] Diese Sonderregelung für Zeitungen und Zeitschriften weicht von europäischem Recht ab, wonach eine Preisbindung bei Zeitungen im Gegensatz zum deutschen Recht einen Verstoß gegen Art. 81 Abs. 1 EG darstellt, der aber nach Art. 81 Abs. 3 EG freistellungsfähig ist.[726] Auch wenn man sowohl bei der Anwendung des deutschen als auch des europäischen Rechts im Ergebnis zur Zulässigkeit der Preisbindung bei Zeitungen und Zeitschriften kommt, ist die Abweichung des deutschen vom europäischen Kartellrecht in diesem Punkt ebenso wie das ursprünglich geplante *per se*-Verbot der Preisbindung nicht sachgerecht. Zudem stellt die Missbrauchsaufsicht über Preisbindungen in der Zeitungs- und Zeitschriftenbranche nach der Abkehr von der Missbrauchsaufsicht über die übrigen vertikalen Beschränkungen und nach dem Wechsel zum System der Legalausnahme einen Fremdkörper im deutschen Recht dar.[727]

Wie in den meisten europäischen Ländern findet sich auch in Deutschland aus bildungs- und kulturpolitischen Gründen eine Buchpreisbindung, die der

---

725 Bis zum Erlass des Gesetzes zur Regelung der Preisbindung bei Verlagserzeugnissen im Jahre 2002 (siehe BGBl. 2002 I, S. 3448) erfasste § 15 Abs. 1 GWB a.F. allgemein Verlagserzeugnisse, also auch Bücher, Broschüren, Musikalien, Postkarten, Bilder, Landkarten.

726 *Kommission*, Entsch. v. 3.6.1999, Nr. IV/C-2/31.609 u. 37.306 „Agence et Messagerie de Presse (AMP)"; siehe auch *Kommission*, XXIX. Wettbewerbsbericht 1999, S. 181 ff. In diesem Zusammenhang weist die Kommission insbesondere darauf hin, dass die Preisbindung bei Zeitungen und Zeitschriften unerlässlich sei, da der Herausgeber durch die Gewährung des Remissionsrechts für nicht verkaufte Exemplare das wirtschaftliche Risiko bei der Produktion und dem Vertrieb trage. Derjenige, der das Hauptrisiko trage, müsse auch den Verkaufspreis festlegen können. Das Remissionsrecht seinerseits sei beim Vertrieb von Zeitungen und Zeitschriften unverzichtbar, da erst dadurch die Pressevielfalt gesichert werde. Anderenfalls würden Zeitschriften, die keine Verkaufsschlager sind, nicht mehr vertrieben. Zu der Rücknahmeklausel gebe es keine Alternative. Insbesondere sei es nicht möglich, den Preis für die vom Vertriebshändler erbrachte Dienstleistung heraufzusetzen und dadurch den Anteil des Herausgebers zu vermindern bzw. den Preis, den der Verbraucher zu zahlen hat, zu erhöhen.

727 *Bahr*, WuW 2004, 259 (265).

Gerichtshof als zulässig angesehen hat.[728] Im Gegensatz zur Preisbindung bei Zeitungen und Zeitschriften handelt es sich bei der Buchpreisbindung nicht um eine vertragliche Vereinbarung zwischen den Verlagen und Händlern, sondern um eine Preisbindung kraft Gesetzes, so dass § 1 GWB auf die Buchpreisbindung nicht anwendbar ist.[729]

728 *EuGH*, Urt. v. 3.10.2000 – Rs. C-9/99 – Slg. 2000, I-8207 (8234) Rn. 24 „Echirolles"; *EuGH*, Urt. v. 10.1.1985 – Rs. 229/83 – Slg. 1985, 1 (33) Rn. 20 „Leclerc".

729 § 5 Abs. 1 des Gesetzes vom 2.9.2002 über die Preisbindung für Bücher, BGBl. 2002 I, S. 3448. Im Jahr 2002 wurde die Buchpreisbindung aus dem Anwendungsbereich des § 15 GWB a.F. heraus genommen.

Dritter Abschnitt: Beschränkungen des Gebiets und des Kundenkreises (Art. 4 lit. b vGVO)

A. Inhalt der Regelung in der vGVO

I. Grundsatz

Art. 4 lit. b vGVO enthält einen grundsätzlichen Freistellungsausschluss bei Beschränkungen des Gebiets oder des Kundenkreises, in das bzw. an den der Käufer die Vertragsprodukte verkaufen darf.[730] Ob die Beschränkungen positiv – Verkäufe nur an eine bestimmte Gruppe von Abnehmern bzw. nur in einem bestimmten Gebiet – oder negativ – Verkäufe nicht an bestimmte Abnehmer oder nicht in bestimmte Gebiete – formuliert werden, ist unerheblich.[731] Das Verbot der Gebiets- und Kundenbeschränkungen umfasst direkte und indirekte Beschränkungen.

Ein Beispiel für eine direkte Beschränkung ist die Verpflichtung, Bestellungen von Kunden aus bestimmten Gebieten an andere Händler weiterzuleiten. Aber auch Quer- und Rücklieferungsverbote stellen direkte Kundenbeschränkungen dar.[732] Querlieferungsverbote bestehen in dem Verbot, an Händler derselben Handelsstufe zu liefern.[733] Durch Rücklieferungsverbote wird den Händlern untersagt, an Händler höherer Handelsstufen zu liefern. Quer- und Rücklieferungsverbote beschränken den intrabrand-Wettbewerb und können den Parallelhandel zwischen den Vertragsgebieten verhindern. Gerade Beschränkungen des Parallelhandels haben sehr wettbewerbswidrige Wirkungen, da sie

---

730 Dabei regelt Art. 4 lit. b vGVO nur das „Ob" des Verkaufs, also die Frage an wen der Käufer seine Produkte verkauft. Demgegenüber sind Beschränkungen des „Wie" des Verkaufs (z.B. Umsatzbindungen) keine Kernbeschränkung iSd. Art. 4 lit. b vGVO, vgl. *Schultze/Pautke/Wagener*, Gruppenfreistellungsverordnung für vertikale Vereinbarungen, Rn. 444 ff. Zu beachten ist weiterhin, dass nur Beschränkungen des Verkaufs, also der Absatztätigkeit des Käufers, von Art. 4 lit. b vGVO erfasst sind, nicht aber Beschränkungen der Nachfragetätigkeit.

731 *Veelken*, in: Immenga/Mestmäcker, EG-WbR, Erg-Bd, 2. Lieferung 2001, V. GFVO Rn. 189.

732 *Kommission*, Entsch. v. 5.10.1973, ABl. L 293/40 v. 20.10.1973 „Deutsche Philips GmbH". *Ackermann*, EuZW 1999, 741 (743) folgert zu Unrecht aus dem Verbot der Beschränkung von Querlieferungen bei selektiven Vertriebssystemen in Art. 4 lit. d vGVO, dass in den übrigen Fällen Querlieferungsverbote freigestellt seien.

733 Siehe dazu *Schultze*, in: Stumpf/Jaletzke/Schultze, Vertragshändlervertrag, Rn. 525. Zum Teil wird der Begriff der Querlieferungen auch in weiterem Sinne verstanden. So erstreckt die Kommission den Begriff der Querlieferungen in Tz. 55 der Leitlinien für vertikale Beschränkungen nicht nur auf den Handel innerhalb derselben Handelsstufe, sondern auch auf den Handel mit Wirtschaftsteilnehmern anderer Handelsstufen.

zur Abschottung nationaler Märkte führen können.[734] Zudem unterlaufen Behinderungen des Parallelhandels das Ziel der Warenverkehrsfreiheit, die auch in Art. 28 EG zum Ausdruck kommt.[735] Bei Beschränkungen des Parallelhandels und Wettbewerbsbeschränkungen, die auf eine Marktabschottung zwischen einzelnen Mitgliedstaaten gerichtet sind, verhängt die Kommission regelmäßig sehr hohe Geldbußen.[736]

Beispiele für indirekte Gebiets- und Kundenbeschränkungen nennt die Kommission in den Leitlinien: die Verweigerung oder Reduzierung von Prämien und Nachlässen, Verweigerung der Lieferung oder Verringerung der Liefermenge, Beschränkung der Liefermenge auf die Nachfrage im zugeteilten Gebiet bzw. Kundenkreis und Gewinnausgleichsverpflichtungen.[737]

---

734 *Kommission*, Entsch. v. 5.10.1973, ABl. L 293/40 v. 20.10.1973 „Deutsche Philips GmbH"; *Nolte*, BB 1998, 2429 (2435); *Gleiss/Hirsch*, Kommentar zum EG-Kartellrecht, Band 1, Art. 85 (1) 3. Kap. I, Rn. 1228, 1234, 1255; *Ebenroth/Hübschle*, Gewerbliche Schutzrechte und Marktaufteilung, S. 42. Siehe zur Bedeutung des Parallelhandels im Pharmasektor *Koenig/Engelmann*, E.C.L.R. 2005, 338.

735 Zu beachten ist allerdings in diesem Zusammenhang, dass Art. 28 EG nur staatliche Einfuhrbeschränkungen oder Maßnahmen gleicher Wirkung verbietet, nicht aber Maßnahmen durch Private, vgl. *Epiney*, in: Callies/Ruffert, Kommentar zu EU-Vertrag und EG-Vertrag, Art. 28 EG Rn. 46.

736 Im Volkswagen-Fall verhängte die Kommission ein Bußgeld von 102 Mio. ECU, vgl. vgl. *Kommission*, Entsch. v . 28.1.1998, ABl. L 124/60 (94) v. 25.4.1998 „Volkswagen I". Die Entscheidung der Kommission wurde vor dem EuG und dem EuGH angefochten, siehe dazu *EuGH*, Urt. v. 18.9.2003 – Rs. C-338/00 – Slg. 2003, I-9198 (9219) „Volkswagen/Kommission". Ähnlich war die Lage im Fall Opel, wo Opel den Verkauf von aus Deutschland in die Niederlande importierten Fahrzeugen behinderte, siehe dazu *EuG*, Urt. v. 21.10.2003 – Rs. T-368/00 – Slg. 2003, II-4491 (4495) „Opel Nederland/Kommission". Siehe auch die Entscheidung Nintendo, wo der Hersteller mit seinen offziellen Vertriebshändlern in sechs Mitgliedstaaten Absprachen zur Verhinderung der Ausfuhr von Videospielen getroffen hatte, um Parallelausfuhren in Gebiete mit niedrigeren Preisen zu verhindern. Das Preisgefälle betrug zum Teil mehr als 60%. Die Kommission verhängte ein Bußgeld von insgesamt 168 Mio. EUR (*Kommission*, Entsch. v. 30.10.2002, ABl. L 255/33 v. 8.10.2003 „Nintendo-Vertrieb"). Siehe zur Einordnung von marktabschottenden Wettbewerbsbeschränkungen als schwerwiegende Kartellrechtsverstöße auch *EuG*, Urt. v. 27.7.2005 – verb. Rs. T-49/02 bis T-51/02 – WuW/E EU-R 967 (976) „Brasserie Nationale".

737 *Kommission*, Leitlinien für vertikale Beschränkungen, ABl. C 291/1 v. 13.10.2000, Tz. 49. Weiterhin sieht die Kommission die Androhung der Vertragskündigung als indirekte Gebiets- oder Kundenbeschränkung. Ein solches Verhalten wird jedoch nur in dem seltenen Fall eine indirekte Beschränkung sein, wenn darin eine Vereinbarung zu sehen ist, vgl. *Schultze/Pautke/Wagener*, Gruppenfreistellungsverordnung für vertikale Vereinbarungen, Rn. 459.

Bereits aus dem Wortlaut des Art. 4 lit. b vGVO ergibt sich, dass Gebiets- und Kundenbeschränkungen, die der Käufer dem Lieferanten auferlegt, nicht von der Norm erfasst werden. Daher fallen Alleinvertriebsvereinbarungen, durch die sich der Lieferant gegenüber dem Käufer verpflichtet, in einem bestimmten Gebiet nur ihn zu beliefern, nicht in den Anwendungsbereich der Vorschrift. Wenn jedoch, wie häufig der Fall, im Rahmen eines Alleinvertriebsvertrags zusätzlich vereinbart wird, dass ein Alleinvertriebshändler außerhalb des ihm zugewiesenen Gebietes nicht tätig werden darf, so enthält diese Klausel eine Gebietsbeschränkung iSd. Art. 4 lit. b vGVO in Form eines absoluten Gebietsschutzes.[738]

II. Ausnahmen

Nach Maßgabe des Art. 4 lit. b, 1. bis 4. Spiegelstrich vGVO sind bestimmte Gebiets- und Kundenbeschränkungen, die die Voraussetzungen der vGVO im Übrigen erfüllen, freigestellt.

Nach Art. 4 lit. b, 1. Spiegelstrich vGVO sind Beschränkungen des aktiven Verkaufs in Gebiete oder an Gruppen von Kunden, die der Lieferant sich selbst vorbehalten oder ausschließlich einem anderen Käufer zugewiesen hat, möglich. Ein Gebiet, das *mehreren* Händlern zugewiesen ist, gilt also nicht als zugewiesenes Gebiet im Sinne des 1. Spiegelstrichs. Des Weiteren gilt ein Gebiet einem anderen Händler dann nicht als zugewiesen, wenn in diesem Gebiet zwar nur ein Händler eingesetzt ist, der Lieferant sich aber das Recht vorbehalten hat, weitere Händler in dem Gebiet zuzulassen.[739] Gebietsbeschränkungen sind also nur in Bezug auf solche Gebiete zulässig, in denen exklusive Rechte im Sinne eines

---

738 Siehe zum absoluten Gebietsschutz auch *Kommission,* Grünbuch zur EG-Wettbewerbspolitik gegenüber vertikalen Wettbewerbsbeschränkungen, KOM (1996) 721, Tz. 39, 276. Bereits in der Verordnung Nr. 1983/83 wurden Alleinvertriebsvereinbarungen mit Wirkung eines absoluten Gebietsschutzes nicht freigestellt. Siehe *Kommission*, Verordnung (EWG) Nr. 1983/83 vom 22.6.1983 über die Anwendung von Artikel 85 Absatz 3 des Vertrages auf Gruppen von Alleinvertriebsvereinbarungen, ABl. L 173/1 v. 30.6.1983, Art. 3 lit. c und d.

Die Vereinbarung eines absoluten Gebietsschutzes kann nur in einer einzigen denkbaren Fallgestaltung erlaubt sein: Sie betrifft Alleinvertriebsverträge zur Markterschließung, wenn ein Hersteller nicht in der Lage ist, ein Produkt ohne die Hilfe eines Alleinvertriebshändlers auf einem neuen Markt einzuführen und alle geeigneten Händler auf der Gewährung eines absoluten Gebietsschutzes bestehen (*Kirchhoff*, in: Wiedemann, Hdb. d. KartellR § 10 Rn. 125. Siehe auch *Kommission*, I. Wettbewerbsbericht Tz. 49).

739 *Wijckmans/Tuytschaever*, E.C.L.R. 2004, 107 (109).

Selbstvorbehalts des Lieferanten oder Alleinvertriebsrechte bestehen.[740] Dabei ist zusätzlich erforderlich, dass der Alleinvertriebshändler gegen aktiven Verkauf in seinem Gebiet oder an seine Kundengruppe durch den Lieferanten und alle anderen Käufer des Lieferanten innerhalb der Gemeinschaft geschützt wird.[741] Sofern der Lieferant einem einzigen Käufer nicht untersagt, in ein exklusiv zugewiesenes Gebiet zu liefern, erfüllt das Gebiet nicht mehr die Voraussetzungen des Art. 4 lit. b., 1. Spiegelstrich vGVO. Infolgedessen greift die Ausnahmevorschrift nicht ein und die entsprechenden Gebietsbeschränkungen in den Verträgen stellen eine schwarze Klausel iSd. Art. 4 lit. b vGVO dar, so dass die vGVO als solche unanwendbar wird.

Aus Art. 4 lit. b, 1. Spiegelstrich vGVO geht hervor, dass der aktive Verkauf in nicht vorbehaltene Gebiete und der passive Verkauf generell durch den Lieferanten nicht beschränkt werden dürfen und derartige Vereinbarungen nicht freistellungsfähig sind.[742] Eine Definition des aktiven Verkaufs findet sich in Textziffer 50 Satz 6, 1. Spiegelstrich der Leitlinien für vertikale Beschränkungen. Danach sind Verkäufe aktiv, wenn individuelle Kunden in einem Gebiet oder individuelle Mitglieder einer Kundengruppe, das bzw. die ausschließlich einem anderen Vertriebshändler zugewiesen wurden, gezielt angesprochen werden. Dies kann beispielsweise mittels Direktversand von Briefen oder E-Mails, persönlichen Besuchs, Werbung in den Medien oder anderer speziell auf diese Kunden ausgerichteter Verkaufsförderungsmaßnahmen erfolgen. Aktiver Verkauf liegt auch vor, wenn die Händler in den betreffenden Gebieten ein Lager oder eine Vertriebsstätte errichten. Passiver Verkauf bedeutet die Erfüllung unaufgeforderter Bestellungen individueller Kunden, i.e. die Liefe-

---

740 Siehe zu den Schwierigkeiten dieser Ausnahme im Einzelnen: zur Abgrenzung von Kundengruppe und Kundenkreis, vgl. *Pautke/Schultze*, BB 2001, 317 (318). Zu individualisierten Kundenschutzklauseln, vgl. *Bauer/de Bronett*, Die EU-Gruppenfreistellungsverordnung für vertikale Wettbewerbsbeschränkungen, Rn. 109 f, 118; *Semler/Bauer*, DB 2000, 193 (198); *Polley/Seeliger*, WRP 2000, 1201 (1213); *Veelken*, in: Immenga/Mestmäcker, EG-WbR, Erg-Bd, 2. Lieferung 2001, V. GFVO Rn. 190. Zur Frage, wie lange sich ein Lieferant in Gebiet selbst vorbehalten darf und ob es einen „Generalvorbehalt" für den Lieferanten gibt: *Pautke/Schultze*, BB 2001, 317 (320); *A. Schulz*, Gedächtnisschrift Skaupy, 2003, S. 334 (354).

741 *Kommission*, Leitlinien für vertikale Beschränkungen, ABl. C 291/1 v. 13.10.2000, Tz. 50 Satz 3. Siehe dazu mit einem ausführlichen Beispielsfall *Wijckmans/ Tuytschaever*, E.C.L.R. 2004, 107 (110).

742 *Kommission*, Leitlinien für vertikale Beschränkungen, ABl. C 291/1 v. 13.10.2000, Tz. 50 Satz 5. Die Regelung in Art. 4 lit. b, 1. Spiegelstrich vGVO weicht von den früheren Gruppenfreistellungsverordnungen ab, nach denen nur der passive Verkauf ermöglicht werden musste, der aktive Verkauf aber gleichwohl beschränkt werden durfte.

rung von Waren an bzw. das Erbringen von Dienstleistungen für solche Kunden.[743] Die Kommission stellt in den Leitlinien fest, dass der Verkauf über das Internet grundsätzlich als passiver Verkauf einzustufen ist, auch wenn ein Händler dadurch über das eigene Gebiet hinaus tätig wird.[744] Im Einzelfall kann der Internetverkauf jedoch als aktiver Verkauf anzusehen sein, wenn eine Website speziell dazu bestimmt ist, hauptsächlich Kunden innerhalb des Gebiets oder der Kundengruppe zu erreichen, die ausschließlich einem anderen Vertriebshändler zugewiesen wurde, – z.B. durch Verwendung von Bannern oder Links auf speziell diesen Kunden zugänglichen Anbieterseiten – , oder wenn E-Mails unaufgefordert an individuelle Kunden geschickt werden.[745] Ein völliges Verbot des Verkaufs über das Internet oder per Katalog ist nur zulässig, wenn sachlich gerechtfertigte Gründe vorliegen.[746]

Aus Art. 4 lit. b, 1. Spiegelstrich, 2. Halbsatz vGVO geht hervor, dass die Beschränkung des aktiven Verkaufs, die durch den 1. Halbsatz zugelassen wird, in einem mehrstufigen Vertriebssystem nicht zur Beschränkung der Verkaufstätigkeit von Händlern führen darf, die auf der dem gebundenen Käufer nachfolgenden Marktstufe tätig sind.[747]

Eine weitere Ausnahme vom Verbot der Gebiets- und Kundenbeschränkungen findet sich in Art. 4 lit. b, 2. Spiegelstrich vGVO, wonach das Verbot von sog. Sprungverkäufen – Beschränkungen des Verkaufs an Endbenutzer durch Käufer, die auf der Großhandelsstufe tätig sind – keine Kernbeschränkung darstellt. Die Reichweite des Begriffs des Großhandels ist in den Leitlinien nicht weiter konkretisiert; nähere Erläuterungen finden sich aber im Grünbuch.[748] Es ist

---

743 *Kommission*, Leitlinien für vertikale Beschränkungen, ABl. C 291/1 v. 13.10.2000, Tz. 50 Satz 6, 2. Spiegelstrich. Ein Beispiel für das Verbot passiver Verkäufe ist der Fall Volkswagen, wo VW den Verkauf von Autos durch italienische Vertragshändler an Endverbraucher aus anderen Mitgliedstaaten zu verhindern versuchte, *EuGH*, Urt. v. 18.9.2003 - Slg. 2003, I-9198 (9219) „Volkswagen/Kommission".

744 *Kommission*, Leitlinien für vertikale Beschränkungen, ABl. C 291/1 v. 13.10.2000, Tz. 51; siehe auch *Pautke/Schultze*, BB 2001, 317 (318).

745 *Kommission*, Leitlinien für vertikale Beschränkungen, ABl. C 291/1 v. 13.10.2000, Tz. 51.

746 *Kommission*, Leitlinien für vertikale Beschränkungen, ABl. C 291/1 v. 13.10.2000, Tz. 51.

747 Siehe dazu *Veelken*, in: Immenga/Mestmäcker, EG-WbR, Erg-Bd, 2. Lieferung 2001, V. GFVO Rn. 204; *Roniger*, Das neue Vertriebskartellrecht, Art. 4 Rn. 17.

748 *Kommission*, Grünbuch zur EG-Wettbewerbspolitik gegenüber vertikalen Wettbewerbsbeschränkungen, KOM (1996) 721, Tz. 17 ff.

darauf hinzuweisen, dass das Verbot von Sprungverkäufen für den Großhandel schon keinen Verstoß gegen das Kartellverbot begründet, so dass Art. 4 lit. b, 2. Spiegelstrich keine Freistellung beinhaltet. Denn der Gerichtshof hat eine Verletzung von Art. 81 Abs. 1 EG durch das Verbot von Sprungverkäufen mit der Begründung verneint, dass ein Wettbewerb um Endbenutzer, bei dem die Großhändler wegen der auf ihrer Handelsstufe in der Regel geringeren Belastungen einen ungerechtfertigten Wettbewerbsvorsprung gegenüber Einzelhändlern haben, von Art. 81 Abs. 1 EG nicht geschützt werde.[749]

Auch Verwendungsbeschränkungen bei industriellen Zulieferprodukten stellen keine Kernbeschränkungen dar (Art. 4 lit. b, 4. Spiegelstrich vGVO). Durch derartige Beschränkungen verbieten Lieferanten den Käufern ihrer Komponenten, die gelieferten Teile an Abnehmer weiter zu veräußern, die diese zur Herstellung von Produkten verwenden würden, die mit den Produkten des Lieferanten konkurrieren.[750] Allerdings hat die Vorschrift einen engen Anwendungsbereich, da sie jedenfalls nach ihrem Wortlaut nur die Lieferung an Abnehmer verbietet, die dieselben Erzeugnisse herstellen wie der Käufer.[751]

B. Übertragbarkeit des Verbots der Gebiets- und Kundenbeschränkungen auf Deutschland

Bis zur 7. GWB-Novelle unterlagen Gebiets- und Kundenbeschränkungen, die ein Lieferant einem Käufer für den Weiterverkauf auferlegte, lediglich der Missbrauchsaufsicht in § 16 GWB a.F. Nach altem Recht galt für Vertriebsverträge mit absolutem Gebietsschutz somit grundsätzlich kein strengerer Maßstab als für sonstige Abschlussbindungen.[752] Voraussetzung war jedoch, dass es sich um einen Fall ohne Auswirkungen auf den Handel zwischen den Mitgliedstaaten handelte.[753] In Fällen mit zwischenstaatlichen Auswirkungen war eine Gebiets- und Kundenbeschränkung – obwohl nach deutschem Recht erlaubt – wegen des

---

749 *EuGH*, Urt. v. 25.10.1977 – Rs. 26/76 – Slg. 1977, 1875 (1909) Rn. 28 f. „Metro/SABA I“.

750 Siehe dazu *Kommission*, Leitlinien für vertikale Beschränkungen, ABl. C 291/1 v. 13.10.2000, Tz. 52; *Veelken*, in: Immenga/Mestmäcker, EG-WbR, Erg-Bd, 2. Lieferung 2001, V. GFVO Rn. 221 ff.

751 Kritisch *Bayreuther*, EWS 2000, 106 (114); *Polley/Seeliger*, WRP 2000, 1203 (1213 f.).

752 *OLG Karlsruhe*, Urt. v. 23.4.1980, WuW/E OLG 2289 (2290 f.) „Zeitschriftengrossisten“. Die Revision wurde vom Bundesgerichtshof auch wegen mangelnder Erfolgsaussicht nicht zugelassen, vgl. *BGH*, WuW/E BGH 1822 „Zeitschriftengrossisten“.

753 *Kirchhoff*, in: Wiedemann, Hdb. d. KartellR § 9 Rn. 35. Es war jedoch zu prüfen, ob ein Gebietsschutz nicht ausnahmsweise gegen § 20 Abs. 1, 2 GWB oder § 19 GWB verstieß.

Vorrangs des Europarechts unzulässig. Daher werden nunmehr nur diejenigen Fälle, die keine Auswirkungen auf den zwischenstaatlichen Handel haben, grundlegend anders als bisher behandelt. Grund für das neue Verbot der Gebiets- und Kundenbeschränkung war das Bedürfnis nach Rechtsharmonisierung in Fällen, in denen die Zwischenstaatlichkeitsklausel nicht erfüllt war.[754] Auch wenn die Harmonisierung von europäischem und deutschem Recht und damit die Schaffung eines „*level playing field*“ für die Unternehmen mit erheblichen Vorteilen verbunden ist, soll kritisch hinterfragt werden, inwieweit die Übernahme der Kernbeschränkung für Gebiets- und Kundenbeschränkungen in Art. 4 lit. b vGVO in Fällen mit rein innerstaatlichen Auswirkungen sinnvoll und im deutschen Recht auch systemgerecht ist. Bei dieser Analyse sollen vor allem die unterschiedlichen Zielsetzungen des deutschen und europäischen Rechts sowie die unterschiedlichen Auswirkungen inner- und zwischenstaatlicher Gebiets- und Kundenbeschränkungen komparativ gegenüber gestellt werden.

I. Vergleich der Zielsetzung des deutschen und europäischen Kartellrechts

1. Bedeutung des Verbots des Gebietsschutzes auf europäischer Ebene

Das Verbot der Beschränkungen des Gebiets oder des Kundenkreises und die Freistellungssperre in Art. 4 lit. b vGVO erklären sich im europäischen Kartellrecht mit der wettbewerbspolitischen Zielsetzung der Marktintegration. Das europäische Wettbewerbsrecht dient nicht allein der Sicherung und Überwachung des Wettbewerbs als Ziel an sich. Vielmehr wurde und wird die Wettbewerbspolitik vor allem als ein Mittel genutzt, um den gemeinschaftsweiten Binnenmarkt zu errichten, sein ordnungsgemäßes Funktionieren zu sichern und so die in Art. 2 EG niedergelegten Gemeinschaftsziele – darunter harmonische und ausgewogene Entwicklung des Wirtschaftslebens in der Gemeinschaft und die Hebung der Lebenshaltung und Lebensqualität – zu verwirklichen.[755] Aus Art. 3 lit. g EG wird deutlich, dass die Errichtung eines den Wettbewerb vor Verfälschungen schützenden Systems ein Mittel ist, um den Binnenmarkt zu fördern.

---

754 *Bundesregierung*, Entwurf eines Siebten Gesetzes zur Änderung des Gesetzes gegen Wettbewerbsbeschränkungen, BT-Drs. 15/3640, S. 22 f.

755 *Schröter*, in: Schröter/Jakob/Mederer, Kommentar zum Europäischen Wettbewerbsrecht, vor Art. 81-89 Rn. 10. Siehe auch *Gleiss/Hirsch*, Kommentar zum EG-Kartellrecht, Band 1, Art. 85 (1) 1. Kap. C, Rn. 116; *Whish*, Competition Law, S. 20 f.

Das in Art. 3 lit. g EG beschriebene System zum Schutz des Wettbewerbs vor Verfälschungen umfasst ein ganzes Bündel von Maßnahmen. Dazu gehört nicht nur die Bindung staatlicher Interventionen an bestimmte Regeln (Art. 86, 87, 90 EG), sondern auch ein Wettbewerbsregime, das die Unternehmen an einem Verhalten hindert, das mit dem System des unverfälschten Wettbewerbs unvereinbar ist (Art. 81 bis 86 EG). Dabei soll Art. 81 EG nicht allein den Wettbewerb als Institution schützen, sondern verhindern, dass der durch den Abbau der öffentlich-rechtlichen Ein- und Ausfuhrbeschränkungen gewährleistete freie Waren- und Güteraustausch zwischen den Mitgliedstaaten durch künstliche und willkürliche privatwirtschaftliche Eingriffe der Unternehmen beeinträchtigt wird.[756] Denn privatwirtschaftliche Wettbewerbsbeschränkungen haben dieselben Wirkungen wie die vom EG-Vertrag abgeschafften staatlichen Handelsschranken. Auch an den Regelungen in der vGVO wird deutlich, dass die europäische Wettbewerbspolitik zuallererst Integrationspolitik ist. So werden vertikale Wettbewerbsbeschränkungen, deren positive Auswirkungen auf den Binnenmarkt die nachteiligen Effekte überwiegen, freigestellt (z.B. Alleinvertrieb), während andere, die sich negativ auf den Binnenmarkt auswirken, nicht oder nur unter besonderen Voraussetzungen freigestellt werden (z.B. Gebiets- und Kundenbeschränkungen).

Die Schaffung des Binnenmarkts hatte vor allem ökonomische Gründe und ging seinerzeit auf die Überzeugung zurück, dass die Existenz eines großen einheitlichen Marktes für die Wirtschaft und Verbraucher erhebliche Vorteile mit sich bringen würde.[757] Dem lag die Überlegung zugrunde, dass der Abbau von Schranken für den Personen-, Waren-, Dienstleistungs- und Kapitalverkehr, die Einführung einer gemeinsamen Währung und die Harmonisierung rechtlicher und technischer Vorschriften den grenzüberschreitenden Handel erleichtert und zur Schaffung eines einheitlichen Marktes mit zunehmend einheitlichen Wettbewerbsbedingungen beiträgt. Die Beseitigung tarifärer und nichttarifärer Handelshemmnisse führt auf Märkten, die zuvor durch Barrieren abgeschottet oder aus anderen Gründen keinem echten Konkurrenzdruck ausgesetzt waren, zu

---

756 *Kirchhoff*, in: Wiedemann, Hdb. d. KartellR § 9 Rn. 10; *Emmerich* in: Dauses H.I. § 1 Rn. 4; Siehe auch *EuGH*, Urt. v. 13.7.1966 – Rs. 56/64 u. 58/64 – Slg. 1966, 321(388) „Consten/Grundig“: „*Der EWG-Vertrag, der nach seiner Präambel und seinem Inhalt darauf gerichtet ist, die Schranken zwischen den Staaten zu beseitigen, und der der Wiedererrichtung dieser Schranken mit einer Reihe strenger Bestimmungen entgegentritt, kann nicht zulassen, dass die Unternehmen neue Hindernisse dieser Art schaffen.*“

757 *Kommission,* Grünbuch zur EG-Wettbewerbspolitik gegenüber vertikalen Wettbewerbsbeschränkungen, KOM (1996) 721, Tz. 70. Siehe hierzu auch *Cecchini,* Europa '92.

stärkerem Wettbewerb. Ressourcen und Arbeitsplätze werden von weniger zukunftsträchtigen Wirtschaftsbereichen zu aufstrebenden Sektoren umgelenkt.[758] Die Unternehmen sind durch den zunehmenden Wettbewerbsdruck im Binnenmarkt gezwungen, effektiver zu arbeiten, um wettbewerbsfähig zu sein.[759] Durch diese zunehmende Effizienz der Unternehmen und durch die zunehmende Anzahl an Abnehmern aufgrund der Markterweiterung erzielen die Unternehmen Größenvorteile, was sich sowohl auf die Unternehmensgewinne als auch die Verbraucherpreise positiv auswirkt.[760] Die gestiegene Effizienz führt zu besseren Waren, besserem Service und mehr Innovation. Insgesamt senkt der Wettbewerbsdruck das Preisniveau in Hochpreisländern und nähert es an das Preisniveau in Niedrigländern an.[761] Es konnte nachgewiesen werden, dass die Preisstreuung bei Produkten, bei denen der Binnenmarkt eine echte Wirkung hatte, weil sie europaweit gehandelt werden können, geringer wird, mit der Folge, dass die Preise sinken. [762] Aus Sicht der Verbraucher wirkt sich der Binnenmarkt nicht allein wegen der niedrigeren Preise positiv aus. Es bietet sich ihm auch eine größere Produktvielfalt durch den grenzüberschreitenden Handel. Durch den Binnenmarkt wird die Industrie effizienter, woraus sich eine stärkere Wettbewerbsstellung Europas gegenüber der weltweiten Konkurrenz ergibt.[763] Zwischen den „alten Mitgliedstaaten der EG" (Europa der 15) ist der Binnenmarkt seit langer Zeit verwirklicht. Dennoch gibt es auch dort noch ein unausgeschöpftes Potenzial für stärkeren Wettbewerb im Binnenmarkt. Dies ergibt sich aus noch unterschiedlichen Rechts- und Verwaltungsvorschriften, Sprachen und Konsumgewohnheiten in den verschiedenen Ländern, die sich noch als Schranke für die Marktintegration auswirken.[764] Auch bei den Preisen bestehen weiterhin

---

758 *Erhart,* in: Röttinger/Weyringer, Handbuch der europäischen Integration, S. 677.

759 *Erhart,* in: Röttinger/Weyringer, Handbuch der europäischen Integration, S. 677.

760 *Kommission,* Grünbuch zur EG-Wettbewerbspolitik gegenüber vertikalen Wettbewerbsbeschränkungen, KOM (1996) 721, Tz. 71.

761 *Kommission,* Grünbuch zur EG-Wettbewerbspolitik gegenüber vertikalen Wettbewerbsbeschränkungen, KOM (1996) 721, Tz. 71.

762 *Kommission,* Grünbuch zur EG-Wettbewerbspolitik gegenüber vertikalen Wettbewerbsbeschränkungen, KOM (1996) 721, Tz. 74 unter Hinweis auf die Studie von *DRI, E. de Ghellinck und Horack, Adler und Gesellschafter,* Study on the Emergence of Pan European Markets, 1996. In der Bau- und Energiewirtschaft, wo der Binnenmarkteffekt begrenzt ist, fand hingegen keine Preiskonvergenz statt.

763 *Kommission,* Grünbuch zur EG-Wettbewerbspolitik gegenüber vertikalen Wettbewerbsbeschränkungen, KOM (1996) 721, Tz. 70.

764 *Kommission,* Grünbuch zur EG-Wettbewerbspolitik gegenüber vertikalen Wettbewerbsbeschränkungen, KOM (1996) 721, Tz. 75.

von Mitgliedstaat zu Mitgliedstaat noch beträchtliche Unterschiede.[765] Dies gilt besonders für den Kfz-Handel, aber auch für andere Bereiche. Beispielsweise gab es 1997 für einige Produkte der Unterhaltungselektronik desselben Herstellers Preisunterschiede von Händler zu Händler von bis zu 35%.[766] Insgesamt bedarf es noch weiterer Anstrengungen, um den größtmöglichen Integrationsgrad zu erreichen.[767] Weitere Herausforderungen für den Binnenmarkt stellen sich derzeit vor allem durch den am 1.5.2004 erfolgten Beitritt von zehn ost- und südosteuropäischen Mitgliedstaaten zur EU. Um nach dem Beitritt dieser Mitgliedstaaten eine volle Marktintegration zu erreichen, ist neben vielen weiteren rechtlichen Regelungen von großer Bedeutung, dass Gebiets- und Kundenbeschränkungen in den Gruppenfreistellungsverordnungen einem Freistellungsausschluss unterliegen (vgl. Art. 4 lit. b vGVO). Art. 4 lit. b vGVO schützt somit die Arbitragemöglichkeiten von Zwischenhändlern und Endverbrauchern und soll einen absoluten Gebietsschutz verhindern.

2. Bedeutung des Verbots des Gebietsschutzes auf deutscher Ebene

Bedenken gegen die Übernahme des Gebietsschutzes für innerstaatliche Wettbewerbsbeschränkungen könnten sich daraus ergeben, dass das deutsche Recht nicht das Ziel hat, die Marktintegration und den Bestand des europäischen Binnenmarkts zu schützen. Im System des nationalen Kartellrechts ist die Marktintegration ein *„wettbewerbsfremder originärer Topos des Europarechts“*.[768] Das deutsche Kartellrecht hat den Zweck, den Wettbewerb als Institution zu schützen und die wirtschaftliche Handlungsfreiheit der Unternehmen zu sichern.[769] Deshalb besteht der primäre Zweck des Kartellrechts im Bereich der vertikalen Vereinbarungen (§ 16 GWB a.F.) in der allseitigen

765 *Kommission,* Grünbuch zur EG-Wettbewerbspolitik gegenüber vertikalen Wettbewerbsbeschränkungen, KOM (1996) 721, Tz. 74.

766 *Kommission,* Grünbuch zur EG-Wettbewerbspolitik gegenüber vertikalen Wettbewerbsbeschränkungen, KOM (1996) 721, Tz. 74.

767 So auch *Kommission,* Grünbuch zur EG-Wettbewerbspolitik gegenüber vertikalen Wettbewerbsbeschränkungen, KOM (1996) 721, Tz. 70.

768 *Glöckner*, WRP 2003, 1327 (1335). Der Autor kommt zu dem Ergebnis, dass die unterschiedlichen Zielsetzungen des europäischen und deutschen Rechts nicht zu einem materiellen Konflikt führen, da bei einer Abschottung des nationalen Marktes regelmäßig auch der zwischenstaatliche Handel betroffen sei. Dabei übersieht *Glöckner* aber die Problematik der Wettbewerbsbeschränkungen mit innerstaatlicher Wirkung, bei denen nicht der nationale Markt, aber ein lokales oder regionales Gebiet abgeschottet wird.

769 *Kirchhoff,* in: Wiedemann, Hdb. d. KartellR § 9 Rn. 35.

Offenhaltung der Märkte durch die Bekämpfung künstlicher Marktzutrittsschranken.[770] Das deutsche Recht hat bislang aber nicht die Funktion gehabt, die europäische Marktintegration zu schützen. Dieser Unterschied zwischen dem nationalen und dem europäischen Kartellrecht war und ist das zentrale Problem bei der Rechtsangleichung in diesem Bereich und ist bereits in vielen Facetten aufgetaucht. So wurde die Frage, ob die im Rahmen des Art. 81 Abs. 1 EG von Gerichtshof und Kommission erzielten Auslegungsergebnisse auf § 1 GWB in der Fassung der 6. GWB-Novelle übertragen werden könnten, bislang von einigen Autoren unter Hinweis darauf verneint, dass § 1 GWB keinen „integrationspolitischen" Zweck verfolge.[771] Auch in anderen Ländern wurde unter Verweis auf das marktintegrationspolitische Ziel des europäischen Kartellrechts eine vollständige Angleichung des nationalen an das europäische abgelehnt.[772]

Möglicherweise hat sich durch die europäische Kartellverfahrensreform und die 7. GWB-Novelle eine Veränderung der Ziele des deutschen Kartellrechts ergeben. So könnte man argumentieren, dass sich viele Mitgliedstaaten aufgrund der in Art. 3 Abs. 2 VO Nr. 1/2003 normierten Verpflichtung zur parallelen Anwendung des Art. 81 EG entschieden haben, das nationale Kartellrecht mit dem europäischen Kartellrecht zu harmonisieren. Bei dieser Harmonisierung könnten nicht nur die binnenmarktbezogenen Regelungen des europäischen Kartellrechts *explizit*, sondern auch die dahinter stehende wettbewerbspolitische Zielsetzung der Europäischen Union *implizit* übernommen worden sein. Aber selbst wenn man davon ausgehen würde, dass sich mit der 7. GWB-Novelle die Zielsetzung des deutschen Kartellrechts verändert hat und nunmehr – jedenfalls für Fälle mit zwischenstaatlichen Auswirkungen – auch der Schutz des Binnenmarkts vom GWB bezweckt wird, so liegt es doch auf der Hand, dass das Verbot von Gebietsbeschränkungen mit rein innerstaatlichen Auswirkungen nicht mit dem Ziel des Binnenmarktschutzes zu begründen ist. Bei innerstaatlichen Gebietsbeschränkungen ergibt sich bereits aus der Tatsache, dass sie keine

---

770 *BGH*, Beschl. v. 14.3.1990, WuW/E BGH 2627 (2637) „Sportübertragungen"; *BGH*, Beschl. v. 18.5.1993, WuW/E BGH 2869 (2871) „Pauschalreisevermittlung II"; *Möschel*, Recht der Wettbewerbsbeschränkungen, Rn. 412; *Emmerich*, in: Immenga/Mestmäcker, GWB, § 16 Rn. 15.

771 *Huber*, in: Frankfurter Kommentar, Band II, § 1 GWB Rn. 24.

772 In Bezug auf das niederländische Pendant zu Art. 81 EG (Art. 6 I *mededingingswet*) siehe *Van Themaat*, E.C.L.R. 1997, 344 (345). In Bezug auf das Vereinigte Königreich siehe *Nazerali/Cowan*, E.C.L.R. 1999, 55 (56); *Goodman*, E.C.L.R. 1999, 73 (74). Daher regelt Sec. 60 (1) des UK Competition Act v. 9.11.1998 ein sog. *opt-out*, wonach die europaorientierte Auslegung nur dann anzuwenden ist, „*... so far as it is possible (having regard to any relevant differences between the provisions concerned)*, ...".

Auswirkungen auf den zwischenstaatlichen Handel haben, die Folge, dass sie auch die Marktintegration zumindest nicht spürbar behindern oder anderweitig beeinflussen.

Ein Vergleich des deutschen mit dem europäischen Kartellrecht zeigt starke Abweichungen im Grundverständnis der Funktion des Kartellrechts, was sich zwangsläufig auf die Beurteilung vertikaler Beschränkungen auswirkt. Während das deutsche Kartellrecht den Wettbewerb an sich schützt, aber keine nichtwettbewerblichen Ziele verfolgt, ist das EG-Kartellrecht multifunktional akzentuiert und fungiert vor allem als Instrument zur Verwirklichung eines funktionierenden Binnenmarkts.

II. Vergleich der Auswirkungen von Gebiets- und Kundenbeschränkungen bei zwischenstaatlichen und innerstaatlichen Sachverhalten

Sowohl bei Gebiets- und Kundenbeschränkungen mit zwischenstaatlichen als auch bei solchen mit lediglich innerstaatlichen Auswirkungen wird ein Verstoß gegen das Kartellverbot vorliegen. Denn durch die Vereinbarung werden die Handlungs- und Entscheidungsfreiheit des Händlers und die Auswahlmöglichkeiten der Verbraucher beschränkt. Während jedoch die Freistellungsvoraussetzungen des Art. 81 Abs. 3 EG bei einem zwischenstaatlich wirkenden Gebietsschutz so gut wie nie erfüllt sein werden, ist dies im Hinblick auf § 2 Abs. 1 GWB beim innerstaatlich wirkenden Gebietsschutz anders zu beurteilen. Entscheidendes Freistellungskriterium ist dabei die „Möglichkeit zur Ausschaltung des Wettbewerbs". Auf die anderen Kriterien soll hier nicht weiter eingegangen werden. Durch Gebiets- und Kundenbeschränkungen sind Effizienzgewinne dadurch vorstellbar, dass sich der Händler besser auf seine Kundengruppe einrichten kann und dadurch eine kompetentere Beratung und einen besseren Service leisten kann.[773] Zudem kann sich ein Händler durch eine Begrenzung des Gebiets besser auf die Betreuung der Kunden einstellen und die Kundenbeziehungen intensiv pflegen. Diese Effizienzgewinne können an die Verbraucher weitergegeben werden. Ob sie unerlässlich sind, hängt von den Umständen des Einzelfalls ab, insbesondere von der Beschaffenheit, Neuartigkeit und Serviceintensität des Produktes. An dem Kriterium der „Möglichkeit zur Ausschaltung des Wettbewerbs" wird die Freistellung von Gebietsbeschränkungen mit zwischenstaatlichen Auswirkungen häufig scheitern, was bei innerstaatlich wirkenden Vereinbarungen nicht der Fall sein wird. Die Möglichkeiten zur Ausschaltung des Wettbewerbs durch Gebietsbeschränkungen sollen anhand

[773] *Kommission*, Leitlinien für vertikale Beschränkungen, ABl. C 291/1 v. 13.10.2000, Tz. 182.

von zwei Beispielen nicht nach Art. 4 lit. b vGVO freistellungsfähiger Fälle erläutert werden, wobei das erste einen grenzüberschreitenden und das zweite einen innerstaatlichen Sachverhalt betrifft.

Erstes Beispiel: Im ersten Beispiel vereinbart der europaweit tätige Lieferant L mit dem in Polen ansässigen Händler P bei der Lieferung der Ware (z.B. Computerspiele) ein europaweites Exportverbot. Dies bedeutet, dass der Händler P die Ware nur in Polen (Niedrigpreisland), nicht aber in den Niederlanden und Deutschland (Hochpreisländer) verkaufen darf. In diesem sowie in dem folgenden zweiten Beispiel soll davon ausgegangen werden, dass sich der Lieferant die übrigen Gebiete nicht selbst oder anderen Kunden vorbehalten hat, so dass die Ausnahme nach Art. 4 lit. b, 1. Spiegelstrich ebenso wie die übrigen Ausnahmen nicht eingreifen und es sich um eine von der vGVO nicht freigestellte Vereinbarung handelt.

Im ersten Beispiel ist zu befürchten, dass der Lieferant zwischen den Hoch- und Niedrigpreisländern Preisdifferenzierungen betreiben wird, indem er die Ware in den Hochpreisländern (Deutschland und Niederlande) zu höheren Preisen an die Händler verkauft.[774] Dies führt dazu, dass die Händler in Deutschland und den Niederlanden die Ware ihrerseits zu verhältnismäßig hohen Preisen an die Verbraucher weitergeben müssen, da günstige Preise aufgrund der hohen Beschaffungskosten wirtschaftlich nicht rentabel sind. Der Händler aus Polen darf und wird aufgrund des Exportverbots die Ware nicht im Rahmen von Parallelimporten nach Deutschland und in die Niederlande einführen und dort zu günstigeren Preisen als die ortsansässigen Händler verkaufen, so dass sich die Preise nicht durch den freien Wettbewerb innerhalb des Binnenmarktes angleichen bzw. sinken können. Die Möglichkeiten anderer polnischer und ausländischer Händler, trotz des an den Händler P ergangenen Verbots Ware aus dem Niedrigpreisgebiet Polen nach Deutschland und in die Niederlande zu transferieren (Arbitrage) und so einen Beitrag zur Herstellung eines funktionsfähigen Wettbewerbs zu leisten, werden aus mehreren Gründen begrenzt sein. Häufig werden Gebiets- und Kundenbeschränkungen mit Alleinvertriebsvereinbarungen kombiniert, so dass die übrigen polnischen Händler nur von dem polnischen Alleinvertriebshändler beziehen könnten, dem möglicherweise nicht nur ein direktes, sondern auch ein indirektes Exportverbot auferlegt ist. Die Vereinbarung kann beispielsweise den Inhalt haben, dass die Vertragshändler nicht an solche Kunden verkaufen dürfen, von denen ihnen bekannt ist, dass sie in

---

774 Zur Gefahr von Preisdifferenzierung bei Gebietsbeschränkungen allgemein: *Kallfass*, WuW 1999, 225 (236); *Kommission*, Leitlinien für vertikale Beschränkungen, ABl. C 291/1 v. 13.10.2000, Tz. 114 und 178.

Gebiete außerhalb des Vertragsgebietes verkaufen (Verbot der wissentlichen Lieferung an Parallelexporteure).[775] Denkbar ist auch, dass der Hersteller seinem Vertriebshändler nur so viel Ware liefert, dass der inländische Markt versorgt werden kann, aber keine Kapazitäten für Parallelimporte verbleiben.[776] Falls es weiteren Händlern gelingt, Ware für Parallelimporte zu beschaffen, treten beim grenzüberschreitenden Handel unter Umgehung eines vom Hersteller verhängten Exportverbots weitere Probleme auf, die sich unter anderem aus Unterschieden in der Rechtsordnung, in den technischen Normen, der Sprache und hohen Transportkosten ergeben. Die Umgehung des Exportverbots durch private Käufer aus den Hochpreisgebieten Deutschland und den Niederlanden, die in den Niedrigpreisgebieten einkaufen, wird selten sein. Zum einen ist es faktisch möglich – wenn auch rechtlich unzulässig –, dass der Lieferant die passiven Verkäufe verbietet. Zum anderen werden diese grenzüberschreitenden Käufe für die privaten Kunden mit einem erheblichen Aufwand verbunden sein und daher zahlenmäßig gering bleiben. Die Ausführungen zeigen, dass es in den meisten Fällen mit Auswirkung auf den zwischenstaatlichen Handel nicht möglich ist, eine zwischenstaatlich wirkende Gebietsbeschränkung zu umgehen. Daher können die Unternehmen den Gemeinsamen Markt durch Gebiets- und Kundenbeschränkungen in räumliche Vertriebsgebiete aufspalten, was zu einer Ausschaltung des markeninternen Wettbewerbs führt.[777] Somit kommt es durch die Gebietsbeschränkung zu einer Marktabschottung, die die Marktintegration behindert.[778] Wenn die meisten oder alle konkurrierenden Lieferanten die Weiterverkaufsmöglichkeiten ihrer Käufer einschränken, kann es zudem leichter zur Kollusion unter Vertriebshändlern oder unter Lieferanten kommen.[779] Daher wird deutlich, dass das Verbot der Gebiets- und Kundenbeschränkungen im EG-

---

775 Siehe dazu *Kommission*, Entsch. v. 10.7.1987, ABl. L 222/1 (7) v. 10.8.1987 „Tipp-Ex".

776 *EuG*, Urt. v. 26.10.2000 – Rs. T-41/96 – Slg. 2000, II-3383 (3397) Rn. 30 „Bayer".

777 *Kommission*, Leitlinien für vertikale Beschränkungen, ABl. C 291/1 v. 13.10.2000, Tz. 114; *Kommission*, Leitlinien für vertikale Beschränkungen, ABl. C 291/1 v. 13.10.2000, Tz. 114; *Kommission*, Mitteilung v. 30.9.1998 über die Anwendung der EG-Wettbewerbsregeln auf vertikale Beschränkungen (follow-up zum Grünbuch), ABl. C 365/3 (11) v. 26.11.1998.

778 *Schultze/Pautke/Wagener*, Gruppenfreistellungsverordnung für vertikale Vereinbarungen, Rn. 449 in Bezug auf Rücklieferungsverbote; siehe auch *Kommission*, Leitlinien für vertikale Beschränkungen, ABl. C 291/1 v. 13.10.2000, Tz. 114; *Kommission*, Mitteilung v. 30.9.1998 über die Anwendung der EG-Wettbewerbsregeln auf vertikale Beschränkungen (follow-up zum Grünbuch), ABl. C 365/3 (11) v. 26.11.1998.

779 *Kommission*, Leitlinien für vertikale Beschränkungen, ABl. C 291/1 v. 13.10.2000, Tz. 114 und 178.

Kartellrecht unverzichtbar ist. Dieses Verbot ermöglicht dem Käufer, sich seine Kunden für die erworbenen Vertragsprodukte innerhalb der gesamten EU bzw. dem EWR frei auszusuchen.[780] Dadurch kann ein gemeinschaftsweiter Handel entstehen, bei dem die Verbraucher die Waren von den Händlern mit den günstigsten Preisen beziehen können – unabhängig davon, wo diese in der EU ansässig sind.

Zweites Beispiel: Im zweiten Beispiel wird eine Gebietsbeschränkung mit innerstaatlicher Wirkung vereinbart, aufgrund der der Käufer mit einem Produkt, das auf einem regionalen Markt gehandelt wird, nur Kunden in Sachsen-Anhalt beliefern darf. Um die Problematik der Preisdifferenzierung beurteilen zu können, soll hier angenommen werden, dass im Bundesland Sachsen-Anhalt die Preise niedriger sind als in anderen Gebieten Deutschlands. Da das Beispiel eine rein innerstaatliche Wettbewerbsbeschränkung enthalten soll, soll gleichzeitig angenommen werden, dass die Vereinbarung eine Öffnungsklausel enthält, wonach der Käufer Kunden im Ausland beliefern darf, so dass die Vereinbarung keine Auswirkungen auf den zwischenstaatlichen Handel hat.[781]

In diesem Fall kann der Käufer die Ware nur in Sachsen-Anhalt verkaufen, der Verkauf in die Hochpreisgebiete ist ihm hingegen versagt. Die Vertriebspolitik des Herstellers ermöglicht auch hier Preisdifferenzierungen und führt zur Verringerung des intrabrand-Wettbewerbs. Selbst wenn der Händler keine Ausfuhren aus Sachsen-Anhalt heraus vornimmt, wird die Marktaufteilung schneller umgangen. Andere Händler aus Sachsen-Anhalt und Händler aus anderen Gebieten haben leichter die Möglichkeit, Ware aus Sachsen-Anhalt in Hochpreisgebiete zu transportieren. Denn bei der Arbitrage stoßen die Parallelhändler nicht auf Schwierigkeiten, die aus Unterschieden in der Rechtsordnung, in den technischen Normen und der Sprache resultieren. Die Transportkosten werden ebenfalls bei der nationalen Arbitragetätigkeit wesentlich günstiger sein als im ersten Beispiel. Auch die privaten Verbraucher haben leichter die Möglichkeit, den Gebietsschutz zu umgehen. Die Tatsache, dass die Marktabschottung innerhalb eines Staates eine wesentlich geringere Wirkung hat, wird ein Grund für die positive Beurteilung von vertikalen Beschränkungen in den USA gewesen sein. Hier zeigt sich, dass die Übertragung des US-amerikanischen Antitrustrechts auf die Europäische Union nicht ohne Vorbehalte möglich ist. Es ist festzuhalten, dass Gebietsbeschränkungen innerhalb eines

---

[780] *Schultze/Pautke/Wagener*, Gruppenfreistellungsverordnung für vertikale Vereinbarungen, Rn. 446.

[781] Siehe zur Öffnungsklausel *EuGH*, Urt. v. 28.2.1991 – Rs. C-234/89 – Slg. 1991, I-935 ff., Rn. 30 ff. „Delimitis/Henninger Bräu".

Staates wesentlich leichter unterlaufen werden können als Gebietsbeschränkungen, durch die verschiedene Staaten abgeschottet werden.[782] Insofern kann ein lokaler und regionaler Gebietsschutz (innerhalb eines Staates) wesentlich leichter umgangen werden, so dass von einer Gebiets- und Kundenbeschränkung mit lediglich innerstaatlicher Wirkung für den Wettbewerb weniger Gefahren ausgehen als von einer Gebietsbeschränkung mit zwischenstaatlicher Wirkung. Zudem ist zu beachten, dass innerstaatlich wirkende Gebietsbeschränkungen meist nur ein kleines lokales oder regionales Gebiet umfassen. Denn wenn ein größeres inländisches Gebiet von der Gebietsbeschränkung betroffen wäre – z.B. ganz Süddeutschland –, so würde es sich wegen der marktabschottenden Wirkung auf den gesamten Staat meist um eine zwischenstaatliche Beschränkung handeln.[783]

III. Ergebnis

Bei Gebiets- und Kundenbeschränkungen mit innerstaatlicher Wirkung ist das Vorliegen der Freistellungsvoraussetzungen nach Art. 2 Abs. 1 GWB nicht in allen Fällen ausgeschlossen. Insgesamt ist die Ausschaltung des Wettbewerbs in den innerstaatlichen Fällen des Gebietsschutzes weniger wahrscheinlich als in den zwischenstaatlichen Fällen. Gerade wenn der Marktanteil des Lieferanten unter 30% liegt, werden sich die negativen Wirkungen von innerstaatlichen Gebietsbeschränkungen in Grenzen halten. Daher ist es nicht erforderlich, diese Vereinbarungen mit innerstaatlicher Wirkung als Kernbeschränkung auszugestalten. Die Übernahme der europäischen Regelung ist somit nicht sachgerecht. Sie ist zudem dadurch besonders bedenklich, dass bei Vorliegen von Gebietsbeschränkungen iSd. Art. 4 lit. b vGVO die Anwendung der Gruppenfreistellungsverordnung auch für alle anderen im Vertrag enthaltenen Klauseln gesperrt ist.

Trotz der Ausgestaltung der Gebiets- und Kundenbeschränkungen als Kernbeschränkungen ist jedoch noch eine Freistellung innerstaatlich wirkender Gebiets- und Kundenbeschränkungen direkt nach § 2 Abs. 1 GWB möglich. Denn selbst wenn eine Vereinbarung nicht mit einer Gruppenfreistellungsverordnung vereinbar ist, kann die Vereinbarung dennoch gemäß Art. 81 Abs. 3 EG bzw. § 2 Abs. 1 GWB zulässig sein, sofern die Freistellungsvoraussetzungen der Legalausnahme erfüllt sind.[784] Zwar besteht eine Vermutung, dass eine Vereinbarung, die von einer „schwarzen Liste" einer Gruppenfreistellungsverordnung erfasst

[782] *Zweifel/Zäch*, Antitrust Bulletin 2003, 271 (288); *Zäch*, Vortrag Tübingen, S. 5.

[783] Siehe Zweiter Teil, Erster Abschnitt, B, III. (S. 27).

[784] Vgl. dazu auch *BGH*, Urt. v. 13.7.2004, WuW/E DE-R 1335 (1348) „Citroën".

ist, nicht nach Art. 81 Abs. 3 EG bzw. § 2 Abs. 1 GWB freistellungsfähig ist.[785] Die obige Untersuchung hat jedoch gezeigt, dass die innerstaatlich wirkenden Gebietsbeschränkungen weitaus weniger Gefahren für den Wettbewerb zeitigen als die zwischenstaatlich wirkenden Gebietsbeschränkungen, die Art. 4 lit. b vGVO zugrunde liegen. Aus diesem Grunde greift die Vermutung der „Sperrwirkung" der schwarzen Klausel gegenüber einer legislativen Freistellung nicht ein.

[785] *Kommission*, Leitlinien für vertikale Beschränkungen, ABl. C 291/1 v. 13.10.2000, Tz. 46; *Kommission*, Leitlinien zur Anwendbarkeit von Artikel 81 EG-Vertrag auf Vereinbarungen über horizontale Zusammenarbeit, ABl. C 3/2 v. 6.1.2001, Tz. 70; *Kommission*, Leitlinien zur Anwendung von Artikel 81 Abs. 3 EG-Vertrag, ABl. C 101/97 v. 27.4.2004, Tz. 46; *Bundesregierung*, Entwurf eines Siebten Gesetzes zur Änderung des Gesetzes gegen Wettbewerbsbeschränkungen, BT-Drs. 15/3640, S. 25.

Vierter Abschnitt: Alleinvertrieb

A. Einführung

Beim Alleinvertrieb verpflichtet sich ein Lieferant, meist ein Hersteller, gegenüber seinem Vertragspartner, dem Alleinvertriebshändler, zwecks Weiterverkaufs innerhalb eines bestimmten Gebietes bestimmte Waren nur an ihn zu liefern. Bis zur 7. GWB-Novelle wurden Alleinvertriebsverträge nach § 16 Nr. 2 GWB a.F. beurteilt. Sie waren grundsätzlich wirksam und nur der Missbrauchsaufsicht durch die Kartellbehörden unterstellt. Voraussetzung für ein Einschreiten der Kartellbehörden war, dass der Wettbewerb auf dem Markt durch die Vereinbarung wesentlich beeinträchtigt wurde. Damit stellte die Norm hohe Anforderungen an den Erlass einer Untersagungsverfügung; zudem konnten die Tatbestandsvoraussetzungen regelmäßig nur schwer nachgewiesen werden. Da die Kartellbehörden mit ihrer Aufgabe, gegen die Masse der in § 16 GWB a.F. geregelten Wettbewerbsbeschränkungen einzuschreiten, überfordert waren, wurde die Unwirksamkeit nur sehr selten durch die Kartellbehörden ausgesprochen.[786]

Nach dem Übergang zum Kartellverbot für vertikale Vereinbarungen sind Alleinvertriebsvereinbarungen an § 1 GWB zu messen, wobei die Beurteilung von Alleinvertriebsvereinbarungen im Rahmen des Art. 81 EG zu beachten ist.[787] Sofern eine Alleinvertriebsvereinbarung gegen das Kartellverbot verstößt und der Marktanteil des Lieferanten 30% nicht überschreitet, ist die Vereinba-

---

786 *Emmerich*, in: Immenga/Mestmäcker, GWB, § 18 Rn. 8a; *M. Pfeffer*, Interbrand-Kartellverbot, S. 99.

787 Grundsätzlich ist bei Alleinvertriebsvereinbarungen Art. 81 Abs. 1 EG verletzt. In Einzelfällen hat der Gerichtshof jedoch festgestellt, dass es beim Alleinvertrieb an einer Wettbewerbsbeschränkung fehlen kann, wenn dieser sich für die Erschließung eines neuen Marktes als notwendig erweist, auf dem das Produkt bisher noch nicht vertrieben wurde (sog. Markterschließungsdoktrin). In diesem Fall werde zusätzlicher interbrand-Wettbewerb erst geschaffen, ohne dass aktueller intrabrand-Wettbewerb beschränkt werden könne. Gab es auch keinen potenziellen intrabrand-Wettbewerb, weil kein Händler ohne den Schutz des Alleinvertriebsrechts bereit gewesen wäre, den Aufwand und das Risiko für die Erschließung des neuen Marktes mit einem noch völlig unbekannten Produkt zu tragen, könne Art. 81 Abs. 1 EG mangels wettbewerbsbeschränkender Wirkung gar nicht zur Anwendung gelangen; vgl. *EuGH*, Urt. v. 30.6.1966 – Rs. 56/65 – Slg. 1966, 282 (304) „Maschinenbau Ulm“. In die gleiche Richtung geht ein weiteres Urteil des Gerichtshofs, in dem er annahm, dass eine Exklusivlizenz an Sortenschutzrechten keinen Verstoß gegen Art. 81 Abs. 1 EG darstelle, wenn sich ohne Ausschließlichkeit des Lizenzrechts für das zugeteilte Gebiet niemand bereit erklären würde, das Risiko des Anbaus und Vertriebs zu übernehmen, *EuGH*, Urt. v. 8.6.1982 – Rs. 258/78 – Slg. 1982, 2015 (2069) Rn. 58 „Maissaatgut“.

rung nach Maßgabe des § 2 Abs. 2 GWB iVm. Art. 2 Abs. 1 Satz 1, Art. 3 Abs. 1 vGVO vom Kartellverbot freigestellt.[788] Die Freistellung des Alleinvertriebs hat im europäischen Recht eine lange Tradition und findet sich erstmals in der VO Nr. 67/67[789], die zwischenzeitlich durch die spezielle Gruppenfreistellungsverordnung Nr. 1983/83[790] für Alleinvertriebsvereinbarungen ersetzt wurde.

B. Übertragbarkeit der Freistellung des Alleinvertriebs auf Deutschland

Auch wenn der Alleinvertrieb bislang sowohl auf deutscher als auch auf europäischer Ebene recht positiv bewertet wurde, soll der Übergang von der Missbrauchsaufsicht zum Kartellverbot für Vertikalvereinbarungen mit der 7. GWB-Novelle ein Anlass zur Überprüfung sein, ob die liberale Behandlung des Alleinvertriebs in Deutschland – nunmehr durch großzügige Freistellung mittels vGVO – sachgerecht ist. Dabei ist zu klären, ob bei *inner*staatlich wirkenden Alleinvertriebsvereinbarungen die Freistellung durch die vGVO, die für Sachverhalte mit *zwischen*staatlichen Auswirkungen konzipiert ist, sinnvoll ist. Dies gilt insbesondere vor dem Hintergrund, dass die gruppenweise Freistellung des Alleinvertriebs auf europäischer Ebene vor allem im Hinblick auf seine marktintegrationsfördernde Wirkung erfolgte. Dieser Aspekt wird bei innerstaatlich wirkenden Alleinvertriebsvereinbarungen regelmäßig nicht von Bedeutung sein. Die Untersuchung, ob der innerstaatlich wirkende Alleinvertrieb freigestellt werden soll, ist von besonderer Bedeutung, weil der Alleinvertrieb auch zahlreiche Nachteile mit sich bringt.

Eine Alleinvertriebsvereinbarung kann sich für Dritte, i.e. sowohl für andere Händler und Hersteller als auch für die Verbraucher, nachteilig auswirken. Andere im Vertragsgebiet ansässige Händler sind durch die Alleinvertriebsvereinbarung daran gehindert, die Produkte unmittelbar vom Hersteller zu bezie-

---

788 Auch wenn sich der Lieferant beim Alleinvertrieb in ähnlicher Weise wie bei einem Alleinbelieferungsvertrag gegenüber dem Käufer verpflichtet, nur ihn in einem bestimmten Gebiet zu beliefern, ist auf den Alleinvertriebsvertrag Art. 3 Abs. 1 und nicht Art. 3 Abs. 2 vGVO, der lex specialis für Alleinbelieferungsverträge ist, anwendbar. Vgl. *Veelken*, in: Immenga/Mestmäcker, EG-WbR, Erg-Bd, 2. Lieferung 2001, V. GFVO Rn. 149.

789 *Kommission*, Verordnung Nr. 67/67/EWG über die Anwendung von Artikel 85 Absatz 3 des Vertrages auf Gruppen von Alleinvertriebsvereinbarungen, ABl. L 57/849 v. 25.3.1967.

790 *Kommission*, Verordnung (EWG) Nr. 1983/83 vom 22.6.1983 über die Anwendung von Artikel 85 Absatz 3 des Vertrages auf Gruppen von Alleinvertriebsvereinbarungen, ABl. L 173/1 v. 30.6.1983.

hen. Der Alleinvertrieb bewirkt somit einen relativen Gebietsschutz.[791] Die anderen Händler haben *in praxi* lediglich die Möglichkeit, sich entsprechende Ware außerhalb des Vertragsgebiets zu beschaffen und innerhalb des Vertragsgebiets zu verkaufen. Dabei wird ihre Gewinnspanne geringer ausfallen, da ihnen durch Transport und Einschaltung von Zwischenhändlern erhöhte Kosten entstehen. Da der Vertrieb des betreffenden Produktes so für andere Händler oft unwirtschaftlich und wenig rentabel ist, werden sie häufig vom Handel mit dem betreffenden Produkt absehen, so dass der intrabrand-Wettbewerb in dem Gebiet des Alleinvertriebshändlers zum Erliegen kommt. Da andere Händler mithin in dem Gebiet, in dem der Hersteller den Alleinvertrieb gewährt, vom Markt ausgeschlossen werden, hat das Alleinvertriebsrecht faktisch eine marktabschottende Wirkung.[792] Andere Händler haben zwar noch die Möglichkeit, mit dem Alleinvertriebshändler in interbrand-Konkurrenz zu treten, indem sie andere Produkte, die denen des Alleinvertriebshändlers ähnlich sind, anbieten. Diese Konkurrenzprodukte werden jedoch bei dem Verbraucher nicht immer gleichermaßen erfolgreich sein; insbesondere dann, wenn sie nicht die gleiche Qualität und Beschaffenheit aufweisen oder ein weniger gutes Marken-Image besitzen. Dem ungestörten intrabrand-Wettbewerb kommt daher eine besondere Bedeutung zu, wie schon der Gerichtshof in der Entscheidung Consten-Grundig festgestellt hat.[793]

Für andere Hersteller kann ein Alleinvertrieb *in casu* eine Barriere beim Markteintritt schaffen. Denn diejenigen Händler, denen bereits ein Alleinvertrieb gewährt worden ist, haben wenig Neigung, die angenehme Zusammenar-

---

791 Ein absoluter Gebietsschutz liegt demgegenüber vor, wenn der Hersteller zusätzlich zum Alleinvertrieb mit allen Vertragshändlern noch eine Gebietsbeschränkung vereinbart, wonach sie verpflichtet sind, die Vertragswaren nur an innerhalb eines bestimmten Gebietes niedergelassene Kunden zu verkaufen. Siehe *Kirchhoff*, Die kartellrechtliche Beurteilung vertikaler Vertriebsverträge, S. 25, 27 f. Der Gerichtshof hatte erstmals in der Entscheidung Consten/Grundig über einen absoluten Gebietsschutz zu entscheiden. In dem Fall hatte sich der Hersteller (zusätzlich zu obiger Gebietsbeschränkung der Händler) verpflichtet, im Vertragsgebiet weder direkt noch indirekt andere Personen zu beliefern. Der absolute Gebietsschutz führte zu einer massiven Marktabschottung, die der Alleinvertriebshändler zu Preissteigerungen ausnutzte. Siehe *EuGH*, Urt. v. 13.7.1966 – Rs. 56/64 u. 58/64 – Slg. 1966, 321 (391) „Consten/Grundig".

792 *Ebenroth/Hübschle*, Gewerbliche Schutzrechte und Marktaufteilung, S. 43; *Kommission*, Mitteilung v. 30.9.1998 über die Anwendung der EG-Wettbewerbsregeln auf vertikale Beschränkungen (follow-up zum Grünbuch), ABl. C 365/3 (10) v. 26.11.1998; *M. Pfeffer*, Interbrand-Kartellverbot, S. 98, der die Wirkung eines Alleinvertriebs mit einem vertikalen Boykott vergleicht.

793 *EuGH*, Urt. v. 13.7.1966 – Rs. 56/64 u. 58/64 – Slg. 1966, 321 (390 ff.) „Consten/Grundig".

beit mit ihrem Vertragspartner, der sie vor den Gefahren des *freeriding*[794] und finanziellen Risiken bewahrt, aufzugeben[795] oder sich zusätzlich beim Vertrieb anderer Produkte zu engagieren.

Gegenüber den Verbrauchern als Kunden des gebundenen Händlers hat der Alleinvertrieb die Wirkung eines Gebietskartells, weil sie in einem bestimmten Gebiet keine Ausweichmöglichkeit auf andere Anbieter derselben Ware haben.[796] Die Verbraucher haben nicht die Wahl, sich hinsichtlich verschiedener Preis-/Leistungs-Kombinationen, die ihnen die verschiedenen Händler bieten könnten, für das Angebot des einen oder anderen zu entscheiden.[797] Die Verbraucher haben also nicht die Wahl zwischen solchen Händlern, die das Produkt mit viel Service zu einem höheren Preis anbieten und solchen, die das Produkt mit wenig Service zu einem günstigeren Preis offerieren. Dies kann besonders nachteilig bei Produkten sein, bei denen die Verbraucher auf Kundendienstleistungen vor oder nach dem Kaufabschluss angewiesen sind. In der Regel überschreiten die Suchkosten, die die Verbraucher aufzuwenden haben, um vergleichbare Angebote von in anderen Gebieten ansässigen Alleinvertriebshändlern einzuholen, das zumutbare Maß.[798] Das Alleinvertriebssystem führt für die Verbraucher zu Informationsdefiziten bezüglich der Preis- und Qualitätsbeurteilung, da die Vertragsgebiete regelmäßig so groß sind, dass die Verbraucher selbst bei einer gewissen Mobilitätsbereitschaft nicht auf andere Vertragsgebiete ausweichen können. Daher hat die Einschränkung des intrabrand-Wettbewerbs vor allem für die Verbraucher eine sehr negative Wirkung. Der Alleinvertrieb kann zudem leichter ein Kartell auf Hersteller- oder Händlerebene verdecken.[799]

Die fast unangefochtene Stellung des Alleinvertriebshändlers, der allenfalls einer indirekten Konkurrenz durch Parallelimporte ausgesetzt ist, sowie die Verringerung des intrabrand-Wettbewerbs impliziert die Gefahr von Preiserhöhungen sowohl durch die Hersteller als auch durch den Alleinvertriebshändler.

---

794 Siehe dazu Vierter Teil, Vierter Abschnitt, B. I. und II. (S. 214 ff.).

795 *Zweifel/Zäch*, Antitrust Bulletin 2003, 271 (281).

796 *M. Pfeffer*, Interbrand-Kartellverbot, S. 98; ähnlich: *Ebenroth/Hübschle*, Gewerbliche Schutzrechte und Marktaufteilung, S. 43.

797 *Schulte-Mäter*, Alleinvertriebsverträge, S. 11; *Dresel*, Die Verbraucherbeteiligung am Gewinn, S. 18.

798 *Dresel*, Die Verbraucherbeteiligung am Gewinn, S. 26.

799 *Kommission*, Leitlinien für vertikale Beschränkungen, ABl. C 291/1 v. 13.10.2000, Tz. 161; *Zweifel/Zäch*, Antitrust Bulletin 2003, 271 (281).

Dabei kann es zudem leicht zur sog. doppelten Gewinnspannenerhöhung (*double marginalisation*) kommen.[800] Auch ermöglichen Alleinvertriebsvereinbarungen Preisdifferenzierungen zwischen Verbrauchern in unterschiedlichen Gebieten (*price discrimination*). Die Umgehung dieser Preisdifferenzierungen durch Verbraucher in Hochpreisgebieten kann beispielsweise wegen hoher Transportkosten schwierig sein.[801] Hinzu kommt, dass die Ausschließlichkeitsbindung Kosten verursachen kann, die der Händler über höhere Preise zu amortisieren versucht.[802]

Gerade angesichts der negativen Auswirkungen des Alleinvertriebs auf den Wettbewerb sollte die Frage, ob die Freistellung von innerstaatlich wirkenden Alleinvertriebsvereinbarungen sachgerecht ist, nicht allein mit dem Hinweis, dass Alleinvertrieb in Deutschland „immer schon" zulässig war, vorschnell bejaht werden. Denn bei der Harmonisierung des Kartellrechts ist es notwendig, in einer umfangreichen rechtsvergleichenden Detailarbeit für jede einzelne Regelung einschließlich der Gruppenfreistellungsverordnungen zu überprüfen, ob sie für die rein nationalen Fälle passt und übernommen werden soll.[803] Die Freistellung des innerstaatlich wirkenden Alleinvertriebs durch die Verweisung auf die vGVO kann nur dann eine wettbewerbsrechtliche Existenzberechtigung haben, wenn davon ausgegangen werden kann, dass im typischen Normalfall die in § 2 Abs. 1 GWB normierten Freistellungsvoraussetzungen erfüllt sind. Daher muss bei Bezugnahme des deutschen Gesetzgebers auf die Gruppenfreistellungsverordnung gewährleistet sein, dass keine Freistellung von Vereinbarungen erfolgt, die bereits im Regelfall die gesetzlich normierten Freistellungsvoraussetzungen nicht erfüllen.

Im folgenden Abschnitt soll daher herausgearbeitet werden, ob eine Freistellung des innerstaatlich wirkenden Alleinvertriebs ebenso gerechtfertigt ist wie die des Alleinvertriebs mit zwischenstaatlicher Wirkung. Dabei soll eine Orientierung an den in Art. 81 Abs. 3 EG bzw. § 1 GWB normierten Freistellungskriterien erfolgen, wobei insbesondere von Bedeutung ist, ob durch den Alleinvertrieb Effizienzgewinne entstehen, so dass eine Verbesserung der Warenverteilung eintritt und ob der Alleinvertrieb zur Erreichung dieser Gewinne unerlässlich ist.

---

800 *Zweifel/Zäch*, Antitrust Bulletin 2003, 271 (280 f.); *Kommission*, Grünbuch zur EG-Wettbewerbspolitik gegenüber vertikalen Wettbewerbsbeschränkungen, KOM (1996) 721, Tz. 67.

801 *Zweifel/Zäch*, Antitrust Bulletin 2003, 271 (281).

802 *M. Pfeffer*, Interbrand-Kartellverbot, S. 98.

803 Siehe Erster Teil, Vierter Abschnitt (S. 10).

Die anderen Freistellungsvoraussetzungen wie „Verbraucherbeteiligung“ und „keine Ausschaltung des Wettbewerbs für einen wesentlichen Teil der Waren“ sind weit weniger wichtig, da sie sehr einzelfallabhängig sind. Um die Unterschiede zwischen dem inner- und dem zwischenstaatlichen Alleinvertrieb zu verdeutlichen, soll zunächst dargestellt werden, aus welchen Gründen die Kommission und der Gerichtshof beim Alleinvertrieb mit grenzüberschreitender Wirkung die Freistellungsvoraussetzungen grundsätzlich als erfüllt ansahen mit der Folge, dass der Alleinvertrieb mittels Gruppenfreistellungsverordnung freigestellt wurde.

I. Freistellungsfähigkeit des grenzüberschreitenden Alleinvertriebs

Auf europäischer Ebene ermöglicht ein Alleinvertrieb eine Verbesserung der Warenverteilung iSd. Art. 81 Abs. 3 EG. Durch die Vereinbarung eines Alleinvertriebs kann der Hersteller den Händler motivieren, einen aktiven Beitrag zur grenzüberschreitenden Markterschließung zu leisten, die, wie oben dargestellt, von immenser Bedeutung für die Schaffung des Binnenmarktes ist. Die Markterschließung für neue Produkte oder Marken in anderen Mitgliedstaaten ist für die Unternehmen zum Teil mit großen Schwierigkeiten verbunden. Es müssen neue Vertriebswege aufgebaut oder bestehende umgebaut werden, was zu erheblichen Investitionskosten führt.[804] Bei der Einführung neuer Produkte auf Auslandsmärkten sind u.a. Marktforschung, Werbung, Präsentation, produktspezifische Beratung durch kompetentes und geschultes Verkaufspersonal, ansprechende Verkaufsräume und Kundendienst vor Ort für den Verkaufserfolg entscheidend. In vielen Fällen kommen bei der Produkteinführung im Ausland auch noch Kosten zur Überwindung von sprachlichen, technischen und rechtlichen Unterschieden zwischen den Mitgliedstaaten hinzu.[805] Die genannten Umstände führen zu beträchtlichen Anlaufschwierigkeiten und Anlaufinvestitionen zur Markterschließung, die von Herstellern wie lokalen Einzelhändlern zu tragen sind und meistens produkt- und markenspezifischen Charakter haben. Das bedeutet, dass die betreffenden Unternehmen die investierten Beträge verlieren, wenn ihnen die Erschließung eines neuen Marktes misslingt (*sunk costs*).[806] Wegen dieser Irreversibilität der Investitionen und der Ungewissheit, ob die Verbraucher bereit sein werden, auf ein neues, ausländisches Produkt

---

804 *Kommission,* Grünbuch zur EG-Wettbewerbspolitik gegenüber vertikalen Wettbewerbsbeschränkungen, KOM (1996) 721, Tz. 76, 80.

805 Siehe auch *Kirchhoff,* in: Wiedemann, Hdb. d. KartellR § 10 Rn. 114.

806 *Kommission,* Grünbuch zur EG-Wettbewerbspolitik gegenüber vertikalen Wettbewerbsbeschränkungen, KOM (1996) 721, Tz. 80.

umzusteigen, gehen Hersteller und Händler bei ihren Aktivitäten zur Markterschließung für ein ausländisches Produkt erhebliche finanzielle Risiken ein. Der unsichere Charakter der Investitionsentscheidungen führt dazu, dass bestimmte Investitionen zur Erschließung neuer Märkte hinausgeschoben werden und vor allem die lokalen Händler die Chancen und Risiken ihres Engagements genau abwägen. Die Händler haben ein Interesse daran, von den Herstellern für ihren Investitionsaufwand und die eingegangenen Risiken einen Bonus zu bekommen. Häufig werden sie ihren Beitrag zur Markterschließung nur leisten und damit die Marktintegration nur dann vorantreiben, wenn ihre Gewinnerwartungen die irreversiblen Marktzutrittsaufwendungen bei weitem übersteigen.[807] Als ein solcher Bonus kommt die Einräumung eines Gebietsschutzes im Sinne eines Alleinvertriebsrechts für die Händler durch die Hersteller in Betracht, der zahlreiche Vorteile bietet.[808] Durch die Einräumung eines Alleinvertriebsrechts kann der Hersteller vom Händler dessen Vertriebsleistung „kaufen" und diesen zur Markterschließung motivieren. Für den Hersteller ergibt sich der Vorteil, dass er nicht eine Vielzahl von Geschäftsbeziehungen mit einer größeren Anzahl von Händlern zu unterhalten braucht.[809] Insgesamt erleichtert ein Alleinvertriebsrecht gerade den Handel zwischen den Mitgliedstaaten, so dass es eine integrationsfördernde Wirkung hat.

Weiterhin kann ein Alleinvertriebsrecht auch ein Ausgleich dafür sein, dass die Händler den Herstellern wichtige Informationen zur Markteinführung am ausländischen Markt geben. Durch ein Alleinvertriebsrecht kann somit das Engagement der Händler vor Ort und damit auch der Informationsfluss zwischen ihnen und den Herstellern erleichtert werden.[810] Diese Informationen der Händler beziehen sich schwerpunktmäßig auf die Wünsche der ausländischen Verbraucher, auf die aktuelle Kundenzufriedenheit mit dem neuen Produkt, eventuelle Änderungserfordernisse bezüglich des Produkts, Beschaffenheit von Konkurrenzprodukten und Strategien zu deren Markteinführung. Aus diesen

---

807 *Kommission,* Grünbuch zur EG-Wettbewerbspolitik gegenüber vertikalen Wettbewerbsbeschränkungen, KOM (1996) 721, Tz. 81.

808 *Dresel,* Die Verbraucherbeteiligung am Gewinn, S. 25; *Kommission,* Leitlinien für vertikale Beschränkungen, ABl. C 291/1 v. 13.10.2000, Tz. 116 Nr. 2; *Hildebrand,* The Role of Economic Analysis in the EC Competition Rules, S. 109; *M. Pfeffer,* Interbrand-Kartellverbot, S. 98.

809 *Kommission,* Verordnung (EWG) Nr. 1983/83 vom 22.6.1983 über die Anwendung von Artikel 85 Absatz 3 des Vertrages auf Gruppen von Alleinvertriebsvereinbarungen, ABl. L 173/1 v. 30.6.1983, 5. Erwägungsgrund.

810 *Kommission,* Grünbuch zur EG-Wettbewerbspolitik gegenüber vertikalen Wettbewerbsbeschränkungen, KOM (1996) 721, Tz. 81.

Gründen ermöglicht der Alleinvertrieb die Einführung eines Erzeugnisses auch und gerade in einem anderen Mitgliedstaat und gewährleistet dem Verbraucher so die gemeinschaftsweite Erhältlichkeit eines Produkts.[811]

Zudem reduziert die Einräumung von Ausschließlichkeitsrechten die finanziellen Risiken, die den Händlern durch Investition in Werbemaßnahmen und produktspezifische Schulungen bei der Einführung eines neuen Produktes entstehen. Die Händler müssen nicht mehr befürchten, dass sie selbst in die Markteinführung des Produkts investieren – indem sie gegenüber den Verbrauchern für das Produkt werben – während letztere das Produkt bei einem Konkurrenten kaufen, der weitaus weniger in die Markterschließung investiert hat und dadurch die Ware zu einem günstigeren Preis anbietet. Mithin kann durch die Einräumung des Alleinvertriebsrechts das Problem des Trittbrettfahrens (*freeriding*) vermieden werden.[812] Wenn der Hersteller dem Händler ein Alleinvertriebsrecht gewährt, dann wird ihm mangels intrabrand-Konkurrenz in seinem Gebiet ein bestimmter Gewinn garantiert. So kann der Händler seine Investitionen zudem durch vorübergehend höhere Preise wieder ausgleichen, ohne dass er sich dem Wettbewerb der Konkurrenten, die weniger Kosten für die Markteinführung getragen haben, ausgesetzt sieht. Dies verdeutlicht folgendes Beispiel: Ein Händler, der portugiesischen Wein in Deutschland bekannt macht und viel Geld für die Werbung ausgibt, ist häufig darauf angewiesen, dass ihn der portugiesische Lieferant allein über einen gewissen Zeitraum beliefert. Er würde erhebliche Verluste erleiden, wenn sich die Kunden bei ihm über den Wein informieren, an Weinproben teilnehmen, das Produkt aber zu einem günstigeren Preis bei einem anderen lokalen Händler kaufen.

Die Einräumung eines Alleinvertriebsrechts kann auch das sog. *hold-up*-Problem (Aneignungseffekt) lösen, welches darin besteht, dass Händler grundsätzlich zurückhaltend sind, eine Investition zu tätigen, die nicht nur ihnen, sondern gleichermaßen den Herstellern zugute kommt.[813] Aus dieser Überlegung ergibt sich die Notwendigkeit von Wettbewerbsbeschränkungen, die verhindern, dass der Hersteller ohne eigenen Aufwand aus den Bemühungen des Absatzmitt-

---

811 *Kommission*, Verordnung Nr. 67/67/EWG über die Anwendung von Artikel 85 Absatz 3 des Vertrages auf Gruppen von Alleinvertriebsvereinbarungen, ABl. L 57/849 v. 25.3.1967.

812 *Kirchhoff*, Die kartellrechtliche Beurteilung vertikaler Vertriebsverträge, S. 37; *Zweifel/Zäch*, Antitrust Bulletin 2003, 271 (280); *Kommission*, Leitlinien für vertikale Beschränkungen, ABl. C 291/1 v. 13.10.2000, Tz. 116 Nr. 2.

813 *Kommission*, Leitlinien für vertikale Beschränkungen, ABl. C 291/1 v. 13.10.2000, Tz. 116 Nr. 4.

lers Nutzen zieht. Wenn die Rentabilität der Investitionen des Händlers durch einen Alleinvertrieb gesichert ist, dann werden die Anreize des Händlers zur Erbringung dieser Leistungen erhöht und zugleich das *hold-up*-Problem gelöst.

Ein weiterer Vorteil von Ausschließlichkeitsrechten im Sinne eines Alleinvertriebs besteht darin, dass sie eine intensive Marktbearbeitung des Absatzmittlers bewirken, da die hierdurch bewirkten Umsatzsteigerungen direkt dem engagierten Händler zugute kommen.[814] Der Händler wird als Gegenleistung für den ihm eingeräumten Gebietsschutz bereitwillig Aufwendungen zur Absatzförderung übernehmen, dabei eine kompetente Beratung, guten Service, Kundendienst, Lagerhaltung, Werbung etc. leisten und so dauerhaft einen qualitativ hochwertigen Vertrieb bieten. Dadurch sichert er dem Hersteller eine intensive Bearbeitung des Marktes, und dem Verbraucher kommt letztlich eine kontinuierliche Versorgung mit einem Produkt zugute.[815] Gerade bei der Markterschließung ausländischer, häufig globalisierter Märkte ist die Aufrechterhaltung eines weltweiten Qualitätsstandards beim Vertrieb für Hersteller von großer Bedeutung. Zudem kommt es zu einer erheblichen Rationalisierung des Warenabsatzes infolge verbesserter Logistik und geringerem Verwaltungs- und Organisationsaufwand dank Konzentration auf einige wenige Verkaufsstellen.[816] Durch den Alleinvertrieb können sich also Kosteneinsparungen aus Skalenvorteilen (*economies of scale*) ergeben.[817]

Als Ergebnis bleibt festzuhalten, dass durch den Alleinvertrieb vor allem aufgrund seiner integrationsfördernden Wirkung Effizienzgewinne in Form einer Verbesserung der Warenverteilung eintreten und der Alleinvertrieb für die grenzüberschreitende Markterschließung in den meisten Fällen unerlässlich sein wird. An dem entstehenden Gewinn werden die Verbraucher je nach Einzelfall durch günstigere Preise, ein erweitertes Angebot, einen gut funktionierenden Garantie- und Reparaturdienst etc. beteiligt.[818] Durch den Alleinvertrieb werden auch keine Möglichkeiten eröffnet, für einen wesentlichen Teil der betreffenden

---

814 *Ebenroth/Hübschle*, Gewerbliche Schutzrechte und Marktaufteilung, S. 42.

815 *Rütters*, Die neue „Schirm"-Gruppenfreistellungsverordnung, S. 16.

816 *Kommission*, Verordnung (EWG) Nr. 1983/83 vom 22.6.1983 über die Anwendung von Artikel 85 Absatz 3 des Vertrages auf Gruppen von Alleinvertriebsvereinbarungen, ABl. L 173/1 v. 30.6.1983, Erwägungsgrund 5.

817 *Kommission*, Leitlinien zur Anwendung von Artikel 81 Abs. 3 EG-Vertrag, ABl. C 101/97 v. 27.4.2004, Tz. 66, 72; *Kommission*, Leitlinien für vertikale Beschränkungen, ABl. C 291/1 v. 13.10.2000, Tz. 116 Nr. 6.

818 Siehe allgemein zu diesen Vorteilen als Beteiligung der Verbraucher am Gewinn: *Sauter*, in: Immenga/Mestmäcker, EG-WbR I, Art. 85 Abs. 3 C Rn. 19 (S. 351).

Waren den Wettbewerb auszuschließen, wenn der Marktanteil des Lieferanten unter 30% liegt. Daher sind bei einer grenzüberschreitenden Alleinvertriebsvereinbarung im Regelfall die Voraussetzungen des Art. 81 Abs. 3 EG erfüllt, so dass eine Gruppenfreistellung sinnvoll ist.

II. Freistellungsfähigkeit des innerstaatlichen Alleinvertriebs

Dies wirft erstens die Frage auf, ob bei dem *inner*staatlich wirkenden Alleinvertrieb die Freistellungsvoraussetzungen erfüllt sind und zweitens wie wahrscheinlich die oben beschriebenen Effizienzgewinne durch die Verhinderung von *freeriding,* durch Lösung von *hold-up*-Problemen, durch die markterschließende Tätigkeit des Händlers sowie durch Kosteneinsparungen durch Skalenvorteile sind.

Da eine Alleinvertriebsvereinbarung für den Händler einen Gebietsschutz bewirkt, ist sie nicht nur auf europäischer, sondern auch auf deutscher Ebene ein Mittel, das Problem des *freeriding* zu lösen. Dieser positive Effekt einer Alleinvertriebsvereinbarung wird sich in Fällen, in denen die Zwischenstaatlichkeitsklausel nicht erfüllt ist, noch positiver auswirken als in Fällen mit zwischenstaatlichem Bezug. Denn das Problem des *freeriding* ist im lokalen und regionalen Bereich von besonderer Bedeutung.[819] Dies liegt daran, dass die Wahrscheinlichkeit für ein *freeriding* umso größer wird, je besser die Erreichbarkeit anderer Händler für die Kunden ist. Gerade auf einem lokalen oder regionalen Markt ergibt sich eine besonders gute Erreichbarkeit der Händler für die Kunden und es bestehen durch geringe Transportkosten hohe Anreize, bei einem günstigeren Konkurrenten aus demselben Gebiet zu kaufen. Daher ist *freeriding* auf lokalen und regionalen Märkten wahrscheinlicher als in Fällen mit nationalem und internationalem Bezug. Dennoch ist zu bedenken, dass *freeriding* fast nur bei beratungs- und serviceintensiven Gütern auftritt sowie bei einem sehr ausdifferenzierten Serviceangebot. Daher werden Effizienzgewinne nicht in allen Fällen des innerstaatlichen Alleinvertriebs durch die Vermeidung des *freeriding* eintreten.

Effizienzgewinne durch Lösung eines *hold-up*-Problems werden bei dem rein nationalen Alleinvertrieb wohl etwas seltener auftreten als bei dem grenzüberschreitenden Alleinvertrieb. Dies liegt daran, dass durch den Vertrieb ausländischer Produkte mehr Kosten entstehen, so dass es öfter vorkommen wird, dass der Händler besondere Investitionen tätigt. Auch die Einsparungen bei Logistik

---

819 *Zweifel/Zäch*, Antitrust Bulletin 2003, 271 (291).

und Organisationsaufwand (Skalenvorteile) werden bei einem innerstaatlichen Alleinvertrieb geringer ausfallen als bei einem grenzüberschreitenden.

Durch den innerstaatlichen Alleinvertrieb sind kaum Effizienzgewinne bei der Markterschließung zu erwarten. Zwar kann die Vereinbarung eines Alleinvertriebs für Händler auch auf nationaler Ebene ein Anreiz sein, sich beim Vertrieb des Produktes seines Vertragspartners zu engagieren, indem er für das Produkt wirbt, eine gute Präsentation und Beratung anbietet, den Markt intensiv bearbeitet und Qualität sichert.[820] Dennoch ist zweifelhaft, ob die Vereinbarung des Alleinvertriebs für die Verbesserung der Warenverteilung wirklich unerlässlich ist. Die Markterschließung sowie der nach der erfolgreichen Markterschließung folgende „normale" Vertrieb ist im Hinblick auf Werbung, Marktforschung und Kundendienst innerhalb Deutschlands wesentlich leichter als auf europäischer Ebene. Wie bereits dargestellt, erklären sich die Händler wegen der Einräumung von Alleinvertriebsrechten zu der oft risikoreichen grenzüberschreitenden Markterschließung bereit und übernehmen dabei Werbung, Beratung, Marktforschung etc. Die nationale, regionale und lokale Markterschließung wird mit weitaus weniger Risiken und geringeren Investitionskosten verbunden sein als die Markterschließung auf europäischer Ebene, so dass die Händler bei der innerstaatlichen Markterschließung grundsätzlich weniger zu verlieren haben und engagierter sein werden. Die Händler werden Service, Beratung und Werbung oft schon allein deswegen übernehmen, weil sie dadurch ihre eigenen Umsätze steigern können und sie ebenso wie der Hersteller ein Interesse am Verkauf der Ware haben. Aus diesen Überlegungen ergibt sich, dass die Händler bei der nationalen Markterschließung nicht in gleicher Weise wie bei der grenzüberschreitenden Markterschließung Anreize in Form eines Alleinvertriebs benötigen. Zudem sind die Hersteller bei der Markterschließung auf nationaler Ebene in geringerem Maße auf die Leistungen der Händler angewiesen. So können die Hersteller in vielen Fällen selbst für ihre Produkte werben. Dies gilt vor allem für Produkte, die von einem privaten Endverbraucher konsumiert werden. Derartige Werbemaßnahmen der Hersteller sind auf vielfache Art möglich, z.B. durch Fernsehwerbung, Sponsoring, Plakate, Zeitungsanzeigen, Gewinnspiele, gezielte Ansprache der betreffenden Firmen und Privatkunden, Promotion an öffentlichen Orten wie Straßen, Messen, Mensen etc. Auch eine Marktforschung durch die Händler wird in Fällen mit lediglich nationaler Dimension häufig nicht erforderlich sein. Vielmehr werden die Hersteller selbst

---

820 *BGH*, Urt. v. 14.1.1997, WuW/E BGH 3121 (3126) „Bedside-Testkarten"; siehe auch *Kommission*, Leitlinien für vertikale Beschränkungen, ABl. C 291/1 v. 13.10.2000, Tz. 116 Nr. 2.

in den meisten Fällen vor der Entwicklung und Produktion eines Produktes eine Marktforschung durchführen, in der sie unter anderem ermitteln, welche Nachfrage für das Produkt zu erwarten ist und inwieweit sie das geplante Produkt noch an Kundenwünsche anpassen müssen. Die Hersteller werden auch Informationen über die Marktlage und Konkurrenzprodukte beschaffen und ausgewertet haben. Der Kundendienst wird beim innerstaatlichen Vertrieb ebenfalls häufig direkt durch den Hersteller erfolgen. Dies ermöglichen heutzutage gute Kommunikations- und Logistikdienste (z.B. 24-Stunden Pick-up-Service). Die Beratungsleistungen der Händler spielen bei Produkten nationaler Hersteller keine so große Rolle. Häufig kennen die Verbraucher die Produkte bereits oder haben von anderweitigen Informationsmöglichkeiten – Internet, Fernsehen, Stiftung Warentest, Hotlines der Hersteller etc. – Gebrauch gemacht. Wegen der vielen anderen Informationsmöglichkeiten nimmt die Bedeutung von Beratungsleistungen im Handel in der heutigen Zeit tendenziell ab. Dass die Verbraucher heute oft keinen so umfassenden Service erstreben, zeigt auch der *run* auf die Discounter, die regelmäßig keine nennenswerten Beratungs- und sonstigen Serviceleistungen anbieten. Zudem ist zu beachten, dass Serviceleistungen der Händler nicht bei allen Produkten in gleicher Weise nötig sind. Effizienzgewinne fallen am ehesten bei neuen und komplexen Produkten sowie bei Erfahrungs- oder Vertrauensgütern an.[821] Bei anderen Gütern werden Serviceleistungen weniger wichtig sein. Die Bedeutung der Leistungen der Händler in Bezug auf Beratung, Service und Werbung bei der Markterschließung wird häufig gerade auch wegen des Einflusses der *Chicago School* überbewertet. Daher wird der markterschließende Effekt des Alleinvertriebs, der grundsätzlich zu Effizienzgewinnen und damit zur Verbesserung der Warenverteilung führt, bei innerstaatlich wirkenden Alleinvertriebsbeschränkungen nur selten ausschlaggebend sein. Vor allem werden Alleinvertriebsvereinbarungen ohne zwischenstaatliche Wirkung nur selten für die Markterschließung unerlässlich sein.

III. Konsequenz für die Freistellung des innerstaatlich wirkenden Alleinvertriebs

Aus den vorstehenden Überlegungen folgt, dass bei Alleinvertriebsvereinbarungen mit lediglich innerstaatlicher Wirkung weitaus weniger Effizienzgewinne entstehen und sich insbesondere kein Vorteil für den Wettbewerb aus der integrationsfördernden Wirkung ergibt, die auf europäischer Ebene der

[821] *Kommission*, Leitlinien für vertikale Beschränkungen, ABl. C 291/1 v. 13.10.2000, Tz. 174. Erfahrungsgüter sind solche, deren Qualitätseigenschaften vor dem Verbrauch schwierig zu beurteilen sind. Bei Vertrauensgütern sind die Qualitätseigenschaften auch noch nach dem Verbrauch schwierig einzuschätzen.

entscheidende Faktor für die Freistellung war. Bei dem innerstaatlichen Alleinvertrieb fällt vor allem die wettbewerbsbeschränkende Wirkung ins Gewicht, so dass die Freistellungsvoraussetzungen beim innerstaatlichen Alleinvertrieb viel seltener erfüllt sein werden als beim zwischenstaatlichen Alleinvertrieb. Dies wirft die Frage auf, welche Konsequenzen sich aus diesem Ergebnis für eine sachgerechte Freistellung speziell des innerstaatlichen Alleinvertriebs ergeben.

Um sicherzustellen, dass durch die innerstaatliche Anwendung der vGVO keine Alleinvertriebsvereinbarungen freigestellt werden, die die allgemeinen Erfordernisse des § 2 Abs. 1 GWB nicht erfüllen, sollte verstärkt von der Möglichkeit des Entzugs des Vorteils der Gruppenfreistellungsverordnung nach Art. 6 vGVO Gebrauch gemacht werden. Bei der Anwendung der vGVO auf innerstaatliche Sachverhalte muss der Entzug des Vorteils der Gruppenfreistellungsverordnung nicht – wie in Art. 6 vGVO vorgesehen – durch die Kommission, sondern durch die Kartellbehörde erfolgen. Die theoretische Möglichkeit des Entzugs des Vorteils der Gruppenfreistellung nach § 32d GWB wird jedoch in der Praxis häufig daran scheitern, dass die Kartellbehörden in einem System der Legalausnahme keine Kenntnis von den Vertriebsvereinbarungen der Unternehmen haben werden, so dass die Behörden auch nicht über die Anwendung des Art. 6 vGVO entscheiden können. Daher stellt die Anwendung der vGVO in ihrer jetzigen Form – trotz des Korrektivs durch die Möglichkeit zum Entzug des Rechtsvorteils der Freistellungsverordnung – keine ideale Lösung der oben skizzierten Freistellungsproblematik bei den innerstaatlich wirkenden Alleinvertriebsvereinbarungen dar.

Fraglich ist, wie eine sachgerechte Freistellung abstrakt betrachtet und unabhängig von der vGVO im Idealfall *de lege ferenda* vorzunehmen wäre. Die Freistellungsfähigkeit des innerstaatlichen Alleinvertriebs wird von vielen Faktoren abhängen. Dabei kommt es unter anderem auf die Marktanteile von Lieferant, Vertragshändler und den Konkurrenzunternehmen an, weiterhin auf die Handelsstufe, die Marktstruktur (Dichte von Vertriebssystemen und Vertriebsnetzen, Dauer von Vertriebsverträgen, die Verflechtung mit anderen Unternehmen) und die Art des Produkts (Beratungsbedürfnis, Erfordernis einer umfassenden Werbung, Marktphase, Markentreue der Verbraucher).[822] Von besonderer Bedeutung für das Eintreten von negativen wettbewerblichen Effekten von vertikalen Vereinbarungen und das Nichtvorliegen der Freistellungsvorausset-

822 *Kommission*, Leitlinien für vertikale Beschränkungen, ABl. C 291/1 v. 13.10.2000, Tz. 163 ff; vgl. auch *Griffith*, E.C.L.R. 2000, 241 (245); *Duijm*, Die Wettbewerbspolitik der EG gegenüber vertikalen Vertriebsvereinbarungen, S. 41 ff., 43; *Veelken*, ZVglRWiss 1998, 241 (278).

zungen ist jedoch das Vorliegen von Marktmacht.[823] Dabei wird Marktmacht verstanden als Fähigkeit eines Unternehmens, seine Preise über den bei funktionsfähigem Wettbewerb herrschenden Gleichgewichtspreis anzuheben, ohne dadurch Absatzeinbußen zu erleiden, die zur Unrentabilität der Preiserhöhung führen.[824] Bei Alleinvertriebsverträgen wird Marktmacht des Lieferanten zum Ausschluss von anderen Händlern und eventuell auch anderen Lieferanten und damit zur Marktabschottung führen.[825] Marktmacht im Sinne möglicher Behinderungsmissbräuche kann auch unterhalb der Schwelle der Marktbeherrschung bestehen und ausgeübt werden.[826] Als Indiz für das Vorliegen von Marktmacht wird der Marktanteil des jeweils bindenden Vertragspartners einer vertikalen Beschränkung angesehen. Mit zunehmendem Marktanteil vertikal gebundener Unternehmen steigt deren Fähigkeit zur umfassenden Kontrolle der Marktprozesse. Zugleich sinkt die Gefährdung ihrer Marktstellung durch Wettbewerbsverstöße der Konkurrenten und die Bedeutung des marken-internen Wettbewerbs nimmt zu.[827] Aus diesem Grunde kommt dem Kriterium des Marktanteils für die Frage der (Gruppen-)Freistellungsfähigkeit von vertikalen Vereinbarungen eine sehr hohe wettbewerbspolitische Plausibilität zu.[828] Greift man bei der Freistellung des innerstaatlich wirkenden Alleinvertriebs ebenso wie bei der Freistellung des zwischenstaatlich wirkenden Alleinvertriebs durch die vGVO auf das Kriterium des Marktanteils zurück und verfolgt auch hier den *more economic approach*, so hat dies den Vorteil einer klaren, einzelfallunabhängigen Regelung. Eine solche ist gerade für eine Gruppenfreistellung, die nicht jede einzelne Vereinbarung mit ihren wettbewerbsfördernden und -hemmenden Aspekten erfassen kann, sehr wichtig. Zudem gewährleistet die Orientierung an einer Marktanteilsschwelle bei der Freistellung des innerstaatlichen Alleinvertriebs eine Rechtseinheitlichkeit zwischen der Regelung des zwischenstaatlichen und innerstaatlichen Alleinvertriebs.

---

823 *Kommission*, Mitteilung v. 30.9.1998 über die Anwendung der EG-Wettbewerbsregeln auf vertikale Beschränkungen (follow-up zum Grünbuch), ABl. C 365/3 (8 f.) vom 26.11.1998.

824 *Kirchhoff*, Die kartellrechtliche Beurteilung vertikaler Vertriebsverträge, S. 96; *Kommission*, Leitlinien für vertikale Beschränkungen, ABl. C 291/1 v. 13.10.2000, Tz. 119.

825 Siehe Vierter Teil, Vierter Abschnitt, B. (S. 209 f.).

826 *I. Schmidt*, WuW 2003, 115 (115).

827 *Kallfass*, WuW 1999, 225 (243).

828 *Veelken*, ZVglRWiss 1998, 241 (278 f.); *Kallfass*, WuW 1999, 225 (243). Kritisch jedoch: *Ackermann*, EuZW 1997, 271 (273); *ders.*, EuZW 1999, 741 (742); *Bayreuther*, EWS 2000, 106 (108). Siehe auch *Semler/Bauer*, DB 2000, 193 (195).

Um der Tatsache Rechnung zu tragen, dass innerstaatliche Alleinvertriebsverträge, wie oben dargestellt, weitaus mehr wettbewerbswidrige Wirkungen haben als diejenigen zwischenstaatlicher Art, könnte in diesen Fällen die in der vGVO gewählte Marktanteilsschwelle von 30% auf einen niedrigeren Wert gesenkt werden. Die Schwelle von 30% erscheint für innerstaatliche Wettbewerbsbeschränkungen als zu hoch. Dies gilt insbesondere im Hinblick darauf, dass schon bei einem Marktanteil von einem Drittel die Marktbeherrschungsvermutung des § 19 Abs. 3 Satz 1 GWB greift. Für die Freistellung des innerstaatlich wirkenden Alleinvertriebs könnte die Marktanteilsschwelle beispielsweise auf 20% bis 25% gesenkt werden.[829] Die Schwierigkeiten der Festlegung einer angemessenen Marktanteilsschwelle bei einer Gruppenfreistellung haben sich bereits bei der Vorbereitung der vGVO gezeigt. Dort wurde zwischenzeitlich ein System mit zwei Schwellenwerten (20% und 40%) favorisiert.[830] Schließlich wurde nur ein in der Mitte liegender Wert von 30% gewählt, wobei niemand genau darzulegen vermochte, warum dieser Wert gerade bei 30% und nicht einige Prozentpunkte höher oder tiefer liegen musste. Die Festlegung einer Marktanteilsschwelle ist mithin eine Ermessensfrage, bei der innerhalb einer bestimmten Spanne verschiedene Werte gerechtfertigt sind. Die Festlegung einer Marktanteilsschwelle ist auch insofern schwierig, als für die unterschiedlichen Sektoren unterschiedliche Schwellenwerte sinnvoll sind. So kann beim Vertrieb von Massenkonsumgütern oder Dienstleistungen an private Endverbraucher ein Unternehmen mit einem Marktanteil von 20 bis 25% und vielen Wettbewerbern durchaus größere Marktmacht haben als ein Lieferant, der in einem oligopolistischen Markt für hochspezialisierte Investitionsgüter oder industrielle Zulieferprodukte mit wenigen Wettbewerbern einen Marktanteil von 35 bis 40% hat.[831] Während im ersten Fall eine niedrigere Schwelle gerechtfertigt erscheint, ist im zweiten Fall eine höhere Schwelle sinnvoll. Dennoch sollte eine einheitliche, für alle Industriebereiche gültige Schwelle gefunden werden, bei der die unterschiedlichen Bedürfnisse verschiedener Sektoren in Einklang zu bringen sind, ohne dabei den Schutz des Wettbewerbs aus den Augen zu verlieren.

---

829 In der Literatur werden schon bei vertikalen Vereinbarungen, bei denen der bindende Vertragspartner einen Marktanteil von mehr als 25% hat, Gefahren für den Wettbewerb gesehen, die eine Freistellung ausschließen könnten, vgl. *Kallfass*, WuW 1999, 225 (243).

830 Auch nach Verabschiedung der vGVO wird zum Teil noch ein Schwellenwert von 40% favorisiert: *Noack*, Industrielle Zulieferverträge und Art. 81 EGV, S. 376 f.

831 *Nolte*, BB 1998, 2429 (2430). Ähnlich: *Kallfass*, WuW 1999, 225 (243).

Für eine Senkung der Marktanteilsschwelle spricht, dass die Beschränkung des intrabrand-Wettbewerbs durch eine innerstaatlich wirkende Alleinvertriebsvereinbarung leichter durch interbrand-Wettbewerb aufgewogen werden kann, wenn der Lieferant einen niedrigeren Marktanteil hat. Denn der niedrigere Marktanteil des Lieferanten deutet darauf hin, dass es noch zahlreiche Konkurrenzprodukte gibt, mit denen die mittels Alleinvertrieb vertriebenen Waren in interbrand-Wettbewerb stehen. Durch die Bindung der Gruppenfreistellung an eine Schwelle von etwa 20 bis 25% werden auch die Unternehmen nicht unangemessen benachteiligt. Auch wenn ihre Alleinvertriebsvereinbarungen von mehr als 20% nicht durch eine Gruppenfreistellungsvereinbarung freigestellt sein sollten, können sie ihr Vertriebssystem weiterhin praktizieren, sofern die Freistellungsvoraussetzungen des § 2 Abs. 1 GWB erfüllt sind.

IV. Anwendungsbereich des innerstaatlichen Alleinvertriebs

Nachdem nun die Spezifika des innerstaatlichen Alleinvertriebs und seine theoretische Freistellungsfähigkeit und -würdigkeit komparativ mit dem grenzüberschreitenden Alleinvertrieb erläutert worden sind, soll nun der praktische Anwendungsbereich des innerstaatlichen Alleinvertriebs ermittelt werden.

Bei der Darstellung der Zwischenstaatlichkeitsklausel ist herausgearbeitet worden, dass innerstaatliche Wettbewerbsbeschränkungen vor allem dann vorliegen, wenn sie in Bezug auf Produkte vereinbart werden, die auf lokalen und regionalen Märkten gehandelt werden.[832] Die Produkte, für die klassischerweise ein lokaler und regionaler Mark besteht, sind beispielsweise Asphalt, Beton und Kies. Gerade bei diesen Waren ist nur schwer vorstellbar, dass der Hersteller ein Alleinvertriebssystem aufbaut. Denn mit der Ware kann nur innerhalb eines sehr beschränkten Radius – oft nur 25 km – gehandelt werden, so dass es keinen Sinn macht, dieses kleine Gebiet noch in weitere Alleinvertriebsgebiete aufzuspalten. Die Festlegung von Alleinvertriebsgebieten innerhalb des gesamten Bundesgebiets ist bei diesen Waren wegen der eingeschränkten Transportmöglichkeiten schon von vornherein nicht möglich. Zudem sind bei diesen Waren keine Markterschließung und auch keine über die Lieferung der Ware hinausgehenden Serviceleistungen erforderlich, die üblicherweise der Grund für die Errichtung eines Alleinvertriebssystems sind. Auch bei Molkereiprodukten, die ebenfalls auf lokalen und regionalen Märkten gehandelt werden, wird ein Alleinvertrieb sehr unwahrscheinlich sein. Zwar ist es durchaus denkbar, für Molkereiprodukte nicht nur ein regionales, sondern ein bundesweites

[832] Siehe Zweiter Teil, Erster Abschnitt, B. IV. (S. 30).

Vertriebssystem aufzubauen, wie es beispielsweise bei den Produkten von Müller-Milch der Fall ist. Bei Molkereiprodukten wird der Hersteller aber kein Interesse daran haben, die Zahl seiner Abnehmer durch ein Alleinvertriebssystem künstlich zu beschränken, indem er pro Gebiet nur an einen Alleinvertriebshändler verkauft. Vielmehr hat der Produzent von Milchprodukten in der Regel das – leicht nachzuvollziehende – Interesse, seine Produkte in möglichst allen Geschäften des Lebensmitteleinzelhandels zu platzieren, egal zu welcher Kette diese Geschäfte gehören. Theoretisch denkbar ist ein innerstaatlich wirkender Alleinvertrieb auf dem Biermarkt, der regional abzugrenzen ist. Dabei ist vorstellbar, dass eine Bierspezialität, z.B. ein besonderes Starkbier oder Weizenbier, aus ihrer Heimatregion in andere Teile des Bundesgebiets vertrieben wird und dabei in einzelnen Gebieten jeweils einem Alleinvertriebshändler auf der Großhandelsstufe ein exklusives Recht eingeräumt wird.

Zu klären ist, ob ausnahmsweise ein Alleinvertrieb innerstaatliche Wirkung hat, wenn er in Bezug auf Produkte vereinbart wird, die auf bundesweiten Märkten gehandelt werden. Oben ist festgestellt worden, dass vertikale Vereinbarungen über den Vertrieb von Produkten, für die ein nationaler Markt abzugrenzen ist, nur in sehr seltenen Fällen innerstaatliche Wirkung haben.[833] Wie oben erläutert, haben Gebietsbeschränkungen und Preisbindungen, die sich auf einen nationalen Markt beziehen, sehr häufig Auswirkungen auf den zwischenstaatlichen Handel, da sie zu einer Abschottung des nationalen Marktes führen.[834] Eine Alleinvertriebsvereinbarung wird jedoch nicht zwangsläufig eine Abschottung des nationalen Marktes herbeiführen. Sie schottet zwar die einzelnen innerstaatlichen Alleinvertriebsgebiete voneinander ab, errichtet aber keine Marktzutrittsschranke für ausländische Produkte anderer Hersteller. Sie führt auch nicht zu mehr Exporten aus dem Land, in dem die Alleinvertriebsvereinbarung praktiziert wird. Die Reduzierung des intrabrand-Wettbewerbs – der Haupteffekt der Alleinvertriebsvereinbarung – wirkt sich ebenfalls nicht als Abschottung des deutschen Marktes aus. Zu berücksichtigen ist jedoch, dass eine Alleinvertriebsvereinbarung in den meisten Fällen mit einer Gebietsbeschränkung kombiniert wird, wonach der Alleinvertriebshändler außerhalb des ihm zugewiesenen Gebietes nicht tätig werden darf. Angesichts dessen ist eine Marktabschottung im Zusammenhang mit Alleinvertriebsvereinbarungen denkbar.[835] Aber nur

---

[833] Zweiter Teil, Erster Abschnitt, B. II. (S. 25 ff.).

[834] Zweiter Teil, Erster Abschnitt, B. II. (S. 26 ff.).

[835] In dieserm Zusammenhang wäre zu überlegen, ob in dem Fall, dass eine Alleinvertriebsvereinbarung rein innerstaatliche Wirkung hat, aber eine mit der Alleinvertriebsvereinbarung eng verbundene Gebietsbeschränkung den zwischenstaatlichen Handel beeinträchtigt, auch bei der Alleinvertriebsvereinbarung zwischenstaatliche Wirkungen

wenn dabei der nationale Markt abschottet wird, i.e. dem Händler gleichzeitig verboten wird, in ausländische Gebiete zu liefern, wird eine zwischenstaatliche Wirkung dieser Vereinbarung anzunehmen sein. Die Lieferung in ausländische Gebiete wird jedoch bei einem Produkt, das auf einem nationalen Markt gehandelt wird, nicht sehr wahrscheinlich sein. Daher wird die mit dem Alleinvertrieb verbundene Gebietsbeschränkung eher zum Inhalt haben, dass der Alleinvertriebshändler nicht in andere Gebiete Deutschlands liefern darf. In dieser Konstellation werden lediglich Marktschranken innerhalb Deutschlands errichtet; der nationale Markt wird dadurch jedoch nicht zwangsläufig abgeschottet. Daher sind auch auf Märkten nationaler Ausdehnung im Einzelfall innerstaatlich wirkende Alleinvertriebsvereinbarungen denkbar. Insgesamt werden innerstaatlich wirkende Alleinvertriebsvereinbarungen weitaus seltener sein als beispielsweise innerstaatlich wirkende Gebietsbeschränkungen und Wettbewerbsverbote. Dennoch sind Anwendungsfälle des innerstaatlich wirkenden Alleinvertriebs denkbar.

C. Beispielsfall

Im folgenden Beispielsfall sollen Kriterien dargestellt werden, die für die Freistellung im Rahmen des § 2 Abs. 1 GWB bei Überschreiten der Marktanteilsschwelle von 30% ausschlaggebend sind. Wie oben bereits erwähnt, kam es bei der Auswahl des Beispielsfalls darauf an, dass die Freistellungskriterien deutlich werden und nicht, dass eine inner- oder zwischenstaatliche Wettbewerbsbeschränkung vorliegt.

Sachverhalt: Hersteller A stellt Landmaschinen her, wobei sein Marktanteil auf dem sachlich und räumlich relevanten Markt bei einer bestimmten Erntemaschine 40% beträgt. Für den Vertrieb hat Hersteller A ein Vertragshändlersystem eingesetzt, wobei sich die Gebiete der Händler nach Postleitzahlen bzw. Bundesländern bestimmen. Beim Vertrieb der Erntemaschine hat A seit 15 Jahren für ganz Niedersachsen, einem Gebiet mit sehr viel Landwirtschaft, auf der Einzelhandelsstufe den Händler H als Alleinvertriebshändler eingesetzt, dessen Marktanteil auf dem relevanten Beschaffungsmarkt 80 % beträgt. Das Geschäft des H ist sehr günstig gelegen, verfügt über ein gutes Image, das er durch zahlreiche Werbeaktionen und guten Service aufrechterhält. H bietet eine umfassende Beratung und kann durch Betrieb einer eigenen Reparaturwerkstatt einen guten Kundendienst für die Produkte des A bieten. Ebenso wie die

anzunehmen sind oder in diesem Fall ein Vertriebssystem vorliegt, das sowohl rein innerstaatlich als auch zwischenstaatlich wirkt. Dieser Frage soll hier jedoch wegen ihrer äußerst theoretischen Natur nicht weiter nachgegangen werden.

anderen Vertragshändler des A unterliegt H einer Alleinbezugsverpflichtung, i.e. es ist ihm untersagt, die Maschinen des A von anderen Vertragshändlern zu kaufen. Neben den Maschinen des Herstellers A vertreibt H als Vertragshändler auch noch die des Herstellers B, dessen Marktanteil bei 25% liegt und dessen Produkte nicht ganz so hochwertig sind wie die des A. Die nächst großen Anbieter des Produkts haben einen Marktanteil von 12% bzw. 10%. Neben dem Händler H sind auch noch die kleinen Einzelhändler X und Y auf dem Markt tätig, die ebenfalls eine gute Beratung und Kundendienst bieten und ihre Produkte zu ähnlichen Preisen wie H anbieten. Die Landeskartellbehörde sieht in der Alleinvertriebsvereinbarung des A mit H einen Verstoß gegen § 1 GWB und verhängt ein Bußgeld. Liegt ein Kartellrechtsverstoß tatsächlich vor?

Lösung: Zur Beantwortung dieser Frage ist zunächst zu prüfen, ob ein Verstoß gegen § 1 GWB vorliegt und anschließend, ob eine Freistellung nach § 2 Abs. 1 oder § 2 Abs. 2 GWB möglich ist.

I. Verstoß gegen § 1 GWB

Durch die Vereinbarung eines Alleinvertriebs zwischen A und H könnte ein Verstoß gegen § 1 GWB vorliegen. Dies ist der Fall, wenn die Alleinvertriebsvereinbarung als Vereinbarung zwischen zwei Unternehmen eine spürbare Verhinderung, Einschränkung oder Verfälschung des Wettbewerbs bezweckt oder bewirkt. A und H haben als Unternehmer eine Vereinbarung geschlossen. Diese müsste eine Verhinderung, Einschränkung oder Verfälschung des Wettbewerbs bezwecken oder bewirken. Bei § 1 GWB wird nicht zwischen den einzelnen Tatbestandsalternativen unterschieden, sondern zusammenfassend der Begriff der Wettbewerbsbeschränkung zugrunde gelegt.[836] Eine Wettbewerbsbeschränkung liegt vor, wenn die Handlungs- und Entscheidungsfreiheit der an einer Absprache beteiligten Parteien unmittelbar oder mittelbar durch vertragliche oder außervertragliche Bindungen eingeschränkt wird und dadurch die Wahlmöglichkeiten dritter Marktteilnehmer beeinträchtigt werden.[837] Durch das Alleinvertriebsrecht wird der Lieferant A daran gehindert, innerhalb des dem

---

836 Zu Art. 81 Abs. 1 EG *Lange*, in: Lange, Hdb. d. Kartellrechts, Kap. 2 § 1 Rn. 79 (S. 83); *Schröter*, in: Schröter/Jakob/Mederer, Kommentar zum Europäischen Wettbewerbsrecht, Art. 81 Abs. 1 Rn. 115 (S. 241).

837 Zu Art. 81 Abs. 1 EG *Emmerich*, in: Immenga/Mestmäcker, EG-WbR I, Art. 85 Abs. 1 A. Rn. 136 ff. (S. 160 f.); *Schröter*, in: Schröter/Jakob/Mederer, Kommentar zum Europäischen Wettbewerbsrecht, Art. 81 Abs. 1 Rn. 115 (S. 241). Zu § 1 GWB *Bunte*, in: Langen/Bunte, Kommentar zum deutschen und europäischen Kartellrecht, Band 1, § 1 GWB Rn. 104 ff.

Händler H zugewiesenen Gebiets weitere Händler zu beliefern und so in seiner Handlungsfreiheit eingeschränkt. Aber auch die Wahlmöglichkeiten dritter Marktteilnehmer werden durch das Alleinvertriebsrecht beeinträchtigt. Wie oben dargestellt verhindert das Alleinvertriebsrecht sowohl den Marktzutritt von konkurrierenden Händlern als auch von weiteren Herstellern. Es kommt mithin zu einer Einschränkung sowohl des intrabrand- als auch des interbrand-Wettbewerbs. Zudem beeinträchtigt der Alleinvertrieb die Auswahlmöglichkeiten der Verbraucher, da diese in ganz Niedersachsen das Produkt des A nur von H kaufen können. Somit bewirkt der Alleinvertrieb eine Wettbewerbsbeschränkung. Diese ist auch spürbar, da der Marktanteil des A weit über dem Schwellenwert aus der *de minimis*-Bekanntmachung der Kommission liegt.[838] Daher liegt ein Verstoß gegen § 1 GWB vor.

II. Freistellung

Eine Freistellung nach § 2 Abs. 2 GWB iVm. vGVO ist angesichts der Tatsache, dass der Lieferant L einen Marktanteil von mehr als 30% hält, nicht möglich. Daher ist nun zu klären, ob bei der vorliegenden Vereinbarung die vier in § 2 Abs. 1 GWB normierten Freistellungsvoraussetzungen erfüllt sind, die kumulativ vorliegen müssen.

1. Verbesserung der Warenverteilung

Dazu müsste die Vereinbarung zunächst zu einer Verbesserung der Warenerzeugung und -verteilung oder zur Förderung des technischen und wirtschaftlichen Fortschritts beitragen. Grundsätzlich entstehen beim Alleinvertrieb vor allem Effizienzgewinne durch die Verhinderung von *freeriding*, durch Kosteneinsparung beim Vertrieb sowie durch die markterschließende Tätigkeit des Händlers, die dieser als Ausgleich für die Einräumung des Alleinvertriebsrechts übernimmt.

Hier ist eine Markterschließung jedoch nicht erforderlich, da das Produkt des A seit Jahren auf dem Markt etabliert und den Kunden bekannt ist. Der Händler H muss zwar gelegentliche Werbeaktionen durchführen, aber keine dermaßen

---

[838] Siehe *Kommission*, Bekanntmachung über Vereinbarungen von geringer Bedeutung, die den Wettbewerb gemäß Artikel 81 Abs. 1 des Vertrages zur Gründung der Europäischen Gemeinschaft nicht spürbar beschränken (*de minimis*), ABl. C 368/13 vom 22.12.2001, Tz. 7 lit. b. Zwar ist die Bekanntmachung unverbindlich. Da sie aber die vom Gerichtshof aufgestellten Grundsätze zusammenfasst, sollte sie gleichwohl herangezogen werden.

intensive Marktbearbeitung vornehmen wie sie bei einer Markteinführung typisch ist. Die Fallgruppe „Effizienzgewinn durch Begünstigung der Markterschließung“ wird nur in der Anfangsphase einer Produkteinführung auf einem neuen Markt relevant, nicht aber in jeder Situation, in der durch die Leistungen der Händler die weitere und fortlaufende Marktbearbeitung erfolgt. Dies geht auch aus den Leitlinien der Kommission für vertikale Beschränkungen hervor.[839] Daher scheiden Effizienzvorteile des Alleinvertriebs, die durch eine Markterschließung bedingt sind, aus.

Grundsätzlich kann der Alleinvertrieb ein Mittel zur Lösung eines *freeriding*-Problems sein.[840] Dies wird jedoch nur dann der Fall sein, wenn das Serviceniveau der einzelnen Händler unterschiedlich ist wie es beispielsweise zwischen Fachgeschäften und Discountern der Fall ist. Hier bietet das Geschäft des H zwar einen ausgeprägten Service; das gleiche ist aber bei den Konkurrenten X und Y der Fall. Daher wäre ohne einen Alleinvertrieb des Produktes des A nicht zu befürchten, dass sich die Kunden bei H informieren und dann das Produkt bei X oder Y kaufen. Folglich liegen hier auch keine Effizienzgewinne durch Vermeidung eines *freeriding* vor.

Möglicherweise führt der Alleinvertrieb aber zu Effizienzvorteilen beim Vertrieb der Landmaschinen. Wenn ein Hersteller den Weiterverkauf seiner Produkte nur wenigen Händlern überlässt, so können sich durch diese Beschränkung des Händlerkreises Kosteneinsparungen aus Skalenvorteilen (*economies of scale*) ergeben.[841] Insbesondere kann der Hersteller beim Alleinvertrieb durch Reduzierung der Lieferfahrten Einsparungen bei der Logistik erzielen[842] und durch Beschränkung des Kundenkreises Organisationsaufwand minimieren. Hier kann Hersteller A durch das Alleinvertriebssystem seine Transporte nach Niedersachsen reduzieren sowie den Verwaltungsaufwand begrenzen. Somit

---

839 *Kommission*, Leitlinien für vertikale Beschränkungen, ABl. C 291/1 v. 13.10.2000, Tz. 116 Nr. 2: *„Erschließung „neuer Märkte“ bzw. „Einstieg in neue Märkte“: Will ein Hersteller in einen neuen räumlichen Markt eintreten, also z.B. seine Produkte zum ersten Mal in ein anderes Land ausführen, muss der Vertriebshändler unter Umständen besondere Anlaufinvestitionen tätigen, um die betreffende Marke in dem Markt zu etablieren.“*

840 *Kommission*, Leitlinien für vertikale Beschränkungen, ABl. C 291/1 v. 13.10.2000, Tz. 116 Nr. 1.

841 *Kommission*, Leitlinien zur Anwendung von Artikel 81 Abs. 3 EG-Vertrag, ABl. C 101/97 v. 27.4.2004, Tz. 66, 72; *Kommission*, Leitlinien für vertikale Beschränkungen, ABl. C 291/1 v. 13.10.2000, Tz. 116 Nr. 6.

842 *Kommission*, Leitlinien für vertikale Beschränkungen, ABl. C 291/1 v. 13.10.2000, Tz. 174.

könnten Effizienzgewinne aus Skalenvorteilen vorliegen. Um dies aber sicher beurteilen zu können, müsste jedoch noch die Verknüpfung zwischen der Vereinbarung und den behaupteten Effizienzgewinnen sowie deren Wert überprüft werden.[843] Denn bei der Anwendung von Art. 81 Abs. 3 EG und daher auch von § 2 Abs. 1 GWB müssen die wettbewerbsfördernden Wirkungen einer Vereinbarung die wettbewerbswidrigen Wirkungen aufwiegen.[844]

Bei dieser Überprüfung kommt es a) auf die Art der geltend gemachten Effizienzgewinne, b) die Verknüpfung zwischen der Vereinbarung und den Effizienzgewinnen, c) die Wahrscheinlichkeit und das Ausmaß jedes geltend gemachten Effizienzgewinns sowie d) darauf an, wie und wann jeder geltend gemachte Effizienzgewinn erreicht wird.[845] Bei den festgestellten Effizienzgewinnen durch Kosteneinsparungen handelt es sich um Effizienzgewinne objektiver Art. Es liegt auch ein hinreichender Kausalzusammenhang zwischen Effizienzgewinn und der wettbewerbsbeschränkenden Vereinbarung vor, da Skalenvorteile gerade durch die exklusive Beziehung des Lieferanten zu nur einem Händler pro Gebiet entstehen. Problematisch sind hier jedoch die Wahrscheinlichkeit und das Ausmaß der Effizienzgewinne. Da bei jeder Lieferung von Landmaschinen aufgrund der Größe der Maschinen jeweils nur wenige Exemplare auf einmal transportiert werden können, werden die Einsparungen an Arbeitszeit und Kraftstoff dadurch, dass in ganz Niedersachsen nur H beliefert wird, gering sein. Auch die Effizienzgewinne, die dadurch entstehen, dass der Lieferant A in Niedersachsen allein die Kundenbeziehung zu dem Händler H verwalten und pflegen muss, sind ebenfalls nicht beachtlich. Daher ist zweifelhaft, ob die aus den Kosteneinsparungen durch Skalenvorteile entstandenen Gewinne die wettbewerbswidrigen Aspekte aufwiegen werden. Dieser Frage soll jedoch noch nicht hier, sondern im Rahmen der „Unerlässlichkeit" nachgegangen werden[846], die unter den Freistellungskriterien am meisten Raum für die Abwägung der wettbewerbsfördernden und wettbewerbswidrigen Aspekte eröffnet.

---

843 *Kommission*, Leitlinien zur Anwendung von Artikel 81 Abs. 3 EG-Vertrag, ABl. C 101/97 v. 27.4.2004, Tz. 50.

844 *Kommission*, Leitlinien zur Anwendung von Artikel 81 Abs. 3 EG-Vertrag, ABl. C 101/97 v. 27.4.2004, Tz. 50, 101; siehe zu diesen Leitlinien auch *F. Müller*, WRP 2004, 1472 ff.; *Kjølbye*, E.C.L.R. 2004, 566 ff.; *Lugard/Hancher*, E.C.L.R. 2004, 410.

845 *Kommission*, Leitlinien zur Anwendung von Artikel 81 Abs. 3 EG-Vertrag, ABl. C 101/97 v. 27.4.2004, Tz. 51.

846 Siehe dazu *Kommission*, Leitlinien zur Anwendung von Artikel 81 Abs. 3 EG-Vertrag, ABl. C 101/97 v. 27.4.2004, Tz. 55, 101.

2. Beteiligung der Verbraucher am entstehenden Gewinn

Gemäß § 2 Abs. 1, 1. Voraussetzung GWB müssten die Verbraucher an dem Gewinn beteiligt werden, der durch die Erzielung von Effizienzgewinnen entsteht. Ob dies im Beispielsfall der Fall ist, lässt sich dem Sachverhalt nicht ausdrücklich entnehmen und ist im Übrigen angesichts der nur sehr geringen Effizienzgewinne zweifelhaft.[847] Im Übrigen ist die Weitergabe monetärer Effizienzgewinne an die Verbraucher mit abnehmendem Wettbewerbsdruck zunehmend unwahrscheinlich.[848] Im vorliegenden Fall hat Händler H eine sehr starke Stellung, da er nicht nur die Produkte des A, sondern auch die des B als Vertragshändler vertreibt. Insgesamt ist die Weitergabe der Effizienzgewinne an die Verbraucher daher unwahrscheinlich.

3. Unerlässlichkeit

Weiterhin müsste der Alleinvertrieb zur Erzielung der ermittelten Effizienzvorteile – hier also der Effizienzgewinne in Form von Kosteneinsparungen durch Skalenvorteile – unerlässlich iSd. § 2 Abs. 1 Nr. 1 GWB sein. Auf europäischer Ebene liegt die Unerlässlichkeit vor, wenn der Verzicht auf die Beschränkung bzw. eine wettbewerbskonforme Lösung generell unannehmbar ist.[849] Der Begriff der Unerlässlichkeit setzt voraus, dass sich die angestrebten Vorteile auf andere Weise entweder überhaupt nicht oder nicht in demselben Ausmaß, innerhalb desselben Zeitraums oder mit derselben Sicherheit herbeiführen lassen.[850] Die Beurteilung der Unerlässlichkeit erfolgt im Rahmen des tatsächlichen wirtschaftlichen Umfelds, in dem die Vereinbarung Anwendung findet, wobei insbesondere der Marktstruktur, den mit der Vereinbarung verbundenen wirtschaftlichen Risiken und den Anreizen für die Parteien Rechnung zu tragen ist.[851]

---

847 Siehe ausführlich zu diesem Kriterium: *Dresel*, Die Verbraucherbeteiligung am Gewinn, S. 21.

848 *Dresel*, Die Verbraucherbeteiligung am Gewinn, S. 24.

849 Zur Parallelvorschrift Art. 81 Abs. 3 EG *Schröter*, in: von der Groeben/Schwarze, Band 2, Art. 81 Abs. 3 EG Rn. 319; *Kommission*, Entsch. v. 24.6.1996, ABl. L 188/37 (46) v. 27.7.1996 „BNP/Dresdner Bank".

850 Zur Parallelvorschrift Art. 81 Abs. 3 EG *Schröter*, in: von der Groeben/Schwarze, Band 2, Art. 81 Abs. 3 EG Rn. 320 m.w.N.

851 *Kommission*, Leitlinien zur Anwendung von Artikel 81 Abs. 3 EG-Vertrag, ABl. C 101/97 v. 27.4.2004, Tz. 80 Satz 1.

Die Marktstellung des Lieferanten und seiner Wettbewerber ist bei der Analyse der Marktstruktur von größter Bedeutung. Je stärker die Marktstellung des Lieferanten ist, desto gravierender wiegt der Verlust an intrabrand-Wettbewerb.[852] Lieferant A ist hier mit 40% Marktanteil der größte Anbieter, die anderen nächst großen Wettbewerber haben mit 25%, 12% und 10% weitaus kleinere Marktanteile. Zudem ist das Produkt des A im Vergleich zu dem von B von besonders guter Qualität. Angesichts der starken Marktstellung des Lieferanten schränkt die Alleinvertriebsvereinbarung den intrabrand-Wettbewerb stark ein. Zudem werden die Gefahren, die von dem Alleinvertrieb für den intrabrand-Wettbewerb ausgehen, durch die Kombination mit dem Alleinbezug verstärkt. Durch die Alleinbezugspflicht ist der Vertragshändler am Bezug des Produkts bei anderen dem System des Lieferanten angeschlossenen Händlern gehindert.[853] Dadurch erhält der Lieferant mehr Möglichkeiten den Wettbewerb zu begrenzen und gleichzeitig gegenüber den einzelnen Vertragshändlern unterschiedliche Verkaufsbedingungen anzuwenden.[854] Aus diesen Gründen hält die Kommission es für unwahrscheinlich, dass bei einer Kombination von Alleinbezug und Alleinvertrieb das Vertriebssystem bei Überschreiten der Marktanteilsschwelle freigestellt ist.[855]

Der Verlust an intrabrand-Wettbewerb kann hier aber möglicherweise durch interbrand-Wettbewerb ausgeglichen werden. Die Ausprägung des interbrand-Wettbewerbs ist wiederum von der Marktstellung der Wettbewerber des Lieferanten abhängig. Je stärker die Konkurrenz des Lieferanten ist, desto eher wird die Einschränkung des intrabrand-Wettbewerbs durch interbrand-Wettbewerb kompensiert.[856] Wenn jedoch nur wenige Wettbewerber im Markt vorhanden sind, die auch noch eine ähnliche Position haben, so besteht die Gefahr der

---

852 *Kommission*, Leitlinien für vertikale Beschränkungen, ABl. C 291/1 v. 13.10.2000, Tz. 163.

853 *Kommission*, Leitlinien für vertikale Beschränkungen, ABl. C 291/1 v. 13.10.2000, Tz. 172.

854 *Kommission*, Leitlinien für vertikale Beschränkungen, ABl. C 291/1 v. 13.10.2000, Tz. 172.

855 *Kommission*, Leitlinien für vertikale Beschränkungen, ABl. C 291/1 v. 13.10.2000, Tz. 172. Früher war die Kombination von Alleinvertrieb und Alleinbezug allerdings zulässig, vgl. *Kommission*, Verordnung (EWG) Nr. 1983/83 vom 22.6.1983 über die Anwendung von Artikel 85 Absatz 3 des Vertrages auf Gruppen von Alleinvertriebsvereinbarungen, ABl. L 173/1 v. 30.6.1983, Art. 2 Abs. 2 lit. b.

856 *Kommission*, Leitlinien für vertikale Beschränkungen, ABl. C 291/1 v. 13.10.2000, Tz. 164.

Kollusion.[857] Da die Wettbewerber des A weitaus geringere Marktanteile besitzen und ihre Produkte auch nicht so beliebt sind wie die des A, besteht hier kein lebhafter interbrand-Wettbewerb. Eine weitere Einschränkung des interbrand-Wettbewerbs ergibt sich daraus, dass H als Vertragshändler mit Ausschließlichkeitsrecht Maschinen von zwei Herstellern vertreibt und dabei der kumulative Marktanteil der Hersteller, deren Maschinen er vertreibt, sehr hoch ist (65%).[858] Aus dieser Situation ergibt sich die Gefahr der Kollusion.[859] Der Wettbewerb zwischen den Marken wird eingeschränkt und es ist zu befürchten, dass H seine führende Stellung zu erheblichen Preissteigerungen ausnutzen wird. Die Gefahren für den Wettbewerb werden besonders deutlich, wenn man bedenkt, dass die Kommission bei der kumulativen Wirkung mehrerer Alleinvertriebsvereinbarungen mit demselben Händler darauf hinweist, dass der Vorteil der Gruppenfreistellungsverordnung in derartigen Fällen auch dann entzogen werden könnte, wenn der Marktanteil der Lieferanten unter 30% liegt.[860]

Bei der Analyse der Marktstruktur für die Frage der Freistellungsfähigkeit ist auch zu prüfen, ob der Alleinvertriebshändler über Nachfragemacht verfügt, da dann der Ausschluss anderer Händler in einem Gebiet besonders problematisch wird.[861] Hier hat der Händler H auf dem Nachfragemarkt durch seine gute räumliche Positionierung, das gute Image seines Geschäfts, die zahlreichen Werbeaktionen und nicht zuletzt durch seinen hohen Marktanteil eine sehr starke Stellung.[862] Daher liegt es hier nahe, anzunehmen, dass der Händler H über Nachfragemacht verfügt, was die wettbewerbswidrigen Wirkungen des Alleinvertriebs begünstigt. Dies alles deutet darauf hin, dass kein starker interbrand-Wettbewerb besteht, so dass sich die Einschränkung des intrabrand-Wettbewerbs besonders negativ auswirkt.

---

857 *Kommission*, Leitlinien für vertikale Beschränkungen, ABl. C 291/1 v. 13.10.2000, Tz. 164.

858 Allgemein: *Kommission*, Leitlinien für vertikale Beschränkungen, ABl. C 291/1 v. 13.10.2000, Tz. 164 und 166 Satz 4.

859 *Kommission*, Leitlinien für vertikale Beschränkungen, ABl. C 291/1 v. 13.10.2000, Tz. 164 Satz 5.

860 *Kommission*, Leitlinien für vertikale Beschränkungen, ABl. C 291/1 v. 13.10.2000, Tz. 164 Satz 8.

861 *Kommission*, Leitlinien für vertikale Beschränkungen, ABl. C 291/1 v. 13.10.2000, Tz. 166.

862 Siehe zu den Kriterien für das Vorliegen von Nachfragemacht: *Kommission*, Leitlinien für vertikale Beschränkungen, ABl. C 291/1 v. 13.10.2000, Tz. 125.

Zudem wird die Alleinvertriebsvereinbarung im vorliegenden Fall auf der Einzelhandelsstufe vereinbart, wobei die Wirkungen regelmäßig negativer sind als bei der Vereinbarung eines Alleinvertriebs auf der Großhandelsebene.[863] Denn bei Alleinvertriebsvereinbarungen auf der Ebene des Einzelhandels, bei dem der Vertragshändler zudem noch ein großes Gebiet abdeckt, werden durch die Beschränkung des intrabrand-Wettbewerbs auch die Wahlmöglichkeiten der Verbraucher sehr stark eingeschränkt. Sie können nicht mehr zwischen Händlern wählen, die die Marke zu einem hohen Preis mit ausgeprägtem Service anbieten und solchen, die die gleiche Marke mit weniger Service zu einem geringeren Preis anbieten.[864] Im vorliegenden Fall liegt eine solche Situation vor: H hat auf Einzelhandelsebene ein Ausschließlichkeitsrecht für ein sehr großes Gebiet inne, das zudem noch stark von der Landwirtschaft geprägt ist. Dadurch werden seine Machtposition und die Einschränkung des intrabrand-Wettbewerbs verstärkt. Angesichts der vorliegenden Marktstruktur ist hier nicht davon auszugehen, dass die vorliegende Alleinvertriebsvereinbarung eine Beschränkung darstellt, die unerlässlich für die Erreichung der Effizienzgewinne ist.

4. Keine Ausschaltung des Wettbewerbs

Obwohl es schon an der Unerlässlichkeit der konkreten Vereinbarung für die Effizienzgewinne fehlt, soll hier noch kurz auf die vierte Freistellungsvoraussetzung eingegangen werden. Den Unternehmen dürften durch die Vereinbarung keine Möglichkeiten eröffnet werden, für einen wesentlichen Teil der betroffenen Waren den Wettbewerb auszuschalten (§ 2 Abs. 1 Nr. 2 GWB). Bei diesem Tatbestandsmerkmal ist zu berücksichtigen, welche Stellung die Unternehmen auf dem sachlich, örtlich und zeitlich relevanten Markt einnehmen und bis zu welchem Grad die Marktverhältnisse insgesamt durch die Absprache verändert werden.[865] Zur Beurteilung der Stellung der Unternehmen auf dem Markt kann

---

863 Bei einer Alleinvertriebsvereinbarung auf Großhandelsebene sind die negativen Wirkungen nicht so stark, da dort etwaige Verluste an markeninternem Wettbewerb leicht durch Effizienzgewinne bei Logistik, Verkaufsförderung etc. wettgemacht werden können. *Kommission*, Leitlinien für vertikale Beschränkungen, ABl. C 291/1 v. 13.10.2000, Tz. 170.

864 *Kommission*, Leitlinien für vertikale Beschränkungen, ABl. C 291/1 v. 13.10.2000, Tz. 169.

865 *Bunte:* in: Langen/Bunte, Kommentar zum deutschen und europäischen Kartellrecht, Band 1, § 2 GWB Rn. 53. Zur Parallelvorschrift Art. 81 Abs. 3 EG: *Schröter*, in: von der Groeben/Schwarze, Band 2, Art. 81 Abs. 3 EG Rn. 330; *Sauter*, in: Immenga/Mestmäcker, EG-WbR I, Art. 85 Abs. 3 C. Rn. 28 (S. 355 f.); *Mestmäcker/Schweitzer*, Europäisches Wettbewerbsrecht, S. 356 f.; *Gleiss/Hirsch*, Kommentar zum EG-Kartellrecht, Band 1, Art. 85 (3) E, Rn. 1947 ff. Der bei der Anwendung von

eine erste Orientierung an deren Marktanteilen erfolgen; wenn diese aber keine eindeutige Aussage über die Wettbewerbssituation liefern, ist zusätzlich die Marktstruktur zu analysieren.

Bei einem Marktanteil von mehr als 80% ist in der Regel nicht nur Marktbeherrschung gegeben, sondern grundsätzlich auch die Freistellungsfähigkeit ausgeschlossen.[866] Auch Marktanteile von über 50% stehen einer Freistellung regelmäßig entgegen.[867] Während bei geringen Marktanteilen (unter 20%) am Fortbestand des wirksamen Wettbewerbs nicht zu zweifeln ist[868], begründet ein Marktanteil von 30% schon eine starke Stellung.[869] Die Beurteilung des vorliegenden Tatbestandsmerkmals bei Vereinbarungen von Unternehmen, deren Marktanteile wie hier im Graubereich von 30% und 50% liegen, lässt sich nicht allein mit Blick auf die Marktanteile vornehmen. In diesen Fällen sind zur Beurteilung der Marktstruktur Faktoren wie die Art des Produkts, das Bestehen von potenziellem Wettbewerb und vor allem die Zahl und Stärke der verbleibenden Wettbewerber und der Marktgegenseite, heranzuziehen.[870] Bei vertikalen Vertriebssystemen ist zudem zu beachten, dass die Freistellungsvoraussetzungen nur dann erfüllt sind, wenn trotz der Vereinbarung ausreichender intrabrand-

---

Art. 81 Abs. 3 EG bzw. § 2 Abs. 1 GWB zugrunde zu legende Markt ist mit dem relevanten Markt im Sinne des Art. 81 Abs. 1 EG bzw. § 2 Abs. 1 GWB identisch, vgl. *Bunte:* in: Langen/Bunte, Kommentar zum deutschen und europäischen Kartellrecht, Band 2, Art. 81 EG Rn. 168 (S. 163); *Gleiss/Hirsch*, Kommentar zum EG-Kartellrecht, Band 1, Art. 85 (3) E, Rn. 1948.

866 *Bunte:* in: Langen/Bunte, Kommentar zum deutschen und europäischen Kartellrecht, Band 2, Art. 81 EG Generelle Prinzipien Rn. 166 (S. 163); *Sauter*, in: Immenga/Mestmäcker, EG-WbR I, Art. 85 Abs. 3 C. Rn. 32 (S. 357); *Kommission*, Entsch. v. 13.4.1994, Bull. 4/1994, S. 24 „FNK/SCK": 75% Marktanteil.

867 *Kommission*, Entsch. v. 22.12.1976, ABl. L 16/8 v. 19.1.1977 „Gerofabriek"; *Bunte:* in: Langen/Bunte, Kommentar zum deutschen und europäischen Kartellrecht, Band 2, Art. 81 EG Generelle Prinzipien Rn. 166 (S. 163); *Sauter*, in: Immenga/Mestmäcker, EG-WbR I, Art. 85 Abs. 3 C. Rn. 28 (S. 355).

868 *Bunte:* in: Langen/Bunte, Kommentar zum deutschen und europäischen Kartellrecht, Band 2, Art. 81 EG Generelle Prinzipien Rn. 166 (S. 163).

869 *Bunte:* in: Langen/Bunte, Kommentar zum deutschen und europäischen Kartellrecht, Band 2, Art. 81 EG Generelle Prinzipien Rn. 166 (S. 163).

870 *EuG*, Urt. v. 28.2.2002 – Rs. T-395/94 – Slg. 2002, II-875, 965 f. Rn. 300 „Atlantic Container Line"; *Sauter*, in: Immenga/Mestmäcker, EG-WbR I, Art. 85 Abs. 3 C. Rn. 29 und 32 (S. 356 f.); *Mestmäcker/Schweitzer*, Europäisches Wettbewerbsrecht, S. 356 f.

Wettbewerb gewährleistet ist.[871] Vor allem darf die Vertriebsbindung nicht dazu führen, dass der Preiswettbewerb ganz beseitigt wird.[872]

Bei einer Ware mit einer langen Nutzungsdauer wie hier den Landmaschinen können sich wettbewerbsbeschränkende Vereinbarungen noch verheerender auswirken als bei einem Produkt, das in kurzen und regelmäßigen Abständen vom Verbraucher konsumiert wird. Daher trägt hier auch die Art des Produkts zu einer Marktstruktur bei, bei der die Ausschaltung des Wettbewerbs für einen wesentlichen Teil der Waren erleichtert wird. Fraglich ist, ob hier Wettbewerbsdruck durch potenziellen Wettbewerb besteht. Potenzieller Wettbewerb bezeichnet den Wettbewerb, der durch den in naher Zukunft möglichen Markteintritt von Unternehmen hervorgerufen wird, unabhängig davon, auf welchem Markt das betreffende Unternehmen bisher tätig war.[873] Dabei kann der Markteintritt vor allem dadurch ermöglicht werden, dass ein Unternehmen seine Produktion umstellt (Angebotsumstellungsflexibilität). Genau lässt sich hier jedoch das Ausmaß des potenziellen Wettbewerbs nicht einschätzen, da hier keine Informationen darüber vorliegen, welche Unternehmen einen Markteintritt planen bzw. welche Unternehmen durch Produktionsumstellung dazu in der Lage sind. Gerade bei einem komplexen Produkt wie Landmaschinen, für das keine sehr große Nachfrage besteht, werden aber wohl nicht viele weitere Unternehmen zu einem Markteintritt willens oder in der Lage sein. Daher ist nicht davon auszugehen, dass Wettbewerbsdruck durch potenziellen Wettbewerb besteht.

Oben wurde festgestellt, dass der Lieferant A im Vergleich zu seinen Konkurrenten über eine sehr mächtige Stellung verfügt, da er zum einen besonders hochwertige Produkte herstellt und zum anderen einen sehr hohen Marktanteil hält. Daher ist der interbrand-Wettbewerb nicht sonderlich stark ausgeprägt. Dadurch, dass der Händler H als Alleinvertriebshändler neben den Produkten des A auch die von B in seinem Sortiment hat, wird nicht nur der markeninterne, sondern auch der Markenwettbewerb sehr stark eingeschränkt. Auch die Tatsache, dass auf dem Markt nicht viele Wettbewerber aktiv sind, wirkt sich ungünstig auf die Marktstruktur aus. Die Wahlmöglichkeiten der Verbraucher werden durch die vorliegende Vertriebsbindung sehr stark eingeschränkt, da sie nicht zwischen verschiedenen Produkt-Service-Kombinationen wählen können. Daher ergibt sich aus der Marktstruktur, dass der Alleinvertrieb sowohl zu einer

---

871 *Kommission*; Entsch. v. 2.12.1988, ABl. L 35/31 (38) v. 7.2.1989 „Charles Jourdan".

872 *EuGH*, Urt. v. 25.10.1977 – Rs. 26/76 – Slg. 1977, 1875 (1906) Rn. 21 „Metro/SABA I".

873 Siehe dazu *Monopolkommission*, 5. Hauptgutachten, Tz. 654 ff.

äußerst starken Beschränkung des intrabrand- als auch des interbrand-Wettbewerbs führt, so dass den Unternehmen A und H Möglichkeiten eröffnet werden, den Wettbewerb für einen Teil der betreffenden Waren auszuschalten.

Aufgrund dieses klaren Ergebnisses kann auch offen bleiben, ob die Praktizierung des Alleinvertriebs in seiner vorliegenden Form den Missbrauch einer marktbeherrschenden Stellung beinhaltet. Nicht in allen vertikalen wettbewerbsbeschränkenden Vereinbarungen, die von einem marktbeherrschenden Unternehmen geschlossen werden, ist ein Missbrauch einer marktbeherrschenden Stellung zu sehen.[874] Sofern jedoch der Missbrauch einer marktbeherrschenden Stellung vorliegen würde, wäre die Freistellung einer Vereinbarung nach Art. 81 Abs. 3 EG bzw. § 2 Abs. 1 GWB nicht möglich.[875]

Für den Beispielsfall ist festzuhalten, dass den Unternehmen A und H durch die Vereinbarung des Alleinvertriebs Möglichkeiten eröffnet werden, für einen wesentlichen Teil der betroffenen Waren den Wettbewerb auszuschalten. Daher sind die Freistellungsvoraussetzungen des § 2 Abs. 1 GWB nicht erfüllt, so dass der vorliegende Alleinvertrieb nach der 7. GWB-Novelle kartellrechtswidrig ist und ein Bußgeld droht. Demgegenüber hätte ein solches Alleinvertriebssystem vor der 7. GWB-Novelle auch bei einem Marktanteil des Lieferanten von mehr als 30% bedenkenlos praktiziert werden können, da eine Untersagung auch bei Vorliegen der Untersagungsvoraussetzungen nach § 16 GWB a.F. sehr unwahrscheinlich gewesen wäre.

---

874 *Kommission*, Leitlinien zur Anwendung von Artikel 81 Abs. 3 EG-Vertrag, ABl. C 101/97 v. 27.4.2004, Tz. 106; *Sauter*, in: Immenga/Mestmäcker, EG-WbR I, Art. 85 Abs. 3 C. Rn. 32 (S. 357).

875 Zur Parallelvorschrift Art. 81 Abs. 3 EG *Kommission*, Leitlinien zur Anwendung von Artikel 81 Abs. 3 EG-Vertrag, ABl. C 101/97 v. 27.4.2004, Tz. 106.

Schröter, in: von der Groeben/Schwarze, Band 2, Art. 81 Abs. 3 EG Rn. 330 und *Bunte*: in: Langen/Bunte, Kommentar zum deutschen und europäischen Kartellrecht, Band 2, Art. 81 EG Generelle Prinzipien Rn. 165 (S. 162).

Fünfter Abschnitt: Beschränkungen des Ersatzteilverkaufs (Art. 4 lit. e vGVO)

Die Vertriebsklausel, die in diesem Abschnitt im Mittelpunkt steht, hat mit dem Alleinvertrieb gemeinsam, dass sie eine Ausschließlichkeitsbindung durch den Käufer gegenüber dem Lieferanten erfasst. Es handelt sich um eine spezielle, auf Beschränkungen des Ersatzteilverkaufs bezogene Alleinbelieferungsverpflichtung[876], die nach Art. 4 lit. e vGVO als schwarze Klausel eingeordnet wird. Art. 4 lit. e vGVO ist von großer wirtschaftlicher Bedeutung, da immer mehr Hersteller im Zuge von *lean production* und *out-sourcing* die Produktion von Einzelteilen in die Hände von Zulieferern legen. Zwischen den Herstellern als großen Nachfragern und den kleinen Zulieferern bestehen häufig Machtasymmetrien[877], die die Hersteller auszunutzen versuchen, indem sie Alleinbelieferungsvereinbarungen mit den Zulieferern schließen. Durch derartige Vereinbarungen schneiden sie die Zulieferer von der direkten Nachfrage ab und behalten sich so selbst das lukrative Zweitausrüstergeschäft vor. Derartige Beschränkungen des Ersatzteilverkaufs wirken sich insofern wettbewerbsbeschränkend aus, als für die Zulieferer Marktzutrittsschranken entstehen. Zudem haben Endverbraucher und Händler beim ausschließlichen Bezug der Ersatzteile über den mächtigen Erstausrüster weitaus höhere Preise zu zahlen als bei Direktlieferung durch den Zulieferer oder dessen Absatzmittler.[878] Aus diesem Grunde kategorisiert Art. 4 lit. e vGVO bestimmte Beschränkungen des Ersatzteilverkaufs als schwarze Klauseln. Art. 4 lit. e vGVO greift ein, wenn der Käufer (Hersteller) einem Lieferanten (Zulieferer oder dessen Händler) untersagt, Ersatzteile (Identteile), die mit an den Käufer gelieferten Bestandteilen baugleich sind, an Endverbraucher oder (käufer-)unabhängige Reparaturwerkstätten und andere Dienstleistungsbetriebe zu verkaufen. Das in Art. 4 lit. e vGVO geregelte Verbot derartiger Beschränkungen des Ersatzteilverkaufs ist eine Ausnahme zur generellen Freistellung der Alleinbelieferungsverpflichtung.[879] Art. 4 lit. e vGVO erfasst lediglich das Verbot, die Bestandteile als

---

876 Die Definition der Alleinbelieferungsvereinbarung ist in Art. 1 lit. c vGVO enthalten. Danach handelt es sich um *„alle unmittelbaren oder mittelbaren Verpflichtungen, die den Lieferanten veranlassen, die in der Vereinbarung bezeichneten Waren oder Dienstleistungen zum Zwecke einer spezifischen Verwendung oder des Weiterverkaufs nur an einen einzigen Käufer innerhalb der Gemeinschaft zu verkaufen.*"

877 *Hamer*, Zuliefererdiskriminierung, S. 27.

878 So auch *Strittmatter*, Marktzutrittsschranken durch schlanke Zulieferstrukturen und Art. 85 EGV, S. 161.

879 *Schultze/Pautke/Wagener*, Gruppenfreistellungsverordnung für vertikale Vereinbarungen, Rn. 642.

Ersatzteile zu verkaufen, so dass das Verbot des Verkaufs im Übrigen freigestellt ist.[880] Art. 4 lit. e vGVO erfasst sowohl direkte als auch indirekte Beschränkungen des Ersatzteilverkaufs. Als solche Formen von indirekten Beschränkungen kommt beispielsweise in Betracht, dass der Käufer den Zulieferern Qualitätskontrollen auferlegt, bevor diese ihre Waren selbständig vertreiben dürfen.[881] Eine mittelbare Beschränkung liegt auch darin, dass der Ersatzteilhersteller daran gehindert wird, die für die Verwendung der Ersatzteile notwendigen Informationen zu geben oder Ausrüstungen zu liefern.[882] Art. 4 lit. e vGVO greift nicht ein, wenn der Käufer den Lieferanten hinsichtlich des Verkaufs an die Vertragswerkstätten des Käufers beschränkt. Denn nach dem Wortlaut der Norm sind nur Beschränkungen des Verkaufs an „*Endverbraucher oder an Reparaturwerkstätten oder andere Dienstleistungserbringer [scil.: verboten], die der Käufer nicht mit der Reparatur oder Wartung seiner eigenen Erzeugnisse betraut hat*". Daher kann ein Käufer den Lieferanten an der Lieferung an die käufereigenen Werkstätten hindern und von den Mitgliedern seines eigenen Reparatur- und Kundendienstnetzes verlangen, Ersatzteile von ihm zu beziehen.[883]

Bei der Anwendung des Art. 4 lit. e vGVO sind Konkurrenzen zu anderen, spezielleren Gruppenfreistellungsverordnungen zu beachten. Grundsätzlich sind Zuliefervereinbarungen nach der vGVO zu behandeln, es sei denn, dass entweder (1) eine Vereinbarung zwischen Wettbewerbern vorliegt[884] oder (2) eine Vereinbarung mit einer einseitigen Spezialisierung vorliegt (Art. 2 Abs. 5 vGVO)[885] oder (3) es sich um bestimmte Vertriebsvereinbarungen in der Kfz-

880 *Schultze/Pautke/Wagener*, Gruppenfreistellungsverordnung für vertikale Vereinbarungen, Rn. 642; siehe ausführlich *Veelken*, in: Immenga/Mestmäcker, EG-WbR, Erg-Bd, 2. Lieferung 2001, V. GFVO Rn. 243.

881 *Strittmatter*, Marktzutrittsschranken durch schlanke Zulieferstrukturen und Art. 85 EGV, S. 162.

882 *Kommission*, Leitlinien für vertikale Beschränkungen, ABl. C 291/1 v. 13.10.2000, Tz. 56.

883 Vgl. auch *Kommission*, Leitlinien für vertikale Beschränkungen, ABl. C 291/1 v. 13.10.2000, Tz. 56.

884 Vereinbarungen zwischen Wettbewerbern fallen in den Anwendungsbereich der Horizontal-Leitlinien, vgl. *Kommission*, Leitlinien zur Anwendbarkeit von Artikel 81 EG-Vertrag auf Vereinbarungen über horizontale Zusammenarbeit, ABl. C 3/2 v. 6.1.2001, Tz. 81. Die vGVO ist ausnahmsweise dann auf Vereinbarungen zwischen Wettbewerbern anwendbar, wenn der jährliche Gesamtumsatz des Käufers 100 Mio. EUR nicht übersteigt, vgl. Art. 2 Abs. 4 lit. a vGVO.

885 In diesem Fall wäre die Gruppenfreistellungsverordnung über Spezialisierungsvereinbarungen anwendbar, vgl. VO Nr. 2658/2000 vom 29.11.2000 über die Anwendung von

Industrie handelt[886] oder (4) dem Zulieferer vom Auftraggeber zur Produktion das entscheidende Know-how überlassen wird.[887]

Im deutschen Kartellrecht gibt es zur Frage der Zulässigkeit von Alleinbelieferungsvereinbarungen über Ersatzteile kaum Entscheidungen. Die einzigen Entscheidungen beziehen sich auf den Kfz-Bereich, der durch Art. 4 lit. e vGVO gerade nicht erfasst wird. Dennoch soll diese frühere Praxis kurz dargestellt werden, da sie Aufschluss über die generelle Bewertung von Zuliefervereinbarungen im früheren deutschen Kartellrecht gibt. Das Bundeskartellamt hat wegen Beschränkungen des Ersatzteilverkaufs, die acht deutsche Kraftfahrzeughersteller und fünf ausländische Vertriebsgesellschaften gegenüber ihren Zulieferern vereinbart hatten, ein Verfahren nach §§ 18, 22 GWB a.F. eingeleitet. Den gebundenen Zulieferern und den anderen Ersatzteilherstellern und -händlern sei der Marktzugang erheblich erschwert, zudem sei der Wettbewerb auf der Stufe der Ersatzteilanbieter wesentlich beschränkt. Meist seien die Kraftfahrzeughersteller für die betreffenden Ersatzteile keinem wesentlichen Wettbewerb ausgesetzt.[888] Daraufhin erklärten sich einige dieser Hersteller zur Aufgabe ihrer Ausschließlichkeitsbindungen bereit.[889]

Art. 81 Abs. 3 EG auf Gruppen von Spezialisierungsvereinbarungen, ABl. L 304/3 v. 5.12.2000.

886 In diesem Fall wäre die Gruppenfreistellungsverordnung über den Kraftfahrzeugsektor anwendbar, vgl. VO Nr. 1400/2002 vom 31.7.2002 über die Anwendung von Artikel 81 Abs. 3 des Vertrags auf Gruppen von vertikalen Vereinbarungen und aufeinander abgestimmten Verhaltensweisen im Kraftfahrzeugsektor, ABl. L 203/30 v. 1.8.2002, Art. 2 Abs. 1. Siehe ausführlich zur Abgrenzung des Anwendungsbereichs der vGVO von dem der VO Nr. 1400/2002: *Veelken*, in: Immenga/Mestmäcker, EG-WbR, Erg-Bd, 2. Lieferung 2001, V. GFVO Rn. 247. Durch die VO Nr. 1400/2002 wurde die Position der Ersatzteilhersteller wesentlich gestärkt. Art. 4 lit. j VO Nr. 1400/2002 ordnet Beschränkungen des Ersatzteilverkaufs durch Automobilhersteller gegenüber Ersatzteilherstellern als schwarze Klausel ein und entspricht insofern Art. 4 lit. e vGVO. Art. 4 lit. k VO Nr. 1400/2002 erfasst Beschränkungen des Ersatzteilkaufs, die zwischen Kraftfahrzeugherstellern und Werkstätten vereinbart werden. Siehe dazu *Schumacher*, Recht des Kfz-Vertriebs in Europa, S. 209 ff.; *Creutzig*, EG-Gruppenfreistellungsverordnung (GVO) für den Kraftfahrzeugsektor, Rn. 729, 737 ff.

887 In diesem Fall findet die Zulieferungs-Bekanntmachung der Kommission Anwendung, vgl. *Kommission*, Bekanntmachung vom 18.12.1978 über die Beurteilung von Zulieferverträgen nach Art. 85 Abs. 1 des Vertrages, ABl. C 1/2 v. 3.1.1979.

888 Siehe dazu *Bundeskartellamt*, Tätigkeitsbericht 1963, S. 30 f. und Tätigkeitsbericht 1970, S. 23.

889 *Bundeskartellamt*, Tätigkeitsbericht 1971, S. 60.

Der Bundesgerichtshof hat sich in zwei Entscheidungen ebenfalls mit Bezugsbindungen im Ersatzteilbereich beschäftigt. Bei diesen hatte ein Automobilhersteller seine Händler verpflichtet, Ersatzteile nur von ihm zu beziehen.[890] Dabei hat der Bundesgerichtshof die Vertriebsklausel nicht vorrangig unter dem Aspekt der Missbrauchsaufsicht nach § 18 GWB a.F. (§16 GWB a.F.) analysiert, sondern in den Mittelpunkt seiner Ausführungen § 26 Abs. 1 und 2 GWB a.F. (Boykott bzw. Diskriminierung) gestellt.[891] In beiden Fällen wertete der Bundesgerichtshof die Bezugsbindungen nicht als unbillig und hob hervor, dass der Automobilhersteller beim Absatz seiner Neuwagen darauf angewiesen sei, für die langlebigen Produkte einen funktionsfähigen und qualitativ hochwertigen Kundendienst bereitzustellen. Der Automobilhersteller könne dabei die Wünsche der Kunden nach qualitativ hochwertigen und zertifizierten Ersatzteilen nur erfüllen, indem er seine Händler im Interesse der Wahrung von Sicherheit und Qualität zum ausschließlichen Bezug von ihm verpflichte. Demgegenüber sei das Interesse des Zulieferers am Vertrieb der Ersatzteile gegenüber dem Interesse des Automobilherstellers nachrangig. Die Rechtsprechung des Bundesgerichtshofs zu Bezugsbindungen im Ersatzteilbereich ist in der Literatur auf scharfe Kritik gestoßen.[892] Das Problem hat sich im Kraftfahrzeugbereich jedoch dadurch entschärft, dass nach Inkrafttreten der Gruppenfreistellungsverordnung Nr. 1475/95 für den Kfz-Bereich sämtliche europäische Kfz-Hersteller ihre Verträge an die Voraussetzungen der Gruppenfreistellungsverordnung angepasst haben.[893]

---

890 *BGH*, Urt. v. 16.10.1962, WuW/E BGH 509 „VW Originalersatzteile I"; *BGH*, Beschl. v. 22.9.1981, WuW/ E BGH 1829 „VW-Originalersatzteile II".

891 Im Ergebnis hat der Bundesgerichtshof aber in einer Entscheidung eine auf § 18 GWB a.F. gestützte Untersagungsverfügung des Bundeskartellamts aufgehoben, vgl. *BGH*, Beschl. v. 22.9.1981, WuW/E BGH 1829 (1840) „VW-Originalersatzteile II".

892 *Emmerich*, in: Immenga/Mestmäcker, GWB, § 16 Rn. 59; *Möschel*, Recht der Wettbewerbsbeschränkungen, Rn. 430.

893 *Wolter*, in: Frankfurter Kommentar, Band II, § 16 Rn. 132.

Sechster Abschnitt: Markenzwang

Im folgenden Abschnitt sollen Regelungen untersucht werden, durch die der Käufer verpflichtet wird, seine Bestellungen für ein bestimmtes Produkt auf einen einzigen Lieferanten zu konzentrieren. Derartige Regelungen lassen sich unter dem Begriff des *Markenzwangs* zusammenfassen und beinhalten Wettbewerbsverbote, Mengenvorgaben und Kopplungsgeschäfte.[894]

A. Wettbewerbsverbote

I. Wettbewerbsverbote nach Art. 5 lit. a vGVO

Die Legaldefinition des Art. 1 lit. b vGVO definiert Wettbewerbsverbote als *„alle unmittelbaren oder mittelbaren Verpflichtungen, keine Waren oder Dienstleistungen herzustellen, zu beziehen, zu verkaufen oder weiterzuverkaufen, die mit den Vertragswaren oder -dienstleistungen in Wettbewerb stehen, sowie alle unmittelbaren oder mittelbaren Verpflichtungen des Käufers, mehr als 80% seiner [...] gesamten Einkäufe [...] vom Lieferanten oder einem anderen vom Lieferanten bezeichneten Unternehmen zu beziehen*“. Somit fallen Alleinbezugsvereinbarungen, durch die sich der Käufer verpflichtet, Produkte ausschließlich von einem einzigen Lieferanten oder einem konkret benannten dritten Unternehmen zu beziehen, ebenso unter Art. 1 lit. b vGVO wie Mindestabnahmepflichten, die zur Folge haben, dass der Käufer weniger als 20% seiner Einkäufe von Wettbewerbern des Lieferanten beziehen darf. Auch sog. "englische" Klauseln, die den Käufer verpflichten, ein besseres Angebot zu melden und darauf nur einzugehen, wenn der Lieferant kein entsprechendes Angebot unterbreitet, sind als Wettbewerbsverbot iSd. Art. 1 lit. b vGVO anzusehen.[895]

Wettbewerbsverbote von mehr als einem Jahr Dauer verstoßen in der Regel gegen § 1 GWB.[896] Sie sind aber in den engen Grenzen des Art. 5 vGVO

---

894 *Kommission*, Leitlinien für vertikale Beschränkungen, ABl. C 291/1 v. 13.10.2000, Tz. 106.

895 Siehe *Kommission*, Leitlinien für vertikale Beschränkungen, ABl. C 291/1 v. 13.10.2000, Tz. 152; *Dallmann*, WRP 2006, 347 (349 f.).

896 Hierbei kommt es allerdings auch auf die Umstände des Einzelfalles an. Vgl. zur Einordnung von Wettbewerbsverboten unter Art. 81 Abs. 1 EG *EuGH*, Urt. v. 7.12.2000 – Rs. C-214/99 – Slg. 2000, I-11121 (11152) Rn. 39 „Neste“, wo der EuGH Folgendes ausführt: *„Das Verbot nach Art. 85 Abs. 1 EG-Vertrag [scil.: jetzt Art. 81 Abs. 1 EG] [ist] nicht auf einen mit einem Kraftstofflieferanten geschlossenen Alleinbezugsvertrag anzuwenden [...], den der Wiederverkäufer jederzeit mit einer Frist von einem Jahr kündigen kann, wenn sämtliche Alleinbezugsverträge dieses Lieferanten entweder einzeln oder insgesamt in Verbindung mit dem Netz gleichartiger Verträge*

freistellungsfähig. Nach Art. 5 lit. a, 1. Halbsatz vGVO ist die Vereinbarung eines Wettbewerbsverbots zulasten des Käufers für einen Zeitraum von mehr als fünf Jahren oder für eine unbestimmte Dauer nicht freistellungsfähig.[897] Sofern eine Vereinbarung ein Wettbewerbsverbot enthält, das die in Art. 5 vGVO gezogenen Grenzen überschreitet, so bedeutet dies lediglich, dass eine Freistellung der betreffenden Klausel nach der vGVO nicht möglich ist. In diesem Fall können die übrigen in der Vereinbarung enthaltenen Klauseln nach der vGVO weiterhin freigestellt werden. Somit führt die Tatsache, dass eine Vereinbarung nicht nach Art. 5 vGVO freigestellt ist, nicht zum Wegfall der Gruppenfreistellung insgesamt („*Alles-oder-Nichts-Prinzip*"), sondern bewirkt allein einen Freistellungsausschluss des Wettbewerbsverbots („*gelbe Klauseln*")[898]. Dies ergibt sich aus dem Vergleich des Wortlauts des Art. 5 vGVO mit dem des Art. 4 vGVO.[899]

Die Freistellungsfähigkeit von Wettbewerbsverboten zulasten des Lieferanten beurteilt sich nicht nach Art. 5 lit. a vGVO, so dass sie auch dann freigestellt sind, wenn sie auf unbestimmte Dauer vereinbart werden.[900] Der Grund dafür liegt darin, dass Wettbewerbsverbote zulasten des Lieferanten nicht unter die Legaldefinition der Wettbewerbsverbote in Art. 1 lit. b vGVO fallen.

---

sämtlicher Lieferanten erheblich zur Abschottung des Marktes beigetragen haben, die Verträge mit einer Laufzeit wie der des betreffenden Alleinbezugsvertrags aber nur einen sehr kleinen Teil aller mit demselben Lieferanten geschlossenen Alleinbezugsverträge ausmachen, die überwiegend befristete Verträge sind, die für mehrere Jahre geschlossen worden sind."

897 Schon in Art. 3 lit. d VO Nr. 1984/83 waren Alleinbezugsvereinbarungen nicht freistellungsfähig, die für einen unbestimmten oder für einen Zeitraum von mehr als fünf Jahren abgeschlossen waren (siehe *Kommission*, Verordnung (EWG) Nr. 1984/83 vom 22.6.1983 über die Anwendung von Artikel 85 Absatz 3 des Vertrages auf Gruppen von Alleinbezugsvereinbarungen, ABl. L 173/5 v. 30.6.1983. Angesichts des Vorbildcharakters des Art. 3 lit. d VO Nr. 1984/83 können die zu dieser Vorschrift entwickelten Auslegungskriterien auch im Rahmen von Art. 5 lit. a vGVO angewandt werden, *Schultze/Pautke/Wagener*, Gruppenfreistellungsverordnung für vertikale Vereinbarungen, Rn. 657.

898 Vgl. *Pautke/Jones*, E.C.L.R. 2005, 24 (32). *Fritzemeier*, BB 2002, 1658 (1663) spricht in diesem Zusammenhang von „gelben" Klauseln.

899 *Kommission*, Leitlinien für vertikale Beschränkungen, ABl. C 291/1 v. 13.10.2000, Tz. 22, 66, 67; siehe auch *Veelken*, in: Immenga/Mestmäcker, EG-WbR, Erg-Bd, 2. Lieferung 2001, V. GFVO Rn. 303.

900 *Schultze/Pautke/Wagener*, Gruppenfreistellungsverordnung für vertikale Vereinbarungen, Rn. 59 f, 655.

Wenngleich die Vereinbarung von Wettbewerbsverboten unbestimmter Laufzeiten nicht freistellungsfähig ist, lässt sich Art. 5 lit. a, 2. Halbsatz vGVO entnehmen, dass die Verlängerung eines Wettbewerbsverbots über einen Zeitraum von fünf Jahren hinaus möglich ist. Aus der Norm geht jedoch ausdrücklich hervor, dass eine stillschweigende Verlängerung als Verlängerung für eine unbestimmte Zeit gilt und daher nicht der Gruppenfreistellung unterliegt.[901] Ein Wettbewerbsverbot von mehr als fünf Jahren ist gemäß Art. 5 lit. a, 3. Halbsatz vGVO nur dann freistellungsunschädlich, wenn die Vertragswaren oder -dienstleistungen vom Verkäufer in Räumlichkeiten verkauft werden, die im Eigentum des Lieferanten stehen oder durch diesen gemietet oder gepachtet worden sind und wenn das Wettbewerbsverbot nicht über denjenigen Zeitraum hinausreicht, in welchem der Käufer diese Räumlichkeiten nutzt. Grund für diese Regelung ist, dass von einem Lieferanten in der Regel nicht erwartet werden kann, den Verkauf konkurrierender Produkte in den ihm gehörenden Räumlichkeiten ohne seine Erlaubnis zuzulassen.[902] Unter diese Ausnahme werden vor allem Wettbewerbsverbote in Gaststätten- und Kioskverträgen fallen.[903]

Wettbewerbsverbote sind in allen Branchen und Vertriebssystemen anzutreffen. Sie haben beim Franchising und in Handelsvertreterverträgen besondere Bedeutung, was in den beiden entsprechenden Abschnitten ausgeführt werden wird.[904] Im Folgenden soll der Fokus auf Wettbewerbsverboten in der Bier- und in der

---

901 Siehe ausführlich zu Möglichkeiten der Verlängerung des Wettbewerbsverbots: *Schultze/Pautke/Wagener*, Gruppenfreistellungsverordnung für vertikale Vereinbarungen, Rn. 659 ff.

902 *Kommission*, Leitlinien für vertikale Beschränkungen, ABl. C 291/1 v. 13.10.2000, Tz. 59 Satz 3.

903 Die neue Regelung in Art. 5 lit. a, 3. Halbsatz vGVO steht in Kontrast zu der bisherigen deutschen Rechtsprechung: Der Bundesgerichtshof hat einen Bierlieferungsvertrag als sittenwidrig angesehen, bei dem die Ausschließlichkeitsbindung ebenso wie der Pachtvertrag auf unbestimmte Zeit geschlossen waren. Die Ausschließlichkeitsbindung war an den Pachtvertrag geknüpft, dieser wurde zunächst für fünf Jahre abgeschlossen, konnte danach von beiden Seiten gekündigt werden und verlängerte sich ansonsten automatisch. Der Bundesgerichtshof sah den Vertrag als sittenwidrig an, da sich der Pächter nur durch Aufgabe des Pachtverhältnisses von der Bezugsbindung lösen konnte. Dadurch werde der Pächter in seiner persönlichen und wirtschaftlichen Betätigungsfreiheit in einer Weise eingeschränkt, die übermäßig erscheine und nicht gebilligt werden könne (*BGH*, Urt. v. 2.10.1969, GRUR 1970, 195 (196) „Bierbezug II").

904 Siehe Vierter Teil, Achter Abschnitt, B. II (S. 307 ff.) und Vierter Teil, Neunter Abschnitt, B. II., 2. b) (S. 343 ff.) und Vierter Teil, Neunter Abschnitt, C. (S. 349 ff.).

Energiebranche liegen.[905] Die kartellrechtliche Beurteilung von Wettbewerbsverboten in der Bierbranche ist besonders interessant, weil dort regelmäßig besonders langfristige Wettbewerbsverbote vereinbart werden, so dass sich die Frage der Freistellungsfähigkeit nach § 2 Abs. 1 GWB stellt (1.). Bei Energielieferverträgen wird neben der Frage der Anwendbarkeit der vGVO ebenfalls die Freistellungsfähigkeit nach § 2 Abs. 1 GWB zu analysieren sein (2.).

1. Bierlieferungsverträge

a) Vertikale Bindungen in der Bierbranche

In Bierlieferungsverträgen vereinbaren Brauereien bzw. Biergroßhändler mit Gaststättenbetreibern langfristige Alleinbezugs- oder Mindestabnahmeverpflichtungen.[906] Im Gegenzug räumen die Brauereien bzw. Biergroßhändler den Gaststätten meist wirtschaftliche Vorteile ein wie etwa die Gewährung zinsgünstiger Darlehen für die Anschaffung der für den Gaststättenbetrieb notwendigen Küchen-, Sanitär- und Lokalausstattung (Biertheke, Kühlanlagen, Klimaanlage, EDV-System, sonstiges Inventar). Statt eines Darlehens werden auch andere Starthilfen für die Gaststättenbetreiber angeboten wie beispielsweise die Renovierung des Verkaufslokals, die Verpachtung oder der Verkauf des Verkaufslokals zu einem besonders günstigen Zins oder die Gewährung eines einmaligen nicht rückzahlbaren Zuschusses.[907] Die Einhaltung der Alleinbezugsverpflichtung wird häufig durch Vertragsstrafeabreden und/oder Verfallklauseln gesichert.[908]

---

905 Die oft 25jährigen Bezugsbindungen in Tankstellenverträgen (*BGH*, Urt. v. 31.3.1982, BB 1982, 1016 ff.) sollen in der vorliegenden Arbeit nicht behandelt werden, da sie meist zwischenstaatliche Auswirkungen haben. Da es sich bei den Mineralölgesellschaften meist um international tätige Unternehmen mit Geschäftssitz im Ausland handelt, werden ihre Verträge mit deutschen Stationären in der überwiegenden Zahl der Fälle die zwischenstaatlichen Handelsströme beeinflussen und so Auswirkung auf den zwischenstaatlichen Handel haben.

906 *OLG Düsseldorf*, Beschl. v. 19.10.1976, WuW/E OLG 1801 (1802) „Rhenania-Pilsner".

907 *BGH*, Beschl. v. 26.5.1981, WuW/E BGH 1889 (1889) „Brunnenhof". Siehe auch *Säcker/Jaecks*, Langfristige Energielieferverträge und Wettbewerbsrecht, S. 55. *BGH*, Urt. v. 7.10.1970, NJW 1970, 2243 (2243); *BGH*, Urt. v. 14.6.1972, NJW 1972, 1459 (1459); *BGH*, Urt. v. 17.10.1973, WM 1973, 1360 (1360 f.); *BGH*, Urt. v. 27.2.1985, NJW 1985, 2693 (2695); *BGH*, Urt. v. 8.4.1992, NJW 1992, 2145 (2145 f.)

908 *Wolter*, in: Frankfurter Kommentar, Band II, § 16 Rn. 124.

Vor der 7. GWB-Novelle fielen Bierlieferungsverträge als Ausschließlichkeitsbindungen unter § 16 Nr. 2 GWB a.F.[909], wobei die Kartellbehörden bislang das Vorliegen der Eingriffsvoraussetzungen regelmäßig für nicht gegeben oder nicht nachweisbar gehalten haben.[910] In einer Vielzahl von Verfahren haben Gaststättenbetreiber die Alleinbezugsverträge jedoch auf ihre Vereinbarkeit mit § 138 BGB überprüfen lassen. Nach der Rechtsprechung des Bundesgerichtshofs waren Wettbewerbsverbote bislang bis zur äußersten Grenze von zwanzig Jahren zulässig, wobei es jedoch im Einzelfall auf das Verhältnis der Dauer der Bezugsbindung zur Höhe des Darlehens ankam.[911] Meistens hatten die Bierlieferungsverträge eine Laufzeit zwischen zehn und fünfzehn Jahren[912], wobei in der Vertragsgestaltung zunehmend eine Orientierung an den in der früheren Gruppenfreistellungsverordnung Nr. 1984/83 enthaltenen Höchstgrenzen erfolgte.[913]

Die Übernahme der vGVO für innerstaatlich wirkende Wettbewerbsbeschränkungen wird für die Beurteilung und den Abschluss von Bierlieferungsverträgen in Deutschland erhebliche Auswirkungen haben, da ein großer Teil deutscher Bierlieferungsverträge mangels Auswirkungen auf den zwischenstaatlichen Handel allein nach nationalem Kartellrecht zu beurteilen ist. Denn der relevante

---

909 *Wolter*, in: Frankfurter Kommentar, Band II, § 16 Rn. 125.

910 *BKartA*, Tätigkeitsbericht 1963, S. 52; 1969, S. 32; 1971, S. 79; 1972, S. 79; 1973, S. 5; *Emmerich*, in: Immenga/Mestmäcker, GWB, § 16 Rn. 60 ff.

911 Siehe *BGH*, Urt. v. 14.6.1972, NJW 1972, 1459 (1459). In diesem Fall gewährte die Brauerei ein Darlehen in Höhe von 97.000 DM zum Grundstückskauf, wobei sie durch eine erstrangige Grundschuld abgesichert war. Weiterhin räumte sie einen verlorenen Zuschuss in Höhe von 2.000 DM ein. Je abgenommenen hl Bier gewährte die Brauerei einen Nachlass von 5 DM auf das Darlehen. Der Wirt verpflichtete sich zur ausschließlichen Abnahme von Bier und alkoholfreien Getränken von der Brauerei. Ein weiterer Fall mit 20jähriger Laufzeit des Alleinbezugs: *BGH*, Urt. v. 7.10.1970, BB 1970, 1419 (1420). In einem Fall befand der Bundesgerichtshof auch eine Alleinbezugsbindung von 23, 5 Jahren als zulässig, *BGH*, Urt. v. 23.5.1973, WM 1973, 924 (925 f.).

912 Einen guten Überblick über die umfangreiche Judikatur findet sich bei *Streit*, Bierlieferungsverträge, S. 102 ff. Auf dem britischen Markt betrugen die Laufzeiten vor Inkrafttreten der vGVO zwischen fünf und zehn Jahren, *Bishop*, E.C.L.R. 2003, 229 (229).

913 Ein Wettbewerbsverbot von fünf Jahren war freistellbar, wenn sich die Vereinbarung auf Bier und andere Getränke bezog und ein Wettbewerbsverbot von zehn Jahren freistellbar, wenn sich die Vereinbarung nur auf Bier bezog, vgl. Art. 8 lit. c und d der Verordnung (EWG) Nr. 1984/83 der Kommission vom 22.6.1983 über die Anwendung von Artikel 85 Absatz 3 des Vertrages auf Gruppen von Alleinbezugsvereinbarungen, ABl. L 173/5 v. 30.6.1983.

Markt ist in der Bierbranche grundsätzlich regional abzugrenzen.[914] In den letzten Jahren wurde angenommen, dass bei den meisten Bierlieferungsverträgen der rund 1.200 Produktionsstätten in Deutschland die Voraussetzungen der Zwischenstaatlichkeitsklausel nicht erfüllt sind.[915] Infolge der derzeitigen Fusionswelle auf dem deutschen Biermarkt ist es allerdings zu einer erheblichen Konzentration und internationalen Verflechtung der Brauereien gekommen[916], wodurch Alleinbezugsverträge in der Bierbranche zunehmend geeignet sein werden, den zwischenstaatlichen Handel zu beeinträchtigen. Dennoch wird auch weiterhin eine Vielzahl von Bierlieferungsverträgen allein dem deutschen Kartellrecht unterliegen. Im Übrigen werden Wettbewerbsverbote, die Bierverleger (Bierfachgroßhändler) mit Gaststättenbetreibern vereinbaren, trotz der Internationalisierung auf Ebene der Brauereien in den meisten Fällen innerstaatliche Wettbewerbsbeschränkungen darstellen. Im Zusammenhang mit der Zwischenstaatlichkeitsklausel in der Bierbranche ist darauf hinzuweisen, dass eine Alleinbezugsvereinbarung nach der Rechtsprechung des Gerichtshofs grundsätzlich nicht geeignet ist, den zwischenstaatlichen Handel zu beeinträchtigen, soweit sie den Bezug von Bier und anderen Getränken aus anderen

---

914 Siehe Vierter Teil, Erster Abschnitt, D. III. (S. 166). Der sachliche Markt ist nach Auffassung des Bundeskartellamts zwar nicht nach Gattungen (keine Unterteilung in „Premium-Biere" und „Nicht-Premiumbiere") zu unterscheiden. Gleichwohl nimmt die Kartellbehörde eine Differenzierung in die sachlichen Teilmärkte „Absatz an die Gastronomie u.ä." (Fassbier) und „Absatz an den Lebensmittelhandel u.ä." (Flaschen-und Dosenbier) vor. Siehe dazu *BKartA*, Beschl. v. 26.4.2000, WuW/E DE-V 286 ff. „Holsten/König".

915 *Paulusch/Bühler*, Brauerei- und Gaststättenrecht, Rn. 921; *Streit*, Bierlieferungsverträge, S. 612; *Wolter*, in: Frankfurter Kommentar, Band II, § 16 Rn. 127; siehe auch *Bunte/Sauter*, EG-Gruppenfreistellungsverordnungen, VO Nr. 1984/83 Rn. 14 (S. 279 Fn. 61); a.A. aber ohne vertiefte Auseinandersetzung mit der Problematik: *OLG Stuttgart*, Beschl. v. 26.7.1985, WuW/E OLG 3628 (3629) „Gaststätte Lamm".

916 Eine Internationalisierung der deutschen Bierbranche hat ab 2001 insbesondere durch die Fusion des niederländischen Heineken-Konzern mit der Münchener Schörghuber-Gruppe (Paulaner, Kulmbacher) stattgefunden. Weiterhin erfolgte 2001 der Erwerb von 80% der Anteile von Diebels durch die belgische Interbrew-Gruppe sowie deren Erwerb von Beck, der Mehrheit der Gilde-Gruppe und der Spaten-Franziskaner Bräu. Heute ist InBev, ein Zusammenschluss der belgischen Interbrew und der brasilianischen AmBev, der zweitgrößte Brauer in Deutschland – nach Marktführer Oetker. Auch die dänische Carlsberg-Brauerei nutzte mit der Übernahme von Holsten, Feldschlösschen und Lütz die Gunst der Konsolidierung auf dem deutschen Biermarkt (siehe dazu JUVE-Rechtsmarkt 05/04 „Es braut sich was zusammen – Brauereien in Deutschland – ein Markt im Umbruch" S. 47; Der Tagesspiegel Online, Ausgabe vom 2.2.2005, "Biermarkt Deutschland - Fremd gebraut").

Mitgliedstaaten erlaubt (sog. Öffnungsklausel) und diese Bezugsmöglichkeit nicht nur rechtlich, sondern auch tatsächlich besteht.[917]

Nach der 7. GWB-Novelle ergibt sich auch in der Bierbranche ein Anpassungsbedarf für die Lieferungsverträge. Wollen die Brauereien beim Abschluss von Bierlieferungsverträgen, bei denen die Ausnahme des Art. 5 lit. a, 3. Halbsatz vGVO nicht greift, in den Genuss der Gruppenfreistellung kommen, müssen sie nunmehr das Wettbewerbsverbot auf fünf Jahre oder einen kürzeren Zeitraum beschränken und/oder vereinbaren, dass die Verlängerung über fünf Jahre hinaus der Zustimmung beider Vertragsparteien bedarf. Nach Auffassung der Kommission darf dabei die Zustimmung des Käufers zur Verlängerung des Wettbewerbsverbots nicht durch eine Regelung beeinflusst werden, die den Käufer daran hindert, das Wettbewerbsverbot nach Ablauf des Fünfjahreszeitraums tatsächlich zu kündigen.[918] Eine solche Behinderung des Käufers an der Aufhebung des Wettbewerbsverbots liegt etwa dann vor, wenn die Raten für die Tilgung eines Darlehens bei einer vertraglichen Beendigung des Wettbewerbsverbots steigen. Die Kommission ist in den – allerdings unverbindlichen – Leitlinien der Ansicht, dass die Tilgung so zu gestalten sei, dass die Raten auch im Fall der Beendigung des Wettbewerbsverbots nach fünf Jahren auf Dauer gleich bleiben oder sinken.[919] Da jedoch nicht zu erwarten ist, dass sämtliche Brauereien ihre Bierlieferungsverträge an die Vorgaben der vGVO anpassen werden, stellt sich regelmäßig die Frage, ob eine Freistellung nach § 2 Abs. 1 GWB möglich ist, wenn entweder die Marktanteilsschwelle von 30% überschritten wird oder das Wettbewerbsverbot für eine längere Laufzeit als fünf Jahre gilt.

Die Folgen einer Überschreitung der Marktanteilsschwelle exemplifiziert die Kommission in den Leitlinien zur Anwendung des Art. 81 Abs. 3 EG, wo die

---

917 *EuGH*, Urt. v. 28.2.1991 – Rs. C-234/89 – Slg. 1991, I- 935 ff., Rn. 30 ff. „Delimitis/Henninger Bräu". Eine tatsächliche Bezugsmöglichkeit besteht jedoch dann nicht, wenn bei einer Mindestabnahmeverpflichtung die Bedeutung dieser Menge im Verhältnis zum üblichen Bierumsatz der Gaststätte verhältnismäßig groß ist, so dass sie trotz der Öffnungsklausel wirtschaftlich wie ein Verbot des Verkaufs von ausländischen Bieren wirkt. Vgl. auch *Wolter*, in: Frankfurter Kommentar, Band II, § 16 Rn. 127; *BKartA*, Entsch. v. 28.4.1989, Z (4) 141 (144); *Streit*, Bierlieferungsverträge, S. 547.

918 *Kommission*, Leitlinien für vertikale Beschränkungen, ABl. C 291/1 v. 13.10.2000, Tz. 58 Satz 7.

919 *Kommission*, Leitlinien für vertikale Beschränkungen, ABl. C 291/1 v. 13.10.2000, Tz. 58 Satz 8 ff. und 156 Satz 4. Dies gilt unbeschadet der Möglichkeit, z.B. im Fall einer neuen Vertriebsstelle, die Tilgung im ersten Jahr oder in den ersten beiden Jahren bis der Absatz ein bestimmtes Niveau erreicht hat, auszusetzen.

Kommission einen Beispielsfall bildet, in dem der bindende Bierlieferant einen Marktanteil von 70% hält. In diesem Fall lehnt die Kommission eine Freistellung nach Art. 81 Abs. 3 EG ab.[920] Ein ähnliches Beispiel findet sich in den Leitlinien über vertikale Beschränkungen.[921] Im Gegensatz zu ihren Ausführungen in den Leitlinien ist die Kommission in der Praxis bei der Beurteilung von Verträgen, bei denen die Marktanteilsschwelle überschritten wird, weitaus weniger restriktiv vorgegangen. Trotz eines Marktanteils von 56% bejahte die Kommission die Freistellungsfähigkeit der Bierlieferungsverträge von *Interbrew*, nachdem diese angepasst worden waren.[922] Die niederländische Wettbewerbsbehörde hat die Bierlieferungsverträge des niederländischen Marktführers *Heineken* (Marktanteil von mehr als 50%) ebenfalls als konform mit dem EG-Wettbewerbsrecht angesehen.[923] Auf die Fälle, in denen der Lieferant einen höheren Marktanteil als 30% hat, soll hier insbesondere deshalb nicht ausführlicher eingegangen werden, weil die Brauereien bzw. Brauereigruppen auf dem deutschen Markt keine so großen Marktanteile haben.[924] Die Freistellungsfähigkeit bei Überschreitung der 30%-Schwelle wird allenfalls bei Verträgen zwischen Bierverlegern (Getränkefachgroßhändlern) und Gaststättenbetreibern relevant. Im folgenden Beispielsfall soll eine Konstellation erläutert werden, die sich bei Bierlieferungsverträgen mit rein innerstaatlicher Wirkung weitaus häufiger ergibt, i.e. die Vereinbarung eines Wettbewerbsverbots mit einer Laufzeit von mehr als fünf Jahren.

---

920 *Kommission*, Leitlinien zur Anwendung von Artikel 81 Abs. 3 EG-Vertrag, ABl. C 101/97 ff. v. 27.4.2004, Tz. 116.

921 *Kommission*, Leitlinien für vertikale Beschränkungen, ABl. C 291/1 v. 13.10.2000, Tz. 159. Siehe auch Tz. 149 Satz 5.

922 *Kommission*, Entsch. v. 15.4.2003, IP/03/545 „Interbrew-Lieferverträge". In den Verträgen wurde unter anderem geregelt, dass sich das Wettbewerbsverbot nur noch auf Fasspils beschränken soll. Eine Bezugspflicht für andere Getränke ergibt sich nur dann, wenn das ausgeschenkte Fasspils weniger als 50% des Gesamtabsatzes des Lokals betragen sollte. Zu den alten Bierlieferungsverträgen von Interbrew siehe *Kommission*, Entsch. v. 5.12.2001, ABl. L 200/1 v. 7.8.2003.

923 Siehe *Bishop*, E.C.L.R. 2003, 229 (231). Der Vertrag enthielt ein Wettbewerbsverbot für die Gaststättenbetreiber, das bei vollständiger Rückzahlung des Darlehens jederzeit mit zweimonatiger Frist beendet werden kann. Die Wettbewerbsbehörde nahm bereits keinen Verstoß gegen das Kartellverbot an.

924 JUVE-Rechtsmarkt 05/04 „Es braut sich was zusammen – Brauereien in Deutschland – ein Markt im Umbruch" S. 49.

b) Beispielsfall

Sachverhalt: In einem Bierlieferungsvertrag vereinbart die Brauerei B mit dem Gastwirt G ein Wettbewerbsverbot mit 15jähriger Laufzeit. Dabei wird G der Bezug von ausländischen Bieren gestattet, wobei er sowohl Konkurrenzbiere aus anderen Mitgliedstaaten selbst kaufen darf als auch von Drittunternehmen eingeführte Biere kaufen und verkaufen darf. B gewährt dem G ein Darlehen in Höhe von 30.000 EUR und einen verlorenen Zuschuss in Höhe von 5.000 EUR. Davon erwirbt G Inventar für die Gaststätte. B hat einen Marktanteil von 17%. Die Marktanteile der größten Wettbewerber auf dem Markt, die ebenfalls langfristige Bezugsverträge mit Gaststättenbetreibern vereinbart haben, betragen 20%, 13%, 12% und 8%. B hat 320 Gaststätten an sich gebunden, wobei sie in fast allen Fällen 15jährige Laufzeiten der Bezugsverträge vereinbart hat. Die Räumlichkeiten der Gaststätte des G stehen weder im Eigentum der B noch sind sie durch B von dritten, nicht mit G verbundenen Unternehmen gemietet oder gepachtet worden. Ist die Vereinbarung zwischen B und G im Hinblick auf §§ 1 und 2 GWB zulässig?

Lösung: Zunächst ist zu überprüfen, ob die zwischen B und G abgeschlossene vertikale Vereinbarung einen Verstoß gegen § 1 GWB begründet und bejahendenfalls, ob die Voraussetzungen einer Freistellung vorliegen. Bei der Lösung des Beispielsfalls sollen auch die Rechtsprechung des Europäischen Gerichtshofs zu Bierlieferungsverträgen und die Kriterien, die die Kommission in den Vertikal-Leitlinien aufgestellt hat, herangezogen werden, da diese wie dargestellt auch bei der Anwendung des deutschen Kartellrechts anwendbar sind.[925]

aa) Verstoß gegen § 1 GWB

Die Vereinbarung zwischen B und G könnte gegen § 1 GWB verstoßen, i.e. eine Verhinderung, Einschränkung oder Verfälschung des Wettbewerbs bezwecken oder bewirken. Die Prüfung, ob Wettbewerbsverbote in Bierlieferungsverträgen gegen das Kartellverbot verstoßen, erfolgt nach der *Delimitis*-Rechtsprechung des Gerichtshofs in zwei Stufen, wobei auf der ersten Stufe die allgemeinen Marktverhältnisse und Wettbewerbsbedingungen und auf der zweiten Stufe der

[925] Siehe Zweiter Teil, Zweiter Abschnitt, B. I. 3. (S. 48). Während der Europäische Gerichtshof zu einer sehr engen Auslegung des Art. 81 Abs. 1 EG neigt, prüft die Kommission oft dieselben Aspekte erst im Rahmen des Art. 81 Abs. 3 EG. Insofern besteht bei der Berücksichtigung der Praxis des Gerichtshofs und der Kommission die Schwierigkeit, dass sich die genannten Kriterien überschneiden können, was jedoch unvermeidlich ist und im Endergebnis auf die kartellrechtliche Zulässigkeit bzw. Unzulässigkeit der Vereinbarung keinen Einfluss hat.

Beitrag der betroffenen Brauerei zur eventuellen Marktabschottung zu untersuchen sind. Die deutsche Rechtsprechung hat sich an diesem Prüfungsverfahren orientiert.[926]

Auf der ersten Stufe wird geprüft, ob der nationale Markt unter Berücksichtigung der wirtschaftlichen und rechtlichen Begleitumstände für die Mitbewerber, die auf diesem Markt ihren Marktanteil vergrößern wollen, schwer zugänglich ist.[927] Zur Beurteilung der Marktzutrittsschranken sind u.a. auch die kumulativen Auswirkungen des Vertrags in einem Bündel gleichartiger Verträge auf diesem Markt heranzuziehen.[928] Es kommt auf die Art und Bedeutung des Vertrags-

926 Jedoch hat die Rechtsprechung die Kartellrechtswidrigkeit von Wettbewerbsverboten in der Bierbranche in keinem Fall angenommen. Siehe *BGH*, Urt. v. 15.10.1991, WuW/E BGH 2729 ff. „Zur Luft". In dem Urteil prüfte der Bundesgerichtshof einen Bierlieferungsvertrag einer Brauerei mit dem fünfthöchsten Jahresausstoß an Bier in Bayern, die zugleich einer Gruppe angehörte, die 1989 den zweitgrößten Marktanteil in Deutschland hatte. Der Bundesgerichtshof ließ offen, ob die Voraussetzungen der ersten Stufe erfüllt waren und lehnte auf der zweiten Stufe den erheblichen Beitrag des fraglichen Vertrages zur Marktabschottung ab. Siehe auch: *OLG Stuttgart*, Urt. v. 2.10.1992, NJW-RR 1993, 937 (940); *OLG Köln*, Urt. v. 4.3.1993, NJW-RR 1994, 242 (243) sowie die unveröffentlichten Entscheidungen *OLG Düsseldorf*, Urt. v. 19.10.1993 – U Kart 1/93; *OLG München*, Urt. v. 18.11.1993 – U (K) 7229/92; *OLG Düsseldorf*, Urt. v. 18.2.1994 – 16 U 91/93; *OLG München*, Urt. v. 22.9.1994 – 6 U 2018/94; *OLG Frankfurt a.M.*, Urt. v. 6.12.1994 – 11 U (Kart) 73/94; *LG* Köln, Urt. v. 3.7.2003 – 8 O 315/02, S. 7; *OLG* Düsseldorf, Urt. v. 27.10.2004 – VI –U (Kart) 41/03, S. 5; *LG München I*, Urt. v. 1.4.2005, 27 O 899/04, S. 16; *OLG München*, Urt. v. 18.1.2001, WuW/E DE-R 968 (969 ff.) „Riegele"; anders nur: *OLG Stuttgart*, Beschl. v. 26.7.1985, WuW/E OLG 3628 (3629) „Gaststätte Lamm".

Angesichts der in den genannten Urteilen zugrunde liegenden Fallgestaltungen deutet einiges darauf hin, dass die deutschen Gerichte die Vorgaben des Gerichtshofs zur Beurteilung von Bierlieferungsverträgen absichtlich missverstanden haben, vgl. zu dieser Einschätzung auch *Emmerich*, Kartellrecht, 7. Auflage, § 34 5. b) bb) (S. 533 f.); ähnlich *Jakob-Siebert/Reichl*, EuZW 1992, 433 (435); *Niederleithinger*, EWiR 1992, 47; *Paulusch/Bühler*, Brauerei- und Gaststättenrecht, Rn. 1018 ff.

Schnorbus, DZWir 1998, 472 (474 f.) bezweifelt, ob sich im Biersektor die Voraussetzungen für einen Verstoß gegen Art. 81 Abs. 1 EG, insbesondere die Marktstruktur bezüglich Dauer der Bindungen, die Anzahl und Größe der Erzeuger und die Markteinstiegsschranken, im Prozess werden nachweisen lassen. Dem ist nicht zuzustimmen, da kartellrechtliche Verfahren beim Bundeskartellamt und den Gerichten gezeigt haben, dass Marktstrukturen empirisch ermittelt werden können.

927 *EuGH*, Urt. v. 28.2.1991 – Rs. C-234/89 – Slg. 1991, I-935 ff., Rn. 19-21, 27 „Delimitis/Henninger Bräu".

928 *EuGH*, Urt. v. 28.2.1991 – Rs. C-234/89 – Slg. 1991, I-935 ff., Rn. 19 f., 27 „Delimitis/Henninger Bräu". Grundlegend: *EuGH*, Urt. v. 12.12.1967 – Rs. 23/67 – Slg. 1967, 543 (555 f.) „Brasserie de Haecht (I)"; *EuGH*, Urt. v. 1.2.1977 – Rs. 47/76 – Slg. 1977, 65 (91) Rn. 6 ff. „Brauerei Concordia"; siehe auch *EuG*, Urt. v. 8.6.1995 – Rs. T-7/93 –

netzes aller gleichartigen Verträge an, insbesondere die Zahl der gebundenen im Verhältnis zu den nicht gebundenen Gaststätten (Bindungsquote), die Dauer der Bezugsverpflichtungen, die von ihnen erfasste Biermenge und deren Verhältnis zu der über nicht gebundene Verkaufsstellen abgesetzten Menge.[929] Weiterhin ist die tatsächliche Möglichkeit neuer Mitbewerber, Zutritt zum Markt zu erhalten, zu berücksichtigen. Schließlich ist zu untersuchen, welche Wettbewerbsbedingungen auf dem Markt herrschen – gemessen an Zahl und Größe der Erzeuger, Sättigungsgrad des Marktes und Markentreue der Verbraucher.[930]

Auf der zweiten Stufe ist zu prüfen, ob die Verträge des Unternehmens in erheblichem Maße zu der Abschottungswirkung beitragen, die die gleichartigen Verträge in ihrer Gesamtheit entfalten.[931] Für die Beurteilung dieser Abschottungswirkung maßgeblich ist die Stellung der Vertragspartner auf dem relevanten Markt, die sowohl vom Marktanteil der Brauerei als auch von der Zahl der an die Brauerei gebundenen Verkaufsstellen im Verhältnis zur Gesamtzahl der auf dem relevanten Markt befindlichen Gaststätten abhängt.[932] Weiterhin ist auch die Vertragsdauer des fraglichen Vertrags zu berücksichtigen. Dabei weist der Gerichtshof darauf hin, dass auch eine Brauerei mit einem kleinen Marktanteil, die Verträge über viele Jahre abschließt, zum Marktverschließungseffekt

---

Slg. 1995, II-1533 (1572) Rn. 99; *EuG*, Urt. v. 8.6.1995– Rs. T-9/93 – Slg. 1995, II-1611 (1643) Rn. 76 „Schöller".

929 Siehe auch *EuGH*, Urt. v. 12.12.1967 – Rs. 23/67 – Slg. 1967, 543 (566) „Brasserie de Haecht (I)" *Generalanwalt Roemer; Jehle,* EuZW 1991, 372 (374).

930 Siehe auch *Paulusch/Bühler*, Brauerei- und Gaststättenrecht, Rn. 950.

931 *EuGH*, Urt. v. 28.2.1991 – Rs. C-234/89 – Slg. 1991, I-935 ff., Rn. 24, 27„Delimitis/Henninger Bräu". Bei der Prüfung der zweiten Stufe findet sich in den Entscheidungsgründen des Gerichtshofs ein Widerspruch. Während er in Rn. 24, 25 auf die gesamten Bierlieferungsverträge der jeweiligen Brauerei abstellt, soll dagegen nach Rn. 27 der einzelne Vertrag ausschlaggebend sein. Daher ist in der Literatur umstritten, ob auf den einzelnen oder alle Verträge der Brauerei abzustellen ist. *Jakob-Siebert/Reichl*, EuZW 1992, 433 (434); *Freund*, EuZW 1992, 408 (412) und *Völcker*, Handelsvertretervertrieb und EG-Kartellrecht, S. 292 wollen auf die gesamten Verträge der Brauerei abstellen, während *Ebenroth/Rapp*, JZ 1991, 962 (964) nur den einzelnen Vertrag heranziehen wollen. Für das Abstellen auf die Gesamtheit der Verträge, also das gesamte Bindungssystem des Bierlieferanten spricht, dass die Bündeltheorie anderenfalls auf dem Biermarkt, der von vielen Wettbewerbern mit anatomisch kleinen Marktanteilen geprägt ist, zur Bedeutungslosigkeit verdammt werden würde. Bei der Ermittlung des Netzwerkeffektes sind jedoch diejenigen Verträge der Brauerei außer acht zu lassen, die keine irgendwie gearteten Bezugsverpflichtungen enthalten, vgl. *EuG*, Urt. v. 5.7.2001 – Rs. T-25/99 – Slg. 2001, II-1881 (1917) Rn. 106 „Roberts/Greene King".

932 *EuGH*, Urt. v. 28.2.1991 – Rs. C-234/89 – Slg. 1991, I-935 ff., Rn. 25 ff. „Delimitis/Henninger Bräu".

genauso beitragen kann wie eine große Brauerei.[933] Zur Beurteilung des Beitrags des jeweiligen Vertrags zur Abschottungswirkung ist auch die Bekanntmachung der Kommission zur Spürbarkeit bei Bierlieferungsverträgen heranzuziehen.[934] Danach fehlt es bei einem Bierlieferungsvertrag an der Spürbarkeit der Beeinträchtigung des zwischenstaatlichen Handels bzw. an der Spürbarkeit der Wettbewerbsbeschränkung, wenn der Marktanteil der Brauerei auf dem nationalen Markt für den Absatz von Bier in Gaststätten höchstens 1% beträgt und die Brauerei nicht mehr als 200. 000 hl Bier pro Jahr herstellt. Dies gilt jedoch dann nicht, wenn eine Vereinbarung betreffend Bier und andere Getränke für über 7 ½ Jahre und eine Vereinbarung, die ausschließlich Bier betrifft, über 15 Jahre geschlossen wird.

Zunächst ist also auf der ersten Stufe anhand der oben aufgeführten Kriterien zu prüfen, ob der nationale Markt für Mitbewerber schwer zugänglich ist. Auf dem deutschen Biermarkt gibt es sehr viele Wettbewerber, was für geringe Marktzutrittsschranken spricht. Jedoch haben die Brauereien in Deutschland ein engmaschiges Netz von Alleinbezugsvereinbarungen mit Gastwirten aufgebaut, so dass wegen dieser Bündelwirkung die Marktzutrittsschranken erheblich verstärkt werden. Die Kommission beurteilt das Ausmaß der Bündelwirkung nach folgender Regel: Beträgt der Marktanteil der größten Lieferanten auf dem Markt weniger als 30% und der Marktanteil der fünf größten Lieferanten zusammen weniger als 50% des Marktes, so ist eine einfache oder kumulative wettbewerbswidrige Wirkung unwahrscheinlich.[935] Im Beispielsfall haben alle Lieferanten einen Marktanteil von jeweils weniger als 30%. Der Marktanteil der fünf größten Lieferanten beträgt jedoch zusammen 70%. Folglich ist von einer relativ starken Bündelwirkung und somit hohen Marktzutrittsschranken auszugehen. Die Marktzutrittsschranken werden durch die überaus hohe Bindungsquote bei den Gaststätten in Deutschland noch verstärkt. Zum Teil wird davon ausgegangen, dass fast 80% der Gaststätten in Deutschland durch Alleinbezugs-

---

933 *EuGH*, Urt. v. 28.2.1991 – Rs. C-234/89 – Slg. 1991, I-935 ff., Rn. 26 „Delimitis/Henninger Bräu“

934 *Kommission*, Bekanntmachung zur Änderung der Bekanntmachung zu den Verordnungen (EWG) Nr. 1983/83 und (EWG) Nr. 1984/83 der Kommission vom 22. Juni 1983 über die Anwendung von Artikel 85 Absatz 3 des Vertrages auf Gruppen von Alleinvertriebsvereinbarungen beziehungsweise Alleinbezugsvereinbarungen, ABl. C 121/2 vom 13.5.1992. Der Erlass der neu gefassten Bagatell-Bekanntmachung berührt diese spezielle *de minimis*-Bekanntmachung nicht, vgl. *Paulusch/Bühler*, Brauerei- und Gaststättenrecht, Rn. 986.

935 *Kommission*, Leitlinien für vertikale Beschränkungen, ABl. C 291/1 v. 13.10.2000, Tz. 143 Satz 1.

verpflichtungen gebunden sind.[936] Insgesamt gibt es aber über die Bindungsquote in Deutschland nur Schätzungen, so dass die Angaben zum Teil beträchtlich schwanken. Mit Sicherheit kann davon ausgegangen werden, dass die Bindungsquote in Deutschland sehr hoch ist, gerade auch im Vergleich zu den Niederlanden und dem Vereinigten Königreich, wo die Bindungsquote mit 40%[937] bzw. 44%[938] angegeben wird. Aus den Leitlinien für vertikale Beschränkungen lässt sich entnehmen, dass die Kommission bei einer Bindungsquote von mehr als 40% das Vorliegen einer kumulativen Wirkung für wahrscheinlich hält.[939] Für die Frage, ob der Zugang zum nationalen Markt für Mitbewerber erschwert wird, ist weiterhin die durchschnittliche Dauer der Bezugsbindungen zugrunde zu legen. Diese liegt zwischen zehn und fünfzehn Jahren und ist somit erheblich länger als die Laufzeiten der in Art. 5 lit. a vGVO noch als freistellungsfähig bezeichneten Wettbewerbsverbote. Insgesamt ist davon auszugehen, dass der deutsche Markt durch die kumulative Wirkung der Bierlieferungsverträge schwer zugänglich ist.

Auf der zweiten Stufe ist nun zu prüfen, ob die Bierbezugsverträge der Brauerei B als solche zu der Abschottungswirkung beitragen. Dafür spricht, dass B mit 17% einen Marktanteil hält, der auf dem recht zersplitterten Biermarkt als verhältnismäßig groß bezeichnet werden kann. Dafür, dass die Verträge der B in erheblichem Maße zur Abschottungswirkung beitragen, spricht auch, dass sie eine verhältnismäßig hohe Zahl von Gaststätten betreffen. Auch die erhebliche Dauer von fünfzehn Jahren, die über die Durchschnittsdauer der deutschen Bierlieferungsverträge hinausgeht, spricht für einen Beitrag der Verträge der B zu der marktabschottenden Wirkung. Die Spürbarkeit der Beeinträchtigung des Wettbewerbs ist weder nach der allgemeinen Bagatell-Bekanntmachung der

---

936 JUVE-Rechtsmarkt 05/04 „Es braut sich was zusammen – Brauereien in Deutschland – ein Markt im Umbruch“ S. 46. *Emmerich,* Kartellrecht, 7. Auflage, § 34 5. b) bb) (S. 533) geht davon aus, dass 60% des Marktes gebunden sind. Siehe auch *Bunte/Sauter*, EG-Gruppenfreistellungsverordnungen, VO Nr. 1984/83 Rn. 14 (S. 278).

937 Vgl. *Bishop*, E.C.L.R. 2003, 229 (230).

938 Auf dem britischen Markt waren 1990 nach Schätzungen der Kommission 77 % der Gaststätten gebunden. Heute wird die Zahl der gebundenen Gaststätten dort auf 44 % geschätzt. *Nazerali/Cowan*, E.C.L.R. 1998, 289 (290).

939 *Kommission*, Leitlinien für vertikale Beschränkungen, ABl. C 291/1 v. 13.10.2000, Tz. 149 Satz 2: „*Liegt der Marktanteil eines jeden Unternehmens, das gleichartige Vereinbarungen handhabt, unter 30 %, ist eine kumulative Wirkung unwahrscheinlich, wenn insgesamt weniger als 40 % des Marktes durch die Vereinbarungen gebunden ist.*“ Dies bedeutet im Umkehrschluss, dass ab einer Bindungsquote von mehr als 40 % eine kumulative Wirkung mit zunehmendem Bindungsgrad immer wahrscheinlicher wird.

Kommission[940] noch nach den speziellen Regelungen für Bierlieferungsverträge[941] ausgeschlossen, da die B einen Marktanteil von 17% besitzt. Im Ergebnis ist ein Verstoß gegen § 1 GWB zu bejahen.

bb) Freistellungsvoraussetzungen

Die Annahme eines Verstoßes gegen § 1 GWB wirft die Frage auf, ob das Wettbewerbsverbot freistellungsfähig ist. Da das Wettbewerbsverbot eine Dauer von mehr als fünf Jahren hat, scheidet eine Freistellung nach § 2 Abs. 2 GWB iVm. Art. 2 Abs. 1 Satz 2, Art. 3 Abs. 1, Art. 5 lit. a, 1. Halbsatz vGVO aus. Daher ist nun zu prüfen, ob die vier in § 2 Abs. 1 GWB normierten Freistellungsvoraussetzungen erfüllt sind.

(1) Verbesserung der Warenverteilung und -erzeugung

Nach § 2 Abs. 1, 2. Voraussetzung GWB muss die Vereinbarung zur Verbesserung der Warenerzeugung und -verteilung oder zur Förderung des technischen und wirtschaftlichen Fortschritts beitragen. Hier trägt das Wettbewerbsverbot durch bestimmte Effizienzgewinne allenfalls zur Verbesserung der Warenverteilung bei.

(a) Langfristige Planungsmöglichkeit

Traditionell wird argumentiert, dass sich eine Alleinbezugsvereinbarung positiv auf den Vertrieb von Waren auswirke. Sie sichere dem Lieferanten langfristig den Absatz seiner Produkte und ermögliche durch langfristige Planung die

---

940 *Kommission*, Bekanntmachung über Vereinbarungen von geringer Bedeutung, die den Wettbewerb gemäß Artikel 81 Abs. 1 des Vertrages zur Gründung der Europäischen Gemeinschaft nicht spürbar beschränken (*de minimis*), ABl. C 368/13 vom 22.12.2001. Besonders hinzuweisen ist in diesem Zusammenhang auf Tz. 9 der Bekanntmachung, wonach bei einer Beschränkung des Wettbewerbs durch die kumulative Wirkung von Vereinbarungen die in Tz. 7 lit. b genannte Marktanteilsschwelle von 15% auf 5% herabgesetzt wird. Da die Brauerei B einen Marktanteil von 17% hat, entfällt die Spürbarkeit der Vereinbarung im Hinblick auf die Bekanntmachung nicht.

941 Da der Marktanteil der B größer als 1% ist, sind die Voraussetzungen der Bekanntmachung nicht erfüllt. Vgl. *Kommission*, Bekanntmachung zur Änderung der Bekanntmachung zu den Verordnungen (EWG) Nr. 1983/83 und (EWG) Nr. 1984/83 der Kommission vom 22. Juni 1983 über die Anwendung von Artikel 85 Absatz 3 des Vertrages auf Gruppen von Alleinvertriebsvereinbarungen beziehungsweise Alleinbezugsvereinbarungen, ABl. C 121/2 vom 13.5.1992. Siehe zur Frage der Spürbarkeit von Vertriebsbeschränkungen in Bierlieferungsverträgen auch *OLG Düsseldorf*, Urt. v. 23.6.2004, WuW/E DE-R 1410 ff. „Tschechisches Bier".

Senkung der Produktions- und Vertriebskosten.[942] Dadurch könnten die mit Marktschwankungen verbundenen Risiken begrenzt werden. Für den Käufer ergebe sich der Vorteil, dass ihm der Lieferant den Bezug langfristig zusichere.[943] Allein diese Vorteile für die an der Vereinbarung beteiligten Unternehmen werden aber für eine Freistellung nach § 2 Abs. 1 GWB nicht ausreichen. Denn das Kriterium der Verbesserung der Warenverteilung ist nicht schon dann erfüllt, wenn die Vereinbarung lediglich für die beteiligten Unternehmen subjektiv vorteilhaft ist. Vielmehr muss die Vereinbarung spürbare objektive Vorteile mit sich bringen, die geeignet sind, die mit ihr verbundenen Nachteile für den Wettbewerb auszugleichen.[944] Das Kriterium der Verbesserung der Warenerzeugung hat zudem die Funktion, die Freistellung auf diejenigen Fälle zu begrenzen, in denen die Wettbewerbsbeschränkung nicht nur individuelle, sondern auch gesamtwirtschaftliche Vorteile hat.[945] In Bezug auf die oben erwähnten Vorteile ist anzumerken, dass das für einen Gastronomen bestehende Risiko, nicht ausreichend mit Bier beliefert zu werden, in der heutigen Zeit nicht sonderlich groß ist, so dass die „sichere" Bezugsmöglichkeit auf einem Markt mit vielen Wettbewerbern, die als Lieferanten einspringen könnten, keinen beachtlichen Vorteil darstellt. Die langfristige Planungsmöglichkeit erscheint für die Brauereien sicherlich sinnvoll. Dennoch ist kein Grund ersichtlich, warum das unternehmerische Risiko der Kapazitätenplanung gerade in der Bierbranche durch Wettbewerbsbeschränkungen abgemildert werden müsste und warum 15jährige anstelle von fünfjährigen Wettbewerbsverboten erforderlich sind.

Positive Effizienzgewinne, die die oben aufgezeigten Nachteile von langfristigen Wettbewerbsverboten ausgleichen könnten, könnten jedoch in der

---

942 *EuGH*, Urt. v. 28.2.1991 – Rs. C-234/89 – Slg. 1991, I-935 ff., Rn. 11 „Delimitis/Henninger Bräu".

943 *Kommission*, Verordnung (EWG) Nr. 1984/83 vom 22.6.1983 über die Anwendung von Artikel 85 Absatz 3 des Vertrages auf Gruppen von Alleinbezugsvereinbarungen, ABl. L 173/5 v. 30.6.1983, Begründungserwägung 5. *Schröter*, in: von der Groeben/Schwarze, Band 2, Art. 81 Abs. 3 EG Rn. 313; *EuGH*, Urt. v. 28.2.1991 – Rs. C-234/89 – Slg. 1991, I-935 ff., Rn. 12 „Delimitis/Henninger Bräu".

944 *EuGH*, Urt. v. 13.7.1966 – Rs. 56/64 u. 58/64 – Slg. 1966, 321 (397) „Consten/Grundig"; *EuGH*, Urt. v. 17.1.1984 – verb. Rs. 43/82 und 63/82 – Slg. 1984, 19 (68 ff.) „VBVB" und „VBBB"; *Kommission*, Leitlinien zur Anwendung von Artikel 81 Abs. 3 EG-Vertrag, ABl. C 101/97 v. 27.4.2004, Tz. 49; *Kommission*, Entsch. v. 11.3.1998, ABl. L 246/1 (38, Rn. 224) v. 4.9.1998 „Van den Bergh Foods Limited".

945 Ähnlich: *Sauter*, in: Immenga/Mestmäcker, EG-WbR I, Art. 85 Abs. 3 C. Rn. 1 (S. 344).

Vermeidung des *freeridings*, der Lösung eines *hold-up*-Problems und der Behebung von Unzulänglichkeiten auf den Kapitalmärkten zu sehen sein.[946]

(b) Behebung der Unzulänglichkeiten der Kapitalmärkte

Im Beispielsfall könnte das Wettbewerbsverbot erforderlich sein, um die Unzulänglichkeiten der Kapitalmärkte zu beheben. In seltenen Fällen kann es vorkommen, dass die Bereitstellung von Kapital durch die üblichen Anbieter – etwa Banken und andere Unternehmen – unzulänglich ist, weil deren Kenntnisse über die Bonität des Darlehensnehmers unzureichend sind oder keine Sicherung des Darlehens möglich ist.[947] Ein solcher Fall liegt hier vor. Die Banken sind insbesondere nach Basel II mehr als zuvor verpflichtet, sich bei der Darlehensgewährung hinreichend abzusichern. Vor allem Betreiber von kleinen Gaststätten, die ihr Geschäft ohne umfangreiches Know-how und ohne Eigenmittel starten, werden deshalb häufig entweder Schwierigkeiten haben, überhaupt ein Darlehen von den Banken zu erhalten oder dabei – sollten sie als kreditwürdig eingestuft werden – günstige Konditionen auszuhandeln.[948] Auch die Qualifizierung für einen Existenzgründungskredit der öffentlichen Hand wird nicht immer leicht sein. Die Brauereien hingegen sind nicht an die strengen Vorschriften zur Darlehensvergabe gebunden, verfügen gegenüber den Banken über eine bessere Kenntnis der Gastronomiebranche und gehen bei der Darlehensvergabe weniger Risiken als die Banken ein. Die Brauereien und Biergroßhändler haben die Möglichkeit, die Darlehen durch langfristige Ausschließlichkeitsbindungen für Bier und sonstige Getränke abzusichern und so zugleich ihren Absatz zu erhöhen. Zusätzlich lassen sie sich häufig das Inventar oder Teile davon zur Sicherheit übereignen oder eine Grundschuld einräumen. Im Sicherungsfall können sie das Inventar besser verwerten als eine Bank, da sie häufig entweder eigene Gaststätten ausstatten und verpachten oder das Sicherungsgut aufgrund ihrer Kontakte in der Branche besser verkaufen oder auf andere Weise nutzen können. Somit wirkt sich die Darlehensvergabe durch die Brauereien grundsätzlich positiv aus. Häufig ermöglichen die Brauereien den Gastronomen erst durch

---

946 Vgl. auch *Kommission*, Leitlinien für vertikale Beschränkungen, ABl. C 291/1 v. 13.10.2000, Tz. 153 und156 Satz 2.

947 *Kommission*, Leitlinien für vertikale Beschränkungen, ABl. C 291/1 v. 13.10.2000, Tz. 116 Nr. 7 Satz 2; siehe auch *Dresel*, Verbraucherbeteiligung am Gewinn, S. 60 ff.

948 Ähnlich *Pukall*, NJW 2000, 1375 (1378). Die Brauereien können aufgrund ihrer Branchenkenntnisse die wirtschaftlichen Risiken der Darlehensgewährung an die Gaststättenbetreiber besser einschätzen als die Banken, vgl. *Bishop*, E.C.L.R. 2003, 229 (229).

ihre Darlehensgewährung die wirtschaftliche Tätigkeit in der Gastronomiebranche.

Jedoch reicht allein die Tatsache, dass ein Lieferant dem Käufer ein Darlehen gewährt hat, in der Regel nicht, um die Freistellung von Marktabschottungsmaßnahmen vom Kartellverbot zu rechtfertigen.[949] Die Kommission stellt dazu fest, dass *„ein Darlehen ein [scil.: mehr als fünfjähriges[950]] Wettbewerbsverbot nur rechtfertigen [kann], wenn der Käufer nicht daran gehindert wird, jederzeit und ohne Androhung einer Konventionalstrafe das Wettbewerbsverbot aufzuheben und das Restdarlehen zu tilgen"*.[951] Im vorliegenden Beispielsfall hat der Gaststättenbetreiber nicht die jederzeitige Möglichkeit zur Aufhebung des Wettbewerbsverbots. Zudem ist zu beachten, dass die Unzulänglichkeiten der Kapitalmärkte nicht unmittelbar durch das Wettbewerbsverbot an sich, sondern durch die mit dem Vertrag in Zusammenhang stehende Darlehensgewährung behoben werden, so dass allenfalls mittelbare Effizienzgewinne bei der Saldierung der Vor- und Nachteile des Wettbewerbsverbots zu berücksichtigen sind.

(c) *Hold-up*-Situation

Die Vereinbarung des Wettbewerbsverbots kann sich als erforderlich erweisen, um ein mögliches *hold-up*-Problem durch opportunistisches Verhalten eines Vertragspartners zu verhindern, wenn die andere Partei eine größere nicht rückgängig machbare Investition (*sunk investment*) getätigt hat.[952] Eine vertikale Beschränkung kann wegen der Lösung eines *hold-up*-Problems gerechtfertigt sein, wenn drei Voraussetzungen erfüllt sind: Erstens muss es sich um eine langfristige Investition handeln, zweitens müssen vertragsspezifische Investitionen (*„relationship-specific investments"*) getätigt worden sein und drittens muss die Investition asymmetrisch sein, i.e. die Vertragsparteien müssen unterschied-

---

949 *Kommission*, Leitlinien für vertikale Beschränkungen, ABl. C 291/1 v. 13.10.2000, Tz. 156 Satz 1.

950 Die Ausführungen der Kommission beziehen sich hier nur auf Wettbewerbsverbote, bei denen die Voraussetzungen für die Freistellung nach der vGVO nicht vorliegen. Dies ergibt sich aus der Systematik von Tz. 139 und 156 der Leitlinien für vertikale Beschränkungen.

951 *Kommission*, Leitlinien für vertikale Beschränkungen, ABl. C 291/1 v. 13.10.2000, Tz. 156 Satz 3.

952 Ähnlich: *Kommission*, Leitlinien zur Anwendung von Artikel 81 Abs. 3 EG-Vertrag, ABl. C 101/97 v. 27.4.2004, Tz. 80 Satz 4; *Bishop*, E.C.L.R. 2003, 229 (229); *LG Berlin*, Urt. v. 13.1.2004 – 102 O 122/03, S. 21 ff.

lich hohe Beträge investieren.[953] Liegt diese Erforderlichkeitstrias vor und sind zusätzlich noch sehr umfangreiche Investitionen getätigt worden, so kann ein Lieferant mit seinem Vertragspartner ein Wettbewerbsverbot für die gesamte Abschreibungsdauer vereinbaren.[954] Hier hat die B durch die Gewährung eines Darlehens in erheblicher Höhe[955] eine umfangreiche langfristige Investition getätigt, so dass die erste Voraussetzung erfüllt ist.

Hier ist allein das Vorliegen der zweiten Voraussetzung problematisch, also ob die Gewährung des Darlehens als vertragsspezifische Investition angesehen werden kann. Eine Anlage des Lieferanten gilt nur dann als vertragsspezifisch, wenn der Lieferant sie nach Vertragsablauf nicht zur Belieferung anderer Kunden nutzen und nur mit hohem Verlust verkaufen kann.[956] Diese Definition zeigt, dass eine vertragsspezifische Investition immer in der Anschaffung eines konkreten und im Eigentum des Lieferanten stehenden Gegenstandes liegt, nicht aber allein in einer Darlehensgewährung. Dies geht auch aus den weiteren Ausführungen der Kommission in den Leitlinien für vertikale Beschränkungen hervor, wonach eine Investition vertragsspezifisch ist, wenn sie z.B. nur zur Herstellung eines markenspezifischen Bauteils oder zur Lagerung einer bestimmten Marke, nicht aber zur Herstellung oder zum Weiterverkauf alternativer Produkte gewinnbringend genutzt werden kann.[957] Auch der Sinn und Zweck

---

953 *Kommission*, Leitlinien für vertikale Beschränkungen, ABl. C 291/1 v. 13.10.2000, Tz. 116 Nr. 4 Satz 6 ff.

954 *Kommission*, Leitlinien für vertikale Beschränkungen, ABl. C 291/1 v. 13.10.2000, Tz. 116 Nr. 4 Satz 12, 155 Satz 2.

955 Im vorliegenden Beispielsfall steht einem Darlehen in Höhe von 30.000 EUR und einem verlorenen Zuschuss von 5.000 EUR eine Bindungsdauer von fünfzehn Jahren gegenüber. Dies scheint nach den Maßstäben des sog. „Münchner Abkommens" (siehe *BKartA*, Tätigkeitsbericht 1961), das zwischen dem Deutschen Brauer-Bund und dem Deutschen Hotel- und Gaststättenverband abgeschlossen wurde und auch maßgeblicher Orientierungspunkt für die Rechtsprechung war, nicht übermäßig lang. Im Abkommen wurde festgesetzt, dass 1.000 DM Darlehen einem Jahr Bezugsbindung entsprechen und 8.000 DM Darlehen 1.000 hl Mindestabnahme an Bier entsprechen. Es liegt jedoch auf der Hand, dass die Verhältnismäßigkeit zwischen Bezugsdauer und Höhe des Darlehens gerade für das Kartellrecht nicht allein auf der Grundlage der Kriterien des Münchner Abkommens beurteilt werden kann. Anderenfalls müsste man im vorliegenden Falle eine Bindungsdauer von etwa 70 Jahren für zulässig erachten, was wegen der dauerhaften Marktabschottungswirkung aber nicht kartellrechtskonform sein kann.

956 *Kommission*, Leitlinien für vertikale Beschränkungen, ABl. C 291/1 v. 13.10.2000, Tz. 116 Nr. 4 Satz 7. Siehe auch Tz. 155 Satz 3: *„Allgemeine oder geschäftsspezifische Investitionen in (zusätzliche) Kapazitäten sind normalerweise nicht vertragsspezifisch"*.

957 *Kommission*, Leitlinien für vertikale Beschränkungen, ABl. C 291/1 v. 13.10.2000, Tz. 116 Nr. 4 Satz 9.

der Fallgruppe des *hold-up*-Problems spricht gegen die Einschlägigkeit dieser Fallgruppe bei einer bloßen Darlehensvergabe. Denn dabei ist die Darlehensrückzahlung grundsätzlich zu erwarten; es handelt sich in der Regel mithin nicht um ein *sunk investment* mit der daraus folgenden besonderen Schutzbedürftigkeit des Investors. Selbst wenn man davon ausgeht, dass es sich hier um eine Anlage des Lieferanten handelt und nicht des Käufers, der die Gegenstände erworben hat, verbleiben Zweifel an der erforderlichen Vertragsspezifität. Denn bei der Gewährung eines Darlehens zur Ausstattung eines Geschäftslokals wird es sich regelmäßig gerade nicht um vertragsspezifische Investitionen handeln, da der Gaststättenbetreiber das Inventar auch noch nach dem Wechsel zu einem anderen Lieferanten nutzen kann. Beispielsweise kann der Gaststättenbetreiber an einer durch Darlehen finanzierten Theke nicht nur die Getränkemarken der das Darlehen gewährenden Brauerei, sondern Getränke aller Art ausschenken. Auch die Nutzung eines Kücheninventars ist nicht von dem Bezug des Bieres einer bestimmten Brauerei abhängig. Wenn der Lieferant Sicherungsnehmer ist und der Sicherungsfall eintritt, könnte auch dieser das Inventar anderen Gaststättenbetreibern anbieten. Diese Überlegungen zeigen, dass durch die Darlehensgewährung keine vertragsspezifische Investition getätigt worden ist und so keine mit der Lösung eines *hold-up*-Problems verbundenen Effizienzvorteile vorliegen.

(d) Freeriding

Da hier also eine allgemeine, nicht markenspezifische Investition durch die B vorliegt, steigt jedoch die Gefahr des Trittbrettfahrens in der Form des *freeriding* der Hersteller.[958] Die Bereitstellung von Kapital durch die Brauerei erhöht die Funktionsfähigkeit und Attraktivität der Verkaufsräume und schafft die Voraussetzung für einen erfolgreichen Absatz von Bier. Wenn der Betreiber der Gaststätte nach dem Empfang des Darlehens in großem Umfang konkurrierende Marken vertreiben dürfte, könnten andere Lieferanten von den Investitionen der Brauerei profitieren, ohne sich ihrerseits finanziell zu engagieren. Insgesamt liegt hier ein Effizienzgewinn durch die Verhinderung eines *freeriding* der anderen Brauereien vor, so dass von der Verbesserung der Warenverteilung auszugehen ist.

---

958 *Bishop*, E.C.L.R. 2003, 229 (229). Siehe auch allgemein: *Kommission*, Leitlinien für vertikale Beschränkungen, ABl. C 291/1 v. 13.10.2000, Tz. 116 Nr. 1 Satz 9.

(2) Verbraucherbeteiligung

Äußerst zweifelhaft ist, ob die angemessene Beteiligung der Verbraucher an dem entstehenden Gewinn gewährleistet ist (vgl. § 2 Abs. 1, 1. Voraussetzung GWB). Die langfristigen Bierbezugsverträge erhöhen den Absatz der Brauereien und verbessern ihre Planungsmöglichkeit. Die dadurch entstehenden Gewinne werden jedoch nicht in Form von günstigeren Verkaufspreisen in den Gaststätten an die Verbraucher weitergegeben. Günstigere Preise sind durch die Alleinbezugsverpflichtung gerade nicht zu erwarten, da die Abnahmepreise für Bier für gebundene Gaststätten grundsätzlich wesentlich höher sind als für Gaststätten, die keiner Bezugspflicht unterliegen. Dies ist allgemeine Praxis und stand auch bei den Entscheidungen des Gerichts erster Instanz „*Shaw*“[959] und „*Joynson*“[960] im Mittelpunkt. Dort wurde allerdings argumentiert, dass die höheren Preise durch spezielle Vorteile beim Bezug anderer Waren und Dienstleistungen ausgeglichen würden.[961] Derartige Vorteile liegen im Beispielsfall nicht vor. Zudem darf G durch die Alleinbezugsvereinbarung grundsätzlich – mit Ausnahme von ausländischen Bieren – nur die Marken der B verkaufen, so dass sich die geringeren Auswahlmöglichkeiten als Nachteil für die Gäste auswirken. Insgesamt ist die angemessene Beteiligung der Verbraucher am entstehenden Gewinn sehr unwahrscheinlich.

(3) Keine Unerlässlichkeit der Beschränkung

Von besonderer Bedeutung ist das in § 2 Abs. 1 Nr. 1 GWB verankerte Abwägungskriterium „keine Unerlässlichkeit der Beschränkung“, das sich nach objektiven Maßstäben beurteilt.[962] Bei der Bewertung der Unerlässlichkeit der Beschränkung kommt es entscheidend darauf an, ob der Verzicht auf die Beschränkung[963] bzw. eine wettbewerbskonforme Lösung durch Ausrichtung an

---

959 *EuG*, Urt. v. 21.3.2002 – Rs. T-131/99 – Slg. 2002, II-2023 (2042 ff.) „Shaw und Falla“.

960 *EuG*, Urt. v. 21.3.2002 – Rs. T-231/99 – Slg. 2002, II-2085 (2110) „Joynson“.

961 Dennoch wird häufig bezweifelt, ob durch die Bezugsbindung wirklich quantifizierbare Vorteile für den Betreiber entstehen. Viele britische Gaststättenbetreiber haben die Ansicht geäußert, dass sie durch die Bierlieferungsverträge mehr verlieren als gewinnen. Siehe *Nazerali/Cowan*, E.C.L.R. 1998, 289 (291) m.w.N.

962 Zur Parallelvorschrift Art. 81 Abs. 3 EG: *Schröter*, in: von der Groeben/Schwarze, Band 2, Art. 81 Abs. 3 EG Rn. 319.

963 Zur Parallelvorschrift Art. 81 Abs. 3 EG: *Kommission*, Entsch. v. 24.6.1996, ABl. L 188/37 (46) v. 27.7.1996 „BNP/Dresdner Bank“; *Schröter*, in: Schröter/Jakob/Mederer, Kommentar zum Europäischen Wettbewerbsrecht, Art. 81 Abs. 3 EG Rn. 355 m.w.N.

einer Gruppenfreistellungsverordnung für die potenziellen Partner generell unannehmbar ist. Der Begriff der Unerlässlichkeit setzt voraus, dass sich die angestrebten Vorteile auf andere Weise entweder überhaupt nicht oder nicht in demselben Ausmaß, innerhalb desselben Zeitraums oder mit derselben Sicherheit herbeiführen lassen.[964] Die Beurteilung der Unerlässlichkeit erfolgt im Rahmen des tatsächlichen wirtschaftlichen Umfelds, in dem die Vereinbarung Anwendung findet, wobei insbesondere der Marktstruktur, den mit der Vereinbarung verbundenen wirtschaftlichen Risiken und den Anreizen für die Parteien Rechnung zu tragen ist.[965] Kriterien zur Beurteilung der Marktstruktur finden sich in den Leitlinien für vertikale Beschränkungen, in denen die Kommission unter anderem die Dauer und das Ausmaß der Bindung[966], die Marktstellung von Lieferant[967], Käufer[968] und Wettbewerbern[969] sowie die Handelsstufe[970] und Marktzutrittsschranken[971] heranzieht.

Zunächst erscheint es, als seien die Anreize der Vertragsparteien, ein kürzeres Wettbewerbsverbot abzuschließen, gering. Wenn Wettbewerbsverbote nur auf fünf Jahre begrenzt werden (vgl. Art. 5 lit. a vGVO), eine Verlängerung des Vertrags von der Zustimmung des Käufers abhängt und dieser auch bei Beendigung des Wettbewerbsverbots – wie in den Leitlinien vorgesehen – von gleich bleibend günstigen Raten profitieren kann, dann ist zweifelhaft, ob die Brauereien zur Gewährung von Darlehen bereit sein werden. Zu bedenken ist, dass die

Kommission, Entsch. v. 24.6.1996, ABl. L 188/37 (46) v. 27.7.1996 „BNP/Dresdner Bank".

964 Zur Parallelvorschrift Art. 81 Abs. 3 EG: *Schröter*, in: Schröter/Jakob/Mederer, Kommentar zum Europäischen Wettbewerbsrecht, Art. 81 Abs. 3 EG Rn. 356.

965 *Kommission*, Leitlinien zur Anwendung von Artikel 81 Abs. 3 EG-Vertrag, ABl. C 101/97 v. 27.4.2004, Tz. 80 Satz 1.

966 *Kommission*, Leitlinien für vertikale Beschränkungen, ABl. C 291/1 v. 13.10.2000, Tz. 141.

967 *Kommission*, Leitlinien für vertikale Beschränkungen, ABl. C 291/1 v. 13.10.2000, Tz. 140.

968 *Kommission*, Leitlinien für vertikale Beschränkungen, ABl. C 291/1 v. 13.10.2000, Tz. 145.

969 *Kommission*, Leitlinien für vertikale Beschränkungen, ABl. C 291/1 v. 13.10.2000, Tz. 142.

970 *Kommission*, Leitlinien für vertikale Beschränkungen, ABl. C 291/1 v. 13.10.2000, Tz. 146.

971 *Kommission*, Leitlinien für vertikale Beschränkungen, ABl. C 291/1 v. 13.10.2000, Tz. 144.

Brauereien durch die Gewährung von hohen Darlehen ein Risiko eingehen, welches in dem Fall, dass die fünfjährige Bezugsbindung nicht verlängert wird und der Gaststättenbetreiber trotz unvollständiger Darlehensrückzahlung zur Konkurrenz wechselt, weiterhin gesichert werden muss. Gerade in wirtschaftlich schwierigen Zeiten mit vielen Insolvenzen und stagnierenden bzw. rückläufigen Umsätzen in der Gastronomiebranche im Allgemeinen und der Bierbranche im Besonderen könnte man erwarten, dass die Brauereien nun niedrigere Darlehen gewähren bzw. den Gaststättenbetreibern ungünstigere Zinsen anbieten werden. Dies würde aber zum Betrieb mancher Gaststätte nicht ausreichen und so den Bedürfnissen der Gaststättenbetreiber nicht gerecht werden. Dennoch ist das Bedürfnis der Gaststättenbetreiber nach hohen Darlehen nicht unvereinbar mit dem Abschluss kürzerer Bezugsverpflichtungen. Es ist denkbar, dass der Gaststättenbetreiber nach Ablauf eines fünfjährigen Wettbewerbsverbots zu einer anderen Brauerei wechselt, die ihm zu günstigeren Konditionen Bier liefert und ihm zur Tilgung der restlichen Raten aus dem ersten Darlehensvertrag ein neues Darlehen einräumt. Zur Gewährung solcher Darlehen zwecks Schuldentilgung gegenüber dem früheren Lieferanten werden die Brauereien gern bereit sein, wenn sie dadurch die Möglichkeit zur Begründung eines neuen fünfjährigen Bezugsvertrags haben. Die Verkürzung der Laufzeiten macht regelmäßige Neuverhandlungen zwischen dem Lieferanten und dem Käufer über die Verlängerung des Wettbewerbsverbots erforderlich, bei denen die Parteien den Vertrag mit den bisherigen Konditionen verlängern bzw. ihn anpassen können. Der Käufer hat zudem die Möglichkeit, von dem Vertrag Abstand zu nehmen und mit einem anderen Lieferanten einen günstigeren Vertrag auszuhandeln, wobei er die günstigeren Preise dann an die Verbraucher weitergeben kann. Kürzere Laufzeiten haben auch den Vorteil, dass sich der Betreiber der Gaststätte durch Wechsel im Getränkeangebot besser dem wandelnden Publikumsgeschmack oder einer Änderung in der Struktur der Kundschaft anpassen kann.[972] Je kürzer die Laufzeit des Vertrags ist, desto häufiger können die Brauereien um die Belieferung der Gaststätten in Wettbewerb treten. Daher führen kürzere Laufzeiten zu niedrigeren Marktzutrittsschranken für die konkurrierenden Lieferanten und zu ausgeprägterem Wettbewerb.

Gegen die Unerlässlichkeit der langfristigen Bezugsvereinbarung spricht zudem, dass es bereits viele Bierlieferungsverträge mit fünfjähriger Bindungsdauer und auch solche gibt, in denen die Gaststättenbetreiber die Möglichkeit haben, jederzeit mit kurzer Frist bei Rückzahlung des Darlehens zu kündigen. Im Übrigen wäre eine 15jährige Bezugsbindung auch nur dann unerlässlich, wenn

---

972 *Wahl*, Bierlieferungsvertrag, S. 18.

keine Vereinbarung möglich ist, die den Wettbewerb weniger beschränkt. Insbesondere ist hier nicht ersichtlich, warum nicht statt des Wettbewerbsverbots eine Mengenvorgabe ausreichen könnte.[973]

Auch eine Analyse der Marktstruktur anhand der in den Leitlinien enthaltenen Kriterien deutet auf die Unzulässigkeit des langjährigen Wettbewerbsverbots hin. Im Beispielsfall hat die Brauerei B eine recht starke Marktstellung, die durch die 320 langfristigen Bezugsverträge verfestigt wird.[974] Zudem können die Gaststättenbetreiber gegenüber den Brauereien keine gegengewichtige Marktmacht ausüben, da sie im Vergleich zum Gesamtvolumen des Marktes jeweils nur kleine Nachfrager sind, nicht in Einkaufsgemeinschaften organisiert sind und sich durch das Bedürfnis nach einem Darlehen in einer schlechten Verhandlungsposition befinden. Dadurch ist es vorstellbar, dass die Brauereien die Gaststättenbetreiber in einigen Fällen „knebeln". Nicht ohne Grund wurden die Bierlieferungsverträge im deutschen Recht vor allem unter dem Stichwort der Sittenwidrigkeit diskutiert. Das Wettbewerbsverbot der B wirkt sich besonders negativ aus, weil auf dem Biermarkt Netze von Alleinbezugsbindungen bestehen, die eine kumulative Wirkung entfalten. Die erhebliche Höhe der Bindungsquote, bei der im Übrigen schon die Voraussetzungen zur Erklärung der Nichtanwendbarkeit der vGVO auf dem betroffenen Markt nach Art. 8 Abs. 1 vGVO vorliegen, verstärkt die negativen Wirkungen der Marktabschottung.[975] Wegen der kumulativen Wirkung der Netze von Alleinbezugsbindungen führt auch die Tatsache, dass auf dem Markt viele Wettbewerber aktiv sind, nicht zur positiven Beurteilung des 15jährigen Wettbewerbsverbots.[976] Dies alles spricht dafür, dass die langfristigen Bezugsbindungen wegen ihrer negativen Wirkung nicht freistellungsfähig sind. Der Umstand, dass im Beispielsfall das Wettbewerbsverbot auf der Einzelhandelsebene vereinbart worden ist, erhöht die Gefahren, die von ihm ausgehen. In den Leitlinien weist die Kommission darauf hin, dass eine Marktabschottung bei Zwischenprodukten[977] und auf Großhandelsebene[978]

---

973 Allgemein: *Kommission*, Leitlinien für vertikale Beschränkungen, ABl. C 291/1 v. 13.10.2000, Tz. 154.

974 Zur Berücksichtigung dieser Kriterien im Rahmen des Art. 81 Abs. 3 EG *Kommission*, Leitlinien für vertikale Beschränkungen, ABl. C 291/1 v. 13.10.2000, Tz. 140.

975 *Kommission*, Leitlinien für vertikale Beschränkungen, ABl. C 291/1 v. 13.10.2000, Tz. 141 Satz 2: „*Je höher die Bindungsquote, desto ausgeprägter dürfte die Marktabschottung ausfallen*".

976 Allgemein: *Kommission*, Leitlinien für vertikale Beschränkungen, ABl. C 291/1 v. 13.10.2000, Tz. 142 Satz 5.

977 *Kommission*, Leitlinien für vertikale Beschränkungen, ABl. C 291/1 v. 13.10.2000, Tz. 146 Satz 2.

unwahrscheinlicher als auf Einzelhandelsebene ist.[979] Dies liegt unter anderem daran, dass es für die Lieferanten recht schwierig ist, durch Einrichtung von neuen Verkaufsstellen im Einzelhandel Marktzutrittsschranken zu überwinden.[980] Es wird nicht immer möglich sein, in unbegrenztem Maße neue Gaststätten zu eröffnen und/oder bestehende aufzukaufen. Die Absatzmöglichkeit für Bier an den Großhandel und sonstigen Einzelhandel (Supermärkte, Tankstellen) ist bei der Beurteilung der Marktzutrittsschranken nicht zu berücksichtigen, da es sich um jeweils getrennte Märkte handelt.[981] Ein weiterer Grund für die negative Wirkung von Wettbewerbsverboten auf Einzelhandelsebene besteht darin, dass sie zulasten der Verbraucher zum Rückgang an Markenwettbewerb führen.

Unter Berücksichtigung der obigen Aspekte zeigt sich, dass sich langfristige Wettbewerbsverbote in der Bierbranche angesichts der dort anzutreffenden Marktstruktur ausgesprochen negativ auswirken können und vor allem im Hinblick auf alternative Möglichkeiten der Vertragsgestaltung nicht unerlässlich sind. Daher bestätigt sich die Aussage der Kommission, wonach ein Wettbewerbsverbot von mehr als fünf Jahren Dauer „*bei den meisten Investitionsarten nicht als für die Erzielung der behaupteten Effizienzgewinne erforderlich betrachtet werden [scil.: kann] bzw. dass diese Gewinne nicht ausreichen, um den Abschottungseffekt zu kompensieren*“.[982] Da im Beispielsfall bereits die Unerlässlichkeit des Wettbewerbsverbots fehlt, kann die Frage, ob durch die Vereinbarung der Wettbewerb für einen wesentlichen Teil der betroffenen Waren ausgeschaltet wird, dahingestellt bleiben.

---

978 Siehe zu einer sehr positiven Beurteilung von Bierbezugsvereinbarungen auf Großhandelsebene auch *Kommission*, Entsch. v. 29.6.2000, WuW/E EU-V 514 (517) „Spring-Spring“ und „Inntrepreneur“. Danach wird die kumulative Wirkung des Bündels von Vertriebsvereinbarungen einer Brauerei durch Pachtverträge auf Großhandelsebene nicht verstärkt, sondern vielmehr vermindert, weil der Zugang eines neuen Erzeugers zu diesem Markt potenziell erleichtert wird.

979 *Kommission*, Leitlinien für vertikale Beschränkungen, ABl. C 291/1 v. 13.10.2000, Tz. 148 Satz 1 bis 3.

980 Ähnlich: *Kommission*, Leitlinien für vertikale Beschränkungen, ABl. C 291/1 v. 13.10.2000, Tz. 144.

981 Siehe *BKartA*, Beschl. v. 26.4.2000, WuW/E DE-V 286 (286 ff.) „Holsten/König“.

982 *Kommission*, Leitlinien für vertikale Beschränkungen, ABl. C 291/1 v. 13.10.2000, Tz. 141 Satz 6.

cc) Ergebnis

Da im vorliegenden Beispielsfall die Freistellungsvoraussetzungen des § 2 Abs. 1 GWB nicht erfüllt sind, stellt das Wettbewerbsverbot einen nicht freistellungsfähigen Verstoß gegen das Kartellverbot dar.

2. Exkurs: Vertikale Demarkationen in Energielieferverträgen

a) Vertikale Bindungen in der Energiebranche

Bevor die kartellrechtliche Zulässigkeit von Wettbewerbsverboten in Energielieferverträgen anhand eines Beispielsfalls aus der Strombranche behandelt wird, soll kurz auf die Struktur der Stromwirtschaft eingegangen werden.

Der öffentlichen Stromversorgung in Deutschland liegt ein dreistufiges Erzeugungs- und Verteilungssystem zugrunde.[983] Es ist zwischen der Ebene der Verbundunternehmen einerseits und der Ebenen der regionalen und lokalen Versorgungs- und Verteilerunternehmen andererseits zu unterscheiden. Die Verbundunternehmen[984] erzeugen Strom, die sie über ihre Höchst- und Hochspannungsnetze an die ihnen nachgeordneten Versorgungs- und Verteilerunternehmen weiterleiten. Vereinzelt beliefern die Verbundunternehmen auch einzelne Endabnehmer direkt. Demgegenüber betreiben die etwa 70 regionalen Stromversorger Mittel- und Niederspannungsnetze und beliefern Versorger auf der lokalen Stufe als Weiterverteiler, vereinzelt aber auch Industrieabnehmer direkt. Dabei beziehen sie den Strom teilweise von den Verbundunternehmen, stellen Strom teilweise aber auch selbst her. Die über 1000 lokalen Stromversorger, meist Stadtwerke, betreiben ebenfalls Mittel- und Niederspannungsnetze. Sie produzieren aber nur im Einzelfall selbst Strom, beziehen in der Regel den Strom von den übergeordneten Energieunternehmen und liefern ihn anschließend an die privaten und gewerblichen Endverbraucher.

In den Verträgen über die Lieferung von Strom zwischen den Energieversorgungsunternehmen sind oft vertikale Wettbewerbsbeschränkungen enthalten, bei denen es sich meistens um sog. Demarkationen und Bezugsbindungen handelt. Die unselbständige vertikale Demarkation – auch als Gebietsschutzabrede

---

983 Siehe dazu auch *BKartA*, Beschl. v. 20.11.2003, WuW/E DE-V 837 (838) „E.ON/Stadtwerke Lübeck".

984 Dies sind in Deutschland nach der Reihenfolge ihres Stromabsatzes RWE (RWE AG), E.ON (E.ON Energie AG), EnWB (Energie Baden-Württemberg AG) und Vattenfall Europe.

bezeichnet – wird in einem Liefervertrag als Nebenabrede vereinbart.[985] Durch sie verpflichtet sich der Lieferant gegenüber dem Abnehmer, die Belieferung von Kunden in dem Gebiet des Abnehmers zu unterlassen.[986] Bei Bezugsbindungen, die insbesondere in der Gasbranche weit verbreitet sind, verpflichtet sich ein Versorgungsunternehmen, für einen bestimmten Zeitraum den eigenen Bedarf ganz oder teilweise beim Vertragspartner zu decken (Gesamt- bzw. Teilbedarfsdeckungsklausel).[987]

Wegen der zunehmenden internationalen Verflechtung der Energieunternehmen wird eine Vielzahl von wettbewerbsbeschränkenden Absprachen in Energielieferverträgen Auswirkungen auf den zwischenstaatlichen Handel haben. Dies muss jedoch nicht zwangsläufig der Fall sein. Gerade bei rein inländischen Demarkationen und in grenzfernen Gebieten liegt im Regelfall keine Beeinträchtigung des zwischenstaatlichen Handels vor.[988]

---

985 Demgegenüber wird die selbständige vertikale Demarkation unabhängig von einem bestehenden Liefervertrag abgeschlossen.

986 Siehe *Bunte*, Langfristige Gaslieferverträge, S. 43; *J.F. Baur*, in: Festschrift Sandrock, 2000, S. 35 (38).

987 In den Jahren 2000/2001 und 2001/2002 handelte es sich bei drei Vierteln der Lieferverträge um Gesamtbedarfsdeckungsverträge oder um Quasi-Gesamtbedarfsdeckungsverträge, vgl. *Bundeskartellamt*, Diskussionspapier v. 28.1.2005 „Beurteilungsgrundsätzen zu langfristigen Gasverträgen", S. 3. Bislang ist durch den Bundesgerichtshof nicht entschieden worden, wie lang die maximale Laufzeit von Gaslieferverträgen sein darf. In den zwei bereits anhängigen Fällen (Stadtwerke Schwäbisch Hall ./. Gasversorgung Süddeutschland, Az. KZR 12/02 und Thyssengas GmbH./. STAWAG Stadtwerke Aachen AG, Az. KZR 26/01) kam es wegen Rücknahme einer bereits anhängigen Revision zu keiner Entscheidung. Siehe zu einem Überblick über die Judikatur der übrigen Gerichte zu langfristigen Gaslieferverträgen *Säcker/Jaecks*, Langfristige Energielieferverträge und Wettbewerbsrecht, S. 13 m.w.N.; *Markert*, ZNER 2004, 250 ff. Das Bundeskartellamt hat Anfang 2005 ein Diskussionspapier zu langfristigen Gaslieferverträgen veröffentlicht, in dem es sich für das Mehrlieferantenkonzept aussprach (*Bundeskartellamt*, Diskussionspapier v. 28.1.2005 „Beurteilungsgrundsätzen zu langfristigen Gasverträgen"). Daraufhin haben sich Vertreter der Energiewirtschaft kritisch geäußert (*BGW*, Stellungnahme v. 21.2.2005 zum Diskussionspapier des Bundeskartellamts).

Das Bundeskartellamt hat jedoch die diesbezügliche Kritik größtenteils zurückgewiesen (vgl. *Bundeskartellamt*, Pressepapier v. 6.4.2005 „Langfristige Gasverträge", im Internet abrufbar unter http://www.bundeskartellamt.de/wDeutsch/download/pdf/Diskussionsbeitraege/050406_Pressepapier_Gasvertraege.pdf) und inzwischen eine Untersagungsverfügung gegen die langfristigen Gaslieferverträge eines Verbundunternehmens erlassen, vgl. *BKartA*, Beschl. v. 13.1.2006, WuW/E DE-V 1147 „E.ON Ruhrgas".

988 *Lukes*, DB 1987, 1925 (1929); *Steinberg/Britz/Schaub*, RdE 1996, 165 (171); *Schmitz*, RdE 1991, 142 (147); *Baur*, RdE 1992, 41 (46). A.A. *Feist*, RdE 1995, 186 (187), der

Die Demarkationsvereinbarungen waren vor der Liberalisierung der Energiewirtschaft als Bereichsausnahme durch § 103 Abs. 1 Nr. 1 GWB a.F. von § 1 GWB a.F. freigestellt. Damals ging man davon aus, dass die Sicherheit und Preisgünstigkeit der Versorgung mit Strom und Gas am besten unter Ausschluss des Wettbewerbs gewährleistet sei. Dabei wurde auch auf die Besonderheiten des Energiemarktes wie die Leitungsgebundenheit und die begrenzte Speicherfähigkeit hingewiesen.[989] Mit der 4. GWB-Novelle wurde die Freistellung von wettbewerbsbeschränkenden Verträgen im Energiebereich auf Verträge mit einer Laufzeit von nicht mehr als 20 Jahren begrenzt. Damit sollte verhindert werden, dass „*das System der Gebietsmonopole zum Nachteil der Abnehmer erstarrt und nicht mehr flexibel genug ist, um auf die versorgungswirtschaftlichen Erfordernisse zu reagieren.*“[990] Die erwünschten positiven Effekte für den Wettbewerb blieben jedoch aus, so dass die Deregulierungskommission in ihrem Gutachten zum Abbau marktwidriger Regulierungen aus dem Jahr 1991 die Aufhebung der Bereichsausnahme forderte.[991] Zudem beschloss die Europäische Gemeinschaft Mitte der neunziger Jahre, auch für Energie einen freien Binnenmarkt zu schaffen und erließ zur Liberalisierung des Energiemarktes entsprechende Richtlinien für den Strom-[992] und Gasmarkt.[993] Die Richtlinie

---

von der zwischenstaatlichen Wirkung von Demarkationen in Gaslieferverträgen ausgeht. Dies ist aber nicht auf die Strombranche übertragbar, weil Demarkationen in Gaslieferverträgen Auswirkungen für Gasimporte aus dem Ausland haben können. *Nelißen*, Die Abgrenzung „horizontaler“ und „vertikaler“ Wettbewerbsbeschränkungen, S. 193, geht davon aus, dass Demarkationen den zwischenstaatlichen Handel beeinträchtigen können: *„Durch die Vereinbarung einer Gebietsschutzabrede werden die in dem „geschlossenen“ Versorgungsgebiet ansässigen Abnehmer aber gleichwohl in jedem Fall daran gehindert, Energie von einem anderen – inländischen oder ausländischen Abnehmer zu beziehen. (...) Die Möglichkeit für ausländische Unternehmen, Energie an Abnehmer in Deutschland zu liefern, wird vielmehr konkret und unmittelbar beeinträchtigt.*“ Diese Argumentation verkennt, dass der Abnehmer bei einer üblichen Gebietsschutzzusage des Lieferanten weiterhin die Freiheit hat, von einem ausländischen Lieferanten zu beziehen. Die Vereinbarung hindert nur den Lieferanten an einem Tätigwerden im Vertragsgebiet des Abnehmers. *Nelißen* spricht zwar von Demarkationen, seine Ausführungen scheinen sich aber auf Alleinbezugsbindungen zu beziehen.

989 *Ausschuss für Wirtschaftspolitik*, Anhang zu BT-Drs. 2/3644, S. 45. Siehe dazu auch: *Baur*, Geschlossene Versorgungsgebiete, S. 30, 51; *Börner*, RdE 1979, 50 (56, 58); *Bala*, Art. 90 Abs. 2 EGV im System unverfälschten Wettbewerbs, S. 209.

990 *Ausschuss für Wirtschaft*, BT-Drs. 8/3690, S. 32.

991 Siehe dazu *Bundesregierung*, Entwurf eines Gesetzes zur Neuregelung des Energiewirtschaftsrechts, BT-Drs. 13/7274, S. 24.

992 Richtlinie 96/92/EG des Europäischen Parlaments und des Rats vom 19.12.1996 betreffend gemeinsame Vorschriften für den Elektrizitätsbinnenmarkt, ABl. L 27/20 v. 30.1.1997.

96/92/EG für den Strommarkt wurde in Deutschland durch das Gesetz zur Neuregelung des Energiewirtschaftsrechts[994] umgesetzt, das in engem zeitlichem Zusammenhang mit der 6. GWB-Novelle verabschiedet wurde. Darin wurden die §§ 103, 103a GWB a.F. aufgehoben, durch die Energielieferverträge vom Kartellverbot des § 1 GWB a.F. freigestellt worden waren. Nach diesen Gesetzesänderungen wurde diskutiert, ob Demarkationen und Ausschließlichkeitsklauseln in Konzessionsverträgen[995] nun mit der Folge der Unzulässigkeit unter § 1 GWB a.F. fielen oder nach § 16 GWB a.F. grundsätzlich wirksam waren. Die Problematik war angesichts der Vielzahl von Demarkationen und ihrem wirtschaftlichen Ausmaß von großer Bedeutung. Die Anwendbarkeit von § 1 GWB hing davon ab, ob für die entsprechende Demarkations- oder sonstige Ausschließlichkeitsvereinbarung ein anzuerkennendes Interesse bestand. Während einige Autoren ein solches annahmen[996], war die überwiegende Meinung im Schrifttum der Ansicht, dass ein anzuerkennendes Interesse an Demarkationen und sonstigen Ausschließlichkeitsvereinbarungen nicht bestehe.[997] Letztlich bejahte auch der Bundesgerichtshof die Einschlägigkeit des § 1 GWB in Bezug auf Demarkationen in Energielieferverträgen.[998] Auch die Kommission hat in jüngsten Entscheidungen bei Gebietsbeschränkungen im Energiebereich eine Verletzung von Art. 81 Abs. 1 EG angenommen.[999] Durch Inkrafttreten der

---

993 Richtlinie 98/30/EG des Europäischen Parlaments und des Rats vom 22.6.1998 betreffend gemeinsame Vorschriften für den Erdgasbinnenmarkt, ABl. L 204/1 v. 21.7.1998.

994 Gesetz zur Neuregelung des Energiewirtschaftsrechts vom 24.4.1998, BGBl. 1998 I, S. 730.

995 In Konzessionsverträgen räumten die Gebietskörperschaften den Energieunternehmen u.a. das Recht ein, Leitungen auf und unter dem Gebiet der Körperschaft zu verlegen und die dort ansässigen Kunden mit Energie zu versorgen. Siehe dazu *Baur*, Gebietsschutzverträge, S. 10 f.

996 *Kühne*, BB 1997, Beilage 19, S. 1 (7); *Schwintowski*, WuW 1997, 769 (776 f.); *Büdenbender*, EWiR 1999, 609 (610). Einschränkend *Nelißen*, Die Abgrenzung „horizontaler" und „vertikaler" Wettbewerbsbeschränkungen, S. 160, 180, der davon ausgeht, dass für Demarkationen nur im Einzelfall ein anzuerkennendes Interesse besteht.

997 *Baur*, RdE 1997, 41 (42); *Ebel*, WuW 1998, 448 (449, 455 f.); *Piltz*, RdE 1999, 60 (61 f.); siehe auch *KG*, Beschl. v. 14.2.1996, RdE 27 (28) „Demarkation Gasversorgung".

998 *BGH*, Beschl. v. 18.2.2003, WuW/E DE-R 1119 ff. „Verbundnetz II".

999 *Kommission*, Entsch. v. 26.10.2004, „GDF/ENI" und *Kommission*, Entsch. v. 26.10.2004, „GDF/ENEL", beide unveröffentlicht, vgl. Pressemitteilung IP 04/1310 siehe zu den Entscheidungen *Cultrera*, Competition Policy Newsletter 2005, Nr. 1, S. 45 ff.

7. GWB-Novelle und der 2. EnWG-Novelle[1000] haben sich die Voraussetzungen für Demarkationen in kürzester Zeit erneut grundlegend geändert. Daher soll im nachstehenden Beispielsfall erläutert werden, wie Demarkationen nach neuem Recht zu beurteilen sind, wobei der Schwerpunkt auf der Frage liegen wird, ob die Freistellungsvoraussetzungen der vGVO bzw. des § 2 Abs. 1 GWB erfüllt sind.

b) Beispielsfall

Sachverhalt: A ist ein deutschlandweit tätiges Verbundunternehmen, welches Strom produziert, mit Strom handelt und in einigen Gebieten selbst Endabnehmer – private und gewerbliche Kunden – versorgt. A hat einen Marktanteil von 20%. B ist ein kommunales Versorgungsunternehmen, das im Gemeindegebiet von X tätig ist. In diesem Gebiet hat B in den letzten drei Jahren das gesamte Leitungsnetz saniert, wobei erhebliche Kosten entstanden sind. Der jährliche Jahresumsatz des B liegt unter 100 Mio. EUR. A und B schließen einen Vertrag über die Lieferung von Strom. In § 2 des Vertrages verpflichtet sich B, 80% seines im vorigen Jahr entstandenen Bedarfs an Strom von A zu beziehen. Demgegenüber verpflichtet sich A gegenüber B in § 3 des Vertrages, im Absatzgebiet des B, das den Gemeindegrenzen von X entspricht, nicht selbst Kunden zu beliefern. Es stellt sich die Frage, wie die in § 3 des Vertrages enthaltene Klausel im Hinblick auf §§ 1, 2 GWB zu beurteilen ist.

Lösung:

aa) Verstoß gegen § 1 GWB

Die in § 3 des Vertrages enthaltene Klausel bewirkt eine Aufteilung der Versorgungsgebiete zwischen A und B bzw. dessen Wettbewerbern, durch die der Wettbewerb um Kunden sowie die Auswahlmöglichkeiten der Verbraucher im

---

[1000] In seiner Sitzung am 16.6.2005 hat der Bundestag sowohl die Beschlussempfehlung des Vermittlungsausschusses zur 7. GWB-Novelle als auch die Beschlussempfehlung des Vermittlungsausschusses zur 2. EnWG-Novelle angenommen. Siehe zur EnWG-Novelle *Bundestag*, Plenarprotokoll 15/181 vom 16.6.2005 S. 17101 (17119 D.); *Vermittlungsausschuss*, Beschlussempfehlung zu dem Zweiten Gesetz zur Neuregelung des Energiewirtschaftsrechts, BT-Drs. 15/5736 v. 15.6.2005, zugl. BR-Drs. 498/05. Die Novelle des Energiewirtschaftsrechts erfolgte zur Umsetzung der zwei Beschleunigungs-Richtlinien. Es handelt sich um die Richtlinie 2003/54/EG für den Elektrizitätsbinnenmarkt und zur Aufhebung der Richtlinie 96/92/EG (ABl. L 176/37 ff. v. 15.7.2003) und die Richtlinie 2003/55/EG für den Erdgasbinnenmarkt und zur Aufhebung der Richtlinie 98/30/EG (ABl. L 176/57 ff. v. 15.7.2003). Zum Entwurf der EnWG-Novelle siehe *Säcker*, N&R 2004, S. 46 ff.

Gebiet X beeinträchtigt werden.[1001] Daher stellt die Gebietsschutzabrede einen Verstoß gegen § 1 GWB dar.[1002]

bb) Freistellungsmöglichkeit

(1) Freistellung nach der vGVO

Dies wirft die Frage auf, ob eine Freistellung nach § 2 Abs. 2 GWB iVm. der vGVO möglich ist.

(a) Anwendbarkeit der vGVO

Dazu müsste die vGVO anwendbar sein. Nach Art. 2 Abs. 1 vGVO gilt die vGVO für Vereinbarungen zwischen Unternehmen, von denen jedes zwecks Durchführung der Vereinbarung auf einer unterschiedlichen Produktions- und Vertriebsstufe tätig ist. Insofern setzt Art. 2 Abs. 1 vGVO voraus, dass die Vertragsparteien keine Wettbewerber iSd. Art. 1 lit. a vGVO, also nicht auf demselben sachlichen Markt als Anbieter tätig sind. Bei Art. 2 Abs. 1 vGVO kommt es nicht darauf an, ob die Parteien hinsichtlich der konkret zu prüfenden Abrede – hier also der Gebietsschutzabrede – auf unterschiedlichen Produktions- und Vertriebsstufen stehen, sondern es kommt auf den gesamten Liefervertrag an.[1003] Ob A und B auf unterschiedlichen Produktions- und Vertriebsstufen stehen, könnte hier zweifelhaft sein, da sowohl A als auch B in der Vergangenheit an Endverbraucher verkauft haben und nun auch an Endverbraucher verkaufen könnten. Daher könnten sie potenzielle Wettbewerber sein und insofern auf derselben Vertriebsstufe stehen.

Diese Frage muss aber nicht abschließend geklärt werden, da die vGVO unter den Voraussetzungen des Art. 2 Abs. 4, 2. Halbsatz vGVO auch auf Vereinbarungen zwischen Wettbewerbern Anwendung findet. Danach ist die vGVO auf Vereinbarungen zwischen Wettbewerbern anwendbar, wenn es sich um eine

---

1001 Allgemein: *Säcker/Jaecks*, Langfristige Energielieferverträge und Wettbewerbsrecht, S. 61 m.w.N.

1002 Vor der 7. GWB-Novelle: *BGH*, Beschl. v. 18.2.2003, WuW/E DE-R 1119 (1124 f.) „Verbundnetz II"; *J.F. Baur*, RdE 1997, 41 (42). In Bezug auf einen Verstoß einer Gebietsschutzabrede gegen Art. 81 Abs. 1 EG siehe *Köhler*, WuW 1999, 445 (446). Zweifelnd, ob eine Gebietsschutzabrede einen Verstoß gegen § 1 GWB darstellt *Bunte*, Langfristige Gaslieferverträge, S. 44.

1003 *Säcker/Jaecks*, Langfristige Energielieferverträge und Wettbewerbsrecht, S. 62; *Veelken*, in: Immenga/Mestmäcker, EG-WbR, Erg-Bd, 2. Lieferung 2001, V. GFVO Rn. 64.

nichtwechselseitige vertikale Vereinbarung handelt und eine der in lit. a) bis c) bezeichneten Tatbestandsvarianten eingreift. Bei der Frage, ob eine solche nichtwechselseitige Vereinbarung vorliegt, ist nicht auf die einzelne Abrede – hier also die Kundenschutzabrede –, sondern wiederum auf die vertragliche Beziehung insgesamt abzustellen.[1004] Eine nichtwechselseitige Vereinbarung liegt dann vor, wenn im Rahmen desselben relevanten Marktes nur jeweils eine Partei die Rolle des „Lieferanten" und des „Käufers" in der vertikalen Vereinbarung übernimmt.[1005] Hier übernimmt A vertragsgemäß nur die Rolle des Lieferanten und B nur die Rolle des Käufers, so dass eine nichtwechselseitige Vereinbarung vorliegt. Da der jährliche Gesamtumsatz des Käufers 100 Mio. EUR nicht überschreitet, greift Art. 2 Abs. 4 lit. a vGVO ein. Auch die Tatbestandsvariante in Art. 2 Abs. 4 lit. b vGVO greift im vorliegenden Fall ein, da A als Lieferant zugleich Hersteller und Händler von Waren, B als Käufer dagegen nur Händler ist, der keine mit den Vertragswaren im Wettbewerb stehenden Waren herstellt. Daher ist die Anwendung der vGVO trotz der Tatsache, dass es sich vorliegend um eine Vereinbarung zwischen potenziellen Wettbewerbern handelt, nicht ausgeschlossen. Die weitere Anwendungsvoraussetzung des Art. 3 Abs. 1 vGVO, wonach der Marktanteil des Lieferanten 30% nicht übersteigen darf, ist ebenfalls erfüllt. Somit ist die vGVO anwendbar.

(b) Freistellung durch die vGVO

Zudem müssten die Freistellungsvoraussetzungen der vGVO eingreifen. Dies setzt voraus, dass die Gebietsschutzabrede weder eine schwarze Klausel iSd. Art. 4 lit. b vGVO noch eine nicht freistellungsfähige Klausel iSd. Art. 5 vGVO darstellt. Art. 4 lit. b vGVO greift jedoch nicht ein, da diese Regelung nur Gebietsbeschränkungen zulasten des Käufers umfasst, nicht aber Beschränkungen zulasten des Lieferanten.[1006] Art. 5 vGVO ist ebenfalls nicht einschlägig, da die Gebietsschutzabrede kein Wettbewerbsverbot iSd. Art. 1 lit. b vGVO beinhaltet. Nach Art. 1 lit. b vGVO sind Wettbewerbsverbote u.a. Vereinbarungen, die den Käufer veranlassen, keine Waren weiterzuverkaufen, die mit den

1004 *Säcker/Jaecks*, Langfristige Energielieferverträge und Wettbewerbsrecht, S. 63.

1005 *Veelken*, in: Immenga/Mestmäcker, EG-WbR, Erg-Bd, 2. Lieferung 2001, V. GFVO Rn. 117. Etwas anders ist die Definition der Kommission. Danach liegt eine nichtwechselseitige Vereinbarung vor, „*wenn der Hersteller den Vertrieb der Produkte eines anderen Herstellers übernimmt, dieser aber nicht den Vertrieb von Produkten des erstgenannten Herstellers*" (*Kommission*, Leitlinien für vertikale Beschränkungen, ABl. C 291/1 v. 13.10.2000, Tz. 27).

1006 *Veelken*, in: Immenga/Mestmäcker, EG-WbR, Erg-Bd, 2. Lieferung 2001, V. GFVO Rn. 183.

Vertragswaren in Wettbewerb stehen. Die vorliegende Gebietsschutzabrede stellt kein solches Wettbewerbsverbot dar, da sie nicht, wie von Art. 1 lit. b vGVO vorausgesetzt, den Käufer, sondern den Lieferanten verpflichtet. Daher greift Art. 5 lit. a vGVO bei der vorliegenden Gebietsschutzklausel nicht ein.[1007] Da weder eine schwarze Klausel nach Art. 4 vGVO noch eine Ausnahmevorschrift nach Art. 5 vGVO eingreift, ist die vorliegende Gebietsschutzabrede gemäß § 2 Abs. 2 GWB iVm. Art. 2 Abs. 1 Satz 1, Art. 3 Abs. 1 vGVO freigestellt.[1008]

(2) Kritik an der Freistellung durch die vGVO

(a) Widerspruch zur Liberalisierung des Energiemarktes

Die großzügige Freistellung der Demarkationsvereinbarungen durch die vGVO führt zur Verringerung des Wettbewerbs im Energiesektor und zur Verkrustung der vor der Energierechtsliberalisierung bestehenden Gebietsmonopole. Dies bedeutet einen krassen Widerspruch zu dem mit der Liberalisierung des Energiemarktes verfolgten Ziel, Wettbewerb zu schaffen und das Preisniveau zu senken.[1009] In der Gesetzesbegründung zum Energie-Neuregelungsgesetz heißt es dazu: „*Demarkationsverträge zwischen Versorgungsunternehmen untereinander oder mit Gebietskörperschaften, in denen sich ein Vertragsbeteiligter verpflichtet, im Gebiet des Vertragspartners eine öffentliche Versorgung mit Elektrizität oder Gas über feste Leitungen zu unterlassen, werden unzulässig.*“[1010] Damit wird deutlich, dass sich die vom Gesetzgeber des GWB verfolgte Zielrichtung eines freien Wettbewerbs nach der Öffnung des Energiemarkts uneingeschränkt auch auf die frühere Bereichsausnahme der Energieversorgung richtet.[1011] Mit der Zielrichtung der Energiewirtschaftsnovelle ist es nicht zu vereinbaren, wenn Wettbewerber die von ihnen versorgten Gebiete durch Demarkationsabreden weiterhin abgrenzen und auf diese Weise die Auswahl-

---

1007 So auch für einen ähnlichen Fall *Säcker/Jaecks*, Langfristige Energielieferverträge und Wettbewerbsrecht, S. 63.

1008 Vgl. auch *Säcker/Jaecks*, Langfristige Energielieferverträge und Wettbewerbsrecht, S. 64; *Strohe*, Demarkationen und Bezugsbindungen in gewerblichen Energielieferverträgen, S. 57. Allgemein zu Vertriebsbindungen des Lieferanten *Veelken*, in: Immenga/Mestmäcker, EG-WbR, Erg-Bd, 2. Lieferung 2001, V. GFVO Rn. 183.

1009 *Säcker/Jaecks*, Langfristige Energielieferverträge und Wettbewerbsrecht, S. 64.

1010 *Bundesregierung*, Entwurf eines Gesetzes zur Neuregelung des Energiewirtschaftsrechts, BT-Drs. 13/7274, S. 24.

1011 *BGH*, Beschl. v. 18.2.2003, WuW/E DE-R 1119 (1125) „Verbundnetz II“.

möglichkeiten der Verbraucher einschränken.[1012] Aus diesem Grund hat der Großteil der Literatur an der Freistellung der Gebietsschutzklauseln in Energielieferverträgen viel Kritik geübt. Die Freistellung der Demarkationsvereinbarungen erscheint aber nicht nur im Hinblick auf den Zweck der Liberalisierung des Energiemarktes, sondern auch in Bezug auf die Freistellungsvoraussetzungen des Art. 81 Abs. 3 EG bzw. § 2 Abs. 1 GWB bedenklich.

(b) Nichtvorliegen der Freistellungsvoraussetzungen

Es ist sehr zweifelhaft, ob bei Demarkationen die allgemeinen Freistellungsvoraussetzungen des § 2 Abs. 1 GWB bzw. Art. 81 Abs. 3 EG vorliegen. Daher soll das Eingreifen der Freistellungsvoraussetzungen bei Gebietsschutzzusagen des Lieferanten im Folgenden für den Beispielsfall überprüft werden. Sollte sich herausstellen, dass Demarkationen den Anforderungen des § 2 Abs. 1 GWB bzw. Art. 81 Abs. 3 EG nicht genügen, kann der Vorteil der Gruppenfreistellungsverordnung nach § 32d GWB entzogen werden.

Die Gebietsschutzklausel ist nach § 2 Abs. 1 GWB freistellungsfähig, wenn die Vereinbarung die Warenerzeugung und -verteilung verbessert oder einen Beitrag zur Förderung des technischen und wirtschaftlichen Fortschritts leistet, eine angemessene Beteiligung der Verbraucher an dem entstehenden Gewinn gewährleistet ist, wenn die Vereinbarung unerlässlich ist und wenn keine Ausschaltung des Wettbewerbs für einen wesentlichen Teil der betroffenen Waren erfolgt.

(aa) Da die Gebietsschutzklausel erkennbar keinen Beitrag zur Förderung des technischen oder wirtschaftlichen Fortschritts leistet, ist allein fraglich, ob sie zur Verbesserung der Warenverteilung führt. Eine Verbesserung der Warenverteilung könnte unter dem Aspekt der Verhinderung des *freeridings* eintreten (dazu unter (i)). Es ist aber auch denkbar, dass eine Verbesserung der Warenverteilung dadurch eintritt, dass die Gebietsschutzabrede einen Ausgleich für die von B getätigten Investitionen schafft (dazu unter (ii)). Neben weiteren Aspekten ist ferner zu überlegen, ob die Gebietsschutzabrede in Anbetracht der erheblichen Bezugsverpflichtung des B gegenüber A die Warenverteilung verbessert (dazu unter (vi)).

[1012] *BGH*, Beschl. v. 18.2.2003, WuW/E DE-R 1119 (1125) „Verbundnetz II“.

(i) Effizienzgewinne durch Lösung des Trittbrettfahrer-Problems

Die Gebietsschutzabrede könnte insofern zur Verbesserung der Warenverteilung führen, als sie dazu dienen könnte, ein Trittbrettfahrer-Problem (*freeriding*) zu lösen. Ein Trittbrettfahren unter Händlern tritt auf, wenn einige Händler aus den Absatzbemühungen eines anderen Händlers Nutzen ziehen. In diesem Fall kann es angezeigt sein, dass der Lieferant dem Händler ein Alleinvertriebsrecht einräumt. Wenn wie im vorliegenden Fall der Lieferant ein potenzieller Wettbewerber des Händlers ist, kann es sinnvoll sein, zum Ausschluss eines *freeridings* eine Gebietsschutzabrede mit dem Inhalt zu vereinbaren, dass der Lieferant in dem Gebiet des Käufers mit diesem nicht in Wettbewerb tritt. Äußerst fraglich ist jedoch, ob ein Weiterverteiler von Energie – hier B – überhaupt Absatzleistungen erbringt, die einem anderen Händler – hier A – ein Trittbrettfahren ermöglichen. Trittbrettfahren tritt in der Regel im Groß- und Einzelhandel auf und kann nur in Bezug auf Leistungen entstehen, die vor Vertragsschluss an die Kunden erbracht werden. Somit betrifft das Trittbrettfahren klassischerweise Beratungsleistungen der Händler. Daher besteht die Gefahr des Trittbrettfahrens vor allem bei relativ neuen, technisch komplexen und beratungsintensiven Produkten.[1013] Bei Energie wie Strom und Gas werden solche Beratungsleistungen durch die Händler nicht erforderlich sein. Strom und Gas sind heutzutage homogene Massengüter, die sich in ihren Eigenschaften und ihrer Funktionsweise gar nicht und in ihrem Markenimage nur geringfügig voneinander unterscheiden.[1014] Daher erbringt der Weiterverteiler beim Weiterverkauf von Energie – anders als ein sonstiger Absatzmittler im Dienste eines Herstellers von Markenartikeln – auch keine über den Verkauf hinausgehende verkaufsfördernde Leistung.[1015] Das gilt auch dann, wenn er markterschließend tätig wird oder sich aktiv um das Gewinnen und Halten von Stromkunden bemüht.[1016] Somit werden durch die Gebietsschutzabrede unter dem Aspekt der Verhinderung des *freeridings* keine Effizienzgewinne erzielt.

1013 *Kommission*, Leitlinien für vertikale Beschränkungen, ABl. C 291/1 v. 13.10.2000, Tz. 116 Nr. 1.

1014 *Ebel*, WuW 1998, 448 (454); *Köhler*, WuW 1999, 445 (446); *Säcker/Jaecks*, Langfristige Energielieferverträge und Wettbewerbsrecht, S. 65.

1015 *Säcker/Jaecks*, Langfristige Energielieferverträge und Wettbewerbsrecht, S. 65; *Ebel*, WuW 1998, 448 (452, 454); *Köhler*, WuW 1999, 445 (446); *Büdenbender*, EWiR 1999, 609 (610); *Zimmer*, in: Immenga/Mestmäcker, GWB, § 1 Rn. 295; *J.F. Baur*, in: Festschrift Sandrock, 2000, S. 35 (39).

1016 *Köhler*, WuW 1999, 445 (446).

(ii) Effizienzgewinne durch Investitionen

Möglicherweise könnte die Gebietsschutzabrede erforderlich sein, weil B als Weiterverteiler erhebliche Investitionen in das Leitungsnetz getätigt hat. Ein Teil des deutschen Schrifttums hat es vor der 7. GWB-Novelle für möglich gehalten, dass eine Gebietsschutzabrede bei Investitionen im Einzelfall gerechtfertigt sein könnte.[1017] Diesen Aspekt haben sowohl die Kommission in den Leitlinien für vertikale Beschränkungen als auch der Bundesgerichtshof im Beschluss „*Verbundnetz II*" vom 18.2.2003 und das Bundeskartellamt im Diskussionspapier vom 25.1.2005[1018] aufgegriffen.

Nach Textziffer 116 Nr. 4 der Leitlinien der Kommission kann ein Wettbewerbsverbot – also auch eine Gebietsschutzabrede wie die vorliegende – wegen der Lösung eines *hold-up*-Problems, das einen Sonderfall des *freeridings* darstellt, gerechtfertigt sein, wenn drei Voraussetzungen erfüllt sind: Erstens müssen vertragsspezifische Investitionen („*relationship-specific investments*") getätigt worden sein, zweitens muss es sich um eine langfristige und umfangreiche Investition handeln, drittens muss die Investition asymmetrisch sein, i.e. die Vertragsparteien müssen unterschiedlich hohe Beträge investieren.[1019] Liegen diese Voraussetzungen vor, kann ein Wettbewerbsverbot für die gesamte Abschreibungsdauer vereinbart werden.[1020] Im Beispielsfall hat B durch den Aufbau des Leitungsnetzes eine umfangreiche und langfristige Investition getätigt. Hier ist allein das Vorliegen der ersten Voraussetzung problematisch, also ob die Investition des B vertragsspezifisch ist. Eine Anlage des Käufers gilt nur dann als vertragsspezifisch, wenn der Käufer sie nach Vertragsablauf nicht zum Bezug und/oder zur Verwendung von Produkten anderer Lieferanten nutzen und nur mit hohem Verlust verkaufen kann. Eine Investition ist nur vertragsspezifisch, wenn sie zur Herstellung eines markenspezifischen Bauteils oder zur Lagerung einer bestimmten Marke, nicht aber zur Herstellung oder zum

---

[1017] *Säcker/Jaecks*, Langfristige Energielieferverträge und Wettbewerbsrecht, S. 66 halten es für möglich, dass aufgrund der getätigten Investitionen für die Zeit der Abschreibungsdauer der Investitionen ein Verbot des aktiven Abwerbens eingreifen kann. Siehe auch *Köhler*, WuW 1999, 445 (447); *Zimmer*, in: Immenga/Mestmäcker, GWB, § 1 Rn. 298.

[1018] *Bundeskartellamt*, Diskussionspapier v. 28.1.2005 „Beurteilungsgrundsätzen zu langfristigen Gasverträgen", S. 7.

[1019] *Kommission*, Leitlinien für vertikale Beschränkungen, ABl. C 291/1 v. 13.10.2000, Tz. 116 Nr. 4 Satz 6 ff.

[1020] *Kommission*, Leitlinien für vertikale Beschränkungen, ABl. C 291/1 v. 13.10.2000, Tz. 116 Nr. 4 Satz 12, 155 Satz 2.

Weiterverkauf alternativer Produkte gewinnbringend genutzt werden kann.[1021] Das Leitungsnetz kann nicht nur die von A erzeugte Energie transportieren, sondern auch diejenige von anderen Stromerzeugern. Daher sind die Investitionen in das Leitungsnetz nicht vertragsspezifisch.

Zudem ist zu beachten, dass A – gesetzt den Fall es läge keine Gebietsschutzabrede vor – bei einer Stromdurchleitung das von B aufgebaute und sanierte Netz nicht kostenfrei nutzen könnte, sondern Netzentgelte zu entrichten hätte, die gemäß § 21 Abs. 2 EnWG angemessen, diskriminierungsfrei und transparent sein müssen. In diese Netzentgelte wären dann auch die Kosten für die Errichtung und den Unterhalt des Netzes einzurechnen. Daher könnten sich die Investitionen des B in das Netz nicht allein durch die eigene Stromdurchleitung amortisieren, sondern auch aufgrund von Einnahmen in Form von Netzentgelten.[1022] Daher könnte A nicht kostenlos von den Investitionen des B in das Stromnetz profitieren. Folglich scheidet der Effizienzgewinn durch Lösung eines *hold-up*-Problems aus. Künftig wird die Frage, ob einem kommunalen Energieversorgungsunternehmen im Hinblick auf die getätigten Investitionen in die Leitungen ein Gebietsschutz einzuräumen ist, an Relevanz verlieren. Denn die 2. EnWG-Novelle, die Mitte 2005 verabschiedet worden ist, sieht vor, dass der Betrieb des Leitungsnetzes künftig durch eine Netz-Gesellschaft betrieben werden soll, die von den übrigen Unternehmensteilen unabhängig ist (*unbundling*).[1023]

Der Bundesgerichtshof hat in seiner Entscheidung „*Druckgußteile*" vom 14.1.1997 unter dem Aspekt der vom Käufer getätigten Investitionen ein berechtigtes Interesse für eine wettbewerbsbeschränkende Vereinbarung angenommen, eine entsprechende Klausel dem § 1 GWB a.F. entzogen und als vertikale Beschränkung eingeordnet, die lediglich nach § 16 GWB a.F. zu beurteilen war. Dabei hat der Senat argumentiert, dass wettbewerbsbeschränkende Abreden wirtschaftlich notwendig sein können, wenn sie verhindern, dass der Hersteller aus den Bemühungen des Absatzmittlers ohne eigenen Aufwand Nutzen zieht. Der Absatzmittler werde im Interesse des Warenabsatzes nur Investitionen

---

1021 *Kommission*, Leitlinien für vertikale Beschränkungen, ABl. C 291/1 v. 13.10.2000, Tz. 116 Nr. 4.

1022 Aus diesem Grunde hat der Bundesgerichtshof in einem Parallelfall die Einschlägigkeit des § 1 GWB a.F. nicht aufgrund der Vornahme von Investitionen des Käufers in das Leitungsnetz verneint, vgl. *BGH*, Beschl. v. 18.2.2003, WuW/E DE-R 1119 (1124) „Verbundnetz II".

1023 Siehe dazu *Säcker*, DB 2004, 691 ff.

erbringen, deren Rentabilität sichergestellt sei.[1024] Erkennbar verwendet der Senat dabei Argumentationsmuster, die aus der oben diskutierten Trittbrettfahrer-Problematik bekannt sind. Fraglich ist, ob im Hinblick auf die „*Druckgußteile*“-Rechtsprechung[1025] angesichts der erheblichen Investitionen der Abnehmerin B, zu deren Gunsten die Gebietsschutzklausel vereinbart worden war, hier ein Effizienzgewinn durch die Gebietsschutzabrede anzunehmen ist.

Der Bundesgerichtshof hat sich im Beschluss „*Verbundnetz II*“ vom 18.2.2003 unmissverständlich gegen die Übertragbarkeit der „*Druckgußteile*“-Rechtsprechung auf eine vertikale Demarkation im Energiebereich ausgesprochen. Zugleich betonte er die Unzulässigkeit von Gebietsschutzabreden im Energiebereich.[1026] Auch die erheblichen Investitionen der Abnehmerin, zu deren Gunsten die Gebietsschutzklausel vereinbart worden war, könnten die Klausel nicht rechtfertigen. Der Fall sei nicht mit der „*Druckguß*“-

---

1024 *BGH*, Urt. v. 14.1.1997, WuW/E BGH 3115 (3119) „Druckgußteile“.

1025 Es liegt auf der Hand, dass das Bedürfnis der Abgrenzung horizontaler und vertikaler Wettbewerbsbeschränkungen im Tatbestand des § 1 GWB nach der 7. GWB-Novelle an Relevanz verliert. Dennoch könnte man die Gründe, die früher für die Nichtanwendbarkeit des § 1 GWB a.F. einschlägig waren, nun als Effizienzgewinn im Rahmen der Freistellung prüfen. Dies gilt insbesondere, wenn sie wie hier deckungsgleich mit den von der Kommission im Rahmen des Art. 81 Abs. 3 EG verwendeten Argumenten sind. Auf die generelle Anwendbarkeit der Argumentation zu § 1 GWG a.F. auf § 2 Abs. 1 GWB muss hier jedoch nicht weiter eingegangen werden, da – wie gezeigt werden wird – die Grundaussage des früheren Urteils auf die vorliegende Konstellation schon nicht passt.

1026 Der Bundesgerichtshof sah in der Gebietsschutzabrede einen Verstoß gegen § 1 GWB a.F.. In Anwendung der ständigen Rechtsprechung bekräftigte der Bundesgerichtshof, dass bei Austauschverträgen mit wettbewerbsbeschränkendem Inhalt eine Vereinbarung immer dann zu einem gemeinsamen Zweck iSd. § 1 GWB a.F. geschlossen sei, wenn für die Wettbewerbsbeschränkung bei wertender Betrachtungsweise im Hinblick auf die Freiheit des Wettbewerbs kein anzuerkennendes Interesse bestehe. Bei der Gebietsschutzklausel zulasten des Lieferanten verneinte der Bundesgerichtshof ein berechtigtes mit der Zielrichtung des Gesetzes zu vereinbarendes Interesse (anzuerkennendes Interesse). Da er einen Altvertrag zu prüfen hatte, der im Jahr 1994 geschlossen worden war, hatte er nicht über die Freistellungsfähigkeit der Gebietsschutzabrede nach der vGVO zu entscheiden, sondern darüber, ob die Untersagungsverfügung des Bundeskartellamts nach § 32 GWB iVm. § 1 GWB a.F. rechtmäßig war. Ursprünglich hatte das Bundeskartellamt die Gebietsschutzabrede nach § 103 Abs. 5 Satz 1 Nr. 1 GWB a.F. iVm. § 103 Abs. 6 Nr. 3 GWB a.F. für unwirksam erklärt. Nach einem Rechtsstreit über die Rechtmäßigkeit dieser Verfügung, der mit Rückverweisung der Sache durch den Bundesgerichtshof an das KG endete, erließ das Bundeskartellamt wegen der eingetretenen Rechtsänderung einen Beschluss, wonach die frühere Verfügung in eine Untersagung nach § 32 GWB iVm. § 1 GWB a.F. umgedeutet wurde.

Entscheidung[1027] vergleichbar, da im Gegensatz zur früheren Entscheidung im Beschluss „*Verbundnetz II*“ eine Demarkationsabrede vereinbart worden sei, die zu einer starken Marktaufteilung und zu verheerenden Wirkungen für den Wettbewerb führe. Diese Wirkung werde durch die lange Laufzeit noch verstärkt und der *status quo* insofern zementiert. Der Bundesgerichtshof wies darauf hin, dass Beschränkungen mit einer Laufzeit von mehr als fünf Jahren grundsätzlich unzulässig seien, und stellte insofern einen deutlichen Bezug zur vGVO her.[1028] Daher ist sowohl nach Ansicht des Bundesgerichtshofs als auch nach Ansicht der Kommission die Gebietsschutzabrede im Hinblick auf die von B getätigten Investitionen nicht wettbewerbsfördernd.

(iii) Effizienzgewinne durch bessere Kundenpflege

Möglicherweise könnten Effizienzgewinne durch die Gebietsschutzabrede vor dem Hintergrund folgender Überlegung anzunehmen sein: Die Kommission geht davon aus, dass Effizienzgewinne durch Gebiets- und Kundenbeschränkungen dadurch auftreten können, dass sich der Händler besser auf seine Kundengruppe einrichten und dadurch eine kompetentere Beratung und einen besseren Service leisten kann.[1029] Durch eine Begrenzung des Gebiets kann sich ein Händler also in einigen Fällen besser auf die Betreuung seiner Kunden einstellen und die Kundenbeziehungen intensiver pflegen. Da die Weiterverteiler von Energie aber mit einem homogenen Massengut handeln, ist es nicht erforderlich, dass sie sich auf die einzelnen Kunden spezialisieren, so dass unter diesem Aspekt keine Effizienzgewinne auftreten können.

(iv) Effizienzgewinne durch hohe Auslastung der Kraftwerke

Zum Teil wird angenommen, dass vertikale Demarkationen eine langfristige Planung und eine möglichst hohe Auslastung der Kraftwerke erst ermöglichen.[1030] Dabei wird erkennbar auf die Argumentation der Kommission zu

---

1027 *BGH*, Urt. v. 14.1.1997, WuW/E BGH 3115 (3119) „Druckgußteile“.

1028 *BGH*, Beschl. v. 18.2.2003, WuW/E DE-R 1119 (1124) „Verbundnetz II“. Für eine Orientierung an den Laufzeiten der vGVO sprechen sich auch *Säcker/Jaecks*, Langfristige Energielieferverträge und Wettbewerbsrecht, S. 66 aus.

1029 *Kommission*, Leitlinien für vertikale Beschränkungen, ABl. C 291/1 v. 13.10.2000, Tz. 182.

1030 *Nelißen*, Die Abgrenzung „horizontaler“ und „vertikaler“ Wettbewerbsbeschränkungen, S. 195, Fn. 710.

Alleinbezugsvereinbarungen in Energielieferverträgen abgestellt.[1031] Die Übertragung dieser Argumentation auf Gebietsschutzabreden zulasten des Lieferanten ist aber nicht überzeugend. Die bessere Auslastung der Kraftwerke des Lieferanten, die laut Kommission grundsätzlich eine Verbesserung der Warenverteilung darstellt,[1032] wird durch eine Lieferbeschränkung des Lieferanten nicht erhöht, sondern eher vermindert. Der Lieferant hat nur insofern „Planungssicherheit", als er sich sicher sein kann, dass er im Gebiet des Abnehmers keine weiteren Kunden beliefern darf. Für den Abnehmer hingegen steht zwar fest, dass er sich in seinem Gebiet nicht auf Konkurrenz des Lieferanten einstellen muss. Die Konkurrenz durch andere Anbieter ist gleichwohl möglich, so dass auch für ihn dadurch keine „Planungssicherheit" entsteht.

(v) Effizienzgewinne durch Erhöhung der Versorgungssicherheit

Grundsätzlich kann eine vertikale Vereinbarung im Energiebereich auch dann zur Verbesserung der Warenerzeugung und -verteilung beitragen, wenn dadurch die Versorgungssicherheit erhöht wird. Die Kommission hat in der Entscheidung „*Jahrhundertvertrag*" festgestellt, dass eine vertikale Vereinbarung die Versorgungssicherheit erhöhen kann.[1033] In dieser Entscheidung, in der es um eine Bezugsbindung zwischen einem Steinkohleproduzenten und einem Stromerzeuger ging, bejahte die Kommission deshalb die Verbesserung der Warenverteilung. Die Besonderheit des Falls lag darin, dass es sich um eine Belieferung auf einer der Energieproduktion vorgelagerten Handelsstufe handelte. Ob die Entscheidung auf Alleinbezugsverträge über Energie übertragbar ist, erscheint bereits zweifelhaft.[1034] Der gesicherte Bezug eines Primärenergieträgers ist für die Erzeugung von Energie und letztlich für die Versorgungssicherheit von größerer Bedeutung als der gesicherte Absatz bzw. Bezug durch Gesamt-

---

[1031] *Kommission*, Entsch. v. 30.4.1991, ABl. L 178/31 (34 f.) v. 6.7.1991 „Scottish Nuclear"; *Kommission*, Entsch. v. 22.12.1992, ABl. L 50/14 (23) v. 2.3.1993 „Jahrhundertvertrag".

[1032] *Kommission*, Entsch. v. 30.4.1991, ABl. L 178/31 (34) v. 6.7.1991 „Scottish Nuclear".

[1033] *Kommission*, Entsch. v. 22.12.1992, ABl. L 50/14 (23) v. 2.3.1993 „Jahrhundertvertrag".

[1034] Diese Entscheidung ist nicht unbedingt auf vertikale Demarkationen in Energielieferverträgen anwendbar wie beispielsweise *Nelißen* meint, vgl. *ders.*, Die Abgrenzung „horizontaler" und „vertikaler" Wettbewerbsbeschränkungen, S. 195, Fn. 710. Ebenfalls nicht überzeugend ist die Übertragbarkeit des Arguments der Versorgungssicherheit, das für Alleinbezugsverträge entwickelt wurde, auf Gebietsschutzabreden. Zutreffend *Strohe*, Demarkationen und Bezugsbindungen in gewerblichen Energielieferverträgen, S. 60.

bedarfsdeckungsklauseln. Vor allem aber ist der Zusammenhang zwischen vertikalen Demarkationen und einer erhöhten Versorgungssicherheit nicht überzeugend. Die Versorgung in einem bestimmten Gebiet wird nicht dadurch sicherer, dass die Zahl der Anbieter dort beschränkt wird. Da eine Gebietsschutzabrede den Wettbewerb verringert bzw. ausgeschaltet, kommt es durch die Vereinbarung auch nicht zu einer preiswerteren oder sichereren Energieversorgung.[1035]

(vi) Bedürfnis für Demarkation wegen Kombination mit Quasi-Gesamtbedarfsdeckungsklausel

Möglicherweise wird hier durch die vertikale Demarkation die Warenverteilung insofern verbessert, als erst durch das Wettbewerbsverbot für den Lieferanten gewährleistet ist, dass die gleichzeitig vereinbarte Alleinbezugsbindung sinnvoll praktiziert werden kann. Wenn sich der Abnehmer wie im vorliegenden Fall zur Abnahme einer festen, seinen Bedarf im Wesentlichen deckenden Menge – also zu mehr als 80% – verpflichtet, nimmt ein Teil der Literatur an, dass das Eindringen des Lieferanten in den Kundenkreis des Abnehmers treuwidrig sei.[1036] Wenn sich dann ein Lieferant durch eine vertikale Demarkationsvereinbarung zu einem Verhalten verpflichte, das einer ungeschriebenen vertraglichen Treuepflicht entspreche, könne diese Vereinbarung nicht zugleich eine unzulässige Wettbewerbsbeschränkung darstellen.[1037] Der Bundesgerichtshof hat diese Problematik in seinem Beschluss „*Verbundnetz II*“ aufgegriffen und dabei zunächst betont, dass die Alleinbezugsverpflichtung und die Demarkationsabrede voneinander abhängig seien. Ein Hersteller werde nur bereit sein, einem Abnehmer für ein wichtiges Absatzgebiet Gebietsschutz zu gewähren, wenn der Abnehmer seinerseits eine Mindestabnahme verspreche. Diese Abhängigkeit der beiden Klauseln voneinander hat aber nach Ansicht des Bundesgerichtshofs bei Nichtigkeit der Demarkationsabrede lediglich zur Folge, dass der Vertrag aufgrund einer entsprechenden Vertragsklausel anzupassen ist oder dass eine auf die Demarkationsabrede beschränkte Teilnichtigkeit des Vertrags nach § 139 BGB nicht in Betracht kommt.[1038] Der Bundesgerichtshof sah auch keinen Anlass, wegen der Kombination der beiden Klauseln ein anzuerkennendes

---

[1035] So auch *Köhler*, WuW 1999, 445 (447).

[1036] Vgl. *Kühne*, in: Festschrift Sandrock, 2000, S. 537 (555); *Rottnauer*, BB 1999, 2145 (2149); a. A. *Köhler*, WuW 1999, 445 (451 f.).

[1037] Ähnlich *Säcker/Jaecks*, Langfristige Energielieferverträge und Wettbewerbsrecht, S. 67 f.

[1038] *BGH*, Beschl. v. 18.2.2003, WuW/E DE-R 1119 (1125) „Verbundnetz II“.

Interesse für die Demarkation anzunehmen, so dass er einen Verstoß der Demarkation gegen § 1 GWB a.F. bejahte.[1039] Übertragen auf die Rechtslage nach der 7. GWB-Novelle bedeutet dies, dass die Kombination von Gebietsschutzklausel und Quasi-Gesamtbedarfsdeckungsklausel keine Rechtfertigung für die durch die vertikale Demarkation bewirkte Wettbewerbsbeschränkung ist. Damit verbessert die vertikale Demarkation auch in Kombination mit einer Quasi-Gesamtbedarfsdeckungsklausel nicht die Warenverteilung.

(c) Ergebnis

Als Ergebnis bleibt festzuhalten, dass durch die Demarkationsverträge keine Verbesserung der Warenerzeugung und -verteilung erzielt wird. Daher kann und muss hier nicht auf die Frage eingegangen werden, ob im Beispielsfall die Wettbewerbsbeschränkung zur Erzielung von Effizienzgewinnen unerlässlich ist, ob die Verbraucher an einem entstehenden Gewinn beteiligt werden und ob durch die Vereinbarung der Wettbewerb für einen wesentlichen Teil der betroffenen Waren ausgeschaltet wird. Da somit bei Demarkationen die Freistellungsvoraussetzungen in der Regel nicht erfüllt sind, sollte bei Bekanntwerden entsprechender Fälle die durch die vGVO gewährte Freistellung entzogen werden.

II. Wettbewerbsverbote nach Art. 5 lit. b vGVO

Ein nachvertragliches Wettbewerbsverbot ist gemäß Art. 5 lit. b vGVO grundsätzlich nicht freistellungsfähig. Ein solches Verbot kann nur dann ausnahmsweise kartellrechtskonform sein, wenn es erstens unerlässlich ist, um ein vom Lieferanten auf den Käufer übertragenes Know-how zu schützen, es sich zweitens auf Konkurrenzwaren bezieht und es sich drittens auf Geschäftslokale beschränkt, von denen aus der Käufer während der Vertragslaufzeit tätig war und es viertens höchstens auf ein Jahr nach der Beendigung der Vereinbarung begrenzt ist. Ein zeitlich unbegrenztes nachvertragliches Wettbewerbsverbot kann vereinbart werden, wenn es sich auf Know-how bezieht, das nicht allgemein bekannt geworden ist. Diese in Art. 5 lit. b vGVO enthaltene Ausnahme von der Nichtfreistellung nachvertraglicher Wettbewerbsverbote kann vor allem bei Franchiseverträgen relevant werden und ist ähnlich gestaltet wie in der

---

[1039] Da nicht anzunehmen ist, dass aus der Kombination einer Alleinbezugsverpflichtung mit einer Gebietsschutzabrede die Zulässigkeit der Gebietsschutzabrede folgt, soll hier auf die Frage, wie die Argumentation des Bundesgerichtshofs, die im Zusammenhang mit § 1 GWB a.F. erfolgte, auf die neue Struktur des Freistellungstatbestandes in § 2 Abs. 1 GWB übertragbar ist, nicht mehr eingegangen werden.

früheren Regelung in der VO Nr. 4087/88.[1040] Dadurch soll verhindert werden, dass der Franchisenehmer nach Beendigung des Vertrags von dem Know-how des Franchisegebers und von dem mit Hilfe des Franchisegebers geworbenen Kundenstamm profitiert und die Einsetzung eines neuen Franchisenehmers erschwert. Bei Wettbewerbsverboten in Franchiseverträgen ist jedoch genau zu überprüfen, ob überhaupt ein Verstoß gegen das Kartellverbot vorliegt, was angesichts der Pronuptia-Rechtsprechung des Gerichtshofs nicht immer der Fall sein wird.[1041]

B. Kopplungsgeschäfte

Bei Kopplungsgeschäften besteht für den Käufer die Verpflichtung oder zumindest der Anreiz, ein bestimmtes Produkt nur in Verbindung mit einem anderen Produkt zu erwerben.[1042] Eine Kopplungsbindung kann sowohl auf horizontaler als auch auf vertikaler Ebene vereinbart werden. Hier soll nur auf vertikale Kopplungsgeschäfte iSd. § 1 GWB eingegangen werden. Bei Kopplungsvereinbarungen macht der Lieferant den Verkauf eines Produkts (Kopplungsprodukt) vom Bezug eines verschiedenartigen Produkts (gekoppeltes Produkt) abhängig, welches entweder er selbst oder ein von ihm benanntes Unternehmen bereitstellt.[1043] Ein Produkt ist dann verschiedenartig, wenn in dem Fall, dass es die Kopplung nicht gäbe, aus Sicht der Käufer zu zwei verschiedenartigen Märkten gehören würde.[1044] Wenn zwei Produkte nach dem Handelsbrauch immer zusammen geliefert werden – etwa Schuhe mit Schnürsenkeln – oder es aus technischen Gründen schwierig wäre, das eine ohne das andere zu liefern, spricht dies gegen die Annahme eines Kopplungsgeschäfts.[1045] Früher unterlagen Kopplungsgeschäfte nach § 16 Nr. 4 GWB a.F. der Missbrauchsaufsicht der Kartellbehörden. Nach der 6. GWB-Novelle wurde der Wortlaut des § 16 Nr. 4

[1040] *Kommission*, Verordnung (EWG) Nr. 4087/88 vom 30.11.1988 über die Anwendung von Art. 85 Abs. 3 des Vertrages auf Gruppen von Franchisevereinbarungen, ABl. L 359/46 v. 28.12.1988, Art. 3 Abs. 1 lit. c, 2. Satz.

[1041] *EuGH*, Urt. v. 28.1.1986 – Rs. 161/84 – Slg. 1986, 353 (382) Rn. 16 „Pronuptia".

[1042] *Kommission*, Leitlinien für vertikale Beschränkungen, ABl. C 291/1 v. 13.10.2000, Tz. 106.

[1043] *Kommission*, Leitlinien für vertikale Beschränkungen, ABl. C 291/1 v. 13.10.2000, Tz. 215.

[1044] *Kommission*, Leitlinien für vertikale Beschränkungen, ABl. C 291/1 v. 13.10.2000, Tz. 215.

[1045] *Kommission*, Leitlinien für vertikale Beschränkungen, ABl. C 291/1 v. 13.10.2000, Tz. 216.

GWB a.F. an Art. 81 Abs. 1 lit. e EG und Art. 82 Satz 2 lit. d EG angeglichen, so dass eine Kopplung nur dann vorlag, wenn die verbundenen Waren oder Leistungen weder sachlich noch handelsüblich zusammengehörten.[1046] Als handelsüblich wurde angesehen, was sich nach allgemeiner Auffassung der Beteiligten im Rahmen vernünftiger kaufmännischer Gepflogenheiten hielt.[1047] Das Bundeskartellamt hat einen Verstoß gegen § 16 Nr. 4 GWB a.F. in einem Fall angenommen, in dem sich die Mineralölgesellschaften zur Entgegennahme der Absatzmittlerdienste von Tankstellenhaltern nur unter der Bedingung bereit erklärt hatten, dass diese gleichzeitig im Eigengeschäft die Schmier- und Pflegestoffe sowie das Zubehör von ihnen bezogen.[1048] Auch das Block- und Blindbuchen von Kinofilmen hat das Bundeskartellamt als problematisch angesehen, wenngleich dazu keine Untersagungsverfügung ergangen ist.[1049]

Nach der 7. GWB-Novelle werden Kopplungsbindungen einen Verstoß gegen § 1 GWB darstellen. Sie wirken sich auf den Wettbewerb ähnlich wie sonstige Bezugsbindungen aus und können sowohl die Käufer, die konkurrierenden Lieferanten als auch die Verbraucher in ihrer Handlungsfreiheit beschränken. Die Käufer müssen häufig höhere, dem Marktpreis nicht entsprechende Preise für das gekoppelte Produkt zahlen.[1050] Diese überhöhten Preise werden dann an die Verbraucher weitergegeben. Die Konkurrenten des Lieferanten werden durch die Kopplungsgeschäfte häufig vom Markt für das gekoppelte Gut ausgeschlossen. Mithin kommt es in vielen Fällen zu einer Marktabschottung bei dem gekoppelten Produkt, da Kopplungsvereinbarungen eine Art Mengenvorgabe für das gekoppelte Produkt bewirken.[1051] In der Konsequenz können Kopplungsge-

---

1046 Bis dahin war nicht klar, ob es darauf ankam, dass die Waren weder sachlich noch handelsüblich zusammengehörten (so *Klosterfelde/Metzlaff*, in: Langen/Bunte, Kommentar zum deutschen und europäischen Kartellrecht, 8. Auflage, § 18 GWB Rn. 90) oder entweder sachlich *oder* handelsüblich nicht zusammengehörten (so BKartA, Beschl. v. 22.5.1968, WuW/E BKartA 1199 (1206) „Kraftfahrzeug-Pflegemittel".

1047 *Emmerich*, in: Immenga/Mestmäcker, GWB, § 16 Rn. 82.

1048 *BKartA*, Beschl. v. 22.5.1968, WuW/E BKartA 1199 (1205) „Kraftfahrzeug-Pflegemittel".

1049 *BKartA*, Tätigkeitsbericht 1970, 83; 1968, 78; 1966, 62 f.; 1964, 44 f. und 1963, 58.

1050 *Kommission*, Leitlinien für vertikale Beschränkungen, ABl. C 291/1 v. 13.10.2000, Tz. 107, 217; *Burkert*, Die Zulässigkeit von Kopplungsgeschäften aus wettbewerbsrechtlicher Sicht, S. 129 ff., 133; *U. Jansen*, Kopplungsverträge, S. 68 ff.; *Emmerich*, in: Immenga/Mestmäcker, GWB, § 16 Rn. 83.

1051 *Kommission*, Leitlinien für vertikale Beschränkungen, ABl. C 291/1 v. 13.10.2000, Tz. 107, 217; *Burkert*, Kopplungsgeschäfte, S. 129 ff; *U. Jansen*, Kopplungsverträge, S. 68 ff.; *Emmerich*, in: Immenga/Mestmäcker, GWB, § 16 Rn. 83.

schäfte die Marktzutrittsschranken erhöhen und einen Verlust an interbrand-Wettbewerb bewirken.[1052] Aber auch ein Verlust an intrabrand-Wettbewerb ist möglich, wenn die Kopplungsbindungen den Bezug des gekoppelten Produkts von intrabrand-Konkurrenten verhindern.[1053]

Kopplungsbindungen werden jedoch nach § 2 Abs. 2 GWB iVm. der vGVO freigestellt sein, wenn der Lieferant weder beim Kopplungsprodukt noch beim gekoppelten Produkt einen Marktanteil von mehr als 30% hält.[1054] Wenn der Marktanteil über 30% liegt, ist eine Freistellung nach § 2 Abs. 1 GWB möglich, wobei eine Orientierung an den Leitlinien der Kommission geboten ist. Bei Kopplungsgeschäften können durch gemeinsame Herstellung oder gemeinsamen Vertrieb beider Produkte Effizienzgewinne entstehen. Es ist auch denkbar, dass Effizienzgewinne dann entstehen, wenn der Lieferant ein Produkt, das er nicht selbst herstellt, in großen Mengen vom Hersteller bezieht. Für die Freistellungsfähigkeit ist jedoch entscheidend, dass die Verbraucher an diesen Effizienzgewinnen beteiligt werden. Weiterhin kann die Kopplungsbindung zur Einhaltung bestimmter Produktstandards beitragen, beispielsweise wenn ein Lieferant dem Käufer vorschreibt, für ein Kopiergerät nur die Toner eines bestimmten Herstellers zu verwenden.[1055] Bei der Abwägung wettbewerbswidriger und wettbewerbsfördernder Wirkungen kommt es vor allem auf die Marktstellung des Lieferanten an.[1056] Je stärker die Position des Lieferanten und je wichtiger sein Produkt ist, desto eher wird oder muss sich der Käufer auf das Kopplungsgeschäft einlassen. Sofern die Kopplungspraktiken von marktbeherrschenden Unternehmen ausgehen, die versuchen, auf diese Weise ihre Macht auf dritte Märkte auszudehnen, werden die wettbewerbswidrigen Wirkungen besonders stark sein. Dann ist auch zu prüfen, ob – wie im Fall Microsoft[1057] – die Kopp-

---

1052 *Kommission*, Leitlinien für vertikale Beschränkungen, ABl. C 291/1 v. 13.10.2000, Tz. 107, 217.

1053 *Kirchhoff*, Die kartellrechtliche Beurteilung vertikaler Vertriebsverträge, S. 32.

1054 *Kommission*, Leitlinien für vertikale Beschränkungen, ABl. C 291/1 v. 13.10.2000, Tz. 218.

1055 *Kommission*, Leitlinien für vertikale Beschränkungen, ABl. C 291/1 v. 13.10.2000, Tz. 222.

1056 *Kommission*, Leitlinien für vertikale Beschränkungen, ABl. C 291/1 v. 13.10.2000, Tz. 219.

1057 Siehe *Kommission*, Entsch. v. 24.3.2004, COMP/C-3/37.792 „Microsoft“.

lung zugleich den Missbrauch einer beherrschenden Stellung iSd. Art. 82 EG (bzw. § 19 Abs. 4 Satz 1 GWB) beinhaltet.[1058]

Weiterhin kommt es für die Freistellung nach § 2 Abs. 1 GWB auf die Marktstellung der konkurrierenden Lieferanten an. Gibt es für den Lieferanten eine zahlen- wie umsatzmäßig starke Konkurrenz, werden die Verbraucher Alternativen zum Kopplungsgeschäft haben, sofern nicht die anderen Lieferanten ebenfalls die Ware nur in Verbindung mit einem gekoppelten Produkt anbieten.[1059] Das Ausmaß der wettbewerbswidrigen Wirkung ist auch von der Stellung der Nachfrager auf dem Markt abhängig, da sich große Käufer nur selten zwingen lassen, eine Kopplungsbindung einzugehen. Wenn die Käufer durch die zusätzliche Auferlegung eines Wettbewerbsverbots in einer schwachen Position sind, ist die Freistellung sehr unwahrscheinlich.[1060]

1058 *BGH*, Urt. v. 30.3.2004, WuW/E DE-R 1283 „Der Oberhammer“; *Kirchhoff*, Die kartellrechtliche Beurteilung vertikaler Vertriebsverträge, S. 32; *Emmerich*, in: Immenga/Mestmäcker, GWB, § 16 Rn. 84.

1059 *Kommission*, Leitlinien für vertikale Beschränkungen, ABl. C 291/1 v. 13.10.2000, Tz. 220.

1060 *Kommission*, Leitlinien für vertikale Beschränkungen, ABl. C 291/1 v. 13.10.2000, Tz. 223.

Siebter Abschnitt: Selektive Vertriebssysteme

A. Einführung

Mit der vGVO enthält eine Gruppenfreistellungsverordnung erstmals einige Sonderregelungen für selektive Vertriebssysteme, wobei für die Kfz-Branche die spezielle Gruppenfreistellungsverordnung Nr. 1400/2002 zu beachten ist.[1061] In Art. 1 lit. d vGVO findet sich für selektive Vertriebssysteme eine Legaldefinition, wonach sie Vertriebssysteme sind, „*in denen sich der Lieferant verpflichtet, die Vertragswaren oder -dienstleistungen unmittelbar oder mittelbar nur an Händler zu verkaufen, die aufgrund festgelegter Merkmale ausgewählt werden, und in denen sich diese Händler verpflichten, die betreffenden Waren oder Dienstleistungen nicht an Händler zu verkaufen, die nicht zum Vertrieb zugelassen sind*". Somit werden durch selektive Vertriebssysteme einerseits die Anzahl der anerkannten Vertragshändler und andererseits die Weiterverkaufsmöglichkeiten beschränkt.

Selektive Vertriebssysteme können sich sowohl wettbewerbsfördernd als auch wettbewerbshemmend auswirken.[1062] Auf der einen Seite führen sie zu einem Verlust an intrabrand-Wettbewerb, zur Beschränkung der Weiterverkaufsmöglichkeiten der Händler, zur Vermeidung des Wettbewerbsdrucks auf die Preise, zur Erhöhung der Marktzutrittsschranken, ggf. zur Abschottung des Beschaffungsmarktes und Erleichterung der Kollusion zwischen Lieferanten und Käufern. Auf der anderen Seite können sich selektive Vertriebssysteme insofern positiv auswirken, als sie zur Beseitigung des Trittbrettfahrerproblems beitragen, Effizienzgewinne durch Größenvorteile erzielen, die Attraktivität eines Produktes erhöhen (Schaffung eines Markenimages, Sicherung von Einheitlichkeit und Qualität) und vertragsspezifische Investitionen der Vertragshändler absichern können. Dadurch können sie bei ausreichender Zahl konkurrierender Wettbewerber wettbewerbsfördernde Wirkung auf den interbrand-Wettbewerb haben, was die auftretenden Nachteile ausgleichen kann.[1063]

Ebenso wie die anderen Vertriebsbindungen unterlag der selektive Vertrieb in Deutschland vor der 7. GWB-Novelle lediglich der in § 16 GWB a.F. normier-

---

1061 VO Nr. 1400/2002 vom 31.7.2002 über die Anwendung von Artikel 81 Abs. 3 des Vertrags auf Gruppen von vertikalen Vereinbarungen und aufeinander abgestimmten Verhaltensweisen im Kraftfahrzeugsektor, ABl. L 203/30 v. 1.8.2002.

1062 *Kommission*, Leitlinien für vertikale Beschränkungen, ABl. C 291/1 v. 13.10.2000, Tz. 110, 116 Nr. 1, 4, 6, 8, 185, 188, 190; *Czarnetzki*, Selektive Vertriebssysteme in der Europäischen Union, S. 234; *A. Bergmann*, ZWeR 2004, 28 (31).

1063 *Czarnetzki*, Selektive Vertriebssysteme in der Europäischen Union, S. 234.

ten Missbrauchsaufsicht. Hinsichtlich der Verpflichtung, die gelieferte Ware nur an bestimmte Abnehmer zu vertreiben, lag eine Beschränkung iSd. § 16 Nr. 3 GWB a.F. vor. Unter § 16 Nr. 2 GWB a.F. fiel die Verpflichtung des Herstellers, nicht zugelassene Händler von der Belieferung auszuschließen. Die Missbrauchsaufsicht über selektive Vertriebssysteme hat jedoch in der deutschen Kartellrechtspraxis keine nennenswerte Bedeutung erlangt.[1064] Die Rechtsprechung hat selektive Vertriebssysteme nur im Hinblick auf das frühere Schriftformerfordernis nach § 34 GWB a.F. geprüft. Das Bundeskartellamt hat sich nur in wenigen Entscheidungen mit selektiven Vertriebssystemen unter dem Aspekt des § 16 GWB a.F. beschäftigt.[1065] Bei der kartellbehördlichen und -gerichtlichen Prüfung von selektiven Vertriebssystemen lag der Schwerpunkt im Rahmen der Missbrauchsaufsicht des § 20 Abs. 1 und 2 GWB, so dass die in diesem Zusammenhang ergangenen Entscheidungen für die vorliegende Arbeit nicht von Bedeutung sind. Mit der zurückhaltenden Anwendung der Missbrauchsaufsicht im Bereich der selektiven Vertriebssysteme schien sich das Bundeskartellamt der positiven Bewertung dieser Vertriebsform durch den Gesetzgeber angeschlossen zu haben.[1066] Mit Inkrafttreten der vGVO nahm die Relevanz der deutschen Missbrauchsaufsicht über selektive Vertriebsbindungen im zwischenstaatlichen Bereich weiter ab.

B. Anwendung der vGVO auf qualitative und quantitative selektive Vertriebssysteme

Die Anwendbarkeit der vGVO auf innerstaatlich wirkende selektive Vertriebssysteme setzt voraus, dass die bei ihnen verwendeten Klauseln einen Verstoß gegen das in § 1 GWB enthaltene Kartellverbot darstellen, da anderenfalls eine Freistellung nicht erforderlich ist. Da in der deutschen Rechtsprechung und

---

1064 *Harte-Bavendamm/Kreutzmann*, WRP 2003, 682 (685); *Wolter*, in: Frankfurter Kommentar, Band II, § 16 Rn. 139; *Emmerich*, in: Immenga/Mestmäcker, GWB, § 16 Rn. 76.

1065 *BKartA*, Beschl. v. 28.11.1963, WuW/E BKartA 761 (764)) „Elektro-Discount" (Ausschluss eines führenden Preisunterbieters durch eine Vertriebsbindung für Markenartikel); *BKartA*, Beschl. v. 8.2.1983, WuW/E BKartA 2010 (2020) „Armaturen" (Fachhandelsbindungen sämtlicher Großhändler durch die führenden Sanitärhersteller mit der Folge einer Verstopfung der Versorgungsquellen für die einzelnen Einzelhändler); *BKartA*, Tätigkeitsbericht 1973, S. 18 f.

1066 In der amtlichen Begründung von 1955 zu § 18 GWB a.F. heißt es: „*Beim Vertrieb von Markenwaren besteht vielfach ein berechtigtes Interesse, durch derartige Vereinbarungen sicherzustellen, dass gewisse Artikel nur in solchen Geschäften erhältlich sind, die eine nach Art der Ware erforderliche fachliche Beratung des Verbrauchers gewährleisten.*" Zitiert nach Schricker, GRUR 1976, 528 (531).

Entscheidungspraxis des Bundeskartellamtes noch nicht geklärt ist, unter welchen Voraussetzungen ein solcher Verstoß anzunehmen ist und bei der Auslegung des § 1 GWB die Auslegungsweise des europäischen Kartellrechts zu berücksichtigen ist[1067], soll zur Klärung dieser Frage die Rechtsprechung des Gerichtshofs herangezogen werden. Nach der 7. GWB-Novelle liegt also unter den gleichen Voraussetzungen, unter denen im bisherigen europäischen Recht ein Verstoß gegen Art. 81 Abs. 1 EG angenommen wurde, nun auch ein Verstoß gegen § 1 GWB vor. Der Gerichtshof hat in seiner Rechtsprechung zur Frage der Anwendbarkeit des Art. 81 Abs. 1 EG auf selektive Vertriebssysteme Stellung genommen und dabei zwischen offenen Systemen, qualitativem Selektivvertrieb (einfache und qualifizierte Fachhandelsbindung) sowie quantitativem Selektivvertrieb differenziert. Die im europäischen Kartellrecht vorgenommene Differenzierung zwischen qualitativem und quantitativem Selektivvertrieb ist in ähnlicher Form auch schon im deutschen Kartellrecht aus der Missbrauchsaufsicht im Rahmen des § 20 Abs. 1 und 2 GWB bekannt.

I. Offener selektiver Vertrieb

Bei einem offenen selektiven Vertriebssystem wählt ein Hersteller seine Abnehmer nach beliebigen Kriterien aus, ohne ihnen Beschränkungen hinsichtlich der Weiterveräußerung der Ware aufzuerlegen. Da der Händler bei einem derartigen Vertriebssystem in seinen Bezugs- und Weiterveräußerungsmöglichkeiten frei bleibt, verstößt das offene selektive Vertriebssystem nicht gegen Art. 81 Abs. 1 EG[1068] und fällt auch nicht unter die Definition der selektiven Vertriebssysteme in Art. 1 lit. d vGVO.

II. Qualitativer selektiver Vertrieb

Bei qualitativen selektiven Vertriebssystemen werden die Händler ausschließlich nach objektiven qualitativen Kriterien ausgewählt, die sich nach den Anforderungen des betreffenden Produkts richten und die Zahl der Händler nicht unmittelbar begrenzen. Als solche kommen u.a. in Betracht: die Ausstattung der Verkaufsräume, die Eignung und Schulung des Personals, die Produktauswahl und ein angemessener Kundendienst. Bei einer sog. einfachen Fachhandelsbindung wird angenommen, dass qualitative selektive Vertriebssysteme keine wettbewerbswidrigen Wirkungen haben und nicht unter das Verbot des Art. 81 Abs. 1 EG fallen. Dazu müssen sie drei Voraussetzungen erfüllen, die objektiv

---

[1067] Zweiter Teil, Zweiter Abschnitt, B. I. 3. (S. 48).

[1068] *Kommission*, Entsch. v. 17.4.1980, ABl. L 120/26 Tz. 11 ff. v. 13.5.1980 „Krups“.

unter Berücksichtigung der Verbraucherinteressen zu prüfen sind[1069]: Erstens muss die Beschaffenheit des Produktes einen selektiven Vertrieb bedingen, i.e. ein solches Vertriebssystem muss ein rechtmäßiges Erfordernis zur Wahrung der Qualität und zur Gewährleistung des richtigen Gebrauchs des betreffenden Produktes sein.[1070] Dies wird vor allem bei langlebigen, hochwertigen und technisch hoch entwickelten Verbrauchsgütern der Fall sein.[1071] Zweitens müssen die Wiederverkäufer aufgrund objektiver Kriterien qualitativer Art ausgewählt werden, die sich auf die fachliche Eignung des Wiederverkäufers, seines Personals und seiner sachlichen Ausstattung bezieht, die einheitlich festzulegen und unterschiedslos anzuwenden sind.[1072] Eine Diskriminierung ist dann gegeben, wenn bestimmten Händlern der Zugang zum selektiven Vertriebssystem verwehrt, erschwert oder von zusätzlichen Bedingungen abhängig gemacht wird, obwohl diese Händler die erforderlichen Anforderungen qualitativer Art erfüllen.[1073] Drittens dürfen die aufgestellten Kriterien nicht über das hinausgehen, was erforderlich ist.[1074]

Erfüllt ein selektives Vertriebssystem diese Anforderungen nicht oder werden den Händlern zusätzlich besondere Vertriebsförderungspflichten auferlegt, so liegt eine qualifizierte Fachhandelsbindung vor, die gegen Art. 81 Abs. 1 EG

1069 *EuGH*, Urt. v. 25.10.1977 – Rs. 26/76 – Slg. 1977, 1875 (1905) Rn. 20 „Metro/SABA I".

1070 *EuG*, Urt. v. 12.12.1996 – Rs. T-19/92 – Slg. 1996, II–1851 (1897) Rn. 112 „Leclerc/Yves Saint Laurent I".

1071 *EuGH*, Urt. v. 25.10.1977 – Rs. 26/76 – Slg. 1977, 1875 (1905) Rn. 20 „Metro/SABA I"; ausführlich dazu *Schuhmacher*, Zulässigkeit und Durchsetzung selektiver Vertriebssysteme, S. 44 ff.; *Chr. J. Meier*, Der selektive Vertrieb im EWG-Kartellrecht, Band II, S. 78 ff.

1072 *EuGH*, Urt. v. 25.10.1977 – Rs. 26/76 – Slg. 1977, 1875 (1905) Rn. 20 „Metro/SABA I"; *EuGH*, Urt. v. 10.7.1980 – Rs. 99/79 – Slg. 1980, 2511 (2536) Rn. 20 „Lancôme/Etos"; *EuGH*, Urt. v. 25.10.1983 – Rs. 107/82 – Slg. 1983, 3151 (3194) Rn. 35 „AEG"; *EuGH*, Urt. v. 11.12.1980 – Rs. 31/80 – Slg. 1980, 3775 (3790) Rn. 15 f. „L'Oréal"; *EuGH*, Urt. v. 16.6.1981– Rs. 126/80 – Slg. 1981, 1563 (1581) Rn. 27 „Salonia/Poidomani & Giglio".

1073 *Kommission*, Entsch. v. 6.1.1982, ABl. L 117/15 (23) v. 30.4.1982 „AEG-Telefunken"; *Kommission*, Entsch. v. 10.12.1984, ABl. L 19/17 (22) v. 23.1.1985 „Grohe-Vertriebssystem".

1074 *EuGH*, Urt. v. 11.12.1980 – Rs. 31/80 – Slg. 1980, 3775 (3791) Rn. 15 f. „L'Oréal"; *EuG*, Urt. v. 27.2.1992 – Rs. T-19/91 – Slg. 1992, II-415 (441) Rn. 65 „Vichy"; *EuG*, Urt. v. 12.12.1996 – Rs. T-19/92 – Slg. 1996, II –1851 (1897) Rn. 112 „Leclerc/Yves Saint Laurent I".

verstoßen kann.[1075] Dies bedarf jedoch noch einer genaueren Feststellung, wobei es unter anderem auf die Eignung des Vertriebssystems zur Verfälschung des Wettbewerbs, die Möglichkeiten der Paralleleinfuhr, die Art und die Menge der den Gegenstand der Vereinbarung bildenden Erzeugnisse, die Stellung und Bedeutung auf dem relevanten Markt sowie auf die Frage ankommt, ob die in Rede stehende Vereinbarung für sich allein steht oder Bestandteil einer Gesamtheit von Vereinbarungen ist.[1076] Zu beachten ist zudem, dass die Selektionskriterien im Rahmen der Beurteilung nach Art. 81 Abs. 1 EG nur dann relevant sind, wenn sie zum Gegenstand von Vereinbarungen gemacht werden.[1077] Sie werden aber gleichwohl häufig einen immanenten Bestandteil der Vertriebsbindungen darstellen, die Art. 2 Abs. 1 vGVO als Vereinbarungen umschreibt, welche die Bedingungen betreffen, zu denen die Parteien Waren beziehen, verkaufen oder weiterverkaufen können.[1078] Sofern bei einem qualitativen selektiven Vertriebssystem, das die drei genannten Anforderungen des Gerichtshofs nicht erfüllt, ein Kartellrechtsverstoß vorliegt, ist eine Freistellung nach § 2 Abs. 2 GWB iVm. Art. 2 Abs. 1 Satz 2, Art. 3 Abs. 1 vGVO möglich, wenn der Marktanteil des Lieferanten 30% nicht überschreitet und weder eine Kernbeschränkung iSd. Art. 4 vGVO enthalten ist noch eine Klausel iSd. Art. 5 vGVO.[1079] Von der „pauschalen“ Freistellung aller Vereinbarungen, die keine Kernbeschränkungen oder Klauseln nach Art. 5 vGVO beinhalten, profitieren aber auch solche Vereinbarungen, die die Kommission in Entscheidungen vor Inkrafttreten der vGVO als nicht freistellungsfähig bezeichnet hat. Hier sollen nur einige derartige Beispiele aufgeführt werden. Während früher die Verpflichtung, die Vertragsware nur an Sanitärinstallateure mit eigenem Geschäft und nur in den für das Geschäft üblichen Mengen zu liefern, nicht als freistellungsfähig

---

1075 *Emmerich*, Kartellrecht, § 37 9. c) bb) (S. 409); *Schumacher*, Recht des Kfz-Vertriebs in Europa, S. 66; *Beutelmann*, Selektive Vertriebssysteme im europäischen Kartellrecht, S. 61.

1076 *EuGH*, Urt. v. 11.12.1980 – Rs. 31/80 – Slg. 1980, 3775 (3792) Rn. 19 „L'Oréal“.

1077 *Schuhmacher*, in: Liebscher/Flohr/Petsche, Hdb. der EU-Gruppenfreistellungsverordnungen, § 9 Rn. 41.

1078 *Schuhmacher*, in: Liebscher/Flohr/Petsche, Hdb. der EU-Gruppenfreistellungsverordnungen, § 9 Rn. 41.

1079 Insofern wird zum Teil zu Unrecht davon ausgegangen, dass der qualitative selektive Vertrieb generell keinen Verstoß gegen das Kartellverbot beinhalte, daher auch keiner Freistellung bedürfe und so unabhängig vom Marktanteil zulässig sei, vgl. *Petsche*, in: Liebscher/Flohr/Petsche, Hdb. der EU-Gruppenfreistellungsverordnungen, § 7 Rn. 217 und Fn. 288. Zutreffend: *Schuhmacher*, in: Liebscher/Flohr/Petsche, Hdb. der EU-Gruppenfreistellungsverordnungen, § 9 Rn. 41.

angesehen wurde[1080], ist bei einer derartigen Klausel nun eine Freistellung nach der vGVO möglich. Auch die Klausel, nach der als Einzelhändler nur niedergelassene Apotheker anerkannt werden, war früher nicht freistellungsfähig[1081], ist aber nun durch die vGVO freigestellt. Gleiches gilt für die Verpflichtung, dass der Umsatz der Facheinzelhändler überwiegend auf dem Verkauf von Branchenware beruhen muss.[1082] Die vertragliche Verpflichtung, eine Mindestzahl an konkurrierenden Marken aus einer vom Hersteller beschränkten Liste zu führen, ist nun ebenfalls freigestellt.[1083]

Die Anwendung der vGVO führt mithin dazu, dass es – sofern die Marktanteilsschwelle nicht überschritten wird – nicht mehr erforderlich ist, dass sich die qualitative Selektion aus der Natur des Produktes rechtfertigt bzw. sie notwendig ist, um die Produktqualität zu wahren oder die sachgerechte Verwendung des Produkts zu gewährleisten.[1084] Wenn der selektive Vertrieb aufgrund der Beschaffenheit der betreffenden Produkte aber nicht erforderlich ist, so kann der Vorteil der Gruppenfreistellungsverordnung unter bestimmten Voraussetzungen entzogen werden. Dies ist der Fall, sofern der selektive Vertrieb keine effizienzsteigernde Wirkung hat, die einen erheblichen Verlust an markeninternem Wettbewerb aufwiegen kann und der selektive Vertrieb wettbewerbswidrige Wirkungen herbeiführt.[1085] Des Weiteren kommt ein Entzug oder eine Erklärung der Nichtanwendbarkeit der vGVO in Betracht, wenn mehrere nach der vGVO

1080 *Kommission*, Entsch. v. 10.12.1984, ABl. L 19/17 v. 23.1.1985 „Grohe“; *Kommission*, Entsch. v. 10.12.1984, ABl. L 20/38 v. 24.1.1985 „Ideal-Standard“; siehe auch *BKartA*, Beschl. v. 8.2.1983, WuW/E BKartA 2010 (2020) „Armaturen“.

1081 *EuG*, Urt. v. 27.2.1992 – Rs. T-19/91 – Slg. 1992, II-415 (442 ff.) Rn. 66 ff. „Vichy“; *Kommission*, Entsch. v. 11.1.1991, ABl. L 75/57 Rn. 31 v. 21.3.1991 „Vichy“.

1082 *Kommission*, Entsch. v. 15.12.1975, ABl. L 28/19 v. 3.2.1976 „SABA“; *EuG*, Urt. v. 12.12.1996 – Rs. T-19/92 – Slg. 1996, II-1851 (1909) Rn. 148 ff. „Leclerc/Yves Saint Laurent“; *EuG*, Urt. v. 12.12.1996 – Rs. T-19/92 – Slg. 1996, II-1961 (2019) Rn. 141 ff. „Leclerc/Givenchy“.

1083 *Kommission*, Entsch. v. 24.7.1992, ABl. L 236/11 v. 19.8.1992 „Parfums Givenchy“; siehe dazu auch *Honnefelder*, Gruppenfreistellungsverordnung für selektive Vertriebssysteme, S. 280.

1084 *Bechtold*, NJW 2003, 3729 (3731); *Schultze/Pautke/Wagener*, Gruppenfreistellungsverordnung für vertikale Vereinbarungen, Rn. 110; *Lubberger*, NJW-Sonderheft 100 Jahre Markenverband, 2004, S. 49 (52); *Harte-Bavendamm/Kreutzmann*, WRP 2003, 682 (683); *A. Bergmann*, ZWeR 2004, 28 (37).

1085 *Kommission*, Leitlinien für vertikale Beschränkungen, ABl. C 291/1 v. 13.10.2000, Tz. 186.

freigestellte selektive Vertriebssysteme kumulative wettbewerbswidrige Wirkungen entfalten.[1086]

Die obigen Ausführungen zeigen, dass der Hersteller bei den Selektionsmerkmalen in Bezug auf die persönliche Eignung der Verkäufer beliebige qualitative Merkmale festsetzen kann und dabei in den Genuss der Gruppenfreistellung kommt. Die Freistellung der qualitativen Selektionskriterien nach § 2 Abs. 2 GWB iVm. Art. 2 Abs. 1 Satz 1, Art. 3 Abs. 1 vGVO durch die vGVO geht über die früher gewährten Einzelfreistellungen weit hinaus. Dass diese gravierenden Änderungen durch die Kommission bei Erlass der Verordnung bewusst angestrebt worden sind, lässt sich angesichts der Tatsache bezweifeln, dass die Kommission diese – anders als die Änderungen bei der Beurteilung quantitativer Selektivvertriebssysteme – nicht in den die vGVO vorbereitenden Dokumenten erläutert hat.[1087] Daher erscheinen die liberalen Regelungen eine Nebenfolge des neuen ökonomischen Ansatzes zu sein, nach dem nicht nach der Art der Vereinbarung differenziert wird, sondern die wirtschaftlichen Auswirkungen, allen voran die Marktmacht der Parteien, ausschlaggebend ist.

Grenzen für die Auswahl der belieferten Händler sowie den Ausschluss anderer Absatzmittler ergeben sich nur aus Art. 82 EG. Zudem ist der Hersteller nach Art. 1 lit. d vGVO verpflichtet, die Selektionsmerkmale im Voraus festzulegen. Die Selektionsmerkmale müssen dabei so konkret sein, dass jeder Händler, der um eine Belieferung ansucht, selbst beurteilen kann, welche sachlichen Voraussetzungen zu erfüllen sind, um zugelassen zu werden.[1088] Wenn die Auswahl der Händler nicht nach im Voraus festgelegten Kriterien erfolgt, so liegt kein selektives Vertriebssystem iSd. Art. 1 lit. d vGVO vor, so dass die Freistellung in Art. 4 lit. b, 3. Spiegelstrich vGVO entfällt, was zur Nichtanwendbarkeit der Gruppenfreistellungsverordnung für das gesamte Vertriebssystem führt.[1089]

1086 *Kommission*, Leitlinien für vertikale Beschränkungen, ABl. C 291/1 v. 13.10.2000, Tz. 189. Dies kann der Fall sein, wenn eine Marktabdeckungsquote von mehr als 50% vorliegt, die Marktanteile der fünf größten Lieferanten einen Wert von ebenfalls mehr als 50% haben und quantitative Selektionskriterien angewandt werden.

1087 So auch *Honnefelder*, Gruppenfreistellungsverordnung für selektive Vertriebssysteme, S. 280.

1088 *Schuhmacher*, in: Liebscher/Flohr/Petsche, Hdb. der EU-Gruppenfreistellungsverordnungen, § 9 Rn. 43.

1089 Vgl. *Schuhmacher*, in: Liebscher/Flohr/Petsche, Hdb. der EU-Gruppenfreistellungsverordnungen, § 9 Rn. 44.

Aus Art. 1 lit. d vGVO lässt sich folgern, dass beim qualitativen selektiven Vertrieb ein Diskriminierungsverbot besteht, was bezweckt, den willkürlichen Ausschluss bestimmter Händler zu verhindern.[1090] Daher ist ein Lieferant bei der Errichtung eines selektiven Vertriebssystems verpflichtet, alle Händler aufzunehmen, die die von ihm festgelegten Merkmale erfüllen.

III. Quantitativer selektiver Vertrieb

Ein quantitativer Selektivwettbewerb liegt vor, wenn die Anzahl der zugelassenen Händler direkt oder indirekt zahlenmäßig beschränkt wird. Dies kann dadurch erfolgen, dass die Händlerzahl ausdrücklich begrenzt wird oder dass ein Mindest- oder Höchstumsatz vorgeschrieben wird.[1091] Beim quantitativen Selektivvertrieb nimmt der Gerichtshof grundsätzlich einen Verstoß gegen das Kartellverbot an, da der quantitative selektive Vertrieb typischerweise zu Ungleichbehandlungen führt und eine erhebliche marktabschottende Wirkung hat.[1092] Auch der quantitative Selektivvertrieb ist nach der vGVO freigestellt.[1093] Grund für die Freistellung des quantitativen Selektivvertriebs durch die Gruppenfreistellungsverordnung ist es, dass die quantitative Selektion als nicht ausschließliche Regelung im Vergleich zu den ebenfalls nach der vGVO freigestellten Alleinvertriebs- und Ausschließlichkeitsrechten als weniger ein-

---

1090 *Bechtold*, NJW 2003, 3729 (3731); *Schuhmacher*, in: Liebscher/Flohr/Petsche, Hdb. der EU-Gruppenfreistellungsverordnungen, § 9 Rn. 43. Auch in der Kfz-GVO gibt es im Rahmen des selektiven Vertriebs ein Diskriminierungsverbot, das dort positiv normiert ist, siehe Art. 1 Abs. 1 lit. h der VO Nr. 1400/2002 vom 31.7.2002 über die Anwendung von Artikel 81 Abs. 3 des Vertrags auf Gruppen von vertikalen Vereinbarungen und aufeinander abgestimmten Verhaltensweisen im Kraftfahrzeugsektor, ABl. L 203/30 v. 1.8.2002.

1091 *Kommission*, Leitlinien für vertikale Beschränkungen, ABl. C 291/1 v. 13.10.2000, Tz. 185.

1092 *Bechtold*, NJW 2003, 3729 (3730).

1093 Zuerst war geplant, in die vGVO eine Regelung aufzunehmen, wonach die Auswahlkriterien (auch) in einem quantitativen selektiven Vertriebssystem nicht über das hinausgehen dürfen, was nach der Beschaffenheit des Produkts erforderlich ist, um dessen Qualität zu gewährleisten und Voraussetzung für die Gruppenfreistellung ist, dass der Vertriebsbinder diese Kriterien diskriminierungsfrei anwendet, siehe *Kommission*, Mitteilung v. 30.9.1998 über die Anwendung der EG-Wettbewerbsregeln auf vertikale Beschränkungen (follow-up zum Grünbuch), ABl. C 365/3 (22) v. 26.11.1998).

Vor Inkrafttreten der vGVO wurde der quantitative Selektivvertrieb nur ausnahmsweise freigestellt, vgl. *Kommission*, Entsch. v. 29.10.1970, ABl. L 242/22 v. 5.11.1970 „Omega"; *Kommission*, Entsch. v. 27.11.1985, ABl. L 369/1 (4) v. 31.12.1985 „Ivoclar".

schränkend angesehen wird.[1094] Dies gilt insbesondere hinsichtlich des quantitativen selektiven Vertriebs durch Mengenvorgaben, der nur eine mittelbare Beschränkung der Händlerzahl im Netz bewirkt und den Händlern einen gewissen Spielraum lässt, auch Waren konkurrierender Hersteller anzubieten.[1095]

Hinzuweisen ist noch darauf, dass beim quantitativen Selektivvertrieb im Gegensatz zum qualitativen Selektivvertrieb das Diskriminierungsverbot aus der Natur der Sache heraus nicht gilt.[1096] Denn die zahlenmäßige Beschränkung von Händlern impliziert, dass häufig Händler ausgeschlossen werden, obwohl sie die übrigen Selektionsanforderungen erfüllen.

Für die Beurteilung der Freistellungsvoraussetzungen in Fällen, in denen die vGVO nicht greift, sei auf die Ausführungen der Kommission in ihren Leitlinien für vertikale Beschränkungen verwiesen.[1097]

C. Weitere spezielle Regelungen in der vGVO

Weitere Vorschriften materieller Art speziell für selektive Vertriebssysteme finden sich in Art. 4 lit. b, 3. Spiegelstrich, Art. 4 lit. c und lit. d sowie Art. 5 lit. c vGVO. Daneben sind auch weitere Regelungen der vGVO, die nicht ausschließlich für selektive Vertriebssysteme gelten, auf den Selektivvertrieb anwendbar. Dies gilt unter anderem für die Ausgestaltung von Preisbindungen als Kernbeschränkung. Zudem gilt die generelle Freistellung des Alleinvertriebs

---

1094 *Kommission*, Mitteilung v. 30.9.1998 über die Anwendung der EG-Wettbewerbsregeln auf vertikale Beschränkungen (follow-up zum Grünbuch), ABl. C 365/3 (13) v. 26.11.1998; *Peeperkorn*, CPN 1998, Nr. 2, S. 10 (16).

1095 *Peeperkorn*, CPN 1998, Nr. 2, S 10 (16); *Kommission*, Mitteilung v. 30.9.1998 über die Anwendung der EG-Wettbewerbsregeln auf vertikale Beschränkungen (follow-up zum Grünbuch), ABl. C 365/3 (13 f.) v. 26.11.1998; siehe auch *Kommission*, Leitlinien für vertikale Beschränkungen, ABl. C 291/1 v. 13.10.2000, Tz. 189: *„Indirektere Formen des quantitativen Selektivvertriebs, die sich z. B. aus der Verknüpfung rein qualitativer Zulassungskriterien mit der Vorgabe eines Mindestwerts für das jährliche Einkaufsvolumen der Händler ergeben, dürften weniger effektive Negativwirkungen zeitigen, wenn der vorgegebene Wert keinen erheblichen Teil des vom Händler erzielten Umsatzes aus dem Verkauf des betreffenden Produkt ausmacht und nicht über das hinausgeht, was für den Lieferanten notwendig ist, um seine vertragsspezifischen Investitionen zu amortisieren und/oder Größenvorteile im Vertrieb zu erzielen. Bei Lieferanten mit einem Marktanteil von weniger als 5 % wird grundsätzlich davon ausgegangen, dass sie keinen erheblichen Beitrag zu einer Kumulativwirkung leisten.“*

1096 *Bechtold*, NJW 2003, 3729 (3730).

1097 *Kommission*, Leitlinien für vertikale Beschränkungen, ABl. C 291/1 v. 13.10.2000, Tz. 187 ff.

in Abhängigkeit der Marktanteilsschwelle auch bei selektiven Vertriebssystemen und ermöglicht dort erst den quantitativen selektiven Vertrieb.[1098] Auch eine Kombination des selektiven Vertriebs mit einem Wettbewerbsverbot ist möglich, wenn die Möglichkeiten der Vertragshändler, aktiv an andere Vertragshändler oder an Endverbraucher zu verkaufen, nicht eingeschränkt werden.[1099] Das Verbot von Sprunglieferungen stellt bei selektiven Vertriebssystemen ebenfalls keine Kernbeschränkung dar (Art. 4 lit. b, 2. Spiegelstrich).[1100] Bei selektiven Vertriebssystemen ist auch Art. 4 lit. e vGVO zu beachten, wonach Beschränkungen von Ersatzteillieferungen unter den dort genannten Voraussetzungen unzulässig sind. Bezüglich dieser generellen Regelungen sei auf die übrigen Ausführungen verwiesen.

I. Beschränkung des Verkaufs an nicht zugelassene Händler freistellungsfähig (Art. 4 lit. b, 3. Spiegelstrich)

Auch bei selektiven Vertriebssystemen gilt der Grundsatz dass Gebiets- und Kundenbeschränkungen Kernbeschränkungen darstellen, die nicht freistellungsfähig sind (Art. 4 lit. b, 1. Halbsatz vGVO). Bei selektiven Vertriebssystemen erfährt diese Grundregel jedoch erhebliche Modifizierungen.

Von diesem grundsätzlichen Verbot der Beschränkung des Kundenkreises findet sich in Art. 4 lit. b, 3. Spiegelstrich vGVO eine Ausnahme. Danach sind Beschränkungen des Verkaufs an nicht zugelassene Händler, die Mitgliedern eines selektiven Vertriebssystems auferlegt werden, nicht als Kernbeschränkung anzusehen.[1101] Daher kann der Hersteller seine zugelassenen Händler verpflichten, keine Außenseiter zu beliefern, die die von ihm festgelegten Merkmale nicht erfüllen. Diese Vorschrift dient der Funktionsfähigkeit von selektiven

---

1098 *Bauer/de Bronett*, Die EU-Gruppenfreistellungsverordnung für vertikale Wettbewerbsbeschränkungen, Rn. 130; *Veelken*, in: Immenga/Mestmäcker, EG-WbR, Erg-Bd, 2. Lieferung 2001, V. GFVO Rn. 223; *Kommission*, Leitlinien für vertikale Beschränkungen, ABl. C 291/1 v. 13.10.2000, Tz. 53.

1099 *Kommission*, Leitlinien für vertikale Beschränkungen, ABl. C 291/1 v. 13.10.2000, Tz. 186.

1100 Das Verbot von Sprungverkäufen für den Großhandel stellt keinen Verstoß gegen Art. 81 Abs. 1 EG dar. Siehe *EuGH*, Urt. v. 25.10.1977 – Rs. 26/76 – Slg. 1977, 1875 (1909) Rn. 28 f. „Metro/SABA I".

1101 Ob das Verbot des Verkaufs an nicht zugelassene Händler einen Verstoß gegen das Kartellverbot darstellt oder ob es möglicherweise nicht als spürbare Wettbewerbsbeschränkung anzusehen ist wie *Lubberger*, NJW-Sonderheft 100 Jahre Markenverband, 2004, S. 49 (52) meint, soll an dieser Stelle nicht weiter vertieft werden.

Vertriebssystemen, da sie die Errichtung eines geschlossenen selektiven Vertriebssystems ermöglicht. Die Regelung in Art. 4 lit. b, 3. Spiegelstrich vGVO zeigt, dass die Kommission bei Erlass der vGVO davon ausgegangen ist, dass die Beschränkungen des intrabrand-Wettbewerbs für die Erreichung der durch selektiven Vertrieb ausgelösten positiven Wirkungen im interbrand-Wettbewerb unerlässlich sind.[1102] Inwieweit die Kontrolle und Überwachung der Einhaltung des Verbots der Lieferung an Systemfremde durch den Hersteller zulässig ist, wird allerdings kontrovers beurteilt. Während die Kommission in einem Überwachungssystem regelmäßig ein Indiz für unzulässige Beschränkungen sieht[1103], meint die Literatur, dass es inkonsequent sei, die Errichtung von selektiven Vertriebssystemen und Außenseiterschutz für zulässig zu erklären, aber entsprechende Umsetzungsmaßnahmen kartellrechtlich zu sanktionieren.[1104]

II. Beschränkung von Querlieferungen als Kernbeschränkung (Art. 4 lit. d vGVO)

Querlieferungen zwischen Händlern innerhalb eines selektiven Vertriebssystems, die auf derselben oder einer anderen Handelsstufe stehen, dürfen nach Art. 4 lit. d vGVO nicht beschränkt werden.[1105] Daher darf der Hersteller innerhalb seines selektiven Vertriebssystems nicht bestimmte Vertriebswege sowie eine bestimmte Lieferquelle festlegen.[1106] Dies führt dazu, dass auch Alleinbezugsklauseln unzulässig sind.[1107] Grund für das Verbot und die Nichtfreistellung von Beschränkungen von Querlieferungen ist auf europäischer Ebene der Schutz des Binnenmarktes.[1108] Die Mitglieder des selektiven Vertriebssystems sollen in der Lage sein, Preisunterschiede auszunutzen, um so zu

1102 *Beutelmann*, Selektive Vertriebssysteme im europäischen Kartellrecht, S. 116.

1103 *Kommission*, Leitlinien für vertikale Beschränkungen, ABl. C 291/1 v. 13.10.2000, Tz. 49.

1104 *Beutelmann*, Selektive Vertriebssysteme im europäischen Kartellrecht, S. 117.

1105 Siehe dazu auch *Kommission*, Leitlinien für vertikale Beschränkungen, ABl. C 291/1 v. 13.10.2000, Tz. 55.

1106 *Bauer/de Bronett*, Die EU-Gruppenfreistellungsverordnung für vertikale Wettbewerbsbeschränkungen, Rn. 132 f.; *Beutelmann*, Selektive Vertriebssysteme im europäischen Kartellrecht, S. 118.

1107 Siehe dazu auch *Kommission*, Leitlinien für vertikale Beschränkungen, ABl. C 291/1 v. 13.10.2000, Tz. 55.

1108 *Beutelmann*, Selektive Vertriebssysteme im europäischen Kartellrecht, S. 117.

einer Angleichung der Marktbedingungen beizutragen.[1109] Auf den ersten Blick erscheint die Feststellung in Art. 4 lit. d vGVO, wonach Querlieferungsverbote Kernbeschränkungen darstellen, nicht erforderlich, da sich bereits aus Art. 4 lit. b vGVO ergibt, dass Querlieferungsverbote zu den schwarzen Klauseln gehören. Die ausdrückliche Regelung in Art. 4 lit. d vGVO führt jedoch dazu, dass der Anwendungsbereich der ersten Ausnahmeregelung zu Art. 4 lit. b vGVO im 1. Spiegelstrich insofern eingeschränkt wird, als Gebiets- und Kundenbeschränkungen nur noch dann zulässig sind, wenn sie Beschränkungen des aktiven Verkaufs in exklusiven Gebieten an außerhalb des selektiven Vertriebssystems stehende Personen betreffen. Beim nächsten Punkt wird dargestellt werden, inwieweit der Anwendungsbereich der Ausnahme in Art. 4 lit. b, 1. Spiegelstrich vGVO durch Art. 4 lit. c vGVO noch weiter eingeschränkt wird.

III. Beschränkung des Verkaufs an Endverbraucher als Kernbeschränkung (Art. 4 lit. c, 1. Halbsatz vGVO)

Die Beschränkung des aktiven und passiven Verkaufs an Endverbraucher gegenüber Mitgliedern des selektiven Vertriebssystems, die auf der Einzelhandelsstufe tätig sind, kann als Kernbeschränkung iSd. Art. 4 lit. c, 1. Halbsatz vGVO nicht freigestellt werden. In diesem Zusammenhang sind unter Endverbrauchern sowohl gewerbliche als auch sonstige Endbenutzer zu verstehen.[1110] Gewerbliche Endbenutzer können beispielsweise Vermittler sein, die im Auftrag von Endbenutzern kaufen.

Zum Teil wird aus Art. 4 lit. c vGVO geschlossen, dass eine Kombination aus Alleinvertrieb und selektivem Vertrieb auf Vertriebshändlerebene praktisch nicht möglich sei.[1111] Dem ist nicht zuzustimmen. Art. 4 lit. c, 1. Halbsatz vGVO führt in der Konsequenz lediglich dazu, dass ein durch ein Alleinvertriebsrecht begünstigter Händler in seinem Gebiet nicht mehr vor Verkaufsanstrengungen von auf Einzelhandelsebene tätigen Mitgliedern des selektiven Vertriebssystems geschützt werden darf, indem diesen der aktive oder passive Verkauf in dem „Alleinvertriebs-Gebiet“ untersagt wird. Folglich ist allein die Verknüpfung von Alleinvertrieb mit absolutem Gebietsschutz unzulässig. Dies bedeutet aber nicht, dass die Kombination von Selektivvertrieb und Allein-

---

1109 *Beutelmann*, Selektive Vertriebssysteme im europäischen Kartellrecht, S. 117; *Nolte*, BB 1998, 2429 (2435); *Veelken*, in: Immenga/Mestmäcker, EG-WbR, Erg-Bd, 2. Lieferung 2001, V. GFVO Rn. 232.

1110 *Kommission*, Leitlinien für vertikale Beschränkungen, ABl. C 291/1 v. 13.10.2000, Tz. 53.

1111 *Ensthaler/Funk*, BB 2000, 1685 (1687).

vertrieb unzulässig sei. Zudem geht auch die Kommission von der Möglichkeit der Kombination von Alleinvertrieb und selektivem Vertrieb aus.[1112]

Art. 4 lit. c, 1. Halbsatz vGVO gewährleistet auf der Einzelhandelsstufe durch Ausschluss eines absoluten Gebietsschutzes ein Minimum an intrabrand-Wettbewerb, was eine Aufteilung von Märkten und Preisdiskriminierung zwischen den Gebieten verhindern soll. Durch Verkaufsanstrengungen der Händler auch außerhalb des zugewiesenen Gebietes soll auf der Einzelhandelsstufe der intrabrand-Preiswettbewerb aufrechterhalten werden.[1113] Dies ist gerade im selektiven Vertrieb, durch dessen Besonderheiten der intrabrand-Wettbewerb schon an sich beschränkt wird, von besonderer Bedeutung.[1114]

Den Mitgliedern des selektiven Vertriebssystems auf den anderen Vertriebsstufen dürfen jedoch unter den Voraussetzungen des Art. 4 lit. b, 1. Spiegelstrich vGVO Gebiets- und Kundenbeschränkungen auferlegt werden; es kann ihnen also kartellrechtsunschädlich der aktive Verkauf in exklusive Gebiete verboten werden. Dabei können wegen Art. 4 lit. d vGVO jedoch nur Beschränkungen hinsichtlich des Verkaufs an außerhalb des Vertriebssystems stehende Personen vereinbart werden.[1115]

Man kann Art. 4 lit. c, 1. Halbsatz vGVO als lex specialis zu Art. 4 lit. b, 1. Halbsatz einordnen, da Art. 4 lit. c vGVO speziell Kundenbeschränkungen gegenüber Einzelhändlern im selektiven Vertriebssystem als freistellungsschädlich ansieht, die sich auf Endverbraucher beziehen. Art. 4 lit. c vGVO schränkt zusammen mit Art. 4 lit. d vGVO die Vorschrift in Art. 4 lit. b, 1. Spiegelstrich vGVO ein. Dies führt dazu, dass beim selektiven Vertrieb Gebiets- und Kundenbeschränkungen nur dann ausnahmsweise keine schwarze Klausel beinhalten, wenn sie den aktiven Verkauf in exklusiven Gebieten an außerhalb

---

1112 *Kommission*, Leitlinien für vertikale Beschränkungen, ABl. C 291/1 v. 13.10.2000, Tz. 53, 186. Den Inhalt der klaren Regelung in Art. 4 lit. c vGVO stellt allerdings eine Kommissionsäußerung in Frage. Danach soll auch der aktive Verkauf der Mitglieder des selektiven Vertriebssystems in Gebieten, in denen Alleinvertriebshändler eingesetzt sind, beschränkt werden dürfen (Siehe *Wijckmans/Tuytschaever*, E.C.L.R. 2004, 107 (112). Dies wird seitens der Kommission damit begründet, dass eine andere Interpretation Unternehmen daran hindern würde, ein Alleinvertriebssystem in einem bestimmten Gebiet aufzubauen, das sich noch nicht so entwickelt hat, dass dort ein selektives Vertriebssystem praktiziert werden könnte.

1113 *Beutelmann*, Selektive Vertriebssysteme im europäischen Kartellrecht, S. 121.

1114 Siehe auch *Schultze/Pautke/Wagener*, Gruppenfreistellungsverordnung für vertikale Vereinbarungen, Rn. 601.

1115 *Beutelmann*, Selektive Vertriebssysteme im europäischen Kartellrecht, S. 121.

des selektiven Vertriebssystems stehende Personen beschränken und der gebundene Vertragspartner auf der Großhandelsstufe tätig ist. Sofern der gebundene Vertragspartner auf der Einzelhandelsstufe tätig ist, dürfte sich die Kundenbeschränkung nicht auf Endverbraucher beziehen. Sofern der gebundene Vertragspartner auf der Einzelhandelsstufe tätig ist, darf also nur der aktive Verkauf in exklusiven Gebieten an außerhalb des selektiven Vertriebssystems stehende Personen, die keine Endverbraucher sind (meist Wiederverkäufer), beschränkt werden. Dies bedeutet, dass Mitglieder des selektiven Vertriebssystems auf der Einzelhandelsstufe auch in exklusiven Gebieten aktiv an Endverbraucher verkaufen können.

Aus Art. 4 lit. c, 2. Halbsatz vGVO lässt sich entnehmen, dass der Hersteller die Möglichkeit hat, den Mitgliedern des selektiven Vertriebssystems bezüglich des Standorts ihrer Niederlassung Beschränkungen aufzuerlegen. Die Vertragshändler können daran gehindert werden, ihre Geschäftstätigkeiten in unterschiedlichen Geschäftsräumen auszuüben oder eine neue Verkaufsstelle an einem anderen Standort zu eröffnen.[1116] Bei mobilen Verkaufsstellen kann ein Gebiet festgelegt werden, außerhalb dessen die mobile Verkaufsstelle nicht betrieben werden darf. Diese sog. Standortklauseln (*location clauses*) sind mithin freigestellt. Aus Art. 4 lit. c, 2. Halbsatz vGVO geht hervor, dass die Verpflichtung des Käufers zum Betrieb eines stationären Ladenlokals als regelmäßiger Absatzweg nicht schwarzgelistet ist.[1117] Das Verbot des reinen Katalogversandhandels ohne ein stationäres Ladenlokal innerhalb eines selektiven, auf den Vertrieb von Markenparfums gerichteten Vertriebssystems stellt zudem keinen Verstoß gegen Art. 81 Abs. 1 EG dar.[1118] Der reine Versandhandel kann bei einem selektiven Vertriebssystem ausgeschlossen werden, da dieser die Anforderungen an den Vertrieb von hochwertigen Markenparfums (Präsentation in einer „*Aura des Exklusiven*“, Möglichkeit zum Test, Beratung) nicht erfüllt.

1116 *Kommission*, Leitlinien für vertikale Beschränkungen, ABl. C 291/1 v. 13.10.2000, Tz. 54.

1117 *BGH*, Urt. v. 4.11.2003, WuW/E DE-R 1203 (1205) „Depotkosmetik im Internet“.

1118 *Kommission*, Entsch v. 16.12.1991, ABl. L 12/24 (30) v. 18.1.1992 „Yves Saint Laurent Parfums“. Vgl. auch *Kommission*, Entsch. v. 21.12.1993, ABl. L 20/15 (19) Rn. 24 v. 25.1.1994 „Grundig EG-Vertriebsbindung II“: Es ist zulässig, nur Versandhäuser zum Vertrieb zuzulassen, die über Vertriebseinrichtungen, das heißt Räumlichkeiten verfügen, die spezialisierten Fachhandelsgeschäften vergleichbar sind und im betreffenden Vertriebsland flächendeckend vertreten sind, wodurch der reine Versandhandel ohne Vorführ-, Beratungs- und Kundendiensteinrichtungen ausgeschlossen wird. Siehe auch *BGH*, Urt. v. 12.5.1998, WuW/E DE-R 206 (209) „Depotkosmetik“.

Gleiches gilt für den reinen Internethandel.[1119] Auch die Tatsache, dass der Betreiber des selektiven Vertriebssystems seinen zugelassenen Depositären in gewissem Rahmen den Internet-Vertrieb erlaubt, spricht nicht für eine Belieferungspflicht reiner Internet-Händler. Für die Ungleichbehandlung der Depositäre und der reinen Internethändler besteht insofern eine sachliche Rechtfertigung, als die Untersagung des Internetvertriebs gegenüber den Depositären grundsätzlich eine Kernbeschränkung darstellen würde.[1120]

IV. Individualisierbare Wettbewerbsverbote in selektiven Vertriebssystemen (Art. 5 lit. c vGVO)

Eine Vereinbarung, durch die Mitglieder eines selektiven Vertriebssystems dazu verpflichtet werden, den Verkauf von Markenprodukten bestimmter Konkurrenten zu unterlassen, ist nach Art. 5 lit. c vGVO nicht freistellungsfähig. Hingegen kann den Mitgliedern eines selektiven Vertriebssystems generell auferlegt werden, keine Konkurrenzprodukte zu führen. Die Regelung in Art. 5 lit. c vGVO bezweckt, horizontale Absprachen zu vermeiden, durch die ein „selektiver Club“ von Marken führender Lieferanten entsteht.[1121]

D. Bewertung

Die Übernahme der Regelungen der vGVO für innerstaatlich wirkende Vertriebssysteme wird bei den betreffenden selektiven Vertriebssystemen zu einem erheblichen Anpassungsbedarf führen, da sie bislang kaum am Kartellverbot gemessen wurden. Angesichts der Komplexität der Regelungen in der vGVO und der bestehenden Rechtsunsicherheit hinsichtlich der von der vGVO

1119 *BGH*, Urt. v. 4.11.2003, WuW/E DE-R 1203 (1203 f.) „Depotkosmetik im Internet“; *A. Bergmann*, ZWeR 2004, 28 (45); *Becker/Pfeiffer*, ZWeR 2004, 268 (276); *Rheinländer*, WRP 2005, 285 (286 ff.). Anders noch Vorinstanz *OLG München*, Urt. v. 6.12.2001, GRUR-RR 2002, 207 „Depositär“; siehe dazu *Bauer*, WRP 2003, 243 f.

1120 Siehe dazu *Kommission*, Leitlinien für vertikale Beschränkungen, ABl. C 291/1 v. 13.10.2000, Tz. 51. Kritisch zu diesen Regelungen der Kommission: *A. Schulz*, Gedächtnisschrift Skaupy, 2003, S. 334 (355 f.); *Mendelsohn/Rose*, Guide to the EC Block Exemption for Vertical Agreements, S. 56, 107 ff.

1121 *Kommission*, Leitlinien für vertikale Beschränkungen, ABl. C 291/1 v. 13.10.2000, Tz. 192; *Bayreuther*, EWS 2000, 114.

abweichenden Vertriebsvereinbarungen ist dabei zu empfehlen, sich möglichst eng an die Formulierung der vGVO zu halten.[1122]

Von der Verweisung des § 2 Abs. 2 GWB auf die Vorschriften der vGVO über selektive Vertriebssysteme werden jedoch nicht viele selektive Vertriebssysteme betroffen sein. Denn sowohl bei nationaler als auch internationaler Ausdehnung werden selektive Vertriebssysteme in den meisten Fällen Auswirkungen auf den Handel zwischen den Mitgliedstaaten haben, so dass die vGVO auf sie direkt applikabel ist. Wenn sich ein selektives Vertriebssystem auf zwei und mehr Mitgliedstaaten erstreckt, so wird dadurch der zwischenstaatliche Handel in eine bestimmte Richtung gelenkt, da der Handel auf Mitglieder des Systems beschränkt wird, wodurch der Handel verglichen mit einer Lage ohne ein selektives Vertriebssystem beschränkt wird.[1123] Aus verschiedenen Gründen wird es sich häufig um ein selektives Vertriebssystem handeln, das in mehreren Mitgliedstaaten praktiziert wird. Dies liegt zum einen daran, dass der selektive Vertrieb klassischerweise zum Absatz von Markenendprodukten eingesetzt wird.[1124] Durch den erfolgreichen Ausbau des europäischen Binnenmarktes und die zunehmende Globalisierung handelt es sich bei den Markenprodukten, die durch selektiven Vertrieb dem Endverbraucher angeboten werden, in den meisten Fällen um internationale Marken. Dies gilt vor allem bei den typischen Waren des selektiven Vertriebs wie hochwertige Kosmetik, Luxus-Parfum und Uhren/Schmuck, exklusive Audio- und Videogeräte. Zum anderen sind gerade selektive Vertriebssysteme ein Mittel der Hersteller von Markenprodukten, länderübergreifend ein einheitliches Erscheinungsbild der Verkaufsstellen festzulegen. In Zeiten der Globalisierung gibt es wenig denkbare Fälle, in denen sich ein selektives Vertriebssystem lediglich auf Deutschland erstrecken wird. Dies kann allenfalls beim Vertrieb von exklusiven lokalen Spezialitäten kulinarischer oder handwerklicher Art der Fall sein (z.B. Confiserie, Kunsthandwerk, Lederwaren etc.). Der Vertrieb einer Marke auf einem lokalen, regionalen oder nationalen Markt kann auch in den Fällen vorliegen, in denen der Hersteller versucht, seine Marke mittels eines selektiven Vertriebssystems zu etablieren, bevor er sie später zu einer internationalen Marke fortentwickelt. Aber auch

---

[1122] *Bauer/de Bronett*, Die EU-Gruppenfreistellungsverordnung für vertikale Wettbewerbsbeschränkungen, Rn. 101,111; *Schultze/Pautke/Wagener*, Gruppenfreistellungsverordnung für vertikale Vereinbarungen, Rn. 443, 469.

[1123] *EuGH*, Urt. v. 17.1.1984 – verb. Rs. 43/82 und 63/82 – Slg. 1984, 19 Rn. 9 „VBVB" und „VBBB"; *Kommission*, Bekanntmachung Zwischenstaatlichkeit Tz. 70.

[1124] *Kommission*, Leitlinien für vertikale Beschränkungen, ABl. C 291/1 v. 13.10.2000, Tz. 184; *Emmerich*, Immenga/Mestmäcker, GWB, § 16 Rn. 76.

derartige nationale Selektivvertriebssysteme können den Handel zwischen den Mitgliedstaaten beeinträchtigen. Dies ist der Fall, wenn sie ausländischen Händlern den Zutritt zum nationalen Markt verwehren oder erschweren und sofern diese mittelbare Auswirkungen auf Importe haben.[1125] Da in den meisten Fällen angenommen werden kann, dass nationale selektive Vertriebssysteme den Eintritt ausländischer Händler in den Markt zumindest erschweren, wird die Anwendung der vGVO kraft Verweisung nur sehr selten erforderlich sein.

[1125] *EuGH*, Urt. vom 16.6.1981– Rs. 126/80– Slg. 1981, 1563 (1578) Rn. 14 f. „Salonia/Poidomani & Giglio".

Achter Abschnitt: Franchising

A. Einführung und Überblick über die alte Rechtslage

Beim Franchising handelt es sich um eine relativ junge Form von Absatzmittlungsverträgen, deren Wurzeln in den USA liegen.[1126] Franchisevereinbarungen enthalten in der Regel neben Bestimmungen zum Geschäftskonzept hinsichtlich der Produkte, die vertrieben werden, vertikale Beschränkungen wie Wettbewerbsverbote, Gebietsschutzklauseln, Preisbeschränkungen, Alleinvertriebsrechte und andere Vereinbarungen. Innerhalb des Franchisesystems ist der intrabrand-Wettbewerb stark eingeschränkt; der interbrand-Wettbewerb wird

[1126] Dort entwickelten sich Mitte des 19. Jahrhunderts die ersten Franchisesysteme (*Martinek*, Franchising, S. 6 ff., 33 ff.). In Deutschland breiteten sich die Franchisesysteme ab Ende der sechziger Jahre aus. Als Franchise werden Unternehmen in vielen Branchen betrieben; unter anderem Parfümerien (Douglas, Yves Rocher), Restaurants (Mc Donalds, Pizza Hut, Joey's Pizza Service), Hotels (Novotel, Hilton, Sheraton, Holiday Inn), Brautmoden (Pronuptia), Bekleidungsgeschäfte (Benetton), Reinigungen (Kingsgard Vollreinigung), Computergeschäfte (Computerland, PC Spezialist), aber auch Juweliergeschäfte und Autosalons. Im Jahr 2004 gab es in Deutschland mehr als 800 Franchisesysteme mit insgesamt ca. 41.000 Franchisenehmern und etwa 360.000 Beschäftigten (DFV-Broschüre „Erfolgreiche Selbständigkeit mit Franchising", S. 10). Im Einzelnen ist zwischen Vertriebs-, Dienstleistungs- und Produktionsfranchising zu unterscheiden (*EuGH*, Urt. v. 28.1.1986 – Rs. 161/84 – Slg. 1986, 353 (380) Rn. 13 „Pronuptia"). Beim Vertriebs- bzw. Dienstleistungsfranchising bietet der Franchisenehmer eine Ware bzw. Dienstleistung unter einer Kennzeichnung des Franchisegebers und in Übereinstimmung mit dessen Vorgaben an. Zusätzlich gewährt der Franchisegeber dem Franchisenehmer kommerzielle und technische Unterstützung (*Kommission*, Leitlinien für vertikale Beschränkungen, ABl. C 291/1 v. 13.10.2000, Tz. 199). Beim Produktionsfranchising stellt der Franchisenehmer nach den Anweisungen des Franchisegebers selbst Waren her, um sie danach unter der Marke des Franchisegebers zu verkaufen (*Liebscher/Petsche*, EuZW 2000, 40 (401). In allen Fällen des Franchisings erwirbt der Franchisenehmer die Lizenz für Rechte am geistigen Eigentum des Franchisegebers. Dies sind z.B. Warenzeichen, Handelsnamen, Ladenschilder, Gebrauchsmuster, Geschmacksmuster, Urheberrechte, Know-how oder Patente, für die er laufende Franchisegebühren zahlt. Zusätzlich hat der Franchisenehmer neben einer einmaligen Eintrittsgebühr meistens auch einen Beitrag für Werbe- und Marketingaufwendungen des Franchisegebers zu entrichten. Das Franchising hat für den Franchisegeber den Vorteil, dass sich ihm die Möglichkeit bietet, ohne Einsatz eigenen Kapitals seine besonderen Handelskenntnisse und -techniken auszuwerten und ein umfassendes Vertriebsnetz aufzubauen. Der Franchisenehmer hat demgegenüber den Vorteil, dass er mit Hilfe der besonderen Betriebskenntnisse des Franchisegebers einen Know-how-Vorsprung erzielt und sich dank der Reputation der Franchisekette schnell als Händler etablieren kann, wobei das Risiko eines wirtschaftlichen Misserfolgs sehr gering ist. Zu einer Insolvenz innerhalb der ersten fünf Jahre kommt es nur bei 3% aller Franchisenehmer, was verglichen mit einer Quote von 50% bei sonstigen Neugründungen sehr gering ist. Siehe *Tietz*, Handbuch Franchising, S. 51 ff.

jedoch verstärkt. Zudem haben Franchisesysteme insofern eine wettbewerbssteigernde Wirkung, als dadurch kleinen und mittleren Unternehmen Möglichkeiten eröffnet werden, im Wettbewerb mit Großunternehmen und Filialisten zu bestehen.[1127] Vor der 7. GWB-Novelle wurden wettbewerbsbeschränkende Vereinbarungen in Franchiseverträgen ebenso wie solche in anderen Absatzmittlungsverhältnissen nach §§ 14, 16 GWB a.F. beurteilt.

I. Preis- und Konditionenbindungen

In der Literatur wurde vorgeschlagen, Fest-, Mindest- und Höchstpreisbindungen des Franchisegebers gegenüber den Franchisenehmern aufgrund der institutionellen Besonderheiten beim Franchising nicht als Verstoß gegen § 14 GWB a.F. zu bewerten (Immanenzgedanke).[1128] Dabei wurde darauf verwiesen, dass die Preis- und Konditionenpolitik meist zentraler Bestandteil der Marketingkonzeption des Franchisegebers sei und dass die Kunden erwarteten, in allen Geschäften der betreffenden Franchisekette dasselbe Preis- und Konditionengefüge vorzufinden. Je mehr die Preise und Konditionen an den einzelnen Standorten voneinander abwichen, desto größer sei die Erosionsgefahr für das Systemimage. Demgegenüber haben sich der Bundesgerichtshof und das OLG München für das Verbot der Preisbindung in Franchisesystemen ausgesprochen.[1129] Zwar seien die Einheitlichkeit des Auftretens der Franchisenehmer in Franchisesystemen und die daraus resultierende Quasi-Filialität für das Franchising nahezu konstitutiv. Die Abhängigkeit der Franchisenehmer von der Systemzentrale bei faktischen Preisbindungen würde jedoch die für das Franchising erforderliche typische Selbständigkeit der Franchisenehmer beseitigen. Dies gelte jedenfalls dann, wenn der durch eine Bindung in seiner Gestaltungsfreiheit eingeschränkte Franchiseunternehmer das volle wirtschaftliche Risiko seiner Tätigkeit trage.[1130] Eine solche Risikotragung des Franchisenehmers wird in der Regel vorliegen, da der Franchisenehmer nach der vertraglichen und faktischen

---

[1127] *BKartA*, Tätigkeitsbericht 1985/86, S. 32.

[1128] *Bechtold*, GWB, § 14 Rn. 14; *Bechtold*, RIW 1987, 809 (812) zum EG-Recht; *Epp*, Franchising und Kartellrecht, S. 124 ff., 128. Ablehnend *Weber*, WuW 1998, 134 (144 f.); *Böhner*, BB 1997, 1427 (1427 f.).

[1129] *BGH*, Urt. v. 2.2.1999, WuW/E DE-R 264 (267 f.) „Subordinationsfranchising (Sixt)"; *OLG München*, Urt. 27.2.1997, WuW/E OLG 5869 (5871) „Sixt-Franchisevertrag"; so auch *Martinek/Habermeier*, in: Martinek/Semler/Habermeier, Hdb. d. Vertriebsrechts, § 24 Rn. 14 ff.; *Metzlaff*, Gedächtnisschrift Skaupy, 2003, S. 307 (310); *Emmerich*, in: Immenga/Mestmäcker, GWB, § 14 Rn. 33.

[1130] *BGH*, Urt. v. 2.2.1999, WuW/E DE-R 264 (268) „Subordinationsfranchising (Sixt)"; *Böhner*, BB 1997, 1427 (1428).

Chancen- und Risikoverteilung ein im eigenen Namen und für eigene Rechnung selbständig handelnder Unternehmer ist, der Vor- und Nachteile seiner Dispositionen abwägen und entsprechend handeln kann.[1131] Daher galt nach der Rechtsprechung und dem überwiegenden Teil der Literatur das Preisbindungsverbot auch beim Franchising und hatte dort den Zweck, einen systeminternen Restwettbewerb zwischen den Absatzmittlern desselben Produktes zu sichern. Dadurch sollte die Etablierung von „geschlossenen" Franchisesystemen mit durchweg einheitlichen Preisen und Konditionen verhindert werden.[1132] Unverbindliche Preisempfehlungen waren jedoch nach § 22 GWB zulässig und wurden von den Franchisegebern auch umfassend genutzt. Gegenstand zahlreicher Verfahren war dabei die schwierige Ermittlung der Unverbindlichkeit im Einzelfall bzw. die Ermittlung, ob die Preisempfehlung eine Umgehung von § 1 GWB a.F. oder § 14 GWB a.F. darstellte. Dazu war auf den gesamten Inhalt der von den Beteiligten getroffenen Absprachen abzustellen.[1133] Die Unverbindlichkeit wurde abgelehnt, wenn der Empfehlungsempfänger durch die Preisempfehlung wirtschaftlich in ähnlicher Weise gebunden wurde wie durch eine vertragliche Absprache.[1134]

1131 *Okonek*, in: Giesler/Nauschütt, Franchiserecht, § 2 Rn. 152; *Martinek/Habermeier*, in: Martinek/Semler/Habermeier, Hdb. d. Vertriebsrechts, § 24 Rn. 15; *Emmerich*, in: Immenga/Mestmäcker, GWB, § 14 Rn. 33.

1132 *Martinek/Habermeier*, in: Martinek/Semler/Habermeier, Hdb. d. Vertriebsrechts, § 24 Rn. 17/18; ähnlich *BGH*, Urt. v. 2.2.1999, WuW/E DE-R 264 (268 f.) „Subordinationsfranchising (Sixt)".

1133 *BGH*, Urt. v. 2.2.1999, WuW/E DE-R 264 (266) „Subordinationsfranchising (Sixt)"; *Okonek*, in: Giesler/Nauschütt, Franchiserecht, § 2 Rn. 158.

1134 Der Bundesgerichtshof stellte fest, dass dann, wenn ein Franchisegeber mit festen Endverkaufspreisen werbe, ein wirtschaftlicher Druck auf die Franchisenehmer ausgeübt werde. Da bei den Kunden die Erwartung bestehe, das Produkt zu den entsprechenden Preisen erwerben zu können, seien die Franchisenehmer faktisch an die vom Franchisegeber festgelegten Preise gebunden, vgl. *BGH*, Urt. v. 20.5.2003, WuW/E DE-R 1170 (1174) „Preisbindung durch Franchisegeber II". Siehe auch *BGH*, Urt. v. 2.2.1999, WuW/E DE-R 264 (266) „Subordinationsfranchising (Sixt)"; *BGH*, Urt. v. 4.2.1986, WuW/E BGH 2256 (2257) „Herstellerpreiswerbung"; *Metzlaff*, Gedächtnisschrift Skaupy, 2003, S. 307 (317).

II. Sonstige vertikale Beschränkungen

Sofern nicht aufgrund der besonderen Struktur des Franchisesystems § 1 GWB a.F. einschlägig war[1135], unterlagen beim Franchising Bindungen wie Wettbewerbsverbote, Alleinvertriebs-, Alleinbezugs- und Kopplungsbindungen der Missbrauchsaufsicht nach § 16 Nr. 2 bzw. 4 GWB a.F.[1136] Daher konnten derartige Bindungen von den Kartellbehörden verboten werden, soweit durch das Ausmaß der Beschränkungen der Wettbewerb auf dem Markt für diese oder andere Waren oder gewerbliche Leistungen wesentlich beeinträchtigt wurde. Soweit ersichtlich hat das Bundeskartellamt keine Bindungen in Franchisesystemen nach § 16 GWB a.F. im Wege eines Untersagungsverfahrens für unwirksam erklärt.[1137] Dies lag daran, dass die tatbestandlichen Voraussetzungen des § 16 GWB a.F. bei Franchiseverträgen selten vorlagen.[1138] Erst wenn ein Franchisegeber marktbeherrschend war oder die Bindungen in ihrer Gesamtheit[1139] auf dem Markt ein stark wettbewerbsbeschränkendes Ausmaß annah-

---

1135 *Okonek*, in: Giesler/Nauschütt, Franchiserecht, § 2 Rn. 124 ff.; *Blaurock*, in: Festschrift W. Werner, 1984, S. 23 (26 f.); *Wolter*, in: Frankfurter Kommentar, Band II, § 16 Rn. 136. Dies konnte beispielsweise der Fall sein, wenn Franchisenehmer Gesellschafter des Franchisegebers waren oder einen Beirat des Franchisegebers bildeten.

1136 Auf die Frage, ob die Anwendbarkeit des § 16 GWB a.F. bei interessenwahrenden Verträgen wie Handelsvertreterverträgen und Franchiseverträgen nicht (absolute Theorie) oder nur eingeschränkt (relative Theorie, Immanenztheorie) anwendbar war, soll hier nicht weiter eingegangen werden. Siehe dazu insbesondere den Beispielsfall im Kapitel Handelsvertreter und die dort zitierte Literatur (S. 353 ff.). Der eingeschränkten Anwendbarkeit des § 16 GWB a.F. auf Franchiseverträge stand vor Inkrafttreten der 7. GWB-Novelle fast das gesamte Schrifttum ablehnend gegenüber, vgl. *Martinek/Habermeier*, in: Martinek/Semler/Habermeier, Hdb. d. Vertriebsrechts, § 24 Rn. 20 f.; *Blaurock*, in: Festschrift W. Werner, 1984, S. 23 (29); *OLG Dresden*, Urt. v. 28.9.1995, NJW-RR 1996, 1013 (1013).

1137 *Wolter*, in: Frankfurter Kommentar, Band II, § 16 Rn. 136.

1138 *Blaurock*, in: Festschrift W. Werner, S. 23 (30 ff.); *Gross/Skaupy*, Franchising in der Praxis, S. 338; *Emmerich*, in: Immenga/Mestmäcker, GWB, § 16 Rn. 55; *Martinek*, Franchising, S. 565 ff. Siehe auch die umfangreichen Ausführungen zur kartellrechtlichen Beurteilung von Franchiseverträgen nach § 18 GWB a.F. in *BKartA*, Tätigkeitsbericht 1985/86, S. 31 f.

1139 Siehe in diesem Zusammenhang zur Bündeltheorie *BKartA*, Beschl. v. 22.5.1968, WuW/E BKartA 1199 (1207 f.) „Kraftfahrzeugpflegemittel"; *BKartA*, Beschl. v. 8.2.1983, WuW/E BKartA 2010 (2019 ff.) „Armaturen"; *Martinek/Habermeier*, in: Martinek/Semler/Habermeier, Hdb. d. Vertriebsrechts, § 24 Rn. 25; *Epp*, Franchising und Kartellrecht, S. 152 ff. Bei der Beurteilung der Bindungen auf dem Markt mussten neben den Franchisesystemen auch andere Vertriebssysteme mit entsprechenden Abschlussbindungen berücksichtigt werden, vgl. *Martinek/Habermeier*, in: Martinek/Semler/Habermeier, Hdb. d. Vertriebsrechts, § 24 Rn. 25.

men, konnte die Missbrauchsaufsicht Bedeutung erlangen. § 16 GWB a.F. wurde praktisch erst relevant, wenn die betreffende Bindungsart für eine gesamte Branche oder einen wesentlichen Teil davon typisch war.[1140] In der Regel bestanden aber auf den Märkten, auf denen Franchisesysteme zu finden waren, ausreichende Ausweichmöglichkeiten für die Marktteilnehmer und somit kein Anlass für eine kartellrechtliche Aufsicht.[1141] Angesichts der Pronuptia-Rechtsprechung stand nach Aussage des Bundeskartellamts die Anwendung des § 16 GWB a.F. zudem unter dem Vorbehalt, dass die betreffende Vereinbarung für den Betrieb des Franchisenetzes nicht unerlässlich war.[1142] Somit war die Missbrauchsaufsicht nach § 16 GWB a.F. für das Franchising relativ bedeutungslos.[1143] Hingegen konnten Vereinbarungen in Franchiseverträgen nach §§ 19, 20 GWB relevant werden.[1144]

B. Anwendung der vGVO auf Franchisevereinbarungen

Nachfolgend soll geklärt werden, ob die einzelnen Vereinbarungen in Franchiseverträgen nun einen Verstoß gegen § 1 GWB darstellen bzw. ob sie nach § 2 Abs. 2 GWB iVm. der vGVO freistellungsfähig sind. Zu beachten ist, dass die vGVO nur auf das Vertriebs- und Dienstleistungsfranchising anwendbar ist, nicht aber auf das Produktionsfranchising. Zudem fallen Franchisevereinbarungen nach Art. 2 Abs. 3 vGVO nur dann in den Anwendungsbereich der vGVO, wenn sie die Übertragung von geistigen Eigentumsrechten auf den Käufer oder die Nutzung solcher Rechte durch den Käufer betreffen, sofern diese Bestimmungen nicht Hauptgegenstand der Vereinbarung sind und sofern sie sich unmittelbar auf die Nutzung, den Verkauf oder den Weiterverkauf von Waren oder Dienstleistungen durch den Käufer oder seine Kunden beziehen. Die vGVO gilt zudem nach Art. 2 Abs. 4 vGVO nur eingeschränkt für Vereinbarungen zwischen Wettbewerbern. Daher werden Beteiligungsmodelle, bei welchen

---

1140 *Martinek/Habermeier*, in: Martinek/Semler/Habermeier, Hdb. d. Vertriebsrechts, § 24 Rn. 23.

1141 *BKartA*, Tätigkeitsbericht 1985/86, S. 32.

1142 *BKartA*, Tätigkeitsbericht 1985/86, S. 32.

1143 *Martinek/Habermeier*, in: Martinek/Semler/Habermeier, Hdb. d. Vertriebsrechts, § 24 Rn. 25; *Martinek*, Franchising, S. 570.

1144 *Okonek*, in: Giesler/Nauschütt, Franchiserecht, § 2 Rn. 203-230.

sich die Franchisenehmer z.B. als Aktionäre oder stille Gesellschafter am Unternehmen des Franchisegebers beteiligen, nicht unter die vGVO fallen.[1145]

I. Preisbindung

Eine Fest- und Mindestpreisbindung des Franchisegebers gegenüber den Franchisenehmern stellt einen Verstoß gegen Art. 81 Abs. 1 EG bzw. nun gegen § 1 GWB dar.[1146] Wie auch bei anderen Vertriebssystemen sind Fest- und Mindestpreisbindungen beim Franchising nicht freistellungsfähig, während Höchstpreisbindungen generell zulässig sind (vgl. Art. 4 lit. a vGVO). Auch Richtpreise bzw. unverbindliche Preisempfehlungen können vom Franchisegeber gegenüber den Franchisenehmern vorgegeben werden, ohne dass dies eine Wettbewerbsbeschränkung darstellt, sofern zwischen dem Franchisegeber und den Franchisenehmern oder unter den Franchisenehmern keine aufeinander abgestimmte Verhaltensweise hinsichtlich der tatsächlichen Anwendung dieser Preise besteht.[1147] Angesichts der in Franchisesystemen häufig praktizierten einheitlichen Preise, die oft zu einer Erstarrung des Preiswettbewerbs führen, wird eine solche abgestimmte Verhaltensweise oder eine Vereinbarung zwischen den Unternehmen nicht selten vorliegen, wobei sich jedoch das Problem des Nachweises stellt.

II. Wettbewerbsverbote inklusive Alleinbezugsvereinbarungen

In der Pronuptia-Entscheidung hat der Gerichtshof festgestellt, dass ein dem Franchisegeber auferlegtes Verbot, während der Vertragsdauer oder während eines angemessenen Zeitraums nach Vertragsbeendigung ein Geschäft gleicher oder ähnlicher Natur in einem Gebiet zu eröffnen, in dem er zu einem der Mitglieder der Vertriebsorganisation in Wettbewerb treten könnte, von Art. 81 Abs. 1 EG ausgenommen sein kann.[1148] Wäre ein solches Wettbewerbsverbot

---

1145 *Liebscher/Petsche*, EuZW 2000, 40 (401).

1146 Siehe zu Art. 81 Abs. 1 EG: *EuGH*, Urt. v. 28.1.1986 – Rs. 161/84 – Slg. 1986, 353 (383) Rn. 23 „Pronuptia".

1147 *EuGH*, Urt. v. 28.1.1986 – Rs. 161/84 – Slg. 1986, 353 (384) Rn. 25 „Pronuptia"; *Kommission*, Entsch. v. 14.11.1988, ABl. L 332/38 (41) v. 3.12.1988 „Service Master"; *Kommission*, Entsch. v. 2.12.1988, ABl. L 35/31 (37) v. 7.2.1989 „Charles Jourdan".

1148 *EuGH*, Urt. v. 28.1.1986 – Rs. 161/84 – Slg. 1986, 353 (382) Rn. 16 „Pronuptia". Siehe auch *Kommission*, Leitlinien für vertikale Beschränkungen, ABl. C 291/1 v. 13.10.2000, Tz. 200 Nr. 2. Hier zieht die Kommission dem Wettbewerbsverbot jedoch wesentlich engere Grenzen als der Gerichtshof, da sie nur von Wettbewerbsverboten in Bezug auf die vom Franchisenehmer erworbenen Waren oder Dienstleistungen spricht. Wettbewerbsverbote in Bezug auf vom Franchisenehmer selbst hergestellte Waren bezieht die

unzulässig, müsste der Franchisegeber befürchten, dass das dem Franchisenehmer vermittelte Know-how und die Unterstützung für die Anwendung seiner Methoden mittelbar Konkurrenten zugute kommen würde, deren Produkte der Franchisenehmer zusätzlich vertreibt. Außerdem wäre ohne ein Wettbewerbsverbot häufig kein einheitliches Produktangebot und keine gleich bleibende Qualität der angebotenen Waren gewährleistet. Gerade dies trägt aber dazu bei, das Franchisesystem für den Verbraucher unverwechselbar zu machen und sein Vertrauen in einen sicheren Standard zu stärken. Daher ist ein Wettbewerbsverbot in der Regel auch erforderlich, um ein einheitliches Erscheinungsbild aller Franchisefilialen und damit eine einheitliche Identität des gesamten durch die Geschäftsbezeichnung symbolisierten Vertriebsnetzes sicherzustellen und den guten Ruf des Netzes zu wahren.[1149]

Auch angesichts einer besonders langen Dauer wird ein Wettbewerbsverbot nicht unter das Kartellverbot fallen, es sei denn, dass seine Laufzeit über die der Franchisevereinbarung selbst hinausgeht.[1150] Die Erforderlichkeit des Wettbewerbsverbots sollte aber nicht pauschal bejaht werden. Zweifel an der Notwendigkeit von Wettbewerbsverboten können sich insbesondere bei Franchisesystemen ergeben, bei denen die Vertragsware über verschiedene Vertriebswege (Franchising, Shop-in-Shop-Verträge, Einzelhandel) in den Handel gelangt, wie es häufig insbesondere im Bereich der Markenprodukte z.B. im Falle von Oberbekleidung, Schuhen und Accessoires der Fall ist.[1151] In den meisten Fällen werden Wettbewerbsverbote innerhalb von Franchisesystemen jedoch notwendige Nebenabreden (*ancillary restraints*) zu einem anerkannten kartellrechtsneutralen Hauptzweck, dem Franchising als solchem, sein.[1152] Die Anwendung

---

Kommission zu Unrecht nicht ein. Siehe dazu auch *A. Schulz*, Gedächtnisschrift Skaupy, 2003, S. 334 (351), der dies für ein Redaktionsversehen hält.

1149 *Kommission*, Leitlinien für vertikale Beschränkungen, ABl. C 291/1 v. 13.10.2000, Tz. 200 Nr. 2.

1150 *Kommission*, Leitlinien für vertikale Beschränkungen, ABl. C 291/1 v. 13.10.2000, Tz. 157, 200 Nr. 2.

1151 *Schultze/Pautke/Wagener*, Gruppenfreistellungsverordnung für vertikale Vereinbarungen, Rn. 523.

1152 In der Pronuptia-Entscheidung wies der Gerichtshof darauf hin, dass die Vertriebsform Franchising an sich nicht mit dem Wettbewerb in Widerspruch steht, sondern positive Wettbewerbswirkungen hervorbringt: *„Dieses System macht im übrigen Händlern, die nicht über die notwendige Erfahrung verfügen, Methoden zugänglich, über die sie sonst erst nach langen mühevollen Nachforschungen hätten verfügen können, und ermöglicht ihnen, aus dem Ansehen der Geschäftsbezeichnung Gewinn zu ziehen. Die Verträge über das Vertriebsfranchising unterscheiden sich hierin von den Vertriebsvereinbarungen oder Verträgen zur Bindung anerkannter Wiederverkäufer in einem selektiven*

der Rechtsprechung des Gerichtshofs auf § 1 GWB wird regelmäßig dazu führen, dass ein Verstoß gegen § 1 GWB durch Wettbewerbsverbote in Franchiseverträgen abzulehnen sein wird, so dass mangels Einschlägigkeit des Kartellverbots nach § 1 GWB auch keine Freistellung durch Art. 5 lit. a und b vGVO erforderlich sein wird.[1153] Sollte im Einzelfall ein Wettbewerbsverbot gegen § 1 GWB verstoßen, so ist dieses nach Maßgabe des Art. 5 lit. a vGVO zulässig, wenn es keine längere Laufzeit als fünf Jahre hat. Sofern eine Vereinbarung unter die Bagatell-Bekanntmachung der Kommission fällt, ist ein darin enthaltenes Wettbewerbsverbot von mehr als fünf Jahren zulässig, da in diesen Fällen nur Art. 4 vGVO, nicht aber Art. 5 vGVO Anwendung findet.

Sofern § 1 GWB bei nachvertraglichen Wettbewerbsverboten eingreift, ist ein solches Wettbewerbsverbot nach Art. 5 lit. b vGVO für ein weiteres Jahr freistellungsfähig, sofern es unerlässlich ist, um ein dem Käufer vom Lieferanten übertragenes Know-how[1154] zu schützen und sich auf Räumlichkeiten und Grundstücke beschränkt, von denen aus der Käufer während der Vertragsdauer seine Geschäfte betrieben hat.[1155] Sofern das Know-how nicht allgemein bekannt geworden ist, kann die Nutzung und Offenlegung desselben zeitlich unbegrenzten Beschränkungen unterworfen werden, vgl. Art. 5 lit. b, 2. Halbsatz vGVO.

Bestimmungen, wonach der Franchisenehmer nur Waren vom Franchisegeber oder von Lieferanten verkaufen darf, die durch den Franchisegeber ausgewählt worden sind, können dem Kartellverbot entzogen sein, wenn sie zum Schutz des Ansehens der Vertriebsorganisation notwendig sind.[1156] Zu beachten ist, dass

---

Vertriebssystem, die weder die Verwendung derselben Geschäftsbezeichnung noch die Anwendung einheitlicher Geschäftsmethoden oder die Zahlung einer Vergütung als Gegenleistung für die eingeräumten Vorteile vorsehen. Ein solches System, mit dessen Hilfe der Franchisegeber seinen Erfolg verwerten kann, beeinträchtigt an sich nicht den Wettbewerb." Vgl. *EuGH*, Urt. v. 28.1.1986 – Rs. 161/84 – Slg. 1986, 353 (381) Rn. 15 „Pronuptia". Kritisch gegenüber der Aussage des Gerichtshofs, das Franchising sei an sich wettbewerbskonform: *Chr. Joerges*, ZHR 151 (1987), 195 (213 f.).

1153 Siehe zu der parallelen Problematik in Bezug auf Art. 81 Abs. 1 EG *Schultze/Pautke/Wagener*, Gruppenfreistellungsverordnung für vertikale Vereinbarungen, Rn. 521; *Bellamy/Child*, European Community Law of Competition, Rn. 7-179.

1154 Zur Definition des Know-hows siehe Art. 1 lit. f vGVO.

1155 Siehe zum nachvertraglichen Wettbewerbsverbot auch *Kommission*, Entsch. v. 2.12.1988, ABl. L 35/31 (36) v. 7.2.1989 „Charles Jourdan".

1156 *EuGH*, Urt. v. 28.1.1986 – Rs. 161/84 – Slg. 1986, 353 (383) Rn. 21 „Pronuptia"; *Bunte*, in: Langen/Bunte, Kommentar zum deutschen und europäischen Kartellrecht, Band 2, Art. 81 EG Generelle Prinzipien, Rn. 77 (S. 102); *Schultze/Pautke/Wagener*, Gruppenfreistellungsverordnung für vertikale Vereinbarungen, Rn. 530. Diese Klausel

diese Bestimmung keine Alleinbezugsregelung enthält, sondern allein festlegt, welche Waren vertrieben werden können. Daher bleibt von einer derartigen Klausel die Möglichkeit des Querbezugs für die Franchisenehmer unberührt.[1157]

III. Gebiets- und Kundenbeschränkung

1. Standortklausel

In die Kategorie der Gebiets- und Kundenbeschränkungen fällt unter anderem die Verpflichtung, die Franchise nur vom vertraglich bezeichneten Geschäftslokal aus zu nutzen (Standortklausel).[1158] Diese beinhaltet in der Konsequenz auch das Verbot der Eröffnung eines zweiten Geschäftslokals.[1159] Ob eine Standortklausel einen Verstoß gegen Art. 81 Abs. 1 EG bzw. § 1 GWB darstellt, wird kontrovers diskutiert. Der Gerichtshof und die Kommission haben sich in ihren Entscheidungen sehr deutlich für das Vorliegen einer Wettbewerbsbeschränkung bei einer Standortklausel ausgesprochen.[1160] Der Gerichtshof hat betont, dass eine derartige Bestimmung weder zum Schutz des vermittelten Know-hows noch zur Wahrung der Identität und des Ansehens der Vertriebsorganisation notwendig sei. Vielmehr komme es durch eine Klausel, nach der der Franchisenehmer verpflichtet ist, die Franchise nur im vertraglich vorgesehenen Geschäftslokal zu nutzen, zu einer Marktaufteilung zwischen dem Franchise-

---

war auch in Art. 3 Abs. 1 lit. b der VO Nr. 4087/88 enthalten, wobei es sich mangels Einschlägigkeit des Kartellverbots nur um eine Klarstellung handelte.

1157 Querbezug bedeutet, dass die Franchisenehmer die Vertragswaren, die durch den Franchisegeber oder dessen ausgewählte Lieferanten hergestellt worden sind, von anderen Franchisenehmern oder anderen Händlern im Vertriebssystem des Franchisegebers beziehen.

1158 Siehe zur Formulierung verschiedener Standortklauseln *Weltrich*, Franchising im EG-Kartellrecht, S. 341.

1159 *EuGH*, Urt. v. 28.1.1986 – Rs. 161/84 – Slg. 1986, 353 (383) Rn. 24 „Pronuptia"; *Kommission,* Entsch. v. 13.7.1987, ABl. L 222/12 (19) Tz. 25 v.10.8.1987 „Computerland". Dabei wird je nach Formulierung der Klausel im Einzelfall zu entscheiden sein, ob die Standortklausel nur die Eröffnung eines weiteren Geschäftslokals im Vertragsgebiet verbietet oder sie auch die Eröffnung eines weiteren Geschäftslokals außerhalb des Vertragsgebiets untersagt. Letzteres wird regelmäßig Auswirkungen auf den Handel zwischen den Mitgliedstaaten hervorrufen, so dass es dann nicht mehr zu der Frage der Anwendbarkeit der vGVO auf innerstaatliche Wettbewerbsbeschränkungen kommt, die Schwerpunkt dieser Arbeit ist.

1160 *EuGH*, Urt. v. 28.1.1986 – Rs. 161/84 – Slg. 1986, 353 (383) Rn. 23 f. „Pronuptia"; *Kommission*, Entsch. v. 14.11.1988, ABl. L 332/38 (41) Tz. 22 v. 3.12.1988 „Service Master"; *Kommission,* Entsch. v. 13.7.1987, ABl. L 222/12 (19) Tz. 25 v.10.8.1987 „Computerland".

geber und den Franchisenehmern oder zwischen den Franchisenehmern untereinander und damit zu einer Wettbewerbsbeschränkung innerhalb der Vertriebsorganisation.[1161] Trotz dieser klaren Aussage des Gerichtshofs gehen Teile der Literatur davon aus, dass eine Standortklausel keinen Verstoß gegen Art. 81 Abs. 1 EG (und auch gegen § 1 GWB) beinhalte. Dabei meinen einige, dass die Standortklausel für das Ansehen und die Einheitlichkeit des Franchisesystems unerlässlich sei.[1162] Ohne eine Standortklausel könne es möglicherweise zur Eröffnung von zahlreichen neuen Geschäften kommen, die aber auf Dauer nicht gewinnbringend auf dem Markt betrieben werden könnten. Es ist aber zum einen zweifelhaft, ob dies oft vorkommen wird und zum anderen, ob durch eine solche Situation das Ansehen und die Einheitlichkeit des Franchisesystems leiden würden. Denn die Franchisenehmer werden vor Eröffnung eines weiteren Geschäftslokals eine umfassende Analyse durchführen, ob und wo ein zweites Geschäft geführt werden kann. Da die Franchisenehmer zum Zeitpunkt der Eröffnung des zweiten Lokals bereits einen guten Überblick über die örtlichen und regionalen Marktstrukturen und den Erfolg des Produkts haben, werden sie genau einschätzen können, ob die Eröffnung eines zweiten Lokals betriebswirtschaftlich erfolgreich sein wird. Angesichts der Kosten für die Eröffnung eines neuen Lokals werden die Franchisenehmer ebenfalls nicht leichtfertig einen neuen Standort eröffnen. Daher wird nur in seltenen Fällen die Eröffnung eines weiteren Standorts ein wirtschaftlicher Misserfolg werden. Sollte dies dennoch der Fall sein, wird durch die Verpflichtung der Franchisenehmer zur einheitlichen Ausstattung des Geschäfts und zur Wahrung gleich bleibender Qualität gewährleistet, dass auch bei einem weiteren Standort, der nicht gut läuft und auf Dauer schließen muss, das Ansehen der Kette nicht beschädigt wird.

Aus der Tatsache, dass die Verpflichtung des Franchisenehmers, sein Geschäft nicht ohne Zustimmung des Franchisegebers an einen anderen Ort zu verlegen, keine Wettbewerbsbeschränkung darstellt[1163], wird zum Teil geschlossen, dass die Standortklausel, wonach der Franchisenehmer die Franchise nur im vertraglich bezeichneten Geschäftslokal nutzen und auch kein weiteres Geschäft eröffnen darf, erst recht keine Wettbewerbsbeschränkung darstelle.[1164] Dem ist entgegenzuhalten, dass die erstbezeichnete Bestimmung für den Schutz und die

---

1161 *EuGH*, Urt. v. 28.1.1986 – Rs. 161/84 – Slg. 1986, 353 (383) Rn. 23 f. „Pronuptia".

1162 *Kevekordes*, BB 1987, 74 (77); *Schultze/Pautke/Wagener*, Gruppenfreistellungsverordnung für vertikale Vereinbarungen, Rn. 530.

1163 *EuGH*, Urt. v. 28.1.1986 – Rs. 161/84 – Slg. 1986, 353 (382) Rn. 19 „Pronuptia".

1164 *Metzlaff*, Franchiseverträge und EG-Kartellrecht, S. 118 f.; *Kevekordes*, BB 1987, 74 (77).

Identität des Netzes notwendig ist. Dadurch soll vermieden werden, dass das im Interesse aller Franchisenehmer liegende Ansehen des Franchisenetzes durch eine schlechte Standortwahl Schaden nehmen könnte.[1165] Hingegen ist die Standortklausel weder zum Schutz des vermittelten Know-hows noch zur Wahrung der Identität und des Ansehens der Vertriebsorganisation notwendig, sofern man davon ausgeht, dass der Franchisenehmer bei Eröffnung des zweiten Geschäftslokals den vom Franchisegeber vorausgesetzten Standard einhält.

Andere bezweifeln, dass eine Standortklausel zu einer Marktaufteilung führen kann.[1166] Dabei bemessen die Autoren die Möglichkeit der Marktaufteilung allein danach, ob der Franchisegeber daran gehindert sei, im Vertragsgebiet dritten Unternehmen die Nutzung der Franchise zu gestatten oder sie selbst zu nutzen. Dabei verkennen sie jedoch, dass die Marktaufteilung schon darin liegt, dass der Franchisegeber über die Verteilung der Gebiete an einzelne Franchisenehmer entscheidet, die diese Entscheidung wegen der Standortklausel nicht durch eigenmächtige Eröffnung weiterer Geschäfte unterlaufen dürfen.[1167]

Dass bei einer Standortklausel eine Wettbewerbsbeschränkung vorliegt, wird zudem mit Blick auf ihre Wirkungen evident. Durch die Standortklausel hat der Franchisegeber nur die Möglichkeit, in dem Gebiet tätig zu werden, das von dem Geschäftslokal aus erreicht werden kann (positive Beschränkung). Zugleich darf der Franchisenehmer in allen anderen Gebieten nicht tätig werden (negative Beschränkung).[1168] Somit wird eine Expansion einzelner Franchisenehmer, durch die der intrabrand-Wettbewerb gestärkt werden könnte, unterbunden. Die Standortklausel führt zu einem relativen Gebietsschutz, da die Franchisenehmer an der Expansion in andere Vertragsgebiete gehindert werden.[1169] Dies hat auch

---

1165 *Kommission,* Entsch. v. 14.11.1988, ABl. L 332/38 (40) v. 3.12.1988 „Service Master"; *Kommission,* Entsch. v. 13.7.1987, ABl. L 222/12 (18) Tz. 25 v.10.8.1987 „Computerland".

1166 *Metzlaff,* Franchiseverträge und EG-Kartellrecht, S. 118 und *Oehl*, GRUR Int. 1987, 786 (787).

1167 Ähnlich *Weltrich*, Franchising im EG-Kartellrecht, S. 188.

1168 Sofern die Standortklausel so formuliert ist, dass sie auch das Verbot zur Errichtung eines zweiten Geschäftslokals innerhalb des Vertragsgebiets enthält, wird – wenn das vertraglich zugesicherte Gebiet viel größer ist als der Einzugsbereich des Geschäftslokals – eine negative Gebietsbeschränkung insofern vorliegen, als dann verboten wird, an die Kunden zu verkaufen, die mit dem weiteren Geschäftslokal erreicht werden können.

1169 Siehe zum alten Recht auch *Dresel*, Die Verbraucherbeteiligung am Gewinn, S. 107; *Kirchhoff,* in: Wiedemann, Hdb. d. KartellR, § 10 Rn. 178.

das Bundeskartellamt sehr negativ bewertet.[1170] Zu einem absoluten Gebietsschutz kommt es allerdings nicht, da der passive Verkauf durch Franchisenehmer an Kunden, die von außerhalb des den Franchisenehmern zugewiesenen Gebiets kommen, von der Standortklausel nicht erfasst wird. Festzuhalten ist, dass eine Standortklausel aufgrund ihrer wettbewerbsbeschränkenden Wirkung einen Verstoß gegen § 1 GWB darstellt.[1171]

Fraglich ist, ob die Standortklausel nach § 2 Abs. 2 GWB iVm. vGVO freistellungsfähig ist. Grundsätzlich stellen Gebiets- und Kundenbeschränkungen nach Art. 4 lit. b vGVO Kernbeschränkungen dar. Es könnte jedoch eine Ausnahme eingreifen. Nach Art. 4 lit. b, 1. Spiegelstrich vGVO ist eine Beschränkung des aktiven Verkaufs des Käufers (Franchisenehmers) in Bezug auf Gebiete nicht freistellungsschädlich, die sich der Lieferant selbst vorbehalten oder einem anderen Käufer exklusiv zugewiesen hat. In der Konsequenz ist das der Standortklausel immanente Verbot der Eröffnung eines Geschäftslokals in dem Gebiet eines anderen Franchisenehmers (aktiver Verkauf[1172]) keine schwarze Klausel, sofern der andere Franchisenehmer das Gebiet exklusiv betreibt. Für die Freistellung dieser Klausel ist jedoch zusätzlich erforderlich, dass die in Art. 3 Abs. 1 vGVO enthaltene Marktanteilsschwelle[1173] nicht überschritten wird. Auch nach der früheren VO Nr. 4087/88 waren Standortklauseln freigestellt.[1174] Sofern das Franchisesystem als selektives Vertriebssystem anzusehen ist – was unten näher zu erläutern sein wird – wird sich die Tatsache, dass eine Standortklausel keine Kernbeschränkung darstellt, auch aus Art. 4 lit. c, 2. Halbsatz vGVO ergeben.

1170 *BKartA*, Tätigkeitsbericht 1985/86, S. 33: „Kritischer und nur im Rahmen einer Einzelfallprüfung zu beurteilen sind solche Gebietsschutzabreden, die den Franchisenehmer darin beschränken, die Vertragswaren außerhalb des zugewiesenen Gebietes, etwa in neu zu eröffnenden Geschäften zu verkaufen (interne Platzschutz-Bindung des Franchisenehmers iSd. § 18 Abs. 1 Nr. 3). Eine derartige Verpflichtung kann im Einzelfall in unbilliger Weise das interne Wachstum des meist kleinen oder mittelständischen Franchisenehmers behindern und jeglichen Wettbewerb zwischen den Franchisenehmern verhindern.“

1171 Siehe zu Art. 81 Abs. 1 EG: *Weltrich*, Franchising im EG-Kartellrecht, S. 186 ff.

1172 Siehe *Kommission*, Leitlinien für vertikale Beschränkungen, ABl. C 291/1 v. 13.10.2000, Tz. 50.

1173 Siehe zur Marktanteilsberechnung beim Franchising: *Kommission*, Leitlinien für vertikale Beschränkungen, ABl. C 291/1 v. 13.10.2000, Tz. 89 ff., 95, 200; *A. Schulz*, Gedächtnisschrift Skaupy, 2003, S. 334 (341 f.); *Metzlaff*, BB 2000, 1201 (1205).

1174 *Kommission*, Verordnung (EWG) Nr. 4087/88 vom 30.11.1988 über die Anwendung von Art. 85 Abs. 3 des Vertrages auf Gruppen von Franchisevereinbarungen, ABl. L 359/46 v. 28.12.1988, Art. 2 lit. c.

2. Sonstige Klauseln

Bei der Verpflichtung, die Vertragsware nur an Endverbraucher, an andere Franchisenehmer und an andere Wiederverkäufer abzusetzen, die in andere, vom Hersteller dieser Ware oder mit dessen Zustimmung belieferte Vertriebswege eingegliedert sind, wird es oft an einer Wettbewerbsbeschränkung fehlen. Diese Klausel bezweckt, vom Franchisegeber nicht autorisierte Wiederverkäufer am Handel mit der Ware zu hindern. Dies wird erforderlich sein, um den Ruf und die Einheitlichkeit des Franchisesystems sicherzustellen. Sofern dies der Fall ist, ist in Anwendung der Pronuptia-Rechtsprechung davon auszugehen, dass eine solche Klausel keinen Verstoß gegen § 1 GWB darstellt.

IV. Anwendung der speziellen Bestimmungen der vGVO für selektive Vertriebssysteme?

Fraglich ist, ob die speziellen Bestimmungen der vGVO für selektive Vertriebssysteme auf das Franchising anwendbar sind. Bei diesen Bestimmungen handelt es sich erstens um die Freistellungsfähigkeit der Beschränkungen des Verkaufs an nicht zugelassene Händler (Art. 4 lit. b, 3. Spiegelstrich), zweitens um die Einordnung der Beschränkung von Querlieferungen als Kernbeschränkung (Art. 4 lit. d), drittens um die Einordnung der Beschränkung des Verkaufs durch Einzelhändler an Endverbraucher als Kernbeschränkung (Art. 4 lit. c) und viertens um die Freistellungsschädlichkeit von individualisierbaren Wettbewerbsverboten (Art. 5 lit. c).

Die Anwendbarkeit dieser Bestimmungen hängt davon ab, ob das Franchising unter die Definition des selektiven Vertriebs in Art. 1 lit. d vGVO fällt, wonach es sich um Vertriebssysteme handelt, *„in denen sich der Lieferant verpflichtet, die Vertragswaren oder -dienstleistungen unmittelbar oder mittelbar nur an Händler zu verkaufen, die aufgrund festgelegter Merkmale ausgewählt werden, und in denen sich diese Händler verpflichten, die betreffenden Waren oder Dienstleistungen nicht an Händler zu verkaufen, die nicht zum Vertrieb zugelassen sind*“.

Problematisch ist hierbei insbesondere, ob beim Franchising die Händler durch die Franchisegeber aufgrund „festgelegter Merkmale“ ausgewählt werden. In der Regel werden die Franchisenehmer zumindest nach ihrer Liquidität, Zuverlässigkeit, Eignung zum Unternehmer etc. ausgewählt. Bei einem solchen allgemeinen Anforderungsprofil stellen Franchisesysteme nach Ansicht der

Kommission noch keine selektiven Vertriebssysteme dar.[1175] Dies ist nachvollziehbar, weil derartige generelle Kriterien oft nicht messbar sind, so dass es wenig Sinn macht, diese im Voraus festzulegen. Aus den Leitlinien der Kommission geht jedoch hervor, dass Franchising Beschränkungen wie den Selektivvertrieb enthalten kann, auch wenn dies nicht zwangsläufig der Fall sein muss.[1176] Diese Aussage der Kommission erscheint wenig präzise, wenn sie von dem Selektivvertrieb als Wettbewerbsbeschränkung spricht. Wie im vorigen Kapitel dargestellt enthält der selektive Vertrieb eine Vielzahl von wettbewerbsbeschränkenden Klauseln und nicht eine einzige Wettbewerbsbeschränkung. Es ist davon auszugehen, dass die Kommission mit Selektivvertrieb Vereinbarungen meint, wonach die Aufnahme von Franchisenehmern in das Franchisesystem von bestimmten im Voraus festgelegten Voraussetzungen abhängig gemacht wird. Wenn es sich bei diesen Voraussetzungen um qualitative und spezielle Kriterien handelt wie z.B. exponierte Lage, Ausstattung und Einzugsgebiet des Verkaufslokals, besondere Ausbildung des Franchisenehmers etc. und diese Kriterien wirklich im Voraus festgelegt werden, erscheint es gerechtfertigt, ein Franchisesystem als selektives Vertriebssystem anzusehen. Auch im Hinblick darauf, dass ein Franchisegeber die Zahl der Franchisenehmer in einem bestimmten Gebiet zahlenmäßig beschränken wird, wird die Auswahl der Händler oft ähnlich erfolgen wie in einem quantitativen selektiven Vertriebssystem.[1177] Somit wird man in vielen Fällen Vertriebsfranchisesysteme als selektive Vertriebssysteme ansehen können.[1178] Dieser Annahme steht auch nicht die Rechtsprechung des Gerichtshofs entgegen wie zum Teil behauptet wird.[1179] Der Gerichtshof hatte festgestellt, dass sich das Vertriebsfranchising

---

1175 Auskunft der Kommission auf Anfrage des DFV, siehe *Fritzemeyer*, BB 2002, 1658 (1663) Fn. 46. Ablehnend auch *Metzlaff*, BB 2000, 1201 (1207); *Liebscher/Petsche*, öRdW 2002, 7 (9). Anders: *Beutelmann*, Selektive Vertriebssysteme im europäischen Kartellrecht, S. 94.

1176 *Kommission*, Leitlinien für vertikale Beschränkungen, ABl. C 291/1 v. 13.10.2000, Tz. 199.

1177 *Flohr*, in: Liebscher/Flohr/Petsche, Hdb. der EU-Gruppenfreistellungsverordnungen, § 8 Rn. 120; *Martinek/Habermeier*, in: Martinek/Semler/Habermeier, Hdb. d. Vertriebsrechts, § 24 Rn. 38; *Liebscher/Petsche*, EuZW 2000, 400 (401).

1178 Ähnlich auch *Martinek/Habermeier*, in: Martinek/Semler/Habermeier, Hdb. d. Vertriebsrechts, § 24 Rn. 37; *Beutelmann*, Selektive Vertriebssysteme im europäischen Kartellrecht, S. 94 f.; *Veelken*, in: Immenga/Mestmäcker, EG-WbR, Erg-Bd, 2. Lieferung 2001, V. GFVO Rn. 218; *Gerstner*, in: Giesler/Nauschütt, Franchiserecht, § 2 Rn. 42 ff.; *Flohr*, in: Ahlert Handbuch Franchising & Cooperation, S. 339 (358). A.A. *A. Schulz*, Gedächtnisschrift Skaupy, 2003, S. 334 (345 f.).

1179 *Liebscher/Petsche*, EuZW 2000, 400 (402).

von den übrigen Vertriebsvereinbarungen und selektiven Vertriebssystemen insofern unterscheide, als es die Verwendung derselben Geschäftsbezeichnung, Anwendung einheitlicher Geschäftsmethoden oder die Zahlung einer Vergütung als Gegenleistung für die eingeräumten Vorteile vorsehe.[1180] Diese Entscheidung des Gerichtshofs schließt es jedoch nicht aus, das Franchising wegen der besonders intensiven Kooperation zwischen Lieferant und Händler als spezielle Unterart eines selektiven Vertriebssystems anzusehen.

Bei der Frage, ob die speziellen Regelungen der vGVO für selektive Vertriebssysteme auf das Franchising anwendbar sind, sollte sich die Diskussion nicht wie bisher darauf beschränken, ob Franchising zum Selektivvertrieb zu zählen ist oder nicht. Vielmehr sollte auch geprüft werden, ob die Anwendung der besonderen Regelungen in der vGVO für selektive Vertriebssysteme auf das Franchising systemgerecht ist.

Nach Art. 4 lit. b, 3. Spiegelstrich vGVO stellen bei selektiven Vertriebssystemen Beschränkungen des Verkaufs an nicht zum Vertriebssystem zugelassene Händler keine Kernbeschränkung dar. Auch beim Franchising ist eine derartige Bestimmung für den Franchisegeber wichtig, um zu verhindern, dass die Vertragsware und eventuell auch vom Franchisegeber übertragenes Know-how an unautorisierte Händler weitergegeben werden, die den Ruf und die Einheitlichkeit der Vertriebsorganisation beeinträchtigen können. Daher ist die Bestimmung in Art. 4 lit. b, 3. Spiegelstrich vGVO gerade beim Franchising von besonderer Bedeutung. Da beim Franchising nicht nur Querlieferungen an andere Franchisenehmer, sondern auch an andere Händler, die in die Vertriebsorganisation des Franchisegebers eingegliedert sind, möglich sein müssen, sind unter „nicht zugelassenen Händlern" nur solche zu verstehen, die weder Franchisenehmer sind noch auf anderen Vertriebsschienen vom Franchisegeber beliefert werden.

Die Anwendung des Art. 4 lit. d vGVO auf Franchisesysteme ist ebenfalls sinnvoll. Um die Einschränkung des markeninternen Wettbewerbs beim Franchising auszugleichen, sind Querlieferungen zwischen den Franchisenehmern von großer Bedeutung. Sie können vom Franchisegeber vorgenommene Preisdifferenzierungen in verschiedenen Gebieten kompensieren. Daher sollte die Beschränkung von Querlieferungen – ebenso wie nach der früheren Fran-

1180 *EuGH*, Urt. v. 28.1.1986 – Rs. 161/84 – Slg. 1986, 353 (381) Rn. 15 „Pronuptia".

chise-Gruppenfreistellungsverordnung[1181] – eine Kernbeschränkung darstellen, so dass die Anwendung des Art. 4 lit. d vGVO auch auf Franchisesysteme geboten ist.[1182] Da der Franchisegeber die Ware zuweilen nicht nur über das Franchisesystem, sondern wie ausgeführt auch unter Nutzung anderer Vertriebskanäle vertreibt, muss es den Franchisenehmern zudem gestattet sein, Querlieferungen an diese durchzuführen und Querbezüge von diesen entgegen zu nehmen. Diesbezügliche Beschränkungen sollten sinnvollerweise ebenfalls eine Kernbeschränkung darstellen.

Die Freistellungsschädlichkeit von individualisierbaren Wettbewerbsverboten in Art. 5 lit. c vGVO erscheint demgegenüber nicht passend. Zum einen werden beim Franchising in der Regel umfassende Wettbewerbsverbote bestehen, die wie oben dargestellt in der Regel keinen Verstoß gegen das Kartellverbot beinhalten. Zum anderen ist nicht zu befürchten, dass beim Franchising ein exklusiver Club führender Geschäfte entsteht, der zu Marktzutrittsschranken für andere führt.

C. Zusammenfassung und Bewertung

Der Übergang von der Missbrauchsaufsicht zum Kartellverbot wird nun auch für die zahlreichen Franchiseverträge mit innerstaatlicher Wirkung[1183], zu den aus dem EG-Kartellrecht bekannten Änderungen führen.

Nach Inkrafttreten der 7. GWB-Novelle ist zunächst zu ermitteln, ob eine Klausel in einem Franchisevertrag einen Verstoß gegen das Kartellverbot darstellt, was angesichts der Pronuptia-Rechtsprechung häufig nicht der Fall sein wird. Nur wenn ein Verstoß gegen § 1 GWB vorliegt, sind die Vorgaben der vGVO zu beachten. Daher werden Wettbewerbsverbote in der Regel schon mangels Einschlägigkeit des § 1 GWB nicht an § 2 Abs. 2 GWB iVm. Art. 5 lit. a und b vGVO zu messen sein. Auch die Verpflichtung, die Vertragsware nur an Endverbraucher, an andere Franchisenehmer und sonstige Käufer des Fran-

1181 *Kommission*, Verordnung (EWG) Nr. 4087/88 vom 30.11.1988 über die Anwendung von Art. 85 Abs. 3 des Vertrages auf Gruppen von Franchisevereinbarungen, ABl. L 359/46 v. 28.12.1988, Art. 4 lit. a.

1182 *Martinek/Habermeier*, in: Martinek/Semler/Habermeier, Hdb. d. Vertriebsrechts, § 24 Rn. 4 und *Lohse*, in: Säcker, Fallbuch Kartellrecht, Wettbewerbsrecht, Markenrecht, S. 39 gehen ebenfalls von der Anwendbarkeit des Art. 4 lit. d vGVO auf Franchisesysteme aus.

1183 *A. Schulz*, Gedächtnisschrift Skaupy, 2003, S. 334 (337 f.); *Oehl*, GRUR Int. 1987, 786 (787).

chisegebers abzusetzen, wird regelmäßig keinen Kartellrechtsverstoß darstellen. Anderes gilt für Preisbindungen, die ähnlich wie zuvor als *hardcore*-Beschränkungen unzulässig sind, i.e. einen nicht freistellungsfähigen Kartellrechtsverstoß beinhalten. Eine Standortklausel, nach der der Franchisenehmer die Franchise nur vom vertraglich bezeichneten Geschäftslokal aus nutzen kann, wird einen Verstoß gegen § 1 GWB beinhalten, aber bei Unterschreitung der Marktanteilsschwelle von 30 % freistellungsfähig sein. Gleiches gilt unter anderem für Alleinvertriebsvereinbarungen. Im Vergleich mit der früheren Rechtslage, nach der Vereinbarungen in Franchiseverträgen mit Ausnahme von Preisbindungen nur der Missbrauchsaufsicht unterlagen und es zu keiner einzigen Untersagung einer Klausel gekommen ist, wird nach der 7. GWB-Novelle eine umfassende Überarbeitung der Franchiseverträge erforderlich sein, um sich an das neue strengere Recht anzupassen.

Neunter Abschnitt: Handelsvertreter

In Deutschland hat der Vertrieb über Handelsvertreter eine lange Tradition und ist im Vergleich zu anderen Ländern besonders stark verbreitet.[1184] Nach § 84 Abs. 1 Satz 1 HGB ist derjenige Handelsvertreter, der als selbständiger Gewerbetreibender ständig damit betraut ist, für einen anderen Unternehmer Geschäfte zu vermitteln oder in dessen Namen abzuschließen.[1185] Handelsvertreterverträge enthalten vertikale Vereinbarungen, die häufig rein innerstaatliche Wirkung haben.[1186] Im Einzelnen handelt es sich um Preis- und Konditionenbindungen, Wettbewerbsverbote, Provisionsweitergabeverbote, Alleinvertretungsvereinbarungen und Gebietsbeschränkungen, die sowohl im deutschen als auch im europäischen Recht unter bestimmten Voraussetzungen einen Verstoß gegen das Kartellverbot darstellen. Auf europäischer Ebene ist die kartellrechtliche Beurteilung vertikaler Beschränkungen in Handelsvertreterverträgen mit Inkrafttreten der Leitlinien der Kommission zu einem heißen Eisen geworden, das – wie eigene Umfragen bei Unternehmen ergeben haben – gerade seitens der Wirtschaft ungern angefasst wird. Unter den Juristen hat das Thema zum Teil sehr hitzige Diskussionen entfacht. Gerade die Adaptation an das europäische

---

1184 Derzeit gibt es in Deutschland etwa steuerpflichtige 60.000 Handelsvermittlungen. Der Wert der von ihnen gegen Provision vermittelten Warenumsätze beträgt über 190 Mrd. EUR im Jahr; hinzu kommt ein Eigenumsatz von jährlich 5 Mrd. EUR. Dabei ergibt sich ein Einschaltungsgrad der Handelsvertreter in die inländischen Warenströme von 30 Prozent. (CDH, Geschäftsbericht 2002/2003, im Internet abrufbar unter: http://www.cdh.de/webimg/cdh.de/downloads/intern/cdh-gb-05.pdf). Siehe auch *Rittner*, DB 1999, 2097 (2097).

1185 Eine ähnliche Definition findet sich in Art. 1 Abs. 1 der Handelsvertreter-Richtlinie: „… *als selbständiger Gewerbetreibender ständig damit betraut ist, für eine andere Person […] den Verkauf oder den Ankauf von Waren zu vermitteln oder diese Geschäfte im Namen und für Rechnung des Unternehmers abzuschließen.*“ Siehe Richtlinie 86/653/EWG des Rates der EG vom 18.12.1986 zur Koordinierung der Rechtsvorschriften der Mitgliedstaaten betreffend die selbständigen Handelsvertreter, ABl. L 382/17 v. 31.12.1986. Dieser Wortlaut umfasst jedoch – anders als der in § 84 Abs. 1 HGB keine Dienstleistungen; ist aber entsprechend zu erweitern: *Kommission*, Leitlinien für vertikale Beschränkungen, ABl. C 291/1 v. 13.10.2000, Tz. 12-20. Die Handelsvertreter-Richtlinie wurde in Deutschland durch das Gesetz zur Durchführung der EG-Richtlinie zur Koordinierung des Rechts der Handelsvertreter v. 23.10.1989, BGBl. 1989 I, S. 1910 umgesetzt.

1186 Gegenwärtig vertreten 59 % der Handelsvertreter im Inland ansässige Unternehmen. Selbst wenn man davon ausgeht, dass in einigen Fällen die in Deutschland tätigen Handelsvertreter, die mit Produkten deutscher Unternehmen handeln, grenzüberschreitend tätig werden, bleiben dennoch zahlreiche Fälle, in denen Vereinbarungen mit Handelsvertretern rein innerstaatlich wirken.

Recht durch die 7. GWB-Novelle birgt für die Handelsvertreterverträge weiteren Zündstoff.

Im folgenden Abschnitt soll zunächst die kartellrechtliche Beurteilung von Handelsvertreterverträgen vor der 7. GWB-Novelle erläutert werden (A.). Anschließend soll dargestellt werden, wie Handelsvertreterverträge nach der Kartellrechtsreform zu behandeln sind und ob die vGVO auf Handelsvertreterverträge anwendbar ist (B.). An einem Beispielsfall soll sodann die Frage geklärt werden, unter welchen Voraussetzungen vertikale Beschränkungen in Handelsvertreterverträgen einen Verstoß gegen § 1 GWB darstellen und unter welchen Voraussetzungen eine Freistellung nach § 2 Abs. 1 GWB möglich ist (C.).

A. Bisherige deutsche Rechtslage

I. Preis- und Konditionenbindung

Bei der Preisbindung durch den Geschäftsherrn gegenüber dem Handelsvertreter hat der Kartellsenat des Bundesgerichtshofs in den Entscheidungen „*Shell-Tankstelle*" und „*EH-Partner-Vertrag*" die Anwendbarkeit des § 14 GWB a.F. verneint.[1187] Dies begründete er zunächst damit, dass sich die Preisbindung gegenüber Handelsvertretern nicht wie in § 14 GWB a.F. vorausgesetzt auf einen vom Preisgebundenen geschlossenen (Zweit-)Vertrag beziehe.[1188] Der Vertrag werde nicht zwischen dem Dritten und dem preisgebundenen Handelsvertreter geschlossen, sondern durch den Handelsvertreter, der im Namen und für Rechnung des Geschäftsherrn auftritt, lediglich für den Geschäftsherrn vermittelt. Daher träfen Gewinne und Verluste aus dem durch den Handelsvertreter abgeschlossenen Vertrag grundsätzlich den Geschäftsherrn, so dass ihm auch ein Weisungsrecht (§§ 675, 665 BGB) hinsichtlich der Preise und Konditionen, zu denen das Geschäft zustande komme, gewährt werden müsse.[1189] Denn der Geschäftsherr müsse in der Lage sein, das Vertragsrisiko

---

1187 *BGH*, Beschl. v. 15.4.1986, WuW/E BGH 2238 (2242) „EH-Partner-Vertrag"; *BGH*, Urt. v. 15.12.1967, WuW/E BGH 877 (885) „Shell-Tankstelle".

1188 Ablehnend gegenüber dieser Argumentation: *Emmerich*, in: Immenga/Mestmäcker, GWB, § 14 Rn. 27; *K. Schmidt*, Handelsrecht § 27 IV b (S. 730) und *Klosterfelde/Metzlaff*, in: Langen/Bunte, Kommentar zum deutschen und europäischen Kartellrecht, 9. Auflage, § 14 GWB Rn. 63.

1189 *Emmerich*, in: Immenga/Mestmäcker, GWB, § 14 Rn. 28, Fn. 79.

durch eine entsprechende Vertragsgestaltung zu steuern.[1190] Die Anwendung des § 14 GWB a.F. passe auch vom Schutzzweck nicht, wonach die Norm die Entscheidungsfreiheit des Gebundenen bei dessen Zweitverträgen sichern wolle. Denn in der vorliegenden Konstellation sei die Entscheidungsfreiheit des Gebundenen nicht berührt, da der Handelsvertreter nicht selbst Vertragspartner bei den Ausführungsgeschäften werde. Der Bundesgerichtshof stellte jedoch fest, dass § 14 GWB a.F. auf Preisbindungen im Rahmen von Handelssystemen Anwendung finden könne, wenn sie *„nur in die äußere Form von Handelsvertreterverträgen gekleidet“* seien, wirtschaftlich aber wie ein Eigenhändler anzusehen seien.[1191] Für die erforderliche Abgrenzung zwischen Handelsvertreter- und Eigenhändlersystemen stellte der Bundesgerichtshof mit der herrschenden Lehre auf die Risikoverteilung ab.[1192] Trage der Geschäftsherr das Geschäftsrisiko, dann liege eine typische Handelsvertretersituation vor; liege das Geschäftsrisiko beim Absatzmittler, so sei eine typische Eigenhändlersituation gegeben. Hinsichtlich der Risiken unterschied der Bundesgerichtshof zwischen Absatz-, Vordispositions-, Transport-, Lager- und Kreditrisiko. Das Bundeskartellamt hat sich dieser Rechtsprechung des Bundesgerichtshofs angeschlossen.[1193] Dabei hat es zusätzlich darauf hingewiesen, dass Vereinbarungen nach § 14 GWB a.F. verboten sein können, die den Handelsvertreter auch in einem Tätigkeitsbereich binden, in welchem er nicht als Handelsvertreter, sondern eigenunternehmerisch tätig wird.[1194]

1190 *BGH*, Beschl. v. 15.4.1986, WuW/E BGH 2238 (2243) „EH-Partner-Vertrag“; *J.F. Baur*, BB 1985, 1821 (1826); *Emmerich*, in: Immenga/Mestmäcker, GWB, § 14 Rn. 28; Fn. 79.

1191 *BGH*, Beschl. v. 15.4.1986, WuW/E BGH 2238 (2243) „EH-Partner-Vertrag“.

1192 *BGH*, Beschl. v. 15.4.1986, WuW/E BGH 2238 (2243) „EH-Partner-Vertrag“; *BGH*, Urt.v. 23.9.1975, WuW/E BGH 1402 (1403) „EDV-Zubehör“. Siehe auch *Autenrieth*, BB 1983, 458 (458); *Möschel*, BB 1985, 1477 (1481); *Haase*, Absatzmittlungsverträge, S. 189; *v. Hoyningen-Huene*, in: Münchener Kommentar HGB, Vor § 84 Rn. 28; kritisch: *Köhler*, ZHR 151 (1987), 224 (229), der der Ansicht ist, dass es nicht der Zweck des § 14 GWB sei, eine ausgewogene, dem „Wesen“ des Handelsvertretervertrages entsprechende Risikoverteilung zu gewährleisten. Die Maßgeblichkeit der Risikotragung als entscheidender Faktor für die Anwendbarkeit des § 14 GWB hat der Bundesgerichtshof vor kurzem in anderem Zusammenhang bestätigt, siehe *BGH*, Urt. v. 14.3.2000, WuW/E DE-R 487 (490 f.) „Zahnersatz aus Manila“.

1193 *BKartA*, Tätigkeitsbericht 1987/1988, S. 32 und 64.

1194 *BKartA*, Tätigkeitsbericht 1964, S. 15.

II. Wettbewerbsverbot

Ein Wettbewerbsverbot, das der Geschäftsherr dem Handelsvertreter bezüglich konkurrierender Produkte auferlegt, unterlag bislang nach der Judikatur des Bundesgerichtshofs und der herrschenden Auffassung der Literatur grundsätzlich der Missbrauchsaufsicht der Kartellbehörde nach § 16 GWB a.F.[1195] Aus § 86 Abs. 1, 2. Halbsatz HGB, wonach der Handelsvertreter verpflichtet ist, bei der Vermittlung und dem Abschluss von Geschäften die Interessen des Unternehmers wahrzunehmen, wurde hergeleitet, dass der Handelsvertreter auch ohne vertragliche Wettbewerbsklausel verpflichtet sei, sich desjenigen Wettbewerbs zu enthalten, der geeignet ist, die Interessen des Geschäftsherrn zu beeinträchtigen und diesem Nachteile zuzufügen.[1196] Nicht jedes mit dem Handelsvertreter vereinbarte Wettbewerbsverbot war in vollem Umfang von der Verpflichtung des Handelsvertreters zur Wahrnehmung der Interessen des Geschäftsherrn gedeckt. Wenn ein Wettbewerbsverbot über die dem Handelsvertretervertrag wesenseigene und zur sachgerechten Interessenwahrnehmung notwendige Bindung hinausging – bzw. über die in § 86 Abs. 1, 2. Halbsatz HGB normierte Interessenwahrungspflicht – konnte es eine missbräuchliche Wettbewerbsbeschränkung im Sinne des § 16 GWB a.F. darstellen.[1197] Die Anwendung dieser Formel war im Einzelfall jedoch sehr schwierig und hing von der jeweiligen Branche, dem jeweiligen Produkt sowie den Vertrags- und Marktbedingungen ab. In der Entscheidung *„Pauschalreisevermittlung I"* nahm der Bundesgerichtshof an, dass ein Wettbewerbsverbot, durch welches dem Reisebüro der Vertrieb von Reisen zwei bestimmter Reiseveranstalter untersagt war, über die Erfordernisse einer üblichen sachgerechten Wahrnehmung des Interesses des Geschäftsherrn hinaus ging. Dabei berücksichtigte der Bundesgerichtshof vor

---

1195 Anders die früher vertretene sog. absolute Theorie, siehe dazu *OLG Frankfurt a.M.*, Urt. v. 28.11.1985, WuW/E OLG 3858 (3858) „Pirelli Tennisschuhe"; *Rittner*, DB 1989, 2587 (2591 f.); *Rittner*, ZHR 135 (1971), 289 (314).

1196 Siehe dazu auch *BGH*, Urt. v. 25.9.1990, WuW/E BGH 2668 (2670) „Pauschalreise-Vermittlung I"; *BGH*, Urt. v. 15.12.1967, WuW/E BGH 877 (882) „Shell-Tankstelle"; *BGH*, Urt. v. 9.6.1969, WuW/E BGH 1013 (1017) „Tankstellen-Stationärvertrag"; *BGH*, Urt. v. 18.6.1964, BGHZ 42, 59 (61); *Flohr*, in: Martinek/Semler § 8 Rn. 64; *Löwisch*, in: Ebenroth/Boujong/Joost § 86 Rn. 18.

1197 *BGH*, Urt. v. 25.9.1990, WuW/E BGH 2668 (2670) „Pauschalreisen-Vermittlung I"; *KG*, Beschl. v. 27.11.1991, WuW/E OLG 4919 (4931) „Pauschalreiseveranstalter II"; *KG*, Beschl. v. 30.11.1977, WuW/E OLG 1961 (1963) „Flug-Union". Siehe auch *Bechtold*, GWB, § 16 Rn. 10; *Cramer*, Wettbewerbsverbote von Handelsvertretern, S. 129; *Emmerich*, in: Immenga/Mestmäcker, GWB, § 16 Rn. 29; *Klosterfelde/Metzlaff*, in: Langen/Bunte, Kommentar zum deutschen und europäischen Kartellrecht, 9. Auflage, § 16 GWB Rn. 146 f.; *v. Hoyningen-Huene*, in: Münchener Kommentar HGB, Vor § 84 Rn. 30.

allem die Tatsache, dass Reisebüros in der Regel zwischen 50 und 100 Pauschalreiseveranstalter vertreten. Letztlich verneinte der Senat in diesem Fall jedoch die Eingriffsvoraussetzungen des § 16 GWB a.F. und argumentierte, dass keine Anhaltspunkte dafür vorlägen, dass der Wettbewerb auf dem Markt durch das Wettbewerbsverbot wesentlich beeinträchtigt sei.[1198] Dass es gerade bei der Frage, wann ein Wettbewerbsverbot von der Interessenwahrungspflicht gedeckt ist, auf den Einzelfall ankommt, zeigt die Rechtsprechung zu Bezugsbindungen gegenüber Tankstellen- und Werkstattbetreibern in Bezug auf Schmierstoffe. Während der Bundesgerichtshof in der Entscheidung *„Shell-Tankstelle"* annahm, dass die Geltendmachung eines aus § 86 HGB ableiteten Wettbewerbsverbots gegen Treu und Glauben verstieß (§ 242 BGB)[1199], war er in dem sehr ähnlich gelagerten Fall *„Stationärvertrag"* der Ansicht, dass § 242 BGB nicht eingreife, so dass der Tankstellenbetreiber am Bezug von Konkurrenzprodukten gehindert sei.[1200] In der neueren Rechtsprechung sprach sich das OLG Hamburg

---

1198 *BGH*, Urt. v. 25.9.1990, WuW/E BGH 2668 (2674) „Pauschalreise-Vermittlung I".

1199 *BGH*, Urt. v. 15.12.1967, WuW/E BGH 877 (882) „Shell-Tankstelle": Aus der in § 86 HGB verankerten Interessenwahrungspflicht leitete das Gericht zunächst ab, dass der Handelsvertreter verpflichtet war, auch in der eigenunternehmerisch betriebenen Werkstatt, nur die Autoöle des Geschäftsherrn zu verwenden. Dieses Ergebnis schränkte das Gericht dann wieder durch die Überlegung ein, nach § 242 BGB sei dem Handelsvertreter nicht zuzumuten, keine Konkurrenzprodukte zu führen, da sich für ihn eine Interessen- und Pflichtenkollision ergebe. Er müsse die Interessen der Shell beim Absatz ihrer Autoöle wahrnehmen, sei aber auch gleichzeitig gehalten, die Empfehlungen der Autofirmen über die grundsätzliche Verwendung gleicher Markenöle zu beachten. Es wäre mit der Sorgfalt eines ordentlichen Kaufmanns nicht zu vereinbaren, wenn er entgegen den Empfehlungen der Autohersteller bei Werkstattkunden, die bisher andere als Shell-Öle benutzen und daran auch festhalten wollen, nunmehr Shell-Öle verwenden und erforderlichenfalls mit anderen Ölen mischen würde. Der Handelsvertreter dürfe jedoch nicht in seiner freien Werkstatt für Produkte von Konkurrenzfirmen werben. Der Bundesgerichtshof ging jedoch nicht auf die Frage ein, ob § 16 GWB a.F. Anwendung findet, weil keine Untersagung nach dieser Norm durch die Kartellbehörde vorausgegangen war. Dennoch sind die Ausführungen zu § 86 HGB auch für die Frage verwertbar, ob und wann ein Wettbewerbsverbot über die dem Handelsvertretervertrag wesenseigene und zur sachgerechten Interessenwahrnehmung notwendige Bindung hinausgeht.

1200 *BGH*, Urt. v. 9.6.1969, WuW/E BGH 1013 (1020) „Tankstellen-Stationärvertrag": Der Bundesgerichtshof nahm an, dass der Geltendmachung des sich aus § 86 HGB ergebenden Wettbewerbsverbots nicht § 242 BGB entgegenstehe. Die Ford-Werke hatten die Verwendung bestimmter Öle vorgeschrieben. Da dazu auch die Öle des Geschäftsherrn gehörten, seien diese auch von dem Handelsvertreter zu verwenden, selbst wenn sie einen höheren Preis hätten als diejenigen der Konkurrenz. Nur ein drohender erheblicher Schaden könne es dem Handelsvertreter erlauben, der Berufung des Geschäftsherrn auf das Wettbewerbsverbot den Einwand der unzulässigen Rechtsausübung entgegen zu setzen. Ein solcher Schaden sei aber im vorliegenden Fall nicht substantiiert geltend gemacht worden.

ebenfalls dafür aus, dass das Wettbewerbsverbot gegenüber Tankstellenpächtern in Bezug auf Schmierstoffe von der Interessenwahrungspflicht des Handelsvertreters gedeckt sei und keinen Verstoß gegen § 16 GWB a.F. darstelle.[1201]

B. Änderungen nach der 7. GWB-Novelle

Ausgangspunkt bei der kartellrechtlichen Beurteilung von Handelsvertretervereinbarungen ist nach der Novellierung des GWB nun die Frage, ob und unter welchen Voraussetzungen Vereinbarungen in Handelsvertreterverträgen gegen § 1 GWB verstoßen (dazu unter I.). Sofern dies der Fall ist, stellt sich die Anschlussfrage, ob und mit welcher Wirkung die vGVO auf Handelsvertreterverträge anwendbar ist (dazu unter II.)

I. Anwendung des § 1 GWB

Wie oben dargestellt sind auch bei der Anwendung der §§ 1, 2 GWB auf rein innerstaatliche Sachverhalte die Rechtsprechung des Gerichtshofs und die Verwaltungspraxis der Kommission zu Art. 81 EG heranzuziehen.[1202]

1. Anwendung der Leitlinien der Kommission

Anfang der sechziger Jahre hat die Kommission die sog. „*Weihnachtsbekanntmachung*" zur kartellrechtlichen Beurteilung von Alleinvertriebsvereinbarungen in Handelsvertreterverträgen veröffentlicht. Dabei ging sie davon aus, dass Vereinbarungen, die nicht als Eigenhändlervereinbarungen anzusehen sind, nicht unter das Kartellverbot fallen.[1203] Der Handelsvertreter war dann als Eigenhändler anzusehen, wenn er ein Lager mit in seinem Eigentum stehenden Vertragswaren in erheblichem Umfang unterhielt, einen erheblichen unentgeltlichen Service auf eigene Kosten einrichtete oder die Preise oder Geschäfts-

---

1201 *OLG Hamburg*, Urt. v. 13.4.2000, WuW/E DE-R 506 (508) „Tankstellenverwalter". Der Handelsvertreter wurde vertraglich verpflichtet, seinen Eigenbedarf aus den ESSO-Produkten zu decken. Dass dieses Wettbewerbsverbot keinen Verstoß gegen § 16 GWB a.F. beinhaltete, begründete das OLG wie folgt: Dies gebiete die Treuepflicht, „*wenn der Umstand, dass der Bekl. seinen eigenen Bedarf nicht aus den Produkten seiner Tankstelle deckt, dem vom Bekl. vermittelten Absatz gerade über seine Tankstelle abträglich sein könnte. Diese Möglichkeit besteht dann, wenn ein Außenstehender den Eindruck gewinnen muss, der Bekl. sei von der Qualität der ESSO-Produkte so wenig überzeugt, dass er fremde Produkte vorzieht.*"

1202 Siehe Zweiter Teil, Zweiter Abschnitt, B. I. 3. (S. 48).

1203 *Kommission*, Bekanntmachung über Alleinvertriebsverträge mit Handelsvertretern „Weihnachtsbekanntmachung", ABl. B 139/ 2921 v. 24.12.1962.

bedingungen für die Handelsgeschäfte bestimmte.[1204] In der Praxis hat sich die Kommission jedoch nicht immer an den Kriterien ihrer Bekanntmachung orientiert und hinsichtlich der Differenzierung zwischen kartellrechtlich privilegierten und nicht privilegierten Handelsvertretern auf das Kriterium der Eingliederung abgestellt.[1205] Zudem verwendete die Kommission das Kriterium der Mehrfirmenvertretung, das der Gerichtshof später in der Entscheidung „*Suiker Unie*" aufgriff.[1206] So verlor die Handelsvertreterbekanntmachung mit der Zeit zunehmend an Bedeutung. 1990 plante die Kommission zunächst eine Novellierung der Handelsvertreterbekanntmachung und richtete einen entsprechenden Vorentwurf an die Kartellsachverständigen der Mitgliedstaaten.[1207] Aufgrund der starken Kritik der Wissenschaft an diesem Vorentwurf und Differenzen mit dem juristischen Dienst zog die Kommission den Vorentwurf bald wieder zurück und verfolgte das Projekt nicht weiter.[1208]

Erst mit der Veröffentlichung der Leitlinien für vertikale Beschränkungen im Jahr 2000 stellte die Kommission neue Vorschriften für die kartellrechtliche Beurteilung von Handelsvertreterverträgen auf und ersetzte damit die bisherige Handelsvertreterbekanntmachung.[1209] In der Bekanntmachung unterschied die Kommission erstmals zwischen sog. echten Handelsvertreterverträgen, die nur ausnahmsweise gegen Art. 81 Abs. 1 EG verstoßen und unechten Handelsvertre-

---

1204 *Kommission*, Bekanntmachung über Alleinvertriebsverträge mit Handelsvertretern „Weihnachtsbekanntmachung", ABl. B 139/ 2921 v. 24.12.1962, Tz. I.

1205 *Kommission*, Entsch. v. 2.1.1973, WuW/E EV 441 (457) „Europäische Zuckerindustrie". Dort hebt die Kommission darauf ab, dass die Händler nicht in das Unternehmen des Geschäftsherrn eingegliedert gewesen seien, sondern in erheblichem Umfang als Eigenhändler unabhängige Handelsfunktionen ausgeübt hätten.

1206 *Kommission*, Entsch. v. 25.11.1992, ABl. L 366/47, Rn. 43-46 v. 15.12.1992 „Internationaler Eisenbahnverband"; *Kommission*, Entsch. vom 2.1.1973, WuW/E EV 441 (457) „Europäische Zuckerindustrie".

1207 *Kommission*, Vorentwurf zu einer Bekanntmachung zu Handelsvertretervereinbarungen, IV/484/90, unveröffentlicht. Siehe dazu *Wissel/Scherer*, DB 1991, 1659 (1660 f.); *Kapp*, RIW 1992, 235 (235).

1208 *U. Müller*, Die Handelsvertretung im EG-Kartellrecht, S. 21 und S. 195 Fn. 955; *Freund*, EuZW 1992, 408 (410); *Völcker*, Handelsvertretervertrieb und EG-Kartellrecht, S. 199-210.

1209 *Kommission*, Leitlinien für vertikale Beschränkungen, ABl. C 291/1 v. 13.10.2000, Tz. 12 ff.

terverträgen, auf die Art. 81 Abs. 1 EG und die vGVO anwendbar sein sollen.[1210]

Bei echten Handelsvertreterverträgen geht die Kommission davon aus, dass Gebiets- und Kundenbeschränkungen sowie Preis- und Konditionenbindungen keinen Verstoß gegen das Kartellverbot beinhalten.[1211] Dabei argumentiert die Kommission ähnlich wie der Bundesgerichtshof, dass derartige Vereinbarungen unerlässlich seien, wenn der Auftraggeber die Risiken des vermittelten Geschäftes trage und in der Lage sein solle, die Geschäftsstrategie festzulegen.[1212] Jedoch sollen nach den Leitlinien der Kommission nicht alle Vereinbarungen mit echten Handelsvertretern von der Anwendung des Kartellverbots ausgenommen sein. In Bezug auf Alleinvertreterklauseln, die den Auftraggeber daran hindern, andere Vertreter für eine bestimmte Art von Geschäft, Kunden oder Gebiet zu ernennen, schränkt die Kommission die Unanwendbarkeit des Kartellverbots auf echte Handelsvertreter ein, indem sie schreibt, dass derartige Vereinbarungen *„in der Regel“* keine wettbewerbswidrigen Wirkungen entfalten, da sie nur den intrabrand-Wettbewerb beträfen.[1213] Weiterhin stellt die Kommission in den Leitlinien fest, dass Wettbewerbsverbote, die den Vertreter daran hindern, für konkurrierende Unternehmen tätig zu werden, den interbrand-Wettbewerb beschränkten und so unter Art. 81 Abs. 1 EG fallen könnten, wenn sie zur Abschottung des relevanten Marktes führen.[1214]

1210 *Kommission*, Leitlinien für vertikale Beschränkungen, ABl. C 291/1 v. 13.10.2000, Tz. 13.

1211 *Kommission*, Leitlinien für vertikale Beschränkungen, ABl. C 291/1 v. 13.10.2000, Tz. 18 Satz 2.

1212 *Kommission*, Leitlinien für vertikale Beschränkungen, ABl. C 291/1 v. 13.10.2000, Tz. 18 Satz 2.

1213 *Kommission*, Leitlinien für vertikale Beschränkungen, ABl. C 291/1 v. 13.10.2000, Tz. 19 Satz 3. Ein Teil der Literatur geht demgegenüber davon aus, dass Alleinvertriebsvereinbarungen gegenüber echten Handelsvertretern per se keinen Verstoß gegen Art. 81 Abs. 1 EG beinhalten (*Walz*, Das Kartellrecht des Automobilvertriebs, S. 139 ff., ähnlich *Emde*, BB 2002, 949 (954).

1214 *Kommission*, Leitlinien für vertikale Beschränkungen, ABl. C 291/1 v. 13.10.2000, Tz. 19 Satz 4. So wohl auch *EuGH*, Urt. v. 24.10.1995 – Rs. C-266/93 – Slg. 1995, I-3477 Rn. 18, 19 „Volkswagen und V.A.G.-Leasing“. Kritisch: *Rittner*, DB 2000, 1211 (1215), der darauf hinweist, dass das Merkmal der Abschottung zu unbestimmt sei. Auch *Lubitz*, EWS 2003, 556 (559) und *Walz*, Das Kartellrecht des Automobilvertriebs, S. 147 ff. sind der Ansicht, dass Wettbewerbsverbote echter Handelsvertreter nicht unter Art. 81 Abs. 1 EG fallen.

Für die Unterscheidung zwischen echten und unechten Handelsvertretern stellt die Kommission vor allem auf die Risikotragung ab. Um einen echten Handelsvertretervertrag handele es sich dann, wenn der Vertreter keine oder nur unbedeutende Risiken in Bezug auf die im Auftrag geschlossenen oder ausgehandelten Verträge und in Bezug auf geschäftsspezifische Investitionen für das betreffende Geschäftsfeld trage.[1215] Typische Risiken, die der ersten Gruppe zuzuordnen sind, könnten sich auf die Finanzierung von Lagerbeständen, Gefahrtragung bei Transport und Lagerung der Waren, Gefahr des Verlusts der Gegenleistung und Mängelgewährleistungsansprüche beziehen.[1216] Das Provisionsausfallrisiko ist nach den Leitlinien nicht zu den mit den Verträgen verbundenen Risiken zu zählen.[1217] Unter die zweite Gruppe, die geschäftsspezifischen Investitionen, fallen solche, die für die Art der vom Vertreter auszuführenden Tätigkeit erforderlich sind und die dieser benötigt, um den betreffenden Vertrag zu schließen oder auszuhandeln. Die Risiken und Vertragspflichten, welche ein echter Handelsvertreter nicht übernehmen darf, ohne dass Art. 81 Abs. 1 EG Anwendung findet, konkretisiert die Kommission in einem Katalog von Kriterien. Danach unterliegen die Vereinbarungen zwischen dem Unternehmen und dem Handelsvertreter nicht Art. 81 Abs. 1 EG, wenn der Handelsvertreter[1218]

„ - sich nicht an den Kosten einschließlich Transportkosten beteiligt, die mit der Lieferung/Erbringung bzw. dem Erwerb der Vertragswaren oder -dienstleistungen verbunden sind. Dies schließt den Handelsvertreter nicht davon aus, Transportleistungen zu erbringen, sofern die Kosten vom Auftraggeber übernommen werden;

- weder unmittelbar noch mittelbar verpflichtet ist, in Absatzförderungsmaßnahmen zu investieren und sich z.B. an den Werbeaufwendungen des Auftraggebers zu beteiligen;

1215 *Kommission*, Leitlinien für vertikale Beschränkungen, ABl. C 291/1 v. 13.10.2000, Tz. 14 f.

1216 *Schultze/Pautke/Wagener*, Gruppenfreistellungsverordnung für vertikale Vereinbarungen, Rn. 159.

1217 *Kommission*, Leitlinien für vertikale Beschränkungen, ABl. C 291/1 v. 13.10.2000, Tz. 15 Satz 6. Anders war dieser Punkt noch im Entwurf der Leitlinien geregelt.

1218 Die weiteren in Tz. 16 Satz 2 genannten Voraussetzungen (Kein Eigentum des Vertreters an den gekauften oder verkauften Vertragswaren oder Vertreter erbringt die Vertragsleistungen nicht selbst) sind überflüssig. Denn der Handelsvertreter erwirbt nie Eigentum an der Ware, deren Verkauf er vermittelt.

- nicht auf eigene Kosten oder eigenes Risiko Vertragswaren lagert, was die Kosten für die Finanzierung der Lagerbestände und für den Verlust von Lagerbeständen einschließt, und unverkaufte Waren unentgeltlich an den Auftraggeber zurückgeben kann (außer bei Verschulden des Handelsvertreters), (wenn er es z.B. versäumt, zumutbare Sicherheitsmaßnahmen zu treffen, um den Verlust von Lagerbeständen zu vermeiden);

- nicht einen Kunden-, Reparatur- oder Garantiedienstleistungsbetrieb einrichtet und/oder solche Dienstleistungen erbringt, es sei denn er wird hierfür vom Auftraggeber vollständig vergütet;

- nicht in geschäftsspezifische Ausrüstungen, Räumlichkeiten oder Mitarbeiterschulungen investiert, wie z.B. einen Kraftstofftank im Fall des Kraftstoffeinzelhandels oder spezielle Software für den Verkauf von Policen im Fall von Versicherungsvermittlern;

- gegenüber Dritten keine Haftung für Schäden übernimmt, die durch das verkaufte Produkt verursacht wurden (Produkthaftung), es sei denn die Schuld liegt bei ihm als Handelsvertreter;[1219]

- keine Haftung dafür übernimmt, dass Kunden ihre Vertragspflichten erfüllen, mit Ausnahme des Verlustes der Provision des Handelsvertreters, sofern die Schuld nicht bei diesem liegt (wenn er es z.B. versäumt, zumutbare Sicherheitsmaßnahmen oder Diebstahlssicherungen vorzusehen oder zumutbare Maßnahmen zu treffen, um Diebstähle dem Auftraggeber oder der Polizei zu melden oder es unterlässt, dem Lieferanten alle, ihm bekannten Informationen hinsichtlich der Zahlungsverlässlichkeit seiner Kunden, zu übermitteln".

In der deutschen Rechtsprechung ist die Unterscheidung zwischen echten und unechten Handelsvertretern bereits anhand der in den Leitlinien aufgestellten Kriterien vorgenommen worden.[1220]

1219 Hierbei handelt es sich um eine Selbstverständlichkeit, da Ansprüche auf Produkthaftung grundsätzlich gegen den Hersteller geltend gemacht werden müssen. Nur wenn der Handelsvertreter das Vertragsprodukt in die Gemeinschaft einführt, gilt er als Hersteller und haftet gegenüber dem Kunden aus Produkthaftung, vgl. Art. 3 der Richtlinie 85/374/EWG des Rates vom 25.7.1985 zur Angleichung der Rechts- und Verwaltungsvorschriften der Mitgliedstaaten über die Haftung für fehlerhafte Produkte, ABl. L 210/92 v. 7.8.1985. In diesem Fall empfiehlt es sich, vertraglich festzulegen, dass der Unternehmer den Handelsvertreter von Ansprüchen Dritter aus Produkthaftung freistellt.

2. Anwendung der Kriterien des Gerichtshofs

Als maßgebliches Kriterium für die Unanwendbarkeit des Art. 81 Abs. 1 EG hat es der Gerichtshof[1221] in der Vergangenheit angesehen, wenn der Hersteller durch den Einsatz von Handelsvertretern den Vertrieb seiner Erzeugnisse in sein eigenes Unternehmen eingegliedert hat.[1222] In dem Urteil „*Consten/Grundig*" führt der Gerichtshof aus, dass das Verbot des Art. 81 nicht anwendbar sei, „*wenn es sich um ein einziges Unternehmen handelt, das seine Vertriebsorganisation in seinen eigenen Geschäftsbetrieb eingegliedert hat. [...] Der Vertrag will [...] die innere Organisation des Unternehmens nicht über Art. 85 antasten.*"[1223] Typische Alleinvertriebsvereinbarungen mit Eigenhändlern seien aber nicht in derselben Weise zu privilegieren, da sich dann die Wettbewerbsstörung aus einer Vereinbarung zwischen zwei verschiedenen Unternehmen ergebe. In der Entscheidung „*Suiker Unie*" bekräftigte der Gerichtshof seine Eingliederungstheorie. Er stellte fest, dass Art. 81 Abs. 1 EG auf eine Gebiets- und Kundenbeschränkung und ein Wettbewerbsverbot keine Anwendung finde, wenn der Handelsvertreter als eingegliedertes Hilfsorgan anzusehen sei, das den Weisungen des Geschäftsherrn zu folgen habe und er mit den betreffenden Unternehmen ebenso wie ein Handlungsgehilfe eine wirtschaftliche Einheit bilde.[1224] Im zu entscheidenden Fall lehnte der Gerichtshof die Eingliederung des Handelsvertreters in das Unternehmen des Geschäftsherrn aus zwei Gründen ab. Zum einen wurde der Handelsvertreter nicht nur für den Geschäftsherrn

---

1220 *OLG Frankfurt a.M.*, Urt. v. 18.11.2003, 11 U 2/03 (Kart), S. 7; *LG Frankfurt a.M.*, Urt. v. 15.11.2002, WuW/E DE-R 1200 (1201) „Autovermietungsagenturen" (Vorinstanz); *LG Düsseldorf*, Urt. v. 14.8.2002 – 12 O 548/01, S. 7 ff. Allein auf die Rechtsprechung des EuGH und nicht auf das Konzept der Kommission in den Leitlinien haben abgestellt: *OLG Hamburg*, Urt. v. 13.4.2000, WuW/E DE-R 506 (509) „Tankstellenverwalter"; *OLG Düsseldorf*, Urt. v. 24.3.2004, VI – U (Kart) 43/02 S. 11; *LG Berlin*, Urt. v. 13.1.2004 – 102 O 122/03, S. 16 ff.

1221 An dieser Stelle sei erneut darauf hingewiesen, dass der Begriff des Gerichtshofs sowohl den Europäischen Gerichtshof als auch das Europäische Gericht erster Instanz umfasst, vgl. oben Fn. 33).

1222 *EuGH*, Urt. v. 13.7.1966 – Rs. 56/64 u. 58/64 – Slg. 1966, 321 „Consten/Grundig"; *EuGH*, Urt. v. 13.7.1966 – Rs. 32/65 – Slg. 1966, 457 (485 f.) „Italienische Klage"; *EuGH*, Urt. v. 16.12.1975 – Rs. 40-48, 50, 54-56, 111, 113, 114/73 – Slg. 1975, 1663 (2024) Rn. 544 „Suiker Unie"; *EuGH*, Urt. v. 24.10.1995 – Rs. C-266/93 – Slg. 1995, I-3477 (3516) „Volkswagen und V.A.G.-Leasing".

1223 *EuGH*, Urt. v. 13.7.1966 – Rs. 56/64 u. 58/64 – Slg. 1966, 321 (388) „Consten/Grundig"; *EuGH*, Urt. v. 13.7.1966 – Rs. 32/65 – Slg. 1966, 457 (485 f.) „Italienische Klage":

1224 *EuGH*, Urt. v. 16.12.1975 – Rs. 40-48, 50, 54-56, 111, 113, 114/73 – Slg. 1975, 1663 (2042) Rn. 539 ff. „Suiker Unie".

tätig, sondern entfaltete zusätzlich in eigenem Namen Geschäftstätigkeit (sog. Verhältnis mit Doppelprägung).[1225] Zum anderen sah der Gerichtshof den Handelsvertreter als Eigenhändler an, da er die typischen Risiken eines Eigenhändlers trug und führte aus: „*Etwas anderes gilt, wenn dem Absatzmittler aufgrund der zwischen ihm und dem Geschäftsherrn getroffenen Abmachung, die die Vertragsparteien als „Handelsvertreter"-Vereinbarung bezeichnen, Aufgaben erwachsen oder verbleiben, die aus wirtschaftlicher Sicht insofern denen eines Eigenhändlers ähneln, als der Absatzmittler die finanziellen Risiken des Absatzes bzw. der Abwicklung der mit Dritten geschlossenen Verträge zu tragen hat. Da in diesem Falle der Absatzmittler nicht als ein in das Unternehmen des Geschäftsherrn eingegliedertes Hilfsorgan anzusehen ist, kann ein zwischen beiden verabredetes Wettbewerbsverbot eine gemäß Art. 85 untersagte Vereinbarung zwischen Unternehmen darstellen.*"[1226]

Die Anwendung des Art. 81 Abs. 1 EG auf ein Provisionsweitergabeverbot bejahte der Gerichtshof im Fall „*Flämische Reisevermittler*" mit der Begründung, dass eine Eingliederung des Reisevermittlers in die Organisation eines Reiseveranstalters nicht anzunehmen sei. Vielmehr seien die Vermittler als unabhängige Zwischenpersonen anzusehen, die eine selbständige Dienstleistungstätigkeit ausübten. Einerseits verkaufe nämlich der Reisevermittler Reisen, die von sehr vielen Reiseveranstaltern organisiert werden, und andererseits verkaufe ein Reiseveranstalter seine Reisen über sehr viele Reisevermittler. Wegen dieser Mehrfirmenvertretung bejahte der Gerichtshof die Anwendbarkeit des Kartellrechts auf die Vereinbarung.[1227]

In der Entscheidung „*Volkswagen und V.A.G.-Leasing*" stellte der Gerichtshof für die Anwendbarkeit des Art. 81 Abs. 1 EG erneut auf das Risikokriterium

---

1225 *EuGH*, Urt. v. 16.12.1975 – Rs. 40-48, 50, 54-56, 111, 113, 114/73 – Slg. 1975, 1663 (Rn. 544 ff.) „Suiker Unie". Der Gerichtshof führt dazu aus: „*In der Tat ist unstreitig, dass die genannten Absatzmittler bedeutende Handelshäuser sind, die neben ihrer Vertriebstätigkeit für Rechnung der Klägerin, der WZV und anderer in beträchtlichem Umfang eine eigene Geschäftstätigkeit auf dem Zuckermarkt entfalten, und zwar namentlich bei der Ausfuhr nach Drittländern und bei Lieferungen für Zwecke der Denaturierung [...] Die Begründung eines Verhältnisses mit Doppelprägung [...] kann nicht der Verbotsvorschrift des Artikel 85 entgehen.*"

1226 *EuGH*, Urt. v. 16.12.1975 – Rs. 40-48, 50, 54-56, 111, 113, 114/73 – Slg. 1975, 1663 (2042) Rn. 541 ff. „Suiker Unie".

1227 *EuGH*, Urt. v. 1.10.1987 – Rs. 311/85 – Slg. 1987, 3801 (3828) Rn. 20 „Flämische Reisevermittler".

ab.[1228] In diesem Fall war die Aufgabe der Vertragshändler die Vermittlung von Leasingverträgen, wobei sie die Fahrzeuge in eigenem Namen und auf eigene Rechnung erwerben und nach Ablauf des Leasingvertrags wieder von der V.A.G.-Leasing zurückerwerben mussten. Darin sah der Gerichtshof die teilweise Übernahme von finanziellen Risiken. Gingen die Händler einer Verkaufs- und Kundendiensttätigkeit unabhängig in eigenem Namen und für eigene Rechnung nach, so seien sie nicht als Hilfsorgan in das Unternehmen des Geschäftsherrn eingegliedert. Aus diesem Grunde verstoße die Verpflichtung der Händler gegenüber ihrem Geschäftsherrn, eine Agenturtätigkeit ausschließlich für Rechnung der Leasinggesellschaft des Geschäftsherrn zu entfalten, gegen Art. 81 Abs. 1 EG.

In der Entscheidung *„DaimlerChrysler“* vom 15.9.2005 hat der Gerichtshof an die in den Entscheidungen *„Suiker Unie“* und *„Volkswagen und V.A.G.-Leasing“* entwickelten Kriterien der Eingliederung, Weisungsgebundenheit und Risikotragung angeknüpft und seine bisherige Rechtsprechung bestätigt.[1229] Dabei hat der Gerichtshof entschieden, dass die Vertreter von Mercedes-Benz als in das Unternehmen eingegliederte Hilfsorgane anzusehen seien, so dass Art. 81 Abs. 1 EG auf die Vereinbarungen zwischen Mercedes-Benz und den Handelsvertretern nicht anwendbar sei.[1230]

1228 *EuGH*, Urt. v. 24.10.1995 – Rs. C-266/93 – Slg. 1995, I-3477 (3516) Rn. 18, 19 „Volkswagen und V.A.G.-Leasing“.

1229 *EuG*, Urt. v. 15.9.2005 – Rs. T-325/01 – WuW/E EU-R 933 (934) Rn. 86, 87 „DaimlerChrysler“, vgl. dazu auch *Weidenbach*, EWiR 2005, 861 f.

1230 *EuG*, Urt. v. 15.9.2005 – Rs. T-325/01 – WuW/E EU-R 933 (938) Rn. 112 f. „DaimlerChrysler“. Im Einzelnen beurteilte der Gerichtshof die verschiedenen Risiken der Handelsvertreter wie folgt:

Ein *Preisrisiko* liege für die Handelsvertreter nicht vor, da allein Mercedes-Benz, nicht aber die Handelsvertreter, den Kaufvertrag mit den Kunden schließe und so allein Mercedes-Benz das Risiko eines etwaigen Zahlungsausfalls oder einer Insolvenz der Kunden trage sowie für die Folgen der (eigenen) Nicht- oder Schlechtlieferung einzustehen habe (vgl. WuW/E EU-R 933 (935, 937), Rn. 93, 101, 102).

Da die Vertreter nicht verpflichtet seien, ein Lager zu unterhalten, bestehe auch kein *Lagerrisiko* (vgl. WuW/E EU-R 933 (936) Rn. 96).

Die Verpflichtung, auf eigene Rechnung *Vorführwagen* zu erwerben, stelle zwar „ein gewisses Risiko“ dar, da es möglich sei, dass die Vertreter die Fahrzeuge nur schwer mit Gewinn verkaufen könnten. Angesichts der Tatsache, dass die Vertreter die Vorführwagen zu einem Vorzugspreis erwerben könnten und gute Weiterverkaufsmöglichkeiten hätten, stufte der Gerichtshof dieses Risiko nicht als entscheidend für die Beurteilung der kartellrechtlichen Privilegierung ein (vgl. WuW/E EU-R 933 (938) Rn. 108).

3. Stellungnahme

Im Folgenden soll geklärt werden, wie die Leitlinien der Kommission vor dem Hintergrund der Rechtsprechung des Gerichtshofs, insbesondere dem Urteil „*DaimlerChrysler*", zu bewerten sind. Denn allein der Gerichtshof besitzt die Kompetenz zur verbindlichen Auslegung des europäischen Kartellrechts.

Die „*DaimlerChrysler*"-Entscheidung vom 15.9.2005 ist die erste und bislang einzige Entscheidung, in der der Gerichtshof Gelegenheit hatte, zu den Leitlinien der Kommission Stellung zu nehmen. Trotz des entsprechenden Hinweises der Klägerin hat der Gerichtshof in dieser Entscheidung auf die Leitlinien der Kommission jedoch nicht ausdrücklich Bezug genommen. Wie oben bereits angedeutet, hat der Gerichtshof in der „*DaimlerChrysler*"-Entscheidung an seine frühere Rechtsprechung angeknüpft und zur Abgrenzung von privilegierten und nicht privilegierten Handelsvertretern (Eigenhändlern) auf die Kriterien der Eingliederung, Weisungsgebundenheit, vor allem aber auf das Kriterium der

---

Der Gerichtshof lehnte auch das Vorliegen eines *Provisionsausfallrisikos* ab. Die Vertreter waren berechtigt, nicht aber verpflichtet, Preisnachlässe zulasten ihrer Provision zu gewähren. Der Gerichtshof argumentierte, dass die Vertreter dann, wenn sie nicht bereit seien, zugunsten ihrer Kunden auf einen Teil ihrer Provision zu verzichten, sie nicht gezwungen seien, den Vertrag mit den Kunden abzuschließen. Da die Vertreter keine Kosten durch eine Lagerhaltung hätten, bedeute ein nicht zustande gekommener Vertragsabschluss auch kein Preisrisiko für die Vertreter (vgl. WuW/E EU-R 933 (936) Rn. 97).

Trotz der Tatsache, dass die Vertreter in etwa zwei Dritteln der Fälle die Wagen von Mercedes-Benz für die Kunden abholten, hielt der Gerichtshof das Vorliegen eines *Transportkostenrisikos* für „wenig wahrscheinlich". Grund dafür war, dass sich die Vertreter beim Abholen der Fahrzeuge eines von Mercedes-Benz organisierten Transportsystems bedienen und zudem mit den Kunden eine Vergütung für diese Leistung aushandeln konnten (vgl. WuW/E EU-R 933 (937) Rn. 104 ff.; vgl. auch *OLG Frankfurt a.M.*, Urt. v. 18.11.2003, 11 U 2/03 (Kart), S. 8, wo die Übernahme der Transportkosten durch den Handelsvertreter ebenfalls nicht als relevantes Risiko angesehen wurde.).

Die Verpflichtung der Vertreter, für Mercedes-Benz *Gewährleistungsarbeiten* durchzuführen, sah der Gerichtshof ebenfalls nicht als ein finanzielles Risiko für die Vertreter an, da die Vertreter für die Übernahme der Gewährleistungsarbeiten eine angemessene Vergütung erhielten (vgl. WuW/E EU-R 933 (938) Rn. 110 f.).

Ausdrücklich als nicht entscheidend für die Abgrenzung zwischen privilegierten und nicht privilegierten Handelsvertretern sah der Gerichtshof die Verpflichtung an, für den Vertrieb der Waren einzutreten, die Interessen des Prinzipals in Bezug auf die Verwendung der Marke wahrzunehmen und Regeln über die Errichtung von Zweigbetrieben und Ausstellungsräumen außerhalb des Geschäftsanwesens zu befolgen (vgl. WuW/E EU-R 933 (939) Rn. 115).

Risikoverteilung abgestellt.[1231] Insgesamt liegen die Methoden, die Gerichtshof und Kommission zur Abgrenzung der privilegierten und nicht privilegierten Handelsvertreter anwenden, näher beieinander als es auf den ersten Blick scheint. Sowohl die Kommission als auch der Gerichtshof halten das Kriterium der Risikotragung für entscheidend. Das Kriterium der Weisungsgebundenheit[1232] und das der Eingliederung[1233] werden vom Gerichtshof in der *„DaimlerChrysler"*-Entscheidung zwar ebenfalls herangezogen. *De facto* haben diese Kriterien in der *„DaimlerChrysler"*-Entscheidung aber weitaus weniger Bedeutung für die Abgrenzung von privilegierten und nicht privilegierten Handelsvertretern als das Kriterium der Risikotragung. In der Literatur wird mittlerweile vermehrt geäußert, dass das Kriterium der Eingliederung für die

---

1231 *EuG*, Urt. v. 15.9.2005 – Rs. T-325/01 – WuW/E EU-R 933 (934, 936-940) Rn. 87, 95-118 „DaimlerChrysler".

1232 Zum Kriterium der Weisungsgebundenheit macht der Gerichtshof folgende Aussagen: Der Gerichtshof ist der Ansicht, dass Art. 81 Abs. 1 EG auf das Vertragsverhältnis zwischen dem Geschäftsherrn und dem Handelsvertreter dann nicht anwendbar sei, wenn letzterer trotz eigener Rechtspersönlichkeit sein Geschäftsgebaren nicht bestimmen könne, sondern Weisungen durchführe, die ihm von seinem Geschäftsherrn gegeben werden (EuG, Urt. v. 15.9.2005 – Rs. T-325/01 – WuW/E EU-R 933 (935) Rn. 88 „DaimlerChrysler"). Sodann führt der Gerichtshof aus, dass der Handelsvertreter keine Befugnis- oder Abschlussvollmacht für den Verkauf von Kfz habe, dass er die Verkäufe zu vom Geschäftsherrn festgelegten Preisen vermittele und dass er nicht befugt sei, Preisnachlässe für Rechnung des Geschäftsherrn zu gewähren (Rn. 93, 94). Das Heranziehen der Preisgebundenheit des Handelsvertreters für die Ermittlung der Weisungsgebundenheit, die als Abgrenzungskriterium zwischen privilegierten Handelsvertretern und Eigenhändlern dienen soll, gleicht allerdings einem Zirkelschluss. Denn die kartellrechtliche Zulässigkeit vertikaler Beschränkungen wie Preisbindungen gegenüber dem Handelsvertreter soll gerade erst noch ermittelt werden, indem geklärt wird, ob ein privilegierter Handelsvertreter oder ein Eigenhändler vorliegt. Das Vorliegen einer Preisbindung als Indiz für die Weisungsgebundenheit und damit als Kriterium der Abgrenzung zwischen privilegierten Handelsvertretern und Eigenhändlern anzusehen, überzeugt mithin nicht.

1233 Nachdem sich der Gerichtshof umfassend der Risikoverteilung im Handelsvertretersystem gewidmet und anhand dieses Kriteriums den Fall bereits entschieden hat, geht er in Rn. 117, 118 auch noch auf das Kriterium der Eingliederung ein. Dabei hält er unter anderem den Einkauf von Waren in eigenem Namen, den Verkauf von Waren im eigenen Namen, für eigene Rechnung und auf eigenes Risiko für das Vorliegen der Eingliederung für maßgeblich. Aus Sicht des Gerichtshofs spricht weiterhin gegen eine Eingliederung des Handelsvertreters in das Unternehmen des Geschäftsherrn, wenn der Handelsvertreter kein Bevollmächtigter oder Vertreter des Geschäftsherrn ist und für diesen keine rechtsverbindliche Erklärung abgeben kann. Gleiches gelte für die Verpflichtung der Handelsvertreter, Neuwagen auf Lager halten zu müssen.

Beurteilung des Handelsvertreter-Privilegs keine Bedeutung habe.[1234] Tatsächlich deutet einiges darauf hin, dass sich auch der Gerichtshof immer weiter von dem Kriterium der Eingliederung entfernt. Dass er das Kriterium der Eingliederung ausdrücklich für die Zukunft aufgeben würde, war nicht zu erwarten. Die Schwerpunktsetzung auf dem Kriterium der Risikotragung kann aber bereits als größtmögliche Hinwendung zum Konzept der Kommission interpretiert werden.

Es ist davon auszugehen, dass der Fall „*DaimlerChrysler*" unter Zugrundelegung des Konzepts der Kommission in den Leitlinien – eine identische Tatsachenbewertung vorausgesetzt – mit gleichem Ergebnis entschieden worden wäre. Die Unterschiede zwischen den Konzepten der Kommission und des Gerichtshofs zur Frage, wann Vereinbarungen zwischen Unternehmen und ihren Handelsvertretern kartellrechtlich privilegiert sind, sind somit nicht rechtlicher, sondern eher tatsächlicher Natur.[1235] Bei der tatsächlichen Bewertung von Handelsvertretersystemen tendiert die Kommission im Vergleich zum Gerichtshof eher dazu, auf das Vorliegen von Risiken als solchen abzustellen, während der Gerichtshof mehr Augenmaß bei der Einschätzung der wirtschaftlichen Bedeutung der einzelnen Risiken walten lässt. Dabei kommt es für den Gerichtshof nicht auf die Existenz von Risiken als solchen an, sondern vor allem darauf, wie wahrscheinlich es ist, dass sich diese Risiken realisieren und ob die Handelsvertreter für die Übernahme der Risiken angemessen entschädigt werden.

Das Urteil „*DaimlerChrysler*" ist somit kein Anlass, die in den Vertikal-Leitlinien enthaltenen Ausführungen der Kommission zur kartellrechtlichen Beurteilung von Handelsvertreterverträgen von nun an zu ignorieren. Vielmehr bieten die dortigen Ausführungen eine praktikable Orientierungshilfe zur Beurteilung von Handelsvertreterverträgen, da sie eine klare Grenzziehung zwischen privilegierten und nicht privilegierten Handelsvertretern ermöglichen. Zudem haben die Unternehmen bei Beachtung der Leitlinien auch eine gewisse Rechtssicherheit, da es unwahrscheinlich ist, dass die Kommission gegen Handelsvertretersysteme vorgehen wird, deren vertragliche Grundlage nach Maßgabe der Leitlinien ausgestaltet ist.

[1234] *Ensthaler/Gesmann-Nuissl*, EuZW 2006, 167 (168 f.); *Eilmansberger*, ZWeR 2006, 64 (70 f.); ähnlich *Kapp/Andresen*, BB 2006, 2253 (2255); a.A. *Nolte*, WuW 2006, 252 (256); *Pfeffer/Wegner*, EWS 2006, 296 (301 ff.).

[1235] Ähnlich auch schon *Mendelsohn/Rose*, Guide to the EC Block Exemption for Vertical Agreements, S. 86.

Ob das Kriterium der Riskotragung für die kartellrechtliche Beurteilung von Preis- und Konditionenbindungen, Wettbewerbsverboten und Gebiets- und Kundenbeschränkungen in Handelsvertretersystemen sinnvoll ist, soll unten unter 2.a) bis c) genauer untersucht werden.

II. Anwendbarkeit der vGVO auf Handelsvertreter

Nachdem soeben erörtert worden ist, unter welchen Voraussetzungen Vereinbarungen in Handelsvertretersystemen unter das Kartellverbot fallen, soll im Folgenden geklärt werden, ob die vGVO auf unechte Handelsvertreterverträge anwendbar ist und ob die Gruppenfreistellungsverordnung eine sachgerechte Freistellung gewährt.

1. Handelsvertreter als Käufer iSd. Art. 1 lit. g vGVO

In Art. 1 lit. g vGVO findet sich folgende Legaldefinition des Käufers: *„»Käufer« ist auch ein Unternehmen, das auf der Grundlage einer unter Artikel 81 Abs. 1 des Vertrages fallenden Vereinbarung Waren oder Dienstleistungen für Rechnung eines anderen Unternehmens „verkauft*". Zunächst erscheint es unpassend, den Handelsvertreter als „Käufer" anzusehen, da er – anders als ein Eigenhändler – die Produkte nicht von seinem Geschäftsherrn *kauft*, um sie dann weiterzuvertreiben. Zudem könnte man Art. 1 lit. g vGVO auch so verstehen, dass der dort beschriebene Käufer zugleich Verkäufer von Waren und Dienstleistungen im juristischen Sinne ist, also Partei des Kaufvertrags mit dem Kunden wird. Dann wäre die Anwendung der vGVO auf Handelsvertreterverträge zweifelhaft, da der Handelsvertreter lediglich Verträge mit dem Kunden im Namen und für Rechnung des Geschäftsherrn vermittelt oder die Verträge für den Geschäftsherrn abschließt. Mit dieser Begründung wird zum Teil vertreten, dass die vGVO im Hinblick auf den Wortlaut des Art. 1 lit. g vGVO nicht auf Handelsvertreter anwendbar sei.[1236] Dabei wird auch darauf verwiesen, dass es durch die Einordnung des Handelsvertreters als Käufer zu einer Umgestaltung des Vertragsverhältnisses komme: anstelle eines von den Parteien vereinbarten Handelsvertreterverhältnisses trete ein Käufer-/Verkäufer-Verhältnis mit allen rechtlichen Folgen.[1237] Die Nichtanwendbarkeit der vGVO auf Handelsvertreter wird auch damit begründet, dass die wichtigsten Vorschriften der vGVO nicht auf Handelsvertreterverträge passten.[1238]

1236 *Lange*, EWS 2001, 18 (22); *Rittner*, DB 2000, 1211 (1212, 1216).

1237 *Rittner*, DB 2000, 1211 (1212).

1238 *Rittner*, DB 2000, 1211 (1211 f.).

Für die Anwendbarkeit der vGVO auf Handelsvertreterverträge spricht jedoch folgende Überlegung: In Art. 1 lit. g vGVO wird gerade betont, dass auch derjenige Unternehmer in den Anwendungsbereich der vGVO fällt, der für fremde Rechnung tätig wird. Für fremde Rechnung werden nicht nur Kommissionäre und Kommissionsagenten, sondern gerade auch Handelsvertreter tätig.[1239] Auch wenn Handelsvertreter nicht als Verkäufer in juristischem Sinne anzusehen sind, üben sie eine Tätigkeit aus, die der in Art. 1 lit. g vGVO angesprochenen Verkaufshandlung sehr nahe kommt, indem sie entweder als Vermittlungsvertreter Kaufverträge vermitteln oder als Abschlussvertreter im Namen ihres Geschäftsherrn die Kaufverträge selbst abschließen. Diese verkaufsähnliche Handlung des Handelsvertreters reicht aus, um den Handelsvertreter unter Art. 1 lit. g vGVO zu subsumieren, wo ein „Verkaufen" vorausgesetzt wird. Auch beim Blick auf die in der englischen Fassung gewählte Formulierung wird deutlich, dass von Art. 1 lit. g vGVO nicht nur Kommissionäre und Kommissionsagenten, sondern auch Handelsvertreter erfasst sind. Dort umfasst die in Art. 1 lit. g verwendete Formulierung „*on behalf of another undertaking*" nicht nur den Verkauf in eigenem Namen wie durch Kommissionäre und Kommissionsagenten, sondern auch den Verkauf in fremden Namen.[1240] Auch die Tatsache, dass vor Inkrafttreten der vGVO anhand der Leitlinien-Entwürfe besonders intensiv über die kartellrechtliche Behandlung von Handelsvertretern, nicht aber von Kommissionären und Kommissionsagenten, diskutiert worden ist, spricht dafür, dass sich Art. 1 lit. g vGVO, der im Entwurf der vGVO noch nicht enthalten war und erst in letzter Minute in die Verordnung eingefügt wurde, in besonderer Weise auf Handelsvertreter bezieht. Die Anwendung der vGVO auf Handelsvertreterverträge entspricht auch dem Grundkonzept der vGVO, möglichst alle vertikalen Verträge zu erfassen. Zudem bestätigt die Kommission die Anwendbarkeit der vGVO auf (unechte) Handelsvertreter in den Leitlinien.[1241] Somit ist die vGVO auch auf Handelsvertreter

---

1239 Dabei verkaufen Kommissionäre und Kommissionsagenten die Ware in eigenem Namen, während Handelsvertreter den Verkauf in fremden Namen durchführen.

1240 *OLG Hamburg*, Urt. v. 13.4.2000, WuW/E DE-R 506 (513) „Tankstellenverwalter".

1241 *Kommission*, Leitlinien für vertikale Beschränkungen, ABl. C 291/1 v. 13.10.2000, Tz. 13 Satz 4. Für die Anwendung der vGVO auf unechte Handelsvertreterverträge hben sich auch ausgesprochen: *Pukall*, NJW 2000, 1375 (1377); *Roniger*, Das neue Vertriebskartellrecht, Art. 1 Rn. 22; *Schultze/Pautke/Wagener*, Gruppenfreistellungsverordnung für vertikale Vereinbarungen, Rn. 201; *Klotz*, in: Schröter/Jakob/Mederer, Kommentar zum Europäischen Wettbewerbsrecht, Art. 81 – Fallgruppen Liefer- und Bezugsvereinbarungen Rn. 58 (S. 553); *Ensthaler/Funk*, BB 2000, 1685 (1690); *Bauer/de Bronett*, Die EU-Gruppenfreistellungsverordnung für vertikale Wettbewerbsbeschränkungen, Rn. 49; *Hopt*, Handelsvertreterrecht, § 86 Rn. 38; *Baron*, in: Loewenanwendbar. Anzumerken ist, dass es durch die Subsumtion der unechten Handelsvertreter unter Art. 1 lit. g vGVO keinesfalls zu einer Umgestaltung des Handelsvertreterverhältnisses in einen Kaufvertrag „mit allen rechtlichen Folgen“ kommt wie *Rittner* annimmt. Der Geschäftsherr und nicht der Handelsvertreter ist nach wie vor als Verkäufer Vertragspartner des Kunden und bei Gewährleistungsansprüchen und Haftungsfragen von diesem in Anspruch zu nehmen.

2. Umfang der Freistellung

Nachfolgend soll die Anwendung der vGVO auf Preisbindungen (siehe dazu a)), Wettbewerbsverbote (b)) sowie Gebiets- und Kundenbeschränkungen (c)) gegenüber unechten Handelsvertretern erläutert werden.

a) Preis- und Konditionenbindungen

Die in unechten Handelsvertreterverträgen typischen Preisbindungen stellen einen Verstoß gegen § 1 GWB – bei zwischenstaatlicher Wirkung auch gegen Art. 81 Abs. 1 EG – dar, der gemäß Art. 4 lit. a vGVO nicht nach der vGVO freigestellt ist.[1242] Dies ist in der Literatur heftig kritisiert worden. Im Mittelpunkt der Kritik stand dabei nicht nur die versagte Freistellung, sondern auch die Tatsache, dass in der Preisbindung gegenüber unechten Handelsvertretern überhaupt ein Verstoß gegen das Kartellverbot gesehen wurde. Daher soll hier sowohl darauf eingegangen werden, ob es gerechtfertigt ist, Preisbindungen gegenüber unechten Handelsvertretern als Verstoß gegen das Kartellverbot anzusehen als auch darauf, ob der Freistellungsausschluss in Art. 4 lit. a vGVO im Fall der unechten Handelsvertreter gerechtfertigt ist. Aus welchen Gründen bei einer Preisbindung gegenüber unechten Handelsvertretern ein Verstoß gegen das Kartellverbot anzunehmen ist, kann nicht isoliert, sondern nur im Vergleich mit der kartellrechtlichen Behandlung echter *und* unechter Handelsvertreter verdeutlicht werden, da erst dadurch die Besonderheiten des unechten Handelsvertretervertriebs deutlich werden. Entscheidend für das Vorliegen eines unechten Handelsvertretervertriebs ist aus Sicht der Kommission und auch des Gerichtshofs die Risikotragung durch den Handelsvertreter. Daher wird für die Berechtigung des Preisbindungsverbots bei unechten Handelsvertretern vor

---

heim/Meessen/Riesenkampff, Kartellrecht, Band 1, 2. Teil, B. Rn. 42 ff. (S. 489 f.); *Bechtold/Bosch/Brinker/Hirsbrunner*, EG-Kartellrecht, IV.A. Art. 1 VO 2790/1999 Rn. 23 (S. 378 f.).

1242 Siehe allgemein dazu Vierter Teil, Zweiter Abschnitt, A. (S. 169 ff.).

allem die Aussagekraft des Kriteriums der Risikotragung als Abgrenzungsmerkmal zwischen echten und unechten Handelsvertretern zu untersuchen sein. Denn die Verwendung dieses Kriteriums zur kartellrechtlichen Privilegierung macht deutlich, dass die Tatsache, dass die unechten Handelsvertreter die geschäftlichen Risiken selbst tragen, der Grund dafür ist, dass eine Preisbindung ihnen gegenüber unzulässig ist.

Das von der Kommission favorisierte Abgrenzungsmerkmal der Risikotragung ist bereits nach Veröffentlichung des Entwurfs der Leitlinien in der Literatur auf sehr viel Kritik gestoßen. Diese generelle Kritik wurde in ähnlicher Form aus Anlass der 7. GWB-Novelle wiederholt.[1243] Dem von der Kommission in den Leitlinien entwickelten Konzept zu Handelsvertreterverträgen wurde vorgeworfen, dass es an der Realität des Handelsvertretervertriebs vorbeigehe.[1244] Eine Vielzahl der Handelsvertreter trage in nicht unerheblichem Umfang Risiken, so dass Art. 81 Abs. 1 EG bzw. § 1 GWB anzuwenden wäre.[1245] Mit der Regelung in den Leitlinien, wonach Handelsvertreter kartellrechtsunschädlich praktisch keine Risiken übernehmen dürften, greife die Kommission zu weit in die Vertragsfreiheit der Akteure ein.[1246] Insbesondere sei eine Beteiligung des Handelsvertreters an der Werbung oder sonstigen Verkaufsförderung des Prinzipals in manchen Branchen seit jeher üblich, so dass die Regelung nicht den Bedürfnissen der Praxis entspreche.[1247] Auch der Betrieb von Service- und

---

1243 Dabei wurde auch gefordert, in der 7. GWB-Novelle in § 1 GWB festzuschreiben, dass bei Handelsvertreterverträgen „die Verpflichtungen, die aus dem Vertragsverhältnis resultieren, nicht unter § 1 GWB“ fallen (*CDH*, Stellungnahme vom 30.1.2004 zum Entwurf des Siebten Gesetzes zur Änderung des Gesetzes gegen Wettbewerbsbeschränkungen, S. 9).

1244 *Rittner*, DB 1999, 2097 (2098 f.); *Scheerer*, Rechtsfragen der Gruppenfreistellungsverordnung für vertikale Wettbewerbsbeschränkungen, S. 125, 132; *Schütz*, in: FIW [Hrsg.], Schwerpunkte des Kartellrechts 1999, S. 21 (33); *Brinker*, in: Europäisches Wettbewerbsrecht im Wandel, S. 131 (148).

1245 *Schultze/Pautke/Wagener*, Gruppenfreistellungsverordnung für vertikale Vereinbarungen, Rn. 198; *Lange*, EWS 2001, 18 (22); *Roniger*, Das neue Vertriebskartellrecht, E Rn. 58.

1246 *Lange*, EWS 2001, 18 (21).

1247 *Lange*, EWS 2001, 18 (21); *Rittner*, DB 1999, 2097 (2099); *Rittner*, DB 2000, 1211 (1215); *CDH*, Stellungnahme vom 22. 11.1999 S. V 2 b) Rn. 17; *Scheerer*, Rechtsfragen der Gruppenfreistellungsverordnung für vertikale Wettbewerbsbeschränkungen, S. 126; *Schultze/Pautke/Wagener*, Gruppenfreistellungsverordnung für vertikale Vereinbarungen, Rn. 175. Ähnlich: *CDH*, Stellungnahme vom 30.1.2004 zum Entwurf des Siebten Gesetzes zur Änderung des Gesetzes gegen Wettbewerbsbeschränkungen, S. 5 ff.

Garantiedienstleistungen oder die Einrichtung von Warenlagern durch den Handelsvertreter gehöre in manchen Bereichen zum geschäftlichen Alltag.[1248] Zudem könne bei echten Handelsvertretern, die zwar selbständig sind, aber keine eigenen Risiken tragen, in Deutschland die arbeitsrechtliche Problematik der Scheinselbständigkeit relevant werden.[1249] Insgesamt dürfe die Kommission für die kartellrechtliche Privilegierung von Handelsvertreterverträgen nicht voraussetzen, dass die Handelsvertreter praktisch gar keine Risiken tragen. Die Regelung führe in der Praxis dazu, dass die Unternehmen viele der Handelsvertreterverträge kündigen und sich für andere Vertriebswege entscheiden würden, was viele Existenzen vernichten werde.[1250] In der Konsequenz werde die Regelung das bestehende deutsche Handelsvertreterrecht in vielen Branchen verhältnismäßig schnell erdrosseln.[1251]

Diese Kritik vermag jedoch nicht zu überzeugen. Das Kriterium der Risikotragung hat eine hohe Aussagekraft bei der Entscheidung über die kartellrechtliche Privilegierung von Handelsvertretern hinsichtlich der Preis- und Konditionenbindung. Es ist vor allem sinnvoll, um eine Abgrenzung zum Eigenhändler zu ziehen, der das geschäftliche und finanzielle Risiko allein trägt. Sofern der Handelsvertreter sachgebundene Handlungsrisiken übernimmt, soll er auch die typische unternehmerische Gestaltungsfreiheit in Form von Preis- und Konditionensetzungsbefugnis haben. Anders sieht es aus, wenn nicht der Handelsvertreter, sondern der Unternehmer die finanziellen Risiken trägt. In diesem Fall soll der Unternehmer den Preis festsetzen dürfen, eine Preisbindung mithin zulässig sein. Ohne die Möglichkeit der Risikosteuerung würde kein wirtschaftlich denkender Hersteller ein Handelsvertretervertriebssystem wählen, sondern auf den Eigenhändlervertrieb oder Direktvertrieb über eigene Niederlassungen ausweichen.[1252] Somit besteht zwischen Risikotragung und Weisungsbefugnis in Bezug auf Preise und Konditionen ein „systemnotwendiger Gesamtzusammen-

---

1248 *Rittner*, DB 1999, 2097 (2100). Ähnlich: *CDH*, Stellungnahme vom 30.1.2004 zum Entwurf des Siebten Gesetzes zur Änderung des Gesetzes gegen Wettbewerbsbeschränkungen, S. 5 ff.

1249 *Ensthaler/Funk*, BB 2000, 1685 (1691); *Schumacher*, Recht des Kfz-Vertriebs in Europa, S. 52.

1250 *CDH*, Stellungnahme vom 30.1.2004 zum Entwurf des Siebten Gesetzes zur Änderung des Gesetzes gegen Wettbewerbsbeschränkungen, S. 5 ff.; *Rittner*, WuW 1999, 979 (980).

1251 *Rittner*, DB 1999, 2097 (2100).

1252 *J.F. Baur*, WuW 1987, 464 (468); *Köhler*, ZHR 151 (1987), 224 (232).

hang".[1253] Auf den Zusammenhang zwischen Risikotragung und Preisbindungen soll noch weiter im Zusammenhang mit den Wettbewerbsverboten eingegangen werden.

Für die Annahme der Kommission, dass die kartellrechtliche Unbedenklichkeit von Handelsvertreterverträgen nur noch dann vorliege, wenn diese (fast) gar keine Kosten und Risiken tragen, spricht, dass dadurch eine recht klare Grenze gezogen wird. Um eine konsequente und praktikable Lösung handelt es sich vor allem auch deshalb, weil nun auch das Delkredere-Risiko einbezogen worden ist. Hätte die Kommission – wie es zum Teil gefordert wird – bei der kartellrechtlichen Privilegierung Mischformen der Risikoverteilung zugelassen, indem sie beispielsweise bei Übernahme des Lagerrisikos durch den Vertreter und der Übernahme des Transport- und Absatzrisikos durch den Unternehmer noch einen nicht dem Kartellrecht unterfallenden Handelsvertretervertrag angenommen hätte, dann hätte sich die Frage gestellt, was denn wäre, wenn die Risikentragung umgekehrt oder völlig anders gestaltet wäre oder wenn für die Übernahme einiger Risiken eine volle oder teils kostendeckende Provision gezahlt worden wäre.[1254] Eine solche Lösung wäre somit der Rechtssicherheit abträglich gewesen. Mit dem von der Kommission vorgeschlagenen Maßstab haben die Unternehmen eine praktikable Anleitung für die Ausgestaltung der Risikotragung. Allerdings hätte die Grenzziehung noch etwas klarer ausfallen können, da die Formulierung, dass unbedeutende Kosten übernommen werden dürfen, sogleich die Frage nach sich zieht, was unter unbedeutenden Kosten zu verstehen ist. Bei der Vertragsgestaltung sollte man darauf achten, dass die Handelsvertreter wirklich keine Risiken tragen.[1255]

Der Vorwurf, durch das neue Konzept der Kommission werde der Handelsvertretervertrieb existenziell bedroht, da er in ein zu starres Korsett gezwängt werde, verkennt, dass Handelsvertreter umfassende Vertriebsleistungen wie Transport, Lagerung, Werbung, Kunden- und Reparaturdienst etc. durchaus

---

1253 *J.F. Baur*, WuW 1987, 464 (468); *J.F. Baur*, BB 1985, 1821 (1826 ff.); *Ganal*, Die handels- und kartellrechtliche Beurteilung von Agentursystemen, S. 232; zustimmend auch *P. Ulmer/Habersack*, ZHR 159 (1995), 109 (123); a.A. *Völcker*, Handelsvertretervertrieb und EG-Kartellrecht, S. 252.

1254 Zu den allgemeinen Schwierigkeiten bei Mischformen der Risikoverteilung: *Köhler*, ZHR 151 (1987), 224 (228). Siehe auch *Völcker*, Handelsvertretervertrieb und EG-Kartellrecht, S. 244.

1255 Zur praktischen betriebswirtschaftlichen Ausgestaltung der Risikotragung im Einzelnen nach Inkrafttreten vertikalen Leitlinien der Kommission siehe *Funk*, Kfz-Vertrieb und EU-Kartellrecht, S. 362 ff.

erbringen dürfen, ohne dass ihre Vereinbarungen mit dem Geschäftsherrn unter Art. 81 Abs. 1 EG bzw. § 1 GWB fallen. Nicht die Übernahme und Durchführung dieser Leistungen als solche ist kartellrechtlich bedenklich, sondern die vertragliche Verpflichtung der Handelsvertreter zu diesen Leistungen durch den Geschäftsherrn ohne gleichzeitige Vereinbarung der Kostenerstattung.[1256] Daher kann nach wie vor ein bestimmtes Risiko auf die Vertragspartei verlagert werden, die es am besten und kostengünstigsten „bewirtschaften" kann.[1257] Beispielsweise wäre es nicht praktikabel, dass der Unternehmer am Ort der Handelsvertretung selbst ein Warenlager einrichtet, weil dies zu Problemen bei der regelmäßigen Kontrolle, Sicherung, Organisation führt. Effizienter ist es, wenn der Handelsvertreter selbst das Lager errichtet und zugleich bewirtschaftet, da er dann die Ware vor Ort besser vor Schäden und Verlust durch Witterungseinflüsse, Feuer, Verderb, Diebstahl etc. schützen und das Lager zudem für andere Waren nutzen kann, die er als Eigenhändler vertreibt. Die Kosten für die Lagerhaltung kann der Handelsvertreter dann seinem Prinzipal in Rechnung stellen, ohne dass seine Stellung als echter Handelsvertreter nach den Leitlinien der Kommission in Frage steht. Die in den Leitlinien enthaltene Konzeption der echten Handelsvertreterverträge ermöglicht solche flexiblen Lösungen weiterhin. Aus diesen Gründen führen die Leitlinien der Kommission nicht zu einer existenziellen Bedrohung des Handelsvertretervertriebs. Zudem ist in der Literatur inzwischen schon wieder von einer Renaissance des Handelsvertretervertriebs die Rede.[1258]

Auch die Kritik, dass durch die Leitlinien die in vielen Branchen üblichen Absatzförderungsmaßnahmen und insbesondere die Werbung durch den Handelsvertreter verboten seien, überzeugt nicht.[1259] Dabei wird zum einen verkannt, dass die Durchführung von Absatzförderungsmaßnahmen durch den

1256 Auch der 4. Spiegelstrich (Errichtung eines Kunden-, Reparatur- und Garantiedienstleistungsbetriebes) ist so auszulegen, dass Art. 81 Abs. 1 EG nicht schon dann anwendbar ist, wenn der Vertreter die genannten Tätigkeiten erbringt, sondern nur wenn er vertraglich zur Erbringung der Dienstleistung verpflichtet ist. Anderenfalls könnte der Handelsvertreter durch die Erbringung von Dienstleistungen den Geschäftsherrn zwingen, entweder die Kosten zu vergüten oder ein unechtes Handelsvertreterverhältnis zu akzeptieren, vgl. *Schultze/Pautke/Wagener*, Gruppenfreistellungsverordnung für vertikale Vereinbarungen, Rn. 184.

1257 *Köhler*, ZHR 151 (1987), 224 (229).

1258 *Nolte*, WuW 2006, 252 (252 ff.).

1259 So aber *Lange*, EWS 2001, 18 (21), der von dem „Verbot direkter oder indirekter Investitionen in die Verkaufsförderung etwa in Form eines Beitrags zu den Werbeaufwendungen" spricht.

Handelsvertreter weiterhin möglich ist, ohne dass zu befürchten ist, dass Art. 81 Abs. 1 EG bzw. § 1 GWB eingreift, sofern diese Maßnahmen in das Ermessen des Handelsvertreters gestellt werden. Zum anderen ist eine allgemeine Markt-, Produkt- oder Kundenpflege über die konkreten Vermittlungs- und Abschlussbemühungen hinaus nicht die originäre Aufgabe des Handelsvertreters, sondern obliegt dem Unternehmer.[1260] Der Handelsvertreter ist im Regelfall also grundsätzlich nicht zur Werbung verpflichtet, die nicht unmittelbar auf bestimmte einzelne Geschäftsabschlüsse zielt. Daher greift die Regelung in den Leitlinien auch nicht in die elementare Ausgestaltung von Handelsvertreterverträgen ein. Sinn der Vorschrift in Textziffer 16, 3. Spiegelstrich der Leitlinien für vertikale Beschränkungen ist es nur, zu verhindern, dass der Hersteller seinerseits auf Werbung für Produkte verzichtet bzw. sich nur in geringem Umfang um den Absatz bemüht und stattdessen dem Handelsvertreter die Pflicht zu Werbemaßnahmen auferlegt.[1261]

Daher unterliegt der unechte Handelsvertreter, nicht aber der echte Handelsvertreter dem Preis- und Konditionenbindungsverbot.[1262] Preis- und Konditionenbindungen gegenüber Handelsvertretern unterfallen somit nicht dem Kartellverbot, wenn das Unternehmen als Geschäftsherr den Handelsvertretern ihre finanziellen Aufwendungen, die unter anderem mit Lieferung der Ware bzw. Erbringung der Dienstleistung, Lagerung, Kunden-, Reparatur- und Garantiedienstleistungen verbunden sind, erstattet. Dabei sollte die Abrechnung so genau wie möglich erfolgen, um zu gewährleisten, dass der Handelsvertreter nicht doch finanzielle Risiken trägt, die die kartellrechtliche Unbedenklichkeit der Vereinbarung in Frage stellen. Eine Abrechnung kann dann kompliziert werden, wenn der Handelsvertreter ein Lager unterhält, in dem er die Ware von verschiedenen Unternehmen lagert, für die er tätig wird. Auch die Abrechnung von Personalkosten beim Kundendienst oder beim Transport sowie die Inrechnungstellung eigener Transporte können bei der genauen Abrechnung Probleme bereiten.[1263] Sofern eine genaue Abrechnung nicht möglich ist, weil sie zu kompliziert wäre und für den Handelsvertreter einen unverhältnismäßigen Verwaltungsaufwand bedeuten würde, sollte eine pauschale Vergütung oder

1260 *Hopt*, Handelsvertreterrecht, § 86 Rn. 13; *CDH*, Hintergrundinformationen zum Europäischen Kartellrecht, abgedruckt bei Hopt, Handelsvertreterrecht, S. 398.

1261 *Schultze/Pautke/Wagener*, Gruppenfreistellungsverordnung für vertikale Vereinbarungen, Rn. 173.

1262 *Hopt*, Handelsvertreterrecht, § 86 Rn. 35.

1263 *Schultze/Pautke/Wagener*, Gruppenfreistellungsverordnung für vertikale Vereinbarungen, Rn. 171, 178, 186.

Provision für die jeweilige Tätigkeit gewährt werden[1264], keinesfalls aber die Kosten für Lagerhaltung, Betrieb einer Reparaturwerkstatt etc. über die allgemeine Provision abgegolten werden.

Abschließend ist festzustellen, dass die Nichtfreistellung der Preisbindung gegenüber unechten Handelsvertretern durch die vGVO systemgerecht ist, da wie oben dargestellt ein unechter Handelsvertreter, der das geschäftliche Risiko selbst trägt, in einer ähnlichen Position wie ein selbständig agierender Eigenhändler ist und somit nicht durch eine Preisbindung in seiner freien Preisgestaltung beschränkt werden darf. Die Ausgestaltung der Preisbindung als nicht freistellungsfähige Vereinbarung ist sachgerecht, da Fest- und Mindestpreise den intrabrand-Preiswettbewerb ausschalten und so eine äußerst wettbewerbsschädigende Wirkung haben. Dies gilt insbesondere, weil gerade der Preiswettbewerb eine besonders wichtige Komponente des Wettbewerbs ist, unabhängig davon, ob eine Preisbindung in einem Handelsvertretervertrag, Vertragshändlervertrag oder Franchisevertrag vereinbart wird. Im Übrigen werden unechte Handelsvertreterverträge häufig einen Eigenhändlervertrieb verdecken, so dass es nicht gerechtfertigt erscheint, den unechten Handelsvertretervertrieb gegenüber dem Eigenhändlervertrieb zu privilegieren. Aus diesem Grund ist beim unechten Handelsvertretervertrieb der Freistellungsausschluss nachvollziehbar. Bei der Ausgestaltung des Handelsvertretervertriebs durch die Leitlinien der Kommission handelt es sich zwar um eine strenge Regelung, die zahlreiche Vertragsanpassungen erfordert. Zugleich bedeutet das in den Leitlinien enthaltene Konzept der Kommission eine Rückführung des Handelsvertreterstatus auf seinen eigentlichen Kern.

b) Wettbewerbsverbote

Wettbewerbsverbote sind nach Art. 5 lit. a vGVO während der Laufzeit des Handelsvertretervertrags nur bis zu einer Höchstdauer von fünf Jahren freistellungsfähig. An der Anwendung des Art. 5 vGVO auf unechte Handelsvertreterverträge wird in der Literatur viel Kritik geübt.[1265] Durch die Anwendung des Art. 5 vGVO sei die Vertragsdauer von Handelsvertreterverträgen de facto auf fünf Jahre limitiert. Denn das Wettbewerbsverbot sei für das Handelsvertreterverhältnis essentiell und es mache häufig keinen Sinn, ein Handelsvertreterverhältnis aufrecht zu erhalten, wenn ein Wettbewerbsverbot zum Schutz vor

---

1264 *Schultze/Pautke/Wagener*, Gruppenfreistellungsverordnung für vertikale Vereinbarungen, Rn. 171.

1265 *Rittner*, DB 2000, 1211 (1212); *ders.*, DB 1999, 2097 (2101).

Konkurrenz nicht mehr vereinbart werden dürfe. Eine solche kurze Laufzeit sei aber bei Handelsvertreterverträgen, die regelmäßig auf unbestimmte Zeit abgeschlossen werden, nicht zumutbar und stehe auch nicht im Einklang mit § 84 Abs. 1 HGB, der davon ausgeht, dass die Handelsvertreter „ständig" mit der Vermittlung betraut seien.[1266]

Dem ist entgegen zu halten, dass die Regelungen der vGVO den Parteien vertragliche Gestaltungsmöglichkeiten lassen. Die vGVO hindert den Geschäftsherrn nicht daran, mit dem Handelsvertreter einen dauerhaften Handelsvertretervertrag mit fünfjährigem Wettbewerbsverbot zu schließen, das nach Ablauf mit Zustimmung beider Vertragsparteien wieder verlängert wird.[1267] Dem Prinzipal bleibt es unbenommen, seinen Handelsvertretern ein Wettbewerbsverbot mit mehr als fünf Jahren Dauer aufzuerlegen, wenn dieses im Einzelfall die Freistellungsvoraussetzungen des § 2 Abs. 1 GWB bzw. Art. 81 Abs. 3 EG erfüllt. Sofern die Freistellungsvoraussetzungen aber nicht erfüllt sind, besteht aber keine Rechtfertigung für eine Gruppenfreistellung. Diese kann nur dann erfolgen, wenn sich typische Gruppen von wettbewerbsbeschränkenden Vereinbarungen bilden lassen, bei denen regelmäßig die Freistellungsvoraussetzungen erfüllt sind. Gerade bei Wettbewerbsverboten in Handelsvertreterverträgen wird es aber vom Einzelfall abhängen, ob sie freistellungsfähig sind. Dies zeigt auch die oben skizzierte Rechtsprechung des Bundesgerichtshofs zu Wettbewerbsverboten in Handelsvertreterverträgen in der Mineralölindustrie, wo bei sehr ähnlichen Sachverhalten die Zulässigkeit der Wettbewerbsverbote teils bejaht und teils verneint wurde.[1268] Auch im folgenden Beispielsfall unter C. wird die Einzelfallabhängigkeit der Freistellungsfähigkeit der Wettbewerbsverbote deutlich werden.

Da das Vorliegen bzw. Nichtvorliegen der Freistellungsvoraussetzungen der Wettbewerbsverbote beim Handelsvertretervertrieb von einer Vielzahl von Kriterien abhängt und sich nicht pauschal für alle Handelsvertreterverträge feststellen lässt, ist es gerechtfertigt, keine gesonderte Privilegierung der Wettbewerbsverbote der Handelsvertreter in die vGVO aufzunehmen.

Zu beachten ist jedoch, dass ein Wettbewerbsverbot eines unechten Handelsvertreters nicht in jedem Fall gegen § 1 GWB verstößt, so dass eine Freistellung nach § 2 Abs. 1 GWB oder § 2 Abs. 2 GWB iVm. Art. 2 Abs. 1 Satz 2, Art. 3

1266 *Rittner*, DB 1999, 2097 (2101).

1267 So auch *Veelken*, in: Immenga/Mestmäcker, EG-WbR, Erg-Bd, 2. Lieferung 2001, V. GFVO Rn. 275.

1268 Siehe Vierter Teil, Neunter Abschnitt, A., II. (S. 323).

Abs. 1, Art. 5 lit. a vGVO nicht immer erforderlich sein wird. Für die Beurteilung, ob ein Verstoß gegen das Kartellverbot vorliegt, wird das Kriterium der Risikoverteilung nicht aussagekräftig sein. Zwar ist nachvollziehbar, dass Preis- und Konditionenbindungen nicht unter das Kartellrecht fallen, wenn der Geschäftsherr die finanziellen Risiken trägt. Demgegenüber ist jedoch nicht ersichtlich, aus welchem Grund die Zulässigkeit eines Wettbewerbsverbots ebenfalls von der Risikotragung abhängen soll.[1269] Anders als Preis- und Konditionenbindungen beziehen sich Beschränkungen wie Wettbewerbsverbote nicht auf die durch den Handelsvertreter für den Unternehmer geschlossenen Verträge. Die Argumentation, dass derjenige, der die Risiken trägt, auch in der Lage sein muss, den Inhalt der geschlossenen Verträge zu bestimmen, ist auf Wettbewerbsverbote nicht übertragbar. Vielmehr betreffen Wettbewerbsverbote nicht unmittelbar den Geschäfts- und Interessenkreis des Unternehmers, sondern vor allem den des Handelsvertreters. Während bei Preis- und Konditionenbindungen hauptsächlich die Handlungs- bzw. Vertragsabschlussfreiheit des Unternehmers betroffen ist, ist es im letzteren Fall die Handlungsfreiheit des Handelsvertreters. Dies macht die Zwei-Märkte-Theorie, die von der Kommission in der Weihnachtsbekanntmachung entwickelt[1270] und von der Literatur fortgeführt wurde[1271], sehr anschaulich. Die Zwei-Märkte-Theorie unterscheidet zwischen dem Gütermarkt und dem Dienstleistungsmarkt. Der Gütermarkt umfasst diejenigen Austauschbeziehungen, bei denen es um Angebot und Nachfrage in Bezug auf die vom Unternehmer stammenden, vom Handelsvertreter lediglich vermittelten oder im Namen des Unternehmers umgesetzten Güter und Dienstleistungen geht. Davon abzugrenzen ist der Dienstleistungs- oder Vermittlungsmarkt, der die Vermittlungsleistungen der Handelsvertreter umfasst. Während auf dem Gütermarkt der Unternehmer selbst wirtschaftlich und rechtlich tätig wird und der Handelsvertreter dort nur als Hilfsperson agiert, wird auf dem Dienstleistungsmarkt der Handelsvertreter tätig. Da sich Preis- und Konditionenbindungen auf die Verträge des Unternehmers auswirken und so diesen in seiner wirtschaftlichen Position betreffen, beziehen sich derartige Bindungen auf den Güter-

---

1269 So auch *P. Ulmer/Habersack*, ZHR 159 (1995), 109 (121).

1270 *Kommission*, Bekanntmachung über Alleinvertriebsverträge mit Handelsvertretern „Weihnachtsbekanntmachung", ABl. B 139/2921 v. 24.12.1962, Tz. II. Dort differenziert die Kommission zwischen Beschränkungen der Handlungsfreiheit von Handelsvertretern bei der Preisbindung auf dem Gütermarkt einerseits und zwischen Beschränkungen der Handlungsfreiheit der Handelsvertreter durch Wettbewerbsverbote auf dem Markt für Handelsvertreter-Dienstleistungen andererseits.

1271 Siehe auch *Koch/Marenco*, Cahiers de Droit Européen 1987, 603 (606 ff.); *Freund*, EuZW 1992, 408 (410 ff.); *P. Ulmer/Habersack*, ZHR 159 (1995), 109 (123); *Gleiss/Hirsch*, Kommentar zum EG-Kartellrecht, Band 1, Art. 85 (1), Rn. 636.

markt.[1272] Der Handelsvertreter hat in diesem Zusammenhang lediglich die Aufgabe, zu den vom Unternehmer gesetzten Bedingungen Nachfrage für das Angebot des Unternehmers aufzuspüren.[1273] Dem Handelsvertreter kommt insoweit bei Preisbindungen wegen der Übernahme der Absatzrisiken durch den Unternehmer keine kartellrechtlich relevante Stellung als selbständiger Wettbewerber zu.[1274] In der Konsequenz stellt es auch keine Wettbewerbsbeschränkung und damit keinen Verstoß gegen Art. 81 Abs. 1 EG bzw. § 1 GWB dar, wenn der Geschäftsherr die Entscheidungsfreiheit des Handelsvertreters in Bezug auf die Preise beeinträchtigt.[1275]

Anders zu bewerten ist die Rechtslage bei Wettbewerbsverboten. Durch das Wettbewerbsverbot wird dem Handelsvertreter untersagt, für Konkurrenten des Geschäftsherrn tätig zu werden, so dass der Handelsvertreter unmittelbar an der Aufnahme einer weiteren wirtschaftlichen Tätigkeit auf dem Dienstleistungsmarkt gehindert wird. Daher betrifft ein Wettbewerbsverbot den Handelsvertreter in seiner Stellung auf dem Dienstleistungsmarkt[1276] und berührt seine wirtschaftliche Handlungsfreiheit wesentlich stärker als eine Preisbindung. Somit liegt bei Vereinbarungen, die sich auf den Dienstleistungsmarkt beziehen, bei Vorliegen der übrigen Voraussetzungen ein Verstoß gegen Art. 81 Abs. 1 EG nahe.[1277] Festzuhalten ist, dass das Kriterium der Risikotragung nur für die kartellrechtliche Beurteilung einer Preis- und Konditionenbindung, nicht aber von Wettbewerbsverboten relevant ist. Daher soll bei Wettbewerbsverboten allein die Risikotragung durch den Handelsvertreter kein Grund sein, ein Wettbewerbsverbot pauschal unter Art. 81 Abs. 1 EG zu subsumieren und allein die Risikotragung durch den Unternehmer nicht per se zur Annahme führen, dass Art. 81 Abs. 1 EG bzw. § 1 GWB nicht verletzt sein kann. Dass auch die

---

1272 *Koch/Marenco*, Cahiers de Droit Européen 1987, 603 (606); in Bezug auf das Provisionsweitergabeverbot siehe *Völcker*, Handelsvertretervertrieb und EG-Kartellrecht, S. 213.

1273 *P. Ulmer/Habersack*, ZHR 159 (1995), 109 (122).

1274 *P. Ulmer/Habersack*, ZHR 159 (1995), 109 (122 f.); *Koppensteiner*, Österreichisches und europäisches Wettbewerbsrecht, S. 340.

1275 *P. Ulmer/Habersack*, ZHR 159 (1995), 109 (122 f.) lehnen in diesem Fall ebenfalls einen Verstoß gegen das Kartellverbot ab. Aus ihren Ausführungen geht jedoch nicht hervor, an welchem Tatbestandsmerkmal sie dies festmachen.

1276 *Koch/Marenco*, Cahiers de Droit Européen 1987, 603 (606); *P. Ulmer/Habersack*, ZHR 159 (1995), 109 (126); *Freund*, EuZW 1992, 408 (410).

1277 *P. Ulmer/Habersack*, ZHR 159 (1995), 109 (123). Mit ähnlicher Argumentation hat das OLG München das Verbot der Provisionsweitergabe als Verstoß gegen Art. 14 GWB a.F. angesehen, vgl. *OLG München*, Beschl. v. 27.1.2005, NJW-RR 2005, 770.

Kommission erkannt hat, dass man gerade bei Wettbewerbsverboten allein mit Blick auf die Risikotragung keine abschließende Aussage über das Vorliegen eines Verstoßes gegen Art 81 Abs. 1 EG bzw. § 1 GWB treffen kann, zeigen ihre Ausführungen in den Leitlinien.[1278] Zum einen geht sie auch bei echten Handelsvertretern nicht zwangsläufig von der Unanwendbarkeit des Art. 81 Abs. 1 EG auf Wettbewerbsverbote aus wie die Leitlinien und ihre Verwaltungspraxis zeigen.[1279] Zum anderen stellt sie fest, dass das Kartellverbot auf vertikale Vereinbarungen mit unechten Handelsvertretern grundsätzlich anwendbar sei, wobei jedoch noch alle Tatbestandsmerkmale im Einzelfall geprüft werden müssten.[1280] Das Kriterium der Risikotragung allein ist daher bei der Beurteilung von Wettbewerbsverboten wenig aussagekräftig. Im Beispielsfall unter C. soll noch weiter auf die kartellrechtliche Beurteilung von Wettbewerbsverboten in Handelsvertreterverträgen eingegangen werden.

c) Gebiets- und Kundenbeschränkungen

Die Anwendung der vGVO auf unechte Handelsvertreterverträge führt dazu, dass auch Gebiets- und Kundenbeschränkungen nach der vGVO nur dann freistellungsfähig sind, wenn sie sich auf den aktiven Verkauf in Gebieten beziehen, die sich der Geschäftsherr selbst vorbehalten oder die er einem Dritten zugewiesen hat. In anderen Fällen handelt es sich bei Gebiets- und Kundenbeschränkungen um Kernbeschränkungen, die nach Art. 4 lit. b vGVO nicht freistellungsfähig sind. Dieser Freistellungsausschluss wird zum Teil scharf kritisiert, wobei auch darauf verwiesen wird, dass der Unternehmer seinen Handelsvertretern in Handelsvertreterverträgen typischerweise ein Gebiet zuweise, wie es auch aus § 87 Abs. 2 HGB sowie Art. 3 Abs. 2 lit. c der Handelsvertreterrichtlinie[1281] hervorgeht. Auch in diesem Zusammenhang wird wieder der Vorwurf erhoben, dass die Anwendung der vGVO, nach der Gebiets- und Kundenbeschränkungen als Kernbeschränkungen gelten, dem Handels-

---

1278 *Kommission*, Leitlinien für vertikale Beschränkungen, ABl. C 291/1 v. 13.10.2000, Tz. 19.

1279 Siehe *Kommission*, ABl. C 258/7 v. 20.10.2004 Rn. 17, 22 „Repsol".

1280 *Kommission*, Leitlinien für vertikale Beschränkungen, ABl. C 291/1 v. 13.10.2000, Tz. 13 Satz 4: „*Unechte Handelsvertreterverträge* können *unter Artikel 81 Absatz 1 fallen.*"; Tz. 17: „***Trägt der Handelsvertreter** eines oder mehrere der genannten Risiken oder einen Teil oder mehrere der genannten Kosten, so ist Artikel 81 Absatz 1 wie bei jeder anderen vertikalen Vereinbarung* möglicherweise *anwendbar.*"

1281 Richtlinie 86/653/EWG des Rates der EG vom 18.12.1986 zur Koordinierung der Rechtsvorschriften der Mitgliedstaaten betreffend die selbständigen Handelsvertreter, ABl. L 382/17 v. 31.12.1986.

vertretervertrieb als Institution in seiner Ausgestaltung durch das HGB bzw. die Handelsvertreterrichtlinie entgegenstehe.[1282] Dabei wird ähnlich wie bei der Preisbindung zum Teil auch bezweifelt, dass Gebiets- und Kundenbeschränkungen bei Handelsvertreterverträgen überhaupt gegen das Kartellverbot verstoßen, wobei argumentiert wird, die Freiheit des Handelsvertreters, in bestimmten Gebieten oder an bestimmte Kunden zu verkaufen, bestehe nur in dem Umfang, in dem sie der Prinzipal dem Handelsvertreter eingeräumt habe. Dem Geschäftsherrn müsse es erlaubt sein, eine Provision nur für den Fall zu versprechen, dass der Handelsvertreter Geschäfte mit bestimmten geographisch oder sonst abgegrenzten Kunden vermittelt oder abschließt.[1283]

Für einen Kartellrechtsverstoß durch Gebiets- und Kundenbeschränkungen gegenüber unechten Handelsvertretern spricht jedoch, dass die Handelsvertreter durch derartige vertikale Beschränkungen in besonderer Weise in ihrer Handlungsfreiheit eingeschränkt werden. Dies gilt insbesondere, weil durch eine Gebietsbeschränkung nicht der Produktmarkt, sondern der Dienstleistungsmarkt betroffen ist.[1284] Auch nach der Rechtsprechung des Gerichtshofs kann bei Gebiets- und Kundenbeschränkungen ein Verstoß gegen das Kartellverbot anzunehmen sein, wenn der Handelsvertreter nicht in den Betrieb des Geschäftsherrn eingegliedert ist[1285], was sich wiederum nach der Risikotragung bemisst. Daher sollte nicht per se von der Kartellrechtsimmunität von Gebiets- und Kundenbeschränkungen gegenüber unechten Handelsvertretern ausgegangen werden. Der Freistellungsausschluss von Gebiets- und Kundenbeschränkungen in Handelsvertreterverträgen ist nicht anders zu beurteilen als derjenige von Gebiets- und Kundenbeschränkungen in anderen Vertriebsverträgen. Insofern kann auf die obigen Ausführungen verwiesen werden.[1286]

d) Zwischenergebnis

Insgesamt ist die Anwendung der vGVO, deren Einschlägigkeit üblicherweise einen (Rechts-)Vorteil darstellt, nicht günstig für das unechte Handelsvertreter-

---

1282 Diese Argumentation zeigt deutliche Anleihen bei der Immanenztheorie. Inwieweit diese bei der kartellrechtlichen Beurteilung von Handelsvertreterverträgen sachgerecht ist, soll im Beispielsfall geprüft werden.

1283 *Freund*, EuZW 1992, 408 (410).

1284 *P. Ulmer/Habersack*, ZHR 159 (1995), 109 (131).

1285 *EuGH*, Urt. v. 16.12.1975 – Rs. 40-48, 50, 54-56, 111, 113, 114/73 – Slg. 1975, 1663 (2042) Rn. 539 ff. „Suiker Unie".

1286 Siehe Vierter Teil, Dritter Abschnitt (S. 190 ff.).

verhältnis. Daher sollten unechte Handelsvertreterverträge vermieden werden, indem entweder – was kartellrechtlich am günstigsten ist – ein echter Handelsvertretervertrag geschlossen wird oder aber ein Vertragshändlervertrag.

C. Beispielsfall zu Wettbewerbsverboten in Handelsvertreterverträgen

Die kartellrechtliche Beurteilung von Handelsvertreterverträgen soll nun an einem Beispielsfall veranschaulicht werden.[1287]

Sachverhalt: A, B und C sind Pauschalreiseveranstalter, die bundesweit tätig sind. A ist mit 20% Marktanteil die größte, B mit 10% Marktanteil die zweitgrößte und C mit 5% Marktanteil die viertgrößte Anbieterin von Pauschalreisen. Der drittgrößte Anbieter von Pauschalreisen ist eine Unternehmensgruppe, die nicht bundesweit tätig ist. Neben diesen vier großen Anbietern von Pauschalreisen gibt es viele kleine und mittlere regional tätige Veranstalter von Pauschalreisen. Auf dem Pauschalreisemarkt herrscht ein erheblicher Preis- und Leistungswettbewerb.

A vertreibt ihre Pauschalreisen über 3.000 selbständige Reisebüros und über 300 sonstige Fremdvertriebsstellen (Kaufhäuser, Banken). Die selbständigen Reisebüros erbringen 80% des Umsatzes. B vertreibt ihre Pauschalreisen über 1500 selbständige Reisebüros, über offene Eigenvertriebsstellen (veranstaltereigene Reisebüros und Reiseabteilungen in konzernangehörigen Warenhäusern, die auch anderen Pauschalreiseveranstaltern offen stehen) und über sonstige Fremdvertriebsstellen (Lotto-Annahmestellen, Einzelhandelsgeschäfte). Die selbständigen Reisebüros erbringen 50%, die offenen Eigenvertriebsstellen 40% des Umsatzes. C vertreibt ihre Pauschalreisen über 1.000 selbständige Reisebüros und über geschlossene Eigenvertriebsstellen (konzerneigene Buchungsstellen, die ausschließlich C zur Verfügung stehen). Die selbständigen Reisebüros erbringen 20%, die geschlossenen Eigenvertriebsstellen 80% des Umsatzes. Insgesamt sind es 12.000 Vertriebsstellen. Alle deutschen Pauschalreiseveranstalter zusammen verkaufen etwa 15 Millionen Pauschalreisen im Jahr und

---

[1287] Der Sachverhalt wurde zum größten Teil übernommen aus: *Säcker*, Fallbuch Kartellrecht, Wettbewerbsrecht, Markenrecht, Fall 5, S. 114, wo der Fall nach altem Recht gelöst wurde. Der Fall ist angelehnt an *BGH*, Urt. v. 25.9.1990, WuW/E BGH 2668 ff. „Pauschalreise-Vermittlung I"; *KG*, Beschl. v. 27.11.1991, WuW/E OLG 4919 ff. „Pauschalreiseveranstalter II"; *BGH*, Beschl. v. 18.5.1993, WuW/E BGH 2869 ff. „Pauschalreisevermittlung II". Der vorliegende Sachverhalt bezieht sich nicht auf innerstaatliche Wettbewerbsbeschränkungen. Der Fall bietet aber die Möglichkeit, die Veränderungen, die durch die neue Rechtslage entstehen, besonders gut mit der früheren Rechtslage vergleichen zu können und wurde aus diesem Grunde ausgewählt.

davon etwa 13 Millionen (etwa 80%) über die insgesamt 6.000 selbständigen Reisebüros. Die selbständigen Reisebüros vertreten üblicherweise zwischen 50 und 100 verschiedene Pauschalreiseveranstalter und bieten eine qualifizierte Beratung der Verbraucher. Die sonstigen Fremdvertriebsstellen und die offenen Eigenvertriebsstellen gewährleisten eine gewisse Beratung und eine gewisse Sortimentsbreite. Die Pauschalreiseveranstalter machen einander lebhaften Provisions-, Produkt-, Service- und Qualitätswettbewerb um die selbständigen Reisebüros.

Die selbständigen Reisebüros schließen die Pauschalreiseverträge mit den Verbrauchern als Handelsvertreter im Namen und für Rechnung des jeweiligen Reiseveranstalters. A schließt seit jeher mit den für sie tätigen selbständigen Reisebüros (R) Agenturverträge ab, durch die den R der Vertrieb von Pauschalreisen der B und der C untersagt wird (Wettbewerbsverbot). Die Provisionen der A machen etwa 50% der gesamten Provisionseinnahmen der R aus. A stellt seinen Handelsvertretern Reisekataloge und sonstiges Informationsmaterial kostenlos zur Verfügung. Jedoch müssen die Handelsvertreter geschäftsspezifische Investitionen wie in das Geschäftslokal und in spezielle Software selbst finanzieren und sind zur regelmäßigen Werbung in den lokalen Medien auf eigene Kosten verpflichtet. B hat in ihren Agenturverträgen ebenfalls seit jeher ein Vertriebsverbot, demzufolge den für sie tätigen selbständigen Reisebüros eine Tätigkeit für C nicht erlaubt ist. Das Bundeskartellamt sieht in dem Wettbewerbsverbot, das A seinen Handelsvertretern auferlegt, einen Verstoß gegen § 1 GWB und verhängt ein Bußgeld. Ist diese Maßnahme zurecht ergangen?

Lösung:

Die Verhängung des Bußgeldes ist zurecht erfolgt, wenn die Vertriebspraxis von A gegen das Kartellverbot verstößt und nicht freigestellt ist.

I. Verstoß gegen § 1 GWB

Das zwischen der Reiseveranstalterin A und ihren Handelsvertretern R vereinbarte Wettbewerbsverbot könnte gegen § 1 GWB verstoßen. Ein solcher Verstoß liegt vor, wenn eine Vereinbarung zwischen zwei Unternehmen vorliegt, die eine spürbare Verhinderung, Einschränkung oder Verfälschung des Wettbewerbs bezweckt oder bewirkt.

1. Vereinbarung zwischen Unternehmen

Zunächst müsste eine Vereinbarung zwischen zwei Unternehmen vorliegen. Nach der Judikatur des Gerichtshofs und der Entscheidungspraxis der Kommission ist jedes Rechtssubjekt ein Unternehmen, das selbständig eine kommerzielle oder wirtschaftliche Tätigkeit ausübt und die hiermit verbundenen finanziellen Risiken trägt.[1288] Beim Handelsvertreter kann es an der Unternehmenseigenschaft fehlen, wenn er in das Unternehmen des Geschäftsherrn eingegliedert ist, was sich nach der Risikotragung und einer eventuellen Mehrfirmenvertretung bemisst. Liegt eine Eingliederung des Handelsvertreters vor, dann spricht der Gerichtshof vom Handelsvertreter und dem Unternehmen des Geschäftsherrn als von einem „einzigen Unternehmen“[1289] und von einer „wirtschaftlichen Einheit“.[1290] Die Handelsvertreter der A sind nach §§ 1, 84 Abs. 1 Satz 1 HGB Kaufleute und nehmen als solche eine wirtschaftliche Tätigkeit wahr. Da sie geschäftsspezifische Investitionen wie spezielle Software selbst finanzieren und zur regelmäßigen Werbung in den lokalen Medien auf eigene Kosten verpflichtet sind, tragen sie zumindest einen Teil der finanziellen Risiken selbst. Da die Handelsvertreter zudem für mehrere Reiseveranstalter tätig sind, sind sie nach der Rechtsprechung des Gerichtshofs nicht in den Betrieb des Geschäftsherrn eingliedert, so dass sie als eigenständige Unternehmen anzusehen sind.[1291] Auch die Reiseveranstalterin A ist ein Unternehmen im Sinne der obigen Definition. Somit stellt das Wettbewerbsverbot eine Vereinbarung zwischen Unternehmen dar.

2. Wettbewerbsbeschränkung

Weiterhin müsste durch die Vereinbarung eine spürbare Verhinderung, Einschränkung oder Verfälschung des Wettbewerbs bezweckt oder bewirkt werden.

1288 *EuGH*, Urt. v. 24.10.1995 – Rs. C-266/93 – Slg. 1995, I-3477 (3516) Rn. 19 „Volkswagen und V.A.G.-Leasing“; *Kommission*, Entsch. v. 10.10.2001, ABl. L 257/1 v. 25.9.2002 Rn. 123 „Mercedes-Benz“. Ähnlich: *Hopt*, Handelsvertreterrecht, § 86 Rn. 34.

1289 *EuGH*, Urt. v. 13.7.1966 – Rs. 56/64 u. 58/64 – Slg. 1966, 321 (388) „Consten/Grundig“; *EuGH*, Urt. v. 13.7.1966 – Rs. 32/65 – Slg. 1966, 457 (485 f.) „Italienische Klage“:

1290 *EuGH*, Urt. v. 16.12.1975 – Rs. 40-48, 50, 54, 56, 111, 113, 114/73 – Slg. 1975, 1663 (2042) Rn. 539 ff. „Suiker Unie“.

1291 Die Frage, ob ein Handelsvertreter auch dann als ein Unternehmen gilt, wenn er wirtschaftlich nicht selbständig ist, kann hier offen bleiben, da im vorliegenden Fall die wirtschaftliche Selbständigkeit zu bejahen ist. Siehe weiterführend zu diesem Streitstand: *U. Müller*, Die Handelsvertretung im EG-Kartellrecht, S. 128 ff. m.w.N.

Bei diesem Tatbestandsmerkmal wird nicht im Einzelnen zwischen Verhinderung, Einschränkung oder Verfälschung des Wettbewerbs unterschieden, sondern zusammenfassend der Terminus der Wettbewerbsbeschränkung zugrunde gelegt.[1292] Eine Wettbewerbsbeschränkung liegt vor, wenn die Handlungs- und Entscheidungsfreiheit der an einer Absprache beteiligten Parteien unmittelbar oder mittelbar durch vertragliche oder außervertragliche Bindungen eingeschränkt wird und dadurch die Wahlmöglichkeiten dritter Marktteilnehmer beeinträchtigt werden.[1293] Durch das Wettbewerbsverbot ist es den Handelsvertretern der A untersagt, für bestimmte Konkurrenten tätig zu werden, so dass sie in ihrer wirtschaftlichen Handlungsfreiheit auf dem Dienstleistungsmarkt eingeschränkt werden. Die Absatzmöglichkeiten der konkurrierenden Reiseveranstalter B und C werden durch das Wettbewerbsverbot insofern eingeschränkt, als sie ihre Produkte nicht über die gebundenen Handelsvertreter der A absetzen können. Zudem werden auch die Auswahlmöglichkeiten der Verbraucher eingeschränkt, die in den Reisebüros der Handelsvertreter der A keine Reisen von B und C kaufen können. Dies spricht für das Vorliegen einer Wettbewerbsbeschränkung. Das Ergebnis wird durch die Rechtsprechung des Gerichtshofs in der Sache „*Flämische Reisebüros*“ bestätigt. Danach unterliegen Wettbewerbsverbote dem Kartellverbot, wenn die Handelsvertreter nicht in eine wirtschaftliche Einheit eingebunden sind, sondern gleichzeitig für mehrere Geschäftsherren tätig werden. Daher ist hier von einem Verstoß gegen § 1 GWB auszugehen.

Jedoch stellt sich hier die Frage, ob bei Wettbewerbsbeschränkungen in Handelsvertreterverträgen eine einschränkende Auslegung des § 1 GWB geboten ist. So könnte man annehmen, dass das Wettbewerbsverbot unter kartellrechtlichen Gesichtspunkten nicht zu beanstanden ist, wenn es dem Handelsvertretervertrag immanent ist oder es erforderlich ist, um einen von der Rechtsordnung gebilligten Hauptvertragszweck zu erreichen. Der Ansatzpunkt für die einschränkende Auslegung des Kartellverbots wird auf deutscher bzw. europäischer Ebene unter den Stichworten Immanenztheorie, Theorie von den instituti-

---

1292 Zu Art. 81 Abs. 1 EG: *Lange*, in: Lange, Hdb. d. Kartellrechts, Kap. 2 § 1 Rn. 79 (S. 83); *Schröter*, in: Schröter/Jakob/Mederer, Kommentar zum Europäischen Wettbewerbsrecht, Art. 81 Abs. 1 Rn. 115 (S. 241).

1293 Zu Art. 81 Abs. 1 EG: *Emmerich*, in: Immenga/Mestmäcker, EG-WbR Art. 85 Abs. 1 A. Rn. 136 ff.; *Schröter*, in: Schröter/Jakob/Mederer, Kommentar zum Europäischen Wettbewerbsrecht, Art. 81 Abs. 1 Rn. 115 (S. 241). Zu § 1 GWB: *Bunte*, in: Langen/Bunte, Kommentar zum deutschen und europäischen Kartellrecht, Band 1, § 1 GWB Rn. 104 f.

onellen Gegebenheiten, *rule of reason* und *ancillary restraints* diskutiert.[1294] Hinsichtlich der dogmatischen Einordnung dieser Lösungsansätze[1295] und der Frage, ob es sich um völlig verschiedene Modelle oder um verschiedene Facetten eines einheitlichen Restriktionsansatzes handelt[1296], ist zwischen den Einzelmeinungen kaum eine einheitliche Linie ersichtlich. Hier soll aus Gründen der Übersichtlichkeit zwischen Immanenztheorie im Sinne des bisherigen deutschen Kartellrechts und der *rule of reason* sowie der *ancillary restraints*-Doktrin des Gemeinschaftsrechts differenziert werden.

a) Immanenztheorie

Fraglich ist, ob die Immanenztheorie nach der 7. GWB-Novelle im Rahmen des § 1 GWB für die Beurteilung innerstaatlich wirkender Wettbewerbsverbote gegenüber Handelsvertretern anwendbar ist. Nach der Immanenztheorie, die in Bezug auf horizontale Beschränkungen entwickelt wurde, verstoßen wettbe-

---

[1294] Auf weitere Ansätze wie beispielsweise die *single-entity*-Theorie, die als Tatbestandseinschränkung des Kartellverbots für wettbewerbsbeschränkende Absprachen im Profisportbereich entwickelt wurde, soll hier nicht eingegangen werden. Siehe dazu *Springer*, WRP 1998, 477 (479 f.); *Körber*, WRP 2005, 463 (465); *Fleischer*, WuW 1996, 473 (477 f.). Auch der sog. Arbeitsgemeinschaftsgedanken, der vor allem bei horizontalen Vereinbarungen ebenfalls zur Tatbestandseinschränkung herangezogen wird, soll nicht weiter behandelt werden, siehe dazu *Springer*, WRP 1998, 477 (483).

[1295] Überwiegend wird davon ausgegangen, dass es sich nicht um eine teleologische Reduktion, sondern um eine teleologische Konkretisierung oder Auslegung handele; vor allem wohl wegen der Schwierigkeiten, die für eine teleologische Reduktion notwendige verdeckte Lücke in Art. 81 EGV festzumachen, vgl. *Säcker/Jaecks*, in: Berliner Kommentar zum Energierecht, § 1 GWB Rn. 54; vgl. auch *Huber*, in: Frankfurter Kommentar, Band II, § 1 GWB Rn. 17; *U. Caspar*, Wettbewerbliche Gesamtwürdigung, S. 83 f.; *A. Fuchs*, Kartellrechtliche Grenzen der Forschungskooperation, S. 423 f.; *Schanze*, Die europaorientierte Auslegung des Kartellverbots, S. 212. A.A. *P. Ulmer/Habersack*, ZHR 159 (1995), 109 (125).

[1296] *Schanze*, Die europaorientierte Auslegung des Kartellverbots, S. 213 sieht die *rule of reason* als Oberbegriff an und bildet die Fallgruppen Immanenz und *ancillary restraints* sowie Markterschließung. *W.-H. Roth/Ackermann*, in: Frankfurter Kommentar, Band VI, 44. Lfg., Art. 81 Abs. 1, Grundfragen Rn. 257 sehen den Immanenzgedanken ebenfalls als „Teilbereich der rule of reason“ an. *Freund*, EuZW 1992, 408 (410 f.) spricht zwar von einer Immanenztheorie; die aufgeführten Voraussetzungen gehören jedoch nicht zur Immanenztheorie, sondern zur *ancillary restraints*-Doktrin. *P. Ulmer/Habersack*, ZHR 159 (1995), 109 (125) sehen die Immanenztheorie, die Lehre der ancillary restraints und die Theorie der institutionellen Gegebenheiten als gleichwertig an. *Strittmatter*, Marktzutrittsschranken durch schlanke Zulieferstrukturen und Art. 85 EGV, S. 116 Fn. 307 sieht die *rule of reason* und die Lehre der *ancillary restraints* als eigenständige Fallgruppen an.

werbsbeschränkende Vereinbarungen nicht gegen § 1 GWB, wenn sie erlaubten Privatrechts- oder Handelsrechtsverhältnissen wesensimmanent sind.[1297] Insbesondere wenn wettbewerbsbeschränkende Vereinbarungen erforderlich sind, um einen von der Rechtsordnung gebilligten Hauptvertragszweck zu erreichen und die von der Privatrechtsordnung zur Verfügung gestellten Institutionen funktionsfähig zu erhalten, sei § 1 GWB nicht anwendbar. Es wird mithin angenommen, dass das Verbot wettbewerbsbeschränkender Abreden seinerseits der Funktionsfähigkeit der Vertragsfreiheit zu dienen bestimmt sei und somit letztlich privatrechtsimmanente Schranken enthalte.[1298] In ähnlicher Weise hat der Bundesgerichtshof den Tatbestand des § 1 GWB eingeschränkt, wobei hier dahinstehen kann, ob er dabei die Immanenztheorie angewandt oder einen neuen Maßstab geschaffen hat.[1299] Der Bundesgerichtshof hatte in ständiger Rechtsprechung entschieden, dass § 1 GWB bei Wettbewerbsverboten in Austauschverträgen zwischen Parteien, die (potenzielle) Wettbewerber sind, nur dann anwendbar sein sollte, wenn für die Wettbewerbsbeschränkung bei wertender Betrachtungsweise im Hinblick auf die Freiheit des Wettbewerbs ein anzuerkennendes Interesse nicht besteht.[1300] Ein solches anzuerkennendes Interesse war anzunehmen, wenn die Wettbewerbsbeschränkung zur Erreichung eines kartellrechtsneutralen Hauptzweckes des Gesamtvertrags sachlich geboten ist.[1301] Durch die 6. GWB-Novelle wurde die frühere Formulierung in § 1 GWB

1297 Grundlegend: *Steindorff*, BB 1977, 569 (570). Siehe auch *Köhler*, BB 1996, 2577 (2579); *Schwintowski*, WuW 1997, 769 (769 f.); *Ritter*, WuW 2002, 362 (363 f.); *Bunte*, Gaslieferungsverträge, S. 29 f. Ausführlich *Keul*, Kartellverbot und Lieferverträge, S. 249 ff.

1298 *P. Ulmer/Habersack*, ZHR 159 (1995), 109 (125).

1299 *K. Schmidt*, AG 1998, 551 (556 ff.) und *Bornkamm*, in: Festschrift Geiß, 2000, S. 539 (554 f.) gehen davon aus, dass sich der Bundesgerichtshof der Immanenztheorie angeschlossen bzw. angenähert habe. Anders jedoch *Huber*, in: Frankfurter Kommentar, Band II, § 1 GWB Rn. 18.

1300 *BGH*, Urt. v. 14.1.1997, WuW/E BGH 3115 (3118) „Druckgußteile"; *BGH*, Urt. v. 14.1.1997, WuW/E BGH 3121 (3125) „Bedside-Testkarten"; *BGH*, Urt. v. 6.5.1997, WuW/E BGH 3137 (3138) „Sole"; *BGH*, Urt. v. 12.5.1998, WuW/E DE-R 131 (133) „Subunternehmervertrag I". Zuvor hatte der Bundesgerichtshof Wettbewerbsbeschränkungen im Rahmen des § 1 GWB zugelassen, wenn die Parteien bei der Vereinbarung keine gleichgerichteten Interessen verfolgten. (*BGH*, Urt. v. 14.10.1976, WuW/E BGH 1458 (1460ff.) „Fertigbeton"). Dabei stützte sich der Bundesgerichtshof auf das frühere Tatbestandsmerkmal des „Gemeinsamen Zwecks".

1301 *BGH*, Urt. v. 3.11.1981, WuW/E BGH 1898 (1899) „Holzpaneele"; *BGH*, Urt. v. 27.5.1986, WuW/E BGH 2285 (2288) „Spielkarten"; *Hootz*, in: Gemeinschaftskommentar zum GWB und Europäischen Kartellrecht, 5. Auflage, 1. Lfg., § 1 GWB – Kartellverbot, Rn. 133 f.; *Zimmer*, in: Immenga/Mestmäcker, GWB, § 1 Rn. 293.

„zu einem gemeinsamen Zweck" durch das Kriterium „zwischen miteinander im Wettbewerb stehenden Unternehmen" ersetzt. Gleichwohl bestätigte der Bundesgerichtshof, dass an der bekannten Rechtsprechung festzuhalten sei, wonach die Anwendung des § 1 GWB auf Vertikalvereinbarungen voraussetze, dass kein anzuerkennendes Interesse für die Wettbewerbsbeschränkung bestehe.[1302]

Der Immanenzgedanke wurde auch im Rahmen der §§ 14 und 16 GWB a.F.[1303] bzw. § 1 GWB a.F. und Art. 81 Abs. 1 EG[1304] auf Handelsvertreterverträge übertragen. Innerhalb dieses Ansatzes wurde von einem Teil der Literatur vertreten, dass § 16 GWB a.F. generell nicht auf wettbewerbsbeschränkende Vereinbarungen in Handelsvertreterverträgen anwendbar sei (absolute Theorie)[1305], während ein anderer Teil der Literatur im Einzelfall prüfen wollte, ob die gesetzliche Ausgestaltung des Handelsvertreterrechts, insbesondere die Interessenwahrungspflicht des § 86 Abs. 1 HGB und das Weisungsrecht des Geschäftsherrn, einer Anwendung des § 16 GWB a.F. bzw. § 14 GWB a.F. entgegen stünden.[1306] In diesem Zusammenhang wurde auch von der „*Theorie*

1302 *BGH*, Beschl. v. 18.9.1999, WRP 2000, 196, 199 „Verbundnetz I" (insoweit in WuW/E DE-R 399 nicht abgedruckt); *BGH*, Urt. v. 14.3.2000, WuW/E DE-R 505 (505) „Subunternehmervertrag II"; *BGH*, Beschl. v. 18.2.2003, WuW/E DE-R 1119 (1123) „Verbundnetz II"; *OLG Naumburg*, Urt. v. 15.9.2004, WuW/E DE-R 1426 (1427) „Düngemittellagerung"; *OLG Stuttgart*, Urt.v. 24.10.2002, WuW/E DE-R 1084 (1085) „Immobilienvertrieb". Siehe auch *Bundesregierung*, Entwurf eines Sechsten Gesetzes zur Änderung des Gesetzes gegen Wettbewerbsbeschränkungen, BT-Drs. 13/9720, S. 31, wonach lediglich eine „sprachlich treffendere Formulierung" gewählt werden sollte; *Huber*, in: Frankfurter Kommentar, Band II, § 1 GWB, Rn. 16 ff.; *Wolter*, in: Frankfurter Kommentar, Band II, § 16 GWB 1999 Rn. 29 f.; *Rittner*, WuW 2000, 696, 704 f.; *Bornkamm*, in: Festschrift Geiß, 2000, S. 539 (554 f.).

1303 Siehe auch *Lange*, in: Lange, Hdb. zum deutschen und europäischen KartellR, Kap. 2 § 1 Rn. 140 (S. 104); *Petersen*, Vertikalvereinbarungen nach § 16 GWB im Lichte des Kartellverbots, S. 20, 255 ff. Gegen die Immanenztheorie und für die uneingeschränkte Anwendbarkeit des § 16 GWB a.F. haben sich generell ausgesprochen: Langen/Niederleithinger/Ritter/Schmidt, 6. Auflage, § 16 Rn. 67; *Kreis*, BB 1967, 942 (942 ff.).

1304 Siehe zu § 1 GWB a. F. *Fikentscher*, in: Festschrift Hueck, 1958, S. 543 (555 ff., 563). Siehe zu Art. 81 Abs. 1 EG *Nolte*, WuW 2006, 252 (262).

1305 *Rittner*, ZHR 135 (1971), 289 (314); *v. Brunn*, AcP 163 (1963), 487 (496); weitere Nachweise bei *Baden*, Ausschließlichkeitsbindungen, S. 147 f. So auch in der neueren Literatur *M. Pfeffer*, Interbrand-Kartellverbot, S. 285.

1306 *Cramer*, Die Wettbewerbsverbote von Handelsvertretern und ihre kartellrechtliche Beurteilung, S. 72 ff.; *Fikentscher/Straub*, in: Gemeinschaftskommentar zum GWB und Europäischen Kartellrecht, 4. Auflage, 11. Lfg., § 18 Rn. 202 ff.; *Müller/Gießler/Scholz*, GWB, § 18 Rn. 20a; *Bechtold*, GWB, § 16 Rn. 10. Wohl auch:

von den institutionellen Gegebenheiten" gesprochen, da die Wettbewerbsverbote, die sich aus der Interessenwahrungspflicht des § 86 Abs. 1 HGB ergeben, eine „institutionelle Gegebenheit" des Handelsvertreterverhältnisses seien und das Wettbewerbsrecht das Institut des Handelsvertreters als solches nicht gefährden wolle.[1307]

Gegen die Anwendung der Immanenztheorie auf die kartellrechtliche Beurteilung von Handelsvertreterverträgen bestehen insofern Bedenken, als dadurch wettbewerbsrechtliche Normen wie § 1 GWB anhand des Zivilrechts interpretiert werden würden und so die Durchsetzung des Wettbewerbsrechts letztlich entsprechend der Vertragstypenwahl zur Disposition der Parteien gestellt werden würde.[1308] Dadurch müssten die Normen des GWB letztlich gemäß dem Motto: „Was zivilrechtlich geboten ist, kann nicht kartellrechtlich verboten sein" im Wege der Gesetzeskonkurrenz zurücktreten. Dass ein solches Vorgehen nicht zu rechtfertigen ist, folgt schon daraus, dass es keinen Vorrang des Zivilrechts vor dem Kartellrecht gibt.[1309] Vielmehr muss sich die Interpretation wettbewerbsrechtlicher Normen am Schutzzweck der auszulegenden Norm ausrichten.[1310] Daher muss die Vertragsfreiheit dort ihre Grenze haben, wo anderenfalls das Kartellrecht seiner Funktion, den Wettbewerb zu sichern und zu kontrollieren, nicht gerecht werden kann. Daher ist ein wettbewerbsorientiertes Vertragsmodell zugrunde zu legen, wonach die Vertragsfreiheit nur im Rahmen der

---

BGH, Urt. v. 25.9.1990, WuW/E BGH 2668 (2670) „Pauschalreisen-Vermittlung I", der der Ansicht ist, dass ein Wettbewerbsverbot eine missbräuchliche Wettbewerbsbeschränkung im Sinne des § 16 GWB a.F. darstellen könne, wenn es über die dem Handelsvertretervertrag wesenseigene und zur sachgerechten Interessenwahrnehmung notwendige Bindung bzw. über die in § 86 Abs. 1, 2. Halbsatz HGB normierte Interessenwahrungspflicht hinausgehe. Siehe auch *KG*, Urt. v. 27.11.1991, WuW/E OLG 4919 (4931) „Pauschalreiseveranstalter II"; *KG*, Beschl. v. 30.11.1977, WuW/E OLG 1961 (1963) „Flug-Union".

1307 *Baumbach/Hefermehl*, Wettbewerbs- und Warenzeichenrecht, § 15 Rn. 16; *Klosterfelde/Metzlaff*, in: Langen/Bunte, Kommentar zum deutschen und europäischen Kartellrecht, 9. Auflage, § 14 GWB Rn. 61; *Nordemann*, in: Loewenheim/Meessen/Riesenkampff, Kartellrecht, Band 2, § 1 Rn. 172 f. (S. 93); kritisch zu der Formel der „institutionellen Gegebenheiten": *Brühl*, WRP 1983, 3 (5); *Kretzer*, Immanenztheorien im Kartellrecht, S. 110 ff.

1308 Ähnlich: *Busche*, Preisbindungsverbot und Markenwarenvertrieb, S. 123; *Ebenroth*, Absatzmittlungsverhältnisse im Spannungsverhältnis von Kartell- und Zivilrecht, S. 78 ff.; *Emde*, WRP 2005, 1492 (1497).

1309 *Säcker/Jaecks*, in: Berliner Kommentar zum Energierecht, § 1 GWB Rn. 42.

1310 *Busche*, Preisbindungsverbot und Markenwarenvertrieb, S. 123. Daher unzutreffend *Brinker*, in: Europäisches Wettbewerbsrecht im Wandel, S. 131 (148 f.).

geltenden Rechtsordnung – also auch des GWB – bestehen kann.[1311] Daraus folgt, dass das, „was kartellrechtlich verboten ist, zivilrechtlich weder erlaubt noch geboten sein kann".[1312] Dies bedeutet, dass die kartellrechtliche Untersagung missbräuchlicher zivilrechtlicher Verträge möglich sein muss, wenn dies zur Kontrolle und Sicherung des Wettbewerbs erforderlich ist.

Gegen die Immanenztheorie spricht auch folgende Überlegung: Die Immanenztheorie wird nach der 7. GWB-Novelle im Rahmen des § 1 GWB nicht anwendbar sein, wenn gegen ihre Übertragung auf Art. 81 Abs. 1 EG erhebliche Bedenken bestehen.[1313] Weil bei der Auslegung des § 1 GWB die Grundsätze des europäischen Wettbewerbsrechts zu beachten sind[1314], sollten bei § 1 GWB auch nur Lösungsansätze verfolgt werden, die auch im Rahmen des Art. 81 Abs. 1 EG Bestand haben können. Gegen die Anwendung der Immanenztheorie auf Art. 81 Abs. 1 EG spricht aber, dass damit eine primärrechtliche Regelung durch eine Norm des mitgliedstaatlichen Rechts (§ 86 HGB) bzw. eine sekundärrechtliche Norm (Handelsvertreter-Richtlinie[1315]) eingeschränkt werden würde. Dies würde gegen die Normenhierarchie des EG-Rechts, i.e. gegen den Vorrang des Ge-

---

1311 *Zimmer*, in: Immenga/Mestmäcker Rn. 274 ff.; *Schwintowski/Klaue*, BB 2000, 1901 (1902 ff.).

1312 *K. Schmidt*, ZHR 149 (1985), 1 (11).

1313 Die Anwendung der Immanenztheorie auf die kartellrechtliche Beurteilung von Handelsvertreterverträgen nach europäischem Wettbewerbsrecht wurde bereits angeregt: *Kapp*, WuW 1990, 814 (820); *Freund*, EuZW 1992, 408 (410); *P. Ulmer/Habersack*, ZHR 159 (1995), 109 (124 f.). So sollte Art. 81 Abs. 1 EG nur auf solche Beschränkungen anwendbar sein, die über die Interessenwahrungspflicht des Handelsvertreters als überschießende Beschränkungen hinausgehen.

1314 Siehe Zweiter Teil, Zweiter Abschnitt, B. I. 3. (S. 48). Wenn man die Immanenztheorie nur für innerstaatliche Sachverhalte beibehalten würde, nicht aber für zwischenstaatliche Sachverhalte im Rahmen des § 1 GWB, die man ebenso auslegen würde wie Art. 81 Abs. 1 EG, i.e. ohne Anwendung der Immanenztheorie, so wäre die Anwendung der Zwischenstaatlichkeitsklausel in jedem Fall erforderlich. Die Anwendung der Zwischenstaatlichkeitsklausel sollte jedoch durch die Angleichung des § 1 GWB an den Wortlaut des Art. 81 Abs. 1 EG gerade vermieden werden (*Bundesregierung*, Entwurf eines Siebten Gesetzes zur Änderung des Gesetzes gegen Wettbewerbsbeschränkungen, BT-Drs. 15/3640, S. 22 f.). Auf Dauer würde die Beibehaltung der Immanenztheorie nicht zu weniger, sondern zu mehr Problemen führen.

1315 Die in § 86 Abs. 1 HGB geregelte Interessenwahrungspflicht korrespondiert mit Art. 3 Abs. 1 der Handelsvertreter-Richtlinie. Das Weisungsrecht, aus dem das Recht der Preis- und Konditionenbindung des Geschäftsherrn abgeleitet wird, ist in Art. 3 Abs. 2 lit. c der Richtlinie verankert.

meinschaftsrechts, verstoßen.[1316] Dass das mitgliedstaatliche Recht bei der kartellrechtlichen Beurteilung von Handelsvertreterverträgen nicht Maßstab sein kann, spricht auch der Gerichtshof in seiner Entscheidung *„Suiker Unie"* unmissverständlich aus.[1317] Angesichts dieser Bedenken sollte die Immanenztheorie zumindest nicht in der bisherigen Form im Rahmen des § 1 GWB angewandt werden. Nach der Harmonisierung des nationalen mit dem EG-Kartellrecht darf die Tatbestandseinschränkung des § 1 GWB nicht weitergehenderen Inhalt haben als diejenige, die im Rahmen des Art. 81 Abs. 1 EG angewandt wird.[1318] Wie die Tatbestandsrestriktion im Rahmen des Art. 81 Abs. 1 EG ausgestaltet ist, wird im Folgenden noch dargestellt werden.

Des Weiteren sprechen nach der 7. Novellierung des GWB systematische Argumente gegen eine Beibehaltung der Immanenztheorie in ihrer bisherigen Form. Bei Entwicklung der Immanenztheorie gab es im deutschen Recht neben dem Kartellverbot nur die in §§ 2-8 GWB a.F. geregelten speziellen Freistellungstatbestände für Kartelle. Diese ermöglichten zwar die Freistellung vieler horizontaler Kartelle[1319], passten aber nicht für die typischen Fallgruppen, für die die Immanenztheorie entwickelt wurde. Daher war früher ein Bedürfnis für einen zusätzlichen Dispens vom Kartellverbot mittels Immanenztheorie nachvollziehbar. Auch der mit der 6. GWB-Novelle in § 7 GWB a.F. geschaffene allgemeine Freistellungstatbestand, der an Art. 81 Abs. 3 EG angelehnt war, ermöglichte keine adäquate Freistellung oder Privilegierung von Wettbewerbsbeschränkungen in den Immanenz-Fällen. Da § 7 GWB a.F. nicht völlig identisch mit Art. 81 Abs. 3 EG war, insbesondere keine Möglichkeit der Gruppenfreistellung vorsah und bei einer Anmeldung zur Einzelfreistellung die Vorteile des EG-Rechts wie Bußgeldfreiheit und Möglichkeit der rückwirkenden Frei-

---

1316 *Säcker/Jaecks*, in: Berliner Kommentar zum Energierecht, § 1 GWB Rn. 43; *U. Müller*, Die Handelsvertretung im EG-Kartellrecht, S. 177.

1317 *EuGH*, Urt. v. 16.12.1975 – Rs. 40-48, 50, 54-56, 111, 113, 114/73 – Slg. 1975, 1663 (2018) Rn. 478/481 „Suiker Unie": „Da jedoch für die Anwendbarkeit der Artikel 85 und 86 des Vertrages die Beziehungen zwischen einem Unternehmen und seinen Absatzmittlern allein im Lichte des Gemeinschaftsrechts zu beurteilen sind, ist der etwaige Umstand, daß ein Handelsvertretervertrag, der ein Wettbewerbsverbot auferlegt, mit dem für diesen Vertrag maßgeblichen innerstaatlichen Recht in Einklang steht, oder dass dieses Recht gar ein derartiges Verbot vorsieht, nicht für die Beantwortung der Frage ausschlaggebend, ob ein solcher Vertrag von den Wirkungen des Artikel 86 unberührt bleibt."

1318 Ähnlich *Bahr*, WuW 2004, 259 (263).

1319 *Säcker*, BB 1967, 681 (684) spricht im Zusammenhang mit §§ 2-8 GWB a.F. von einer in das Wettbewerbsrecht transformierten „wirtschaftspolitischen rule of reason". Siehe *ders.*, Zielwandlungen und Zielkonflikte in der Wettbewerbspolitik, S.66.

stellung nicht gegeben waren, wurde § 7 GWB a.F. nicht als Anlass genommen, die wettbewerbliche Abwägung aus dem Tatbestand des § 1 GWB zu verbannen.[1320] Nach der Übernahme der Systematik des europäischen Wettbewerbsrechts durch die 7. GWB-Novelle wurde das Kartellverbot in § 1 GWB um die Freistellungsmöglichkeit nach § 2 GWB ergänzt, so dass nun sehr differenzierte und in der jahrelangen Praxis von Gerichtshof und Kommission konkretisierte Freistellungskriterien vorliegen, die für die kartellrechtliche Beurteilung von Handelsvertreterverträgen besser geeignet sind, als eine Tatbestandseinschränkung mittels der bisherigen Immanenztheorie.[1321] Die Tatsache, dass die Freistellung nach Art. 81 Abs. 3 EG sinnvoller ist als Tatbestandseinschränkungen wie Immanenztheorie oder *rule of reason* soll im Zusammenhang mit dem nächsten Punkt noch weiter ausgeführt werden.

Zudem spricht gegen die Anwendung der Immanenztheorie in ihrer bisherigen Form, dass sie durch Verwendung der Formel der „anzuerkennenden Interessen" der Unterscheidung zwischen horizontalen und vertikalen Vereinbarungen diente. Durch die rechtliche Gleichbehandlung von horizontalen und vertikalen

---

1320 *Köhler*, WuW 1999, 445 (449 f.); *Säcker/Jaecks*, in: Berliner Kommentar zum Energierecht, § 1 GWB Rn. 54; *Lohse*, Kartellverbot, S. 155.

1321 Ähnlich: *Bahr*, WuW 2004, 259 (263): *„Soweit die BGH-Rechtsprechung [scil.: zur Immanenztheorie] darüber hinaus eine Abwägung der wettbewerbsbeschränkenden mit den wettbewerbsfördernden Aspekten enthält, sind diese Aspekte zukünftig im Rahmen des allgemeinen Freistellungstatbestandes des § 2 zu würdigen.*" Auch aus den Ausführungen von *Nordemann*, in: Loewenheim/Meessen/Riesenkampff, Kartellrecht, Band 2, § 1 Rn. 152 ff. (S. 81 ff.) geht hervor, dass er Modifikationen der Immanenztheorie nach dem durch die 7. GWB-Novelle begründeten Systemwechsel für möglich hält. Er ist er jedoch der Meinung, dass *„ein Auseinanderreißen der Kategorien in Tatbestandsreduktion des § 1 GWB und Prüfung gemäß § 2 Abs. 2 GWB als künstlich und überdifferenziert erscheint.*" Letztlich scheint *Nordemann* aber an dem vor der 7. GWB-Novelle bestehenden Konzept der Tatbestandseinschränkung/Immanenztheorie mit dem recht schwachen Argument festzuhalten, dass *„aus den Gesetzesmaterialien zur 7. GWB-Novelle 2005, die § 2 Abs. 1 GWB einführte, nicht ersichtlich [scil.: sei], dass der Umfang der Tatbestandsreduktion damit verändert werden sollte.*", vgl. *Nordemann*, in: Loewenheim/Meessen/Riesenkampff, Kartellrecht, Band 2, § 1 Rn. 153 (S. 83). Auch aus der Stellungnahme *Nordemanns* zu Handelsvertreterverträgen wird deutlich, dass er Tatbestand des § 1 GWB und Freistellungstatbestand des § 2 Abs. 2 GWB/Art. 81 Abs. 3 EG nicht klar voneinander trennt: *„Sofern man Art. 81 EG für einschlägig hält, dürfte regelmäßig für den Fall, in dem das deutsche Recht bislang von einer Tatbestandsreduktion des § 1 GWB (§ 14 GWB a.F.) ausgegangen ist, eine Freistellung nach Art. 81 Abs. 3 EG gegeben sein, was auf Grund des Systems der Legalausnahme in der Praxis die gleiche Wirkung wie eine Tatbestandsreduktion hat.*" (vgl. *Nordemann*, in: Loewenheim/Meessen/Riesenkampff, Kartellrecht, Band 2, § 1 Rn. 174 (S. 94).

Vereinbarungen nach der 7. GWB-Novelle verliert auch das bisherige Abgrenzungskriterium seine Existenzberechtigung.[1322] So stellt auch die Bundesregierung im Gesetzentwurf zur 7. GWB-Novelle fest, dass vertikale Vereinbarungen *„auch dann grundsätzlich vom Verbot wettbewerbsbeschränkender Vereinbarungen erfasst sein [scil.:können], wenn für sie ein anzuerkennendes Interesse zu bejahen ist.“*[1323]

Zusammenfassend ist festzustellen, dass die Immanenztheorie im Rahmen des § 1 GWB – jedenfalls in ihrer bisherigen Form – nicht anzuwenden ist.[1324] Dies gilt vorbehaltlich der Anwendung der Bestandteile der Immanenztheorie, die mit zulässigen EG-kartellrechtlichen Tatbestandseinschränkungen übereinstimmen.

b) Rule of Reason

Die Einschränkung des § 1 GWB könnte über eine *rule of reason* dergestalt erfolgen, dass im Tatbestand des Kartellverbots bereits eine Abwägung der wettbewerbsfördernden und wettbewerbswidrigen Wirkungen des Wettbewerbsverbots im Handelsvertretervertrag vorgenommen wird. Die *rule of reason* wurde ursprünglich im US-amerikanischen Recht entwickelt und dient der Einschränkung des Section 1 Sherman Act. Ein Verstoß gegen Section 1 Sher-

---

1322 So auch *Bahr*, WuW 2004, 259 (263), der aus diesem Grund „zweckmäßige“ Wettbewerbsbeschränkungen nicht mehr durch Anwendung der Immanenztheorie vom Tatbestand des § 1 GWB ausnehmen will. Ähnlich auch *Bunte*, in: Bunte, Kommentar zum deutschen und europäischen Kartellrecht, Band 1, § 1 Rn. 94, der zwar nach wie vor von einer Immanenztheorie spricht, diese aber nach der 7. GWB-Novelle auf die Nebenabredendoktrin des europäischen Kartellrechts beschränken will. Auch *Markert*, ZNER 2004, 250 (250) geht davon aus aus, dass durch die Gleichbehandlung von horizontalen und vertikalen Vereinbarungen durch § 1 GWB n.F. die Grundlage für die Formel der anzuerkennenden Interessen entfällt.

1323 *Bundesregierung*, Entwurf eines Siebten Gesetzes zur Änderung des Gesetzes gegen Wettbewerbsbeschränkungen, BT-Drs. 15/3640, S. 24.

1324 So im Ergebnis auch *Bunte*, in: Bunte, Kommentar zum deutschen und europäischen Kartellrecht, Band 1, § 1 Rn. 94 und *Bahr*, WuW 2004, 259 (263). Letzterer ist der Ansicht, dass die Immanenztheorie nach der 7. GWB-Novelle nicht mehr in der bisherigen Form angewandt werden kann. Lediglich sofern es sich um „funktionsnotwendige“ Wettbewerbsbeschränkungen handelt, die im Wesentlichen mit der Rechtsprechung des Gerichtshofs zu den *ancillary restraints* übereinstimmen, könne an der Immanenztheorie festgehalten werden. Demgegenüber sollten „zweckmäßige“ Wettbewerbsbeschränkungen nicht mehr von der Immanenztheorie erfasst werden.

man Act wird nur dann angenommen, wenn ein *unreasonable restraint on competition* vorliegt.[1325]

Im europäischen Kartellrecht haben sich einige Autoren für die Auslegung des Art. 81 Abs. 1 EG mittels einer *rule of reason* ausgesprochen und vertreten die Ansicht, dass auch der Gerichtshof in seinen Urteilen die *rule of reason* anwende.[1326] Schon vor der 7. GWB-Novelle wurde die Übertragung der *rule of reason* auf § 1 GWB a.F. angeregt.[1327] Bevor die Anwendung einer *rule of reason* im Rahmen des § 1 GWB befürwortet werden kann, kommt es auch hier wieder darauf an, ob eine solche im europäischen Wettbewerbsrecht überzeugend ist und ob insbesondere der Gerichtshof, dessen Urteile für die Auslegung des Art. 81 Abs. 1 EG maßgeblich sind, eine *rule of reason* anerkannt hat. Der Gerichtshof hat in seinen Urteilen die Frage, ob eine *rule of reason* anzuerkennen sei, offengelassen. Im Verfahren „*Consten/Grundig*" vertraten die klagenden Parteien die Ansicht, dass die Kommission anhand einer vernünftigen Auslegung (*rule of reason*) des Art. 81 Abs. 1 EG die wirtschaftlichen Auswirkungen des streitigen Vertrages auf den Wettbewerb hätte prüfen müssen. Der Gerichtshof sprach sich in seiner Entscheidung jedoch nicht für eine *rule of reason* aus und führte aus: „*Es kommt weder auf sonstige wirtschaftliche*

1325 Sec. 1 lautet auszugsweise: „*Every contract, combination in the form of trust or otherwise, or conspiracy, in restraint of trade or commerce among several States, or with foreign nations, is declared to be illegal.*" Innerhalb des Kartellverbots ist die *rule of reason* ein ungeschriebenes Tatbestandsmerkmal, das der Supreme Court entwickelte. Siehe *Supreme Court of the United States*, 221 U.S. 1, 58 (1911) "Standard Oil Corp.": „*Rather, Section 1 has been interpreted by the Court as forbidding those agreements which restrain trade „unreasonably" – that is „which [are] unreasonable restrictive of competitive conditions*". Siehe zur *rule of reason* im US-amerikanischen Antitrust-Recht: *Schanze*, Die europaorientierte Auslegung des Kartellverbots, S. 199 ff.; *W.-H. Roth/Ackermann*, in: Frankfurter Kommentar, Band VI, Art. 81, Grundfragen Rn. 254.

1326 Grundlegend *Joliet*, The Rule of Reason in Antitrust Law, S. 107 ff.; *Ackermann*, Art. 85 Abs. 1 EGV und die rule of reason, S. 7 f.; *W.-H. Roth/Ackermann*, in: Frankfurter Kommentar, Band II, 44. Lfg, Art. 81, Grundfragen Rn. 255; *Forrester/Norall*, CMLR 1984, 11 (38 f.); differenzierend: *P. Ulmer*, RIW 1985, 517 (517 f.). Ablehnend *Gayk*, Restriktionen des Tatbestandes des Art. 85 Abs. 1 EWG, S. 178; *Whish*, Competition Law, S. 124 ff.

1327 *Schanze*, Die europaorientierte Auslegung des Kartellverbots, S. 199, 205, 225 f. spricht sich für die Berücksichtigung einer „partiellen rule of reason" im Rahmen des § 1 GWB a.F. aus. Zur Übertragung der *rule of reason* auf § 15 GWB a.F. siehe *Vollmer*, Preisbindung bei kooperativem Warenabsatz, S. 31 f. Gegen die Einführung einer *rule of reason* in das deutsche Wettbewerbsrecht *Busche*, Preisbindungsverbot und Markenwarenvertrieb, S. 127 ff.; *Keul*, Kartellverbot und Lieferverträge, S. 285 ff. in Bezug auf § 1 GWB a.F.; *Emmerich*, in: LM Nr. 47 zu § 1 GWB.

Tatsachen an [...] noch endlich auf etwaige günstige Auswirkungen der Vereinbarung in anderer Hinsicht, da angesichts der [...] festgestellten Wettbewerbsbeschränkungen keiner dieser Umstände im Rahmen von Artikel 85 Absatz 1 zu einer anderen Lösung führen könnte."[1328] In einer späteren Entscheidung ließ der Gerichtshof die Frage nach der Zulässigkeit der *rule of reason* erneut offen, wobei er dies mit der Offenkundigkeit des Verstoßes begründete.[1329] Gleiches gilt für die Entscheidung „*Wouters*", die in der Literatur zum Teil als Bekenntnis des Gerichtshofs zur *rule of reason* gewertet wird.[1330] In diesem Urteil hat der Gerichtshof lediglich festgestellt, dass das von der Niederländischen Rechtsanwaltskammer statuierte Verbot für Rechtsanwälte, sich auch mit Wirtschaftsprüfern in einer Sozietät zusammenzuschließen, nicht „*automatisch vom Verbot des Art. 81 Abs. 1 EGV*" erfasst wird.[1331] Die Regelung gehe nicht „*über das hinaus, was erforderlich ist, um die ordnungsgemäße Ausübung des Rechtsanwaltsberufs sicherzustellen.*"[1332] Mit dieser Diktion zielt die Argumentation in Richtung der Theorie der *ancillary restraints*, die im Folgenden noch erörtert werden wird. Somit gibt es keine Entscheidung des Gerichtshofs, die die Anwendung der *rule of reason* befürwortet.

Das Gericht erster Instanz hat sich in den letzten Jahren in mehreren Entscheidungen mit der *rule of reason* auseinander gesetzt und dabei betont, dass eine umfassende *rule of reason* in Form einer „*bilan économique*" im Rahmen des

---

1328 *EuGH*, Urt. v. 13.7.1966 – Rs. 56 und 58/64 – Slg. 1966, 322 (390) „Consten/Grundig".

1329 *EuGH*, Urt. v. 8.7.1999 – Rs. C-235/92 – Slg. 1999, I-4539 (4618) Rn. 133 „Montecatini": „*Insoweit ist lediglich festzustellen, daß die „rule of reason", selbst wenn sie einen Platz im Rahmen von Artikel 85 Absatz 1 des Vertrages haben sollte, keinesfalls die Anwendung dieser Vorschrift im Fall eines Kartells ausschließen kann, an dem Hersteller, die fast den ganzen Gemeinschaftsmarkt innehatten, beteiligt sind und das Preisziele, die Einschränkung der Produktion und die Aufteilung des Marktes betrifft. Das Gericht hat also nicht dadurch einen Rechtsirrtum begangen, daß es annahm, daß jedenfalls die Offenkundigkeit der Zuwiderhandlung der Anwendung der rule of reason entgegenstehe.*" In dieser Hinsicht argumentiert der *Supreme Court* ähnlich, indem er eine Abwägung mittels einer *rule of reason* in offenkundigen Fällen (Preis-, Mengen- und Gebietskartelle, i.e. per se Verstöße) für verzichtbar hält, so *Supreme Court of the United States*, 433 U.S. 36 (1977) „Continental T.V. v. GTE Sylvania Inc."; *Supreme Court of the United States*, 468 U.S. 85 (1984) „NCAA v. Board of Regents of University of Oklahoma"; *Säcker/Jaecks*, in: Berliner Kommentar zum Energierecht, § 1 GWB Rn. 53; *U. Caspar*, Wettbewerbliche Gesamtwürdigung, S. 50 ff., 61 ff. m.w.N.

1330 *Schanze*, Die europaorientierte Auslegung des Kartellverbots, S. 211.

1331 *EuGH*, Urt. v. 19.2.2002 – Rs. C-309/99 – Slg. 2002, I-1577 (1688) Rn. 97 „Wouters".

1332 *EuGH*, Urt. v. 19.2.2002 – Rs. C-309/99 – Slg. 2002, I-1577 (1691) Rn. 109 „Wouters".

Art. 81 Abs. 1 EG nicht anzuerkennen sei.[1333] Es hat folgendes ausgeführt: *„Artikel 85 Absatz 3 EG-Vertrag sieht ausdrücklich vor, dass wettbewerbsbeschränkende Vereinbarungen freigestellt werden können, wenn sie bestimmte Voraussetzungen erfüllen. [...] Nur im Rahmen dieser Bestimmung kann eine Abwägung der wettbewerbsfördernden und der wettbewerbsbeschränkenden Gesichtspunkte einer Beschränkung stattfinden. [...] Artikel 85 Absatz 3 EG-Vertrag würde seine praktische Wirksamkeit verlieren, wenn eine derartige Prüfung bereits im Rahmen von Artikel 85 Absatz 1 EG-Vertrag vorgenommen werden könnte."*[1334]

Im europäischen Wettbewerbsrecht sprechen also systematische Erwägungen gegen die Einschränkung des Art. 81 Abs. 1 EG durch eine *rule of reason*.[1335] Im europäischen sowie im deutschen Recht gibt es einen Freistellungstatbestand, innerhalb dessen die wettbewerbliche Abwägung vorzunehmen ist. Dies ist im US-amerikanischen Antitrustrecht anders, da dort nicht zwischen einem Verbots- und einem Freistellungstatbestand unterschieden wird und so mangels inhaltlicher Konkretisierung des Wettbewerbsbegriffs eine außergesetzliche bzw. richterrechtliche Schutzgutbestimmung erforderlich ist.[1336] Daher kann die *rule of reason* nicht bedenkenlos vom amerikanischen in das europäische bzw. deutsche Kartellrechtssystem übertragen werden.

1333 *EuG*, Urt. v. 23.10.2003 – Rs. T-65/98 – Slg. 2003, II-4653 (4701) Rn. 106 ff. „Van den Bergh Foods"; *EuG*, Urt.v. 18.9.2001 – Rs. T-112/99 – Slg. 2001, II-2459 (2487 f.) Rn. 72-74 „Métropole télévision (M6)"; *EuG*, Urt. v. 10.3.1992 – Rs. T-14/89 – Slg. 1992, II-1155 (1246) Rn. 265 „Montedipe"; *EuG*, Urt. v. 15.9.1998 – Rs. T-374,375, 384 und 388/94 – Slg. 1998, II-3141 (3197) Rn. 134, 136 „European Night Services"; *EuG*, Urt.v. 6.4.1995 – Rs. T-148/89 – Slg. 1995, II-1063 (1107 f.) Rn. 109 „Tréfilunion".

1334 *EuG*, Urt. v. 18.9.2001 – Rs. T-112/99 – Slg. 2001, II-2459 (2488) Rn. 74 „Métropole télévision (M6)"; so auch *Kommission*, Weißbuch über die Modernisierung der Verfahrensvorschriften zur Anwendung der Art. 81 und 82 EG-Vertrag, KOM (1999) 101 Entsch. v. 28.4.1999, Tz. 57.

1335 So auch *Schröter*, in: Schröter/Jakob/Mederer, Kommentar zum Europäischen Wettbewerbsrecht, Art. 81 Abs. 1 Rn. 108 (S. 234); *Goyder*, EC Competition Law, S. 92 ff.; *Furse*, Competition Law of the EC and UK, S. 184; *Emmerich*, in: Immenga/Mestmäcker, EG-WbR I, Art. 85 Abs. 1 A. Rn. 259 (S. 190); *Fritzsche*, ZHR 160 (1996), 31 (51); ähnlich *Gleiss/Hirsch*, Kommentar zum EG-Kartellrecht, Band 1, Art. 85 (1), Rn. 143 und Art. 85 (3), Rn. 1782.

1336 *Sangmeister*, Die rule of reason und das per se Konzept, S. 127; *Busche*, Preisbindungsverbot und Markenwarenvertrieb, S. 129; *Gayk*, Restriktionen des Tatbestandes des Art. 85 Abs. 1 EWG, S. 176.

Gerade im Hinblick auf die klare Ablehnung der *rule of reason* in der neueren Rechtsprechung kann der in der Literatur teilweise vertretenen Ansicht, der Gerichtshof habe die *rule of reason* anerkannt, nicht zugestimmt werden. Zudem hat die *rule of reason* durch Inkrafttreten der VO Nr. 1/2003 zusätzlich an Existenzberechtigung eingebüßt: Durch den Übergang vom Anmeldesystem zum System der Legalausnahme wird die Anwendung des Freistellungstatbestandes erleichtert. Der Rechtsanwender ist nicht mehr auf eine förmliche Freistellung oder ein Negativattest durch die Kommission angewiesen, sondern darf selbst eine Abwägung der wettbewerbshemmenden und -fördernden Aspekte der vertikalen und horizontalen Vereinbarungen im Rahmen des Art. 81 Abs. 3 EG und nun auch im Rahmen des § 2 Abs. 1 GWB vornehmen. Dabei kann er sich an der Entscheidungspraxis von Gerichtshof und Kommission orientieren und ferner die vertikalen und horizontalen Leitlinien, den Leitfaden zur Verordnung 1400/2002 sowie die Bekanntmachung der Kommission zu Art. 81 Abs. 3 EG heranziehen und ohne zeitliche Verzögerung die kartellrechtliche Zulässigkeit seines Vertriebssystems bewerten. Eine Abwägung der wettbewerbsfördernden und wettbewerbslähmenden Aspekte im Rahmen des Art. 81 Abs. 3 EG ermöglicht zudem die Berücksichtigung außerwettbewerblicher Faktoren, was im Rahmen der *rule of reason* bei Art. 81 Abs. 1 EG nicht möglich gewesen wäre. Bei einer *rule of reason* würde die wettbewerbliche Abwägung aufgespalten werden, was einem einheitlichen Abwägungsergebnis abträglich wäre. Der entscheidende Vorteil der Abwägung im Rahmen des Art. 81 Abs. 3 EG ist jedoch, dass in den vier klaren Freistellungsvoraussetzungen und der dazu ergangenen Rechtsprechung sowie der neuen Bekanntmachung der Kommission zu Art. 81 Abs. 3 EG[1337] weitaus klarere Vorgaben bestehen als bei einer freien Abwägung innerhalb des Art. 81 Abs. 1 EG. Aus dieser Überlegung folgt, dass eine Tatbestandseinschränkung des Art. 81 Abs. 1 EG bzw. § 1 GWB über eine *rule of reason* weder dringend geboten ist noch sinnvoll wäre.

c) Ancillary restraints-Doktrin

Möglicherweise ist § 1 GWB aber bei Wettbewerbsverboten gegenüber Handelsvertretern unter Anwendung der *ancillary restraints*-Doktrin einzuschränken.[1338] Während die *ancillary restraints*-Doktrin im deutschen Recht zu § 1

1337 *Kommission*, Leitlinien zur Anwendung von Artikel 81 Abs. 3 EG-Vertrag, ABl. C 101/97 v. 27.4.2004.

1338 Ebenso wie die *rule of reason* wurde die Theorie der *ancillary restraints* im US-amerikanischen Kartellrecht entwickelt: United States v. Addyston Pipe & Steel Co., 85 F. 271 (281) (6th Cir. 1898), aff'd, 175 U.S. 211 (1898).

GWB bislang noch nicht angewandt worden ist, finden sich im Schrifttum zahlreiche Stimmen, wonach Art. 81 Abs. 1 EG im Sinne der *ancillary restraints*-Theorie einschränkend auszulegen sei.[1339] Für die Übertragung der Lehre der ancillary restraints auf die kartellrechtliche Beurteilung von Handelsvertreterverträgen nach Art. 81 EG hat sich ein großer Teil der Literatur ausgesprochen.[1340]

Nach der Doktrin der *ancillary restraints* ist das Kartellverbot nicht auf Vereinbarungen anzuwenden, die notwendige Nebenabreden zu kartellrechtlich neutralen Hauptabreden darstellen. Dem liegt der Gedanke zugrunde, dass die Durchführung bestimmter Vertragsarten ohne wettbewerbsbeschränkende Abreden nicht möglich ist und im Falle eines kartellrechtlichen Verbots der Abreden, die Entwicklung wirtschaftlicher Aktivität möglicherweise ganz unterbliebe.[1341] Daher sei das Interesse an der Wettbewerbsintensivierung durch die Durchführung des Gesamtvertrages über die vorübergehenden Beschränkungen zu stellen, wenn diese Beschränkungen in zeitlicher, sachlicher, räumlicher und personeller Hinsicht auf das zur Durchführung des Vertrags notwendige Maß beschränkt seien. Im Unterschied zur *rule of reason* erfolgt bei den *ancillary restraints* keine Saldierung von wettbewerblich negativen und positiven Effekten der Vereinbarung; vielmehr steht die Frage im Mittelpunkt, ob für die jeweilige wettbewerbsbeschränkende Nebenabrede eine objektive Notwendigkeit besteht.[1342] Zur Begründung der Lehre der *ancillary restraints* wird auf Urteile zu Wettbewerbsverboten beim Franchising und beim Unternehmenskauf sowie zu Beschränkungen bei selektiven Vertriebssystemen verwiesen. Bezüg-

---

1339 *Kovar*, Rev. trim. dr. europ. 1987, 237 (242 f.); *Schröter*, Fordham Corporate Law Institute, 1988, 645 (686); *Waelbroeck*, Fordham Corporate Law Institute 1986, 211 (215); *Bellamy/Child*, European Community Law of Competition, 2-082; kritisch: *Korah*, EC Competition Law and Practice, S. 64.

1340 *Stockenhuber*, in: Grabitz/Hilf, Kommentar zum Recht der Europäischen Union, Art. 81 Rn. 172; *Koppensteiner*, Österreichisches und europäisches Wettbewerbsrecht, S. 340; *Van Houtte*, Cahiers de Droit Européen 1989, 345 (361 ff.); *U. Müller*, Die Handelsvertretung im EG-Kartellrecht, S. 156; *Seemann*, Schranken des EG-Kartellrechts für die Ausgestaltung von Handelsvertreterverträgen, S. 208 ff.; *Holley*, Fordham Corporate Law Institute 1993, 669 (692); *P. Ulmer/Habersack*, ZHR 159 (1995), 109 (124); *Lohse*, in: Säcker, Fallbuch Kartellrecht, Wettbewerbsrecht, Markenrecht, S. 33. Siehe zur Anwendung der *ancillary restraints* auf § 16 a.F. GWB: *Fikentscher*, Die Preislistentreue im Recht der Werbeagenturen, S. 68, Anm. 44.

1341 *Whish*, Competition Law, S. 119; *Strittmatter*, Marktzutrittsschranken durch schlanke Zulieferstrukturen und Art. 85 EGV, S. 314.

1342 *Strittmatter*, Marktzutrittsschranken durch schlanke Zulieferstrukturen und Art. 85 EGV, S. 116 Fn. 307.

lich der Wettbewerbsverbote beim Unternehmenskauf wird auch die Bekanntmachung der Kommission zur Fusionskontrollverordnung herangezogen.[1343]

Bereits oben wurde auf das Urteil „*Pronuptia*" eingegangen, in dem ein dem Franchisenehmer auferlegtes Wettbewerbsverbot, ein Geschäft gleicher oder ähnlicher Natur zu eröffnen, dem Art. 81 Abs. 1 EG entzogen wurde.[1344] Dabei wies der Gerichtshof zunächst darauf hin, dass die Vertriebsform Franchising an sich nicht den Wettbewerb beeinträchtige, ja sogar positive Wettbewerbswirkungen hervorbringe: Dem Franchisegeber biete sich die Möglichkeit, ohne Einsatz eigenen Kapitals seine besonderen Handelskenntnisse und -techniken auszuwerten, während sich der Franchisenehmer mit Hilfe der besonderen Betriebskenntnisse und der Reputation des Franchisegebers als Händler etablieren könne.[1345] Vertikale Beschränkungen wie Wettbewerbsverbote seien für die Aufrechterhaltung der Vertriebsform Franchising notwendig. Denn die Realisierung des Franchisings hänge zum einen davon ab, dass der Franchisegeber bei der Weitergabe seines Know-hows an den Franchisenehmer nicht Risiko laufe, dieses könne seinen Konkurrenten zugute kommen. Zum anderen müsse der Franchisegeber in der Lage sein, die Identität und den guten Ruf des Franchisevertriebsnetzes zu wahren und eine gleich bleibende Qualität der angebotenen Waren sicherstellen. Vereinbarungen wie Wettbewerbsverbote, die zur Verfolgung dieser systemerhaltenden Zwecke notwendig seien, fielen daher nicht in den Anwendungsbereich des Art. 81 Abs. 1 EG.[1346]

Weiterhin hat der Gerichtshof entschieden, dass Wettbewerbsverbote in Genossenschaftsverträgen ebenfalls nicht als Wettbewerbsbeschränkung anzusehen seien, soweit sie funktionsnotwendig sind.[1347] Auch das niederländische Verbot des Zusammenschlusses von Rechtsanwälten und Wirtschaftsprüfern in einer Kanzlei sei als erforderlich anzusehen.[1348] Gleiches gilt für Wettbewerbsverbote beim Unternehmensverkauf. Diese seien erforderlich, um zu verhindern, dass der Verkäufer mit seinem Know-how und Kontakten seine früheren Kunden

---

[1343] *Kommission*, Bekanntmachung zur Verordnung (EWG) Nr. 4064/89 des Rates vom 21. Dezember 1989 über die Kontrolle von Unternehmenszusammenschlüssen, ABl. C 203/5 v. 14.8.1990 (engl: „Commission notice regarding *restrictions ancillary* to concentrations)".

[1344] *EuGH*, Urt. v. 28.1.1986 – Rs. 161/84 – Slg. 1986, 353 (381 f.) Rn. 16 „Pronuptia".

[1345] *EuGH*, Urt. v. 28.1.1986 – Rs. 161/84 – Slg. 1986, 353 (381) Rn. 15 „Pronuptia".

[1346] *EuGH*, Urt. v. 28.1.1986 – Rs. 161/84 – Slg. 1986, 353 (381) Rn. 16 f. „Pronuptia".

[1347] *EuGH*, Urt. v. 15.12.1994 – Rs. C-250/92 – Slg. 1994, I-5641 (5687) Rn. 34 „DLG".

[1348] *EuGH*, Urt. v. 19.2.2002 – Rs. C-309/99 – Slg. 2002, I-1577 (1691) Rn. 109 „Wouters".

weiterhin umwirbt und so dem veräußerten Unternehmen die Existenzgrundlage entzieht. Derartige Wettbewerbsverbote tragen zu einer Vermehrung der auf dem betreffenden Markt tätigen Unternehmen und zu einer Verstärkung des Wettbewerbs bei.[1349] Eine ähnliche Argumentation wandte der Gerichtshof bei selektiven Vertriebssystemen an. In der Entscheidung „*Metro*" stellte er fest, dass die Verpflichtung, nur anerkannte Wiederverkäufer zu beliefern, nicht gegen das Verbot des Art. 81 Abs. 1 EG verstoße, da es erforderlich sei, um ein selektives Vertriebssystem, das als solches wettbewerbskonform sei, sinnvoll durchzuführen. Der Hersteller bedürfe dementsprechend der Möglichkeit, die Einhaltung dieser Verpflichtung zu überwachen. Die zur Überwachung dienenden Bindungen, die nicht über das zur Erreichung dieses Ziels Erforderliche hinausgingen, ergänzten lediglich die Hauptpflicht, deren Einhaltung sie sichern sollen.[1350] Aus der dargestellten Rechtsprechung lässt sich folgern, dass der Gerichtshof die Lehre von den anzillarischen Beschränkungen anerkannt hat, wobei sich aus den Urteilen folgende Grundvoraussetzungen für das kartellrechtsunschädliche Vorliegen von Vereinbarungen entnehmen lassen: (1) Vorliegen von Haupt- und Nebenabrede, (2) Wettbewerbsneutralität der Gesamtvereinbarung und (3) Notwendigkeit der Nebenabreden für die Hauptvereinbarung.[1351] Da es sich bei der *ancillary restraints*-Doktrin um eine Tatbestandseinschränkung handelt, die der Gerichtshof anerkannt hat, sollte sie auch bei der europaorientierten Auslegung des § 1 GWB berücksichtigt werden.[1352]

Es bestehen keine grundsätzlichen Bedenken, im vorliegenden Fall die ersten beiden Voraussetzungen der *ancillary restraints*-Theorie zu bejahen: Der Handelsvertretervertrieb als solcher stellt die Haupt- und das Wettbewerbsverbot die Nebenabrede dar. Den Handelsvertretervertrieb kann man nicht nur als kartellrechtlich neutral ansehen. Er wirkt sich sogar positiv auf den Wettbewerb

---

[1349] *EuGH*, Urt. v. 11.7.1985 – Rs. 42/84 – Slg. 1985, 2545 (2571) Rn. 19 f. „Remia". Der Gerichtshof ging jedoch davon aus, dass das vereinbarte Wettbewerbsverbot von zehn Jahren Dauer für eine erfolgreiche Unternehmensübertragung nicht notwendig sei und nahm einen Verstoß gegen Art. 81 Abs. 1 EG an. So auch ausführlich *Kommission*, Entsch. v. 26.7.1976, ABl. L 254/40 (41) v. 17.9.1976 „Reuter/BASF", in der die Kommission ausdrücklich auf den Begriff der *ancillary restraints* verwies. So im Ergebnis auch: *BGH*, Urt. v. 3.11.1981, WuW/E BGH 1898 (1899) „Holzpaneele".

[1350] *EuGH*, Urt. v. 25.10.1977 – Rs. 26/76 – Slg. 1977, 1875 (1908 f.) Rn. 26 f. „Metro/SABA I".

[1351] Zu den abstrakten Voraussetzungen der *ancillary restraints*: *U. Müller*, Die Handelsvertretung im EG-Kartellrecht, S. 156 ff.

[1352] Ähnlich *Bahr*, WuW 2004, 259 (263).

aus, da er dem effizienten Absatz von Ware dient und gerade kleinen und mittelgroßen Unternehmen einen recht kostengünstigen Vertrieb ermöglicht. Die Schwierigkeit bei der Übertragung der Lehre der *ancillary restraints* auf Handelsvertreterverträge liegt jedoch in der Beurteilung des dritten Kriteriums. Denn bei Handelsvertreterverträgen lässt sich die Notwendigkeit von Wettbewerbsverboten nicht so eindeutig bejahen wie in den klassischen Fällen der Unternehmenskaufverträge, des Franchisings und der selektiven Vertriebssysteme. In letzteren Fällen kommt man meist unabhängig von Ausgestaltung des Franchisings, des Unternehmenskaufs oder des selektiven Vertriebssystems im Einzelnen zum Ergebnis, dass das Wettbewerbsverbot für die Vertriebsform notwendig ist. Gerade beim Unternehmenskauf liegt die Unverzichtbarkeit eines Wettbewerbsverbots ganz unabhängig von der konkreten Ausgestaltung des Vertrags auf der Hand, da mit dem Unternehmen auch der Kundenstamm übertragen wird. Auch beim Franchising ist die Notwendigkeit des Wettbewerbsverbots eindeutig zu bejahen. Gleiches für Beschränkungen bei selektiven Vertriebssystemen, da die Auswahl der Händler nach bestimmten Merkmalen gerade der Sinn dieser Vertriebsform ist.

Ein Vergleich des Franchisings mit den Vertriebssystemen auf Handelsvertreterbasis zeigt, dass die Argumentation des Gerichtshofs aus der Pronuptia-Entscheidung nur schwer auf Handelsvertretersysteme übertragbar ist.[1353] Beim Franchising rechtfertigt sich ein Wettbewerbsverbot zum einen aus dem Erfordernis eines einheitlichen Erscheinungsbilds aller Filialen und zum anderen aus der Gefahr, dass der Franchisenehmer anderenfalls das übertragene Know-how durch die Tätigkeit für Konkurrenten einsetzen könnte. Daher ist die Nichtanwendbarkeit des Art. 81 Abs. 1 EG auf Wettbewerbsverbote beim Franchising vor allem durch die Besonderheiten bei der Übertragung von Know-how zu erklären, die beim Franchising regelmäßig im Mittelpunkt steht.[1354] Es geht also um die Verhinderung des *freeriding* durch konkurrierende Lieferanten. Hingegen liegt der Schwerpunkt der wirtschaftlichen Tätigkeit beim Handelsvertretersystem nicht bei der Vermittlung von Know-how, sondern in der Vermarktung der Produkte des Geschäftsherrn. Dabei werden sich nicht in dem gleichen Maße *freeriding*-Probleme ergeben. Der Geschäftsherr muss grundsätzlich nicht befürchten, dass durch die Tätigkeit des Handelsvertreters für andere Geschäfts-

---

1353 So auch *Völcker*, Handelsvertretervertrieb und EG-Kartellrecht, S. 297.

1354 *EuGH*, Urt. v. 28.1.1986 – Rs. 161/84 – Slg. 1986, 353 (381) Rn. 16 f. „Pronuptia". Der Gerichtshof ist davon ausgegangen, dass es sich weniger um eine Vertriebsform als vielmehr um eine Art wirtschaftlicher Verwertung eines Wissensschatzes ohne Einsatz von eigenem Kapital handele.

herren die gesamte Existenz seines Vertriebssystems auf dem Spiel steht. Im Gegenteil: durch den Absatz von Konkurrenzprodukten wird die Handelsvertretung häufig noch attraktiver für die Kunden. Ein Wettbewerbsverbot kann aber ausnahmsweise dann notwendig sein, wenn der Geschäftsherr umfangreiche Investitionen in die Handelsvertretung vorgenommen hat, von denen seine Konkurrenten, für die der Handelsvertreter ebenfalls tätig werden könnte, in unzulässiger Weise profitieren. Dies wird in der Tankstellenbranche der Fall sein, wo das Mineralölunternehmen umfangreiche Darlehen zum Aufbau der Tankstelle gewährt und ein berechtigtes Interesse daran hat, dass keine Konkurrenten aus den von ihm finanzierten Tanks und dem Ladenlokal Nutzen ziehen. Grundsätzlich wird ein Wettbewerbsverbot im Rahmen von Handelsvertretersystemen aber nur in wenigen Fällen zum Schutz vor *freeriding* erforderlich sein.

Ein Wettbewerbsverbot bei Handelsvertretersystemen ist auch – anders als beim Franchising – zur Wahrung eines einheitlichen Markenimages nicht zwangsläufig erforderlich. Denn es ist nicht für alle Handelsvertretervertriebssysteme entscheidend, dass sie überall einheitlich auftreten und dasselbe Sortiment anbieten. Vielmehr ist zu differenzieren: So wird bei einem Handelsvertretersystem wie *Eismann* ein einheitliches Auftreten und eine feste Produktpalette im gesamten Bundesgebiet von Bedeutung sein, so dass ein Wettbewerbsverbot möglicherweise sinnvoll ist. Bei anderen Handelsvertretungen wie Reise- oder Versicherungsbüros wird ein einheitliches Auftreten unter dem gleichen Logo, mit der gleichen Ausstattung und dem gleichen Sortiment nicht so wichtig sein. Vielmehr wird es den Kunden in diesen Branchen vor allem auf eine umfassende, möglichst unabhängige Beratung sowie ein möglichst großes Angebot ankommen.

Somit kommt es bei der Frage, ob Wettbewerbsverbote in Handelsvertreterverträgen erforderlich sind, auf die Erfordernisse der jeweiligen Branche, die Wünsche der Kunden, die Geschäfts- und Marktlage und das Interesse des Geschäftsherrn an der Bewahrung des übertragenen Know-hows und an der Amortisation seiner Investitionen an. Aber auch Aspekte der Verhältnismäßigkeit der konkreten Ausgestaltung des Wettbewerbsverbots sind zu berücksichtigen: eine Einfirmenbindung wird einschneidender sein als ein weites Wettbewerbsverbot; anderweitige Gelegenheitsvermittlungen werden die Interessen des Prinzipals weniger berühren als die Übernahme einer Zweitvertretung; die Interessenwahrnehmungspflicht dürfte bei einer Autoagentur ausgeprägter sein als bei einem Reisebüro.[1355] Ob die Wettbewerbsverbote in Handelsvertreterver-

[1355] *Freund*, EuZW 1992, 408 (411).

trägen notwendig sind, ist also weitaus schwieriger zu ermitteln als bei Unternehmenskaufverträgen, beim Franchising und bei selektiven Vertriebssystemen.

Die Prüfung, ob das Wettbewerbsverbot in Handelsvertreterverträgen erforderlich ist, läuft somit auf eine umfassende und einzelfallabhängige Würdigung der wirtschaftlichen Auswirkungen der Vereinbarung hinaus.[1356] Wie der Gerichtshof sehr deutlich gemacht hat, soll eine derartig komplexe Analyse der Auswirkungen von wettbewerbsbeschränkenden Vereinbarungen nach der Gesetzessystematik aber gerade nicht im Rahmen des Art. 81 Abs. 1 EG bzw. § 1 GWB, sondern innerhalb des Freistellungstatbestandes erfolgen. Dies gilt, wie oben dargestellt, umso mehr nach dem Übergang zur Legalausnahme, der die Anwendung des Art. 81 Abs. 3 EG vereinfacht. Es ist davon auszugehen, dass die Lehre der anzillarischen Beschränkungen auf Handelsvertreterverträge vor allem zu einer Zeit propagiert wurde, als sich der Gerichtshof noch nicht so klar gegen die *rule of reason* ausgesprochen hatte und an eine Anwendung des Art. 81 Abs. 3 EG durch eine Legalausnahme noch nicht zu denken war. Vor allem bleiben die Befürworter der Anwendung der Lehre der *ancillary restraints* auf Handelsvertreterverträge die Antwort auf die Frage schuldig, aus welchem Grund die Gemeinschaftsorgane diese Methode in ihren Entscheidungen zu Handelsvertreterverträgen seit 1986, dem Zeitpunkt, zu dem die Lehre angeblich vom Gerichtshof anerkannt war, mit keinem Wort erwähnt haben.[1357] Die Anwendung der Lehre der *ancillary restraints* auf Handelsvertreterverträge ist in der heutigen Zeit auch nicht mit dem neuen ökonomischen Ansatz zur Beurteilung vertikaler Beschränkungen vereinbar. Denkbar ist, dass man unter Anwendung des Konzepts der *ancillary restraints* zum Ergebnis kommt, dass ein Wettbewerbsverbot notwendig ist, sei es wegen Investitionen des Geschäftsherrn, sei es weil die Kunden in allen Filialen ein einheitliches Produktangebot erwarten. Dann wäre also das Wettbewerbsverbot wegen der eingreifenden

---

1356 Wie umfangreich diese Analyse ausfallen kann, verdeutlicht ein Blick auf die ausführliche Abwägung der positiven und negativen Wirkungen von Wettbewerbsbeschränkungen in Handelsvertreterverträgen im Rahmen des Art. 81 Abs. 1 EG bei *U. Müller*, Die Handelsvertretung im EG-Kartellrecht, S. 156-171; *Seemann*, Schranken des EG-Kartellrechts für die Ausgestaltung von Handelsvertreterverträgen, S. 239 ff. Siehe auch *Ganal*, Die handels- und kartellrechtliche Beurteilung von Agentursystemen, S. 204.

1357 Keine Berücksichtigung der Lehre der *ancillary restraints* in: *EuGH*, Urt. v. 24.10.1995 – Rs. C-266/93 – Slg. 1995, I-3477 ff. „Volkswagen und V.A.G.-Leasing“; *EuGH*, Urt. v. 1.10.1987 – Rs. 311/85 – Slg. 1987, 3801 (3828) Rn. 20 „Flämische Reisevermittler“; *Kommission*, Entsch. v. 22.12.1987, WuW/E EV 1312 Rn. 26, 35-41 „ARG/Unipart“; *Kommission*, Entsch. v. 10.10.2001, ABl. L 257/1 v. 25.9.2002 Rn. 121 ff. „Mercedes-Benz“. Auch in den Leitlinien der Kommission für vertikale Beschränkungen finden sich keine Anleihen bei der Lehre der *ancillary restraints*.

Tatbestandsrestriktion nicht an Art. 81 Abs. 1 EG bzw. § 1 GWB zu messen. Dabei würden jedoch häufig die wichtigsten Fragen zur Beurteilung von Wettbewerbsverboten ausgeblendet. Es würde nicht analysiert, wie stark der interbrand-Wettbewerb eingeschränkt wird, wie hoch die Marktmacht des Lieferanten und seiner Konkurrenten ist, ob sich die Wettbewerbsbeschränkung auf der betreffenden Marktstufe besonders verheerend auswirkt, ob diese Einschränkung eventuell aufgrund positiver Effizienzgewinne hingenommen werden kann etc. Es könnte auch zur Nichtanwendbarkeit des Kartellverbots auf Wettbewerbsverbote kommen, die von Unternehmen mit sehr hohen Marktanteilen vereinbart werden oder die in Märkten mit sehr hohen Marktzutrittsschranken ausgeübt werden. Der gesamte *more economic approach* würde durch allgemeine Billigkeitserwägungen im Rahmen der *ancillary restraints* unanwendbar. Die Anwendung der Tatbestandseinschränkung durch die *ancillary restraints*-Doktrin läuft im Ergebnis auf eine „Freistellung“ wettbewerbsbeschränkender Vereinbarungen hinaus, obwohl die Freistellungsvoraussetzungen des Art. 81 Abs. 3 EG bzw. § 2 Abs. 1 GWB nicht erfüllt sind. Vor allem wenn es sich um Handelsvertretersysteme handelt, die in ihrer konkreten Ausgestaltung, insbesondere durch Übernahme des Geschäftsrisikos durch den Handelsvertreter, dem Eigenhändlervertrieb sehr nahe kommen, ist es nicht nachvollziehbar, warum gerade diese Vertriebsform dadurch privilegiert werden soll, dass man Art. 81 Abs. 1 EG bzw. § 1 GWB trotz Vorliegens der Voraussetzungen des Kartellverbots mittels einer außergesetzlichen Tatbestandseinschränkung verneint und die von Rechtsprechung und Kommission für Art. 81 Abs. 3 EG entwickelten Auslegungsgrundsätze völlig außer acht lässt. Angesichts dessen hat es den Anschein, dass der Vorschlag, den Handelsvertretervertrieb mittels der Anwendung der Lehre der *ancillary restraints* möglichst umfassend freizustellen, auf lobbyistischen Bestrebungen basiert. Die aufgezeigten vielfachen Bedenken gegen die *ancillary restraints* wiegen umso schwerer, als die Lehre der *ancillary restraints* die kartellrechtliche Beurteilung von Vereinbarungen mit Handelsvertretern aufgrund ihrer starken Einzelfallabhängigkeit noch nicht einmal erleichtert. Daher sollte Art. 81 Abs. 1 EG bzw. § 1 GWB bei Vereinbarungen in Handelsvertreterverträgen nicht im Sinne der Lehre der anzillarischen Beschränkungen eingeschränkt werden.

3. Spürbarkeit

Die Vereinbarung ist im vorliegenden Fall auch spürbar, da bereits der Marktanteil der Reiseveranstalterin A den Schwellenwert der Bagatell-

Bekanntmachung der Kommission, der bei vertikalen Vereinbarungen 15% beträgt, überschreitet.[1358]

4. Zwischenergebnis

Somit liegt im vorliegenden Fall mangels Einschränkung des Tatbestandes ein Verstoß gegen § 1 GWB vor.

II. Freistellung nach § 2 Abs. 1 GWB

Fraglich ist, ob das Wettbewerbsverbot nach § 2 GWB freistellungsfähig ist. Eine Freistellung nach § 2 Abs. 2 GWB iVm. vGVO scheitert schon daran, dass ein Wettbewerbsverbot unbestimmter Dauer nach Art. 5 lit. a vGVO nicht freistellungsfähig ist. Daher kommt nur eine Freistellung nach § 2 Abs. 1 GWB in Frage. Dazu müssten die Freistellungsvoraussetzungen erfüllt sein. Dies ist der Fall, wenn die Vereinbarung die Warenerzeugung und -verteilung verbessert oder einen Beitrag zur Förderung des technischen und wirtschaftlichen Fortschritts leistet und die Verbraucher an dem daraus entstehenden Gewinn beteiligt werden (1.), wenn die Beschränkung zur Erreichung der Effizienzgewinne unerlässlich ist (2.) und keine Ausschaltung des Wettbewerbs für einen wesentlichen Teil der betroffenen Waren erfolgt (3.).

1. Verbesserung der Warenerzeugung und -verteilung und Verbraucherbeteiligung am Gewinn Hier kommt hinsichtlich der ersten Voraussetzung (§ 2 Abs. 1, 2. Voraussetzung GWB) nur die Verbesserung der Warenverteilung in Frage. In der Literatur wird eine Verbesserung der Warenverteilung durch den Handelsvertretervertrieb meist recht pauschal bejaht.[1359] Das Outsourcing des Vertriebs über spezialisierte Handelsvertreter wird in den meisten Fällen für das Unternehmen wesentlich kostengünstiger sein als ein Direktvertrieb über Eigenvertriebsstellen durch veranstaltereigene Reisebüros und Reiseabteilungen in konzernangehörigen Warenhäusern. Entscheidend ist aber nicht, dass der Handelsvertretervertrieb als solcher zu einer Verbesserung der Warenverteilung

---

[1358] *Kommission*, Bekanntmachung über Vereinbarungen von geringer Bedeutung, die den Wettbewerb gemäß Artikel 81 Abs. 1 des Vertrages zur Gründung der Europäischen Gemeinschaft nicht spürbar beschränken (*de minimis*), ABl. C 368/13 vom 22.12.2001, Tz. 7 lit. b. Da schon die 15%-Schwelle überschritten wird, kann hier offen bleiben, ob wegen Vorliegens kumulativer Wettbewerbsverbote die Marktanteilsschwelle nach Tz. 8 von 15% auf 5% herabgesetzt wird.

[1359] *Reymann*, Immanente Schranken des europäischen Kartellverbots, S. 309; *Völcker*, Handelsvertretervertrieb und EG-Kartellrecht, S. 313.

führt, sondern dass gerade das Wettbewerbsverbot Effizienzgewinne entstehen lässt. Durch das Wettbewerbsverbot in Bezug auf Produkte von B und C stehen die Produkte der A in weniger Konkurrenz mit anderen, so dass dadurch ihr Absatz gesteigert und damit ihr Gewinn vergrößert wird. Dennoch kann man mit dieser Argumentation keine relevanten Effizienzgewinne iSd. § 2 Abs. 1 GWB begründen, da das Kriterium der Verbesserung der Warenerzeugung die Funktion hat, die Freistellung auf Fälle zu begrenzen, in denen die Wettbewerbsbeschränkung nicht nur individuelle, sondern auch gesamtwirtschaftliche Vorteile hat.[1360] Es kommt mithin nicht auf subjektive Vorteile für die Parteien der wettbewerbsbeschränkenden Vereinbarung an, sondern es müssen objektive Vorteile für die Allgemeinheit entstehen. Derartige objektive Effizienzgewinne durch ein Wettbewerbsverbot werden angenommen, wenn der Unternehmer Investitionen für den Betrieb des durch das Wettbewerbsverbot gebundenen Vertragspartners vorgenommen hat. Dann kommt als Effizienzgewinn die Lösung eines *hold-up*-Problems oder die Vermeidung von *freeriding* durch andere Hersteller in Frage.[1361] Im vorliegenden Fall hat der Handelsvertreter sein Verkauflokal selbst ausgestattet und auf eigene Kosten Software angeschafft. Aus diesem Grund dient das Wettbewerbsverbot nicht der Absicherung von Investitionen der A und es ist nicht zu befürchten, dass konkurrierende Händler vom Engagement der A profitieren. Daher entstehen hier keine Effizienzgewinne aus der Vermeidung eines *hold-up*-Problems oder der Vermeidung von *freeriding*.

Beim Vertrieb können auch dann Effizienzgewinne entstehen, wenn die Vertriebsform zu niedrigeren Kosten führt oder mit einem höheren Mehrwert für die Verbraucher verbunden ist. Insbesondere wenn spezialisierte Vertriebshändler Dienstleistungen erbringen, die besser auf die Bedürfnisse der Kunden abgestimmt sind, die Auslieferung beschleunigen oder eine bessere Qualitätssicherung in der gesamten Vertriebskette anbieten, können qualitative Effizienzgewinne entstehen.[1362] Es ist denkbar, dass das Wettbewerbsverbot insofern zu Effizienzgewinnen führt, als sich die Handelsvertreter der A durch die Begrenzung des Angebots besser auf die Beratung hinsichtlich der Angebote der A konzentrieren können. Die Verkleinerung des Angebots kann also möglicher-

---

1360 Vgl. in Bezug auf Art. 81 Abs. 3 EG *Sauter*, in: Immenga/Mestmäcker, EG-WbR I, Art. 85 Abs. 3 C. Rn. 1 (S. 344).

1361 Vgl. auch *Kommission*, Leitlinien für vertikale Beschränkungen, ABl. C 291/1 v. 13.10.2000, Tz. 153 und 156 Satz 2.

1362 *Kommission*, Leitlinien zur Anwendung von Artikel 81 Abs. 3 EG-Vertrag, ABl. C 101/97 v. 27.4.2004, Tz. 62, 72.

weise zu einer Verbesserung der Beratungs- und Serviceleistungen führen, da die Handelsvertreter auf diese Weise einen besseren Überblick über das Gesamtangebot haben. Sofern durch das Wettbewerbsverbot eine bessere Beratung ermöglicht würde, so würden auch die Verbraucher an diesem Effizienzgewinn unmittelbar beteiligt. Andererseits spricht gegen einen derartigen Effizienzgewinn durch das Wettbewerbsverbot, dass grundsätzlich nicht die Verringerung, sondern die Erweiterung des Angebots als Effizienzgewinn angesehen wird, da dies bessere Auswahlmöglichkeiten für die Verbraucher ermöglicht.[1363] Aus diesem Grunde ist zweifelhaft, aber nicht völlig auszuschließen, dass im vorliegenden Fall durch die Verbesserung der Beratungsleistungen Effizienzgewinne entstehen. Hier soll von der Verbesserung der Warenverteilung durch das Wettbewerbsverbot und von der entsprechenden Verbraucherbeteiligung ausgegangen werden und diese Effizienzgewinne beim nächsten Prüfungspunkt genauer untersucht werden.

2. Keine Unerlässlichkeit der Beschränkung Nach § 2 Abs. 1 Nr. 1 GWB dürfen den Unternehmen keine Beschränkungen auferlegt werden, die für die Verwirklichung der relevanten Ziele nicht unerlässlich sind. Die Beurteilung der Unerlässlichkeit bestimmt sich nach objektiven Maßstäben.[1364] Daher kommt es nicht darauf an, ob die beteiligten Unternehmen eine bestimmte Wettbewerbsbeschränkung für erforderlich halten oder einwenden, dass sie ohne eine bestimmte Klausel die Vereinbarung nicht abgeschlossen hätten.[1365] Um eine unerlässliche Beschränkung handelt es sich erst dann, wenn ein Vertrag, der sie nicht vorsieht, für die potenziellen Partner generell unannehmbar ist[1366] und sich die angestrebten Vorteile auf andere Weise entweder überhaupt nicht oder nicht in demselben Ausmaß, innerhalb desselben Zeitraums oder mit derselben Sicherheit herbeiführen lassen.[1367] Die Beurteilung der Unerlässlichkeit erfolgt im Rahmen des tatsächlichen wirtschaftlichen Umfelds, in dem die Vereinbarung

---

1363 *Dresel*, Die Verbraucherbeteiligung am Gewinn, S. 21; *Kommission*, Entsch. v. 8.7.1965, ABl. Nr. 2194 (2195) v. 17.7.1965 „D.R.U.-Blondel"; *Kommission*, Entsch. v. 17.9.1965, ABl. Nr. 2581 (2582) v. 23.9.1965 „Hummel-Isbecque"; *Kommission*, Entsch. v. 17.12.1965, ABl. L 66/37 (39) v. 6.1.1966 „Maison Jallatte".

1364 *Schröter*, in: von der Groeben/Schwarze, Band 2, Art. 81 Abs. 3 EG Rn. 319.

1365 *EuGH*, Urt. v. 13.7.1966 – Rs. 56/64 u. 58/64 – Slg. 1966, 321 (398) „Consten/Grundig".

1366 *Schröter*, in: von der Groeben/Schwarze, Band 2, Art. 81 Abs. 3 EG Rn. 319; *Kommission*, Entsch. v. 24.6.1996, ABl. L 188/37 (46) v. 27.7.1996 „BNP/Dresdner Bank".

1367 *Schröter*, in: von der Groeben/Schwarze, Band 2, Art. 81 Abs. 3 EG Rn. 320; ähnlich: *EuGH*, Urt. v. 25.10.1977 – Rs. 26/76 – Slg. 1977, 1875 (1916) Rn. 45 „Metro/SABA I".

Anwendung findet, wobei insbesondere der Marktstruktur und den mit der Vereinbarung verbundenen wirtschaftlichen Risiken und den Anreizen für die Parteien Rechnung zu tragen ist.[1368]

Für die Unerlässlichkeit könnte die Treue- und Interessenwahrungspflicht des Handelsvertreters sprechen. Diese ist in § 86 Abs. 1 HGB sowie Art. 3 Abs. 2 lit. a der Handelsvertreterrichtlinie[1369] normiert. Danach muss sich der Handelsvertreter in angemessener Weise für die Vermittlung und gegebenenfalls den Abschluss der ihm anvertrauten Geschäfte einsetzen und hat dabei das Interesse des Unternehmers wahrzunehmen.

Daher stellt sich hier die Frage, ob ein angemessener Einsatz des Handelsvertreters bei der Vermittlung voraussetzt, dass der Handelsvertreter keine Reisen von B und C vermittelt. Möglicherweise wäre der Handelsvertreter bei einer zusätzlichen Vertretung von B und C nicht mehr in der Lage, einen Überblick über alle Produkte zu behalten. Dies wäre deshalb denkbar, weil B und C als große Anbieter eine Vielzahl von Produkten anbieten. Es wäre möglich, dass das Beratungsniveau durch die zusätzliche Vertretung von B und C sinkt. Dagegen spricht jedoch, dass Pauschalreisen üblicherweise in die klassischen Reisegebiete Kanaren, Balearen, Mittelmeer, Dominikanische Republik, Südafrika, Australien etc. führen und sich die Reiseziele von A und B und C zum großen Teil überschneiden werden. Zudem werden die meisten Informationen von den Reiseveranstaltern so gut für die Reisebüros aufbereitet, dass sie diese den Kunden sehr einfach anhand von Karten, Fotos, Internet-Seiten, Videoclips etc. vermitteln können. Im Übrigen ist nicht nachvollziehbar, aus welchem Grund eine Tätigkeit für B und C, nicht aber die Tätigkeit für die vielen anderen verhältnismäßig kleinen konkurrierenden Anbieter das Beratungsniveau senken soll. Die Angebote der kleineren Anbieter werden sich häufig auf Nischen beziehen und eine besonders umfassende Beratung erfordern. Zu bedenken ist jedoch, dass der Handelsvertreter den Kunden die Reisen des A umso weniger eindringlich empfehlen kann und empfehlen wird, je mehr Reisen anderer Anbieter er vertreibt. Fraglich ist, ob aus der Treuepflicht des Handelsvertreters auch die Verpflichtung folgt, den Kunden immer vorrangig die Produkte eines bestimmten bzw. eines einzigen Geschäftsherrn zu empfehlen. Dies würde jedoch in der Konsequenz bedeuten, dass der Handelsvertreter immer nur ein

---

1368 *Kommission*, Leitlinien zur Anwendung von Artikel 81 Abs. 3 EG-Vertrag, ABl. C 101/97 v. 27.4.2004, Tz. 80 Satz 1.

1369 Richtlinie 86/653/EWG des Rates der EG vom 18.12.1986 zur Koordinierung der Rechtsvorschriften der Mitgliedstaaten betreffend die selbständigen Handelsvertreter, ABl. L 382/17 v. 31.12.1986.

Unternehmen vertreten dürfte bzw. mehrere Unternehmen nur, wenn sie nicht zueinander in Konkurrenz stehen. Dies würde jedoch den wirtschaftlichen Erfordernissen bestimmter Branchen und vor allem auch den Kundenwünschen nicht gerecht werden. Vielfach wünschen die Abnehmer, dass sich im Sortiment eines Handelsvertreters eine Vielzahl konkurrierender Produkte vereinigt.[1370] Denn wenn eine Handelsvertretung für mehrere Unternehmen tätig wird, stellt sie für die Kunden eine größere Produktpalette bereit, so dass das jeweilige Geschäft angesichts der besseren Auswahlmöglichkeiten attraktiver wird. Die Kunden sparen zudem auch Zeit und Aufwand, wenn sie in einem Geschäft viele Angebote miteinander vergleichen können. In der Reisebranche liegt ein solcher Fall vor. Die Kontakt- und Verkaufsmöglichkeiten der Reisebüros sind umso größer, je mehr Reisen die Büros in ihrem Sortiment haben. Daher resultiert aus der Treuepflicht des Handelsvertreters in der Reisebranche nicht, dass er vorrangig die Produkte eines einzigen Geschäftsherrn zu empfehlen hat. Vielmehr kann er den Interessen des Geschäftsherrn auch gerecht werden, wenn er gleichzeitig für andere Reiseveranstalter tätig wird. Ein weiterer Anhaltspunkt gegen die Unerlässlichkeit des Wettbewerbsverbots ist es, wenn die Vertretung von Konkurrenzprodukten nach dem Handelsbrauch üblich ist.[1371] In der Reisebranche arbeiten Reisebüros üblicherweise mit 50 bis 100 Reiseveranstalter zusammen, so dass ein Wettbewerbsverbot dort nicht branchenüblich ist. Gerade die Tatsache, dass die meisten anderen Reiseveranstalter ihren Handelsvertretern ebenfalls kein Wettbewerbsverbot auferlegen, zeigt, dass es sich bei dem Wettbewerbsverbot nicht um eine unerlässliche Beschränkung handelt. Im Übrigen ist zu bedenken, dass nur die wenigsten Reisebüros überleben könnten, würden sie sich nur auf die Angebote eines einzigen Veranstalters beschränken.[1372] Aus diesen Gründen ist das Wettbewerbsverbot nicht unerlässlich.

3. Kein Ausschluss des Wettbewerbs Auch wenn bereits schon die Unerlässlichkeit der Vereinbarung verneint worden ist, soll noch kurz auf das vierte Freistellungsmerkmal eingegangen werden. Durch das Wettbewerbsverbot dürften den Unternehmen keine Möglichkeiten eröffnet werden, den Wettbewerb für einen wesentlichen Teil der betroffenen Waren auszuschalten. Bei

---

1370 Bezogen auf die Notwendigkeit eines Wettbewerbsverbots als Prüfungspunkt innerhalb der Lehre der *ancillary restraints*: *U. Müller*, Die Handelsvertretung im EG-Kartellrecht, S. 164; siehe auch *Seemann*, Schranken des EG-Kartellrechts für die Ausgestaltung von Handelsvertreterverträgen, S. 238.

1371 Bezogen auf die Notwendigkeit eines Wettbewerbsverbots als Prüfungspunkt innerhalb der Lehre der ancillary restraints: *U. Müller*, Die Handelsvertretung im EG-Kartellrecht, S. 164.

1372 So auch *Möschel*, BB 1985, 1477 (1480).

dieser Frage sind auch die Auswirkungen der parallelen Bindungssysteme der Wettbewerber des betroffenen Unternehmens zu berücksichtigen.[1373] Denn die Feststellung einer Ausschaltung des Wettbewerbs ist vom Grad des Wettbewerbs vor Abschluss der Vereinbarung abhängig. Je stärker der Wettbewerb auf dem betreffenden Markt bereits geschwächt ist, umso geringer brauchen die Wettbewerbsbeschränkungen zu sein, die bereits zu einer Ausschaltung des Wettbewerbs im Sinne des § 2 Abs. 1 GWB führen.[1374] Daher sind beispielsweise auch die Bindungen zu berücksichtigen, die B gegenüber seinen Reisebüros in Bezug auf C erlassen hat.

Die Beeinträchtigung des interbrand-Wettbewerbs durch das Wettbewerbsverbot und eine eventuelle Marktabschottung werden umso ausgeprägter sein, je stärker die Stellung des Lieferanten auf dem Markt und je schwächer diejenige seiner Wettbewerber ist.[1375] Die Reiseveranstalterin A hat als Marktführerin mit einem Marktanteil von 20% die stärkste Stellung auf dem Markt. Eher unwahrscheinlich ist ein Marktausschluss von Konkurrenten, die eine vergleichbare Marktstellung einnehmen und die ähnlich attraktive Produkte anbieten können.[1376] Der Ausschluss konkurrierender Lieferanten vom Markt ist nur dann wahrscheinlich, wenn diese Wettbewerber erheblich kleiner sind als der Lieferant, der mit seinen Handelsvertretern ein Wettbewerbsverbot vereinbart hat.[1377] Die beiden durch das Wettbewerbsverbot ausgeschlossenen Konkurrenten haben mit 10% bzw. 5% deutlich weniger Marktanteile als A. Gleiches gilt für die Marktanteile der weiteren Marktteilnehmer.

Aus der Tatsache, dass A 3.000 selbständige Reisebüros für B und C und B 1500 selbständige Reisebüros für C gesperrt hat, ergibt sich Folgendes: B ist bezogen auf 6.000 selbständige Reisebüros von 50%, bezogen auf 12.000 Vertriebsstellen von 25% der Vertriebsstellen ausgeschlossen. C ist bezogen auf die 6.000 selbständigen Reisebüros von 75% und bezogen auf die 12.000

1373 *Kommission*, Leitlinien für vertikale Beschränkungen, ABl. C 291/1 v. 13.10.2000, Tz. 142; siehe auch *Emmerich*, in: Immenga/Mestmäcker, GWB, § 16 Rn. 116 f; *BKartA*, Beschl. v. 22.5.1968, WuW/E BKartA 1199 (1207) „Kraftfahrzeugpflegemittel".

1374 In Bezug auf Art. 81 Abs. 3 EG: *Kommission*, Leitlinien zur Anwendung von Artikel 81 Abs. 3 EG-Vertrag, ABl. C 101/97 v. 27.4.2004, Tz. 107.

1375 *Kommission*, Leitlinien für vertikale Beschränkungen, ABl. C 291/1 v. 13.10.2000, Tz. 140 ff.

1376 *Kommission*, Leitlinien für vertikale Beschränkungen, ABl. C 291/1 v. 13.10.2000, Tz. 142.

1377 *Kommission*, Leitlinien für vertikale Beschränkungen, ABl. C 291/1 v. 13.10.2000, Tz. 142.

Vertriebsstellen von 38% der Vertriebsstellen ausgeschlossen. Da 80% aller Reisen über die selbständigen Reisebüros vertrieben werden, wird für B und C der typische Vertriebsweg in einem erheblichen Umfang versperrt.[1378] Nach Auffassung der Kommission sind jedoch keine kumulativen Wirkungen anzunehmen, wenn der Marktanteil des größten Lieferanten weniger als 30% beträgt und die fünf größten Lieferanten zusammen weniger als 50% des Marktes abdecken.[1379] Dies ist hier der Fall. Zudem stehen für B und C weitere Vertriebswege zu Verfügung. Auch sind die Marktzutrittsschranken in der Reisebürobranche sehr gering. Die Eröffnung neuer Büros ist einfach, es ist weder eine besondere Ausbildung noch ein großes Kapital zum Betrieb eines Reisebüros erforderlich. Auch die Kundenwerbung erfordert keine hohen Werbeetats. Das Verbraucherverhalten trägt ebenfalls zu den niedrigen Marktzutrittsschranken in der Reisebranche bei. Die Verbraucher haben nur in seltenen Fällen ein „Stammreisebüro", vergleichen die Preise und Angebote der einzelnen Büros und berücksichtigen dabei auch diejenigen von Newcomern. Grund für dieses Verhalten ist auch, dass die Reiseleistung nicht durch die Reisebüros, sondern durch die Reiseveranstalter angeboten wird, so dass nicht die Qualität der einzelnen Reisebüros im Mittelpunkt steht. Die niedrigen Marktzutrittsschranken und die zunehmende Konkurrenz durch Internetanbieter tragen dazu bei, dass in der Branche ein lebhafter Wettbewerb besteht. Angesichts der niedrigen Marktzutrittsschranken und den für B und C als Vertriebsmöglichkeiten verbleibenden ungebundenen Reisebüros, ist hier keine Ausschaltung des Wettbewerbs für einen wesentlichen Teil der betroffenen Waren anzunehmen.

III. Ergebnis und Vergleich mit früherer Lösung

Somit wird durch das Wettbewerbsverbot zwar der Wettbewerb für einen wesentlichen Teil der betroffenen Waren nicht ausgeschaltet. Die Verbesserung der Warenverteilung und die Beteiligung der Verbraucher am Gewinn durch das Wettbewerbsverbot sind jedoch sehr zweifelhaft. Zudem ist das Wettbewerbsverbot zur Verwirklichung dieser Ziele auch nicht unerlässlich. Somit sind die Freistellungsvoraussetzungen des § 2 Abs. 1 GWB nicht erfüllt. Daher ist das Wettbewerbsverbot anders als im früheren, vom Bundesgerichtshof entschiedenen Fall, der als Grundlage des Sachverhalts diente, unzulässig. Ein Vergleich

---

1378 Ähnlich: *KG*, Beschl. v. 27.11.1991, WuW/E OLG 4919 (4927) „Pauschalreiseveranstalter II"; *BGH*, Urt. v. 25.9.1990, WuW/E BGH 2668 (2671) „Pauschalreiseveranstalter".

1379 *Kommission*, Leitlinien für vertikale Beschränkungen, ABl. C 291/1 v. 13.10.2000, Tz. 143.

mit der Lösung im früheren Fall zeigt, dass sich in beiden Fällen unter den unterschiedlichen Prüfungspunkten immer wieder ähnliche Aspekte finden. So kann man die Frage der Auswirkungen des Wettbewerbsverbots auf den Markt bei § 16 GWB a.F. unter dem Punkt „Keine wesentliche Beeinträchtigung des Wettbewerbs" und bei § 2 Abs. 1 GWB unter „Keine Ausschaltung des Wettbewerbs für einen wesentlichen Teil der betroffenen Waren" finden. Die Frage, ob die Branche ein Wettbewerbsverbot erfordert, kann man bei § 16 GWB a.F. im Rahmen der Tatbestandseinschränkung diskutieren, bei § 2 Abs. 1 GWB hingegen im Rahmen der Unerlässlichkeit der Beschränkung oder aber, wenn man der Theorie der *ancillary restraints* folgt, im Rahmen des § 1 GWB. Dennoch weisen die alte und die neue Lösung zahlreiche Unterschiede auf. Während früher eine Argumentation mit typisch zivilrechtlichen Mustern erfolgte, z.B. unter Rückgriff auf § 242 BGB oder auch bei der Anwendung der Immanenztheorie, die einen Vorrang des Zivilrechts vor dem Kartellrecht postulierte, sind wettbewerbsbeschränkende Vereinbarungen in Handelsvertreterverträgen nach der 7. GWB-Novelle mit Hilfe des aus dem EG-Kartellrecht bekannten Aufbaus zu bewerten, wobei eine Unterscheidung zwischen Tatbestand und Freistellung erfolgt. Zudem ist nach der neuen Lösung die Immanenztheorie nicht mehr anzuwenden, ein Verstoß gegen § 1 GWB zu bejahen und die Freistellung nach § 2 Abs. 1 GWB zu bemessen. Die Zulässigkeit des Wettbewerbsverbots ist nicht mehr wie früher allein davon abhängig, dass der Wettbewerb nicht wesentlich beeinträchtigt wird. Denn es kommt nicht allein darauf an, dass keine Möglichkeiten eröffnet werden, den Wettbewerb für einen wesentlichen Teil der Waren auszuschalten (§ 2 Abs. 1 Nr. 2 GWB), sondern zusätzlich darauf, dass die übrigen Freistellungsvoraussetzungen erfüllt sind. Somit kann man vereinfacht sagen, dass nach der 7. GWB-Novelle bei der Lösung dieses Falls nach neuem deutschen Kartellrecht „zusätzliche (Freistellungs-)Anforderungen hinzugekommen sind". Die Freistellung erfordert nun auch, dass durch das Wettbewerbsverbot wirkliche Effizienzgewinne für die Warenverteilung entstehen. Dies wird fast nur in den Fällen zu bejahen sein, in denen der Geschäftsherr eine langfristige, erhebliche Investition für vertragsspezifische Zwecke getätigt hat, so dass das Wettbewerbsverbot zur Lösung eines *hold-up*-Problems dient.[1380] Dies kann besonders in der Tankstellen-Branche der Fall sein, die nach Bekanntwerden der neuen Regelungen in Bezug auf den Handelsvertretervertrieb bereits um ihr Tankstellen-Agentur-System besorgt war.[1381] Es ist darauf hinzuweisen, dass die Voraussetzungen für die

[1380] Siehe dazu *Kommission*, Leitlinien für vertikale Beschränkungen, ABl. C 291/1 v. 13.10.2000, Tz. 116 Nr. 4, 155.

[1381] Siehe dazu FAZ v. 7.12.1999, S. 26.

Fallgruppe „Lösung eines *hold-up*-Problems" noch nicht erfüllt sind, wenn der Geschäftsherr die finanziellen Risiken in Form von Transport-, Lager- oder Absatzrisiko trägt. Denn dabei handelt es sich um finanzielle Aufwendungen auf die konkrete Vertragsware, nicht aber um Investitionen in das Geschäft, die – und das ist typisch für die *hold-up*-Situation – trittbrettfahrenden Konkurrenten zugute kommen könnten. Im Übrigen handelt es sich bei Übernahme der mit dem Vertragsschluss verbundenen finanziellen Risiken nicht um langfristige und – wie die Kommission in Textziffer 155 der Leitlinien voraussetzt – umfangreiche Investitionen. Wenn der Geschäftsherr dem Handelsvertreter ein Darlehen zum Aufbau des Geschäfts gewährt, dann wird dadurch in einigen, wenigen Fällen eine Verbesserung der Warenverteilung bewirkt.[1382] Effizienzgewinne können auch entstehen, wenn *freeriding* anderer Lieferanten verhindert wird. Demgegenüber sind Effizienzgewinne durch bessere Beratung, die aus der Reduzierung des Angebots infolge eines Wettbewerbsverbots resultiert, zweifelhaft. In diesen Fällen wird es zugleich zu Effizienzverlusten durch Verringerung der Auswahlmöglichkeiten der Verbraucher und Erhöhung ihrer Suchkosten führen und häufig wird es zudem wie im Beispielsfall an der Unerlässlichkeit des Wettbewerbsverbots fehlen. In den meisten Fällen werden daher keine Effizienzgewinne durch das Wettbewerbsverbot herbeigeführt.

Die bisherige Ansicht, aus § 86 Abs. 1 HGB, wonach sich der Handelsvertreter um die Vermittlung und den Abschluss von Geschäften zu bemühen und dabei das Interesse des Unternehmers wahrzunehmen habe, folge grundsätzlich während der Vertragszeit ein gesetzliches Wettbewerbsverbot, von dem es in Ausnahmefällen wegen ausdrücklicher oder anzunehmender Zustimmung des Geschäftsherrn Ausnahmen geben könne[1383], ist nach der 7. GWB-Novelle so nicht mehr haltbar. Denn durch die strengen Regeln des EG-Kartellrechts, das wie oben dargestellt erst den Rahmen bestimmt, innerhalb dem zivilrechtliche Institute wirksam werden können, kann ein Wettbewerbsverbot nicht mehr die Regel, sondern nur noch die Ausnahme sein, nämlich dann, wenn die Freistellungsvoraussetzungen erfüllt sind. Es ist zu erwarten, dass das bei der Auslegung der §§ 1, 2 GWB zu berücksichtigende europäische Kartellrecht die Ausgestaltung der kartellrechtlichen Bindungen in Handelsvertreterverträgen so nachhaltig und entscheidend beeinflussen wird wie es in der Vergangenheit auch schon der Fall war, beispielsweise bei der Neufassung des § 90a HGB (nach-

---

1382 Siehe dazu *Kommission*, Leitlinien für vertikale Beschränkungen, ABl. C 291/1 v. 13.10.2000, Tz. 116 Nr. 7, 156.

1383 *Löwisch*, in: Ebenroth/Boujong/Joost § 86 Rn. 18, 24.

vertragliches Wettbewerbsverbot des Handelsvertreters) aus Anlass der Umsetzung der Handelsvertreter-Richtlinie.

Insgesamt zeigt sich, dass die Anforderungen an die Zulässigkeit eines Wettbewerbsverbots gegenüber dem Handelsvertreter nach der 7. GWB-Novelle strenger werden. Dieses Ergebnis überrascht insofern nicht, als sich die neue Rechtslage an Art. 81 EG orientiert, der schon früher für seine im Vergleich zu § 16 GWB a.F. geringe Eingriffsschwelle bekannt war. Aus diesem Grund hat das Bundeskartellamt im Fall „*Pauschalreiseveranstalter*" während des gerichtlichen Verfahrens gegen seine Untersagungsverfügung auch versucht, die Verfügung nach § 16 GWB a.F. unter Rückgriff auf Art. 81 Abs. 1 EG aufrechtzuerhalten.[1384]

[1384] *KG*, Beschl. v. 27.11.1991, WuW/E OLG 4919 (4938 f.) „Pauschalreiseveranstalter II"; *BGH*, Beschl. v. 18.5.1993, WuW/E BGH 2869 ff. „Pauschalreisevermittlung II".

Fünfter Teil: Überblick über die Regelung vertikaler Wettbewerbsbeschränkungen einschließlich Gruppenfreistellungsverordnungen in anderen Mitgliedstaaten

Die Anpassung des nationalen an das europäische Kartellrecht ist kein Phänomen, das allein in Deutschland auftritt. Auch in den übrigen Mitgliedstaaten wird die bisherige Pluralität der Kartellgesetze mehr und mehr zugunsten einer konvergenten europäischen Kartellrechtskonzeption aufgegeben. Die zunehmende Angleichung an die europäische Rechtslage lässt sich auch auf dem Gebiet der Vertikalvereinbarungen feststellen. Vergleicht man die heutigen Rechtsrahmen für vertikale Beschränkungen mit dem *status quo*, der im Jahr 1996 bestand, so wird die zunehmende Harmonisierung besonders deutlich. Damals plante die Kommission die Neuregelung vertikaler Vereinbarungen durch eine neue Gruppenfreistellungsverordnung und führte zur Vorbereitung des entsprechenden Grünbuchs eine Studie über die Regelung vertikaler Vereinbarungen in den verschiedenen Mitgliedstaaten durch.[1385] Im Jahr 1996 waren vertikale Wettbewerbsbeschränkungen in der überwiegenden Anzahl der Länder ebenso wie im europäischen Kartellrecht dem Kartellverbot unterworfen. Bei diesen Ländern handelte es sich um Belgien, Frankreich, Griechenland, Irland, Italien, Luxemburg, Portugal, Spanien und Schweden.[1386] In einigen dieser Länder konnten vertikale Beschränkungen durch spezielle Gruppenfreistellungsverordnungen freigestellt werden, die sich stark an die europäischen anlehnten. Während Irland[1387], Spanien[1388], Schweden[1389] und Italien[1390] eigene

---

1385 *Kommission*, Survey of the Member State National Laws Governing Vertical Distribution Agreements, Studie von Februar 1996, im Internet zu finden unter http://europa.eu.int/comm/competition/publications/st9603en_en.pdf.

1386 *Kommission*, Survey of the Member State National Laws Governing Vertical Distribution Agreements, S. 6.

1387 Siehe zu den irischen Gruppenfreistellungsverordnungen („*category licences*") *Power*, E.C.L.R. 2000, 64 (68).

1388 In Spanien wurden die nationalen Gruppenfreistellungsverordnungen vor kurzem aufgegeben und alle gültigen EG-Gruppenfreistellungsverordnungen für anwendbar erklärt, vgl. *Brokelmann*, WuW 2003, 922 in Bezug auf den entsprechenden Royal Decree 378/2003; *ders.*, WuW 2005, 298. Siehe zur Reform des spanischen Kartellrechts auch *Armengod*, E.C.L.R. 2005, 428 (429).

1389 Bislang waren die schwedischen Gruppenfreistellungsverordnungen den europäischen nachgebildet. Dabei war die Gültigkeit der nationalen Gruppenfreistellungsverordnungen an die der europäischen geknüpft (*Woll*, Die Konvergenz der Kartellgesetze in Europa, S. 162). Schweden hat mehrere nationale Gruppenfreistellungsverordnungen erlassen. Eine erfasst Kooperationen von Handelsketten und regelt, dass Handelsketten mit einem Marktanteil von weniger als einem Viertel Verkaufspreise empfehlen dürfen (vgl. *Bernitz/Holland*, Sweden Law, Commentary, The Swedish Competition Act,

Gruppenfreistellungsverordnungen erlassen bzw. eine entsprechende Verordnungsermächtigung vorgesehen hatten, orientierten sich Griechenland und Luxemburg an den Gruppenfreistellungsverordnungen der Kommission.[1391]

In **Frankreich** ist das Kartellverbot in Art. L 420-1 *Code de Commerce (CdC)* geregelt.[1392] Art. L 420-4 CdC enthält eine Freistellungsklausel, die die in Art. 81 Abs. 3 EG enthaltenen Voraussetzungen wiedergibt. Zudem ist in Art. L 420-4 CdC festgelegt, dass unter bestimmten Bedingungen durch den Wirtschaftsminister im Anschluss an ein Gutachten des Wettbewerbsrats (*Conseil de la Concurrence*) nationale Gruppenfreistellungsverordnungen erlassen werden können.[1393] Die europäischen Gruppenfreistellungsverordnungen sind bislang nicht in das französische Recht transformiert worden. Gleichwohl werden sie auch für innerstaatliche Sachverhalte als Orientierungshilfe angesehen. So hat der französische Wettbewerbsrat die vGVO auch für Sachverhalte ohne Auswirkung auf den zwischenstaatlichen Handel herangezogen.[1394]

Die wenigen Mitgliedstaaten, in denen noch vor zehn Jahren vom europäischen Kartellrecht abweichende Regelungen für vertikale Beschränkungen bestanden (Österreich, Dänemark, Finnland, die Niederlande und das Vereinigte König-

---

S. S.C.-6, in: van Empel, Martin, Competition Law in Western Europe and the USA). Nun sollen die bisherigen speziellen nationalen Gruppenfreistellungsverordnungen in Schweden durch die europäischen ersetzt werden, vgl. *Danielsson,* WuW 2003, 1302 in Bezug auf den Gesetzesvorschlag. Vor kurzem ist eine nationale Gruppenfreistellungsverordnung zum Technologietransfer in Kraft getreten, die sich an der europäischen Gruppenfreistellungsverordnung orientiert, vgl. *Danielsson,* WuW 2005, 630 f.

1390 Siehe zur Möglichkeit des Erlasses von Gruppenfreistellungsverordnungen in Italien *Kaufmann*, Das italienische Kartellgesetz von 1990, S. 64; *Stangl*, Das neue italienische Kartellgesetz, S. 251; *Woll,* Die Konvergenz der Kartellgesetze in Europa, S. 160.

1391 Vgl. *Kommission*, Survey of the Member State National Laws Governing Vertical Distribution Agreements, Studie von Februar 1996, S. 11 ff.

1392 Siehe zur Anwendung dieser Norm auf vertikale Vereinbarungen *Hertslet*, in: Frankfurter Kommentar, Band I, Ausländisches Kartellrecht, D. Französisches Kartellrecht, Rn. 18. 30 ff. und *Vogel*, Französisches Wettbewerbs- und Kartellrecht, S. 149, der darauf hinweist, dass die französische Gerichtsbarkeit es zunächst abgelehnt hatte, vertikale Vereinbarungen dem Kartellverbot zu unterstellen, letztlich aber doch die Anwendung des Kartellverbots bejaht hat.

1393 Siehe *Vogel*, Französisches Wettbewerbs- und Kartellrecht, S. 167 f.

1394 *Conseil de la Concurrence*, Entsch. v. 26.2.2001 und Entsch. v. 22.1.2002. Siehe auch *Cour d'Appel de Paris*, Entsch. v. 9.11.2000 „Rolex“ zur Anwendung der vGVO auf zwischenstaatliche Sachverhalte und *Thill-Tayara*, E.C.L.R. 2002, 474 f.

reich[1395]), haben in der letzten Zeit eine Angleichung des Rechts der vertikalen Vereinbarungen an das europäische Kartellrecht vorgenommen.

Das **Vereinigte Königreich** hatte in Sec. 50 des UK Competition Act (CA) 1998 für vertikale Vereinbarungen eine spezielle *UK Exclusion Order* für anwendbar erklärt, durch die Vertikalvereinbarungen mit Ausnahme von Preisbindungen von der Anwendbarkeit des Kartellverbots ausgeschlossen wurden.[1396] Diese kam in ihrer Wirkung einer nationalen Gruppenfreistellungsverordnung gleich.[1397] Ebenso wie bei Gruppenfreistellungsverordnungen konnte der *Director General* den Rechtsvorteil dieser *Exclusion Order* entziehen, wenn klar erkennbar war, dass die Vertikalvereinbarungen wettbewerbsbeschränkende Auswirkungen hatten.[1398] Diese Ausnahme vom Kartellverbot für vertikale Vereinbarungen wurde jedoch mit Wirkung zum 1.5.2005 widerrufen[1399], wobei auch hier die VO Nr. 1/2003 der Auslöser war. Daher ist das in Sec. 2 (1) CA statuierte Kartellverbot nun auch auf vertikale Vereinbarungen anwendbar. Sec. 9 CA enthält einen Freistellungstatbestand, der Art. 81 Abs. 3 EG entspricht. Eigenständige Gruppenfreistellungsverordnungen für innerstaatliche Sachverhalte (*domestic block exemptions*) kann der *Secretary of State* auf Empfehlung der OFT nach Sec. 6 CA erlassen.[1400] Bislang ist im Vereinigten Königreich erst eine eigenständige nationale Gruppenfreistellungsverordnung erlassen worden.[1401] Dies lässt sich damit erklären, dass im Vereinigten Königreich die europäischen Gruppenfreistellungsverordnungen wegen einer „paralle-

---

1395 *Kommission*, Survey of the Member State National Laws Governing Vertical Distribution Agreements, S. 12.

1396 The Competition Act 1998 (Land and Vertical Agreements Exclusion) Order 2000, SI 2000/310.

1397 Vgl. *OFT*, Vertical Agreements – Understanding Competition Law, Guideline No. 419, 5.3.

1398 Siehe ausführlich zur Systematik des britischen Kartellrechts und zur Behandlung vertikaler Wettbewerbsbeschränkungen *Colemann/Grenfell*, The Competition Act 1998, 5.81 und 9.30 und *Mehta/Dahl*, WuW 2000, 1074 (1076).

1399 Competition Act 1998 (Land Agreements Exclusion and Revocation) Order 2004, SI 2004/No. 1260). Siehe zur Neustrukturierung des Rechts der vertikalen Vereinbarungen *OFT*, Vertical Agreements – Understanding Competition Law, Guideline No. 419.

1400 Vgl. *OFT*, Agreements and Concerted Practices – Understanding Competition Law, Guideline No. 401, 5.13

1401 Competition Act 1998 (Public Transport Ticketing Schemes Block Exemption) Order 2001 (SI 2001/319), siehe dazu *OFT*, Transport Ticketing Schemes Block Exemption, Guideline No. 439. Siehe zu den englischen Gruppenfreistellungsverordnungen auch *Colemann/Grenfell*, The Competition Act 1998 – Law and Practice, 6.32.

len Freistellung" auch für innerstaatliche Sachverhalte gelten: Sec. 10 CA sieht einen Vorrang des EU-Rechts für die Fälle vor, in denen die erfassten Vereinbarungen von der Kommission im Wege der Gruppenfreistellung freigestellt wurden. Dabei greift eine parallele Freistellung, wonach von den europäischen Gruppenfreistellungsverordnungen auch Fälle erfasst sein sollen, die rein innerstaatliche Auswirkungen haben.[1402]

In **Österreich** unterlagen vertikale Beschränkungen lange Zeit einer Missbrauchsaufsicht.[1403] Aber auch in Österreich wurde die europäische Kartellverfahrensverordnung als Anlass genommen, das bestehende Kartellgesetz völlig zu überarbeiten.[1404] In dem neuen Kartellgesetz, das zum 1.1.2006 in Kraft getreten ist, wird unter anderem auch die Differenzierung zwischen horizontalen und vertikalen Vereinbarungen aufgegeben und beide Arten von Vereinbarungen dem in § 1 KartG 2005 enthaltenen Kartellverbot unterstellt. In § 2 Abs. 1 KartG findet sich ein Freistellungstatbestand, der sich sehr genau an Art. 81 Abs. 3 EG orientiert.[1405]

In **Finnland**, wo vertikale Wettbewerbsbeschränkungen früher ebenfalls einer Missbrauchsaufsicht unterlagen, wurde die VO Nr. 1/2003 als Anlass genommen, sowohl für horizontale als auch für vertikale Wettbewerbsbeschränkungen mit innerstaatlicher Wirkung die Systematik des europäischen Kartellverbots zu übernehmen. In das nationale Recht wurde eine Parallelvorschrift zu Art. 81 EG aufgenommen, die sich nur durch das Fehlen der Zwischenstaatlichkeitsklausel und Einfügung einer Spürbarkeitsschwelle unterscheidet.[1406]

In den **Niederlanden** unterliegen horizontale und vertikale Vereinbarungen dem Kartellverbot. Nach Art. 12 Mw (*mededingingswet*) sind die europäischen Gruppenfreistellungsverordnungen im niederländischen Kartellrecht anwendbar. Dass dies auch für Sachverhalte ohne Auswirkungen auf den zwischenstaatlichen Handel gilt, stellt Art. 13 Mw klar. Die Verweisung auf die europäischen

---

1402 *Woll*, Die Konvergenz der Kartellgesetze in Europa, S. 161 f. Auch das belgische, spanische und dänische Recht enthalten ähnliche Regelungen.

1403 Siehe dazu *Wollmann*, in: Frankfurter Kommentar, Band I, Ausländisches Kartellrecht, E. Österreichisches Kartellrecht, Rn. 43 ff.; *I. Schmidt*, Wettbewerbspolitik und Kartellrecht, S. 211.

1404 In Bezug auf die künftige Rechtslage vgl. *Ablasser-Neuhuber/Flener*, WuW 2005, 254 (254 f.).

1405 Vgl. www.bwb.gv.at/BWB/Gesetze/Kartellgesetz/default.htm.

1406 Siehe in Bezug auf Finnland: *Mentula/Ruohoniemi*, E.C.L.R. 2004, 638 (639 f.); *Eerola*, WuW 2003, 919.

Gruppenfreistellungsverordnungen ist in den Niederlanden ebenso wie in Deutschland dynamischer Art.

In **Belgien**, wo das Kartellverbot seit langer Zeit auf vertikale Vereinbarungen anwendbar ist, ist nun festgelegt, dass die europäischen Gruppenfreistellungsverordnungen Anwendung finden.[1407]

Auch in **Dänemark** unterliegen vertikale Wettbewerbsbeschränkungen nun dem Kartellverbot. Auch nach der neusten Novelle des Wettbewerbsgesetzes können innerstaatlich wirkende wettbewerbsbeschränkende Vereinbarungen bei der nationalen Wettbewerbsbehörde angemeldet werden, um eine Einzelfreistellung zu erhalten.[1408] Die vGVO wurde in das nationale Recht transformiert.[1409]

Auch in den zehn mittel- und osteuropäischen Staaten, die der Europäischen Union am 1.5.2004 beigetreten sind, wurde das europäische Kartellrecht als Muster für die nationalen Kartellgesetze genommen.[1410] Grund für die besonders genaue Angleichung an das europäische Kartellrecht in den neuen Mitgliedstaaten waren die sog. Europa-Abkommen[1411], die Anfang der neunziger Jahre zwischen der Europäischen Union und den künftigen Mitgliedstaaten geschlossen wurden. Diese sahen eine recht genaue Übernahme des *acquis communautaire* in die verschiedenen Rechtsbereiche der neuen Mitgliedstaaten vor. Zum Teil existieren in diesen Ländern auch schon seit längerer Zeit Gruppenfreistellungsverordnungen.[1412] Trotz der starken regulativen Ausrichtung dieser Länder am europäischen Kartellrecht zeigt sich, dass häufig noch erheblicher

---

1407 Vgl. Art. 5 Arrêté royal portant coordination de la loi du 10 juin 2006 sur la protection de la concurrence économique et de la loi du 10 juin 2006 instituant un Conseil de la concurrence.

1408 *Plum/Kofmann*, WuW 2005, 626.

1409 Vgl. diesbezügliche Anmerkung bei *Plum/Kofmann*, WuW 2003, 618.

1410 Internet-Fundstellen der englischen Übersetzungen der entsprechenden Gesetze sowie einen Überblick über die Rechtslage finden sich bei *Lorentzen/Møllgaard*, E.C.L.R. 2003, 280 ff. Fn. 9. Siehe auch *Fornalczyk*, Intereconomics 2002, 52 ff.; *Tóth*, E.C.L.R. 1998, 358 ff. (Ungarn); *Virtanen*, E.C.L.R. 2000, 30 ff. (Litauen).

1411 Siehe zu den kartellrechtlichen Bestimmungen in den einzelnen Europa-Abkommen, *Van den Bossche*, E.C.L.R. 1997, 24 (25).

1412 Siehe zu den ungarischen Gruppenfreistellungsverordnungen *Hegyi*, GRUR Int. 1999, 312 ff.; *Sroczynski*, WuW 2003, 274 zu den polnischen und *Kusák*, WuW 2002, 1190 zu den tschechischen Gruppenfreistellungsverordnungen.

Nachholbedarf in der konsequenten Anwendung der kartellrechtlichen Normen besteht.[1413]

Die der EU nicht angehörige **Schweiz** orientiert sich ebenfalls sehr stark am europäischen Kartellrecht.[1414] Zwar unterstellt sie vertikale Vereinbarungen einer Missbrauchsaufsicht, übernimmt aber bei deren gesetzlicher Kodifizierung[1415] große Teile der vGVO.

1413 Vgl. Studie von *Lorentzen/Møllgaard*, E.C.L.R. 2003, 280 ff.

1414 Vgl. *Krauskopf/Carron*, WuW 2004, 495 (497 f.); *Hoch Classen*, Vertikale Wettbewerbsabreden im Kartellrecht; *Zäch,* in: Kartellgesetzrevision 2003, S. 23-68, 329-412; *Reich/Reinert*, in: Frankfurter Kommentar, Band I, Ausländisches Kartellrecht, F. Schweizer Kartellrecht, Rn. 40 ff.; *Meinhardt/Waser*, E.C.L.R. 2005, 349 ff.; *Weber/Zeier*, ZWeR 2005, 178 (196).

1415 Siehe Art. 5 Abs. 4 KG. Siehe auch noch *Schweizerische Wettbewerbskommission*, Bekanntmachung über die wettbewerbsrechtliche Behandlung vertikaler Abreden vom 18.2.2002 (PRW 2002/1, S. 404 ff.).

Sechster Teil: Schlussteil

Erster Abschnitt: Schlussbetrachtung

Kapitelübergreifend lässt sich folgendes Fazit aus der Untersuchung ziehen:

Durch die 7. GWB-Novelle kommt es für vertikale Vereinbarungen zum Übergang von der Missbrauchsaufsicht zum Kartellverbot. Der Umfang der dadurch hervorgerufenen beträchtlichen Systemänderungen wird durch die gleichzeitige Einführung der Legalausnahme faktisch etwas abgemildert, da das Legalausnahmesystem und auch die Gruppenfreistellungsverordnungen in ihren Wirkungen einer Missbrauchsaufsicht recht nahe kommen. Angesichts der Strukturen des neuen Legalausnahmesystems wurde zum Teil schon befürchtet, dass es im System der Legalausnahme zu einer „faktischen Kartellierungsfreiheit“ oder „*de facto*-Liberalisierung“ komme und dass das Kartellverbot durch die Reform *de facto* zu einem Missbrauchsverbot reduziert werde.[1416] Auch in der Systematik der Gruppenfreistellungsverordnungen wurden Strukturen der Missbrauchsaufsicht gesehen.[1417] Insgesamt führt die 7. GWB-Novelle zur Aufgabe der bisherigen Privilegierung vertikaler Vereinbarungen im deutschen Kartellrecht und zu einer Verschärfung der Rechtslage für Vertikalvereinbarungen. Der vielfach geäußerten Behauptung, dass eine Angleichung an das europäische Kartellrecht für innerstaatliche Sachverhalte erfolgen müsse, um kleine und mittelgroße Unternehmen nicht zu benachteiligen[1418], ist insoweit nicht zuzustimmen. Es hat sich gezeigt, dass der Maßstab, den die §§ 1, 2 GWB nun an vertikale Vereinbarungen stellen, wesentlich strenger ist als derjenige, der im Rahmen der früheren Missbrauchsaufsicht nach § 16 GWB a.F. bestand: Vertikale Vereinbarungen sind nun bereits dann nichtig und bußgeldbewehrt, wenn sie eine spürbar wettbewerbsbeschränkende Wirkung haben und wenn die vier kumulativ zu erfüllenden Freistellungskriterien des § 2 Abs. 1 GWB bzw. die diese konkretisierenden Freistellungskriterien der vGVO nicht eingreifen. Während es früher für die Zulässigkeit vertikaler Vereinbarungen im Rahmen

---

1416 Vgl. *Mestmäcker*, EuZW 1999, 523 (524); *Fikentscher*, WuW 2001, 446 (452); *Paulweber/Kögel*, AG 1999, 500 (501); *Rittner*, DB 1999, 1485 (1485); *Eilmansberger*, JZ 2001, 365 (368); *Koenigs*, DB 2003, 755 (758); *Monopolkommission*, 32. Sondergutachten, Tz. 78.

1417 Siehe *Brinker*, Mißbrauchsaufsicht auf der Grundlage der Gruppenfreistellungsverordnungen, S. 223; *Scheerer*, Rechtsfragen der Gruppenfreistellungsverordnung für vertikale Wettbewerbsbeschränkungen, S. 85.

1418 *Kahlenberg*, BB 1998, 1593 (1599); ähnlich *Bundesregierung*, Entwurf eines Siebten Gesetzes zur Änderung des Gesetzes gegen Wettbewerbsbeschränkungen, BT-Drs. 15/3640, S. 21, 23; *Staffelt* in der Plenardebatte, 2. und 3. Lesung zur Verabschiedung der 7. GWB-Novelle, Plenarprotokoll 15/164, S. 15384 A.

der Gesamtmarktanalyse des § 16 GWB a.F. ausreichend war, dass die durch die vertikalen Vereinbarungen bewirkte Wettbewerbsbeschränkung keine ausgeprägten *negativen* Effekte hatte, i.e. den Wettbewerb nicht wesentlich beeinträchtigte, kommt es für die Zulässigkeit von vertikalen Vereinbarungen nach § 2 Abs. 1 GWB nach neuem Recht darauf an, dass sich die wettbewerbsbeschränkende Vereinbarung zugleich *positiv* auf den Wettbewerb auswirkt. Dabei ist unter anderem entscheidend, dass echte Effizienzgewinne entstehen und eine Verbraucherbeteiligung am entstehenden Gewinn erfolgt. Wie eng diese Freistellungskriterien auszulegen sind, haben die Rechtsprechung des Gerichtshofs und die vor kurzem veröffentlichten Leitlinien der Kommission zur Anwendung des Art. 81 Abs. 3 EG gezeigt.[1419] Auch die durch die vGVO gebotene Freistellungsmöglichkeit kann den harten Zugriff des neuen Kartellverbots für Vertikalvereinbarungen nur bedingt mildern. Der „sichere Hafen", den die vGVO mit ihrer Marktanteilsschwelle von 30% für Vertikalvereinbarungen bietet, ist bedeutend kleiner als der Bereich, in dem nach bislang geltendem deutschen Recht keine wesentliche Beschränkung des Wettbewerbs angenommen wurde.

Die Neuregelung der Vertikalvereinbarungen durch die 7. GWB-Novelle führt mithin zu einer stärkeren und effizienteren Kontrolle des Wettbewerbs im Vertikalbereich. Die geringe Zahl an unter dem § 16 GWB a.F. erlassenen Missbrauchsverfügungen hat gezeigt, dass dieses Ziel innerhalb des früheren Regelungsregimes nicht zu erreichen war. Zudem wirkte auch die teilweise herangezogene „ökonomische Analyse" innerhalb des Tatbestands des § 16 GWB a.F. systemfremd.[1420] Demgegenüber erscheint der *more economic approach* im Rahmen des auf dem Verbotsprinzip basierenden Legalausnahmesystems mit Freistellungsmöglichkeit strukturell systemgerecht.

Von den durch die 7. GWB-Novelle erfolgten Rechtsänderungen sind insbesondere die wettbewerbsbeschränkenden Vertikalvereinbarungen mit rein innerstaatlicher Wirkung betroffen, da diese bislang nicht dem – mit dem neuen deutschen Kartellrecht fast inhaltsgleichen – europäischen Kartellrecht unterlagen. Bei Vertikalvereinbarungen mit innerstaatlicher Wirkung ergibt sich somit für die Unternehmen nach Inkrafttreten der 7. GWB-Novelle ein erheblicher vertraglicher Anpassungsbedarf, um die zivilrechtliche Wirksamkeit der Verträge sicherzustellen und das Risiko eines Bußgeldes auszuschalten. Dies gilt

---

1419 *Kommission*, Leitlinien zur Anwendung von Artikel 81 Abs. 3 EG-Vertrag, ABl. C 101/97 v. 27.4.2004.

1420 Siehe zu dem Versuch, die ökonomische Analyse im Rahmen von § 16 GWB a.F. zu etablieren *M. Pfeffer*, Interbrand-Kartellverbot, S. 342.

umso mehr, als § 131 GWB keine Übergangsfristen für vertikale Vereinbarungen vorsieht, die zum Teil gefordert wurden.[1421]

Vertikalvereinbarungen mit innerstaatlicher Wirkung werden häufig von kleinen und mittelgroßen Unternehmen vereinbart. Angesichts des hohen Anteils von kleinen und mittelgroßen Unternehmen als von der Verschärfung der kartellrechtlichen Bestimmungen für innerstaatliche Wettbewerbsbeschränkungen vorrangig Betroffene, ist die Frage aufgeworfen worden, ob die neue Rechtslage mit dem Mittelstandsschutz vereinbar sei.[1422] Eine solche Unvereinbarkeit würde insbesondere vorliegen, wenn der Mittelstandsschutz Aufgabe des deutschen Kartellrechts im Allgemeinen und der Regelung vertikaler Wettbewerbsbeschränkungen im Besonderen wäre. Anders als das europäische Kartellrecht[1423] verfolgt das deutsche Kartellrecht und die Kontrolle wettbewerbsbeschränkender Vereinbarungen durch das GWB lediglich das Ziel, den Wettbewerb als Institution und die wirtschaftliche Handlungsfreiheit aller Unternehmen zu schützen.[1424] Auch der Gesetzeszweck von Vorschriften des GWB, die sich speziell auf kleine und mittelgroße Unternehmen beziehen wie § 3 GWB und § 20 Abs. 4 GWB, kann nicht im Mittelstandsschutz gesehen werden.[1425] Zu einem besonderen Mittelstandsschutz bei der Kontrolle der Vertikalvereinbarungen verpflichtet das GWB nicht.[1426] Vielmehr soll die Kontrolle vertikaler Wettbewerbsbeschränkungen eine generelle Offenhaltung der Märkte durch die

---

1421 *Andersson-Lindström*, FAZ vom 8.12.2004, S. 23; *BDI*, Stellungnahme v. 13.9.2004 zum Regierungs-Entwurf eines siebten Gesetzes zur Änderung des Gesetzes gegen Wettbewerbsbeschränkungen, S. 4.

1422 *Glöckner*, WRP 2003, 1327 (1336).

1423 Nach Art. 157 Abs. 1 Unterabsatz 2 Spiegelstrich 3 EG zielt die Tätigkeit der EG „*entsprechend einem System offener und wettbewerbsorientierter Märkte*" auf die „*Förderung eines für die Initiative und Weiterentwicklung der Unternehmen in der gesamten Gemeinschaft, insbesondere der kleinen und mittleren Unternehmen, günstigen Umfelds*".

1424 *BGH*, Beschl. v. 24.9.2002, WuW/E DE-R 984 (987) „Konditionenanpassung"; *Kirchhoff*, in: Wiedemann, Hdb. d. KartellR § 9 Rn. 35.

1425 Siehe zu § 3 GWB: *Immenga*, in: Immenga/Mestmäcker, GWB, § 4 Rn. 12. Siehe zu § 20 GWB *BGH*, Urt. v. 23.2.1988, WuW/E BGH 2491 (2495) „Opel Blitz"; *Ebenroth*, Absatzmittlungsverhältnisse im Spannungsverhältnis von Kartell- und Zivilrecht, S. 160 ff.; *Markert*, in: Immenga/Mestmäcker, GWB, § 20 Rn. 41.

1426 So auch *Glöckner*, WRP 2003, 1327 (1336). Siehe umfassend zur möglichen Verankerung des Mittelstandsschutzes im GWB *Görgemanns*, Der Begriff der kleinen und mittleren Unternehmen im Gesetz gegen Wettbewerbsbeschränkungen, S. 34 ff., 78 f. Siehe auch *Säcker*, Zielwandlungen und Zielkonflikte in der Wettbewerbspolitik, S. 95, der darauf hinweist, dass eine „*small-business-policy*" nicht Aufgabe des Kartellrechts ist.

Bekämpfung künstlicher Marktzutrittsschranken bewirken.[1427] Bedenken hinsichtlich der Vereinbarkeit der neuen Regelung mit dem Mittelstandsschutz könnten allerdings dann vorliegen, wenn diese besonders für kleine und mittelständische Unternehmen eine ungünstige Wirkung hätte. Zwar müssen diese Unternehmen bei der Ausgestaltung ihrer vertraglichen Beziehungen die Vorgaben der vGVO beachten und sind in einigen Fällen anders als zuvor daran gehindert, Alleinvertriebs-, Alleinbezugs- und sonstige Wettbewerbsverbote zu vereinbaren. Diesen zusätzlichen Verpflichtungen steht jedoch der Vorteil des höheren Wettbewerbsschutzes gegenüber. Insgesamt kommt es durch den Übergang zum Kartellverbot mit Freistellungsmöglichkeit zur Erhöhung von Effizienz und Wettbewerbsfähigkeit in Deutschland, Verbesserung der Auswahlmöglichkeiten der Verbraucher und zu einer effektiveren Kontrolle von marktabschottenden Verhaltensweisen. Da die neue Regelung vertikaler Vereinbarungen somit wesentlich effektiveren Wettbewerbsschutz leistet als zuvor und durch Rechtsharmonisierung Kosteneinsparungen ermöglicht, ist davon auszugehen, dass davon letztlich auch die kleinen und mittleren Unternehmen profitieren werden, da diese unter Ausnutzung und Missbrauch von Marktmacht ihrer Konkurrenten regelmäßig besonders zu leiden haben. Daher sind die Bedenken im Hinblick auf die Vereinbarkeit der 7. GWB-Novelle mit dem Mittelstandsschutz nicht durchgreifend.

Zweiter Abschnitt: Zusammenfassung der wesentlichen Ergebnisse

Abschließend sollen die wesentlichen Ergebnisse der einzelnen Abschnitte der Arbeit in Thesen zusammengefasst werden:

1. Grundsätzlich wird eine innerstaatlich wirkende Wettbewerbsbeschränkung meist dann vorliegen, wenn sie sich auf Produkte bezieht, die auf einem lokalen oder regionalen Markt gehandelt werden. Im Einzelfall kann aber auch eine Vereinbarung mit Bezug zu Produkten, für die der relevante Markt national abzugrenzen ist, rein innerstaatliche Auswirkungen haben.[1428]

2. Fälle, in denen die vGVO auf innerstaatliche Sachverhalte angewendet werden wird, werden fast ausschließlich Vereinbarungen betreffen, die den Vertrieb von Produkten zum Gegenstand haben, die auf regionalen Märk-

---

[1427] *BGH*, Beschl. v. 14.3.1990, WuW/E BGH 2627 (2637) „Sportübertragungen"; *BGH*, Beschl. v. 18.5.1993, WuW/E BGH 2869 (2871) „Pauschalreisevermittlung II"; *Möschel*, Recht der Wettbewerbsbeschränkungen, Rn. 412; *Emmerich*, in: Immenga/Mestmäcker, GWB, § 16 Rn. 15.

[1428] Zweiter Teil, Erster Abschnitt, B. IV. (S. 30 f.).

ten gehandelt werden. Demgegenüber wird die innerstaatliche Anwendung der vGVO nur in seltenen Fällen die Freistellungsfähigkeit von Vereinbarungen über den Vertrieb von Produkten betreffen, die auf lokalen und nationalen Märkten gehandelt werden.[1429]

3. Die §§ 1, 2 GWB sowie die Gruppenfreistellungsverordnungen sind vor dem Hintergrund des europäischen Kartellrechts, i.e. der Rechtsprechung des Gerichtshofs und der Verwaltungspraxis der Kommission einschließlich ihrer Mitteilungen, Leitlinien und Bekanntmachungen, auszulegen. Die Pflicht zur Berücksichtigung des europäischen Kartellrechts bei der Anwendung des nationalen Kartellrechts auf innerstaatliche Sachverhalte ergibt sich nicht aus dem Gemeinschaftsrecht, wohl aber aus dem nationalen Recht. Lediglich in begründeten Ausnahmefällen kann von dieser sog. europafreundlichen Auslegung abgewichen werden.[1430]

4. Ergeben sich Unklarheiten bei der Anwendung der §§ 1, 2 GWB und Gruppenfreistellungsverordnungen auf innerstaatliche Sachverhalte, so kann der Gerichtshof im Vorabentscheidungsverfahren nach Art. 234 EG auf Vorlage der nationalen Gerichte verbindlich über die Auslegung entscheiden. Letztinstanzliche Gerichte sind zur Beantragung eines Vorabentscheidungsverfahrens beim Gerichtshof verpflichtet, wenn in einem Rechtsstreit die Auslegung des Gemeinschaftsrechts, das für innerstaatliche Sachverhalte übernommen worden ist, unklar und entscheidungserheblich ist.[1431]

5. Die dynamische Verweisung auf die europäischen Gruppenfreistellungsverordnungen ist aus verfassungsrechtlicher Sicht zulässig.[1432] Die gewählte Art und Weise der Transformation der Gruppenfreistellungsverordnungen verstößt insbesondere nicht gegen das Demokratie- und Rechtsstaatsgebot und die in diesen enthaltenen Prinzipien (Grundsätze der Gewaltenteilung, Bestimmtheit, Parlamentsvorbehalt und Publizitätsprinzip).

1429 Vierter Teil, Erster Abschnitt, D. III. (S. 167).

1430 Zweiter Teil, Zweiter Abschnitt, B. I. 3. (S. 48).

1431 Zweiter Teil, Zweiter Abschnitt, B. II. (S. 49 ff.).

1432 Zweiter Teil, Dritter Abschnitt, D. (S. 93).

6. Auch im System der Legalausnahme können Gruppenfreistellungsverordnungen wettbewerbsbeschränkende Vereinbarungen mit konstitutiver Wirkung immunisieren.[1433]

7. Da die vGVO die Freistellung davon abhängig macht, dass der Marktanteil von 30% nicht überschritten wird, nimmt die Marktabgrenzung nun eine zentrale Rolle ein. Bei der Abgrenzung des relevanten Markts hat eine Orientierung an den im europäischen Kartellrecht entwickelten Grundsätzen der Marktabgrenzung zu erfolgen. Es ist herausgearbeitet worden, dass bei der schutzzweckadäquaten Auslegung des Begriffs des Marktanteils mehr Parallelen zum Marktbegriff bei der Fusionskontrolle als bei der Missbrauchsaufsicht im Rahmen des Art. 82 EG bestehen.[1434] Da die Marktabgrenzung im Rahmen der vGVO als Selbsteinschätzung erfolgt, wird den Unternehmen dabei keine so umfangreiche Datenbasis zur Verfügung stehen wie den Wettbewerbsbehörden bei der Marktabgrenzung bei Fusionskontrolle und Missbrauchsaufsicht. Da bei der Anwendung der vGVO zudem viele Unternehmen Märkte für verschiedene Produkte abgrenzen müssen, wird die Marktabgrenzung bei der Anwendung der vGVO nicht gleichermaßen exakt wie bei Fusionskontrolle und Missbrauchsaufsicht erfolgen können.

8. Nach der 7. GWB-Novelle beurteilt sich die Spürbarkeit einer Wettbewerbsbeschränkung im Rahmen des § 1 GWB nach der Rechtsprechung des Gerichtshofs und der Verwaltungspraxis der Kommission einschließlich ihrer Bagatell-Bekanntmachung. Auch für innerstaatlich wirkende Wettbewerbsbeschränkungen sollten die aus der Bagatell-Bekanntmachung der Kommission bekannten Schwellenwerte von 15% Marktanteil bei vertikalen bzw. 10% bei horizontalen Vereinbarungen übernommen werden.[1435]

9. Es ist dargestellt worden, dass die innerstaatliche Anwendung der vGVO insbesondere Wettbewerbsverbote, Gebietsbeschränkungen, Preisbindungen und Franchisesysteme betreffen wird. Demgegenüber werden bei Selektiv- und Alleinvertriebssystemen nur wenige Vereinbarungen allein den innerstaatlichen Handel betreffen, so dass in diesen Bereichen die vGVO meist direkt anwendbar sein wird.

[1433] Zweiter Teil, Vierter Abschnitt, B. (S. 102).

[1434] Vierter Teil, Erster Abschnitt, B. III. (S. 129).

[1435] Dritter Teil, Zweiter Abschnitt, A. (S. 110 ff.).

10. Nach der 7. GWB-Novelle wird bei dem Verbot der Fest- und Mindestpreisbindung die bereits aus § 14 GWB a.F. bekannte Struktur beibehalten. Nun ergibt sich das Verbot der Preisbindung aus § 1 GWB, nachdem der Versuch der Normierung eines expliziten Preisbindungsverbots in § 4 GWB Reg-E 2004 gescheitert ist. Wegen Art. 4 lit. a vGVO gibt es für Preisbindungen generell keine Freistellung nach der vGVO. Höchstpreisbindungen können allerdings unter den Voraussetzungen der vGVO zulässig sein, was im Vergleich zur früheren Rechtslage eine Neuerung darstellt. Dies beendet die bislang auf diesem Gebiet bestehende Rechtsspaltung zwischen deutschem und europäischem Kartellrecht und ist wie dargestellt wettbewerbspolitisch sachgerecht.[1436] Das früher in § 14 GWB a.F. enthaltene absolute Verbot von Konditionenbindungen wird mit der 7. GWB-Novelle aufgehoben und durch ein Kartellverbot mit der Möglichkeit der Freistellung nach § 2 Abs. 1 GWB bzw. der vGVO ersetzt. Die daraus resultierende Freistellung von Meistbegünstigungsklauseln durch die vGVO ist aufgrund der äußerst wettbewerbsschädigenden Wirkung dieser Klauseln sehr kritisch zu bewerten. Dies gilt auch im Hinblick darauf, dass die Freistellung der Meistbegünstigungsklauseln im europäischen Kartellrecht eine unbeabsichtigte Nebenfolge der umfassenden Freistellung vertikaler Vereinbarungen durch die vGVO war.[1437]

11. Bei der kartellrechtlichen Beurteilung von Wettbewerbsverboten zulasten des Käufers ergeben sich durch die Einführung des Kartellverbots und die Freistellungsfähigkeit nach der vGVO insofern erhebliche Änderungen als nun in der Regel nur noch Laufzeiten bis zu fünf Jahren freistellungsfähig sind.[1438] Insbesondere in der Bierbranche wird sich durch die neue Rechtslage ein Erfordernis zur Lockerung der langjährigen Alleinbezugsverträge der Brauereien mit Gaststätteninhabern ergeben. Denn im Beispielsfall ist dargestellt worden, dass eine Freistellung derartiger Verträge über § 2 Abs. 1 GWB im Regelfall äußerst unwahrscheinlich ist.[1439]

1436 Vierter Teil, Zweiter Abschnitt, B. (S. 172 ff.).

1437 Vierter Teil, Zweiter Abschnitt, D. II. 3. (S. 186 ff.).

1438 Vierter Teil, Sechster Abschnitt, A. I. (S. 240 ff.).

1439 Vierter Teil, Sechster Abschnitt, A. I. 1. b). (S. 248 ff.).

12. Vertikale Demarkationen in der Energiebranche werden nach der 7. GWB-Novelle durch die vGVO freigestellt sein, was jedoch erhebliche Bedenken im Hinblick auf einen angemessenen Schutz des Wettbewerbs aufwirft.[1440]

13. Nach der 7. GWB-Novelle wird der qualitative und quantitative Selektivvertrieb bei innerstaatlich wirkenden selektiven Vertriebssystemen in Abhängigkeit der Marktanteilsschwelle umfassend durch die vGVO freigestellt. Wegen der in Art. 4 lit. b, 3. Spiegelstrich, Art. 4 lit. c, 1. Halbsatz, Art. 4 lit. d und Art. 5 lit. c vGVO enthaltenen speziellen Regelungen für selektive Vertriebssysteme besteht nach der 7. GWB-Novelle Anpassungsbedarf für Altverträge.[1441] Beim Franchising werden das Kartellverbot und die neuen Freistellungsvoraussetzungen der vGVO zu einer stärkeren wettbewerblichen Kontrolle von innerstaatlich wirkenden Franchisesystemen führen.[1442] Sowohl beim Franchising als auch beim Selektivvertrieb mit innerstaatlicher Wirkung unterscheiden sich die typischen Vertriebsklauseln in ihrer Wirkung auf den Wettbewerb nicht von denen mit zwischenstaatlichem Bezug, so dass die Anwendung der vGVO auf innerstaatlich wirkende Franchise- und Selektivvertriebssysteme sachgerecht ist.

14. Die vGVO ist auch auf vertikale Wettbewerbsbeschränkungen in unechten Handelsvertreterverträgen anwendbar.[1443] Der durch die Rechtsprechung des Gerichtshofs, die Leitlinien der Kommission zu vertikalen Beschränkungen und die vGVO geschaffene neue Rahmen für Handelsvertreterverträge ist – entgegen der fast durchweg negativen Bewertung in der Literatur – wettbewerbspolitisch klar durchdacht: Sowohl die grundsätzliche Nichtfreistellung von Preisbindungen, Gebiets- und Kundenbeschränkungen als auch von Wettbewerbsverboten mit über fünf Jahren Laufzeit ist bei unechten Handelsvertretersystemen systemgerecht.[1444]

15. Bei der kartellrechtlichen Beurteilung von Wettbewerbsverboten in den zur Zeit noch weit verbreiteten unechten Handelsvertreterverträgen sind nun bereits bei der Anwendung des § 1 GWB a.F. erhebliche Neuerungen zu beachten:[1445] Während die Immanenztheorie früher in vielen Fällen bei ho-

---

[1440] Vierter Teil, Sechster Abschnitt, A. I. 2. b) bb) (2) (c). (S. 280).

[1441] Vierter Teil, Siebter Abschnitt (S. 285 ff.).

[1442] Vierter Teil, Achter Abschnitt (S. 302 ff.).

[1443] Vierter Teil, Neunter Abschnitt, B. II. (S. 335 ff.).

[1444] Vierter Teil, Neunter Abschnitt, B. II. 2. (S. 337 ff.).

[1445] Vierter Teil, Neunter Abschnitt, C. I. 2. (S. 351 ff.).

rizontalen Vereinbarungen nach § 1 GWB a.F. und Handelsvertreterverträgen nach § 16 GWB a.F. angewandt wurde, ist nach der Kartellrechtsreform eine derartige Tatbestandseinschränkung des § 1 GWB bei Handelsvertreterverträgen äußerst zweifelhaft.[1446] Auch eine Tatbestandseinschränkung mittels der Theorie der *ancillary restraints* ist bei Handelsvertreterverträgen abzulehnen.[1447] Bedingt durch die Zweistufigkeit der kartellrechtlichen Prüfung nach neuem Recht wird ein Verstoß gegen das Kartellverbot häufiger als zuvor zu bejahen sein. In vielen Fällen werden Wettbewerbsverbote in Handelsvertreterverträgen mangels Freistellungsmöglichkeit kartellrechtswidrig sein.

16. An den Gebietsschutz- und Alleinvertriebsklauseln[1448] hat sich gezeigt, dass die Anwendung der vGVO auf vertikale Vereinbarungen, die keine Auswirkungen auf den zwischenstaatlichen Handel haben, im Einzelfall zu inadäquaten Ergebnissen führen kann. Der generelle Freistellungsausschluss von Gebietsschutzvereinbarungen durch die vGVO, der als schwarze Klausel zur Nichtanwendbarkeit der vGVO auf den gesamten Vertriebsvertrag führt, ist in vielen Fällen mit rein innerstaatlicher Auswirkung zu weitgehend. In diesen Fällen müssen sich die Unternehmen der schwierigen Frage der Freistellungsfähigkeit nach § 2 Abs. 1 GWB zuwenden, was in der Praxis einen größeren Prüfungsaufwand bedeutet und eine erhebliche Rechtsunsicherheit mit sich bringt.

17. Bei Alleinvertriebsvereinbarungen besteht ein entsprechendes Problem unter umgekehrten Vorzeichen: Bei innerstaatlich wirkenden wettbewerbsbeschränkenden Alleinvertriebsvereinbarungen kann die generelle Freistellung bei einem Markanteil von nicht über 30% zu weitgehend sein, da der rein innerstaatlich wirkende Alleinvertrieb weitaus mehr wettbewerbswidrige Wirkungen hat als der Alleinvertrieb mit zwischenstaatlicher Wirkung. Sinnvoller wäre eine niedrigere Marktanteilsschwelle für den innerstaatlich wirkenden Alleinvertrieb gewesen. Die „überschießende" Freistellung des innerstaatlich wirkenden Alleinvertriebs durch die vGVO kann durch Entzug des Rechtsvorteils der Gruppenfreistellungsverordnung durch die Kartellbehörden nach § 32d GWB gelöst werden. Ein Entzug des Rechtsvorteils der Gruppenfreistellungsverordnung wird jedoch nicht in allen derartigen Fällen ein praktikables Instrument sein, da den Kartellbehörden nicht

---

[1446] Vierter Teil, Neunter Abschnitt, C. I. 2. a) (S. 353).

[1447] Vierter Teil, Neunter Abschnitt, C. I. 2. c) (S. 364).

[1448] Vierter Teil, Dritter und Vierter Abschnitt (S. 190 ff. und S. 207 ff.).

immer bekannt ist, welche Vertikalabsprachen durch die vGVO freigestellt sind, obwohl sie die allgemeinen Freistellungsvoraussetzungen nicht erfüllen.

18. Die im Rahmen dieser Arbeit durchgeführte Untersuchung hat gezeigt, dass die Anwendung der vGVO in der überwiegenden Anzahl der Fälle auch bei rein innerstaatlichen Fällen zu angemessenen Ergebnissen führt. Anderes gilt nur hinsichtlich des Verbots der Gebietsschutzklauseln und der Freistellung des Alleinvertriebs, bei denen jedoch sachgerechte Lösungen durch Entzug des Rechtsvorteils der Gruppenfreistellungsverordnung bzw. über die Anwendung von § 2 Abs. 1 GWB als Korrektive erzielt werden können. Da zudem im Interesse der Rechtsklarheit eine umfassende Harmonisierung mit dem europäischem Kartellrecht und eine vollständige Übernahme der Gruppenfreistellungsverordnungen erfolgen sollte, ist die Entscheidung des deutschen Gesetzgebers, neben den anderen europäischen Gruppenfreistellungsverordnungen auch die vGVO für innerstaatliche Sachverhalte in das deutsche Recht zu transformieren, sachgerecht.

Anhang 1: Überblick über die Missbrauchsverfahren des Bundeskartellamts nach § 16 GWB a.F bzw. § 18 GWB a.F. in den Jahren 1959-2004

Verfahren des Bundeskartellamts

	Anzahl der neuen Verfahren	Untersagungsverfügung	Aufgabe des beanstandeten Verhaltens	Einstellung aus anderen Gründen	an andere Behörden abgegeben
1959	18		3	8	
1960	28			11	1
1961	26		6	15	1
1962	22		2	18	3
1963	26		2	18	3
1964	40		3	24	3
1965	42		7	41	4
1966	40		5	39	2
1967	25		4	25	2
1968	26		7	11	4
1969	19		2	14	2
1970	27			7	2
1971	11		2	12	1
1972	20		8	9	4
1973	22		2	17	3
1974	33		3	14	6
1975	9		3	13	
1976	13		1	18	
1977	14		3	27	
1978	4		2	4	
1979 und 1980	23		3	17	1

Verfahren des Bundeskartellamts

	Anzahl der neuen Verfahren	Unter-sagungs-verfügung	Aufgabe des bean-standeten Verhaltens	Einstellung aus anderen Gründen	an andere Behörden abgegeben
1981	3		1	2	
1982	8		2	6	
1983	11	1	4	8	
1984	1			14	
1985	2			2	
1986	2			2	
1987	2			2	
1988	6	3	1	2	
1989	1			1	
1990	1			1	
1991	1			1	
1992	4			2	
1993	3			2	1
1994	2		1	2	
1995	1				
1996	-			1	
1997	3			3	
1998	1			1	
1999	7		1	2	
2000	5			1	
2001	5		2	6	
2002	2	1		1	
2003	2			2	
2004	1			2	

Anhang 2: Überblick über die Missbrauchsverfahren der Landeskartellbehörden nach § 16 GWB a.F bzw. § 18 GWB a.F. in den Jahren 1959-2004

Verfahren der Landeskartellbehörden

	Anzahl der neuen Verfahren	Untersagungsverfügung	Aufgabe des beanstandeten Verhaltens	Einstellung aus anderen Gründen	an andere Behörden abgegeben
1959	12		2	3	1
1960	15		12	5	1
1961	8			6	
1962	15		2	9	
1963	12		3	12	1
1964	15	1	1	11	4
1965	9		1	5	3
1966	22		1	9	2
1967	4		2	8	1
1968	13		1	12	2
1969	13			10	1
1970	16			17	1
1971	15		4	7	
1972	22		4	11	3
1973	20		3	10	
1974	29		1	19	4
1975	34	1	3	29	5
1976	34		6	27	5
1977	37		5	24	3
1978	20			26	3
1979 und 1980	39		7	26	3

Verfahren der Landeskartellbehörden

	Anzahl der neuen Verfahren	Unter-sagungs-verfügung	Aufgabe des beanstan-deten Verhaltens	Einstellung aus anderen Gründen	an andere Behörden abgegeben
1981	7			10	1
1982	8			6	1
1983	9			7	3
1984	19			17	3
1985	14		5	13	2
1986	12		6	7	1
1987	8		1	4	2
1988	10		1	4	1
1989	10		2	10	2
1990	2			2	
1991	4			2	
1992	10		1	8	
1993	7		2	6	
1994	8		2	6	
1995	3		1	4	
1996	8		1	6	1
1997	4		1	3	
1998	1			2	
1999	1				1
2000	4			3	
2001			1		
2002					
2003	3		2		
2004	1		1		

Anhang 3: Gesetz gegen Wettbewerbsbeschränkungen in der Fassung vom 15. Juli 2005 (Auszug)

§ 1
Verbot wettbewerbsbeschränkender Vereinbarungen

Vereinbarungen zwischen Unternehmen, Beschlüsse von Unternehmensvereinigungen und aufeinander abgestimmte Verhaltensweisen, die eine Verhinderung, Einschränkung oder Verfälschung des Wettbewerbs bezwecken oder bewirken, sind verboten.

§ 2
Freigestellte Vereinbarungen

(1) Vom Verbot des § 1 freigestellt sind Vereinbarungen zwischen Unternehmen, Beschlüsse von Unternehmensvereinigungen oder aufeinander abgestimmte Verhaltensweisen, die unter angemessener Beteiligung der Verbraucher an dem entstehenden Gewinn zur Verbesserung der Warenerzeugung oder -verteilung oder zur Förderung des technischen oder wirtschaftlichen Fortschritts beitragen, ohne dass den beteiligten Unternehmen

1. Beschränkungen auferlegt werden, die für die Verwirklichung dieser Ziele nicht unerlässlich sind, oder
2. Möglichkeiten eröffnet werden, für einen wesentlichen Teil der betreffenden Waren den Wettbewerb auszuschalten.

(2) Bei der Anwendung von Absatz 1 gelten die Verordnungen des Rates oder der Kommission der Europäischen Gemeinschaft über die Anwendung von Artikel 81 Abs. 3 des Vertrages zur Gründung der Europäischen Gemeinschaft auf bestimmte Gruppen von Vereinbarungen, Beschlüsse von Unternehmensvereinigungen und aufeinander abgestimmte Verhaltensweisen (Gruppenfreistellungsverordnungen) entsprechend. Dies gilt auch, soweit die dort genannten Vereinbarungen, Beschlüsse und Verhaltensweisen nicht geeignet sind, den Handel zwischen den Mitgliedstaaten der Europäischen Gemeinschaft zu beeinträchtigen.

§ 22
Verhältnis dieses Gesetzes zu den Artikeln 81 und 82 des Vertrages zur Gründung der Europäischen Gemeinschaft

(1) Auf Vereinbarungen zwischen Unternehmen, Beschlüsse von Unternehmensvereinigungen und aufeinander abgestimmte Verhaltensweisen im Sinne

des Artikels 81 Abs. 1 des Vertrages zur Gründung der Europäischen Gemeinschaft, die den Handel zwischen den Mitgliedstaaten der Europäischen Gemeinschaft im Sinne dieser Bestimmung beeinträchtigen können, können auch die Vorschriften dieses Gesetzes angewandt werden. Ist dies der Fall, ist daneben gemäß Artikel 3 Abs. 1 Satz 1 der Verordnung (EG) Nr. 1/2003 des Rates vom 16. Dezember 2002 zur Durchführung der in den Artikeln 81 und 82 des Vertrages niedergelegten Wettbewerbsregeln (ABl. EG 2003 Nr. L 1 S. 1) auch Artikel 81 des Vertrages zur Gründung der Europäischen Gemeinschaft anzuwenden.

(2) Die Anwendung der Vorschriften dieses Gesetzes darf gemäß Artikel 3 Abs. 2 Satz 1 der Verordnung (EG) Nr. 1/2003 nicht zum Verbot von Vereinbarungen zwischen Unternehmen, Beschlüssen von Unternehmensvereinigungen und aufeinander abgestimmten Verhaltensweisen führen, welche den Handel zwischen den Mitgliedstaaten der Europäischen Gemeinschaft zu beeinträchtigen geeignet sind, aber den Wettbewerb im Sinne des Artikels 81 Abs. 1 des Vertrages zur Gründung der Europäischen Gemeinschaft nicht beschränken oder die Bedingungen des Artikels 81 Abs. 3 des Vertrages zur Gründung der Europäischen Gemeinschaft erfüllen oder durch eine Verordnung zur Anwendung des Artikels 81 Abs. 3 des Vertrages zur Gründung der Europäischen Gemeinschaft erfasst sind. Die Vorschriften des Zweiten Abschnitts bleiben unberührt. In anderen Fällen richtet sich der Vorrang von Artikel 81 des Vertrages zur Gründung der Europäischen Gemeinschaft nach dem insoweit maßgeblichen europäischen Gemeinschaftsrecht.

(3) Auf Handlungen, die einen nach Artikel 82 des Vertrages zur Gründung der Europäischen Gemeinschaft verbotenen Missbrauch darstellen, können auch die Vorschriften dieses Gesetzes angewandt werden. Ist dies der Fall, ist daneben gemäß Artikel 3 Abs. 1 Satz 2 der Verordnung (EG) Nr. 1/2003 auch Artikel 82 des Vertrages zur Gründung der Europäischen Gemeinschaft anzuwenden. Die Anwendung weitergehender Vorschriften dieses Gesetzes bleibt unberührt.

(4) Die Absätze 1 bis 3 gelten unbeschadet des europäischen Gemeinschaftsrechts nicht, soweit die Vorschriften über die Zusammenschlusskontrolle angewendet werden. Vorschriften, die überwiegend ein von den Artikeln 81 und 82 des Vertrages zur Gründung der Europäischen Gemeinschaft abweichendes Ziel verfolgen, bleiben von den Vorschriften dieses Abschnitts unberührt.

Anhang 4: Gesetz gegen Wettbewerbsbeschränkungen in der Fassung vom 26. August 1998 (Auszug)

§ 1
Kartellverbot

Vereinbarungen zwischen miteinander im Wettbewerb stehenden Unternehmen, Beschlüsse von Unternehmensvereinigungen und aufeinander abgestimmte Verhaltensweisen, die eine Verhinderung, Einschränkung oder Verfälschung des Wettbewerbs bezwecken oder bewirken, sind verboten.

§ 7
Sonstige Kartelle

(1) Vereinbarungen und Beschlüsse, die unter angemessener Beteiligung der Verbraucher an dem entstehenden Gewinn zu einer Verbesserung der Entwicklung, Erzeugung, Verteilung, Beschaffung, Rücknahme oder Entsorgung von Waren oder Dienstleistungen beitragen, können vom Verbot des § 1 freigestellt werden, wenn die Verbesserung von den beteiligten Unternehmen auf andere Weise nicht erreicht werden kann, in einem angemessenen Verhältnis zu der damit verbundenen Wettbewerbsbeschränkung steht und die Wettbewerbsbeschränkung nicht zur Entstehung oder Verstärkung einer marktbeherrschenden Stellung führt.

(2) Vereinbarungen und Beschlüsse, die eine Rationalisierung wirtschaftlicher Vorgänge durch Spezialisierung oder auf andere Weise, den gemeinsamen Einkauf von Waren oder die gemeinsame Beschaffung gewerblicher Leistungen oder die einheitliche Anwendung von Konditionen zum Gegenstand haben, können nur nach § 2 Abs. 2 und den §§ 3 bis 5 vom Verbot des § 1 freigestellt werden.

§ 14
Verbot von Vereinbarungen über Preisgestaltung oder Geschäftsbedingungen

Vereinbarungen zwischen Unternehmen über Waren oder gewerbliche Leistungen, die sich auf Märkte innerhalb des Geltungsbereichs dieses Gesetzes beziehen, sind verboten, soweit sie einen Beteiligten in der Freiheit der Gestaltung von Preisen oder Geschäftsbedingungen bei solchen Vereinbarungen beschränken, die er mit Dritten über die gelieferten Waren, über andere Waren oder über gewerbliche Leistungen schließt.

§ 15
Preisbindung bei Verlagserzeugnissen

(1) § 14 gilt nicht, soweit ein Unternehmen die Abnehmer seiner Verlagserzeugnisse rechtlich oder wirtschaftlich bindet, bei der Weiterveräußerung bestimmte Preise zu vereinbaren oder ihren Abnehmern die gleiche Bindung bis zur Weiterveräußerung an den letzten Verbraucher aufzuerlegen.

(2) Vereinbarungen der in Absatz 1 bezeichneten Art sind, soweit sie Preise und Preisbestandteile betreffen, schriftlich abzufassen. Es genügt, wenn die Beteiligten Urkunden unterzeichnen, die auf eine Preisliste oder auf Preismitteilungen Bezug nehmen. § 126 Abs. 2 des Bürgerlichen Gesetzbuches findet keine Anwendung.

(3) Das Bundeskartellamt kann von Amts wegen oder auf Antrag eines gebundenen Abnehmers die Preisbindung für unwirksam erklären und die Anwendung einer neuen, gleichartigen Preisbindung verbieten, wenn

1. die Preisbindung mißbräuchlich gehandhabt wird oder
2. die Preisbindung oder ihre Verbindung mit anderen Wettbewerbsbeschränkungen geeignet ist, die gebundenen Waren zu verteuern oder ein Sinken ihrer Preise zu verhindern oder ihre Erzeugung oder ihren Absatz zu beschränken.

§ 16
Mißbrauchsaufsicht über Ausschließlichkeitsbindungen

Die Kartellbehörde kann Vereinbarungen zwischen Unternehmen über Waren oder gewerbliche Leistungen für unwirksam erklären und die Anwendung neuer, gleichartiger Bindungen verbieten, soweit sie einen Beteiligten

1. in der Freiheit der Verwendung der gelieferten Waren, anderer Waren oder gewerblicher Leistungen beschränken oder
2. darin beschränken, andere Waren oder gewerbliche Leistungen von Dritten zu beziehen oder an Dritte abzugeben, oder
3. darin beschränken, die gelieferten Waren an Dritte abzugeben, oder
4. verpflichten, Waren oder gewerbliche Leistungen abzunehmen, die weder sachlich noch handelsüblich dazugehören,

und soweit durch das Ausmaß solcher Beschränkungen der Wettbewerb auf dem Markt für diese oder andere Waren oder gewerbliche Leistungen wesentlich beeinträchtigt wird.

Anhang 5:

29. 12. 1999 DE Amtsblatt der Europäischen Gemeinschaften L 336/21

VERORDNUNG (EG) Nr. 2790/1999 DER KOMMISSION vom 22. Dezember 1999

über die Anwendung von Artikel 81 Absatz 3 des Vertrages auf Gruppen von vertikalen Vereinbarungen und aufeinander abgestimmten Verhaltensweisen

(Text von Bedeutung für den EWR)

DIE KOMMISSION DER EUROPÄISCHEN GEMEINSCHAFTEN —

gestützt auf den Vertrag zur Gründung der Europäischen Gemeinschaft,

gestützt auf die Verordnung Nr. 19/65/EWG des Rates vom 2. März 1965 über die Anwendung von Artikel 85 Absatz 3 des Vertrages auf Gruppen von Vereinbarungen und aufeinander abgestimmten Verhaltensweisen [1], zuletzt geändert durch die Verordnung (EG) Nr. 1215/1999 [2], insbesondere auf Artikel 1,

nach Veröffentlichung des Entwurfs dieser Verordnung [3],

nach Anhörung des Beratenden Ausschusses für Kartell- und Monopolfragen,

in Erwägung nachstehender Gründe:

(1) Nach der Verordnung Nr. 19/65/EWG ist die Kommission ermächtigt, Artikel 81 Absatz 3 des Vertrages (Ex-Artikel 85 Absatz 3) durch Verordnung auf bestimmte Gruppen von vertikalen Vereinbarungen und die entsprechenden aufeinander abgestimmten Verhaltensweisen anzuwenden, die unter Artikel 81 Absatz 1 fallen.

(2) Aufgrund der bisherigen Erfahrungen läßt sich eine Gruppe von vertikalen Vereinbarungen definieren, die regelmäßig die Voraussetzungen von Artikel 81 Absatz 3 erfüllen.

(3) Diese Gruppe umfaßt vertikale Vereinbarungen über den Kauf oder Verkauf von Waren oder Dienstleistungen, die zwischen nicht miteinander im Wettbewerb stehenden Unternehmen, zwischen bestimmten Wettbewerbern sowie von bestimmten Vereinigungen des Wareneinzelhandels geschlossen werden. Diese Gruppe umfaßt ebenfalls vertikale Vereinbarungen, die Nebenabreden über die Übertragung oder Nutzung geistiger Eigentumsrechte enthalten. Für die Anwendung dieser Verordnung umfaßt der Begriff „vertikale Vereinbarungen" die entsprechenden aufeinander abgestimmten Verhaltensweisen.

(4) Für die Anwendung von Artikel 81 Absatz 3 durch Verordnung ist es nicht erforderlich, diejenigen vertikalen Vereinbarungen zu umschreiben, welche geeignet sind, unter Artikel 81 Absatz 1 zu fallen; bei der individuellen Beurteilung von Vereinbarungen nach Artikel 81 Absatz 1 sind mehrere Faktoren, insbesondere die Marktstruktur auf der Angebots- und Nachfrageseite zu berücksichtigen.

(5) Die Gruppenfreistellung sollte nur vertikalen Vereinbarungen zugute kommen, von denen mit hinreichender Sicherheit angenommen werden kann, daß sie die Voraussetzungen von Artikel 81 Absatz 3 erfüllen.

(6) Vertikale Vereinbarungen, die zu der in dieser Verordnung umschriebenen Gruppe gehören, können die wirtschaftliche Effizienz innerhalb einer Produktions- oder Vertriebskette erhöhen, weil sie eine bessere Koordinierung zwischen den beteiligten Unternehmen ermöglichen. Sie können insbesondere die Transaktions- und Distributionskosten der Beteiligten verringern und deren Umsätze und Investitionen optimieren.

(7) Die Wahrscheinlichkeit, daß derartige effizienzsteigernde Wirkungen stärker ins Gewicht fallen als wettbewerbsschädliche Wirkungen, die von Beschränkungen in vertikalen Vereinbarungen verursacht werden, hängt von der Marktmacht der beteiligten Unternehmen und somit von dem Ausmaß ab, in dem diese Unternehmen dem Wettbewerb anderer Lieferanten von Waren oder Dienstleistungen ausgesetzt sind, die von den Käufern aufgrund ihrer Eigenschaften, ihrer Preislage und ihres Verwendungszwecks als austauschbar oder substituierbar angesehen werden.

(8) Es kann vermutet werden, daß vertikale Vereinbarungen, die nicht bestimmte Arten schwerwiegender wettbewerbsschädigender Beschränkungen enthalten, im allgemeinen zu einer Verbesserung der Produktion oder des Vertriebs und zu einer angemessenen Beteiligung der Verbraucher an dem daraus entstehenden Gewinn führen, sofern der auf den Lieferanten entfallende Anteil an dem relevanten Markt 30 % nicht überschreitet. Bei vertikalen Vereinbarungen, die Alleinbelieferungsverpflichtungen vorsehen, sind die gesamten Auswirkungen der Vereinbarung auf den Markt anhand des Marktanteils des Käufers zu bestimmen.

(9) Es gibt keine Vermutung, daß oberhalb der Marktanteilsschwelle von 30 % vertikale Vereinbarungen, die unter Artikel 81 Absatz 1 fallen, regelmäßig objektive Vorteile entstehen lassen, welche nach Art und Umfang geeignet sind, die Nachteile auszugleichen, die sie für den Wettbewerb mit sich bringen.

(10) Diese Verordnung darf keine vertikalen Vereinbarungen freistellen, welche Beschränkungen enthalten, die für die Herbeiführung der vorgenannten günstigen Wirkungen nicht unerläßlich sind. Insbesondere solche vertikalen Vereinbarungen, die bestimmte Arten schwerwiegender wettbewerbsschädigender Beschränkungen enthalten, wie die Festsetzung von Mindest- oder Festpreisen für den Weiterverkauf oder bestimmte Arten des Gebietsschutzes, sind daher ohne Rücksicht auf den Marktanteil der betroffenen Unternehmen von dem Vorteil der Gruppenfreistellung, die durch diese Verordnung gewährt wird, auszuschließen.

[1] ABl. 36 vom 6.3.1965, S. 533/65.
[2] ABl. L 148 vom 15.6.1999, S. 1.
[3] ABl. C 270 vom 24.9.1999, S. 7.

(11) Die Gruppenfreistellung ist mit bestimmten Einschränkungen zu versehen, um den Marktzugang zu gewährleisten und um Marktabsprachen vorzubeugen. Zu diesem Zwecke muß die Freistellung auf Wettbewerbsverbote von einer bestimmten Höchstdauer beschränkt werden. Aus demselben Grund sind alle unmittelbaren oder mittelbaren Verpflichtungen, welche die Mitglieder eines selektiven Vertriebssystems veranlassen, die Marken bestimmter konkurrierender Lieferanten nicht zu führen, von der Anwendung dieser Verordnung auszuschließen.

(12) Durch die Begrenzung des Marktanteils, den Ausschluß bestimmter vertikaler Vereinbarungen von der Gruppenfreistellung und die Voraussetzungen, die in dieser Verordnung vorgesehen sind, wird in der Regel sichergestellt, daß Vereinbarungen, auf welche die Gruppenfreistellung Anwendung findet, den beteiligten Unternehmen nicht die Möglichkeit eröffnen, für einen wesentlichen Teil der betreffenden Waren den Wettbewerb auszuschalten.

(13) Wenn im Einzelfall eine Vereinbarung zwar unter diese Verordnung fällt, dennoch aber Wirkungen zeitigt, die mit Artikel 81 Absatz 3 unvereinbar sind, kann die Kommission den Vorteil der Gruppenfreistellung entziehen. Dies kommt insbesondere dann in Betracht, wenn der Käufer auf dem relevanten Markt, auf dem er Waren verkauft oder Dienstleistungen erbringt, über erhebliche Marktmacht verfügt oder wenn der Zugang zu dem relevanten Markt oder der Wettbewerb auf diesem Markt durch gleichartige Wirkungen paralleler Netze vertikaler Vereinbarungen in erheblichem Maße beschränkt wird. Derartige kumulative Wirkungen können sich etwa aus selektiven Vertriebssystemen oder aus Wettbewerbsverboten ergeben.

(14) Nach der Verordnung Nr. 19/65/EWG sind die zuständigen Behörden der Mitgliedstaaten ermächtigt, den Vorteil der Gruppenfreistellung zu entziehen, wenn die Vereinbarung Wirkungen zeitigt, die mit Artikel 81 Absatz 3 des Vertrages unvereinbar sind und im Gebiet des betreffenden Staates oder in einem Teil desselben eintreten, sofern dieses Gebiet die Merkmale eines gesonderten räumlichen Marktes aufweist. Die Mitgliedstaaten sollten sicherstellen, daß sie bei der Ausübung dieser Entzugsbefugnis nicht die einheitliche Anwendung der Wettbewerbsregeln der Gemeinschaft auf dem gesamten gemeinsamen Markt oder die volle Wirksamkeit der zu ihrem Vollzug ergangenen Maßnahmen beeinträchtigen.

(15) Um die Überwachung paralleler Netze vertikaler Vereinbarungen mit gleichartigen wettbewerbsbeschränkenden Wirkungen zu verstärken, die mehr als 50 % eines Marktes erfassen, kann die Kommission erklären, daß diese Verordnung auf vertikale Vereinbarungen, welche bestimmte auf den betroffenen Markt bezogene Beschränkungen enthalten, keine Anwendung findet, und dadurch die volle Anwendbarkeit von Artikel 81 auf diese Vereinbarungen wiederherstellen.

(16) Diese Verordnung gilt unbeschadet der Anwendung von Artikel 82.

(17) Entsprechend dem Grundsatz des Vorrangs des Gemeinschaftsrechts dürfen Maßnahmen, die auf der Grundlage der nationalen Wettbewerbsgesetze getroffen werden, nicht die einheitliche Anwendung der Wettbewerbsregeln der Gemeinschaft auf dem gesamten gemeinsamen Markt oder die volle Wirksamkeit der zu ihrer Durchführung ergangenen Maßnahmen einschließlich dieser Verordnung beeinträchtigen —

HAT FOLGENDE VERORDNUNG ERLASSEN:

Artikel 1

Für die Anwendung dieser Verordnung gelten folgende Begriffsbestimmungen:

a) „Wettbewerber" sind tatsächliche oder potentielle Anbieter im selben Produktmarkt; der Produktmarkt umfaßt Waren oder Dienstleistungen, die vom Käufer aufgrund ihrer Eigenschaften, ihrer Preislage und ihres Verwendungszwecks als mit den Vertragswaren oder -dienstleistungen austauschbar oder durch diese substituierbar angesehen werden.

b) „Wettbewerbsverbote" sind alle unmittelbaren oder mittelbaren Verpflichtungen, die den Käufer veranlassen, keine Waren oder Dienstleistungen herzustellen, zu beziehen, zu verkaufen oder weiterzuverkaufen, die mit den Vertragswaren oder -dienstleistungen im Wettbewerb stehen, sowie alle unmittelbaren oder mittelbaren Verpflichtungen des Käufers, mehr als 80 % seiner auf der Grundlage des Einkaufswertes des vorherigen Kalenderjahres berechneten gesamten Einkäufe von Vertragswaren oder -dienstleistungen sowie ihrer Substitute auf dem relevanten Markt vom Lieferanten oder einem anderen vom Lieferanten bezeichneten Unternehmen zu beziehen.

c) „Alleinbelieferungsverpflichtungen" sind alle unmittelbaren oder mittelbaren Verpflichtungen, die den Lieferanten veranlassen, die in der Vereinbarung bezeichneten Waren oder Dienstleistungen zum Zwecke einer spezifischen Verwendung oder des Weiterverkaufs nur an einen einzigen Käufer innerhalb der Gemeinschaft zu verkaufen.

d) „Selektive Vertriebssysteme" sind Vertriebssysteme, in denen sich der Lieferant verpflichtet, die Vertragswaren oder -dienstleistungen unmittelbar oder mittelbar nur an Händler zu verkaufen, die aufgrund festgelegter Merkmale ausgewählt werden, und in denen sich diese Händler verpflichten, die betreffenden Waren oder Dienstleistungen nicht an Händler zu verkaufen, die nicht zum Vertrieb zugelassen sind.

e) „Intellektuelle Eigentumsrechte" umfassen unter anderem gewerbliche Schutzrechte, Urheberrechte sowie verwandte Schutzrechte.

f) „Know-how" ist eine Gesamtheit nicht patentierter praktischer Kenntnisse, die der Lieferant durch Erfahrung und Erprobung gewonnen hat und die geheim, wesentlich und identifiziert sind; hierbei bedeutet „geheim", daß das Know-how als Gesamtheit oder in der genauen Gestaltung und Zusammensetzung seiner Bestandteile nicht allgemein bekannt und nicht leicht zugänglich ist; „wesentlich" bedeutet, daß das Know-how Kenntnisse umfaßt, die für den Käufer zum Zwecke der Verwendung, des Verkaufs oder des Weiterverkaufs der Vertragswaren oder -dienstleistungen unerläßlich sind; „identifiziert" bedeutet, daß das Know-how umfassend genug beschrieben ist, so daß überprüft werden kann, ob es die Merkmale „geheim" und „wesentlich" erfüllt.

g) „Käufer" ist auch ein Unternehmen, das auf der Grundlage einer unter Artikel 81 Absatz 1 des Vertrages fallenden Vereinbarung Waren oder Dienstleistungen für Rechnung eines anderen Unternehmens verkauft.

Artikel 2

(1) Artikel 81 Absatz 1 des Vertrages wird gemäß Artikel 81 Absatz 3 unter den in dieser Verordnung genannten Voraussetzungen für unanwendbar erklärt auf Vereinbarungen oder aufeinander abgestimmte Verhaltensweisen zwischen zwei oder mehr Unternehmen, von denen jedes zwecks Durchführung der Vereinbarung auf einer unterschiedlichen Produktions- oder Vertriebsstufe tätig ist, und welche die Bedingungen betreffen, zu denen die Parteien bestimmte Waren oder Dienstleistungen beziehen, verkaufen oder weiterverkaufen können (im folgenden „vertikale Vereinbarungen" genannt).

Die Freistellung gilt, soweit diese Vereinbarungen Wettbewerbsbeschränkungen enthalten, die unter Artikel 81 Absatz 1 fallen (im folgenden „vertikale Beschränkungen" genannt).

(2) Die Freistellung nach Absatz 1 gilt für vertikale Vereinbarungen zwischen einer Unternehmensvereinigung und ihren Mitgliedern oder zwischen einer solchen Vereinigung und ihren Lieferanten nur dann, wenn alle Mitglieder der Vereinigung Wareneinzelhändler sind und wenn keines ihrer einzelnen Mitglieder zusammen mit seinen verbundenen Unternehmen einen jährlichen Gesamtumsatz von mehr als 50 Mio. EUR erzielt; die Freistellung der von solchen Vereinigungen geschlossenen vertikalen Vereinbarungen läßt die Anwendbarkeit von Artikel 81 auf horizontale Vereinbarungen zwischen den Mitgliedern der Vereinigung sowie auf Beschlüsse der Vereinigung unberührt.

(3) Die Freistellung nach Absatz 1 gilt für vertikale Vereinbarungen, die Bestimmungen enthalten, welche die Übertragung von geistigen Eigentumsrechten auf den Käufer oder die Nutzung solcher Rechte durch den Käufer betreffen, sofern diese Bestimmungen nicht Hauptgegenstand der Vereinbarung sind und sofern sie sich unmittelbar auf die Nutzung, den Verkauf oder den Weiterverkauf von Waren oder Dienstleistungen durch den Käufer oder seine Kunden beziehen. Die Freistellung gilt unter der Voraussetzung, daß diese Bestimmungen in Bezug auf die Vertragswaren oder -dienstleistungen keine Wettbewerbsbeschränkungen mit demselben Zweck oder derselben Wirkung enthalten wie vertikale Beschränkungen, die durch diese Verordnung nicht freigestellt werden.

(4) Die Freistellung nach Absatz 1 gilt nicht für vertikale Vereinbarungen zwischen Wettbewerbern; sie findet jedoch Anwendung, wenn Wettbewerber eine nichtwechselseitige vertikale Vereinbarung treffen und

a) der jährliche Gesamtumsatz des Käufers 100 Mio. EUR nicht überschreitet oder

b) der Lieferant zugleich Hersteller und Händler von Waren, der Käufer dagegen ein Händler ist, der keine mit den Vertragswaren im Wettbewerb stehenden Waren herstellt, oder

c) der Lieferant ein auf mehreren Wirtschaftsstufen tätiger Dienstleistungserbringer ist und der Käufer auf der Wirtschaftsstufe, auf der er die Vertragsdienstleistungen bezieht, keine mit diesen im Wettbewerb stehenden Dienstleistungen erbringt.

(5) Diese Verordnung gilt nicht für vertikale Vereinbarungen, deren Gegenstand in den Geltungsbereich einer anderen Gruppenfreistellungsverordnungen fällt.

Artikel 3

(1) Unbeschadet des Absatzes 2 dieses Artikels gilt die Freistellung nach Artikel 2 nur, wenn der Anteil des Lieferanten an dem relevanten Markt, auf dem er die Vertragswaren oder -dienstleistungen verkauft, 30 % nicht überschreitet.

(2) Im Fall von vertikalen Vereinbarungen, die Alleinbelieferungsverpflichtungen enthalten, gilt die Freistellung nach Artikel 2 nur, wenn der Anteil des Käufers an dem relevanten Markt, auf dem er die Vertragswaren oder -dienstleistungen einkauft, 30 % nicht überschreitet.

Artikel 4

Die Freistellung nach Artikel 2 gilt nicht für vertikale Vereinbarungen, die unmittelbar oder mittelbar, für sich allein oder in Verbindung mit anderen Umständen unter der Kontrolle der Vertragsparteien folgendes bezwecken:

a) die Beschränkung der Möglichkeiten des Käufers, seinen Verkaufspreis selbst festzusetzen; dies gilt unbeschadet der Möglichkeit des Lieferanten, Höchstverkaufspreise festzusetzen oder Preisempfehlungen auszusprechen, sofern sich diese nicht infolge der Ausübung von Druck oder der Gewährung von Anreizen durch eine der Vertragsparteien tatsächlich wie Fest- oder Mindestverkaufspreise auswirken;

b) Beschränkungen des Gebiets oder des Kundenkreises, in das oder an den der Käufer Vertragswaren oder -dienstleistungen verkaufen darf, mit Ausnahme von:
   - Beschränkungen des aktiven Verkaufs in Gebiete oder an Gruppen von Kunden, die der Lieferant sich selbst vorbehalten oder ausschließlich einem anderen Käufer zugewiesen hat, sofern dadurch Verkäufe seitens der Kunden des Käufers nicht begrenzt werden;
   - Beschränkungen des Verkaufs an Endbenutzer durch Käufer, die auf der Großhandelsstufe tätig sind;
   - Beschränkungen des Verkaufs an nicht zugelassene Händler, die Mitgliedern eines selektiven Vertriebssystems auferlegt werden;
   - Beschränkungen der Möglichkeiten des Käufers, Bestandteile, die zwecks Einfügung in andere Erzeugnisse geliefert werden, an Kunden zu verkaufen, welche diese Bestandteile für die Herstellung derselben Art von Erzeugnissen verwenden würden, wie sie der Lieferant herstellt;

c) Beschränkungen des aktiven oder passiven Verkaufs an Endverbraucher, soweit diese Beschränkungen Mitgliedern eines selektiven Vertriebssystems auferlegt werden, welche auf der Einzelhandelsstufe tätig sind; dies gilt unbeschadet der Möglichkeit, Mitgliedern des Systems zu verbieten, Geschäfte von nicht zugelassenen Niederlassungen aus zu betreiben;

d) die Beschränkung von Querlieferungen zwischen Händlern innerhalb eines selektiven Vertriebssystems, auch wenn diese auf unterschiedlichen Handelsstufen tätig sind;

e) Beschränkungen, die zwischen dem Lieferanten und dem Käufer von Bestandteilen, welche dieser in andere Erzeugnisse einfügt, vereinbart werden und die den Lieferanten hindern, diese Bestandteile als Ersatzteile an Endverbraucher oder an Reparaturwerkstätten oder andere Dienstleistungserbringer zu verkaufen, die der Käufer nicht mit der Reparatur oder Wartung seiner eigenen Erzeugnisse betraut hat.

Artikel 5

Die Freistellung nach Artikel 2 gilt nicht für die folgenden, in vertikalen Vereinbarungen enthaltenen Verpflichtungen:

a) alle unmittelbaren oder mittelbaren Wettbewerbsverbote, welche für eine unbestimmte Dauer oder für eine Dauer von mehr als fünf Jahren vereinbart werden; Wettbewerbsverbote, deren Dauer sich über den Zeitraum von fünf Jahren hinaus stillschweigend verlängert, gelten als für eine unbestimmte Dauer vereinbart; die Begrenzung auf fünf Jahre gilt nicht, wenn die Vertragswaren oder -dienstleistungen vom Käufer in Räumlichkeiten und auf Grundstücken verkauft werden, die Eigentum des Lieferanten oder durch diesen von dritten, nicht mit dem Käufer verbundenen Unternehmen gemietet oder gepachtet worden sind und das Wettbewerbsverbot nicht über den Zeitraum hinausreicht, in welchem der Käufer diese Räumlichkeiten und Grundstücke nutzt,

b) alle unmittelbaren oder mittelbaren Verpflichtungen, die den Käufer veranlassen, Waren oder Dienstleistungen nach Beendigung der Vereinbarung nicht herzustellen bzw. zu erbringen, zu beziehen, zu verkaufen oder weiterzuverkaufen, es sei denn, daß diese Verpflichtungen

— sich auf Waren oder Dienstleistungen beziehen, die mit den Vertragswaren oder -dienstleistungen im Wettbewerb stehen,

— sich auf Räumlichkeiten und Grundstücke beschränken, von denen aus der Käufer während der Vertragsdauer seine Geschäfte betrieben hat, sowie

— unerläßlich sind, um ein dem Käufer vom Lieferanten übertragenes Know-how zu schützen,

und ein solches Wettbewerbsverbot auf einen Zeitraum von höchstens einem Jahr nach Beendigung der Vereinbarung begrenzt ist; dies gilt unbeschadet der Möglichkeit, Nutzung und Offenlegung von nicht allgemein bekannt gewordenem Know-how zeitlich unbegrenzten Beschränkungen zu unterwerfen;

c) alle unmittelbaren oder mittelbaren Verpflichtungen, welche die Mitglieder eines selektiven Vertriebsystems veranlassen, Marken bestimmter konkurrierender Lieferanten nicht zu verkaufen.

Artikel 6

Gemäß Artikel 7 Absatz 1 der Verordnung Nr. 19/65/EWG kann die Kommission im Einzelfall den Vorteil der Anwendung dieser Verordnung entziehen, wenn eine vertikale Vereinbarung, die unter diese Verordnung fällt, gleichwohl Wirkungen hat, die mit den Voraussetzungen des Artikels 81 Absatz 3 des Vertrages unvereinbar sind, insbesondere wenn der Zugang zu dem betroffenen Markt oder der Wettbewerb auf diesem Markt durch die kumulativen Wirkungen nebeneinander bestehender Netze gleichartiger vertikaler Beschränkungen, die von miteinander im Wettbewerb stehenden Lieferanten oder Käufern angewandt werden, in erheblichem Maße beschränkt wird.

Artikel 7

Wenn eine unter die Freistellung des Artikels 2 fallende Vereinbarung im Gebiet eines Mitgliedstaats oder in einem Teil desselben, der alle Merkmale eines gesonderten räumlichen Marktes aufweist, im Einzelfall Wirkungen hat, die mit den Voraussetzungen von Artikel 81 Absatz 3 des Vertrages unvereinbar sind, so kann die zuständige Behörde dieses Mitgliedstaates, unter den gleichen Umständen wie in Artikel 6, den Vorteil der Anwendung dieser Verordnung mit Wirkung für das betroffene Gebiet entziehen.

Artikel 8

(1) Gemäß Artikel 1a der Verordnung Nr. 19/65/EWG kann die Kommission durch Verordnung erklären, daß in Fällen, in denen mehr als 50 % des betroffenen Marktes von nebeneinander bestehenden Netzen gleichartiger vertikaler Beschränkungen erfaßt werden, die vorliegende Verordnung auf vertikale Vereinbarungen, die bestimmte Beschränkungen des Wettbewerbs auf dem betroffenen Markt enthalten, keine Anwendung findet.

(2) Eine Verordnung im Sinne von Absatz 1 wird frühestens sechs Monate nach ihrem Erlaß anwendbar.

Artikel 9

(1) Bei der Ermittlung des Marktanteils von 30 % im Sinne von Artikel 3 Absatz 1 wird der Absatzwert der verkauften Vertragswaren oder -dienstleistungen sowie der sonstigen von dem Lieferanten verkauften Waren oder Dienstleistungen zugrunde gelegt, die vom Käufer aufgrund ihrer Eigenschaften, ihrer Preislage und ihres Verwendungszwecks als austauschbar oder substituierbar angesehen werden. Liegen keine Angaben über den Absatzwert vor, so können zur Ermittlung des Marktanteils Schätzungen vorgenommen werden, die auf anderen verläßlichen Marktdaten unter Einschluß der Absatzmengen beruhen. Bei der Anwendung von Artikel 3 Absatz 2 ist der Marktanteil auf der Grundlage des Wertes der auf dem Markt getätigten Käufe oder anhand von Schätzungen desselben zu ermitteln.

(2) Für die Anwendung der Marktanteilsschwelle im Sinne des Artikels 3 gelten folgende Regeln:

a) Der Marktanteil wird anhand der Angaben für das vorhergehende Kalenderjahr ermittelt.

b) Der Marktanteil schließt Waren oder Dienstleistungen ein, die zum Zweck des Verkaufs an integrierte Händler geliefert werden.

c) Beträgt der Marktanteil zunächst nicht mehr als 30 % und überschreitet er anschließend diese Schwelle, übersteigt jedoch nicht 35 %, so gilt die Freistellung nach Artikel 2 im Anschluß an das Jahr, in welchem die 30-%-Schwelle erstmals überschritten wurde, noch für zwei weitere Kalenderjahre.

d) Beträgt der Marktanteil zunächst nicht mehr als 30 % und überschreitet er anschließend 35 %, so gilt die Freistellung nach Artikel 2 im Anschluß an das Jahr, in welchem die Schwelle von 35 % erstmals überschritten wurde, noch für ein weiteres Kalenderjahr.

e) Die unter den Buchstaben c) und d) genannten Vorteile dürfen nicht in der Weise miteinander verbunden werden, daß ein Zeitraum von zwei Kalenderjahren überschritten wird.

Artikel 10

(1) Für die Ermittlung des jährlichen Gesamtumsatzes im Sinne von Artikel 2 Absätze 2 und 4 sind die Umsätze zusammenzuzählen, welche die jeweilige an der vertikalen Vereinbarung beteiligte Vertragspartei und die mit ihr verbundenen Unternehmen im letzten Geschäftsjahr mit allen Waren und Dienstleistungen nach Abzug von Steuern und sonstigen Abgaben erzielt haben. Dabei werden Umsätze zwischen der an der Vereinbarung beteiligten Vertragspartei und den mit ihr verbundenen Unternehmen oder zwischen den mit ihr verbundenen Unternehmen nicht mitgezählt.

(2) Die Freistellung nach Artikel 2 gilt weiter, wenn der jährliche Gesamtumsatz in zwei jeweils aufeinanderfolgenden Geschäftsjahren den in dieser Verordnung genannten Schwellenwert um nicht mehr als ein Zehntel überschreitet.

Artikel 11

(1) Die Begriffe des „Unternehmens", des „Lieferanten" und des „Käufers" im Sinne dieser Verordnung schließen die mit diesen jeweils verbundenen Unternehmen ein.

(2) Verbundene Unternehmen sind:

a) Unternehmen, in denen ein an der Vereinbarung beteiligtes Unternehmen unmittelbar oder mittelbar
 — über mehr als die Hälfte der Stimmrechte verfügt oder
 — mehr als die Hälfte der Mitglieder des Leitungs- oder Verwaltungsorgans oder der zur gesetzlichen Vertretung berufenen Organe bestellen kann oder
 — das Recht hat, die Geschäfte des Unternehmens zu führen;

b) Unternehmen, die in einem an der Vereinbarung beteiligten Unternehmen unmittelbar oder mittelbar die unter Buchstabe a) bezeichneten Rechte oder Einflußmöglichkeiten haben;

c) Unternehmen, in denen ein unter Buchstabe b) genanntes Unternehmen unmittelbar oder mittelbar die unter Buchstabe a) bezeichneten Rechte oder Einflußmöglichkeiten hat;

d) Unternehmen, in denen eine der Vertragsparteien gemeinsam mit einem oder mehreren der unter den Buchstaben a), b) oder c) genannten Unternehmen oder in denen zwei oder mehr als zwei der zuletzt genannten Unternehmen gemeinsam die in Buchstabe a) bezeichneten Rechte oder Einflußmöglichkeiten haben;

e) Unternehmen, in denen
 — Vertragsparteien oder mit ihnen jeweils verbundene Unternehmen im Sinne der Buchstaben a) bis d) oder
 — eine oder mehrere der Vertragsparteien oder eines oder mehrere der mit ihnen im Sinne der Buchstaben a) bis d) verbundenen Unternehmen und ein oder mehrere dritte Unternehmen

 gemeinsam die unter Buchstabe a) bezeichneten Rechte oder Einflußmöglichkeiten haben.

(3) Bei der Anwendung von Artikel 3 wird der Marktanteil der in Absatz 2 Buchstabe e) bezeichneten Unternehmen jedem der Unternehmen, das die in Absatz 2 Buchstabe a) bezeichneten Rechte oder Einflußmöglichkeiten hat, zu gleichen Teilen zugerechnet.

Artikel 12

(1) Die in den Verordnungen (EWG) Nr. 1983/83 (1), (EWG) Nr. 1984/83 (2) und (EWG) Nr. 4087/88 (3) der Kommission vorgesehenen Freistellungen gelten bis zum 31. Mai 2000 weiter.

(2) Das in Artikel 81 Absatz 1 des Vertrags geregelte Verbot gilt vom 1. Juni 2000 bis zum 31. Dezember 2001 nicht für Vereinbarungen, die am 31. Mai 2000 bereits in Kraft waren und die die Voraussetzungen für eine Freistellung zwar nach den Verordnungen (EWG) Nr. 1983/83, (EWG) Nr. 1984/83 oder (EWG) Nr. 4087/88, nicht aber nach der vorliegenden Verordnung erfüllen.

Artikel 13

Diese Verordnung tritt am 1. Januar 2000 in Kraft.

Sie ist ab dem 1. Juni 2000 anwendbar mit Ausnahme ihres Artikels 12 Absatz 1, der ab dem 1. Januar 2000 anwendbar ist.

Sie gilt bis zum 31. Mai 2010.

Diese Verordnung ist in allen ihren Teilen verbindlich und gilt unmittelbar in jedem Mitgliedstaat.

Brüssel, den 22. Dezember 1999

Für die Kommission
Mario MONTI
Mitglied der Kommission

---

(1) ABl. L 173 vom 30.6.1983, S. 1.
(2) ABl. L 173 vom 30.6.1983, S. 5.
(3) ABl. L 359 vom 28.12.1988, S. 46.

Veröffentlichungen des Instituts für deutsches und europäisches Wirtschafts-, Wettbewerbs- und Regulierungsrecht der Freien Universität Berlin

Herausgegeben von Franz Jürgen Säcker

Band 1 Franz Jürgen Säcker (Hrsg.): Deutsch-russisches Energie- und Bergrecht im Vergleich. Ergebnisse einer Arbeitstagung vom 31. März / 1. April 2006. 2007.

Band 2 Franz Jürgen Säcker / Walther Busse von Colbe (Hrsg.): Wettbewerbsfördernde Anreizregulierung. Zum Anreizregulierungsbericht der Bundesnetzagentur vom 30. Juni 2006. 2007.

Band 3 Dirk Zschenderlein: Die Gleichbehandlung der Aktionäre bei der Auskunftserteilung in der Aktiengesellschaft. Zum Problem der Zulässigkeit der Weitergabe von Informationen an einzelne Aktionäre und Dritte. 2007.

Band 4 Simone Kirchhain: Die Anwendung der Vertikal-GVO auf innerstaatliche Wettbewerbsbeschränkungen nach der 7. GWB-Novelle. 2007.

Band 5 Franz Jürgen Säcker: Der Independent System Operator. Ein neues institutionelles Design für Netzbetreiber? 2007.

Band 6 Stefanie Otto: Allgemeininteressen im neuen UWG. § 1 S. 2 UWG und die wettbewerbsfunktionale Auslegung. 2007.

Band 7 Jochen Eichler: Vertragliche Dritthaftung. Eine Auseinandersetzung mit der Frage der Dritthaftung von sogenannten Experten und anderen Auskunftspersonen im Rahmen des § 311 Abs. 3 BGB. 2007.

www.peterlang.de

FSC
www.fsc.org
MIX
Papier | Fördert gute Waldnutzung
FSC® C083411

Kolibri 360 GmbH
Ferdinand-Jühlke-Straße 7
99095 Erfurt, Deutschland
produktsicherheit@kolibri360.de

Druck:
CPI Druckdienstleistungen GmbH
im Auftrag der
Kolibri 360 GmbH
Ferdinand-Jühlke-Str. 7
99095 Erfurt